教育部社会科学研究后期资助重大项目“国际文化财产法：原理、体系与中国主张”（17JHQ003）最终研究成果

International Cultural Property Law

国 际 法 文 库
INTERNATIONAL LAW LIBRARY
黄 进 总主编
肖永平 执行主编

专著系列
黄志雄 主编

国际文化财产法原论

霍政欣 著

法律出版社 LAW PRESS·CHINA
北京

图书在版编目（CIP）数据

国际文化财产法原论 / 霍政欣著. -- 北京 ：法律出版社，2024. -- ISBN 978 -7 -5197 -9308 -1

Ⅰ. D913.04

中国国家版本馆 CIP 数据核字第 2024YD1007 号

国际文化财产法原论
GUOJI WENHUA CAICHANFA YUANLUN

霍政欣　著

策划编辑 沈小英
责任编辑 刘晓萌
装帧设计 李　瞻

出版发行 法律出版社
编辑统筹 法治与经济出版分社
责任校对 王语童
责任印制 吕亚莉
经　　销 新华书店

开本 710 毫米×1000 毫米　1/16
印张 36　　**字数** 639 千
版本 2024 年 9 月第 1 版
印次 2024 年 9 月第 1 次印刷
印刷 固安华明印业有限公司

地址：北京市丰台区莲花池西里 7 号（100073）
网址：www.lawpress.com.cn
投稿邮箱：info@lawpress.com.cn
举报盗版邮箱：jbwq@lawpress.com.cn

销售电话：010 -83938349
客服电话：010 -83938350
咨询电话：010 -63939796

书号：ISBN 978 -7 -5197 -9308 -1　　**定价**：186.00 元

凡购买本社图书，如有印装错误，我社负责退换。电话：010 -83938349

总序一

当今之世界，随着全球投资贸易不断增长，科学技术特别是信息技术飞速进步，通信和交通日益便捷，人文交流蓬勃发展，经济全球化、政治多极化、文化多元化、社会网络化、法律趋同化已成为天下大势。在这种背景下，作为国际社会最为重要的行为规范，国际法在全球治理中发挥着不可替代的作用。

今日之中国，秉持“创新、协调、绿色、开放、共享”五大发展理念，正在全面建设小康社会、全面深化改革、全面推进依法治国、全面从严治党、全面参与全球治理。在这个过程中，国家始终坚持统筹国内国际两个大局，于内，追求实现“两个一百年”奋斗目标，追求实现中华民族伟大复兴的中国梦。于外，坚定不移对外开放，参与全球治理；坚持和平发展、合作共赢；积极构建中国特色大国外交，完善对外战略布局，既“请进来”，又“走出去”，加快推进“一带一路”建设；坚决维护国家主权、安全、发展利益，争取良好国际环境，维护世界和平稳定，促进各国共同发展，打造“人类命运共同体”。毫无疑问，坚持统筹国内国际两个大局，不仅要全面推进依法治国，加强国内法治，而且要在全球治理中高度重视和善于发挥国际法的作用，加强国际法治，推进国内法治与国际法治良性互动，特别是要完善中国自己的涉外法律法规体系，积极参与国际规则的制定，增强中国在国际法律事务中的话语权和影响力，运用法治思维和法治方式依法处理涉外事务,强化涉外法律服务,加强国际法治合作。

当下之中国国际法学界,经过改革开放30多年的建设和发展,可以肯定地说,国际法学科体系不断健全,学术队伍不断壮大,国际学术交流与合作不断拓展,学术水平和创新能力不断提高,培养了一大批国际法专门人才。而且,广大国际法专家学者解放思想、实事求是、求真务实、与时俱进,深入研究和回答中国改革开放面临的国际法理论和实践问题,产出了一大批有分量的学术成果,为国际法学的繁荣发展和国家改革开放及现代化建设做出了重要贡献。但应该指出的是,中国国际法学领域还存在一些亟待解决的问题。比如,国家缺乏整体的国际法学科发展战略规划,国际法学科建设放任自流,各国际法机构各自为阵;国际法人才队伍学术原创能力和解决实际问题的能力不强,活跃在世界国际法舞台的人才不多,总体素质亟待提高;国际法人才培养体系不健全,德行教育与知识传授相分离、理论培养与实践训练相脱离、国内培训与国际培训相隔离;国际法学术研究缺少精品力作,还没有产出具有广泛国际影响的创造性思想成果和理论成果,在国际规则制定和国际法律事务中的话语权和影响力不大。可以这样说,中国国际法学界目前在学术命题、学术思想、学术观点、学术标准、学术评价、学术话语上的能力和水平同中国综合国力和国际地位还不太相称。

综上所述,国际法在国际社会中的重要地位日益凸显,中国全面推进依法治国、对外开放、参与全球治理,亟须掌握和运用国际法,中国国际法学界仍处于有数量缺质量、有专家缺大师以及作用没有充分发挥出来的状态。我们所处的时代表明,这是一个需要国际法的时代,这是一个需要国际法理论创新而且一定能够产生国际法新理论的时代,这是一个需要国际法思想而且一定能够产生国际法新思想的时代。所有这些,正是我们编辑出版"国际法文库"以推动国际法学繁荣发展的初衷。

"国际法文库"将坚持兼容并包、思想自由。主张立足中国、借鉴国外,挖掘历史、把握当代,关怀人类、面向未来,着力推进构建既具有中国特色、中国风格、中国气派,又能进入世界学术话语体系的国际法学。

"国际法文库"将坚持问题导向。面对中国改革开放的新常态、国际局势的新变化,世界范围内各种思想文化交流交融交锋的新形势,只有聆听时代的声音,回应时代的呼唤,认真研究国家深化对外开放、全面参与全球治理的重大而紧迫的问题,才能真正把握历史脉络,找到发展规律,推进国际法理论创新和全球治理实现良法善治。

“国际法文库”将坚持跨学科研究。国际法律问题涉及国际社会生活的方方面面,具有跨学科性,需要从多学科视角,运用学科交叉融合的方法,进行跨学科研究。也就是说,对于国际法律问题,不仅要从国际公法、国际私法、国际经济法等国际法学视角进行研究,而且还要从宪法、行政法、民商法、刑法、诉讼法等国内法学视角进行研究;不仅要从法学视角进行研究,而且还要从国际政治、世界历史、全球经济、人类社会变迁、多元文化交融、地球生态文明等视角进行研究。跨学科研究在于坚持用联系的发展的眼光看待问题,增强研究的整体性、系统性、协调性、战略性,促进问题合情、合理、合法的解决。

“国际法文库”将坚持创造创新。创新是一个民族进步的灵魂,也是引领理论发展的动力。创新,就是有所发现、有所发明、有所创造。国际法理论的生命力在于创新,只有不断进行探索,才能推进国际法思想创新、知识创新、理论创新、制度创新、方法创新。国际法理论创新要从问题开始,发现问题、筛选问题、分析问题、研究问题、解决问题的过程就是创新的过程。国际法理论创新不必贪大求全,发现新事实、新材料、新现象是创新,阐明一个新原理、提出一种新学说、揭示一条新规律是创新,发明一项新技能、找到一条新路径、创造一种新方法也是创新。

“国际法文库”设专著系列、译著系列、实务系列、文集系列,是法律出版社与武汉大学国际法研究所共同打造的学术品牌。法律出版社在中国出版界特别是法学、法律出版领域的龙头地位自不待言。这里有必要对武大国际法所多说几句。武大国际法所是我国著名法学家、教育家、国际私法一代宗师韩德培先生于1980年创办的,是我国高校设立的第一个国际法研究所。该所自创立以来,自强不息,追求卓越,先后培养了一大批已在学术和实务方面崭露头角的国际法专门人才,先后产出了一大批具有较高水平的国际法学术成果,先后两次被评为国家级重点学科,2000年被确定为教育部人文社会科学重点研究基地,2015年入选首批国家高端智库。可以肯定地说,武大国际法所是当今中国国际法领域的学术重镇,不断推进中国国际法人才培养、科学研究和新型智库建设,不仅是它义不容辞的责任,更是它崇高而神圣的使命。正是基于这种情怀,武大国际法所与法律出版社携手合作,设立了这个“国际法文库”。这是为中国国际法学界开辟一块新的学术园地,建造一个新的学术舞台。“国际法文库”是自由、开放、包容、多元的,海内外的国际法同仁都可以在这块园地里辛勤耕耘,春播夏种、秋收冬藏;也都可以在这座舞台上翩翩起舞,崭露头角、一展锋芒。我真诚希望,所有以国际法为志业、立志为中国国际法事业做出贡献的海内外同仁，都能把“国际法文库”视为我们共同的国际法事业的一部分，关心之、支持之、帮助之、鞭策之，勿忘初心、久久为功，去迎接我们共同期待的中国国际法学界百花齐放、百鸟争鸣的春天。

是为序。

*

2016 年 12 月 1 日于北京

---

* 黄进，中国政法大学教授，中国法学会副会长，中国国际法学会会长，中国国际私法研究会会长。

总序二

随着中国日益接近世界舞台的中央，我国迫切需要加强国际法律共同体建设，利用国际法维护世界和平和人类命运共同体以及可持续发展，保障中国的正当利益。因此，不管是国际法制度构建，还是国际法理论创新，抑或是国际法实践引领，中国都需要从“被动适应者”向“主动引领者”转变。

由我国著名法学家、教育家、社会活动家、国际私法一代宗师韩德培先生创办的武汉大学国际法研究所是1980年由原国家教委批准成立的中国高校第一个国际法研究机构；1981年设立博士点；1995年建立博士后流动站；1996年列为“211”工程重点建设单位；2000年被教育部批准为普通高等学校人文社会科学重点研究基地；2004年被批准为“985”工程哲学社会科学创新基地；2015年被中宣部确定为首批国家高端智库试点建设单位。她一贯秉持国际公法、国际私法、国际经济法的全面和综合研究，积极拓展联合国法、欧洲联盟法、国际能源法、电子商务法、国际发展法、国际网络法、国际投资法、国际金融法、国际体育法、世贸组织法、海洋法和海商法等前沿学术领域，形成了学科研究方向齐全、学科发展水平一流、咨政服务能力突出、教学科研成果领先的鲜明特色。

但是，不管是作为教育部的人文社会科学重点研究基地，还是作为国家高端智库，仅仅依靠一个研究所的力量难以实现中国国际法理论的创新，难以实现中国从国际法的"被动适应者"向"主动引领者"的转变。当下，中国面临的问题在全球化进程中愈加凸显其复杂性，许多问题往往需要从不同学科、不同视角、不同谱系进行合理的理论解释、作出正确的政策选择；而不同学者、学术机构、智库在不同领域具有相对优势，或者因所在区域不同而存在区域政策问题的竞争优势。因此，团结、组织中国国际法学者共同攻关、协同创新是获得国际竞争优势、创新中国国际法理论，进而实现中国从国际法的"被动适应者"向"主动引领者"转变的必由之路。正是出于这种考虑，我们与法律出版社合作出版"国际法文库"，希望集中展示中国学者的国际法著述和学术见解，及时传播国外国际法学界的最新研究成果，协同研究中国面临的重大国际法实践问题，不断增强中国国际法理论的国际话语权，不断提升中国国际法制度的国际吸引力，不断提高中国国际法实践的国际影响力。

因此，"国际法文库"将面向中国国际法理论界和实务界广泛征集选题，通过自荐与他荐相结合的方式，由丛书编辑委员会根据其学术性、思想性和创新性决定出版选题。本文库分为专著系列、译著系列、实务系列和文集系列。

专著系列旨在集中呈现中国学者在国际法领域的理论研究成果，引导中国国际法学界关注国际学术动态、设置前沿学术议题、营造良好学术风气，推动中国国际法理论创新。以学术性和创新性为选题标准，主要出版中国学者关于国际法领域具体问题的创新性研究成果。

译著系列旨在全面推介国际社会国际法理论的经典著作和最新成果，促进中外国际法理论的交流与交锋，促使中外国际法实践的互动与创新。以思想性与新颖性为选题标准，主要出版国际社会在 20 世纪 90 年代以后创作或再版的国际法著作的译作。

实务系列旨在在中国国际法理论研究和实践运用之间架起桥梁，促使中国国际法研究更加贴近国家和社会的现实需要，在国际法理论的支撑下运用国际法规则分析和解决实践中出现的问题。以对策性与实用性为选题标准，主要出版针对实践中的国际法问题，特别是与中国密切相关的国际法问题的著作，强调贴合国家对外交往实际需要，关注操作层面的问题选择、分析和解决方案。

文集系列旨在及时反映中国国际法学界举办的学术会议成果，提高学术交流的质量，加强学术交流的深度，扩大学术交流的影响。以新颖性与可行性为选题标准，主要出版能够设置学术议题、引领理论前沿的论文集。

我们相信，在中国国际法学界同仁的关心、支持与积极参与下，“国际法文库”一定能够实现上述目的，为中国国际法的理论创新、制度变革和实践引领贡献她应有的智慧、发挥她应有的作用。

肖永平*

2017 年元旦于武汉

---

* 肖永平，武汉大学国际法研究所所长，长江学者，法学教授，中国国际私法研究会常务副会长。

Contents

目录

第一编 导　论

第一章　国际文化财产法的概念与价值理念 …… 3
第一节　概念辨析 …… 8
一、文化财产、文化遗产与文物 …… 8
二、本书关于文化财产的定义 …… 15
第二节　价值理念 …… 17
一、国际主义 …… 18
二、国家主义 …… 23
三、国家主义与国际主义的辩证统一 …… 27

第二章　国际文化财产法的基本原理 …… 30
第一节　文化财产条约的基本问题 …… 32
一、条约的缔结 …… 32
二、条约的保留 …… 38
三、条约的生效 …… 43
四、条约的修改 …… 45
五、条约的溯及力 …… 47

六、条约的执行 …… 50
七、条约的解释 …… 56
八、条约的约束力 …… 59
第二节 国际文化财产法的基本原则 …… 61
一、保护优先 …… 61
二、便利科研 …… 65
三、便利公众鉴赏 …… 66
四、主体权利受限 …… 67

第二编 文化财产与武装冲突

第一章 历史回顾 …… 73
第一节 古典时代到海牙规则 …… 74
一、溯源 …… 74
二、法国革命、拿破仑战争与 19 世纪 …… 79
三、海牙公约体系:从孕育到建立 …… 85
第二节 两次世界大战 …… 91
一、第一次世界大战 …… 91
二、第二次世界大战 …… 96

第二章 《1954 年海牙公约》及其第一议定书 …… 102
第一节 《1954 年海牙公约》 …… 104
一、序言 …… 104
二、适用范围 …… 105
三、文化财产的概念 …… 109
四、核心义务 …… 113
五、占领 …… 119
六、特别保护 …… 123
七、国际监督实施机制 …… 130
第二节 《1954 年海牙公约第一议定书》 …… 134
一、制定背景 …… 134
二、核心义务 …… 137
第三节 总结与评价 …… 140

第三章　《日内瓦公约》的两个附加议定书 …… 145
第一节　《第一附加议定书》 …… 146
一、适用范围 …… 146
二、民用物体 …… 147
三、文化财产 …… 149
四、刑事制裁 …… 152
第二节　《第二附加议定书》 …… 155
一、适用范围 …… 155
二、文化财产与平民居民 …… 155
第三节　总结与评价 …… 157

第四章　《1954 年海牙公约第二议定书》 …… 159
第一节　《1954 年海牙公约第二议定书》与《1954 年海牙公约》的关系及其适用范围 …… 162
一、与《1954 年海牙公约》的关系 …… 162
二、适用范围 …… 163
第二节　主要条款解析 …… 165
一、文化财产的一般性保护规定 …… 165
二、重点保护制度 …… 171
三、刑事责任的发展 …… 178
四、新的机制构建 …… 183
第三节　评价及中国加入《1954 年海牙公约第二议定书》的前景分析 …… 187
一、对《1954 年海牙公约第二议定书》的评价 …… 187
二、中国加入《1954 年海牙公约第二议定书》的前景分析 …… 188

第五章　国际司法实践的晚近发展 …… 192
第一节　前南法庭的司法实践 …… 193
一、前南法庭概述 …… 193
二、相关判例的法理分析 …… 194
第二节　国际刑事法院的司法实践 …… 200

一、国际刑事法院概述 …… 200
二、基于马赫迪案的法理分析 …… 201
三、总结与评价 …… 207

第三编 文化财产的返还与归还

第一章 概述 …… 213
第一节 立法回顾 …… 216
一、国内立法 …… 216
二、国际立法 …… 221
第二节 概念辨析 …… 227
一、返还 …… 227
二、归还 …… 230
三、回归与追索 …… 233

第二章 《1970 年公约》 …… 235
第一节 文本分析 …… 236
一、序言 …… 236
二、文化财产的定义 …… 238
三、文化财产的非法进出口 …… 244
四、文化财产所有权的非法转让 …… 256
五、保护文化遗产的国家机构 …… 258
六、惩罚措施 …… 263
七、被占及被管辖领土 …… 264
八、国际合作 …… 266
九、教育与公众意识的提升 …… 272
十、总结与评价 …… 273
第二节 公约操作指南 …… 278
一、制定操作指南的背景 …… 278
二、操作指南分析 …… 280
三、前景展望 …… 291

第三章 《1995 年公约》 …… 294
第一节 基本事项 …… 295
一、性质、名称与宗旨 …… 295
二、《1970 年公约》与《1995 年公约》的关系 …… 297
第二节 文本分析 …… 298
一、适用范围与调整对象 …… 298
二、被盗文物的返还 …… 301
三、非法出口文物的归还 …… 308
四、一般规定 …… 313
五、最后条款 …… 316
六、评价 …… 317

第四章 文化财产归属纠纷的多元化解决机制 …… 319
第一节 司法途径 …… 321
一、国内司法途径 …… 321
二、国际司法途径 …… 324
第二节 司法外途径 …… 328
一、谈判与协商 …… 328
二、仲裁 …… 332
三、调停、斡旋与和解 …… 338
四、两种途径的比较及建议 …… 341

第五章 文化财产追索诉讼的国家豁免问题 …… 343
第一节 基本立场演进 …… 344
一、绝对豁免 …… 344
二、限制豁免 …… 346
第二节 法律适用问题 …… 347
一、国际条约 …… 347
二、习惯国际法 …… 349
三、法院地法 …… 352
第三节 司法管辖豁免事项 …… 353
一、商业行为例外 …… 353

二、征收例外 …… 356
第四节 执行豁免事项 …… 360
一、用于商业目的的文化财产 …… 360
二、跨境借展文化财产的司法免扣押 …… 363
第五节 中国的立场选择与实现路径 …… 365
一、立场选择 …… 365
二、实现路径 …… 369

第四编 不可移动文化财产的保护

第一章 历史回顾 …… 377
第一节 各国国内立法演进史 …… 378
第二节 国际法演进史 …… 380

第二章 《世界遗产公约》 …… 383
第一节 文本分析 …… 384
一、序言 …… 384
二、文化遗产的定义 …… 385
三、文化遗产的真实性 …… 393
四、文化遗产的保护与管理制度 …… 394
五、世界遗产委员会 …… 399
六、国际援助 …… 414
七、行政运作机制 …… 421
第二节 评价 …… 425

第五编 水下文化财产的保护

第一章 概述 …… 431
第一节 历史回顾 …… 433
一、溯源 …… 433
二、水下考古的勃兴 …… 434
第二节 海洋法概述 …… 436
一、海洋法发展回顾 …… 436
二、《海洋法公约》涉及水下文化财产的规定 …… 439

第二章 《水下遗产公约》 …………………………………………………… 447
第一节 缔约背景 ……………………………………………………………… 449
一、国际法协会的准备工作 ……………………………………………… 449
二、联合国教科文组织主导的缔约进程 ………………………………… 452
第二节 文本分析 ……………………………………………………………… 457
一、公约的调整范围 ……………………………………………………… 457
二、公约的目标与一般原则 ……………………………………………… 465
三、公约的管辖权制度 …………………………………………………… 473
四、公约的实施制度 ……………………………………………………… 490
五、和平争端解决制度 …………………………………………………… 496
第三节 评价——兼论中国加入《水下遗产公约》的可行性 ……………… 499
一、评价 …………………………………………………………………… 499
二、中国加入公约的可行性分析 ………………………………………… 502

第六编 文化财产国际治理的规制体系与中国主张

第一章 国际文化财产法规制体系的演进与发展 ……………………… 511
第一节 作为时代产物的文化财产条约 ……………………………………… 512
第二节 文化财产条约的内在关联 …………………………………………… 514
第三节 国际文化财产法规制体系的演进逻辑 ……………………………… 520

第二章 文化财产国际治理的中国主张 ………………………………… 524
第一节 文化财产国际治理的新理念 ………………………………………… 526
一、推进构建人类命运共同体的历史背景 ……………………………… 526
二、人类命运共同体思想引领下的国际文化财产法 …………………… 527
第二节 文化财产的国际治理模式与中国方案 ……………………………… 533
一、文化财产的国际治理模式 …………………………………………… 533
二、文化财产国际治理体系中的联合国教科文组织 …………………… 535
三、加快构建联合国教科文组织主导、多方参与的国际合作机制 …… 541

参考文献 ……………………………………………………………………… 546

后 记 ………………………………………………………………………… 567

第一编

导　论

文化财产是一面巨镜；以之为鉴，人类方可窥见自身之堂奥。

——［美］克莱德·克拉克洪（Clydcfe Kluckhohn）[①]

① Stavrianos, L. S., *A Global History: From Prehistory to the 21st Century*, Upper Saddle River, Prentice Hall, Inc., 1999, p.3.

第一章　国际文化财产法的概念与价值理念

20世纪后半叶以来，在国际法的领地，“文化财产法”（*lex proprietas culturalis*）的发展尤其令人瞩目。[①]从国际立法来看，在联合国教科文组织等国际组织的主导与推动下，文化财产立法已成为当代国际社会着力最多、关注度最高、成效最明显的数个领域之一。到21世纪的第2个10年，一个以国际公约为核心、以国际软法（联大决议、道德准则或行为准则[②]、建议、示范法及宣言等）为侧翼的国际文化财产法律体系已成巨观。[③]从理论研究来看，文化财产法领域新诞生的国际法论著数量之大，如汗牛充栋。可以说，该领域自21世纪以来积累的国际法著述，比整个20世纪都要多。[④]

值得关注的是，与文化财产的国际立法与理论研究相伴发展的，还有迅猛增长的文化财产国际贸易。据统计，文化财产贸易已经成为当代增长最快的主要国际贸

---

① See Fenchner, F. G., *The Fundamental Aims of Cultural Property Law*, International Journal of Cultural Property, Vol. 7:2, p. 376(1998).

② 准确地说，“道德准则”与“行为准则”有细微差别，前者指行为的基本原则，而后者是指体现这些基本原则的行为规则。

③ 参见霍政欣：《追索海外流失文物的法律问题》，中国政法大学出版社2013年版，第98页、第180页。

④ See Forrest, C., *International Law and the Protection of Cultural Property*, Routledge, 2010, preface.

易种类。[①] 尤其是自2008年国际金融危机爆发以来,在国际经济动荡、资本市场低迷的背景下,文化财产特别是珍贵文化财产,因其具有稀缺性与不可替代性而成为国际资本青睐与追逐的对象,这直接导致文化财产的交易价格在经济危机时期不降反升,文化财产贸易成为典型的反经济周期产业。

不过,令人不安的是,在文化财产的巨额贸易量中,有相当一部分属于非法贸易。在文物黑市与拍卖市场上,被盗文物、走私文物以及来源不明的文物大行其道、泛滥成灾,文化财产非法贩运已与毒品交易、军火走私并称为当代世界的三大非法贸易。[②]

需要强调的是,自第二次世界大战结束以来,人类社会整体上处于和平状态,未爆发全球性战争,文化财产没有遭受全局性、系统性破坏。尽管如此,不时爆发的地区性武装冲突与战乱还是给文化财产的安全蒙上了阴影,并直接导致文物贩运在某些地区、某些阶段呈失控之势。譬如,21世纪以来爆发的第二次伊拉克战争、阿富汗战争、俄乌冲突以及利比亚、埃及、叙利亚等国的内乱给这些地区的文化财产造成了重大损失,并导致源自此等区域的大量文物流入国际黑市。特别是宗教极端团体曾在其控制区域大肆破坏文化财产,无数珍贵文物惨遭灭顶之灾,贩卖文物获得的巨额利益一度成为该组织的主要财源之一。[③]可见,在新的国际环境下保护文化财产、打击文化财产贩运还事关打击恐怖主义和维护国际和平安全,需要国际社会高度关注并努力解决。

近年来,随着各国文化主权意识的提升,涉及文化财产归属的国际纠纷呈迅速增长之势,其影响已远远超越经济利益层面。譬如,在第二次鸦片战争期间惨遭英法联军切割并掠走的圆明园青铜兽首,从其被摆上国际拍卖台的那一日,就牵动着亿万中国人的民族情感;[④]又如,2020年我国从日本成功追回天龙山石窟流失佛首,消息甫一公布,就引发海内外高度关注和赞誉。流失文物回

---

① See Claire Smith. ed., *Encyclopedia of Global Archaeology*, Springer, 2014, p. 2.

② See Gruber, S., *The Fight Against the Illicit Trade in Asian Cultural Artefacts: Connecting Domestic Strategies, Regional Cooperation and International Agreements*, AsianSIL Working Paper, May 2012, p. 3.

③ See Bowker, D. W., Goodall, L. & Haciski, R. A., *Confronting Bowker's War on Cultural Property*, American Society of International Law, Vol. 20:12(2016).

④ 参见霍政欣:《追索海外流失文物的法律问题》,中国政法大学出版社2013年版,"代前言"。

归带来的民族荣誉感和文化自信心由此可见一斑。[①] 再如,经长期谈判与磋商,法国同意以“租借方式”将历史上从朝鲜半岛掠夺的外奎章阁图书返还韩国,但这一协议并没有终结两国的龃龉。法国政府反复强调,这批图书仅以租借方式供韩国展览,依据法国法律其所有权仍属法国;而韩国政府则不留情面地予以反驳:这批图书已经永久回归,韩国对其拥有无可辩驳的所有权。[②]

相比之下,希腊与英国之间关于雅典卫城帕特农神庙的埃尔金石雕的归属纠纷,[③]无论是在争议的时间跨度上,还是双方政府的对抗强度上,都更加引人瞩目。在这场旷日持久的文化财产大战中,希腊政府动用了其可支配的全部政治、外交与经济资源,希望英国政府与大英博物馆能将其国宝完璧归赵。然而,英国方面岿然不动,面对强大的舆论与道义压力,以各种理由拒绝归还。[④] 英国启动脱欧程序后,希腊利用这一机会,借助欧盟的力量向英国施压。2020 年年初,希腊提出,欧盟与英国签订的自贸协定须添加新条款,明确要求英方归还埃尔金石雕。随后,多个欧盟成员国政府公开发表支持希腊的声明,要求英国承诺其在脱欧后打击非法文物交易,归还其从他国非法夺取的文物。面对这一前所未有的文物追索压力,英国方面不断强化拒绝返还的立场。2021 年 3 月,时任英国首相鲍里斯·约翰逊(Boris Johnson)对外表态,强调埃尔金雕塑系“由大英博物馆合法拥有”,绝不会将之归还希腊。[⑤] “把被盗的文物还给我们!”希

---

① 参见霍政欣、陈锐达:《文化主权视域下流失文物追索的法理思考——基于石窟寺流失文物的分析》,载《学术月刊》2022 年第 1 期。

② 参见本书第三编第四章第二节。

③ “埃尔金大理石雕”(The Elgin Marbles)是雅典帕特农神庙雕塑中最精华的部分,其名字来自一位将石雕偷运出雅典的英国贵族托马斯·布鲁斯(Thomas Bruce)。他是埃尔金第七世勋爵,同时也是英国驻奥斯曼帝国(希腊当时处于奥斯曼帝国的统治下)的大使。因为倾心于帕特农神庙的一幅幅的大规模古代石雕作品,1801 年起,埃尔金勋爵开始将石雕从庙中卸下并运回英国。他宣称有奥斯曼帝国苏丹王的特许证明,只要不破坏古庙的墙体,他可以搬走庙中的任何东西。1816 年,尽管有人以埃尔金勋爵“毁了雅典”为由极力反对,这些石雕依然被大英博物馆购得,并成为该馆最珍贵的馆藏之一。从此之后,埃尔金大理石雕就一直被存放于大英博物馆。多年来,希腊政府要求英国政府归还之,但迄今未获成功。参见[美]莎明·韦克斯曼:《流失国宝争夺战》,王若星、朱子昊译,浙江大学出版社 2014 年版,第 214 ~ 250 页。

④ See *The British Museum's Position on the Parthenon Sculptures*, https://www.britishmuseum.org/about_us/news_and_press/statements/parthenon_sculptures.aspx, 最后访问日期:2023 年 4 月 30 日。

⑤ 参见霍政欣:《文物追讨骨牌效应令英国窘迫》,载《环球时报》2021 年 11 月 16 日,第 12 版。

腊总理基里亚科斯·米佐塔基斯(Konstantinos Mitsotakis)则通过媒体振臂一呼,强烈要求英国返还埃尔金石雕,并在与约翰逊会晤时将此诉求列为优先议题。[①] 2023年11月26日,米佐塔基斯在会晤英国首相里希·苏纳克(Rishi Sunak)前两天接受英国广播公司采访时表示,将当面向苏纳克提出返还埃尔金石雕的问题,这竟导致英国决定临时取消双边首脑会晤,引发两国外交纠纷和国际社会一片哗然。[②] 希腊和英国围绕埃尔金石雕归属展开的国家角力及其搅动的地缘政治博弈,由此得以显现。

由于许多珍贵文化财产系殖民时期由西方列强从亚非拉地区劫掠而得,其归属受到复杂的政治、历史、文化与民族情感等因素的羁绊,因而与一般的财产纠纷显著不同。不仅如此,某些文化财产因其独特的宗教、历史及国际政治等原因,即便其归属不存在分歧,围绕其管理和使用等事项仍有可能引发国际关注,甚至导致外交关系紧张。

例如,2020年7月,土耳其总统埃尔多安签署命令,决定恢复圣索菲亚大教堂的清真寺功能。[③] 这一决定引发希腊、俄罗斯及美国等国以及欧盟和联合国教科文组织等国际组织的强烈关注和不满。希腊文化部长发出公开信,指责土耳其“狂热的民族主义和宗教情绪”可能打开土耳其与基督教国家之间的“巨大情感鸿沟”。俄罗斯克里姆林宫发言人发表声明,称这座大教堂对俄罗斯人具有“神圣的价值”,希望土耳其认真考虑圣索菲亚大教堂作为世界遗产的地位。俄东正教大牧首基里尔对土耳其的举动深表关切,并指出对圣索菲亚大教

---

① See Tasos Kokkinidis, *Boris Johnson Rules out Return of Parthenon Marbles to Greece*, https://www.theguardian.com/artanddesign/2021/mar/12/boris-johnson-rules-out-return-of-parthenon-marbles-to-greece, 最后访问日期:2023年4月30日。

② 参见白波:《英国与希腊因历史文物引爆外交纠纷》,载《北京日报》2023年11月30日,第3版。

③ 圣索菲亚大教堂(Hagia Sophia)位于土耳其伊斯坦布尔,是一座被誉为“改变了建筑史”的拜占庭教堂建筑,被视作代表希腊文明和基督教文明的杰出艺术作品。公元532年,拜占庭皇帝查士丁尼一世下令在两度被摧毁的拜占庭皇家教堂原址上建造圣索菲亚大教堂。这一杰作是无与伦比的,在17世纪圣彼得大教堂完成前,其一直是世界上最大的教堂。在此后900年间,它成为基督教东正教会中心,也是拜占庭帝王举办加冕礼等重大仪式的首要场地。1453年,奥斯曼土耳其帝国攻占君士坦丁堡,将圣索菲亚大教堂改建为阿亚索菲亚清真寺,移走祭坛、基督教圣像、遗物,用灰浆抹掉马赛克镶嵌画,代之以星月、古兰经读经台敏拜尔、往麦加朝拜的壁龛米哈拉布,并增建宣礼塔等清真寺建筑。1935年,土耳其国父凯末尔下令将教堂改为博物馆。1985年,教堂作为“伊斯坦布尔历史区域”的重要组成部分列入《世界遗产目录》。参见《牛津当代百科大辞典》,中国人民大学出版社2004年版,第1634页。

堂的威胁是对整个基督教文明的威胁,因此也是对俄罗斯人民的精神和历史威胁。如果改变这座历史建筑目前的中立地位,将给俄罗斯人民带来深深的痛苦。此外,美国与欧盟也公开表明立场,对土耳其改变圣索菲亚大教堂的功能表达强烈关注和反对。[①] 联合国教科文组织总干事阿祖莱则正式约见土耳其常驻联合国教科文组织大使表达关切,随即联合国教科文组织官网发表声明指出,总干事对土耳其未与教科文组织讨论即做出决定深表遗憾,并阐述详细理由。[②] 面对国际反对,埃尔多安强硬回应道:"土耳其是由你们,还是由我们来治理？请认清事实！圣索菲亚大教堂的问题不是国际问题,而是土耳其的国家主权问题!"[③]

针对各国因文化财产而引发的外交纷争,美国学者詹姆斯·库诺(James Cuno)将之提升到"文化战争"的高度。[④] 还有学者提出,"文化外交"(cultural diplomacy)已经成为当下各国新的外交着力点,并颇有见地地指出:"在全球化时代,文化也是一种硬通货。各国应慎重、妥善处理文化财产纠纷;否则,只能打起另一种形式的'货币战争',其结果必然是两败俱伤。"[⑤]

可见,文化财产的国际纠纷远非纯粹的财产权益之争,其牵涉的各方利益、吸引的国际关注、牵动的各国神经,是其他任何一种财产纠纷无法比拟的。文化财产成为当代国际立法、理论与实践关注的重点,良有以也。

需要指出的是,尽管国际文化财产法正受到前所未有的关注,但各方对该领域的核心概念("文化财产"的准确含义)从未达成一致。无论是国际公约还是各国学理,均对此有不同理解,甚至对这一术语的称谓本身是否恰当,各方亦

---

① See *The Status of the Hagia Sophia*, *Press Statement*, *Michael R. Pompeo*, *Secretary of State*, https://www. state. gov/the-status-of-the-hagia-sophia/, https://www. state. gov/the-status-of-the-hagia-sophia/; *EU Calls Hagia Sophia's Change in Status to Mosque A regrettable Decision*, https://www. republicworld. com/world-news/rest-of-the-world-news/eu-calls-hagia-sophias-change-in-status-to-mosque-regrettable-decis. html, 最后访问日期:2023 年 4 月 30 日。

② See *UNESCO Statement on Hagia Sophia*, *Istanbul*, https://en. unesco. org/news/unesco-statement-hagia-sophia-istanbul, 最后访问日期:2023 年 4 月 30 日。

③ *Prerna Vijayeni Panda Turkish President Recep Tayyip Erdogan Declares Hagia Sophia A Mosque After Court Ruling*, https://www. republicworld. com/world-news/middle-east/turkish-president-recep-tayyip-erdogan-declares-hagia-sophia-a-mosque. html, 最后访问日期:2023 年 4 月 30 日。

④ See Cuno, J., *Culture War*: *The Case Against Repatriating Museum Artifacts*, Foreign Affairs, Vol. 93:6, p. 119 – 129(2014).

⑤ Stamatoudi, I. A., *Cultural Property Law and Restitution*: *A Commentary to International Conventions and European Law*, Cheltenham, Edward Elgar, 2011, p. 208.

有种种分歧。[1] 在核心概念上缺乏共识,遂成为国际文化财产法最为显著的特点之一。[2] 针对这一现象,意大利学者马力诺·福利哥(Manlio Frigo)撰文写道,各方在这一新兴学科核心概念的分歧与对立,表面上看是措辞之争,实则价值理念与利益之争。[3] 鉴于此,在对国际文化财产法进行系统论述之前,本书先辟一章,专门探讨该领域的核心概念及其隐藏的价值及利益取向。

第一节 概念辨析

一、文化财产、文化遗产与文物

哲学家弗里德里希·尼采(Friedrich Nietzsche)曾说:"凡有历史者,皆无可定义矣";法学先贤更一再教导:"一切定义,在法学上都是危险的"(*Omnis definitis in jure civili periculosa est*)。[4] 作为人类文化的载体,文化财产的历史在本质上是一部人类文明史,从法律上对之作精准定义,难度之大,自不待言。难怪有学者对之望而生畏,叹曰:"给文化财产下定义殊非易事,因为无论是'文化'还是'财产',在法律概念上都是难以捉摸的。"[5]

尽管有此告诫,笔者依然认为必须在开篇对本书的研究对象予以概念上的厘定,因为在法学研究中,给研究对象下定义,再难为之,也须为之;否则,无明确研究的目标,将无法划定研究的范围,更毋言提示研究的重点。诚如瑟曼·阿诺德(Thurman Arnold)指出:[6]

> 法学上的研究对象,在不少情况下,的确是难以定义的。然而,法律人一定不能放弃对之下定义的努力。唯有如此,才能实现法律为理性与可知事物之理想。换言之,这是维护"法律理想"所必需的文字费

---

① 参见霍政欣:《追索海外流失文物的法律问题》,中国政法大学出版社 2013 年版,"代前言",第 27 页。

② 参见[美]弗里德里希·K. 荣格:《法律选择与涉外司法》,霍政欣、徐妮娜译,北京大学出版社 2007 年版,第 1 页。

③ See Frigo, M., *Cultural Property v. Cultural Heritage: A "Battle of Concepts" in International Law?*, International Review of Red Cross, Vol. 86:854, p. 367(2004).

④ Russell, B., *A History of Western Philosophy*, Simon & Schuster, 1945, p. 761.

⑤ Forrest, C., *International Law and the Protection of Cultural Property*, Routledge, 2010, p. 1 – 2.

⑥ Arnold, T., *The Symbols of Government*, Yale University Press, 1935, p. 36 – 37.

用,尽管这一费用极其巨大且永无止境。法学家正是在这种无休止的努力中,才能从非理性的世界向理性世界不断接近。

首先需要指出,直到今天,国际法上仍不存在得到普遍接受的"文化财产"的定义。与此同时,还有几个相似术语常与之相提并论,主要包括"文化遗产"与"文物"等。尽管这些术语各自的含义及其区别尚不十分明确,且处于演进与变化之中,但通过梳理这些术语出现的特定背景,并对其使用的语境作仔细辨析,仍然可以对之作出相对客观、准确的界定。

率先使用"文化财产"(cultural property)这一表述的全球性国际公约是1954年联合国教科文组织主持制定的《关于发生武装冲突情况下保护文化财产的公约》(以下简称《1954年海牙公约》)。16年后,在联合国教科文组织第16届大会上通过的《关于禁止和防止非法进出口文化财产和非法转让其所有权的方法的公约》(以下简称《1970年公约》)也使用了"文化财产"的表述。1999年3月26日通过的《1954年海牙公约第二议定书》亦承袭了这一措辞。

最早使用"文化遗产"(cultural heritage)这一表述的全球性国际公约是1972年联合国教科文组织主持制定的《保护世界文化和自然遗产公约》(以下简称《世界遗产公约》);该组织主持制定的2001年《保护水下文化遗产公约》(以下简称《水下遗产公约》)及2003年《保护非物质文化遗产公约》(以下简称《非遗公约》)亦因循这一术语。

相比之下,1995年《国际统一私法协会关于被盗或者非法出口文物的公约》(以下简称《1995年公约》)则另辟蹊径,使用了"文物"(cultural objects)这一表述。值得注意的是,由于《1995年公约》旨在弥补《1970年公约》的漏洞(尤其是在私法领域的缺陷),因而前者草案(英文本)一直使用"文化财产"的表述。但是在公约的谈判过程中,这一用语引发了激烈争论:一些专家认为,"财产"在法律上具有误导性,主张以"遗产"替代之;而另一些专家则坚决反对使用"遗产",指摘其为"情感语言"(emotive language)而非法律概念。两派观点互不相让,僵持不下。最后,在国际统一私法协会的协调下,公约选择了"文物"这一折中性表述,才得以化解这一分歧。①

---

① 有意思的是,公约法文本从草案到最终定稿均使用了"文物"(*biens culturels*)的表述。See Prott, L. V. & O'Keefe, P. J., "*Cultural Heritage*" *or* "*Cultural Property*"?, International Journal of Cultural Property, Vol. 1:2, p. 307(1992).

尽管在使用"文化财产"抑或"文化遗产"的问题上,参与国际立法的各方有时显得十分固执,然而如果梳理上述公约的条文,便可发现,这两个术语之间并非泾渭分明。譬如,《1954 年海牙公约》在名称中使用了"文化财产"的措辞,但其第 1 条"文化财产的定义"却出现了"文化遗产"的表述。依之,受公约保护的"文化财产"应包括对各国人民的"文化遗产"具有重大意义的动产或不动产。又如,尽管《世界遗产公约》在名称中明确使用"遗产"的措辞,但在其条文中,"财产"是一个使用率相当高的词汇。①

值得强调的是,尽管上述公约(无论是名称上使用"文化财产",还是"文化遗产"的公约)的调整对象在整体上具有近似性,但它们均未对其调整对象给出一般意义上的定义。相反,在对其调整对象予以定义时,这些公约无一例外地加上了"为本公约之目的"(for the purpose of this Convention)的措辞或类似限制性表述,以强调其定义适用范围具有严格、特定的针对性。对此,有学者解释如下:②

> 这些公约均系为解决具体问题而专门制定的,因此它们仅提供了具有严格针对性的解决方案,而未能提出一个得到普遍认可的、统一的文化遗产(或文化财产)的概念,遑论释明其使用之概念所隐藏的深层次含义。这正是难题之所在。换言之,国际文化遗产法(或国际文化财产法)的核心,即其调整对象的确切性质,尚处于不确定状态之中,其发展所倚赖的基本原则也未臻协调和统一。

由此可见,当代文化财产领域的国际立法缺少宏观布局与顶层谋划,现有国际公约均是在特定的国际政治、经济、文化及历史条件下,基于现实需要与实际可行性等多种因素综合作用的产物。职是之故,在文化财产领域,既存的每部公约仅针对其各自语境,对其调整对象作出"为达特定目的"(*ad hoc*)的定义。到目前为止,国际法上还不存在精确的、得到普遍认同的、统一的文化财产、文化遗产或文物的概念。不同国家在不同语境下、不同学者基于不同的学

① 从该公约的条文来看,"财产"共出现 23 次,"遗产"共出现 77 次。

② Blake, J., *Commentary on the UNESCO 2003 Convention on the Safeguarding of Intangible Cultural Heritage*, Institute of Art and Law, 2006, p. 85.

术考量,可以选择使用其偏好的术语,只要能作出合理的解释即可。① 鉴于此,本书使用"文化财产"的表述和概念,这是基于该措辞的语义、其隐含的价值及利益取向而作出的选择。

首先,文化遗产在涵盖范围上要广于文化财产。② 文化遗产旨在表达一种"须善加保护以代代相传的文化传承的表现形式"③,不仅包括有形遗产,也包括无形遗产,如各种类型的民族传统和民间知识、各种语言、口头文学、风俗习惯、民族音乐、舞蹈、礼仪、手工艺、传统医学、建筑术以及其他艺术等。所以,《非遗公约》使用"文化遗产"的措辞,并对之进行相应的定义。④ 与此不同,凡在名称上使用"文化财产"的国际公约,其调整对象均为有形之标的,而不包括无形之标的。

需要强调,虽然有形(物质)文化财产与无形(非物质)文化遗产均属于广义文化遗产的范畴,并共享一些特点与原则,⑤但由于两者在存在形式等诸多方面具有本质区别,调整这两类标的的法律制度,无论是在宗旨和原则上,还是在具体的保护方法上均有明显不同。此外,在某些情况下,无形文化遗产的保护可能与有形文化财产的保护相冲突。例如,为保护、修缮历史古城的建筑,在特定情况下需要将居住在此的原住民迁出,而这必然影响到他们的风俗习惯。事实上,正是由于有形文化财产与无形文化遗产之间存在如此明显的区别,绝大

① See Forrest, C., *International Law and the Protection of Cultural Property*, Routledge, 2010, p. 29.

② 参见霍政欣:《追索海外流失文物的法律问题》,中国政法大学出版社 2013 年版,"代前言",第 32 页。

③ Blake, J., *On Defining the Cultural Heritage*, International and Comparative Law Quarterly, Vol. 49:1, p. 61(2000).

④ 对于无形文化遗产,或非物质文化遗产,《非遗公约》第 2 条作如下定义:在本公约中:(一)"非物质文化遗产",指被各社区、群体,有时是个人,视为其文化遗产组成部分的各种社会实践、观念表述、表现形式、知识、技能以及相关的工具、实物、手工艺品和文化场所。这种非物质文化遗产世代相传,在各社区和群体适应周围环境以及与自然和历史的互动中,被不断地再创造,为这些社区和群体提供认同感和持续感,从而增强对文化多样性和人类创造力的尊重。在本公约中,只考虑符合现有的国际人权文件,各社区、群体和个人之间相互尊重的需要和顺应可持续发展的非物质文化遗产。(二)按上述第(一)项的定义,"非物质文化遗产"包括以下方面:1. 口头传统和表现形式,包括作为非物质文化遗产媒介的语言;2. 表演艺术;3. 社会实践、仪式、节庆活动;4. 有关自然界和宇宙的知识和实践;5. 传统手工艺。

⑤ 譬如,两者均为文化的表现载体,均具有民族性、不可替代性等,须予以保护等。

多数国家对两者采取了分别立法的模式。① 例如，中国早在1982年就颁布了《中华人民共和国文物保护法》（以下简称《文物保护法》），依据该法第2条的规定，其调整对象仅限于有形文化财产；②而直到2011年中国才制定《非物质文化遗产法》。③

鉴于调整有形文化财产的当代法律体系已足够庞大，且其与调整无形文化遗产的法律制度在宗旨、规则等方面存在本质区别，本书仅以有形文化财产为研究对象，而不涉及非物质文化遗产。在这种情况下，选取"文化财产"这一表述无疑更符合本书旨趣。

其次，文化财产与文化遗产所反映的价值理念有所不同。"财产"在法律意义上必然与所有权相关联，因此，文化财产通常与特定的个人、民族或国家的所有权相联系；而"遗产"往往体现客体的历史传承价值，暗示其中的普遍价值，即"全人类的共同遗产"。职是之故，持国家主义或民族主义的学者倾向使用"文化财产"，而持国际主义的学者则更习惯于使用"文化遗产"。④ 从这个角度上说，本书选用文化财产的表述，契合中国作为文物资源大国与文物流失国的国家立场与利益。

需要提及的是，有西方学者认为，"财产"更强调经济与商业价值，而"遗产"更突出文化内涵与精神价值，因此"文化遗产"这一措辞更符合当代法律精

---

① 日本是少数合并规定有形文化财产与非物质文化遗产的国家之一。日本于1950年颁布《文化财产保护法》，并于1975年对该法进行修订。该法关于文化财产的定义含义极其宽泛，不仅包括有形的文化财产，还包括无形的文化遗产，如技艺和技能以及其他具有历史和艺术价值的文化财产和维持文化遗产的传统工艺等。See Fenchner, F. G., *The Fundamental Aims of Cultural Property Law*, International Journal of Cultural Property, Vol. 7:2, p. 378(1998).

② 该法分别在1991年、2002年、2007年、2013年被修改或修订。目前，我国《文物保护法》正酝酿大修。

③ 该法由中华人民共和国第十一届全国人民代表大会常务委员会第十九次会议于2011年2月25日通过，自2011年6月1日起施行。该法第2条规定："本法所称非物质文化遗产，是指各族人民世代相传并视为其文化遗产组成部分的各种传统文化表现形式，以及与传统文化表现形式相关的实物和场所。包括：(一)传统口头文学以及作为其载体的语言；(二)传统美术、书法、音乐、舞蹈、戏剧、曲艺和杂技；(三)传统技艺、医药和历法；(四)传统礼仪、节庆等民俗；(五)传统体育和游艺；(六)其他非物质文化遗产。属于非物质文化遗产组成部分的实物和场所，凡属文物的，适用《中华人民共和国文物保护法》的有关规定。"

④ See Greenfield, J., *The Return of Cultural Treasures*, 3rd ed., Cambridge University Press, 2007, p. 366.

神。[1] 对此,澳大利亚学者林戴尔·普罗特(Lyndel V. Prott)撰文道:[2]

> 文化财产法隐含的首要政策是对财产所有者权利的保护。因此,如果某人拥有一幅堪称瑰宝的古画,那么在他去世后,依其遗愿将这幅画作为陪葬品埋入地下,无疑是合乎逻辑的。文化遗产法的政策则与此不同,它暗含了对后代人文化权利的尊重,故以保护遗产本身为首要原则。

然而,上述观点的主观性过强,其论证过程既不严密也无任何立法或判例资料的佐证。事实上,"遗产"和"财产"的措辞,完全可以作出相反的引申:遗产是面向历史的,它旨在强调所言之标的为祖先留给我们的遗产;财产则是面向未来的,它意指所称之标的不是祖先留给我们的遗产,而是子孙托付给我们保管的财富。因此,文化财产的深意是:作为当代人,我们没有权利和理由仅为自己这一代人的眼前利益而随意利用、处置之,更不能随意毁坏之;相反,为了子孙后代的长远利益,我们必须对之善加保护,使之代代相传。

最后,需要在"文化财产"与"文物"这两个术语之间作一辨析。如前所述,由于缔约过程中出现分歧,《1995 年公约》最终采用了"文物"的表述,但依据其第 2 条及附件的规定,[3]该公约所指的"文物"与《1970 年公约》所指的"文化财

---

① See Frigo, M., *Cultural Property v. Cultural Heritage: A "Battle of Concepts" in International Law ?*, International Review of Red Cross, Vol. 86:854, p. 369(2004).

② Prott, L. V. & O'Keefe, P. J., "*Cultural Heritage" or "Cultural Property" ?*, International Journal of Cultural Property, Vol. 1:2, p. 307(1992).

③ 该公约第 2 条规定:"为本公约之目的,文物系指因宗教或者世俗的原因,具有考古、史前史、历史、文学、艺术或者科学方面重要性,并属于本公约附件所列分类之一的物品。"公约附件共列 11 类物品,分别如下:(1)动物群落、植物群落、矿物和解剖以及具有古生物学意义的物品的稀有收集品和标本。(2)有关历史(包括科学、技术、军事及社会史),有关国家领袖、思想家、科学家、艺术家之生平以及有关国家重大事件的财产。(3)考古发掘(包括正常的和秘密的)或考古发现的成果。(4)业已肢解的艺术或历史古迹或考古遗址之构成部分。(5)100 年以上的古物,如铭文、钱币和印章。(6)具有人种学意义的文物。(7)有艺术价值的财产,如:①全部是手工完成的图画、绘画和绘图,不论其装帧框座如何,也不论所用的是何种材料(不包括工业设计图及手工装饰的工业产品);②用任何材料制成的雕塑艺术和雕刻的原作;③版画、印片和平版画的原件;④用任何材料组集或拼集的艺术品原件。(8)稀有手稿和有特殊意义的(历史、艺术、科学、文学等)古物、古书、文件和出版物,不论是单个的或整套的。(9)邮票、印花税票及类似的佐证,不论是单张的或整套的。(10)档案,包括有声、照相和电影档案。(11)100 年以上的家具物品和古乐器。

产”并无不同。因此,从现存国际公约来看,两者之间并无实质性区别。

不过,具体到中国语境下,两者之间存在明显差别。对于“文物”,《现代汉语词典》的定义是:历代遗留下来的在文化发展史上具有价值的东西,如建筑、碑刻、工具、武器、生活器皿和各种艺术品等。[①] 可见,汉语语境下的文物具备一个关键属性,即历史性。换言之,当代物品,如当代画作或艺术品,即便其文化价值再大,也不属于文物的范畴。这一概念被我国《文物保护法》充分体现,该法第 2 条第 1 款规定如下:

> 在中华人民共和国境内,下列文物受国家保护:(一)具有历史、艺术、科学价值的古文化遗址、古墓葬、古建筑、石窟寺和石刻、壁画;(二)与重大历史事件、革命运动或者著名人物有关的以及具有重要纪念意义、教育意义或者史料价值的近代现代重要史迹、实物、代表性建筑;(三)历史上各时代珍贵的艺术品、工艺美术品;(四)历史上各时代重要的文献资料以及具有历史、艺术、科学价值的手稿和图书资料等;(五)反映历史上各时代、各民族社会制度、社会生产、社会生活的代表性实物。

由此可见,在中国法律语境下,文物的范围明显小于国际法律文件中文化财产的范围,因为除包括历史遗留下来的具有文化价值的物品以外,后者还包括具有文化价值的当代物品,如当代艺术品。考虑到在现行国际文化财产公约体系下,文化财产的准确定义最终取决于各缔约国国内法的具体规定,即各国拥有对文化财产作出具体定义的自主权。[②] 我国《文物保护法》使用“文物”这一措辞,并对之给予明确定义,可视为中国在国内法层面对国际法律文件中的文化财产作出的具体规定。鉴于本书旨在国际法框架下展开研究,使用“文化财产”显然要比“文物”更为切题。

综合以上原因,笔者将本书书名定为《国际文化财产法原论》。与“文化遗产”或“文物”相比,“文化财产”这一表述,无论是涵盖的范围,还是反映的价值与使用的语境,均更加契合本书主题。只有在所讨论的特定国际条约(如《世界遗产公约》或《水下遗产公约》)使用“文化遗产”时,本书有关章节的具体行文

① 参见《现代汉语词典》(第 7 版),商务印书馆 2016 年版,第 1373 页。

② 详见下一节的论述。

才会转而使用该表述。

二、本书关于文化财产的定义

黑格尔认为,核心概念的展开就是全部理论。① 为此,本节对文化财产的概念展开学理阐释。作为本书研究对象的文化财产,其含义受制于两个限定性条件:第一,仅限于有形文化财产,不包括无形(非物质)文化遗产;第二,仅限于国际法层面上的文化财产,而非各国国内法层面上的文化财产。鉴于国际法上并不存在精确、划一的文化财产概念,此处对本书语境下的文化财产作出界定,以厘定本书的研究范围、揭示研究重点与旨趣。

鉴于"文化"是一个难以精确定义的术语,为避免踏入无数学者早已陷身其中的"学术沼泽",②笔者无意从"文化"的含义入手探究文化财产的定义,而以文化财产在国际法上的外延为切入点厘定其涵盖范围。事实上,这一视角对于文化财产的国际法保护特别具有重要性,因为国际文化财产法外延边界的阙如已导致一种危险的蔓延趋势:"如今,'文化'一词被越来越多地用作口号和标语,而非法律术语,因而文化财产这一法律分支正被危险地扩大。在文化财产法尚处于成长发育期的当下,扩大其定义的冲动几乎难以压抑,这一点值得警惕。"③

与对文化财产作过于严格的限制性解释相比,过于宽泛的扩张性解释对文化财产的损害更为明显:前者只会缩减法律保护的范围,从而使部分本应得到保护的文化财产无法纳入法律保护之列;而后者则会从整体上动摇文化财产法律体系的实际效力,使之陷入形同虚设的危局。因此,一个范围适当、外延相对清晰的文化财产的概念对于构建体系合理、行之有效的文化财产国际法律体系甚为关键。

由于对文化财产进行精确定义不具可行性,联合国教科文组织"促进文化

---

① 参见汪丁丁:《新政治经济学讲义:在中国思索正义、效率与公共选择》,上海人民出版社2013年版,第537页。

② See Prott, L. V., *Problems of Private International Law for the Protection of the Cultural Heritage* (*Vol. 217*), in Recueil des cours, Martinus Nijhoff, 1990, p. 224.

③ Fenchner, F. G., *The Fundamental Aims of Cultural Property Law*, International Journal of Cultural Property, Vol. 7:2, p. 377 – 378(1998).

财产归还原属国或返还非法占有文化财产政府间委员会”(以下简称 ICPRCP)①选择对之予以概括性定义:“文化财产是指对于特定国家(民族)的文化身份具有独特代表意义的财产。”②考虑到该组织的权威性,笔者认为,在关于文化财产的各种既有概念中,上述定义最具代表性,可以作为讨论的原点。

第一,这一概念表明,文化财产必须是关于文化的。由于文化的创造主体只能是人,包括作为个体的人和作为群体的人,③因此,稀有矿物、自然风貌等非人类创造的客体不在文化财产的涵盖范围内,这些标的虽然也需要法律保护,但因其性质与文化财产迥异,应受制于不同的法律体系。只有在某些例外情况下,文化财产与自然遗产才有可能受同一法律体系调整,如前面提及的《世界遗产公约》构建了统一适用于世界文化遗产和世界自然遗产的法律体系。同理,对于动物创造出来的“艺术品”,纵使其市场价格再高,也不属于文化财产的范畴。④ 至于古人类化石、人类骨骸、古生物化石等标的,虽然它们不是人类智力创造的成果,但因其或多或少与人类的生活与文化有某种关联,故可将之纳入文化财产的概念,适用文化财产的法律规则。例如,我国《文物保护法》第 2 条第 3 款规定:“具有科学价值的古脊椎动物化石和古人类化石同文物一样受国家保护。”

第二,并非所有“关于文化的财产”均属于国际法上的文化财产,均须得到国际法的保护,只有“对于特定国家(民族)的文化身份具有独特代表意义的财

---

① 1978 年 10 月,联合国教科文组织第 20 届大会决定成立一个专门的政府间委员会来促进文化财产归还或返还其原属国,并以“联合国教科文组织促进文化财产归还原属国或返还非法占有文化财产政府间委员会”(The UNESCO Intergovernmental Committee for Promoting the Return of Cultural Property to its Countries of Origin or its Restitution in case of Illicit Appropriation)作为其正式名称。

② 英文原文为:Cultural property refers to property which is particularly representative of cultural identity of a given nation. See Greenfield, J., *The Return of Cultural Treasures*, 3rd ed., Cambridge University Press, 2007, p.365.

③ 《新牛津英语大辞典》对“culture”定义如下:The arts an other manifestations of human intellectual achievement regarded. See Pearsall, J. ed., *The New Oxford Dictionary of English*, Oxford University Press, 1998, p.447.

④ 2005 年 6 月 20 日,在英国伦敦博纳姆拍卖行举行的拍卖会上,大猩猩“刚果”的三幅参拍作品被一位私人收藏家以天价 14,400 英镑拍得。“刚果”生于 1954 年,是来自伦敦动物园的“天才画家”,2 岁至 4 岁年间创作了大约 400 幅绘画作品,有“猿类的塞尚”(印象主义绘画大师)之称。1964 年,“刚果”患肺结核死亡,时年 10 岁。参见岳玉苓:《大猩猩涂鸦之作拍出天价》,载新浪网,http://news.sina.com.cn/o/2005-06-22/18416243559s.shtml。

产”,即构成“国家(民族)珍宝”(national treasures),才属于国际法的调整范畴。考虑到全世界范围内的文化财产几乎是难以尽数的,在重要性上亦霄壤有别,要求国际法对所有文化财产不加区别地予以普遍保护,既无必要,也不具可行性。因此,对文化财产做必要的分类,依其重要性分别在“本地”(local)、“国家”(national)及“国际”(international)层面上予以保护,不仅合理,亦为唯一可行的方法。有学者将这一方法概括为“隶属性原则”(the Principle of Subsidiarity),依之,能在本地层面得到解决的问题,不应上升到国家层面;在国家层面可以得到妥善解决的问题,不应上升到国际层面交由国际法解决。[①] 从当前国际法的实践来看,对于哪些文化财产构成“国家(民族)珍宝”,因而属于国际法的保护范畴,国际条约通常采取如下方法:原则上各国得自主确定,但其自主权的行使须受到必要限制。[②] 不过,隶属性原则并没有为如何分类设置具体、客观、准确的标准,各国在实践中依然具有较大的自由裁量权。一般而言,在对所涉及的文化财产进行分类时,各国通常以科学、艺术与历史价值作为判断其重要性的主要考量因素。[③]

综上所述,本书所称的文化财产可定义如下:因其具有科学、艺术或历史价值而对特定国家或民族的文化身份具有特别代表意义的有形标的,受国际法保护。在现存国际法规则下,各国有权对属于其缔结或参加的国际公约保护的文化财产进行定义,但其自主权的行使应以符合公约的宗旨与规定为限。

第二节 价值理念

从根本上来说,关于文化财产的种种名称与概念之争是价值理念与利益之争。事实上,从其诞生之初直到今天,绝对的“国际主义”与绝对的“国家主义”(也称“民族主义”)就分立在国际文化财产光谱的两端。[④] 质言之,国际文化财

---

① See Fenchner, F. G., *The Fundamental Aims of Cultural Property Law*, International Journal of Cultural Property, Vol. 7:2, p. 380(1998).

② 《关于禁止和防止非法进出口文化财产和非法转让其所有权的方法的公约》第1条即典型例证。

③ See Greenfield, J., *The Return of Cultural Treasures*, 3rd ed., Cambridge University Press, 2007, p. 365.

④ See Stamatoudi, I. A., *Cultural Property Law and Restitution: A Commentary to International Conventions and European Law*, Edward Elgar, 2011, p. 19.

产法的发展与演进，就是这两种对立的价值理念相互斗争、相互妥协的过程：在国际文化财产法诞生之初，国际主义居于主导地位；随着亚非拉国家在20世纪中叶以后逐渐走上民族独立与富强之路，国家主义后来居上，迅速成为左右国际文化财产法发展的主要价值理念；进入21世纪以后，绝对的国际主义与绝对的国家主义均已失去往日的吸引力，国际文化财产法的光谱正从两端向中心收缩，较为温和的妥协性或折中性理念逐渐显现感召力与吸引力。

一、国际主义

在国际文化财产法的语境下，传统意义上的国际主义是指文化财产是全人类共同的财产，而不能由某个国家或民族独享。因此，文化财产不应受到国界的束缚，其国际自由贸易应当得到保障。这种理念的主要依据是：人类拥有共同的祖先，各民族的历史是相互影响、相互融合的整体，无法彼此割裂；作为文明的载体，文化财产构成人类的共同财富。①

与国家主义相比，国际主义产生的历史更为久远。早在文艺复兴时期，这一理念便开始孕育与发展，这一时期国际法初现端倪，欧洲精英阶层流行着一种观点：艺术、文学与科学组成了“国际共同财富”，属于泛欧“文艺共同体”（*respublica literaria*）。② 这一概念折射出彼时西方学术界对古埃及、古希腊等古代文明及古物的兴趣正处于勃发状态，直接促成近现代意义上考古学的形成，并迅速成长为显学。③ 拿破仑发动对外战争时期，法军在南欧、北非等地系统性劫掠、征收艺术品，并将之带回巴黎，从某种意义上说，正是“文学、科学与艺术属于国际共同财富”这一理念驱使的产物。④ 文化财产属于全人类的观点也得到该时期欧洲判例法的支持。⑤

---

① See Williams, S. A., *The International and National Protection of Movable Cultural Property: A Comparative Study*, Oceana Publication, 1978, p. 52.

② “*respublica literaria*”系拉丁语，字面意思是“文学共和国”，是指18世纪盛行于欧洲的，由知识精英组成的思想与文化“共和国”。它不受地域和国别限制，这一概念对启蒙时代的欧洲学者影响很大。

③ See Forrest, C., *International Law and the Protection of Cultural Property*, Routledge, 2010, p. 12.

④ See Merryman, J. H., *Cultural Property Internationalism*, International Journal of Cultural Property, Vol. 12:1, p. 11 (2005).

⑤ See The Verdict of Vice Admiralty Court in Halifax of 21 April 1813 (Judge Sir A. Croke), quoted after Moore, J. B., *A Digest of International Law*, Washington: G. P. O., 1906, p. 460.

具有讽刺意味的是,第二次鸦片战争时期,英、法当局给其侵华部队发放的《战争法手册》也反映了这一理念:艺术收藏品、馆藏图书与档案是全人类的财富,因此,尽可能使之免受战争的影响符合所有人的利益,毁坏或劫掠之是违反国际法的行径。① 所以,即便在英法两国,劫掠、焚毁圆明园的行径在当时依然引发强烈谴责。例如,法国文学巨匠维克多·雨果(Victor Hugo)曾发表一封公开信,信中写道:

> 有一天,两个来自欧洲的强盗闯进了圆明园。一个强盗洗劫财物,另一个强盗放火……我们把欧洲所有大教堂的财宝加在一起,也许还抵不上东方这座了不起的富丽堂皇的博物馆。那里不仅有艺术珍品,还有大堆的金银制品。丰功伟绩!收获巨大!两个胜利者,一个塞满了腰包,这是看得见的,另一个装满了箱箧。他们手挽手,笑嘻嘻地回到欧洲。这就是这两个强盗的故事……我们欧洲人是文明人,中国人在我们眼中是野蛮人。这就是文明对野蛮所干的事情……将受到历史制裁的这两个强盗,一个叫法兰西,另一个叫英吉利。②

甚至连参与劫掠圆明园的英军将领查尔斯·乔治·戈登(Charles George Gordon)也不得不承认:“你很难想象,我们付之一炬的建筑有多么美丽辉煌……烧掉它们真令人心痛……对一支军队而言,那是丧失士气的卑劣行径。每个人因抢劫而疯狂。”③

20世纪上半叶,文化财产的国际主义原则也得到了诸多权威国际组织的确认。例如,第一次世界大战结束后建立的国际联盟(League of Nations)明确提出,建筑、艺术品等不是各国的遗产,而是整个世界的遗产,因此保护它们是为

---

① See O'Keefe, R., *The Protection of Cultural Property in Armed Conflict*, Cambridge University Press, 2006, p. 21.

② Lettre de Victor Hugo au capitaine Butler sur le Palais d'Ete(1860). 信的法文版可访问:https://www.reseau-canope.fr/planete-chinois/pistes-pedagogiques/titre-de-la-piste/article/la-lettre-de-victor-hugo-au-capitaine-butler-sur-le-sac-du-palais-dete-1860-lycee-histoire.html,最后访问日期:2023年4月30日。

③ [美]卡尔·梅耶、谢林·布莱尔·布里萨克:《谁在收藏中国》,张建新等译,中信出版集团2016年版,第15页。

了全人类的福祉。[①] 国际博物馆协会(International Council of Museums)于成立之初即指出,出于全人类整体利益的考量,艺术资源丰富的国家仅仅是这些资源的保管者。[②] 20 世纪中期,国际主义发展到顶点,《1954 年海牙公约》则是其充分体现。依据该公约,文化财产并不是某个国家或民族或特定的领土的专属品,它们构成世界文化遗产,因而属于全人类。职是之故,该公约旨在保护文化财产免受战争破坏,而未在原则上支持文化财产原属国提出的返还或归还请求。[③]

在国际主义原则的支配下,国际文化财产法领域的主要观点有:不应对文化财产的跨国流转进行限制;对于文化财产的出境是否非法,文化财产原属国没有决定权;一国颁布的文化财产出口禁令或限制令以及对文化财产的国有化令在其领土之外没有效力。显而易见,这些观点与 20 世纪后期制定的诸多国际文化财产公约(如《1970 年公约》与《1995 年公约》)所体现的基本原则明显不符,因此,凡持国际主义理念的学者,大都反对其所在国(通常是文化财产流入国)加入此类公约;如未能阻止,则力主依据国际主义理念对这些公约进行限制性解释。

虽然文化财产的国际主义理念在当下已趋式微,但其拥趸仍为数不少,尤其是在文化财产流入国,其影响不可小觑。2002 年 12 月,西方 18 所著名博物馆联合签署的《环球博物馆价值宣言》即为典型例证。[④] 该宣言如下:

> 必须坚决遏制考古学、艺术及人种学物品的贩运,这是国际博物馆界的共同信念。然而,我们应同时认识到,对于历史早期获得的文

---

① See Toman, J., *The Protection of Cultural Property in the Event of Armed Conflict*, Dartmouth, 1996, p. 19.

② See Forrest, C., *International Law and the Protection of Cultural Property*, Routledge, 2010, p. 13.

③ See Stamatoudi, I. A., *Cultural Property Law and Restitution: A Commentary to International Conventions and European Law*, Edward Elgar, 2011, p. 19.

④ 该宣言是"国际大规模展览组织者协会"于 2002 年 12 月在德国慕尼黑召开的一次会议上通过的。包括伦敦大英博物馆、巴黎卢浮宫、圣彼得堡国家博物馆、柏林国家博物馆、波士顿精品艺术馆、纽约大都市博物馆、纽约现代美术馆、洛杉矶保尔·盖特博物馆、芝加哥艺术研究院、费城艺术博物馆在内的世界上 18 所著名博物馆馆长联合签署了该宣言。See *Declaration on the Importance of and Value of Universal Museums*, http://www.tomflynn.co.uk/UniversalMuseumsDeclaration.pdf, 最后访问日期:2023 年 4 月 30 日。

物,应以能反映早期历史阶段的不同感知力与价值观加以看待。那些数十年前甚至数百年前就被摆放在欧美博物馆的文物,它们被获取的条件与今日不具可比性。

随着时间的流逝,早期以各种方式——无论是购买、捐赠,还是分割(分切)——获得的文物已经构成精心看护它们的博物馆的一部分,并由此构成博物馆所在国文化遗产的一部分。今天,我们深刻理解每件文物的原初背景,但是我们亦不应忽视如下事实,即对于那些很早以前就离开其原属地的文物,博物馆亦提供了卓有效力与价值的背景。古代文明所创制的物品,如果不是被摆放在对公众开放的国际性著名博物馆里,那么,当代世界对古代文明的广泛崇敬就不可能得以形成。事实确实如此,古希腊雕像即为明证。对古希腊艺术的欣赏始于古典时代,复兴于文艺复兴时期的意大利,后来则扩展至整个欧洲与美洲。古希腊雕像被世界各地的公共博物馆所收集,这是其对于全人类具有重要性和对当代世界具有持久价值的标志。更为重要的是,由于能与其他伟大文明的产物一起陈列展出,这些作品所体现的古希腊独特美学价值才能更加强烈地体现出来。

对于这些博物馆,如何面对将多年来一直属于它们的展品予以归还的呼吁已经成为一个重要事项。尽管具体案例需要具体评判,但是我们必须认识到,博物馆不仅仅是为某个国家的公民服务的,而是为所有国家的公民服务的。博物馆是文化发展的媒介,其任务在于通过持续不断的重新解释过程来增进知识,而每一件文物均对这一过程有所助益。博物馆的展品原本具有多元化的特点,缩减其范围会损害所有参观者的利益。

显而易见,文化财产的国际主义构成了上述宣言的价值基础与主基调,依之,“环球博物馆”(universal museums)早期以各种方式获得的他国文化财产,已经构成这些博物馆的一部分,并由此构成其所在国文化遗产的一部分。更为重要的是,该宣言提出,与一般意义上的博物馆不同,环球博物馆好似“百科全书式的”博物馆,旨在向参观者提供一个参观、鉴赏、比较全人类各种文明与文化成果的平台。因此,由环球博物馆继续持有、展览、收藏这些文化财产符合各国人民的利益。

上述主张看似合理,但只要对其行文稍加推敲,即可发现,以国际主义理念为基石、以环球博物馆为核心概念的《环球博物馆价值宣言》存在一个无法自辩的逻辑悖论:一方面,它高擎文化财产的国际主义旗帜,声称"博物馆不仅仅是为某个国家的公民服务的,而是为所有国家的公民服务的";另一方面,它却强调这些源自他国的文化财产已经构成所谓环球博物馆的一部分,并由此构成这些博物馆所在国文化遗产的一部分。如此,它不可避免地陷入了文化财产国家主义的窠臼。

《环球博物馆价值宣言》一经发布就广受诟病,国际法学界与主要国际组织均对之提出批评,包括中国在内的广大文物流出国更明确表示反对。[①]

首先,该宣言试图将博物馆分为两类:一类为展示全人类文明的环球博物馆,另一类则为展示本国或本民族文明的国家或民族博物馆。然而,该宣言并没有提供划分的科学依据与区分的具体标准。事实上,签署该宣言的 18 家博物馆均为其所在国政府或国民拥有及管理的国别博物馆。换言之,所谓的环球博物馆,其性质并不是真正国际性或全球性的。只要它们不是以全球性的方式来运作、管理,并对全球负责,就不能称其为"环球博物馆"。[②] 难怪有学者讥讽道,博物馆的"环球主义"(universalism)是虚伪的,它无异于披着国际主义的遮羞布,向世人宣布:环球博物馆拥有属于自己的历史、自己的政治,它们要捍卫的是自己的遗产,而非世界遗产。[③]

其次,虽然早期被劫掠的文物是在与当代不同的历史条件下被欧美博物馆获得的,但这本身并不能证明其合法性。更重要的是,这些摆放在欧美著名博物馆的他国珍贵文物固然吸引公众的欣赏与崇敬,但亦会助长不负责的"征集"。对历史上劫掠、破坏文物的行为予以漠视甚至合法化,必然会对各类文化财产犯罪,尤其是文化财产的跨国非法贸易起到推波助澜的作用。

最后,随着交通日益便利、信息技术飞速发展以及绝大多数文物流出国社会、经济、文化与技术水平的不断提高,在大多数情况下,这些文物如能被返还给其原属国,不仅不会受到破坏,还会增进公众对其所承载的文明与历史的了解和对其本身的鉴赏。以希腊雕像为例,作为雅典卫城古代遗址的组成部分,

---

① 参见霍政欣:《追索海外流失文物的法律问题》,中国政法大学出版社 2013 年版,第 221 页。

② See Stamatoudi, I. A., *Cultural Property Law and Restitution: A Commentary to International Conventions and European Law*, Edward Elgar, 2011, p. 72.

③ See Singh, K., *The Universal Museum: View from Below*, in Prott, L. V. ed., Witnesses to History: A Compendium of Documents and Writings on the Return of Cultural Objects, UNESCO Publishing, 2009, p. 128.

埃尔金大理石雕和帕特农神庙雕带如能归还希腊,摆放在卫城脚下的卫城博物馆里,那么这些被切割成块的古希腊石雕就能与周围的历史遗迹融为一体。相比被孤零零地摆放在大英博物馆的展台上,难道这样不更有利于参观者欣赏、体会其内在的艺术、文化与历史价值吗?

由此可见,无论是借助"环球博物馆"的概念,还是文物"国际主义"的理念,《环球博物馆价值宣言》均无法掩盖文化财产与生俱来的民族性,亦无法为这些博物馆拒绝返还被劫掠的文化财产提供正当依据。

随着20世纪中后期文物流出国文化主权意识及其民族自信心的提高,要求西方返还被劫掠及非法出口文物的呼声愈加高涨,无论是国际法还是国内法,抑或社会舆论与公众意识,均向更加公平正义的方向发展。昔日的丛林规则已被摒弃,曾被人为撕裂的文物的民族性正在逐渐恢复。可以肯定地说,20世纪下半叶以来,尤其是《1970年公约》《1995年公约》制定并生效以来,文化财产的民族主义正得到复兴,并已对国际主义形成某种优势。①

二、国家主义

分立在文化财产法光谱另一端的是国家主义(抑或民族主义),依之,文化财产是特定民族与国家的文化印记与历史存证,各民族与国家对其创造的文化财产享有所有权,这是不容剥夺的权利。②

第二次世界大战结束以后,西方殖民体系土崩瓦解,在民族独立浪潮涌动的历史背景下,文化财产的国家主义异军突起。由于文化与历史是区别各个民族的重要标志,文化财产遂成为许多亚非拉国家增进民族凝聚力、自信心与自豪感的重要工具。墨西哥国立古人类博物馆大门的石匾上就雕刻着这样一段文字:"面对此处珍藏的文化遗迹,当代墨西哥人谨对祖先致崇高敬意,因为这里印刻着我们这个民族的身份特征。"③

作为以意大利为代表的部分欧洲国家"历史自我意识"(historical self-consciousness)觉醒的一部分,文化财产被赋予民族身份象征的含义,滥觞于19

① See Stamatoudi, I. A., *Cultural Property Law and Restitution: A Commentary to International Conventions and European Law*, Edward Elgar, 2011, p.30.

② See Stamatoudi, I. A., *Cultural Property Law and Restitution: A Commentary to International Conventions and European Law*, Edward Elgar, 2011, p.72.

③ Forrest, C., *International Law and the Protection of Cultural Property*, Routledge, 2010, p.10.

世纪的欧洲。① 自此,文化财产的民族属性不断得到加强,并对民族意识的勃兴与民族独立运动的发展起到重要作用。在第二次世界大战结束与20世纪90年代东欧剧变引发的两次民族独立浪潮中,文化财产对增进民族认同感、凝聚力与独立意识发挥的作用尤其引人注目。②

随着发展中国家地位的上升与发达国家力量的相对式微,文化财产的国家主义逐渐取得优势地位。在国家主义原则的支配下,国际文化财产法的主要观点有:为了保护文化财产,一国有权通过立法限制甚至禁止文化财产出境;非法出境以及历史上流失境外的文化财产应当返还或归还其原主国;原主国的文化财产法应得到其他国家的尊重等。

20世纪80年代以来,以上观点得到了越来越多的国家立法与国际条约的支持。从国内立法来看,包括中国、墨西哥、意大利在内的国家已通过国内立法对特定范围与类别的文化财产的出境予以限制与进口;埃及、约旦等少数国家更通过立法全面禁止文物贸易;美国、加拿大、澳大利亚、瑞士等文化财产贸易国也对文化财产的出入境作了日趋严格的限制。③ 国际立法的演进过程更为生动地反映出国际主义与国家主义力量的此消彼长:《1954年海牙公约》仍受国际主义主导,因此它从文化财产属于全人类的角度确立战时保护文化财产的法律规则;《1970年公约》则明显受到国家主义的影响,因此,该公约致力于阻止文化财产在和平时期的非法跨国流转,并对如何禁止进口满足特定条件的文化财产以及如何将非法进口的此类文化财产返还原主国作了具体规定;就《1995年公约》而言,国家主义则无疑成为占据主导地位的价值理念,因此该公约强调了文化财产属于各民族、部落或者其他社团,将被盗文物的返还确立为基本原则,并对如何返还作出了更为有利的规定。④

文化财产的国家主义,一方面是民族意识觉醒的产物,另一方面又对近现代民族意识的高涨与独立运动的发展起到了推动作用。以历史发展的视角观

---

① See McBryde, I. ed., *Who Owns the Past?*, Oxford University Press, 1985, p.3.

② See Forrest, C., *International Law and the Protection of Cultural Property*, Routledge, 2010, p.10.

③ See *UNESCO*, *Implementation of the Convention on the Means of Prohibiting and Preventing the Illicit import, export and transfer of ownership of cultural property (1970)*, Reports by Member States and Other States Parties on the Action they have taken to implement the Convention, UNESCO Doc. 32C/24, 6, July 31 (2003).

④ 参见霍政欣:《追索海外流失文物的法律问题》,中国政法大学出版社2013年版,第222页。

之,国家主义取代国际主义成为文化财产法的主导价值理念,有其必然性与合理性。

在邈远的古代,各个民族地区之间彼此隔绝,在中东、东亚、南亚、中美洲、南欧等地区孕育发展出灿烂的古代文明,呈点状零散地分布在世界各地。虽然这些地区的文明由于某些强大的、跨地区的历史力量,诸如基督教、佛教和来自欧亚大陆中部大草原的游牧部落的多次入侵而程度不同地相互影响,但几千年来它们的发展一直是平行而隔离的,①彼此之间仅维持着微小的联系。因此,古代文明所孕育的宏伟建筑、精美器具和美轮美奂的艺术品在相当长的历史时期内基本是处于相互隔离状态之中的。从这个意义上说,文化财产的属性在人类历史早期是"民族"的,天然地附着于各个民族的地理与历史情境之上。

然而,公元16世纪以后,世界各地区隔绝、平行发展的状态逐渐为西方霸权所主导的"西化"所取代。西方扩张的直接根源是技术的发展,其发明了到达遥远地区的航海工具,发展了征服这些地区民族的军事能力。正如杰弗里·帕克(Geoffrey Parker)所言:西方的兴起,在很大程度上依赖于武力,依赖于其发展出运用有组织暴力的优势。② 随着西方列强的坚船利炮横扫全球,亚洲、非洲及美洲的大片地区沦为西方的殖民地或附庸。在丛林规则之下,这些地区的大量财富,包括曾见证其古老灿烂文明的文化财产,源源不断地流向西方。在此历史阶段,大批文化财产被迫与其所附着的民族与地区割裂,因战争、殖民、动乱、贫困、保护与管控缺失等原因走上漫漫向西路。我国大规模的文化财产流失也肇始于该历史时期。这种世界范围内的包括文化财产在内的财富"西向汇聚趋势"在19世纪末至20世纪初达到巅峰。③ 到20世纪上半叶,西方基本完成了对世界其他地区财富的规模化劫掠,原本属于各民族的大量珍贵文化财产漂洋过海,被摆放在欧美富丽堂皇的博物馆或私人豪宅里,炫耀着其占有者的财富与地位。对此,美国19世纪浪漫主义作家纳撒尼尔·霍桑(Nathaniel

---

① 参见[美]斯塔夫里阿诺斯:《全球通史》,吴象婴、梁赤民译,上海社会科学院出版社1992年版,第56页。

② 参见[美]塞缪尔·亨廷顿:《文明的冲突与世界秩序的重建》,周琪等译,新华出版社2010年版,第37页。

③ 参见[美]菲利普·李·拉尔夫等:《世界文明史》,赵丰等译,商务印书馆2001年版,第1页。

Hawthorne)参观完大英博物馆后发出的一段感慨堪为经典:①

> 昨日,参观完大英博物馆后,我深感疲倦。一个人在一处、一天看完这么多的珍宝,焉能不惫乎!怀着凝重的心情,我在一间间展览厅内徘徊,幻想着(愿上帝原谅我!)大风骤起,将希腊的埃尔金大理石雕和帕特农神庙雕带、埃及的花岗岩雕像和木乃伊以及这里展览的源自各地的文化遗迹卷入太虚,再将它们带回到古代,带回到它们原本归属的年代和土地!这里到处是历史的包袱!吾等皆为凡人,如何能在须臾间理解人类历史千万年来积累的文化财富!然而,我们却将世界各地、各时期的文物搜罗到这里,堆砌成山。我真不敢想象,未来还会有多少宝物远离故土,继续增添这里的奢华与负罪!

可以这样说,从公元16世纪直至20世纪上半叶,文化财产,尤其是大量古代文明产生的珍贵文化财产,被迫脱离了其原本所依附的民族与文化,不断向西方汇聚,人类历史上出现了规模空前的文化财产单向流动潮。这场文化财产流动潮持续时间长、规模大,且大多数是以暴力或其他不公平、非道德的手段实现的,文化财产天然的民族性受到人为撕裂。在此历史背景下,国家主义取代国际主义成为文化财产法的主导价值理念,是对文化财产曾被人为撕裂的民族性的矫正与恢复,是人类社会历史发展的必然结果。

尽管如此,必须强调,文化财产的民族属性与其国际属性并非扞格不入。在某些情况下,过分强调文化财产的国家主义,不仅失之偏颇,而且有可能在实践中产生危险后果。譬如,因为战争、自然灾害等原因,人类历史上多次发生大规模的民族迁徙与文明更替现象,这导致一些国家当代领土上的主体民族与文明与其历史上领土范围内的主体民族与文明并不相同。如当代阿富汗主体民族信仰伊斯兰教,而历史上这片土地上的主体民族信仰佛教。职是之故,当代阿富汗领土上留下了大量古代佛教文明的文化遗迹,其中,距今已有1500多年的巴米扬佛群因其重要的宗教、文化、科学及美学价值而名扬世界。在这种情况下,过于强调巴米扬佛群属于阿富汗,而漠视其为人类共同财产的做法不仅牵强,而且会产生令人痛心的后果。2001年,阿富汗塔利班武装以内政为由,不

---

① Thursday, March 27, 1856, see Hawthorne, N., *Passages from the English Note-Books of Nathaniel Hawthorne*, Hawthorne, S. ed., Houghton, Mifflin and Company, 1883, p. 294.

顾联合国教科文组织和世界各国的强烈反对，悍然实施毁佛令，动用大炮、炸药以及火箭筒等各种战争武器，摧毁了巴米扬佛群和其领土范围内几乎所有的佛教文化遗迹，对人类文化遗产造成了无法挽回的重大损失。①

水下文化遗迹，尤其古代沉船上的文化财产，在许多情况下，其归属的民族或国家，也不易认定。譬如，一艘古代沉船于1993年在菲律宾近海被发现。通过水下考古调查，菲律宾国家博物馆认定这是一艘于1414年沉入海底的中国商船，并发掘出水大量精美的瓷器和黄金、白银、玉带、锦帛等中国明代的珍宝。② 菲律宾政府随即对外宣布，此沉船及发掘出水的船上珍宝属于菲律宾国家财产。时任总统菲德尔·拉莫斯(Fidel Ramos)不无骄傲地指出："这足以证明我国与我们亚洲邻居的经济交往史悠久而灿烂。在我们正准备迎接21世纪的挑战时，还有什么比这更能激发菲律宾人的民族自豪感呢?"③

因此，在国际文化财产法领域，国家主义在当代虽然取得相对于国际主义的优势地位，但这并不意味该领域受国家主义的排他性支配，也不代表绝对的国家主义在任何情况下都是可取的，更不能得出国家主义与国际主义无法兼容的结论。

三、国家主义与国际主义的辩证统一

在以全球化为特质的21世纪，文化财产的国家主义与国际主义并非不可调和。依笔者之见，两者之关系好比鸟之双翼，车之双轮：一方面，作为各民族文明的载体，文化财产具有天然的民族性；另一方面，人类是由各个不同民族构

---

① 塔利班的毁佛令受到了国际社会的强烈谴责，联合国文化遗产保护组织强调，"阿富汗坐落在丝绸之路重要的交汇点上，有别具一格的文化遗产，反映了波斯文化、古希腊文化、印度文化、佛教文化和穆斯林文化的大融合，其中巴米扬佛像是5世纪的珍贵财产，所以，强烈呼吁阿富汗有关方面立即阻止破坏人类共同文化遗产的行为，确保阿富汗现在和未来代代人的利益"。时任联合国秘书长安南呼吁塔利班不要施行这项法令，因为它们是人类的共同遗产。中国佛协副会长净慧法师谴责道："佛教文化是世界文化的重要组成部分，是全世界人民的共同财富。中国佛教界对这种伤害佛教徒感情的行为表示严重关切，希望立即停止这种行为。"参见一了：《塔利班炸毁巴米扬大佛 举世震惊》，载凤凰网，http://fo.ifeng.com/special/zhutifoyeduihua/chongtuyujuexing/detail_2012_03/13/13166312_0.shtml。

② 参见吴春明：《环中国海古代沉船研究——重建东方帆船与航路的发展史》，厦门大学2001年博士学位论文，第61页。

③ Gee, A. L. & Lopez, A., *Pride from the Deep: The Ocean Bed Delivers Proof of the Philippines' Role in Asia's Trading History*, CNN Asia Now, 1996.

成的命运共同体，因此，作为各民族文明的载体，从广义上看，文化财产也是整个人类文明宏阔拼图中各组成部分的载体。质言之，文化财产首先是属于各民族的，但归根到底也是属于全人类的。

需要强调，在实践中，无论是文化财产的保护，还是流失文化财产的返还，法律只有将国家主义与国际主义有机结合起来才能达到理想的效果。譬如，国际文化财产法的首要目的是保护文化财产免遭损毁或破坏，[①]为此，法律将"就地保护"（preservation *in situs*）确立为基本原则，这不仅是因为就地保护通常是最为有效的保护手段，也是因为一旦文化财产从其原始背景中移除，它所能提供的关于其所归属的土地、历史、文化、民族及文物的信息就会大为缩减。[②] 从这个意义上来说，就地保护是维护文化遗址"完整性"（integrity）的必然要求，也是文化财产民族性的体现。然而，就地保护并非在所有情况下均适宜和可行，在某些情况下（战争或自然灾害等），如果不对受到影响的文化财产采取紧急转移保护措施，它们就会遭受严重破坏甚至被彻底毁灭。一旦出现这一后果，不仅是文化财产所在国的损失，而且是全人类的共同损失。换言之，在特殊情况下，对文化财产进行转移保护，是对其进行有效保护的要求，也是其国际属性的体现。职是之故，《1954 年海牙公约》允许武装冲突期间为保护文化财产而采取合法、有序的抢救性转移措施，并要求文物监管国或保管国在武装冲突终止时向被占领国返还其监管或保管的文物。[③] 由此，为实现对文化财产的有效保护，国际文化财产法已建立以就地保护为原则、以转移保护为例外的规则体系，从而实现了国家主义与国际主义有机融合与统一。

与此类似，在非法流失的文化财产的返还问题上，国家主义与国际主义也并非不可调和。一方面，对于被劫掠与被盗出境的文化财产，当代国际文化财产法在原则上支持其原属国的返还请求，这不仅有利于维护文化财产的完整性，便利公众理解、欣赏文化财产所负载的文明与文化，而且是矫正不法行为、恢复国际正义的要求。另一方面，在某些情况下，当代国际文化财产法也允许此类文化财产的现占有人继续持有，这主要包括以下两种情况：第一，文化财产的原属国缺少有效保护此类文化财产的法制或技术手段；第二，文化财产的原

---

① See Fenchner, F. G., *The Fundamental Aims of Cultural Property Law*, International Journal of Cultural Property, Vol. 7:2, p. 376(1998).

② 参见霍政欣：《追索海外流失文物的法律问题》，中国政法大学出版社 2013 年版，第 232 页。

③ 参见李玉雪：《文物返还问题的法律思考》，载《中国法学》2005 年第 6 期。

属国处于武装冲突或不稳定状态。在这两种情况下，立即返还文化财产会导致其处于危殆状态，不仅不符合其原属国的利益，而且不符合其现占有国的利益，更有损于全人类的共同利益。①

鉴于此，文化财产既有民族性，也有国际性，且两者并行不悖。回溯国际文化财产法的历史发展脉络，不难发现，在早期，国际主义居于主导地位，但进入 20 世纪中后期以来，国际主义式微，国家主义逐渐上升为该领域的主导性价值理念。但是必须强调，国际主义并非完全失去其历史价值，它依然是国际文化财产法的重要理念之一，且与国家主义存在相互倚助关系。绝对地强调国家主义抑或国际主义，均失之偏颇，不利于实现国际文化财产法的要旨。进入 21 世纪以来，国际社会已经逐渐意识到，各国对其国民及其祖先创造的文化财产拥有不可剥夺的权利。在一般情况下，各国是其境内文化财产的最佳守护者，但在特殊情况下，法律须作出例外性安排，以维护全人类的共同利益。由此可见，对于文化财产而言，国家主义与国际主义是辩证统一的关系。

---

① See Stamatoudi, I. A., *Cultural Property Law and Restitution: A Commentary to International Conventions and European Law*, Edward Elgar, 2011, p. 29.

第二章　国际文化财产法的基本原理

国际文化财产法在当代得到迅速发展与壮大，在很大程度上归功于联合国教科文组织。该组织为联合国的专门机构，成立于1946年11月，总部设在法国巴黎，全称为“联合国教育、科学及文化组织”（United Nations Education, Scientific and Cultural Organization, UNESCO）。[①] 依据《联合国教育、科学及文化组织组织法》，其宗旨如下：[②]

> 通过教育、科学及文化来促进各国间之合作，对和平与安全作出贡献，以增进对正义、法治及联合国宪章所确认之世界人民不分种族、性别、语言或宗教均享人权与基本自由之普遍尊重。

为实现上述宗旨，联合国教科文组织制定、确立了一系列方法以维护、增进及传播知识，包括：“保证对图书、艺术作品及历史和科学文物等世界文化遗产之保存

① 参见《联合国教科文组织简介》，载联合国教科文组织官网，http://unesdoc.unesco.org/images/0014/001473/147330c.pdf，最后访问日期：2023年4月30日。

② 《联合国教育、科学及文化组织组织法》第1条第1款。

与维护,并建议有关国家订立必要之国际公约。”[①]据此,联合国教科文组织自成立后一直致力于推动国际文化财产公约的制定,到目前为止,在其积极倡导与组织、协调下,[②]该领域已成功订立了四部全球性多边国际公约,即《1954年海牙公约》《1970年公约》《世界遗产公约》《水下遗产公约》。[③]

概言之,这些国际公约均为解决特定的文化财产问题并在特定的国际环境下制定的,在推动各公约的谈判与订立时,联合国教科文组织并无通盘设计与规划。因此整体而言,该领域的国际公约缺少协调性与体系性。从这个意义上说,当代国际文化财产法甚至缺少统一的核心概念,应属必然。关于此点,前一章已作说明。

尽管如此,由于这些公约的调整范围在广义上属于同一个领域,且为同一个历史背景下、在同一个国际法框架下、由同一个国际组织主导制定的多边国际条约,因此,对它们进行梳理与研究,依然可以归纳出当代国际文化财产公约共享的原理与宗旨。尤须指出,这些公约均受《维也纳条约法公约》的约束。《维也纳条约法公约》由联合国国际法委员会起草,[④]于1969年5月22日通过,并于1980年1月27日生效。[⑤] 经过几十年的适用,该公约已在整体上取得习惯国际法的地位,[⑥]具有广泛约束力,[⑦]因而适用于文化财产领域的所有国际公约,对这些公约的缔结、生效、保留、解释、修改等事项具有普遍的约束力。

---

① 《联合国教育、科学及文化组织组织法》第1条第2款C项第1目。

② 需要指出的是,联合国教科文组织本身并不是这些公约缔约方。

③ 除这四部国际公约外,《1954年海牙公约》还有两份议定书,《1995年公约》可被视为《1970年公约》的辅助性公约,而《非遗公约》因其调整的是非物质文化遗产,不在本书讨论范围之内。

④ 条约主要是国家之间的书面协议。早在近代意义的国际法存在之前,条约就在国际关系中占有重要的地位。鉴于条约的极端重要性以及该领域尚存在一些不确定之处,联合国国际法委员会于1949年启动了条约法的立法工作。1966年,国际法委员会通过了关于条约法的最后报告,包括条约法草案75条及其注释,这构成了《维也纳条约法公约》的基础建议案。对条约的缔结、生效、解释、修正、失效等事项,该公约草案既对习惯国际法规则进行了法典化,也创制了诸多新规则。参见[英]R. 詹宁斯、A. 瓦茨修订:《奥本海国际法》(第1卷 · 第1分册),王铁崖等译,中国大百科全书出版社1998年版,第625~626页。

⑤ See Crawford, J., *Brownlie's Principles of Public International Law*, 8th ed., Oxford University Press, 2012, p. 367.

⑥ 参见[英]R. 詹宁斯、A. 瓦茨修订:《奥本海国际法》(第1卷 · 第2分册),王铁崖等译,中国大百科全书出版社1998年版,第626页。

⑦ See Forrest, C., *International Law and the Protection of Cultural Property*, Routledge, 2010, p. 32.

鉴于此，本章先以《维也纳条约法公约》为主要依据，论述联合国教科文组织主导制定的国际文化财产公约涉及的基本国际法问题，再以此为基础，归纳这些公约所共享的宗旨，从而为后续各编对各公约展开具体研究作出铺垫。

第一节　文化财产条约的基本问题

一、条约的缔结

依据《维也纳条约法公约》，一部国际条约从缔结到生效，一般需要经历以下几个步骤：第一，条约约文需经各谈判国的议定与认证；第二，对于在国际会议上制定的多边国际公约而言，其约文的议定通常应以出席及参加表决国家三分之二多数之表决为之；[①]第三，在议定公约约文后，还须确定哪一个约文是作准的，并载明谈判国所认定的条约的内容，即对公约约文进行认证。[②]

在《1954 年海牙公约》《1970 年公约》《世界遗产公约》《水下遗产公约》四部公约中，《1954 年海牙公约》及其两份议定书仅各有一份经认证的约文，由联合国教科文组织保存；[③]余下三部公约各有两份经缔约大会主席与联合国教科文组织秘书长签字的认证约文，也保存在联合国教科文组织档案馆中。上述四部公约认证文本的副本均已分发给所有缔约国。

值得注意的是，这四部公约均规定以一种以上的文字作准。制定较早的《1954 年海牙公约》与《1970 年公约》的作准文字包括英语、法语、俄语与西班牙语；[④]《世界遗产公约》则在以上四种语言外，增加阿拉伯语为作准文字；[⑤]2001 年制定的《水下遗产公约》将汉语也列为作准文字，从而囊括了联合国全部六种官方语言。[⑥] 与这四部公约不同，由国际统一私法协会主持制定的《1995 年公约》仅有一个经认证的条约约文，且规定作准文字仅限于英语与法语。

尽管公约不同作准文字的文本均经权威翻译，且依公约规定应同等作准，

---

① 参见《维也纳条约法公约》第 9 条。

② 参见[英] R. 詹宁斯、A. 瓦茨修订：《奥本海国际法》(第 1 卷 · 第 2 分册)，王铁崖等译，中国大百科全书出版社 1998 年版，第 639 页。

③ 参见《1954 年海牙公约》第 40 条。

④ 参见《1954 年海牙公约》第 29 条、《1970 年公约》第 18 条。

⑤ 参见《世界遗产公约》第 30 条。

⑥ 参见《水下遗产公约》第 35 条。

但是从上述公约的实施实践来看,各文字文本在某些措辞上依然存在差异与歧义。[①] 在这种情况下,依据《维也纳条约法公约》的规定,应推定这些用语在各作准约文内含义相同,对于任何模糊不清之处,须先适用通常的解释方法以确定当事国的意思并达到各约文相同的一种意义。若为此目的,做了一切合理的努力,比较各作准约文后,适用通常的解释方法仍不能消除它们所解释的意义的差别,应采用顾及条约目的及宗旨之最能调和各约文的意义。[②]

对于中国而言,以下两个问题尤需关注:第一,尽管汉语是联合国的六种官方工作语言之一,但由于中国基本未参与较早制定的几部文化财产公约的缔约进程,因而汉语仅被较晚制定的《水下遗产公约》列为作准文字之一。[③] 因此,对于汉语被排除在作准文字之外的公约而言,如遇争端,汉语文本不具效力。[④] 第二,由于汉语不是作准文本,《1954 年海牙公约》《1970 年公约》《1995 年公约》《世界遗产公约》这几个公约的中文文本普遍存在翻译质量不高的问题,这在《1970 年公约》的中文文本中表现得尤为突出。[⑤]

需要指出的是,汉语被排除在主要文化财产公约的作准文字之外,固然是特定历史背景之下的产物,但这一状况明显不合理,理由如下:(1)中国是联合国安全理事会常任理事国;(2)汉语是联合国的六种官方工作语言之一;(3)自 1972 年 10 月 29 日中国恢复在联合国教科文组织的活动起,中国一直任执行局委员;(4)中国是世界上文化财产最丰富的国家之一,并已取代美国成为世界第一大文化财产贸易国;[⑥](5)近 20 年来,中国一直积极参与文化财产公约的立

---

① 参见本书后续各编关于各公约文本的分析。

② 参见《维也纳条约法公约》第 33 条。

③ 除《水下遗产公约》外,中文还是《非遗公约》的作准文字。参见《非遗公约》第 39 条。

④ 依据国际法院判例,如果条约有两种作准文字,在有争端时不允许参照第三个非作准约文加以解释。参见[英] R. 詹宁斯、A. 瓦茨修订:《奥本海国际法》(第 1 卷·第 2 分册),王铁崖等译,中国大百科全书出版社 1998 年版,第 725 页。

⑤ 参见霍政欣:《1970 年 UNESCO 公约研究:文本、实施与改革》,中国政法大学出版社 2015 年版,第 12 页。

⑥ 据联合国教科文组织的统计,中国已于 2014 年成为世界第一大文化财产贸易国,其贸易量占据全球文化财产贸易总量的 30%。See Evaluation of UNESCO's standard-setting work of the Culture Sector, Part Ⅱ: *1970 Convention on the Means of Prohibiting and Preventing the Illicit Import, Export and Transfer of Ownership of Cultural Property*, IOS/EVS/PI/133 REV. 2, 2014, http://unesdoc.unesco.org/images/0022/002269/226931E.pdf, 最后访问日期:2023 年 4 月 30 日。

法活动，且已成为缴纳联合国教科文组织会费最多的会员国，[①]承担着日益重要的角色。此外，汉语在主要文化财产公约作准文字中的缺位还在实践中产生诸多负面后果：(1)不利于文化财产公约在中国及其他华语地区的宣传、推广；(2)不利于中国立法及执法机关准确把握公约含义及执行公约。鉴于此，将汉语排除在主要文化财产公约的作准文字之外，是一个时代错误，亟待改正。现阶段，中国政府应在推动相关文化财产公约的修订与完善时，把将汉语列入其作准文字作为一项重要主张与诉求。

条约约文得到议定与认证后，下一步，各国就应将表示承受条约拘束的同意表达出来。依据《维也纳条约法公约》的规定，一国承受条约拘束之同意得以签署、交换构成条约之文书、批准、接受、赞同或加入，或任何其他同意之方式表示之。[②] 概言之，这一阶段通常分为两小步：第一，签署条约；第二，交存批准文书。一国签署条约，表明其确认该文本为其所同意的约文，并表明其有按适当程序加入公约的意愿。[③] 签署本身并不产生公约对一国具有拘束力的效力，但是，签署国负有义务不得采取任何足以妨碍条约目的及宗旨的行动。[④]

具体到文化财产公约，各公约采取的方式并不完全一致。《1954 年海牙公约》及其两份议定书均将“签署”规定为接受条约拘束的必经程序，[⑤]但其本身并不对签署国产生拘束力。譬如，在两次伊拉克战争期间，《1954 年海牙公约》对美、英两国并没有法律约束力，因为该两国虽分别于 1954 年 5 月 14 日与 12 月 30 日签署公约，[⑥]但它们分别直到 2009 年 3 月 13 日和 2017 年 9 月 12 日才批准该公约。[⑦] 在一定程度上可视为《1970 年公约》议定书的《1995 年公约》亦

---

① See Ji Yuqiao, *China's Support and Contribution to UNESCO*, https://www.globaltimes.cn/content/1202025.shtml，最后访问日期：2023 年 4 月 30 日。

② 参见《维也纳条约法公约》第 11 条。

③ See Crawford, J., *Brownlie's Principles of Public International Law*, 8th ed., Oxford University Press, 2012, p. 372.

④ 参见《维也纳条约法公约》第 18 条。

⑤ 参见《1954 年海牙公约》第 30 条、《1954 年海牙公约第一议定书》第 6 条、《1954 年海牙公约第二议定书》第 40 条。

⑥ 具体信息，详见联合国教科文组织《1954 年海牙公约》官网，http://portal.unesco.org/en/ev.php-URL_ID=13637&URL_DO=DO_TOPIC&URL_SECTION=201.html#SIGNATURE，最后访问日期：2023 年 4 月 30 日。

⑦ 具体信息，详见红十字国际委员会官网数据库，https://ihl-databases.icrc.org/applic/ihl/ihl.nsf/States.xsp? xp_viewStates=XPages_NORMStatesParties&xp_treatySelected=400，最后访问日期：2023 年 4 月 30 日。

将“签署”规定为接受其拘束的必经程序。[①]

与此不同,其余的文化财产公约未将“签署”作为接受公约拘束的程序。这些公约在缔约大会上经各国投票表决后,由大会主席与联合国教科文组织总干事代表所有国家签字,然后即等待各国依据其国内法程序批准、接受、赞同或加入,并须将法律文书交存联合国教科文组织。

批准、接受或赞同,从技术层面上说,虽有细微差别,[②]但其法律效果并无实际区别。“批准”通常是一国签署条约之后,该国据以在国际法上确定其同意受条约拘束的国际行为。[③]《1954 年海牙公约》及其第一议定书严格遵循了这一程序,依之,该公约在 1954 年 12 月 31 日前应开放供所有被邀请出席海牙会议的国家签署,此外,公约还须经各签署国依照其各自宪法程序予以批准。[④]《1954 年海牙公约第二议定书》稍有区别,它虽然规定了签署这一程序,但在后一个程序上使用了“批准、接受或赞同”的措辞。[⑤]《1995 年公约》的规定与《1954 年海牙公约第二议定书》近似,依之,该公约自国际统一私法协会外交大会闭幕至 1996 年 6 月 30 日之前向所有国家开放签字,且公约须经签署国“批准、接受或赞同”。[⑥]

需要指出的是,“接受或赞同”“各依本义指一国据以在国际法上确定其同意受条约拘束之国际行为”[⑦],在国际法上,它们与批准的法律效果并无不同。当代制定的国际条约规定这两种新的方法,主要目的是简化批准的程序,因为批准通常需要各国议会履行严苛的宪法程序。除《1954 年海牙公约》及其议定书与《1995 年公约》外,其余的文化财产公约并没有规定“签署”这一程序,因此“批准、接受或赞同”便构成一国据以在国际法上确定其同意受条约拘束的国际行为。

与此相比,“加入”在国际法上的含义稍显不同。虽然“加入”也是“一国据

---

① 参见《1995 年公约》第 11 条。

② 参见《维也纳条约法公约》第 14 条、第 15 条。

③ 参见[英] R. 詹宁斯、A. 瓦茨修订:《奥本海国际法》(第 1 卷·第 2 分册),王铁崖等译,中国大百科全书出版社 1998 年版,第 643 页。

④ 参见《1954 年海牙公约》第 30 条、第 31 条;《1954 年海牙公约第一议定书》第 3 条。

⑤ 参见《1954 年海牙公约第二议定书》第 40 条、第 41 条。

⑥ 参见《1995 年公约》第 11 条。需要指出,该公约现存汉语版本将“approval”翻译为“核准”,而非“赞同”。

⑦ [英] R. 詹宁斯、A. 瓦茨修订:《奥本海国际法》(第 1 卷·第 2 分册),王铁崖等译,中国大百科全书出版社 1998 年版,第 646 页。

以在国际法上确定其同意受条约拘束之国际行为”,但是它只是未参加起草和议定条约的国家据以成为条约当事方的通常程序。① 从文化财产公约来看,《1995 年公约》对所有自该公约开放签署之日起未能签署的国家开放加入;②《1954 年海牙公约》及其议定书对非签字方以及非联合国教科文组织成员适用“加入”程序,并规定“加入”应在向联合国教科文组织总干事交存加入书后生效。③ 需要强调,对于后一类国家,只有获得联合国教科文组织执行局的邀请,方能加入公约。由于除《1954 年海牙公约》以外,其他联合国教科文组织主导制定的文化财产公约并没有规定“签署”这一程序,因此,对这些公约而言,“加入”只适用于非联合国教科文组织成员。从文化财产公约的实施实践来看,尽管联合国教科文组织通常愿意邀请非缔约国加入文化财产公约,以扩大公约的适用范围、提升公约实施效果,但在某些情况下,非联合国教科文组织成员的加入会产生一些法律难题。

譬如,非联合国教科文组织成员可以受邀加入《世界遗产公约》,但在公约体系下,其无法入选“保护世界文化和自然遗产政府间委员会”。此外,公约建立的“世界遗产基金”,其资金不仅源自公约缔约国的捐助,还来自联合国教科文组织成员缴纳的成员会费,故后一部分资金无法由非联合国教科文组织成员的公约缔约国分担。《世界遗产公约》的缔结过程生动地体现了联合国教科文组织成员与公约缔约国之间的非对应关系。迄今为止,以下 4 个国家以非联合国教科文组织成员的身份受邀加入该公约:所罗门群岛、塔吉克斯坦、乌兹别克斯坦以及梵蒂冈,其中前 3 个国家在加入该公约后取得了联合国教科文组织成员资格,而梵蒂冈迄今尚未成为联合国教科文组织成员。④ 另外,还有少数国家在批准《世界遗产公约》时是联合国教科文组织成员,但后来曾一度退出该组织。例如,美国于 1984 年退出联合国教科文组织,又于 2003 年重返该组织,而后于 2018 年 12 月 31 日再次退出该组织;⑤英国则于 1985 年退出联合国教科文

① 参见[英] R. 詹宁斯、A. 瓦茨修订:《奥本海国际法》(第 1 卷·第 2 分册),王铁崖等译,中国大百科全书出版社 1998 年版,第 646 页。

② 参见《1995 年公约》第 11 条第 3 款。

③ 参见《1954 年海牙公约》第 32 条。

④ See Forrest, C., *International Law and the Protection of Cultural Property*, Routledge, 2010, p. 35.

⑤ See *The United States Will Withdraw From UNESCO*, https://bwcentral.org/2017/11/the-united-states-will-withdraw-from-unesco/, 最后访问日期:2021 年 4 月 27 日。

组织,又于 1997 年重新加入之。[①]

综上可知,就文化财产公约而言,批准、接受、赞同或加入,在严格意义上并不完全相同,但总体而言,其法律效果并无二致,均为"一国据以在国际法上确定其受条约拘束的国际行为"。换言之,对于文化财产公约,一个国家无论是批准、接受、赞同,还是加入,在国际法上的效果是相同的,即公约对该国产生约束力。

以中国接受文化财产公约约束的方式为例:对于《1954 年海牙公约》及其第一议定书,由于中国政府未参加缔约过程,亦未签署之,因此我国于 2000 年 1 月 5 日向联合国教科文组织总干事交存"加入书"。[②] 需要指出,鉴于该公约的重要性,作出"加入"该公约决定的是全国人大常委会,而非国务院。[③] 对于《1970 年公约》,由于其本身并未规定"签署"这一程序,且认可"批准"或"接受"两种方式,[④]经国务院核准,我国于 1989 年"接受"该公约。[⑤] 对于《世界遗产公约》,由于中国在该公约制定时已经获得联合国教科文组织成员资格,同时鉴于该公约的重要性,我国采取了"批准"方式,由全国人大常委会作出批准该公约的决定。[⑥] 对于《1995 年公约》,中国虽参与了缔约过程,但并未在公约规定的期间签署,因此,经国务院核准,中国政府在 1997 年 5 月 7 日以交存"加入

---

① See Nick Schoon, *The Queen's Speech: Britain to Rejoin UNESCO*, http://www.independent.co.uk/news/uk/politics/the-queens-speech-britain-to-rejoin-unesco – 1261554.html, 最后访问日期:2023 年 4 月 30 日。

② 具体信息,详见红十字国际委员会官网数据库,https://ihl-databases.icrc.org/applic/ihl/ihl.nsf/States.xsp? xp_viewStates = XPages_NORMStatesParties&xp_treatySelected = 400, 最后访问日期:2023 年 4 月 30 日。

③ 第九届全国人民代表大会常务委员会第十二次会议决定:中华人民共和国加入《1954 年海牙公约》和第一议定书;同时声明:台湾当局盗用中国名义于《1954 年海牙公约》和议定书的签署是非法的和无效的。参见《全国人民代表大会常务委员会关于加入〈关于发生武装冲突时保护文化财产的公约〉和〈议定书〉的决定》。需要提及,1971 年 10 月中华人民共和国恢复在联合国的席位后,其才恢复在联合国教科文组织的席位,因此,未参加该公约的缔约过程。

④ 参见《1970 年公约》第 19 条。

⑤ 参见《国务院关于接受〈关于禁止和防止非法进出口文化财产和非法转让其所有权的方法的公约〉的决定》,载《中华人民共和国国务院公报》1989 年第 23 号(总第 604 号),1989 年 12 月 10 日出版,第 851 页。

⑥ 依据《全国人民代表大会常务委员会关于批准〈保护世界文化和自然遗产公约〉的决定》,第六届全国人民代表大会常务委员会第十三次会议决定:批准联合国教育、科学及文化组织大会第十七届会议于 1972 年 11 月 16 日在巴黎通过的《世界遗产公约》。

书”的方式接受该公约的约束。[①] 截至本书写作时,我国尚未加入《1954 年海牙公约第二议定书》与《水下遗产公约》。

从国际法上的效果来看,无论是批准、加入还是接受,一旦我国立法机关或行政机关做出这样的法律行为,就表明我国已确定接受相关条约的约束,其对我国生效的日期依各公约的具体规定。不过从宪法的角度来看,由全国人大常委会作出批准或加入决定的公约,即《1954 年海牙公约》与《世界遗产公约》,在法律位阶上应高于由国务院核准接受或加入的公约,即《1970 年公约》与《1995 年公约》。

二、条约的保留

保留是当代国际条约法理论与实践争议最多的事项之一。[②] 在文化财产公约领域内,保留亦为争论最激烈的问题之一。依据《维也纳条约法公约》第 2 条的规定,“称‘保留’者,谓一国于签署,批准、接受、赞同或加入条约时所做之片面声明,不论措辞或名称如何,其目的在摒除或更改条约中若干规定对该国适用时之法律效果”。

保留在国际条约法中具有重要作用,它允许一个国家在同意国际条约基本内容的情况下,摒除或更改条约中若干规定对该国适用时的法律效果。例如,在接受《1970 年公约》时,奥地利做出声明,对公约第 10 条进行保留,因为依据该国宪法,对古董商的交易行为进行法律规制属于州权,奥地利联邦政府无权干涉。[③] 可见,保留制度的存在使奥地利无须受其国内宪法的羁绊而成为《1970

---

① 具体信息,详见国际统一私法协会官网,https://www. unidroit. org/status-cp, 最后访问日期:2023 年 4 月 30 日。

② See Crawford, J. , *Brownlie's Principles of Public International Law*, 8th ed. , Oxford University Press, 2012, p. 375.

③ 奥地利政府的声明原文如下: The Government of Australia declares that Australia is not at present in a position to oblige antique dealers, subject to penal or administrative sanctions, to maintain a register recording the origin of each item of cultural property, names and addresses of the supplier, description and price of each item sold and to inform the purchaser of the cultural property of the export prohibition to which such property may be subject. Australia therefore accepts the Convention subject to a reservation as to Article 10, to the extent that it is unable to comply with the obligations imposed by that Article. See Letter LA/Depositary/1989/20 of 10 January 1990. 各国对《1970 年公约》的保留,详见联合国教科文组织《1970 年公约》官网,http://portal. unesco. org/en/ev. php-URL_ID = 13039&URL_DO = DO_TOPIC&URL_SECTION = 201. html, 最后访问日期:2023 年 4 月 30 日。

年公约》缔约国。职是之故,保留成为当代国际条约法体系中不可缺少的一项制度,依据《维也纳条约法公约》第 19 条以及国际法院的咨询意见,国家对国际条约的保留是基于国家主权原则。在一般情况下,只要有关条约没有明文禁止保留或保留与条约的目的与宗旨不相抵触,任何国家均可对条约提出保留。如果一国提出的保留不为全体缔约国反对,且保留符合条约的目的与宗旨,那么该国就可以被认为是缔约的一方。[①]

就文化财产公约而言,《1954 年海牙公约》及其两份议定书以及《1970 年公约》未明文禁止保留。《1995 年公约》则规定,"除本公约明确授权之外,不允许做出保留"[②], 事实上,由于该公约并未对保留作出明确授权,因而保留被实际禁止。[③]《水下遗产公约》明确规定,除第 29 条"地理范围的限定"所指的情况外,[④]对本公约不得持任何保留意见。《世界遗产公约》没有明确禁止保留,但特别提及,一国可以声明不受第 16 条第 1 款关于"基金的纳款条款"的约束,[⑤]以使复杂的世界遗产基金纳款机制不至于成为某些国家批准、接受或加入公约的障碍。迄今为止,已经有一些国家对该款作出了保留。[⑥]

需要提及,一些国家在交存文书时作出"声明"或"谅解",而没有使用"保留"的措辞。一般情况下,此类"声明"或"谅解"仅用于一国对公约的特定条款进行解释,以确保公约的规定与其国内法相协调,从而使公约得到有效履行。因此,这些单方声明或谅解只有国内法上的意义,而没有国际法上的意义,无法产生保留的法律效果。[⑦] 不过,值得注意的是,在国际条约法实践中,有时会出现以"声明"或"谅解"之名行"保留"之实的情况,即"伪装保留"。此外,如果一国提出"保留"或"伪装保留",另一国认为该"保留"不符合条约的目的与宗旨

---

① 参见梁西主编:《国际法》(修订第 2 版),武汉大学出版社 2000 年版,第 413 页。

② 《1995 年公约》第 18 条。

③ 参见霍政欣:《追索海外流失文物的法律问题》,中国政法大学出版社 2013 年版,第 178 页。

④ 第 29 条的具体规定是:任何国家或地区,在批准、接受、赞同或加入本公约之时,可向文书保管者声明,本公约不适用于其领土、内水、群岛水域或领海的某些特定部分,并在声明中阐述其理由。该国应尽其所能尽快地创造条件,使本公约适用于其声明中所指的特定区域,一旦条件成熟,应尽快全部或部分地撤回其声明。

⑤ 参见《世界遗产公约》第 16 条第 2 款。

⑥ See Forrest, C., *International Law and the Protection of Cultural Property*, Routledge, 2010, p. 37.

⑦ 参见[英] R. 詹宁斯、A. 瓦茨修订:《奥本海国际法》(第 1 卷·第 2 分册),王铁崖等译,中国大百科全书出版社 1998 年版,第 648 页。

并且提出反对,则可认为保留国与该提出反对的国家之间不适用所涉及的国际条约。

就文化财产公约来看,绝大部分公约没有在保留事项上产生法律难题,但《1970 年公约》除外。如上文所述,《1970 年公约》未明文禁止保留。鉴于联合国教科文组织在主持制定该公约时,文物流入国与文物流失国立场对立,其各自国内法关于文化财产的进出口及贸易的法律规则差异明显,公约不禁止保留是为了鼓励更多国家批准、接受之,是特定历史背景下扩大公约适用范围、提升其影响力的必然安排。然而,利之所在,弊亦随之,不禁止保留,容易被某些国家利用,从而在一定程度上减损公约的一致性与实际效力。

譬如,美国政府于 1983 年 9 月加入《1970 年公约》时做出一份包含一项"保留"、六点"理解"的声明。① 具体如下:

- 美国保留是否对文化财产施加出口控制的决定权。
- 按美国的理解,公约既不是自执行公约,也不具有溯及力。
- 按美国的理解,公约第 3 条不会修改文化财产依公约缔约国法律包含的财产权益。
- 按美国的理解,公约第 7 条第 1 款仅适用于依现存国内立法其采购政策受国家控制的机构,也不要求制定新的立法以使国家对其他机构施以控制。
- 按美国的理解,如依据公约缔约国法律,被盗文化财产的合法拥有者享有无偿索回的权利,那么公约第 7 条第 2 款无损于其依该法享有的其他救济,无论是民事救济,还是刑事救济。美国准备采取进一步措施以便实现公约第 7 条第 2 款第 2 项所考量的被盗文化财产的无偿归还,但须满足以下两个条件:第一,在美国宪法要求的范围内;第二,仅适用于对美国机构给予同等对待的公约缔约国。
- 按美国的理解,公约第 10 条第 1 款"视各国情况"的措辞允许各缔约国决定涉及古董商的法规(如果有此类法规)的宽严程度,对美国而言,该措辞表明美国的州政府及市政府的适当机构有此决定权。

① 详见联合国教科文组织《1970 年公约》官网,http://portal.unesco.org/en/ev.php-URL_ID=13039&URL_DO=DO_TOPIC&URL_SECTION=201.html#STATE_PARTIES,最后访问日期:2023 年 4 月 30 日。

- 按美国的理解，公约第 13 条第 4 款适用于公约对相关国家生效后从原主国转移出境的物品，正如起草公约文本的政府专家特别委员会主席所声明的那样（此声明由该委员会报告的第 28 段载明）。同时，依该条第 4 款，归还文化财产的方式系该条第 3 款所指的司法诉讼，此类诉讼由被请求国的法律支配，请求国须提交必要证据。①

需要指出，在向联合国教科文组织总干事交存加入公约的法律文书时，美国政府同时提交了美国立法②并声明：美国同意受本公约之约束，系以符合加入书载明的保留与理解及本立法之规定为条件。③

美国政府提出的上述声明，引发了不小的争议。对于上述六点“理解”是否构成“保留”，各方存在不同意见。有学者认为，“理解”仅仅是美国对公约所做的单方解释，尚“不足以构成保留”，不具备国际法上的效果，故对公约其他缔约国与美国的公约义务没有影响。但有国家代表认为，这六点“理解”，是“伪装保留”，对美国的公约义务产生了重要影响。④ 墨西哥更对美国的上述保留、理解及声明提出反对，认为这与公约的目的及宗旨相抵触，势必会对文物从墨西哥非法进口到美国，再从美国出口到其他国家开启方便之门，从而危及墨西哥的文化遗产。⑤

对于美、墨两国的争议，《1970 年公约》本身并没有提供解决方法。⑥ 国际法认为：（1）一个国家提出并坚持一项保留，而公约另一个或一个以上的缔约国反对而不为其他缔约国所反对，如果这项保留是符合公约的目的和宗旨的，则该国可以被认为是公约的缔约国；（2）如果公约的一个缔约国反对一项保留，认为其是不合公约的目的和宗旨的，该国可以认为保留国不是公约的缔约国；

---

① UNESCO Doc. LA/Depository/1984/3 Annex Ⅲ.

② 美国立法，是指美国为实施《1970 年公约》而颁布的《文化财产公约实施法》。

③ See UNESCO Doc. LA/Depository/1984/3 Annex I. 这段声明的英文原文为：The Consent of the United States to be bound by the Convention is subject to the reservation and understandings in the instrument of accession and to the provisions of this legislation.

④ See O'Keefe, P. J., *Commentary on the UNESCO 1970 Convention on the Means of Prohibiting and Preventing the Illicit Import, Export and Transfer of Ownership of Cultural Property*, Institute of Art and Law, 2007, p. 26.

⑤ See UNESCO Doc. LA/Despository1985/40.

⑥ 《1970 年公约》第 17 条第 5 款仅规定了公约实施争议的解决方法，而无关保留是否涉及公约的目的及宗旨，以及由此引发的声明保留国与反对保留国之间的法律关系。

(3)如果一个缔约国接受了保留,认为该项保留是符合公约的目的和宗旨的,该国可以认为保留国是公约的缔约国。① 同时,依据《维也纳条约法公约》第20条的规定,倘若一国在接获关于保留之通知后12个月期间届满时或至其表示同意承受条约拘束之日为止(两者中以较后之日期为准)未对保留提出反对,此项保留即视为业经该国接受。鉴于除墨西哥以外,还没有其他国家对美国的保留与理解提出异议,美国应被除墨西哥以外的所有国家视为公约的缔约国。至于对墨西哥而言,美国是否为缔约国,在两国明确同意或自愿接受国际法院管辖的情况下,从理论上说,两国可将争议提交国际法院解决。不过,美、墨两国并未这么做,这是因为这两个国家之间已经存在双边条约对文物出入境事项作了规定,上述争议不会在两国间产生实质影响。②

值得注意的是,日本于2002年批准《1970年公约》时没有提出任何保留或理解,但其为实施公约而颁布的《文化财产非法进出口控制法》事实上包含了对公约的保留事项。细言之,尽管《文化财产非法进出口控制法》在第1条中将其目的定性为"采取与进出口及追索被盗文化财产相关的措施",以确保《1970年公约》得到适当执行,但通观该法不难看出,颁布该法的实际目的主要在于限制、缩减公约义务,尽可能使公约与日本既有国内法相协调。这主要体现在以下四个方面:第一,《文化财产非法进出口控制法》条款有限,其核心规定仅体现了公约第7条第2款第1项的规定;第二,在执行该法过程中,日本政府对实施公约第7条第2款第1项的要求甚为苛刻,这使该项在实践中得以适用的概率进一步降低;第三,该法对海关如何实施公约义务未作任何规定;第四,该法明确规定其不具溯及力,仅适用于2002年12月9日以后被盗的文化财产。③

因此,国际社会有理由质疑日本加入公约的诚意,认为日本《文化财产非法进出口控制法》的真实意图不在于确保公约的实施,而是限制公约在日本的效

---

① 参见[英]R.詹宁斯、A.瓦茨修订:《奥本海国际法》(第1卷·第2分册),王铁崖等译,中国大百科全书出版社1998年版,第650页。

② 美国与墨西哥早在1970年就签订了关于返还被盗文化财产的双边条约。See Report on the application of the 1970 Convention on the Means of Prohibiting and Preventing the Illicit Import, Export and Transfer of Ownership of Cultural Property, Mexico, http://www.unesco.org/new/fileadmin/MULTIMEDIA/HQ/CLT/pdf/mexico_2010-11natrep_1970_en.pdf,最后访问日期:2023年4月30日。

③ See Scott, G. R., *Spoliation, Cultural Property, and Japan*, University of Pennsylvania Journal of International Law, Vol. 29, p. 803-854, 866(2008).

力,有理由要求日本政府给国际社会一个明确的回答。然而,迄今为止,日本的公约缔约国地位未受到任何国家的质疑,这一点需要得到其他国家尤其是中国的关注。[①]

三、条约的生效

一国在做出确定其同意受条约约束的国际行为之后,该条约要对其产生法律拘束力,还需要具备一个条件,即条约本身生效。依据《维也纳条约法公约》的规定,条约生效的方式及日期,依条约的规定或依谈判国的协议;倘无此种规定或协议,条约一俟确定所有谈判国同意承受条约之拘束,即行生效;除条约另有规定外,一国承受条约拘束之同意如系于条约生效后之一日期确定,则条约自该日起对该国生效。[②]

概言之,对于多边国际条约,生效的方式主要有三种:第一,自全体缔约国批准或明确表示承受拘束之日起生效。这种方式多适用于封闭式条约,如《北大西洋公约》。第二,自一定数目的国家交存批准书或加入书之日或之后某日起生效,如《维也纳条约法公约》。第三,自一定数目的国家,其中包括某些特定的国家提交批准书后生效,如《国际货币基金协定》。[③]

从文化财产公约来看,它们均采取了第二种方式,但基于不同的目的与宗旨,各公约所要求的交存批准书或加入书的国家的数目各有不同。《1954 年海牙公约》及其第一议定书旨在建立武装冲突期间保护文化财产的国际法体系,从理论上说,只要有两个国家交存批准书,公约即有适用的必要。换言之,基于该宗旨与目的,《1954 年海牙公约》及其第一议定书的生效无须以较多数量的国家批准为要件,因此,其规定应于 5 份批准书交存后 3 个月生效。[④] 同理,只要有两个国家愿意接受拘束,《1970 年公约》与《1995 年公约》便有适用之必要。鉴于此,两公约分别规定收到 3 份与 5 份批准书、接受书或加入书即满足公约生效的要求。[⑤]

值得注意的是,较晚制定的文化财产公约,其生效要件关于国家数目的

---

① 参见霍政欣:《1970 年 UNESCO 公约研究:文本、实施与改革》,中国政法大学出版社 2015 年版,第 184～185 页。

② 参见《维也纳条约法公约》第 24 条。

③ 参见梁西主编:《国际法》(修订第 2 版),武汉大学出版社 2000 年版,第 417～418 页。

④ 参见《1954 年海牙公约》第 33 条。

⑤ 参见《1970 年公约》第 21 条、《1995 年公约》第 12 条。

要求呈现增长趋势。譬如,《世界遗产公约》《1954 年海牙公约第二议定书》《水下遗产公约》均规定交存 20 份法律文书是生效的必备要件。[①]《非遗公约》甚至规定在第 30 份批准书、接受书、核准书或加入书交存之日起的 3 个月后生效。[②]

这一趋势的出现主要有以下两个原因:第一,20 世纪后期,广大发展中国家在缔约过程中的参与度与话语权迅速提高,因而晚近制定的文化财产公约在更大程度上体现了发展中国家的利益诉求。在这种情况下,公约的起草者认识到,一旦公约得以制定,愿意立即交存法律文书的国家的数目将会明显增加。从这个意义上说,晚近制定的公约,其生效所需交存法律文书的国家在数目上呈增长之势,这是国际文化财产法律体系朝着更加公平正义的方向演进的体现。第二,当代国际社会日益认识到,一个有效的国际文化财产法律体系,有赖于更多国家的参与以及范围更为广泛的国际合作,因此,将参加国数目要求的门槛提高,亦有其实际必要性。

"凡有效之条约对其各当事国有拘束力,必须由各该国善意履行"[③],这不仅是《维也纳条约法公约》的规定,也是习惯国际法"条约必须遵守"(*pacta sunt servanda*)的要求。[④] 尽管如此,当事国一方可以在某些有限情况下退出公约,[⑤]如依照条约之规定,或经全体当事国于咨商其他各缔约国后表示同意。[⑥]

现存的文化财产公约均规定了公约的退出程序,但关于退出发生效力的计算,则从当事国提交退出书后 3 个月到 1 年不等,其中,由于《1954 年海牙公约》及其两份议定书适用于武装冲突期间的文化财产保护,为实现其宗旨与目的,该公约及其议定书特别规定,退出原则上应于收到退出书后 1 年生效。但是,上述期间届满时,如果退出的一方卷入一个武装冲突之中,则在敌对行动结束

---

① 参见《世界遗产公约》第 33 条、《1954 年海牙公约第二议定书》第 43 条、《水下遗产公约》第 27 条。

② 参见《非遗公约》第 34 条。

③ 《维也纳条约法公约》第 26 条。

④ See Crawford, J., *Brownlie's Principles of Public International Law*, 8th ed., Oxford University Press, 2012, p. 377.

⑤ 参见[英] R. 詹宁斯、A. 瓦茨修订:《奥本海国际法》(第 1 卷 · 第 1 分册),王铁崖等译,中国大百科全书出版社 1998 年版,第 674 页。

⑥ 参见《维也纳条约法公约》第 54 条。

以前或在文化财产返还工作完成以前(以发生在后者为准),退出不发生效力。[①]

四、条约的修改

除《1954 年海牙公约第二议定书》与《1995 年公约》以外,当代文化财产公约均对公约的修改(或修正)作出了明确规定。即便如此,当事国依然可以依据《维也纳条约法公约》第 40 条的规定对这两个法律文件进行修改。[②]

由此可见,从法技术上说,对于所有文化财产公约而言,如实施后发现公约存在缺陷或存在需要修改的其他原因,均可启动修改程序。然而,从文化财产公约的实施实践来看,公约的修改进程举步维艰,极其困难。修约既有现实利益层面的阻碍,也有程序制度上的羁绊。

首先,现存文化财产公约的文本已经是各国在最大限度上妥协的结果,因此,对公约再做任何修改,往往会受到一部分国家的强烈反对。例如,《世界遗产公约》关于世界遗产的定义饱受诟病。自其实施以来,不断有国家提出修改动议,然而 40 多年以来,该公约的修改程序从未成功启动过。[③] 由于正式修改公约面临的阻力过大,联合国教科文组织也曾试图变通途径,通过制定"议定书"或类似方式以达到完善与修改公约的目的。但从实际效果来看,这一做法的收效不佳。以《1970 年公约》为例,作为特定历史背景下的产物,这个公约存在诸多重大缺陷,因此,自 20 世纪 80 年代以来,为数众多的文物流出国不断提出修改公约的主张。不过,由于欧美主要文物贸易国的阻挠,公约的修改工作无法推动。鉴于此,由联合国教科文组织倡导,在国际统一私法协会(the International Institute for the Unification of Private Law, UNIDROIT)的主持下,国际社会于 1995 年制定了《国际统一私法协会关于被盗或者非法出口文物的公约》,即《1995 年公约》,以图克服《1970 年公约》的缺陷。

从《1970 年公约》与《1995 年公约》的关系来看,两者是相互补充、相互协调的,后者在很大程度上可以被视为前者的议定书。联合国教科文组织与国际统

---

① 参见《1954 年海牙公约》第 39 条、《1954 年海牙公约第一议定书》第 15 条、《1954 年海牙公约第二议定书》第 45 条、《1970 年公约》第 37 条、《1995 年公约》第 19 条、《世界遗产公约》第 31 条、《水下遗产公约》第 38 条。

② 参见《维也纳条约法公约》第 40 条。

③ See Francioni, F. & Lenzerini, F., *The 1972 World Heritage Convention: A Commentary*, Oxford University Press, 2008, p. 352.

一私法协会希望并鼓励各国同时加入两公约。① 然而,国际社会不得不接受的事实是,截至2023年年底,该公约仅有54个缔约国②且结构失衡,西方主要文物市场国大都拒绝加入该公约。③ 显而易见,只要作为文物非法流入主要目的国的欧美国家不受该公约约束,其旨在克服《1970年公约》缺陷的主要目的就无法实现。

其次,即便通过议定书的方式修改公约,也会导致公约体系的分裂,从而减损公约的实际效力,并令相关法律问题更加复杂。例如,第二次伊拉克战争期间,伊拉克与一部分国家为《1954年海牙公约》缔约国,而美英两国不是该公约缔约国,此外,在卷入这次战争的《1954年海牙公约》缔约国中,尚有些未批准其第一议定书或第二议定书。④ 因此,在处理此次战争期间文化财产的保护问题时,《1954年海牙公约》的适用情况异常复杂。由此可见,只要不是所有国家均赞同公约的修改,任何修改(包括议定书的形式)都会导致批准公约新文本的国家与坚持旧文本的国家之间产生生效条文的冲突,从而使公约陷入分裂,导致公约实际上裂变为两个不同的法律体系。这不仅有碍于公约的实施,而且会制造新的难题与混乱。

最后,联合国教科文组织主导制定的部分文化财产公约在修订程序上存在法理上的瑕疵,亟待完善。例如,《1970年公约》与《世界遗产公约》均规定,公约可由联合国教科文组织大会修订。⑤ 然而,必须指出,在教科文组织的成员中尚有一部分国家没有加入这两个公约,而少数非教科文组织成员则已受邀加

① 诚如有学者评论道:新公约(《1995年公约》)对《1970年公约》具有补充作用,那些对《1970年公约》失望的国家,新公约措辞精准、得之不易的文本可以让它们感到宽慰了。对此,联合国教科文组织深感满意。See Prott, L. V., *UNESCO and UNIDROIT: A Partnership Against Trafficking in Cultural Objects*, Uniform Law Review, Vol. 1, p. 59, 70 (1996).

② 缔约国具体信息,详见国际统一私法协会《1995年公约》官网,http://www.unidroit.org/instruments/cultural-property/1995-convention/status,最后访问日期:2024年1月1日。

③ 在该公约的现有缔约国中,绝大多数为文物资源流失严重的发展中国家,而鲜有作为国际文物贸易中心与主要文物进口国的欧美发达国家,包括美国、英国、德国在内的大部分主要文物进口国迄今尚未签署该公约。需要注意的是,法国、瑞士、荷兰、俄罗斯虽分别于1995年6月24日、1996年6月24日、1996年6月28日、1996年6月29日签署该公约,但这几个国家的立法机构迄今未正式批准该公约,因而不受公约约束。参见霍政欣:《追索海外流失文物的法律问题》,中国政法大学出版社2013年版,第178~179页。

④ See Forrest, C., *International Law and the Protection of Cultural Property*, Routledge, 2010, p. 40.

⑤ 参见《1970年公约》第25条、《世界遗产公约》第37条。

入,因此,授权联合国教科文组织大会修订公约会造成如下后果:一方面,未加入公约的联合国教科文组织成员对公约的修订具有表决权;另一方面,少数公约缔约国则无权对公约的修订进行表决。这样的公约修订机制在现代国际条约中极其罕见,其合理性值得质疑。在 2012 年 6 月召开的《1970 年公约》第二届缔约国大会上,秘鲁代表团曾对此提出强烈质疑,并要求予以修改。①

五、条约的溯及力

国际条约不溯及既往是国际条约法的基本原则;换言之,除条约另有规定或另经确定外,关于条约对一当事国生效之日以前发生之任何行为或事实或已不存在之任何情势,条约之规定不对该当事国发生拘束力。② 因此,文化财产公约无溯及力,除非公约另有规定。就现存文化财产公约来看,在《1970 年公约》的缔约过程中,各国曾就溯及力问题展开激烈讨论与争论,并因其调整的事项而产生了较为特殊的溯及力问题。

在《1970 年公约》的制定过程中,绝大多数文物流出国主张,应该制定一个具有溯及力的国际公约,因为在此之前,已有大量的珍贵文物经非法途径流失他国。对于某些国家而言,大多数重要文物已经流失国外,其境内残存的文物已为数寥寥,如果此次制定的公约不具溯及力,其实际作用将大打折扣。然而,文物流入国强烈反对上述观点,它们认为,如果公约具有溯及力,会导致大量已经流入其境内的文物的合法性受到质疑,这不仅与其国内法相冲突,而且势必造成既有法律与社会秩序的混乱,因此,公约应面向未来,将关注的重点放在阻止其生效后发生的文物非法贩运。在文物流入国的坚持下,政府专家特别委员会甚至曾计划在公约文本中作出公约不具溯及力的具体规定,但在文物流出国的反对下,并经法学专家论证后,最终放弃了这一想法。③

在此背景下,《1970 年公约》的最终文本未对溯及力进行具体规定。依据"法不溯及既往"原则,公约未作特别规定意味着其不具溯及力。《1970 年公约》没有溯及力,这是文物流出国为避免文物流入国抵制公约而做出的妥协与

---

① 参见霍政欣:《追索海外流失文物的法律问题》,中国政法大学出版社 2013 年版,第 151 ~ 152 页。

② 参见《维也纳条约法公约》第 54 条。

③ See O'Keefe, P. J., *Commentary on the UNESCO 1970 Convention on the Means of Prohibiting and Preventing the Illicit Import, Export and Transfer of Ownership of Cultural Property*, Institute of Art and Law, 2007, p. 9.

让步，也使公约的适用范围与实际效力大为缩减。因此，对于我国而言，我们无法以该公约为依据，要求返还公约生效前被盗或非法出口的大量文物。这是现实国际秩序的无奈妥协，也构成我国适用该公约追索流失海外文物的重大限制。①

尽管从法理上和实践上说，《1970 年公约》无溯及力并无争议，但在公约实施后，围绕公约某些具体条款的适用，依然出现了因溯及力而产生的问题。由于该公约旨在阻止其生效后文化财产的非法进出口，因此，文物的进出口时间与公约的生效时间之间可能存在的时际法律冲突就成为一个无法回避的问题。换言之，在一国接受公约约束时，已经从公约另一缔约国非法出口的文物是否属于公约的调整范围？更具体地说，如果公约对 A 国生效时，有一批文物已经从公约的另一缔约国 B 国非法出口，依据公约的规定，A 国进口这批文物是否属于非法？

这个问题在加拿大判例“R 诉海勒案”②中得到集中体现，并由此引发各国关注。该案基本情况如下：一位纽约的文物交易商将一尊从尼日利亚非法出口的诺克时期的陶制雕像进口到加拿大。③ 进口发生时，加拿大与尼日利亚均受《1970 年公约》的约束。证据显示，诺克文化的文物于 1943 年被正式发现，但自 1924 年起，部分文物就在未取得书面许可的情况被偷运出境，依据尼日利亚法的规定，这是非法出口。1982 年，在尼日利亚政府的要求下，加拿大政府以该文物交易商的行为违反了加拿大为加入《1970 年公约》而颁布的《文化财产进出口法》对该商人提起刑事诉讼。④

该案的主要争议点是：该文物从尼日利亚非法出口时，加拿大尚未加入《1970 年公约》，因此当公约对加拿大生效时，这件文物是否在公约的调整范围内？对于这个问题，审理该案的史蒂文森法官（Stenenson J.）指出，公约第 7 条第 1 款明确规定其仅适用于“本公约在有关国家生效后非法出口的文化财产”，

---

① 参见霍政欣：《追索海外流失文物的法律问题》，中国政法大学出版社 2013 年版，第 104 ~ 105 页。

② R. v. Heller, 27 Alta. L. R. (2d) 346 (1983); appeal decision 51 A. R. 73 (1984).

③ “诺克”文化（Nok）是尼日利亚北部的古代文化，其鼎盛期约在公元前 5 世纪至公元前 3 世纪。陶土制作的具有独特风格的人物雕塑和精湛的炼铁技术是该文化的代表。See Pearsall, J. ed., *The New Oxford Dictionary of English*, Oxford University Press, 1998, p. 1258.

④ 加拿大于 1978 年加入《1970 年公约》。详见联合国教科文组织《1970 年公约》官网，https://en.unesco.org/countries/canada/conventions，最后访问日期：2023 年 4 月 30 日。

该款还规定,"本公约对两国均已生效后,尽可能随时把自两国中的原主缔约国非法运出文化财产的建议通知该原主缔约国"。该条第 2 款也包含类似表述。因此,他认为,"非法出口"的时间点必须限制在公约对加拿大生效之后。①

该案判决引发国际社会的广泛关注。有观点支持该判决,认为只有在有关文化财产公约的出口与进口发生在请求国与被请求国均受公约约束之后,才属于公约的调整范围。② 还有学者则认为,公约第 7 条并非关于禁止进口非法出口的文化财产的概括性规定,相反,其措辞表明,它仅适用于防止博物馆购买非法出口的文物以及禁止进口从博物馆或类似机构中窃取的文化财产。因此,在"R 诉海勒案"中,关于禁止进口非法出口的文物的事项应援用公约第 3 条,而非第 7 条,前者并没有关于时间的限制。各国在加入公约时,有权自行决定禁止进口非法的文化财产以何时作为起算点,这既可以成文法的方式作出,也可由司法判例确定。③

目前,最后一种观点成为通说,换言之,由于公约缺少明确规定,各国有权自行决定其是否禁止进口所有从另一公约缔约国非法出口的文化财产,而不论出口的时间是否在其本国或该外国加入公约之后。譬如,澳大利亚通过其国内立法明确规定,自该国《可移动文化财产法》于 1987 年 7 月 1 日实施之日起,禁止进口一切非法出口的文化财产,无论相关文化财产何时出口,只要在出口时违反了出口国的法律,即在禁止进口之列。④

就目前来看,大部分国家包括中国,尚未对这一问题作出明确的法律规定或表态。然而,值得强调的是,尽管各国可以自行决定这一问题,但如果一国确定禁止进口的文物"非法出口"的时间点应在公约对该国生效之后或其他具体的时间点,那么在实践中可能产生一个棘手问题:一部分文物的非法出口时间可能因缺少证明文件而无法查证,甚至可能出现当事人为规避公约适用而隐匿

---

① See 27 Alta. L. R. (2d)353 (1983); appeal decision 51 A. R. 73 (1984).

② Carducci, G. , *La Restitution Internationale des biens culturels et des objet d'art*(*International Restitution of Cultural Property and Art Objects*), LGDJ, 1997, p. 194.

③ See O'Keefe, P. J. , *Commentary on the UNESCO 1970 Convention on the Means of Prohibiting and Preventing the Illicit Import, Export and Transfer of Ownership of Cultural Property*, Institute of Art and Law, 2007, p. 10.

④ See Ley, J. F. , *Australian's Protection of Movable Cultural Heritage: Report on the Ministerial Review of the Protection of Movable Cultural Heritage Act* 1986 *and Regulations*, Australian Government Publishing Service, 1991, p. 125.

或销毁相关证据的情况。这无疑会严重削减公约的适用范围与效力。从这个意义上说,中国应倡导公约缔约国尽量不要采用这一方式,以避免削减公约的效力。①

六、条约的执行

国际法与国内法是在两个不同层面上制定的法律,因此,“认为国际条约一旦对一国产生法律拘束力就能在该国得到实际执行的观点是过于理想化的。”②在国际法上,国际条约在国内的执行是一个极其重要和复杂的问题,并没有一个统一适用的模式,最终取决于各个国家的宪法规定与法律制度。

从法理上看,国际条约在国内的执行主要受两种理论支配:一元论与二元论。绝大多数大陆法系国家,包括法国、德国、荷兰、俄罗斯与瑞士等,采用一元论,认为国际法与国内法属于一个法律体系,一国依据其宪法与法律程序批准或加入一部国际条约后,该公约就构成该国法律的一部分,具有可执行力;绝大多数普通法系国家,包括英国、美国、澳大利亚、新西兰、南非等,遵循二元论,认为国际法与国内法是两个独立的法律体系,一国加入国际条约后,该条约也不必然具有可执行力,除非该国通过立法将之转化为国内法。③ 国际条约在各国国内得到有效执行是国际条约能否发挥实际效用的关键,在国际条约涉及个人权利的情况下这一问题尤其重要,否则,国际条约规定得再好,也只能沦为一纸具文。

就文化财产公约而言,大部分公约仅涉及文化财产领域的国家权利与义务,而不涉及个人权利与义务,但《1970 年公约》与《1995 年公约》(尤其是后者)则明显对个人的权利与义务有所调整。因此,对于这两个公约而言,它们能否在各缔约国内得到有效执行,尤为重要。

如前所述,各国如何执行公约并无固定模式,这取决于各国的宪法、法律制度与相关领域的既有国内法规则。在文化财产公约中,《1970 年公约》在各国的执行状况最具代表性,因为它不仅调整国家权利,还涉及个人权利,且其缔约

---

① 参见霍政欣:《追索海外流失文物的法律问题》,中国政法大学出版社 2013 年版,第 106 页。

② See Aust, A., *Modern Treaty Law and Practice*, Cambridge University Press, 2nd ed., 2007, p. 183.

③ See Aust, A., *Modern Treaty Law and Practice*, Cambridge University Press, 2nd ed., 2007, p. 183, 187.

国数量众多,既包括文物流入国,也包括文物流出国;既涵盖大陆法系国家,也囊括普通法系国家。所以,对该公约在各主要国家的适用情况进行观察,对于理解文化财产公约在各国的执行颇具意义。

在美国,国际法被视为本国法律的一部分。①《美国宪法》第6条规定,依照宪法所制定的联邦法律以及以联邦权利缔结的条约,均为全国的最高法律。但是,依据美国联邦最高法院的判例的解释,第6条所指的条约仅限于"自执行条约"(self-executing treaty),即条约中明白表示或按其性质不须再经过国内立法便可以自行在国内生效的条约;②对于"非自执行条约"(non-self-executing treaty),其在国内法上要产生效力,还需要另外的立法或行政行为。③ 由于美国在加入《1970年公约》时声明,该公约为非自执行公约,因而须通过专门立法转化为国内法后,才能在美国国内适用。为此,美国参、众两院分别通过S.172号与H.R.4566号法令,在对公约某些规定进行修正后,于1983年1月12日颁布了《文化财产公约实施法》④。

在英国,国际法被视为本国法律的一部分,是一项历史悠久的普通法原则。⑤ 但是,作为一个典型的二元论国家,英国认为,如果条约影响私人权利或与英国既有的法律规则相冲突,则需要国会采取行动修改国内法,且在这种情况下,英国法院适用的是经修改的国内法而非国际条约。⑥ 在此背景下,在决定是否应加入《1970年公约》时,英国"文化、传媒及体育部"专门设立"文物非法贸易部级咨询组",由该咨询组对英国加入《1970年公约》的可行性问题展开专项研究。该小组于2000年12月8日提交了研究报告,该报告的结论是:英国应加入《1970年公约》,且依英国既有的国内法律与行政体系,英国可以在不对其国内法作修改的情况下加入该公约。⑦ 报告公布后,英国政府正式表示,英国将

---

① 参见[英]R.詹宁斯、A.瓦茨修订:《奥本海国际法》(第1卷·第1分册),王铁崖等译,中国大百科全书出版社1998年版,第42页。

② 参见梁西主编:《国际法》(修订第2版),武汉大学出版社2000年版,第417~418页。

③ 参见[英]R.詹宁斯、A.瓦茨修订:《奥本海国际法》(第1卷·第1分册),王铁崖等译,中国大百科全书出版社1998年版,第43页。

④ See Convention on Cultural Property Implementation Act (CPIA), 19 U.S.C. 2601 et seq.

⑤ See Crawford, J., *Brownlie's Principles of Public International Law*, 8th ed., Oxford University Press, 2012, p.62.

⑥ See [2000] 2 AC 1 (PC), 23 (Lord Millette).

⑦ See Ministerial Advisory Panel on the Illicit Trade in Cultural Objects Report, Department for Culture, Media and Sport, London, 2000, para.67.

加入《1970 年公约》,并将致力于刑法的修改以增加一个新的罪名。正是在这样的背景下,英国于 2002 年加入《1970 年公约》,并于 2003 年制定《文物交易(犯罪)法》,设置了“交易有污点文物罪”以配合公约的实施。①

瑞士秉持一元论,依据《瑞士联邦宪法》第 113 条的规定,被联邦议会批准的国际条约在瑞士有法律效力,且其效力优先于先前制定的国内立法。② 为决定是否加入《1970 年公约》,瑞士联邦委员会于 1996 年成立了“文物国际转让跨部门工作组”进行专题法律研究。该工作组于 1998 年完成研究报告,建议瑞士政府应加入《1970 年公约》,并提出鉴于《1970 年公约》为非自执行条约,且瑞士国内法中尚没有专门调整文化财产转让的法律,为确保公约得到实施,应制定专门立法。③ 在收到该工作组的建议后,瑞士联邦委员会广泛征求了各方意见,并最终作出加入《1970 年公约》的决定。④ 瑞士联邦议会于 2003 年 10 月 3 日批准加入《1970 年公约》,⑤据此,公约于 2004 年 1 月 3 日正式对其生效。与此同时,瑞士采纳了该工作组制定实施公约的专门法的建议,联邦议会于 2003 年 6 月 20 日公布了《关于文化财产国际转让的瑞士联邦法》(以下简称《文化财产转让法》),该法于 2005 年 6 月 1 日生效。⑥ 与该法同时生效的还包括其配套行政法规《关于文化财产国际转让的条例》(以下简称《文化财产转让条例》)。值得强调的是,《文化财产转让法》共有 34 条,比《1970 年公约》还多 8 条,它系统、全面、具体地对文化财产的定义、登记注册、进出口、归还担保、维护文化遗产的经济支持、文化财产的转让、执法机关、刑事惩罚措施等事项进行了规定,堪称一部调整文化财产跨国转让的综合法典。

在国际法与国内法的关系上,奥地利亦因循一元论。《奥地利联邦宪法》规

---

① See Dealing in Cultural Objects (Offences) Act 2003, Explanation Note, para. 6 (U. K.).

② 参见[英] R. 詹宁斯、A. 瓦茨修订:《奥本海国际法》(第 1 卷 · 第 1 分册),王铁崖等译,中国大百科全书出版社 1998 年版,第 39 页。

③ See Working Group on the International Transfer of Cultural Objects: UNEACO Convention of 1970 and UNIDROIT Convention of 1995 31 (Federal Office of Culture, Berne, 1999).

④ See Federal Council Message relatif à la Convention de l'UNESCO de 1970 et à la loi fédérale sur le transfert international des biens culturels (LTBC), 21 November 2001, p. 521.

⑤ 详见联合国条约数据库,https://treaties. un. org/Pages/showDetails. aspx? objid = 08000002801170ec&clang = _en, 最后访问日期:2023 年 4 月 30 日。

⑥ 该法英文本,可访问联合国教科文组织各国文化遗产法数据库,http://www. unesco. org/culture/natlaws/media/pdf/switzerland/ch_actintaltrsfertcultproties2005 _engtno. pdf, 最后访问日期:2023 年 4 月 30 日。

定,国际法规则是奥地利法律的组成部分,条约与奥地利法律具有同等的地位,并优于先前制定的法律。[①] 同时,该国宪法还对联邦主体的立法权进行了严格限定,与贸易有关的立法权属于各州。职是之故,奥地利在接受《1970 年公约》时,声明对公约第 10 条进行保留,因为依据该国宪法的规定,对古董交易的行为进行法律规制,属于州权,奥地利联邦政府无权干涉。[②]

作为大陆法系国家,日本也主张一元论,依据《日本国宪法》第 98 条的规定,对于日本缔结的条约及已确立的国际法规,必须诚实遵守。显然,这项规定确立了国际条约在日本国内具有可执行力的原则,不过,它们的地位是否等同于或高于日本国内法,尚不清楚。[③]《1970 年公约》生效以后,日本出于对其既有利益的保护,一直拒绝加入,随着世界上越来越多的国家(尤其是欧美文物贸易国)陆续加入公约以及国际社会对打击文物犯罪的紧迫性与重要性已取得日益广泛的一致意见,日本面临的国际压力越来越大。[④] 特别是伊拉克战争爆发后,大批从伊拉克国立博物馆等机构中被盗抢的珍贵文物流转到日本,成为日本文物黑市的宠儿,这引起国际社会的广泛谴责。[⑤] 鉴于此,日本国内的著名学者发动了一场打击文物非法贸易的运动,他们批评日本政府对文物非法贸易持纵容态度,呼吁日本政府立即采取行动打击愈加猖獗的文物黑市交易,并加入《1970 年公约》。[⑥]

正是在这样的背景下,日本政府启动了加入《1970 年公约》的立法进程,以图扭转日本日益孤立的局面。2002 年 6 月,日本议会批准加入《1970 年公约》,并通过旨在实施公约的《文化财产非法进出口控制法》。需要指出,由于《日本国宪法》并未规定国际条约在日本国内实施,须通过制定国内法予以转化,因

① 参见[英] R. 詹宁斯、A. 瓦茨修订:《奥本海国际法》(第 1 卷·第 1 分册),王铁崖等译,中国大百科全书出版社 1998 年版,第 36 页。

② See Letter LA/Depositary/1989/20 of 10 January 1990.

③ 参见[英] R. 詹宁斯、A. 瓦茨修订:《奥本海国际法》(第 1 卷·第 1 分册),王铁崖等译,中国大百科全书出版社 1998 年版,第 45 页。

④ See O'Keefe, P. J., *Commentary on the UNESCO 1970 Convention on the Means of Prohibiting and Preventing the Illicit Import, Export and Transfer of Ownership of Cultural Property*, Institute of Art and Law, 2007, p. 124.

⑤ See Fuji, H., *Particulars of Japan's Accession to the 1970 UNESCO Convention and an Outstanding Problem*, Culture without Context, Vol. 14, p. 22(2004).

⑥ See Fuji, H., *Particulars of Japan's Accession to the 1970 UNESCO Convention and an Outstanding Problem*, Culture without Context, Vol. 14, p. 22(2004).

此，日本议会在批准加入《1970年公约》的同时颁布《文化财产非法进出口控制法》，其实际意图值得研究。诚如上文指出，《文化财产非法进出口控制法》虽在行文上将其目的定性为确保《1970年公约》得到适当执行，但其实质目的在于限制、缩减公约义务，尽可能使公约与日本既有国内法相协调。

相比以上国家，国际条约在中国的实施问题更加复杂，这是因为我国宪法没有对国际条约在国内的适用与实施问题作出规定。从国际条约在我国的实施情况来看，既有直接、优先适用国际条约的情况，也有通过国内立法转化为国内法后实施的情况，还有实施状况不明确的情况。① 以《1970年公约》为例，我国于1989年11月28日向联合国教科文组织交存“接受书”，依据该公约第21条的规定，其自1990年2月1日起对我国生效。尽管如此，《1970年公约》在我国的实施依然存在诸多不明确之处。其中，最值得关注的问题是，中国国内法与公约尚存在诸多不一致的地方。② 例如，我国法律未按公约要求，对违法将属于公约禁止进口的文化财产带入我国境内的责任人施加刑事或行政处罚。③ 在这种情况下，我国立法及行政机关是否有义务制定相应的法律或行政法规以履行公约，还是一个悬而未决的问题。

值得强调的是，文化财产公约在中国的实施，还需放在更加宏观的角度加以审视与思考。作为一个崛起中大国，中国正以前所未有的速度与深度影响世界，并以前所未有的积极态度参与国际规则的制定与完善。在此历史背景下，笔者认为，在宪法层面厘定包括文化财产公约在内的国际条约在我国法律体系中的地位，系统性地解决我国参加与缔结的国际条约在国内的适用与实施问题，是一件关系到中国和平发展的重大议题，亟待解决。

此外，需要指出，依据国际法，当事国必须善意履行条约，不能以援引其宪法或其他国内法律规定为理由而不履行条约。④ 不过，对于文化财产公约而言，这一点似乎遇到了不小的障碍，除一些国家（如日本）通过国内立法“非善意地”限制公约义务以外，最为显著的问题是，不少联邦制国家的宪法将涉及文化财产的立法权交给组成联邦的主体（主要是州），联邦政府因而缺少履行公约义

---

① 参见梁西主编：《国际法》（修订第2版），武汉大学出版社2001年版，第23～24页。

② 参见霍政欣：《追索海外流失文物的法律问题》，中国政法大学出版社2013年版，第280页。

③ 参见霍政欣：《我国文物出入境管理制度述评：现状与反思》，载《文物保护法研究专辑》编辑组编：《文物保护法研究专辑》第2卷，文物出版社2014年版，第84～90页。

④ 参见《维也纳条约法公约》第27条。

务的权限。鉴于此,部分文化财产公约在文本上专门规定了"联邦条款"。例如,《世界遗产公约》第 34 条规定如下:

> 下述规定须应用于拥有联邦制或非单一立宪制的本公约缔约国。(a)关于在联邦或中央立法机构的法律管辖下实施的本公约规定,联邦或中央政府的义务应与非联邦国家的缔约国的义务相同;(b)关于在无须按照联邦立宪制采取立法措施的联邦各个国家、地区、省或州法律管辖下实施的本公约规定,联邦政府应将这些规定连同其关于予以通过的建议一并通告各个国家、地区、省或州的主管当局。

该条第(a)款明确规定,对于属于联邦或中央政府管辖的事项,此类政府与单一制国家政府的条约义务相同;第(b)款则对非国际法主体的、较低层级的政府履行公约的事项作了相对宽松的规定。尽管如此,在国际层面上,对履约承担法律义务的依然是联邦或中央政府。例如,关于塔斯马尼亚荒野世界遗产的面积及保护问题,澳大利亚联邦政府与塔斯马尼亚州政府长期存在争议,但这并不影响澳大利亚联邦政府承担《世界遗产公约》的各项义务。

从目前来看,适用"联邦条款"的国家主要包括美国、德国、奥地利、加拿大、印度、俄罗斯、瑞士等典型的联邦制国家。值得强调的是,随着香港、澳门分别于 1997 年和 1999 年回归祖国,中国在适用文化财产公约时,也需要处理此类条款涉及的问题。

《1954 年海牙公约》与《1970 年公约》也包含类似条款。细言之,《1954 年海牙公约》第 35 条规定,缔约任何一方可以声明公约扩大适用于国际关系由该方负责的一切或任何领土;《1970 年公约》第 22 条规定,公约缔约国承认,公约不仅适用于其本国领土,而且适用于在国际关系上由其负责的一切领土。与《世界遗产公约》相比,《1954 年海牙公约》与《1970 年公约》的上述规定带有更为强烈的历史印记,因为在制定这两个公约时还存在不少托管地和未独立地区,因此,有学者将之称为"殖民地条款"。[①] 不过,鉴于大多数此类地区今天已经获得独立地位,这两个公约的上述条款主要适用于联邦制等非单一制国家的条约适用事项。为反映殖民体系的瓦解与民族自决运动的发展,2001 年制定的

---

① See Francioni, F. & Lenzerini, F., *The 1972 World Heritage Convention: A Commentary*, Oxford University Press, 2008, p. 358.

《水下遗产公约》将公约的主体扩展至有充分自治权且有权处理本公约事项的地区,依据公约第26条第2款b项的规定,没有完全独立,但根据联合国大会第1514(XV)号决议被联合国承认为充分享有内部自治,并且有权处理本公约范围内的事宜,包括有权就这些事宜签署协议的地区为可以加入本公约的国家或地区。

七、条约的解释

国际条约的谈判与制定过程是各当事国相互博弈的过程。在很多情况下,条约的最终文本是各方妥协的产物。因此,对于国际条约而言,不少规则尤其是关键性规则往往欠缺精确性,从而给各方作不同理解留下空间。规则的模糊性显然会为国际条约的适用与执行留下隐患,然而,不得不承认,这是国际条约的内生性特点,因为如果不在一定程度上牺牲规则的精准度,公约的谈判就会陷入僵局,国际立法就无法顺利推进。从这个意义上说,国际条约在规则上的模糊性是一种"建设性模糊"(constructive ambiguity),是国际条约制定过程中"必要的恶"(necessary evil)。①

就文化财产公约而言,条约的解释问题尤值得关注,这是因为在大部分此类条约的谈判与制定过程中,国际社会明显分为文物资源国(文物流失国)与文物市场国(文物流入国)两大阵营,它们利益对峙、立场对立,因而谈判异常艰难。为缓和矛盾、消弭分歧,条约不得不在争议激烈的条文上使用一些抽象的原则性规定,从而为不同国家对之作出有利于自身利益的解释留下空间。当然,这也对公约文本的实际效力与执行的统一性构成了挑战。

概言之,关于条约的解释规则,各国学理与实践并不相同,主要有以下三种方法:第一,文本解释,即以条约文本的措辞为中心,进行客观、善意的解释;第二,上下文解释,即如果对条约的规则进行文本解释存在分歧,则应对整个条约及其附属资料进行全面研究,探究缔约国的真实意图;第三,目的解释,即如果按照上述两种方法所做的结论仍意义不同,应依据条约的目的、宗旨来对条约进行解释。②

---

① See Forrest, C., *International Law and the Protection of Cultural Property*, Routledge, 2010, p.44.

② See Crawford, J., *Brownlie's Principles of Public International Law*, 8th ed., Oxford University Press, 2012, p.387-389.

《维也纳条约法公约》综合采纳了上述方法，该公约第 31 条“解释之通则”已被国际法院确认为习惯国际法规则，故应支配所有国际条约（包括文化财产公约）的解释。① 该条第 1 款规定，“条约应依其用语按其上下文并参照条约之目的及宗旨所具有之通常意义，善意解释之”，因此，在对条约文本进行解释时，应在措辞的通常含义与公约的目的与宗旨之间保持平衡。

依据该条第 2 款的规定，就解释条约而言，上下文包括条约的序言与附件。可见，序言虽不是公约正文，通常不具有具体的法律约束力，但由于许多国际公约，包括文化财产公约，在序言中对公约的基本原则、主要目的与宗旨进行阐释，因而序言对条约的解释具有重要意义。除序言外，不少条约还包含附件或类似附属文件，如《1954 年海牙公约》以“实施条例”的形式为附件，《水下遗产公约》以“规章”的形式为附件，《1995 年公约》在附件中对文化财产进行了定义，等等。附件是条约不可分割的组成部分，对公约的解释具有重要的参考价值。

《维也纳条约法公约》第 31 条第 3 款进一步规定，在解释公约时，与上下文一并考虑的还包括：当事国嗣后所订关于条约之解释或其规定之适用之任何协定；嗣后在条约适用方面确定各当事国对条约解释之协定之任何惯例；适用于当事国间关系之任何有关国际法规则。由于不少文化财产公约在条文上存在模糊性，直接导致执行上的难题，在一定程度上减损了公约的效力，在联合国教科文组织的主持下，一些公约正在或已经通过制定关于解释或适用的协定以克服这一问题。例如，鉴于《世界遗产公约》在诸多核心条款上含义不甚清晰，该公约设立的“世界遗产委员会”通过制定《世界遗产公约实施操作指南》的方式对公约条款进行解释。从该公约的实施情况来看，“世界遗产委员会”定期更新操作指南，并在处理公约实施的实践予以适用。② 因此，该操作指南符合《维也纳条约法公约》第 31 条第 3 款所称“当事国嗣后所订关于条约之解释或其规定之适用之任何协定”。值得注意的是，由于实质性改革计划无法推进，联合国教科文组织也通过制定“操作指南”的方式对《1970 年公约》进行解释，以图部分

① E. g., Arbitral Award of July 31, 1989 (Guinea-Bissau v. Senegal), ICJ Reports 1991, p. 53, 70; Pulau Ligitan/Sipadan, ICJ Reports 2002, p. 525, 645; Genocide (Bosnia and Herzegovina v. Serbia and Montenegro), ICJ Reports 2007, p. 43, 109 – 110.

② See Operational Guidelines for implementing World Heritage Convention, http://whc.unesco.org/archive/out/guide97.html，最后访问日期：2023 年 4 月 30 日。

克服该公约的缺陷。2015 年 5 月 20 日,《1970 年公约操作指南》在第三届公约缔约国大会上通过,依《维也纳条约法公约》之规定,它也成为解释该公约的重要文件。

除“解释通则”外,《维也纳条约法公约》还规定了“补充解释方法”。依据第 32 条的规定,如果依据第 31 条之解释通则,条约的意义仍属不明或难解,或所获结果显属荒谬或不合理时,为确定其意义起见,可以使用解释的“补充资料”(*travaux prépartiones*)。对于许多条约而言,补充资料,包括缔约的谈判记录、条约的历次草案、讨论条约的会议记录等,都可能包含有助于解释公约的重要资料,因此是条约解释的补充性方法。①

不过,在不少情况下,这类补充资料所包含的信息未必是完整的,甚至有误导之虞,因为它们所记载的时常仅为一个代表团或与会专家的意见,也不会包括在谈判桌之外私下达成的妥协,故未必具有客观性与权威性。因此,只有在解释通则无法适用或不宜适用的情况下才能适用补充解释方法,且即便于此情形,补充方法也不是解释通则的替代,而仅是“对后者所支配的解释的一种帮助”。② 例如,《世界遗产公约》第 11 条第 4 款的措辞表明,世界遗产委员会在更新和发布《濒危世界遗产目录》时,没有必要征得遗产所在国的同意。但是,如果查看缔约过程中的谈判记录,则会得出完全相反的结论。负责该公约第 11 条起草工作的“1972 年政府间专家委员会”,在会议报告中有如下记录:③

> 将一件财产列入本公约规定的各项目录,应当征得所涉及国家的同意。尽管有关国家应当在财产列入《濒危世界遗产目录》之前提出请求,委员会也可以在相关国家没有提出请求的情况下将《世界遗产目录》中的财产列入该目录,条件是征得该国的同意。

笔者认为,由于《世界遗产公约》第 11 条第 4 款的措辞并不存在模糊之处,

① 参见梁西主编:《国际法》(修订第 2 版),武汉大学出版社 2000 年版,第 427 页。

② 参见[英] R. 詹宁斯、A. 瓦茨修订:《奥本海国际法》(第 1 卷 · 第 1 分册),王铁崖等译,中国大百科全书出版社 1998 年版,第 665 页。

③ *Report of the International Committee of Exports*, submitted to the General Conference of UNESCO, June 1972, para. 29.

且依据其文本作善意、客观的解释得出的结果符合公约的目的与宗旨,既不属不明或难解,也不属荒谬或不合理,因此,上述会议记录不应用作解释公约第 11 条第 4 款的补充资料。

八、条约的约束力

国家主权平等是当代国际秩序的基石与国际法的圭臬,因而国际社会缺乏国内社会那种具有强制管辖的司法机关来保证国际法的遵守与执行,因此,国际法的有效性和国际法律秩序的稳定性,在很大程度上取决于各国忠实遵守国际法的规范和善意履行其承担的国际义务。否则,国际法的全部"建筑"就将濒临崩溃,正常的国际关系就将不复存在,国际社会成员在其行为交往中就会无所适从。所以,对一个相对松散和软弱的国际法体系而言,善意履行国际条约原则尤为重要。①

职是之故,在《维也纳条约法公约》的各项规定中,第 26 条"条约必须遵守"尤为重要,堪称当代国际条约法的支柱。② 依据该条规定,"凡有效之条约对其各当事国有拘束力,必须由各该国善意履行"。从文化财产公约来看,各公约均未建立统一的执法机制,因而条约的执行主要依靠各缔约国的善意履行。

尽管依据国家主权原则,各国对其境内的文化财产享有绝对的主权权利,有权独立、自主地对之进行处置,但是,一旦加入文化财产公约,就意味着国家同意承担公约所规定的国际法义务,需要依据公约规定对文化财产领域的相关主权权利进行限制。例如,文化财产公约大都要求各国依公约规定,在文化财产领域实施特定的立法与行政措施,或禁止各国实施某些特定行为,并允许其他公约缔约国或国际组织(如联合国教科文组织)在特定情况下对本属一国主权范围内的文化财产事务进行干预。因此,在这种情况下,国家对其境内的文化财产行使主权权利,须受制于其已经加入的文化财产公约的限制,其他公约缔约国或国际组织依公约对其境内的属于公约调整范围内的事务进行干预,不构成对其主权的不当干涉。换言之,国家主权原则与国家自主加入的国际条约对其主权的限制并不矛盾。

---

① 参见梁西主编:《国际法》(修订第 2 版),武汉大学出版社 2001 年版,第 66 页、第 419 页。

② See Crawford, J., *Brownlie's Principles of Public International Law*, 8th ed., Oxford University Press, 2012, p. 377.

以《世界遗产公约》为例，该公约首先明确，各国领土内的文化和自然遗产的确定、保护、保存、展出和延续，主要是其所在国的责任；①同时，在充分尊重文化和自然遗产所在国的主权的前提下，公约指出，这类遗产是世界遗产的一部分，因此，整个国际社会有责任合作予以保护。② 在此原则之下，公约为缔约国制定了相应的义务、施加了相应的法律责任，对各缔约国在该领域的主权权利作了一定程度的限制。因此，如果一国自主加入该公约，即须依据公约规定对其主权权利进行自我限制。从国际法的角度来看，这并不是对其主权的干涉，相反，这恰恰是该国自主行使主权的体现与结果。

从条约的种类来说，本书所研究的文化财产公约，属于造法性条约，因为它们为缔约国创立了新的行为规则；同时，作为开放性的多边条约，它们希望世界上的每一个国家均能加入其中。另外，文化财产公约在性质上是契约性的，因为它们旨在为所有缔约国创制相互的权利与义务。从这个意义上说，多边造法性条约与双边条约在本质上并无不同。因此，在某一文化财产公约的法律框架下，如果一个缔约国违反了该公约所规定的义务，受到损害的国家可以寻求法律救济。例如，在《1954 年海牙公约》的框架下，如果交战一方破坏了另一交战方的文化财产，它就违反了公约，需要承担"违约"责任。同理，在《1970 年公约》的框架下，如果一个国家允许从另一缔约国的博物馆里盗窃的文化财产进口到其境内，也须承担"违约"责任。

需要指出，作为多边国际条约，文化财产公约框架下的义务并非仅局限于特定事件直接影响的两个或数个当事国，在不少情况下，文化财产公约创制的是"普遍义务"（*obligatio erga omnes*）。所谓普遍义务是指一国加入多边国际条约后，它就对该公约的所有缔约国承担条约义务，倘若它违反了公约，则它不仅侵害了直接受到损害的国家的利益，而且侵害了所有公约缔约国的共同利益。在这种情况下，公约的任何一个缔约国，无论其是否受到违约当事国违约行为的直接影响，均可以依约采取行动。当然，在什么情况下，条约创制的是普遍义务，还须视各个条约的具体规定而定。

以《世界遗产公约》为例。依该公约规定，各国应保护其境内的自然遗产与文化遗产。如果一个国家未履行这一义务，并不必然会对公约其他缔约国的利益造成直接损害，但是作为世界遗产的一部分，对其予以保护，是遗产所在国对

---

① 参见《世界遗产公约》第 4 条。

② 参见《世界遗产公约》第 6 条。

公约其他所有缔约国承担的普遍义务，因此，如果一国没有保护其境内的遗产，甚至实施了破坏行为，就是对公约全体缔约国所代表的国际社会共同利益的损害，其他所有缔约国都可以依据公约采取相应的行为。质言之，一国依《世界遗产公约》对其境内的自然遗产与文化遗产给予保护，是“普遍契约义务”（*erga omnes contractantes*）。所以，塔利班公然摧毁阿富汗境内的世界遗产巴米扬大佛，并在面对国际社会的一致谴责与反对时，声称这属于阿富汗内政，不容外国与国际社会干涉，[①]是明显站不住脚的。因为作为公约缔约国，[②]阿富汗执政当局对其境内的世界文化遗产承担保护的义务，否则，就构成了对其他所有公约缔约国集体利益的侵害，必须承担违约法律责任。

第二节　国际文化财产法的基本原则

一、保护优先

对于文化财产而言，除具备一般的财产属性外，它们往往还是民族集体记忆与社会价值的媒介，暗藏着各个民族的“心理构图”与“文化密码”。换言之，文化财产区别于其他财产的核心特点在于其具有独特性与不可复制性。[③] 绝大多数文化财产，一旦遭破坏或损毁，其后果往往是无可挽回的，是无法用单纯的经济价值予以衡量的。因此，保护优先被确立为国际文化财产法的首要原则。当保护与其他原则相冲突时，保护优先，这一点殆无异议。[④] 譬如，在处理文化财产所有权纠纷时，如归属与保护存在矛盾，应优先考虑保护。对此，有西方学

---

① 面对联合国教科文组织的强烈反对，时任塔利班驻巴基斯坦大使反击道，联合国教科文组织的声明是对阿富汗的内政和宗教信仰的干涉。参见一了：《塔利班炸毁巴米扬大佛 举世震惊》，载凤凰网，http://fo. ifeng. com/special/zhutifoyeduihua/chongtuyujuexing/detail_2012_03/13/13166312_0. shtml。

② 阿富汗早在 1979 年就加入了《世界遗产公约》，详见联合国教科文组织《世界遗产公约》官网，https://whc. unesco. org/en/statesparties/af，最后访问日期：2023 年 4 月 30 日。

③ 参见王明珂：《华夏边缘：历史记忆与族群认同》，浙江人民出版社 2013 年版，第 193 页。

④ See Fenchner, F. G., *The Fundamental Aims of Cultural Property Law*, International Journal of Cultural Property, Vol. 7:2, p. 382(1998).

者甚至从《圣经》记载的“所罗门之审判”中寻求正当性依据。①

细言之,保护优先可细分为两项更为具体的原则:实物保护原则与就地保护原则。所谓“实物保护”,是指对文化财产的物质存在形式予以保护,使之免受人为破坏或自然损坏。为实现实物保护,各国应当提供必要的物质、人力与技术条件。此外,建立系统、完整的文化财产清册对于实物保护也是必不可少的。从现存国际条约来看,文化财产“入册”通常是得到国际法保护的先决条件;从各国执法实践来看,没有以文件形式记录在册的文化财产,往往难以得到有效保护。

值得一提,理论界与实务界对重建与实物保护之间的关系尚存争议。有观点认为,对已被损毁或几近损毁的文化财产进行重建或重新制作不仅与实物保护不存在任何冲突,而且有利于公众及后世子孙了解、鉴赏此类本已消失或接近消失的文化财产,故而符合国际文化财产法的宗旨。② 乍看上去这一观点不无道理,但笔者认为,在一般情况下,重建并不是文化财产法应鼓励的行为,尽管具体情况需要具体分析。

首先,从各国实践来看,对文化财产(尤其不可移动的文化财产)进行重建,大多是出于商业考量,而非为了保护。其次,在不少情况下,重建可能对原有文化财产残留的部分构成二次破坏,且重建究竟能在多大程度上还原文化财产的固有风貌及其负载的历史、文化等信息,取决于经费、考古、技术等多种因素,具有较大的不确定性。最后,各国实践表明,许多“重建”并非真正意义上的重建,不过是制造复制品而已。譬如,2006年,浙江横店社团经济联合会对外宣布,将筹资200亿元人民币,在浙江省中部的横店镇“重建”一座圆明园。虽然该联合

---

① See Bator, P. M., *An Essay on the International Trade in Art*, Standard Law Review, Vol. 34:2, p. 295 – 296(1982). “所罗门的审判”出自《圣经》“列王纪”上3章。两名孕妇同住一房。两人生下孩子不久,一天夜里,一名妇人发现自己压死了自己的孩子,在痛苦和嫉妒之下,她将自己的死孩子和别人的孩子交换。次日清晨,那名妇人发现了死孩子,但很快发现这不是自己的儿子,而是另一个妇人的。所罗门王思索了一下,吩咐拿刀来。他宣布只有一个公平的解决方案:将活着的孩子劈为两半,每个母亲得到一半。当听到这个可怕的裁决时,男孩真正的母亲喊道:“我主啊,将活孩子给那妇人吧,绝不可杀他!”但是那位说谎者,出于嫉妒,说:“这孩子也不归我,也不归你,把他劈了吧!”所罗门立即将孩子给真正的母亲,因为真正母亲出于本能将保护她的孩子,而说谎者显示出她并不是真正地爱这个孩子。参见《新旧约全书(和合本)》“列王纪”上3章“智慧审判”,第16～28节。

② See Fenchner, F. G., *The Fundamental Aims of Cultural Property Law*, International Journal of Cultural Property, Vol. 7:2, p. 383(1998).

会声称此举有重大的历史文化价值,但这种出于商业目的的异地“重建”,显然无法获得业界认同。“圆明园的价值主要在于它的历史象征意义,因此不可以随便篡改和颠覆”,同济大学阮仪三教授指出,“壮美恢弘的圆明园已在大火和抢劫中死亡,如今的断壁残垣是那段历史的见证人,因此,不管在哪里重建,价值都不大”①。事实上,诸如此例的异地“重建”,不仅没有其宣扬的历史文化价值,而且与“就地保护”原则所体现的理念不相契合。

所谓“就地保护”,也称“原址保护”,是指文化财产的保护应尽可能在其原初的地理、文化与历史背景下实现。就地保护之所以被确立为国际文化财产法的原则之一,是由文化财产的本质属性所决定的:作为特定历史与文化的产物,绝大多数文化财产只有在其赖以产生的历史、地理、文化与社会氛围之中,才能如花绽放,才能组成一个有机的文化系统;而如将单个文化财产从其自然产地强行移除,放在一个遥远而又完全不同的历史文化氛围中展出,它们所能提供的地理、历史、文化、民族及文物信息就会大为缩减,②就会光泽顿失,如花凋谢。③

需要指出,在保护优先的宗旨之下,实物保护与就地保护通常并行不悖,但在特殊情况下,如两者发生冲突,就地保护应让位于实物保护,待导致冲突的因素消失后,则应恢复两者的有机统一状态。换言之,文化财产的保护原则上应在原址予以保护,只有在就地保护不可能或就地保护会对文化财产的安全构成威胁时,才能为了确保实物得到保护转而采取异地保护的方式。即便如此,在就地保护的排除因素消失后,仍应当恢复在原址予以保护的状态。

事实上,实物保护与就地保护的上述关系也是不少文物流失国在文物保护的各项条件得以改善之后,要求文物现持有国返还其历史上流失文物的重要依据。譬如,本书开篇提及的希腊与英国之间关于雅典卫城帕特农神庙埃尔金石雕的归属纠纷,英国政府拒绝返还的主要理由除法律及证据原因外还包括:大

---

① 《浙江横店拟筹资200亿重建圆明园引发热议》,载新浪网,http://news.sina.com.cn/c/2006-10-24/091811317729.shtml。

② 有学者以埃尔金大理石雕为例做了说明:帕特农神庙的石雕与其原本归属的雅典的地理、气候、历史、宗教及艺术背景人为地割裂,被安放在千里之外的“环球博物馆”——大英博物馆里展出。在这里,它原本所载负的信息难以寻觅,只能作为“艺术品”被安置在大杂烩式的各地展品之中,炫耀着大不列颠帝国曾经的辉煌。See Merryman, J. H., *Imperialism, Art and Restitution*, Cambridge University Press, 2010, p.82.

③ 参见霍政欣:《追索海外流失文物的法律问题》,中国政法大学出版社2013年版,第220页。

英博物馆是世界上设备最先进、安保及科研水平最高、每年参观者最多的博物馆之一，埃尔金大理石雕在此可以获得最好的保护与研究，也最有利于全世界的参观者欣赏到古希腊文明与文化。

尽管这些理由冠冕堂皇，并在相当长的时间内有效抵挡了来自希腊及国际社会的压力，但随着希腊社会、经济发展水平的提高，英国拒绝返还的理由已经逐渐失去合理性。尤其值得提及的是，为迎接各国返还的雅典卫城遗址文物，希腊于2009年在卫城脚下新建了一座规模庞大、设备一流的现代博物馆。① 此后，在面对英国以保护优先、科学研究及便于公众鉴赏原则为由拒绝返还埃尔金大理石雕时，希腊获得了明显优势，诚如希腊驻联合国教科文组织代表所言：②

> 如今，雅典卫城吸引着来自世界的无数游客。与其千里迢迢地到大英博物馆参观支离破碎的希腊文物，人们显然更愿意到雅典来参观浑然一体的历史遗迹，而坐落在卫城脚下的新博物馆的落成，不仅解决了文物保护问题，而且更有利于参观者在原址欣赏、理解博大精深的古希腊文明。我们实在看不出英国人还有什么理由不将埃尔金大理石雕返还给我们。

需要指出，希腊的主张也得到了中国的支持。2019年11月习近平主席出

---

① 雅典卫城新博物馆于2009年6月20日举行落成及开放典礼，对此，世界各国的主流媒体给予前所未有的报道。虽然大英博物馆此前表示愿意向希方出借“埃尔金大理石”，但国际舆论普遍认为，现在已到了大英博物馆将“埃尔金大理石”物归原主的时候了。各国媒体认为，雅典卫城新博物馆的落成典礼是希腊政府继2004年雅典奥运会后举办的又一个重大国际活动，意义深远。6月20日，希腊政府邀请保加利亚等10余个国家的总统和总理，时任欧盟委员会主席巴罗佐、联合国教科文组织总干事松浦晃一郎，过境希腊的中共中央政治局常委、中央纪委书记贺国强等各国政要出席。时任希腊总统帕普利亚斯、总理卡拉曼利斯在讲话中再次呼吁国际社会发挥巨大的道义力量，促使大英博物馆勇于面对历史，使希腊“国宝”早日回家。6月19日晚，雅典卫城新博物馆正式开幕前一天，包括人民日报、中国中央电视台和中国日报等50余家世界主流媒体记者云集新博物馆一楼大厅，出席由希腊文化部举办的媒体吹风会。希腊文化部部长萨马拉斯和卫城新博物馆馆长等希望各国媒体主持正义，充分报道“埃尔金大理石”真相，敦促大英博物馆早日归还希腊民族的象征和艺术瑰宝。参见霍政欣：《追索海外流失文物的法律问题》，中国政法大学出版社2013年版，第221页。

② 依据笔者参加2012年6月21日在巴黎联合国教科文组织召开的《1970年公约》第二届缔约国大会时的笔记整理。

访希腊时,时任希腊总统帕夫洛普洛斯对他说:"我想借此机会向您表达,我们对文物流失深感痛心。这些文物流失在外,本身就是文明的耻辱。希望中国能够支持我们在文物回归方面的努力。""我们不但支持,还要共同努力。"习近平主席指出,由于历史原因,中希两国都有大量珍贵文物迄今仍然流失海外,双方可以加强合作,使这些文物能够尽早回到自己的祖国。① 这是中国国家元首首次就流失文物追索表明立场,彰显中国致力于追索本国流失文物的坚定决心,表明了支持国际文物追索正义事业的中国立场,亦顺应历史发展潮流,符合当代国际文化财产法倡导的就地保护原则。

由此可见,随着大多数文物流失国文物保护与研究水平的全面提高、法治状况得到明显改善以及古代文化遗址成为世界旅游热点,这些国家追索文物的主张已经逐渐符合国际文化财产法所倡导的实物保护与就地保护原则:文物返还,在大多数情况下,不仅不会与实物保护原则相冲突,而且有利于维护文化遗址的完整性,从而实现实物保护与就地保护的有机统一。

二、便利科研

文化财产的重要特点在于其蕴含丰富的历史、地理、文化等信息,具有独特的科学研究价值。一方面,只有进行科学研究,才能准确、深入地了解每一件文化财产本身;另一方面,对文化财产展开科学研究,对于增进人类知识、促进考古学、历史学、地理学、人类学、美学等相关学科的发展具有重要意义,恰如美国人类学家克莱德·克拉克洪(Clyde Kluckhohn)所言:文化财产是一面巨镜;以之为鉴,人类方可窥见自身之堂奥。② 因此,除"保护优先"外,"便利科研"也被确立为国际文化财产法的基本原则之一。③

依据这一原则,文化财产的保存应当便利于对之展开科学研究。同时,为保证科学研究的客观性与水准,各国对其境内的文化财产,原则上不应依据科研人员的国籍设置研究准入限制,不能仅对本国科研人员开放研究。④

---

① 参见《鉴往知今话未来——习近平主席参观雅典卫城博物馆侧记》,载新华网,http://www.xinhuanet.com/politics/leaders/2019-11/13/c_1125228854.htm。

② See Stavrianos, L. S., *A Global History: From Prehistory to the 21st Century*, Upper Saddle River, Prentice Hall, Inc., 1999, p. 3.

③ See Schonenberger, B., *The Restitution of Cultural Assets*, Stampfli Publishers, 2009, p. 49.

④ See Fenchner, F. G., *The Fundamental Aims of Cultural Property Law*, International Journal of Cultural Property, Vol. 7:2, p. 385(1998).

在一般情况下,对文化财产进行科学研究不会与保护优先的宗旨相冲突。事实上,只有通过研究,方能全面、深入地获知关于文化财产的准确信息,这可以为设置或改善其保存条件提供科学依据,从而有利于其得到更高水平的保护。尽管如此,对某些材质与类别的文化财产进行研究,依然有可能会对其保护构成威胁。譬如,对于一幅古代书画进行研究,需要提取画面上的一小块进行物理及化学分析,这会对其完整性构成影响。再如,对地下文化遗址进行考古发掘,在现有的考古、科技条件下,很可能对其造成无法挽回的损害。在这些情况下,保护应优先于科研,科学研究不应以牺牲文化财产的安全为代价,这是一项得到诸多权威国际法律文件确认的原则,①也为我国法律所认可。② 所以,尽管我国综合各种技术手段已探知秦始皇陵的地下方位,但囿于技术条件等限制,一直未对其进行大规模发掘。

三、便利公众鉴赏

文化财产只有被公众近距离地观察与欣赏,其传播知识、启发智慧、提升文明的社会文化价值才能充分发挥,因此"便利公众鉴赏"也是国际文化财产法的基本原则之一。

依据这一原则,相对私人买家,国家或国有文博机构在同等情况下对文化财产(尤其是珍贵文化财产)拥有优先购买权,因为此类财产由后者购买后通常会被公开展出,故而更有利于公众参观与鉴赏。③

一般而言,便利公众鉴赏与保护存在良性互动关系:公众欣赏、理解了文化财产及其隐含的丰富知识后,其保护文化财产的意识会得以提升,并可能吸引更多的人投身文化财产的保护与研究工作。尽管如此,在某些情况下,便利公众与保护的冲突仍然是显而易见的。譬如,对于石窟壁画而言,大量游客进入洞窟,呼出的二氧化碳会导致窟内的空气湿度增大、温度上升,从而侵蚀壁画和彩塑。再如,文化财产由博物馆收藏通常最有利于公众接近,但是有些博物馆在收购文化财产时并不认真核实其来源是否合法,甚至公开收购被盗及走私文物,这必然会助长盗窃、盗掘、走私等针对文化财产的犯罪,从而严重危及文化财产的

---

① 譬如,《关于适用于考古发掘的国际原则的建议》。

② 参见我国《文物保护法》第4条。

③ See Bator, P. M., *An Essay on the International Trade in Art*, Standard Law Review, Vol. 34:2, p. 299(1982).

安全。在这种情况下,便利公众应当服从、服务于保护。所以,当代国际法确认,便利公众是有限制的。在任何情况下,保护都是国际文化财产法的首要宗旨。①

四、主体权利受限

一般而言,物权是一种对世权,具有排他性与绝对性,非经权利主体之同意,任何人不得侵入与干涉。② 作为财产的一种类别,文化财产在理论上应适用物权法(英美法上称"财产法")的基本原则,依此逻辑,如果文化财产归属于特定的权利主体,其他任何机构或个人非经权利主体的同意,不得予以干涉。尽管文化财产的财产性质决定所有权人得对之进行自由处分,但当代国际文化财产法认为,为确保此类财产得到有效保护,大部分文化财产,尤其是珍贵文化财产,其权利主体对之行使权利,须受到法律的限制。对于受国际法保护的文化财产,其权利主体(即便是国家)对之行使权利,还须受到国际法的限制。主体权利受限因而成为当代国际文化财产法的另一项原则。

凡财产者,均应归属于特定的权利主体,这种财产归属关系受法律保护。事实上,对所有权的保护,正是法律最基本的目的之一。③ 因此,文化财产的所有权人,无论是个人、团体还是国家,原则上对其拥有的文化财产享有占有、支配、使用及收益的权利,并排除他人之干涉,这是当代法律的基本原则,被各国宪法、人权法及私法普遍确认。

一般而言,文化财产归属于其所有权人,并受之支配,符合保护优先的宗旨,这是因为所有权人通常是文化财产最直接的利益相关者,故会对其保护倾注最多的精力。当所有权人确实因财力等原因无力保护文化财产时,作为理性人,其最常见的做法是通过买卖等方式交易所有权,将之交付给有能力保护的其他人。

---

① See Fenchner, F. G., *The Fundamental Aims of Cultural Property Law*, International Journal of Cultural Property, Vol. 7:2, p. 384(1998).

② 参见谢在全:《民法物权论》,中国政法大学出版社 1999 年版,第 14 页;See Garner, B. A. ed., *Black's Law Dictionary*, 9th ed., 2004, St. Paul, MN: West, p. 1335.

③ 从私法的角度来看,法律的功能不外乎以下两项:第一,保护所有权;第二,保障交易安全。See Buchman, J. M., *Contract Law and the State of Nature*, Journal of Law, Economics and Organization, Vol. 1:1, p. 5-32(1985);休谟(Hume)认为,正义在本质上不过是对财产权的尊重;而法律规则,说到底就是关于财产与买卖的规则。See McClelland, J. S., *A History of Western Political Thought*, Routledge, 1996, p. 412.

尽管如此,在某些情况下,为了自己的利益,文化财产的权利主体仍然有可能以破坏的方式对之进行利用或改造,甚至直接进行破坏。在这种情况下,为确保受保护国家的文化财产免受破坏,一方面,许多国家的法律保护权利人依法享有的财产权利;另一方面,对其权利的行使进行限制。譬如,英国《入册建筑与保护区法案》(Listed Buildings and Conservation Areas Act)规定,凡列入目录的受保护的古代建筑,其所有人或占有人对之进行修缮、改动,必须得到主管部门的许可,并规定了具体的程序予以实施。[①] 法国《遗产法典》(*Code du patrimoine*)规定,列入历史古迹的不可移动文化财产,无论是属于私人所有,还是属于集体或公共机构所有,未经事先授权,都不得新建、拆除任何设施,不得砍伐树木或实施其他任何改变或影响该不动产外观的工程。该法还规定,一件物品一旦被指定为文化遗产,即属于“受保护财产”,且此类财产如果为国有财产,则构成“非交易物”(*res extra commercium*),其所有权不得转让,任何与之相冲突的其他法律与规则均属无效。[②]

另外,为确保本国的珍贵文化财产留在本国境内,一些国家对此类财产的出口作出限制,甚至全面禁止。例如,法国法规定,在文化、艺术上具有国家重要性的物品,非经国家批准,不得出口;[③]新西兰禁止考古类文物的所有权转让;埃及与约旦则全面禁止文物贸易。[④] 中国《文物保护法》规定,公民、法人和其他组织不得买卖国有文物(但国家允许的除外)、非国有馆藏珍贵文物、国有不可移动文物中的壁画、雕塑、建筑构件等;国家禁止出境的文物,不得转让、出租、质押给外国人。该法还专设第六章“文物出境进境”,对文物出、入境作出了较为具体的规定。对于文物出境,该章明确规定,国有文物、非国有文物中的珍贵文物和国家规定禁止出境的其他文物,不得出境。[⑤]

由此可见,一方面,权利主体对其合法拥有或占有的文化财产享有财产权,

---

① See Listed Buildings and Conservation Areas Act (1990), UK.

② See *Code du patrimoine*(*Heritage Code*)(1990, latest in 2011)(France);霍政欣:《追索海外流失文物的法律问题》,中国政法大学出版社 2013 年版,第 38~39 页。

③ See Greenfield, J., *The Return of Cultural Treasures*, 3rd ed., Cambridge University Press, 2007, p.112-113.

④ See UNESCO, Implementation of the Convention on the Means of Prohibiting and Preventing the Illicit import, export and transfer of ownership of cultural property (1970), Reports by Member States and Other States Parties on the Action they have taken to implement the Convention, UNESCO Doc.32C/24, 6, July 31 (2003).

⑤ 参见我国《文物保护法》第 50 条、第 52 条、第 60~62 条。

是由文化财产的财产属性决定的，也是法治社会的基石之一；另一方面，与一般的财产不同，文化财产（尤其是珍贵文化财产）不仅有经济价值，而且在社会、文化、历史等方面具有独特价值，对民族及国家特具重要意义，因此，国家对保护此类财产负有责任。职是之故，许多国家通过立法限制文化财产权利主体的权利，以确保此类财产免受破坏。可见，在文化财产领域，即便是合法的所有者，权利主体的权利也是受限的。从这个意义上说，文化财产领域的物权有别于一般物权的对世性与绝对性。

从国际法层面上看，属于国际法调整范围内的文化财产，不仅受到其所在国国内法的保护，还受到相关国际条约的保护；同时，一旦主权国家加入某部文化财产公约，就意味着国家同意承担公约所规定的国际法义务，需要依据公约规定对文化财产领域的相关主权权利进行限制。当代国际法对国家在文化财产领域的主权权利作出限制，是国际社会总结、反省历史教训作出的必然选择。

一般而言，文化财产的所在国是此类财产的最佳守护者。一方面，一国通常对其境内的文化财产拥有最大利益，故对其保护最为关切；另一方面，由于文化财产位于其领土境内，该国最有能力采取各种措施对之予以有效保护。所以，依据当代文化财产公约，文化财产所在国对保护此类财产负有主要责任。尽管如此，由于国内政治、经济、宗教、文化等复杂因素，一国中央或地方政权过度开发境内文化财产，甚至蓄意破坏乃至彻底损毁文化财产的悲剧绝非罕见。因此，当代国际文化财产法逐渐确立了国家主义与国际主义结合的理念，即文化财产属于各国，但为了全人类后世子孙的福祉，各国有义务对其境内的珍贵文化财产予以妥善保存与保护。① 依此理念，一国如果缺少足够能力保护其境内的文化财产，应向国际社会寻求援助；对于受国际法保护的文化财产，一国不能以主权为由对之任意处置，甚至加以破坏。②

由此可见，无论文化财产的权利主体是个人、团体还是国家，它们的权利都不是绝对的，而是受到限制的。这种限制不仅来自各国国家层面的法律，还来自国际法。因此，主体权利受限是当代国际文化财产法的另一原则，这是保护优先原则的必然要求与产物。

---

① See Stamatoudi, I. A., *Cultural Property Law and Restitution: A Commentary to International Conventions and European Law*, Cheltenham, Edward Elgar, 2011, p. 29.

② See Fenchner, F. G., *The Fundamental Aims of Cultural Property Law*, International Journal of Cultural Property, Vol. 7:2, p. 388(1998).

第二编

文化财产与武装冲突

下令屠掠，让战争的猛犬四处蹂躏！

——恺撒大帝

第一章 历史回顾

战争是人类的梦魇,战事一起,无所不催。以史观之,不难发现,劫掠财富(包括文化珍宝)、摧毁敌方设施(包括建筑瑰宝)往往构成战争的主要目的。塞缪尔·亨廷顿(Samuel P. Huntington)认为,在人类历史上,一场战争不啻一场文化屠杀,在很大程度上,战争就是文明的冲突。①

然而,人类的独特之处在于其具有反思的能力与纠错的勇气。从另一角度来看,人类历史也是一部与战争暴行做卓绝斗争的历史。有史以来,人类就在不断努力钳制战争行为,尽可能地减少战争的破坏性与残酷性。随着文明水平的提高并在付出惨痛代价之后,人类逐渐认识到战时保护文化财产(尤其是珍贵文化财产)的必要性与重要性,并于第二次世界大战结束后确立了以下原则:文化财产应免受战争破坏,除非破坏之具有“军事必要”(military necessity)。② 这一原则已构成当代国际人道法的基石之一,亦为理解、适用当代文化财产公约(尤其是战时保护文化财产的国际条约)的关捩。③

---

① 参见[美]塞缪尔·亨廷顿:《文明的冲突与世界秩序的重建》,周琪等译,新华出版社2002年版,第275页。

② See Sassoli, M. & Bouvier, A., *How Does Law Protect in War?*, International Committee of the Red Cross, 2006, p. 1941.

③ See Forrest, C., *The Doctrine of Military Necessity and the Protection of Cultural Property During Armed Conflicts*, California Western International Law Journal, Vol. 37:2, p. 177(2007).

由此可见,在国际法的层面上,人类改写战争法规则,扭转任凭兵燹肆虐的习惯法,进而树立文化财产免受战争破坏的原则,绝非一蹴而就,而是经历了一个漫长的历史进程。鉴于此,要洞察当代国际法在此领域的体系与规则,有必要系统回顾、梳理其源头与历史沿革。①

第一节　古典时代到海牙规则

一、溯源

自有人类社会,就有战争;自有战争,战时暴行就受到道德上的鞭挞,包括《圣经》在内的几乎每个民族的古代文献中都有反对战争暴行的言辞。② 然而,从实定法的意义上说,自亘古直到近代,破坏与劫掠敌方财物的行径一直被默认甚至纵容,成为长期支配人类社会的习惯法规则。③

譬如,依据罗马法关于战时劫掠的法律规定,即"*jus praedae*",从宣战之时,敌人的财产就成为无主物(*res nullius*),得任意处置;一旦被战胜方占有,就成为战胜方的财产。④ 尽管早在那一时期,以波利比奥斯(Polybius)为代表的学者就呼吁保护文化财产,使之免受敌方劫掠与破坏,⑤但是在战争实践中,肆意破坏、处置敌方财产的行为是不受任何约束的,正如恺撒大帝的军令,让闻者无不胆寒:"下令屠掠,让战争的猛犬四处蹂躏!"(Cry Havoc and let slip the

---

① 然而,溯源又是危险的,"因为当你找到源头时,总有更早的起点向你召唤"。梅特兰在其与波洛克合著的《爱德华一世之前的英国法律史》一书的开场白中,有如是评述:"这就是整个历史的统一性,任何力图了解她一角的人都必须意识到,她的第一个句子就撕裂了一张无缝的网。"尽管有这种告诫,笔者还是要追溯起源,还是要"撕开这张无缝的网"。这是因为本书研究的对象从古到今经历了长达几千年漫长的演进与发展,积累了深厚的历史沉淀。缘此,不考察历史,就贸然进入研究阶段,无疑是武断、片面的,也是注定徒劳的。See Pollock, F. & Maitland, F. W., *The History of English Law before the Time of Edward I*, Cambridge University Press, 1898, p. 1.

② See Visscher, C., *International Protection of Works of Arts and Historic Monuments*, Department of State, 1949, p. 823.

③ 参见霍政欣:《追索海外流失文物的法律问题》,中国政法大学出版社 2013 年版,第 12 页。

④ See Brownlie, I., *International Law and the Use of Force by States*, Clarendon Press, 1963, p. 2.

⑤ See Bengs, B., *Dead on Arrival? A Comparison of the Unidroit Convention on Stolen or Illegally Exported Cultural Objects and U. S. Property Law*, Transnational Law and Contemporary Problems, Vol. 6, p. 509(1996).

dogs of war!)①

至中世纪,"*jus praedae*"规则稍受限制:只有在"正义"战争中,该规则才能适用。对此,中世纪的一位法学家曾作如下解释:"如果一国君主发动战争是迫不得已的,如保卫祖国免受侵略,那么,他从敌人那里缴获的所有财物皆归其有,任其处置。"②

随着时代的发展,战时破坏、劫掠的合法性取决于战争性质的理念逐渐被废弃,取而代之的是依据财物本身的性质及其所有者,将战时劫掠分为"合法劫掠"(*praeda licita*)与"非法劫掠"(*praeda illicita*)。在欧洲,教会基于宗教理由率先确立了教会财产免受战时破坏与劫掠,且如遭劫掠应予返还的原则。这一原则在公元1039年的波捷战争中得到适用。在这场战争中,波兰城市格涅兹诺(Gniezno)受到捷克军队的破坏与洗劫,城中教堂也被摧毁,教会的大量财产,包括雕像、铜钟、金银器具等被捷克军队掠走。捷克军队对教堂的毁坏与劫掠引起教会的强烈抗议,教皇本尼迪克特九世(Benedictus Ⅸ)发表谈话,要求捷克人立即返还劫掠的教会财产。捷克人派使节到梵蒂冈作出的解释是:他们有权掠走波兰人的任何财产,因为这场战争系由波兰人的侵略而起。不过,教皇并不接受这样的辩解,他训斥道:"上帝的教堂及其财产是神圣的,在任何战争中均不得遭受破坏与劫掠,即便在正义战争中,亦为如此。这是因为战争仅仅是对人发动的,而不是,也不能针对上帝。"③最后,教皇向捷克人下达了返还令,如不履行,则开除其教籍。④

到了文艺复兴时期,尤其是17世纪以后,随着欧洲逐渐进入近代社会,国际法初现端倪,规制战争行为以保护文化财产免受兵燹的法律理念日趋清晰。在此阶段,近代国际法之父、荷兰法学家胡果·格劳秀斯(Hugo Grotius)阐扬的学说理论可谓功莫大焉。在其传世之作《战争与和平法》中,格劳秀斯指出,衡量战争中的各种行为是善还是恶,"必要性"是唯一标准,因为依据自然法原则,如果战争的目的是正义的,那么为实现这一目的所必要的武装暴力行为就是被

---

① Shakespeare, W., *Julius Caesar*, *Act 3*, *Scene 1*, in The Complete Works of William Shakespeare, Random House, 1975, p. 828.

② Kowalski, W., *Art Treasures and War: A Study on the Restitution of Looted Cultural Property*, Institute of Art and Law, 1998, p. 31.

③ Kowalski, W., *Art Treasures and War: A Study on the Restitution of Looted Cultural Property*, Institute of Art and Law, 1998, p. 46.

④ 不过,这一返还令后来是否得到履行,并无史料记载。

允许的。所以,只要符合必要性标准,摧毁敌人所有类别的财产都是合法的。① 不过,为避免交战方滥用必要性标准,格劳秀斯试图对之进行限制,他强调:

> 我们必须对发生的一切了然于胸,并对未来有可能发生的、超出我们目的的情形有所预测,以此确保我们的行为要达到的善远大于带来的恶。换言之,在权衡善恶时,要确保我们的行为达到善的可能性远大于产生恶的可能性。在做此判断时,需要慎之又慎,存疑时,为安全起见,我们应以他人的利益而非己利作为考虑因素。"让稗子继续生长",圣主教导道,"以免在薅稗子时,把麦子也拔出来了。"②罗马贤哲塞内加(Seneca)亦有云:"不分青红皂白地屠杀民众,其孽大焉!"③

以此为基础,格劳秀斯提出,有些物,如柱廊、雕塑等具有艺术价值的物,依其性质对战争的爆发与进行不会产生任何影响,摧毁之,对削弱对方或壮大己方没有任何军事上的必要性,因此它们应免受战争的影响。城市征服者德米特里(Demetrius the city taker)率大军进攻罗得岛时,被要求善待格利乌斯(Gellius)赠给罗得岛的画作伊阿利索斯(Ialysius),就属于这种情况。④ 格劳秀斯的理论奠定了近代国际法大厦的基础,也为确立战时保护文化财产的国际法规则提供了理论基石。

值得注意的是,那一时期的欧洲正处于文艺复兴的高潮,与处于襁褓之中的国际法同步发展的,还有日益勃兴的文学、艺术与复古热潮。到了17世纪,欧洲知识精英阶层逐渐形成了一种理念:高雅的艺术、科学与文学超越国界与民族,属于跨国共同财富,并构成一个相对独立的"文艺共同体"(*respublica*

---

① See Hugonis Grotii, *De Jure Belli ac Pacis Libri Tres*, translated by Kelsey, F. W., Clarendon Press, 1925, book 3, Chapter 12, s. 4.

② 《新约全书·马太福音》第13章。

③ Hugonis Grotii, *De Jure Belli ac Pacis Libri Tres*(*Law of Law and Peace*), translated by Kelsey, F. W., Clarendon Press, 1925, book 3, Chapter 12, s. 4. 可参考[荷]胡果·格劳秀斯:《战争与和平法》,何勤华等译,上海人民出版社2013年版,第257页。需要指出的是,中译本未能准确、全面地翻译原著,故请读者以英译本作准。

④ See Hugonis Grotii, *De Jure Belli ac Pacis Libri Tres*, translated by Kelsey, F. W., Clarendon Press, 1925, book 3, Chapter 12, s. 5.

literaria,也译为“文艺共和国”)。[①] 对此,保罗·迪邦(Paul Dibon)解释道:尽管语言、宗派与国家具有多样性,但存在一个超越时空的智慧共同体。这个共和国尽管有些理想主义,但绝非乌托邦;这是一个秉持世界主义的知识分子群体,其核心特点是对精美艺术、建筑与古董怀有浓厚的学术兴趣。[②] 有意思的是,格劳秀斯也是这个共同体的一员,他对古董的爱好几乎达到了痴迷的程度。[③] 到启蒙运动时代,“文艺共同体”的理念进入巅峰,这可以在由丹尼斯·狄德罗(Denis Diderot)和达朗伯(d’Alembert)主编,伏尔泰、孟德斯鸠、卢梭、普拉德等学界巨擘参与编写的《百科全书》(Encyclopédie)中得到印证。[④] 这部对于人类文明史具有划时代意义的《百科全书》写道,其宗旨在于汇编所有民族的启蒙之作,在于构建一座尽显所有高雅文艺的、美轮美奂的寰宇图书馆……为此,日耳曼、英格兰、意大利以及全欧洲的大师们号召高雅艺术与“美文学”(belles-lettres)圈的学者与艺术家齐心努力,完成一个包括但不限于建筑、雕塑、绘画、遗址、古董、遗迹在内的完整作品。[⑤] 也是在这一时期,对古典文明的考古热潮兴起。这股考古热发端于对庞贝、赫库兰尼姆等古罗马城市废墟的考古发掘,不久扩展至埃及、苏丹以及中东各地。近现代意义上的考古学由此形成,并浸成巨观。[⑥] 在此历史背景下,有越来越多的欧洲学术精英提出,杰出的文学、艺术与文化作品属于泛欧“文艺共同体”,为了欧洲的整体福祉,它们需要得到所有国家的保护,即便在战争中也应免于破坏与劫掠。[⑦]

---

① See O’Keefe, R., *The Protection of Cultural Property in Armed Conflict*, Cambridge University Press, 2006, p. 8.

② See Goodman, D., *The Republic of Letters: A Cultural History of the French Enlightenment*, Cornell University Press, 1994, p. 15.

③ See O’Keefe, R., *The Protection of Cultural Property in Armed Conflict*, Cambridge University Press, 2006, p. 9.

④ 参见[法]德尼兹·加亚尔等:《欧洲史》,蔡鸿宾、桂裕芳译,海南出版社 2000 年版,第 442 页。

⑤ See Denis Diderot & d’Alembert eds., *Encyclopédie* (*Encyclopedia*), Vol. 17, Briasson, 1751 – 1757, p. 1.

⑥ See O’Keefe, R., *The Protection of Cultural Property in Armed Conflict*, Cambridge University Press, 2006, p. 10.

⑦ See Kowalski, W., *Art Treasures and War: A Study on the Restitution of Looted Cultural Property*, Institute of Art and Law, 1998, p. 56. 参见[美]斯塔夫里阿诺斯:《全球通史:1500 年以后的世界》,吴象婴、梁赤民译,上海社会科学院出版社 1999 年版,第 247 ~ 252 页;[美]菲利普·李·拉尔夫等:《世界文明史》(上卷),赵丰等译,商务印书馆 2001 年版,第 962 ~ 992 页。

在格劳秀斯的国际法理论、人文主义思潮与考古热潮的多重影响下，到18世纪，国际法朝着更加有利于保护文化财产的方向迈进。这一时期的法学家，如瓦泰尔(Vattel)明确指出，破坏文化财产对于实现战争的合法目标毫无益处，应受到严厉谴责。禁止破坏此类财产不仅源自自然法，也是实定法的要求。①在代表作《万国法》中，这位瑞士国际法学家提出：

> 蹂躏一个国家，无论是出于什么原因，均应确保给全人类增光的建筑免受破坏与劫掠。庙宇、陵墓、公共建筑以及所有瑰丽的作品是全人类的财富，亦不会给敌方增添军事上的力量，破坏它们何益之有？毋宁说，破坏它们就是肆意剥夺全人类欣赏这些作品的权利，就等于宣布自己与全人类为敌。②

由此可见，依瓦泰尔之见，保护文化财产免受战争破坏，既源于破坏此类财产不符军事必要标准，亦因此类财产构成人类共同财富而须受到各方保护之故。法国思想家让·雅克·卢梭(Jean-Jacques Rousseau)则从战争的性质和自然理性的角度，更加深刻地论述了保护文化财产的理论依据。在《社会契约论》中，他指出：

> [因此]，战争绝不是人与人的一种关系，而是国与国的一种关系；在战争之中，个人与个人绝不是以人的资格，甚至于也不是以公民的资格，而只是以兵士的资格，才偶然成为仇敌的；他们绝不是作为国家的成员，而是作为国家的保卫者。最后，只要我们在性质不同的事物之间不可能确定任何真正的关系的话，一个国家就只能以别的国家为敌，而不能以人为敌。……战争决不能产生非为战争的目的所必需的任何权利。这些原则并非格劳秀斯所创制，也并非以诗人的权威为基础，而是得自事物的本性，并且是以理性为基础的。③

---

① See O'Keefe, R., *The Protection of Cultural Property in Armed Conflict*, Cambridge University Press, 2006, p. 11.

② Vattel, E. D., *Les Droit de gens ou Principles de la Naturelle* (*The Laws of Nations or Principles of Nature*), Londres, 1758, book 3, chapter 3, para. 168.

③ [法]卢梭：《社会契约论》，何兆武译，商务印书馆2003年版，第14~15页。

卢梭的上述理论对文化财产法的后续发展影响甚大,因为这位思想家的理论,尤其是其代表作《论人类不平等的根源》与《社会契约论》在塑造法国革命者的思想和态度方面起到了至关重要的作用。①

二、法国革命、拿破仑战争与19世纪

对于文化财产法的演进而言,法国革命、拿破仑战争与19世纪是一个分水岭。"在此阶段,无论是国内法层面,还是国际法层面;无论是和平时期的法律规则,还是战争法规则;无论是理论,还是实践,法律均产生了惊人的变动与发展。"②

由于法国革命爆发后,形势迅速恶化,瞬间滑向动乱,对法国境内的文化财产构成严重威胁,革命当局在对法国王宫、逃亡贵族与教会的财产进行国有化后,于1790年成立了古迹委员会,授权该委员会收集、保护及录入各类文化财产。③ 1791年3月3日,国民制宪议会颁布法令,规定了9项具体条件,对满足这些条件的财富与古迹给予保护。④

1792年巴黎骚乱以后,更为激进的雅各宾派掌权,立法会议及随后产生的国民公会颁布了一系列法令,下令损毁象征封建专制的古迹,只有经古迹委员会认定具有重大艺术价值而须保存的物件才能免于被破坏。⑤ 1793年,法国革命进入失控的暴乱状态,"革命开始吞噬它自己的子女"⑥,大量文物古迹惨遭破坏。危局之下,少数革命领导领袖意识到,如再不采取行动,法国的文化财产

---

① 参见[美]菲利普·李·拉尔夫等:《世界文明史》(下卷),赵丰等译,商务印书馆2001年版,第183页。

② O'Keefe, R., *The Protection of Cultural Property in Armed Conflict*, Cambridge University Press, 2006, p.13.

③ 也是在这一时期,一部分法国革命者,如孔特·德·凯尔桑(Comte de Kersaint)与佛拉索瓦·皮托·德·迈松鲁热(François Puthod de Maisonrouge),开始将文化财产称为"遗产"(*patrimonie*)。See Stara, A., *The Museum of French Monuments 1795 – 1816: Killing Art to Make History*, Ashgate Publishing, 2013, p.19.

④ See Desvallees, A., «Emergence et Cheminements du mot Patrimoine» (Emergence and Pathways of the Word Heritage), *Musee & Collections Publiques de France* (*French Museum and Collections*), No.208, September, 1995, p.6.

⑤ See Babelon, J. P. & Chastel, A., «La Notion de Patrimoinie» (The Notion of Heritage), *Revue de l'art*(*Art Review*), 1980, 49, p.18.

⑥ [美]斯塔夫里阿诺斯:《全球通史:1500年以后的世界》,吴象婴、梁赤民译,上海社会科学院出版社1999年版,第351页。

将万劫不复。譬如,国民公会副主席约瑟夫·兰卡纳拉(Joseph Lankanal)为保护文化财产而四处奔走。针对革命领导层中的反对之声,他疾呼,革命以来,此类财产已归国有,属全体国民共有,而非专属于某个人,因此,对之进行保护于法有据、于民有利,断不得拖延。① 1793 年 4 月 13 日,国民公会颁布了旨在保护文化财产(尤其是杰出雕像作品)的刑事法律,并以 70 页之长的《录入与保存共和国境内所有具有艺术、科学与教育价值之物件的指令》作为确保其实施的具体依据。1793 年 10 月 24 日,国民公会又颁布法律,禁止任何人以销毁封建主义遗迹为由,破坏图书馆、博物馆或艺术家居所内的书籍、绘画、雕像、浅浮雕、古物以及具有艺术、历史或教育价值的其他物件。② 尽管这些法令对保护处于危殆之中的法国文化财产起到了一定作用,但覆巢之下,安有完卵。在血雨腥风的法国革命中,这些法令并没有得到有效执行。在法国境内,无数古迹与文物遭遇灭顶之灾。

1794 年 7 月,热月革命爆发,罗伯斯庇尔(Robespierre)被送上断头台,之后,国民公会中所剩的领导人唯有温和的同情派者。“随着时间的流逝,他们变得越来越保守。逐渐地,革命又一次反映出比较富有的资产阶级的利益。激进分子的许多极端做法被废除,保守主义日趋明显。”③在此背景下,时任国民公会副主席格雷瓜尔(Grégoire)连续发表了三份报告,系统、深刻地检讨了法国革命对文化财产造成的严重破坏。在报告中,他强调:“文化财产是国家与民族的财富,属于全体公民的公共财产,而非私有财产……每个有识之士均需树立以下意识:尽管他有权随意处置其私有财产,但他绝不能如此对待公共财产……保护遗产是神圣职责,破坏遗产是对民族犯下的罪行……将法兰西古迹交给子孙后代是国民公会的职责,这是既对法兰西人民,也是对公会自身传统应尽的光荣义务。”④

---

① See Sax, J. L., *Heritage Preservation as a Public Duty: The Abbé Grégoire and The Origins of an Idea*, Michigan Law Review, Vol. 88:5, p. 1157(1990).

② See O'Keefe, R., *The Protection of Cultural Property in Armed Conflict*, Cambridge University Press, 2006, p. 14.

③ [美]菲利普·李·拉尔夫等:《世界文明史》(下卷),赵丰等译,商务印书馆 2001 年版,第 210 页。

④ Grégoire, L., «Rapport sur les destructions opérées par le Vandalisme, et sur les moyen de réprimer»(Report on the Destruction Carried out by Vandalism, and on the Means of Repressing), in *Œuvres de l'abbé Grégoire*(*Works by Abbé Grégoire*), Tome Ⅱ(Vol. Ⅱ), Grégoire àla Convention Nationale(Gregory at the National Convention), KTO Press, 1977, p. 257.

1795 年,国民公会制定了一部新宪法,明确规定:“整个社会秩序系建立在维护财产之上”,从而在实际上认可了富裕资产阶级的胜利。① 为防止封建贵族卷土重来,它还授权立法机构遴选一个五人委员会行使行政权力,史称“督政府”(Directory)。督政府建立后,虽然恐怖时期结束,但经济陷入危机,政局极度不稳,军人势力遂不断膨胀。1796 年春,督政府派拿破仑·波拿巴(Napoléon Bonaparte)远征意大利,并取得重大胜利。值得注意的是,拿破仑军队在侵略意大利期间,洗劫了意大利多座城市,将大批文化财产带回法国。劫掠外国文化财产的政策,肇始于督政府期间,到拿破仑执政后则愈演愈烈。系统性地劫掠外国文化珍宝,甚至成为拿破仑战争期间法军的常规行为。大量原属于意大利、西班牙、奥斯曼土耳其的文化珍宝被法军劫掠并被带回巴黎,成为拿破仑军事辉煌的装饰品。②

吊诡的是,对于法军的这一行径,无论是为之辩护者,还是对之谴责者,均以“文艺共同体”的理念作为其主要依据。譬如,法军指挥官曾“义正辞严”道:“环顾欧洲列国,除法兰西拥抱民主共和制外,其余仍受封建君主专制荼毒。文学与艺术乃全欧洲之共同财富,法兰西无疑最有资格、最有能力保管这些财产。”③然而,法军的行径遭到了“文艺共同体”多位领袖的斥责。著名考古与建筑学家科特米瑞·德·昆西(Quatremère de Quincy)发表了系列公开信,严厉谴责法军的劫掠行径。在写于 1796 年的一封公开信中,昆西写道:“艺术与科学属于整个欧洲,属于整个世界,而不是某个民族的专属财产……法军的劫掠是对公共财产的侵犯!”在结尾处,他宣布:“在文明开化之欧洲,凡属文化、艺术与科学之物,均免于基于战争权与胜利权的劫掠!”④

自 1814 年 9 月起,英国、奥地利、普鲁士与俄罗斯在维也纳召开会议,共商

① 参见[美]菲利普·李·拉尔夫等:《世界文明史》(下卷),赵丰等译,商务印书馆 2001 年版,第 211 页。

② 参见霍政欣:《追索海外流失文物的法律问题》,中国政法大学出版社 2013 年版,第 15 页。

③ O'Keefe, R., *The Protection of Cultural Property in Armed Conflict*, Cambridge University Press, 2006, p. 15.

④ Quatremère de Quincy, A., *Lettres à Miranda sur le déplacement des monuments de l'art de l'italie*(*Letters to Miranda on the removal of art monuments from Italy*)(*1796*), *Introduction et notes par Edouard Pommier*(*Introduction and notes by Edouard Pommier*), 2nd ed., Paris: Macula, 1996, p. 88.

反法政策，并为拿破仑战败后的欧洲拟定和平协议。[①] 在维也纳会议上，英国外务大臣卡斯尔雷(Castlereagh)子爵给奥地利、普鲁士及俄罗斯3国的特命全权大使致信，信中写道："拿破仑军队劫掠各国文化财产的行径，是对现代战争法的公然违反。"[②]经讨论，4国一致同意，将于战后对法军的这一行径予以清算。

1815年6月18日，拿破仑兵败滑铁卢，从此彻底退出历史舞台。英、俄、奥、普等国于1815年11月20日与法国签订《巴黎条约》，依据该条约，法国只能保留1790年的疆界，还要赔付7亿法郎的战争赔款；同时，该条约明确规定，法国须归还拿破仑战争时期从各国掠走的珍贵艺术品。[③]

以该条约为依据，遭受拿破仑军队侵略和劫掠的各个国家纷纷要求法国返还属于他们的文化财产，其中以普鲁士最为积极。普鲁士国王要求法国返还卢浮宫中劫自普鲁士的文物与艺术品，并派遣一个专门委员会前往巴黎处理返还事宜。尽管在将文物与艺术品从卢浮宫中整理出来并准备带走时，普鲁士人与护卫卢浮宫的法国国民卫队发生了摩擦，但他们最终还是成功地将这些文化珍宝带回了普鲁士。当被拿破仑军队掠走的驷马金车重新安放在柏林的勃兰登堡门上时，柏林市民聚集在勃兰登堡门前欢呼雀跃，整个城市成了欢乐的海洋。在杜塞尔多夫(Düsseldorf)，当被劫掠的文化财产回到家乡时，这座历史名城的大街小巷摆放了数十万盆鲜花，家家张灯结彩，莱茵河两岸钟声回荡、礼炮齐鸣，好不热闹。[④]

英国也以《巴黎条约》为依据向法国政府递交外交照会，严正指出"在战争期间，法国政府公然违反现代战争的习惯法与正义原则，有目的、系统性地劫掠一个又一个国家"，因此，返还被劫掠的文化财产是维护法律、实现正义的必要手段。[⑤] 罗马的艺术家也发表公开宣言：无论是哪一个流派的艺术品，都应该回归那一片见证它们诞生的天空，回到它们得以创造的环境里。

---

① 参见[美]菲利普·李·拉尔夫等：《世界文明史》(下卷)，赵丰等译，商务印书馆2001年版，第225页。

② O'Keefe, R., *The Protection of Cultural Property in Armed Conflict*, Cambridge University Press, 2006, p.16.

③ See Kaye, L. M., *Laws in Force at the Dawn of the World War Ⅱ: International Conventions and National Law*, in Simpson, E. ed., The Spoils of War, Harry N. Abrams, 1997, p.102.

④ See Treue, W., *Art Plunder, The Fate of Works of Art in War, Revolution and Peace*, Methuen, 1960, p.192.

⑤ See Diplomatic note of Lord Castlereagh, British Foreign Secretary to representatives of Allied Powers, 11 September 1815.

事实上,如果对拿破仑战争后的一系列返还实践进行总体分析,我们可以发现,正是拿破仑战争,有力地促使欧洲各国文化主权意识的形成与加强。此后,越来越多的国家将其珍贵文物与艺术品视为国家身份与主权不可分割的构成元素,①并开始采取立法、行政措施保护文化财产。从国内法层面上看,近代意义上的文化财产法由此发端。

在法国,经兰卡纳拉、格雷瓜尔等人倡议,"历史建筑委员会"(Comité travaux Historiques)于1830年成立;1831年,历史古迹维护基金成立并开始运转;1833年,法国政府设立历史古迹督查一职,负责确定受法律保护的历史古迹的名录;1837年,历史古迹委员会成立;1887年,法国颁布了首部系统性文物保护法典——《历史古迹法》。可以说,19世纪中期以后,法国的文化财产保护逐步进入法制化阶段,仅在1840~1849年,被列入保护名录的法国古迹就从934处增长到3000处。②

在英国,议会于1845年制定了旨在保护艺术品的立法,并对故意破坏艺术品的行径施以刑事处罚;③1877年,威廉·莫里斯(William Morris)创立了保护古建筑学会;1882年,议会颁布了《历史古迹保护法》,并在1900年修订;④1895年,英国建立了世界上首个私有性质的全国信托机构,负责收购文化财产,并对之予以保护与展示;1908年,历史古迹皇家委员会成立。⑤

质言之,人类历史上第一次大踏步向文化财产法制迈进,正是在19世纪的欧洲。到1850年,"历史古迹在大部分欧洲国家已得到官方保护"⑥;到1860年,瑞士历史学家布尔克哈特(Burckhardt)⑦宣布:"我们所生活的时代在文化

---

① See Hollander, B., *The International Law of Art for Lawyers, Collectors and Artists*, Bowes & Bowes, 1959, p. 21.

② See Choay, F., *Invention of the Historic Monument*, Cambridge University Press, 2001, p. 97.

③ See 8 &9 Civt. 44, s. 1.

④ See 45 &46 Vict. 73 and 63 &64 Vict. 34.

⑤ See Best, G, *Humanity in Warfare, The Modern History of the International Law of Armed Conflicts*, Weidenfeld and Nocolson, 1980, p. 46.

⑥ See Best, G, *Humanity in Warfare, The Modern History of the International Law of Armed Conflicts*, Weidenfeld and Nocolson, 1980, p. 84.

⑦ 布尔克哈特的全名是雅克布·布尔克哈特(Jakob Burckhardt),1818年生,1897年逝世,是瑞士著名的历史学家。他一生致力于文化艺术史研究,强调研究文化艺术对了解人类历史的重要作用,代表作为《文艺复兴时期的意大利文化》。

保护,尤其是文物保护方面,取得了历史性业绩。对此,我深以为豪。”①欧洲各国的文化财产立法也促进了世界其他地区的立法活动。19 世纪下半叶,新独立中南美洲国家以及明治维新时期的日本也开始效法欧洲,将文化财产保护立为国策,并采取多种措施保护本国的文化财产。②

不仅如此,这一时期,一个崭新的国际法理念亦日渐清晰:破坏与掠夺文化财产违反了国际法,应受到规制与制裁。1813 年,在判决英国返还劫掠于意大利的一幅古画时,克罗克(Croke)法官掷地有声地宣布:③

> 对于所有文明国家而言,艺术、科学作品以及具有历史意义的物品是免于战争影响的,应受到珍视与保护。它们不应仅仅被视为这个或那个国家的独有财产,而应被视为全人类的共有财产,属于全体人类的共同财富。原告提出返还这类财产的主张符合全体文明国家所遵守的万国法。

两年以后,即 1815 年,约翰·马金托什(John Mackintosh)在英国下议院演说时,用了相似的观点对英国舰队炮击华盛顿具有历史意义的公共建筑予以训诫:“文明国家应尽可能不要破坏这些建筑,哪怕是意外破坏,它们不仅与战事无关,更是整个人类社会共同的、永恒的神圣建筑。”④

前述各种事例表明,对于国际战争法而言,19 世纪上半叶是一个分水岭,它不仅见证了战时被劫掠文物得到返还的法律实践,而且逐渐确立了文化财产免受战争影响的基本原则。自那以后,不再对战争的性质与目的进行区分,禁止战时破坏、劫掠文化财产,且如有违反必须返还逐渐成为被普遍接受的习惯国际法,这得到 19 世纪上半叶出版的权威国际法著作的确认。例如,亨利·惠顿(Henry Wheaton)在 1836 年出版的《国际法精义》中写道:“依据古代万民法,即便神用物在战争期间也不能免于被俘获和没收。但是,依据已经获得法律效力的当代习惯国

---

① Burckhardt, J., *Civilization of the Renaissance in Italy*, Penguin Books, 1990, p. 146.

② See O'Keefe, R., *The Protection of Cultural Property in Armed Conflict*, Cambridge University Press, 2006, p. 15.

③ The Verdict of Vice Admiralty Court in Halifax of 21 April 1813 (Judge Sir A. Croke), quoted after Moore, J. B., *A Digest of International Law*, G. P. O., 1906, p. 460.

④ The Verdict of Vice Admiralty Court in Halifax of 21 April 1813 (Judge Sir A. Croke), quoted after Moore, J. B., *A Digest of International Law*, G. P. O., 1906, p. 200.

际法,寺庙、民用公共建筑、艺术作品以及科技博物馆应免受战争行动的影响。"①

三、海牙公约体系:从孕育到建立

人类历史上最早一部系统规范战争行为以保护文化财产的国内法规,是由林肯于 1863 年颁布的《美国政府军战地守则》。② 该守则由哥伦比亚学院(1869 年更名为哥伦比亚大学)教授弗朗西斯·利伯(Francis Lieber)博士起草制定,亦称《利伯守则》。依据该守则,"经典艺术作品、图书馆藏书、科学收藏品以及贵重科学器具,如天文望远镜,应受到保护,即便它们位处于军事要塞中,也不得受到轰炸与破坏"③。如果在某些具体情况下,上述规则不具可行性,那么,"出于为被占领国(敌国)的利益考虑,占领军的统帅应下令转移并临时占有这些物品。它们的最终归属应由战争结束后订立的和平条约决定。如果美国政府军获得这些物品,不能出售、抛弃之,也不能私占或肆意破坏之"④。

《利伯守则》虽是美国国内法,但对相关国际法的发展产生了重要影响。11 年以后,即 1874 年 8 月 27 日,《利伯守则》成为美国与欧洲诸国签署于布鲁塞尔的《关于战争法规和惯例的国际宣言》(International Declaration Concerning the Laws and Customs of War,史称《布鲁塞尔宣言》)的法律基础。《布鲁塞尔宣言》是国际社会通过制定国际条约钳制战争行为、保护文化财产所做的第一次努力,它明确规定,除非对战争具有绝对必要性,否则禁止破坏敌人的财产,尤其禁止破坏用于宗教、教育、艺术、科学、慈善目的的财产以及历史建筑,无论这些财产是公共财产,还是私有财产;禁止轰炸未设防的城镇、居住区或村庄。⑤ 尽管该宣言从未生效,但它为后续国际法的发展进一步奠定了基础。同年,国际法学会(Institute of International Law)在日内瓦召开的会议上委派一个委员

---

① Wheaton, H., *Elements of International Law*, Stevens and Sons Ltd., 1836, p. 49.

② Instructions for the Government of Armies of the United States in the Field, General Orders. No. 100, April 24, 1863.

③ Instructions for the Government of Armies of the United States in the Field, General Orders. No. 100, April 24, 1863, at arts. 35, 36.

④ Instructions for the Government of Armies of the United States in the Field, General Orders. No. 100, April 24, 1863, at art. 38.

⑤ 相关条款:"教会财产,或用于宗教、慈善、教育、艺术与科学的财产,即便属于国家,也应被视为私人财产。夺取、毁坏或故意破坏这类财产以及具有历史价值的建筑或艺术作品或科学用品应交由适格的权力机关追究刑事责任。"(第 8 条)"应尽一切可能,采取一切必要措施以保护用于宗教、艺术、科学与慈善目的的建筑物……"(第 17 条)

会专门研究当年签订的《布鲁塞尔宣言》,[①]并就此问题向学会提交意见和补充建议。1880 年,在《布鲁塞尔宣言》的基础上,国际法学会编纂了《牛津陆战法规手册》,史称《牛津手册》。[②]《牛津手册》继承并发展了《布鲁塞尔宣言》,禁止战时摧毁公私财产,并规定私有财产只有在本手册限定(用于必要的军事必要)的条件下才能被没收。

值得强调的是,无论是《布鲁塞尔宣言》还是《牛津手册》,它们本身并没有直接的法律效力。尽管如此,其作用绝不容小觑:它们的制定与传播为 19 世纪末 20 世纪初一系列海牙公约的构建奠定了理论与舆论基础,而后者的形成标志着现代国际战争法构架基本形成。

随着人类社会进入热兵器时代,大规模杀伤性武器广泛使用于武装冲突,战争的残酷性与破坏性成几何倍数增长。因此,19 世纪末,避免战争与军备竞赛、钳制战争行为、限制战争烈度、保护平民与民用设施,成为国际社会的重要关切。在此背景下,第一次海牙和平会议于 1899 年 5 月 18 日至 7 月 29 日在荷兰海牙举行,包括英国、法国、德国、意大利、俄罗斯、奥匈帝国、中国(清朝政府)与日本在内的 26 个国家派代表参会。

由于德国等国的反对,此次会议虽未能就裁减军备或限制军备达成协议,但签订了 4 部旨在限制战争及其残酷性的公约与 3 个附加宣言。[③]

鉴于第一次海牙和平会议具有不彻底性,且经日俄战争,各国迫切希望修订陆战规则、发展海战规则,"为澄清并彻底解决第一次海牙和平会议的某些问题,并以 1874 年《布鲁塞尔宣言》为指导"[④],第二次海牙和平会议于 1907 年 6

---

① "国际法学会"(法语名称:*Institut de Droit International*,英语名称:Institute of International Law),也译作"国际法研究院",1873 年 9 月 8 日在比利时根特市创立,是独立的学术团体,没有任何官方背景,其目的是促进国际法的发展,参见《国际法学会章程》第 1 条。国际法学会官网:http://justitiaetpace.org/,最后访问日期:2023 年 4 月 30 日。

② The Oxford Manual on the Laws of War on Land, 1880.

③ 它们是《和平解决国际争端公约》(《1899 年海牙第一公约》)、《陆战法规和惯例公约》(《1899 年海牙第二公约》)、《关于 1864 年 8 月 22 日日内瓦公约的原则适用于海战的公约》(《1899 年海牙第三公约》)、《禁止从气球上或用其他新的类似方法投掷投射物和爆炸物公约》(《1899 年海牙第四公约》)、《禁止从气球上或用其他新的类似方法投掷投射物和爆炸物宣言》(《1899 年海牙第一宣言》)、《禁止使用专用于散布窒息性或有毒气体的投射物》(《1899 年海牙第二宣言》)、《禁止使用在人体内易于膨胀或变形的投射物的宣言》(《1899 年海牙第三宣言》)。详见红十字国际委员会官网,https://www.icrc.org/ihl/INTRO/150? OpenDocument,最后访问日期:2023 年 4 月 30 日。

④ Convention Concerning the Laws and Customs of War on Land, The Hague, October 18, 1907, UKTS No.9(1910), Cd 5030, preamble.

月 15 日至 10 月 18 日召开,包括第一次海牙和平会议全体参加国在内的 44 个国家的代表参加了会议。[1] 此次会议对 1899 年海牙公约与宣言进行了修订,并新订了 10 项公约,总计 13 项公约和 1 项宣言。[2]

在这一系列海牙公约中,《1899 年海牙第二公约》与《1907 年海牙第四公约》是人类历史上最早确立战时保护文化财产免受武装冲突影响的多边国际公约,它们的制定与生效,标志着保护文化财产的国际法体系初步形成。需要指出,《1907 年海牙第四公约》的内容乃至措辞与《1899 年海牙第二公约》及其附件几乎完全相同。在制定时,《1907 年海牙第四公约》本拟取代《1899 年海牙第二公约》,[3]但由于《1899 年海牙第二公约》的一些缔约国未签署和批准《1907 年海牙第四公

---

① 在参加第一次海牙和平会议的国家中,瑞典与挪威已经分立。除这 27 个参加第一次海牙和平会议的国家外,还有 17 个中南美洲国家参加了第二次海牙和平会议。

② 《和平解决国际争端公约》(《1907 年海牙第一公约》)、《限制使用武力索偿契约债务公约》(《1907 年海牙第二公约》)、《关于战争开始的公约》(《1907 年海牙第三公约》)、《陆战法规和惯例公约》(《1907 年海牙第四公约》)、《中立国和人民在陆战中的权利和义务公约》(《1907 年海牙第五公约》)、《关于战争开始时敌国商船地位公约》(《1907 年海牙第六公约》)、《关于商船改装为军舰公约》(《1907 年海牙第七公约》)、《关于敷设自动触发水雷公约》(《1907 年海牙第八公约》)、《关于战时海军轰击公约》(《1907 年海牙第九公约》)、《关于 1906 年 7 月 6 日日内瓦公约原则适用于海战的公约》、《1907 年海牙第十公约》、《关于海战中限制行使捕获权公约》(《1907 年海牙第十一公约》)、《关于建立国际捕获法院公约》(《1907 年海牙第十二公约》)、《关于中立国在海战中的权利和义务公约》(《1907 年海牙第十三公约》)、《禁止从气球上投掷投射物和爆炸物宣言》(《1907 年海牙宣言》)。中国清政府和北洋政府批准或加入了除未生效的《1907 年海牙第十二公约》外的所有公约与宣言。关于上述公约及宣言的缔约国具体信息,详见红十字国际委员会官网,https://ihl-databases.icrc.org/ihl,最后访问日期:2023 年 4 月 30 日。

③ 各国批准或加入《1907 年海牙第四公约》的文书交存日期如下:奥匈帝国(1909 年 11 月 27 日)、比利时(1910 年 8 月 8 日)、玻利维亚(1909 年 11 月 27 日)、巴西(1914 年 1 月 5 日)、中国(1917 年 5 月 10 日)、古巴(1912 年 2 月 22 日)、丹麦(1909 年 11 月 27 日)、多米尼加共和国(1958 年 5 月 16 日)、萨尔瓦多(1909 年 11 月 27 日)、埃塞俄比亚(1935 年 8 月 5 日)、斐济(1973 年 4 月 2 日)、芬兰(1922 年 4 月 10 日)、法国(1910 年 10 月 7 日)、德国(1909 年 11 月 27 日)、英国(1909 年 11 月 27 日)、危地马拉(1911 年 3 月 15 日)、海地(1910 年 2 月 2 日)、日本(1911 年 12 月 13 日)、利比里亚(1914 年 2 月 4 日)、卢森堡(1912 年 9 月 5 日)、墨西哥(1909 年 11 月 27 日)、荷兰(1909 年 11 月 27 日)、尼加拉瓜(1909 年 12 月 16 日)、挪威(1910 年 9 月 19 日)、巴拿马(1911 年 9 月 11 日)、波兰(1925 年 5 月 9 日)、葡萄牙(1911 年 4 月 13 日)、罗马尼亚(1912 年 3 月 1 日)、俄国(1909 年 11 月 27 日)、暹罗(1910 年 3 月 12 日)、南非(1978 年 3 月 10 日)、瑞典(1909 年 11 月 27 日)、瑞士(1910 年 5 月 12 日)、美国(1909 年 11 月 27 日)。See Convention (Ⅳ) Respecting the Laws and Customs of War on Land and its annex: Regulations Concerning the Laws and Customs of War on Land, The Hague, 18 October 1907, ICRC, https://ihl-databases.icrc.org/en/ihl-treaties/hague-conv-iv-1907/state-parties?activeTab=default,最后访问日期:2023 年 4 月 30 日。

约》,所以两者并存。[①] 鉴于中国北洋政府批准了《1907 年海牙第四公约》,且 20 世纪曾入侵中国的列强大都批准了该公约,下文遂以之为对象,对海牙公约体系中调整战时文化财产保护的规则进行简要分析。

《1907 年海牙第四公约》在体例上分为公约正文与附件,公约正文仅有 9 条,主要规定了程序性问题。在正文中,第 3 条尤须提及,因为它对违反公约义务的责任作出了规定,其规定如下:"违反该章程规定的交战一方在需要时应负责赔偿。该方应对自己军队的组成人员做出的一切行为负责。"虽然"在需要时"(if the case demands)这样的弹性表述在一定程度上削弱了该条的执行效力,但它对于完善国际法的执行机制、提高国际法的约束力起到了重要的推动作用,诚如国际法学家詹姆斯·加纳(James Garner)所言:"海牙公约明确确认,交战人员或武装部队的任何组成人员违反公约规定的义务或禁令,须负民事赔偿责任,如此条款的制定是国际法从无约束力的道德规范走向法律的重要一步。"[②]

与公约正文相比,附件更为具体,多为实体性规定,它分为三编:第一编"交战者",第二编"敌对行为",第三编"在敌国领土内的军事当局"。关于在交战期间如何对待敌人财产,附件第二编中作了规定,其中第 23 条第 7 款尤为重要,其规定如下:"除各专约规定禁止者外,特别禁止:毁灭或没收敌人财产,除非此项毁灭和没收是出于不得已的战争需要。"可见,只有在符合军事必要的前提下,毁灭与没收敌人财产才是被允许的。关于轰炸,该公约第 25 条规定:"禁止以任何手段攻击或轰击不设防的城镇、村庄、住所和建筑物。"该条"以任何手段"(by whatever means)的措辞表明,空袭也在禁止之列,这一点颇为重要,因为 20 世纪初人类已逐渐掌握飞行技术,利用飞行器进行战斗将进入历史舞台。不过,对于设防的城镇及村庄,公约并没有禁止对平民居住区及民用设施进行轰炸,这是因为当时的主要大国认为,除第 27 条规定的文化财产等客体以外,

---

① 在批准加入《1899 年海牙第二公约》的国家中,有 17 个未批准《1907 年海牙第四公约》,它们是:阿根廷、保加利亚、智利、哥伦比亚、厄瓜多尔、希腊、意大利、韩国、黑山、巴拉圭、波斯(伊朗)、秘鲁、塞尔维亚、西班牙、奥斯曼土耳其、乌拉圭与委内瑞拉。因此这些国家(或其继承者)之间适用《1899 年海牙第二公约》。对于批准了《1907 年海牙第四公约》的国家,它们之间适用《1907 年海牙第四公约》。参见《1907 年海牙第四公约》第 4 条。

② Garner, J. W., *International Law and the World War Ⅰ*, Longmans, Greene and Company, 1920, p. 469.

轰炸设防的城镇及村庄是合法的。[①] 由此可见,在 20 世纪初,军事必要规则几乎不受任何限制,“只要在军事上是必要的,就可以对敌方的所有建筑与设施进行轰炸。事实上,这是迫使敌方当局屈服与投降的重要手段”[②]。

在此背景下,第 27 条对文化财产等客体作出例外性规定,显得尤为醒目。该条规定如下:“在包围和轰击中,应采取一切必要的措施,尽可能保全专用于宗教、艺术、科学和慈善事业的建筑物、历史纪念物、医院和病伤者的集中场所,但以当时不作军事用途为条件。被围困者有义务用易于识别的特别标志标明这些建筑物或场所,并须事前通知敌方。” 该条对于战时保护文化财产意义重大,明确确立了文化财产应免受包围与轰击影响的基本原则。

尽管如此,第 27 条的缺陷仍较为明显。首先,该条使用了“尽可能”(as far as possible)的弹性表述,这在很大程度上动摇了它的刚性义务。有观点认为,如果对其他目标进行轰炸,意外波及第 27 条所列之客体,此种轰炸并不违法。[③] 其次,第 27 条设置了适用的前提条件,即“以当时不作军事用途为条件”。不过,公约及其附件并未对“军事用途”的具体含义作出界定。依据当时的主流观点,军事用途包括将建筑物用作军队的办公场所或士兵营房,或将之用于军事行动的观察哨塔。[④] 需要指出,尽管该条未言明,但即便用于军事用途,破坏此类建筑物也须满足第 23 条第 7 款规定的条件,即系“出于不得已的战争需要”。最后,第 27 条虽保护不作军事用途的文化财产,但它并不禁止防守一方将此类财产用于军事用途,这在一定程度上降低了文化财产免受包围与轰击影响的实际效果。

除此之外,附件第二编在第 28 条中明确禁止抢劫,其规定为:“禁止抢劫,即使是以突击攻下的城镇或地方。”由此可见,禁止抢劫是一项没有任何例外的原则。

关于军事占领期间如何对待敌人财产,附件第三编“在敌国领土内的军事

---

① See O'Keefe, R., *The Protection of Cultural Property in Armed Conflict*, Cambridge University Press, 2006, p. 24.

② Edmonds, J. E., Oppenheim L., *Land Warfare: An Exposition of the Laws and Usages of War on Land*, His Majesty's Stationery Office, 1912, para. 122.

③ See Edmonds, J. E., Oppenheim L., *Land Warfare: An Exposition of the Laws and Usages of War on Land*, His Majesty's Stationery Office, 1912, para. 123.

④ See Edmonds, J. E., Oppenheim L., *Land Warfare: An Exposition of the Laws and Usages of War on Land*, His Majesty's Stationery Office, 1912, para. 126.

当局”中作了详细规定。依据该编相关规定，家庭的荣誉和权利、个人的生命和私有财产以及宗教信仰和活动，应受到尊重（第46条第1款）；私有财产不得没收（第46条第2款）；应正式禁止抢劫（第47条）；占领军只能占有军用物资以及严格属于敌国的现款、基金和有价证券、武器库、运输工具、货栈和供应品以及一般供作战用的属于国家的动产（第53条）。尤其值得强调的是第56条，因为该条对占领当局应如何对待被占领土内的文化财产作了明确规定，该条第1款规定：“市政当局的财产，包括宗教、慈善和教育、艺术和科学机构的财产，即使是国家所有，也应作为私有财产对待。”如前所述，依据公约第46条，私有财产应受到尊重，不得被破坏，也不得被没收，因此，第56条第1款所列之财产，受到同等保护。该条第2款规定：“对这些机构、历史性建筑物、艺术和科学作品的任何没收、毁灭和有意地损害均应予以禁止并受法律追究。”需要强调，该款是公约附件中唯一一款关于违反其规定的法律责任的规定，尽管它并未明确违反者应承受何种法律责任。

总体而言，19世纪末20世纪初建立起来的海牙公约体系，尤其是《1907年海牙第四公约》对于规制战争行为、保护非军用财产，特别是文化财产起到了历史性作用，标志着战时保护文化财产的国际法律体系的初步形成，得到了国际社会的普遍认可。1946年，纽伦堡军事法庭曾对《1907年海牙第四公约》做出如下评价：“该公约载明的陆战规则是对其缔约时既存国际法规则的继承与发展……到1939年，这些规则已经被所有文明国家所承认，并被认可为习惯国际法。”①远东国际军事法庭亦有类似表述：作为一部有拘束力的条约，公约虽可以被所谓普遍参加的条款或其他方法所否定，但它仍然是习惯国际法的有力证据。本法庭将根据它以及其他一切可获得的证据，去决定适用于某一场合的习惯法。② 在许多场合，纽伦堡与远东国际军事法庭都曾引用海牙诸公约的条款，认为它们是“举世公认的规则”，因而对德国与日本有拘束力，无论它们是否为公约的参加国。

尤其值得强调的是，海牙公约体系对于中国具有重要意义。20世纪上半叶，中国曾屡遭外敌入侵，尤其是日本，其发动的侵华战争，给中国人民带来了

---

① 《纽伦堡国际军事法庭判决书》，伦敦版（英国皇家出版社）第64页。转引自梅汝璈：《远东国际军事法庭》，法律出版社2005年版，第18页。

② 参见《远东国际军事法庭》判决书，中文译本（北京五十年代出版社）第一部第三章，第40页。转引自梅汝璈：《远东国际军事法庭》，法律出版社2005年版，第19页。

深重灾难。日本侵华期间的战争暴行,包括肆意破坏、劫掠中国文物的行径,[①]公然违反了海牙诸公约,尤其是《1907 年海牙第四公约》。鉴于中国与日本均为该公约缔约国,因而它成为要求日本对战争罪行(尤其是对破坏、劫掠中国文物)承担法律责任的主要国际法依据。

当然,作为 100 多年前制定的国际公约,海牙诸公约也存在诸多明显缺陷。例如,公约中的不少关键条款措辞模糊,使公约在解释上任意性过大,容易被指挥官依据其利益作歪曲解释。再如,公约缺少实施监督机制,这为两次世界大战期间交战国漠视公约义务,大规模破坏、劫掠珍贵文化财产埋下了伏笔。

第二节　两次世界大战

一、第一次世界大战

1914 年,第一次世界大战爆发,刚刚建立起来的海牙公约体系面临战争实践的大考。第一次世界大战是人类历史上第一次热兵器占主导的战争,交战方使用了许多首次用于战斗的武器:远程大炮、机关枪、手榴弹、坦克、轰炸机、潜水艇等,这使战争的烈度超出了以往任何一场战争。[②] 由于海牙诸公约的存在,战争初期,交战方对保护某些类型的文化财产表现出一定程度的遵守,对作战手段与方法亦有所克制,有不少宗教与历史建筑以及用于科学研究的设备得以免于战火殃及,劫掠文化财产的行为也较少出现。但是随着战争的升级与扩大,到战争中后期,交战方几乎到了癫狂状态,用尽了所有的武器与战争方法,生灵涂炭、哀鸿遍野,无数城池化为废墟,海牙诸公约亦被粗暴践踏。在战争最惨烈的时期,许多教堂、历史建筑、古老城镇及其存放的艺术珍品被德军炮火摧毁。特别是作为主战场的比利时和法国,文化财产的损失尤为严重。其中,典型的例子是比利时鲁汶大学图书馆被德军付之一炬和法国兰斯大教堂惨遭炸毁。鲁汶大学图书馆珍藏了大量珍贵书籍以及科学和艺术作品;兰斯大教堂是镶嵌彩色玻璃的哥特式建筑杰作。德军肆意毁坏文化财产的行径引起了国际

---

① 参见霍政欣:《日本侵华期间劫掠文物的返还问题》,载《中国文物报》2015 年 6 月 2 日,第 6 版。

② 参见[法]德尼兹·加亚尔等:《欧洲史》,蔡鸿滨、桂裕芳译,海南出版社 2000 年版,第 524 页。

社会的强烈谴责。[①]

人类刚刚建立起来的规制战争行为、保护文化财产的国际体系在第一次世界大战的硝烟中显得如此孱弱与无助,这着实让人扼腕叹息。尽管如此,就此全盘否定海牙诸公约的历史意义亦不可取。第一,战争初期,海牙诸公约对约束交战方的战争行为起到了明显作用,对于保护文化财产起到了阶段性的积极意义;第二,在整个第一次世界大战期间,占领军劫掠文化财产的现象较以前的历次战争大为减少,禁止抢劫文化财产的原则得到了各交战方一定程度的遵守;第三,第一次世界大战结束后,战胜国依据海牙诸公约提出了返还战时被劫文化财产的要求,海牙诸公约亦成为 1919 年《凡尔赛和约》相关条款的法律基础。[②]

1918 年 11 月 11 日,协约国和同盟国宣布停火,经过巴黎和会长达 6 个月的谈判后,交战各国于 1919 年 4 月 28 日在凡尔赛宫签署和平条约,史称《凡尔赛和约》(Treaty of Versailles)。《凡尔赛和约》的签订,标志着第一次世界大战正式结束。《凡尔赛和约》要求德国对战争期间犯下的战争罪行承担法律责任,其中,"肆意损毁宗教、慈善、教育与历史性建筑"被列为须承担法律责任的战争罪行之一。不过,囿于当时的政治格局,第一次世界大战结束后,国际社会并没有对德国在第一次世界大战期间的战争罪行进行审判。[③]

《凡尔赛和约》还规定,对于被抢劫的文化财产,德国负返还义务,使其恢复到战前状态;对于被破坏的文化财产,负赔偿与修复的责任。此外,"和约"创制了一种新的返还方式,对于被彻底毁坏或下落不明的文化财产,德国应当返还具有类似性质与价值的文化财产,即"同类返还"(restitution in kind)。[④] 还有一点值得注意,即涉及返还的对象不仅限于第一次世界大战期间被劫掠的财产,还包括普法战争期间,甚至早至 17 世纪被普鲁士劫掠的他国财产。[⑤] 换言之,《凡尔赛和约》没有认可时效制度。

第一次世界大战的惨痛教训也让国际社会认识到,海牙公约体系并不能有

---

① 参见唐海清:《武装冲突情况下文化遗产国际法律保护的历史演进》,载《宁夏社会科学》2009 年第 4 期。

② 参见霍政欣:《追索海外流失文物的法律问题》,中国政法大学出版社 2013 年版,第 21 页。

③ 参见[英]H. G. 威尔斯:《世界史纲》(下册),梁思成等译,上海世纪出版集团 2005 年版,第 797 页。

④ 参见《凡尔赛和约》第 247 条。

⑤ 参见《凡尔赛和约》第 238 条、第 245 条。

效保护文化财产免受武装冲突的破坏,制定新的、更为有效的文化财产保护规则因而成为战后国际立法的关切点之一。在此领域,荷兰考古协会扮演了重要角色。经过深入研究,该协会出版了一份关于改革《1907 年海牙第四公约》的报告。该报告建议,未来制定的文化财产保护公约,其立法意旨应在于对缔约国施加保护其境内文化财产的义务,而不是仅仅规定交战方不得破坏敌人的文化财产。依据这种更加宽泛的保护义务,各国不得将其境内的文化财产用于军事用途,只有这样,才能在文化财产所处的区域建立非军事区或保护区,从而使其在武装冲突期间免受战火影响。同时,各国在和平时期也承担着保护文化财产的义务,包括制定受保护的文化财产清册。此类清册的建立,不仅事关和平时期的文化财产保护,对于未来发生武装冲突时保护此类财产亦至关重要。此外,该报告还建议各国建立旨在促进文化财产保护国际合作的专门机构。① 这份报告出版后,荷兰考古协会将之分发给各国,产生了广泛影响。不过,作为一家非政府机构,荷兰考古协会的作用也只能止步于此。

需要指出,由于 20 世纪 20 年代飞机开始用于作战,空袭逐渐成为一种新的战争手段,制定、规范空战规则,减少空袭的破坏性,尤其是对平民与民用设施的破坏,成为第一次世界大战后欧美强国的国际立法关注点之一。1922 年,由美、英、法、意、日等主导的"军备限制会议"成立了一个由美国法学家约翰·巴塞特·摩尔(John Bassett Moore)任主席的专门委员会,负责起草制定《关于战时无线电管控与空战的海牙规则》。经过 3 个月的讨论,该委员会于 1923 年 2 月在海牙提交了规则草案。②《关于战时无线电管控与空战的海牙规则》(草案)在很大程度上吸收了荷兰考古协会出版的上述报告,要求各国将文化财产所处的区域非军事化,禁止用于军事用途。不过,由于主导该规则制定的为军事强国,所以该规则草案在空战与空袭的限定方面并不严格。譬如,该规则草案虽明确规定文化财产不是合法的空袭目标,但其效仿《1907 年海牙第四公约》第 27 条,规定"在空袭中,应采取一切必要的措施,尽可能保全专用于宗教、

---

① See Forrest, C., *International Law and the Protection of Cultural Property*, Routledge, 2010, p. 70 – 71.

② 该文件的英文名称为"Hague Draft Rules Concerning the Control of Wireless Telegraphy in Times of War and Air Warfare",详见红十字国际委员会官网,https://www.icrc.org/ihl/INTRO/275? OpenDocument,最后访问日期:2023 年 4 月 30 日。

艺术、科学和慈善事业的建筑物、历史纪念物、医院和病者、伤者的集中场所，但以当时不作军事用途为条件。这些建筑物或场所应表明从飞行器上易辨识的标志"[①]。显然，这一规定必然使该规则在实际适用时面临与《1907年海牙第四公约》相似的困境。令人扼腕的是，即便是这样一个明显带有绥靖政策的规则草案，也因各国的相互掣肘与明争暗斗最终无果而终。第一次世界大战后云谲波诡的国际形势，由此可见一斑。

第一次世界大战后，改革国际法的重任在很大程度上落在了国际联盟的肩膀上。国际联盟是根据巴黎和会所通过的《国际联盟盟约》而成立的，作为人类历史上第一个世界综合性的国际组织，它具有重大的政治与法律意义。[②] 20世纪20年代，成立不久的国际联盟将改革国际文化财产法确定为其工作重点之一，并将具体工作委托给其下属的国际博物馆办公室（Office International des Musées，OIM）。[③] 为此，该办公室于1930年起草了一份保护文化财产的公约草案。尽管该草案因遭到部分欧洲大国的反对而流产，但其文本被泛美联盟所接受，[④]并据此于1935年制定了《保护艺术、科学机构与历史性遗迹的公约》，史称《罗里奇公约》（Roerich Pact）。[⑤]

正当第一次世界大战给文化财产造成的劫难逐渐被国际社会淡忘之时，西

① Hague Draft Rules Concerning the Control of Wireless Telegraphy in Times of War and Air Warfare, art. 25.

② 参见梁西：《国际组织法（总论）》，武汉大学出版社2001年版，第47页。

③ 参见霍政欣：《追索海外流失文物的法律问题》，中国政法大学出版社2013年版，第101页。

④ 泛美联盟是美洲国家组织的前身。

⑤ 尼古拉斯·罗里奇（Nicholas Roerich）对推动该公约起草与缔结作出了重大贡献，为纪念其历史功绩，国际社会因而将该公约简称为《罗里奇公约》。该公约的缔约国包括美国、巴西、智利、哥伦比亚、古巴、多米尼克共和国、萨尔瓦多、墨西哥与委内瑞拉。与《1907年海牙第四公约》相比，该公约的不同之处主要体现以下几点：第一，它没有将"军事必要"作为破坏或损毁文化财产的正当性依据。依据该公约，交战方将文化财产用作军事目的是文化财产免受破坏的唯一例外。第二，它要求缔约国制定受保护文化财产的清册，并采取立法等措施执行公约义务。第三，它为受保护的不可移动文化财产制定了专有图标（三角形内嵌三个红色的圆形），以利于辨识与保护。参见郭玉军主编：《国际法与比较法视野下的文化遗产保护问题研究》，武汉大学出版社2011年版，第193页。

班牙内战爆发。[①] 随着德国、苏联等外国势力的介入,西班牙内战迅速升级。在大规模的空袭与炮击中,格尔尼卡(Guernica)等历史名城毁于一旦,[②]西班牙全境无数珍贵文化财产在战火中灰飞烟灭。惨痛的现实迫使国际联盟加快了国际文化财产公约的立法进程。1938 年,国联将国际博物馆办公室起草的《战时保护历史性建筑与艺术品公约》(草案)分发给各国。[③] 然而遗憾的是,由于受到多国军事当局的强大压力,该公约草案具有较大妥协性。从草案的文本来看,该公约意在对各国施加保护义务,促使其保护境内的文化财产,并将此类财产与军事要地、军事设施隔离开来,而不在于限制交战方的行为。另外,该公约所保护的文化财产在范围上明显小于海牙公约,仅包括历史性建筑及其内部的可移动文化财产。[④] 由于西班牙内战是促成该公约草案迅速成文的主要因素,公约草案在第 10 条中提出,由于珍贵文化财产是全人类共同遗产,公约缔约国应对处于内战之中的交战各方施以援助,以有效保护那些受到战火威胁的历史与艺术珍宝。最后,公约草案第 3 条第 3 款要求各国对在战时劫掠或破坏文化财产的个人施以惩罚。[⑤]

为了尽快缔结该公约,国际博物馆办公室以公约草案为基础制定了《关于武装冲突期间保护文化财产的宣言》,号召各国积极响应,国际联盟也敦促各国尽早召开外交会议,启动缔约进程。但是,随着 20 世纪 30 年代后期国际政治局势迅速恶化,欧洲主要强国疯狂地投入扩军备战,再无暇顾及此等事项,缔约进程被迫搁浅,直至第二次世界大战爆发。

---

① 西班牙内战(1936 年 7 月 18 日至 1939 年 4 月 1 日),是在西班牙第二共和国发生的一场内战,由共和国总统曼努埃尔·阿扎尼亚的共和政府军与人民阵线左翼联盟对抗以弗朗西斯科·佛朗哥为中心的西班牙国民军和长枪党等右翼集团。反法西斯的人民阵线和共和政府有苏联和墨西哥的援助,而佛朗哥的国民军则有纳粹德国、意大利王国和葡萄牙的支持,因为西班牙意识形态的冲突和轴心集团与共产势力的代理战争,使西班牙内战被认为是第二次世界大战发生的前奏。参见[美]斯塔夫里阿诺斯:《全球通史:1500 年以后的世界》,吴象婴、梁赤民译,上海社会科学院出版社 1999 年版,第 726 ~ 732 页。

② See George Steel, *The Tragedy of Guernica*, https://www.historynet.com/the-tragedy-of-guernica/,最后访问日期:2023 年 12 月 3 日。

③ 英文名称是"Preliminary Draft International Convention for the Protection of Historic Buildings and Works of Art in Times of War"。

④ See O'Keefe, R., *The Protection of Cultural Property in Armed Conflict*, Cambridge University Press, 2006, p. 55 – 56.

⑤ See Forrest, C., *International Law and the Protection of Cultural Property*, Routledge, 2010, p. 72.

二、第二次世界大战

与第一次世界大战相似,第二次世界大战也是一场全球性战争,但两次世界大战亦有不同之处。第一,第一次世界大战的主战场局限在欧洲,而第二次世界大战波及范围更广,除欧洲外,远东、北非等地区也成为第二次世界大战的重要战场。尤其需要指出,中国的抗日战争是第二次世界大战的重要组成部分,中国人民卓绝奋战,付出了重大的人员与财产损失,为世界反法西斯战争的胜利作出了重大贡献。第二,两次大战运用的武器存在实质性区别。因坦克、飞机等现代化武器大规模运用于战争,第二次世界大战的惨烈度与破坏力远超第一次世界大战,是人类有史以来最为深重的一次灾难。①

对于文化财产而言,第二次世界大战造成的危害亦远甚于第一次世界大战。无论是在欧洲战场,还是在中国战场,均有无法计数的文化财产,或毁于战火,或惨遭劫掠。在不列颠空战中,包括艾克塞斯(Exeter)、巴斯(Bath)、诺里奇(Norwich)、约克(York)、坎特伯雷(Canterbury)在内的英国诸多历史名城遭到德军空袭,大量古建筑及文博设施遭遇灭顶之灾。到盟军反攻阶段,德国境内的历史古迹亦遭厄运,吕贝克(Lübeck)、科隆(Cologne)、乌兹堡(Würzburg)及汉堡(Hamburg)等德国历史名城受到盟军的猛烈空袭与炮击,无数文化珍宝遭到毁坏。另外,在战争前期,纳粹德国大肆劫掠荷兰、法国、奥地利等国的文化财产;而在攻入德国境内后,苏联军队也将大批文化珍宝作为战利品掠走。②

尽管如此,在欧洲战场,海牙公约还是在一定程度上得到了交战各方的有限遵守。譬如,盟军指挥官在许多场合强调,其部队遵守了国际战争法规则,虽然某些军事行动在客观上产生了破坏文化财产的结果,但均符合“军事必要”的要求,故不违反国际法。③ 在率领军队登陆意大利前,盟军总司令德怀特·戴

---

① 参见[美]斯塔夫里阿诺斯:《全球通史:1500年以后的世界》,吴象婴、梁赤民译,上海社会科学院出版社1999年版,第748~749页。

② 第二次世界大战结束后,德国系统性地返还了其掠夺的文化财产,但作为战胜国,苏联及俄罗斯几乎未将其掠夺的文化财产返还给其原属国。参见霍政欣:《追索海外流失文物的法律问题》,中国政法大学出版社2013年版,第248页。

③ See Forrest, C., *International Law and the Protection of Cultural Property*, Routledge, 2010, p. 73.

维 · 艾森豪威尔(Dwight David Eisenhower)在军令中写道:①

> 今天,我们挥师进军的国家是一个对文化遗产作出过杰出贡献的国家,是一个历史古迹极其丰富的国家。这些历史悠久的古迹展示着文明的发展脉络,而这文明,正是我们自己的文明。所以,我们有义务尊重这些古迹,只要战争允许之。

不过,在写完"只要战争允许之"(as far as war allows)后,他又强调:"只要符合军事必要原则,一切均不容批驳。"②即便是纳粹德国,在军事行动中也对战争手段进行了某种限制,以避免对文化财产造成不必要的损害。譬如,德军在占领其他国家时,尤其是占领被其认定为属于第三帝国组成部分的荷兰与奥地利时,曾组建专门部队负责对占领国的文化财产进行保护。③ 在进军巴黎时,德军也曾采取措施,保护这座城市的文化财产与文博设施。历史资料显示,即便在不列颠空战期间,德军也有意避开了牛津、剑桥等教育文化设施与历史性建筑密集的英国城镇。④

与此相比,在远东尤其是在中国战场,日军的侵略行径则要野蛮得多。1937 年全面侵华战争爆发后,日本政府与军队完全无视国际社会历尽磨难才得以建立的战争法规则,制定并实施了系统性破坏与劫掠中国文物的政策。侵华期间,日军以轰炸、炮击、纵火等方式大规模摧毁中国境内的历史名城、古建筑以及大学、图书馆等教育机构。⑤ 同时,由于文化相近,大规模劫掠中国境内的重要考古遗址与文物典籍成为日军一项有组织、有计划、有目标的任务。日军长期在中国境内进行盗掘式考古,将出土的大量珍贵文物运回日本,他们还千方百计以各种方式搜刮中国文物,像庐山化石标本、中央研究院珍藏的殷墟文

---

① General D. Eisenhower, *Order of the Day*, *December 24*, 1943, quoted in O'Keefe, R., The Protection of Cultural Property in Armed Conflict, Cambridge University Press, 2006, p. 74.

② General D. Eisenhower, *Order of the Day*, *December 24*, 1943, quoted in O'Keefe, R., The Protection of Cultural Property in Armed Conflict, Cambridge University Press, 2006, p. 74.

③ 这支专门部队的德语名称是"*Kunstschutz*"。

④ See O'Keefe, R., *The Protection of Cultural Property in Armed Conflict*, Cambridge University Press, 2006, p. 76 – 77.

⑤ 参见孟国祥:《大劫难:日本侵华对中国文化的破坏》,中国社会科学出版社 2005 年版,第 10 页。

物、中央图书馆和清凉山国学图书馆收藏的典籍、溥仪被赶出紫禁城时精心挑选的上千件国宝级文物等都落入日本人之手,“北京人”头盖骨也在战争中神秘失踪。① 抗日战争给中国的文化财产造成了无法估量的灾难性破坏。② 目前,日本拥有1000余座大小博物馆,共收藏中国历代文物近200万件之多,大多数为日本侵华战争期间被劫掠到日本的,仅东京国立博物馆一家,就藏有中国历代文物珍品9万余件,其中珍品、孤品不计其数,远远超过中国国内的许多博物馆。③ 此外,大阪市立东洋陶瓷美术馆、大阪市立美术馆、京都泉屋博古馆、藤井有邻馆、根津美术馆等也藏有大量中国珍贵文物,包括王羲之的《妹至帖》《定武兰亭序》《十七帖》《集王圣教序》,前凉时代的《李柏尺牍稿》等稀世文物珍品。④ 这些被劫掠至日本的中国文物,既是中华民族无法割舍的文物珍宝,也是日本侵略者对中国人民犯下战争罪行的确切证据。

第二次世界大战结束后,国际社会对德、日法西斯的战争罪行进行了审判。然而,受当时纷繁复杂的国际政治格局及其他历史、社会、文化因素影响,德国与日本破坏与劫掠其他国家文化财产的战争罪行在战后受到了不同的处理。《纽伦堡国际军事法庭宪章》第6条规定了三种战争罪行,即破坏和平罪、普通战争罪与违反人道罪。⑤ 需要强调的是,第6条第2款不仅对普通战争罪进行了抽象定义,而且进行了详细列举,依之,掠夺公私财物、滥肆破坏或非出于军事上必要而损毁城镇或乡村被明确列为战争罪行。⑥ 在审判中,纽伦堡国际军

---

① See Greenfield, J., *The Return of Cultural Treasures*, 3rd ed., Cambridge University Press, 2007, p. 419 – 420.

② 参见中国第二历史档案馆档案:《中国战时文物损失数量及估价总目》,全5(2),卷913。

③ 参见吴树:《谁在收藏中国》,山西人民出版社2008年版,第47页。

④ 参见谢辰生、顾廷龙主编:《中国甲午以后流入日本之文物目录》,中西书局2012年版。

⑤ 譬如,依据《纽伦堡国际军事法庭宪章》第6条的规定,下列三种罪行属于其管辖权,凡违反者,须承担法律责任:(1)破坏和平罪:指策划、准备、发动或执行侵略战争,或违反国际法、条约、协定或保证之战争,或参与上述任何罪行之共同计划或阴谋。(2)普通战争罪:指违反战争法规或战争惯例之犯罪行为。此种行为包括但不限于对占领区或在占领区内的平民之谋杀、虐待或运出以从事奴隶劳动或其他目的;对战俘或海上人员之谋杀或虐待;杀害人质,掠夺公私财物、肆意破坏或非出于军事上必要而损毁城镇或乡村。(3)违反人道罪:指战争发生前或战争进行中对任何和平人口之杀害、奴役、强迫迁徙以及其他不人道行为,或基于政治上或种族上之理由而进行旨在实现或有关本法庭管辖范围内任何罪行的迫害行为,不论这种行为是否违反行为地国家的国内法。凡参与上述任何罪行之共同计划或阴谋之领导者、组织者、教唆者与共谋者,对于任何人为实现此种计划而做出之一切行为,均应负责。

⑥ See Charter of Military Tribunal at Nuremberg, art. 6(b).

事法庭指出,该款是国际战争习惯法的体现,亦为《1907年海牙第四公约》第46条与第56条的反映。以该条为依据之一,负责劫掠各国文化珍宝的纳粹领袖阿尔弗雷德·罗森堡(Alfred Rosenberg)被处以绞刑。[①]

关于如何处置被纳粹德国劫掠的他国文化财产,早在1943年战争还未结束时,17个盟国和法国流亡政府就汇聚伦敦,发布了《伦敦宣言》。该宣言声明,由于纳粹以武力与威胁强迫被占领国的国民将其财产以买卖或者转让的方式拱手让出,盟国将不再承认被占领国家的任何资产转移为合法。[②] 盟军占领德国西部期间,美国、英国与法国占领当局分别通过颁布法令,成立归还文化财产的专门委员会,致力于将"所有纳粹从盟国掠夺的艺术品和具有科学或历史价值的物品返还其合法所有人"[③],因而不少被劫掠文化财产在20世纪40年代就归还其主。[④] 联邦德国成立后制定了专门的法律,对归还第二次世界大战期间纳粹德国从他国劫掠的各类财产作了具体、系统的规定。[⑤]

与此相比,战后国际社会对日本破坏与劫掠他国文化财产的战争罪行的清算远不彻底。与《纽伦堡国际军事法庭宪章》一样,《远东国际军事法庭宪章》也规定了三种同样的战争罪行,但吊诡的是,在规定第二类罪行(普通战争罪)时,它仅作了概括性定义,而未作明确列举。与此相对,其余两种罪行(破坏和平罪与违反人道罪)的规定则与《纽伦堡国际军事法庭宪章》几乎如出一辙。[⑥] 尽管未对普通战争罪作具体列举并不意味"掠夺公私财物、肆意破坏或非出于军事上必要而损毁城镇或乡村"不构成普通战争罪,但这一表述上的重大差别,在很大程度上折射出远东国际军事法庭与纽伦堡国际军事法庭在审判日本与

---

① See Forrest, C., *International Law and the Protection of Cultural Property*, Routledge, 2010, p. 75.

② See *Court of Restitution Appeals Reports*, http://www.law.harvard.edu/library/digital/court-of-restitution-appeals-reports.html, 最后访问日期:2023年4月30日。

③ 霍政欣:《追索海外流失文物的法律问题》,中国政法大学出版社2013年版,第248页。

④ 盟国占领当局制定的返还法令标志着国际文化财产法迈出了重要一步。在此以前,从未有过规则如此详尽、适用如此广泛的此类法律文件。依据这些法令,不仅被纳粹占领国的文物需要返还,中立国的文物如涉及非法劫掠,也在返还范围内。See O'Keefe, R., *The Protection of Cultural Property in Armed Conflict*, Cambridge University Press, 2006, p. 62.

⑤ See Bundesergänzungsgesetz zur Entschädigung für Opfer der nationalsozialistischen Verfolgung (Federal Supplementary Law on Compensation for Victims of National Socialist Persecution) (BEG), vom 18.09.1953.

⑥ 参见梅汝璈:《远东国际军事法庭》,法律出版社2005年版,第14~16页。

德国法战犯时的侧重点有所不同。

此外,与纳粹德国第二次世界大战期间劫掠的文化财产已经得到系统返还不同,抗战结束后,中国旋即陷入内战,无暇顾及抗战期间被日军劫掠的文化财产问题。而内战结束后,世界又进入冷战格局,美国在远东采取扶植日本、对抗苏联和中国的政策,因而日军在第二次世界大战期间从亚洲各国劫掠的文化财产问题未得到应有重视,这直接导致战后日本并没有彻底、系统性地向各受害国返还其劫掠的财产。① 在此背景之下,日军在侵华战争中劫掠的中国文物,其中的绝大多数迄今未归还中国。

概言之,在第二次世界大战中,人类历尽磨难才得以建立的近代国际法规则遭到了野蛮践踏。在无情的世界大战面前,国际法显得孱弱而无力,其情形好似"弱小的大卫,仰望着巨人歌利亚"。同时,"第二次世界大战也在根本上破灭了既存国际法规则可以保护文化财产免受战火影响的幻觉"②,国际文化财产法因而陷入前所未有的危机之中。

然而,正是在第二次世界大战结束后,国际社会开始系统反省近代以来建立的国际法体系与规则,深刻检讨其合理性、公平性及其孱弱无力的根源,冀以建立更加公平正义、约束力与执行力更强的国际法体系。

"第二次世界大战的经验教训使得修订国际人道法成为 1945 年之后的首要工作"③,因此,战后的国际立法首先在该领域取得突破。1949 年,国际社会在日内瓦重新缔结了四部基本国际人道法条约,统称《日内瓦公约》。与海牙公约旨在约束交战方战争行为不同,《日内瓦公约》旨在保护平民及其财产以及武装部队中的伤者与病者。细言之,《日内瓦第一公约》全称为《1949 年 8 月 12 日改善战地武装部队伤者病者境遇之日内瓦公约》,旨在保护战地武装部队的伤者病者,是对 1929 年《日内瓦公约》的修订和发展;《日内瓦第二公约》全称是

---

① 值得提及的是,日本对殖民时期劫掠的韩国文物,已经进行了较为系统的返还。1965 年,在美国的协调下,日本与韩国建立外交关系,并签订《韩日协定》,依据此协定,日本向韩国返还了 1430 件文物。2010 年,日韩两国共同纪念日本强行吞并韩国 100 周年,并签订了返还文物的双边协议,据此,日本又返还了约 1000 件文物。此外,在韩国民间与政府的努力下,几十年间,日本断断续续地向韩国返还了多件文物。参见霍政欣:《1970 年 UNESCO 公约研究:文本、实施与改革》,中国政法大学出版社 2015 年版,第 184 页。

② Forrest, C., *International Law and the Protection of Cultural Property*, Routledge, 2010, p. 75.

③ Sassoli, M., Bouvier, A., *How Does Law Protect in War?*, International Committee of the Red Cross, 2006, p. 133.

《1949年8月12日改善海上武装部队伤者病者及遇船难者境遇之日内瓦公约》,旨在保护海上武装部队伤者病者及遇船难者,是对1907年海牙公约的修订和发展;《日内瓦第三公约》全称为《关于战俘待遇之日内瓦公约》,旨在保护战俘,是对1929年《日内瓦公约》的修订和发展;《日内瓦第四公约》全称为《关于战时保护平民之日内瓦公约》,旨在保护平民。①

尽管这四个公约并没有具体规定文化财产的保护问题,但《日内瓦第四公约》第53条关于保护被占领土内平民或国家财产的规定应包括文化财产,这一点殆无异议。② 不过,该条为其适用设置了一个例外,即"但为军事行动所绝对必要者则为例外"。历史已经反复证明,军事必要例外会置文化财产于危险之中,鉴于此,有必要制定专门的国际条约,系统、具体地规定战时保护文化财产的事项,并对军事必要例外进行严格限制,否则必然重蹈覆辙。

① 另外,这四项公约包含了一个有关保护非国际性武装冲突受难者的共同条款。中华人民共和国政府曾于1952年7月13日声明附保留地承认中华民国政府的签字。1956年11月5日,中华人民共和国正式批准了这四个公约。参见梅汝璈:《远东国际军事法庭》,法律出版社2005年版,第17页,脚注1。

② 该条规定如下:"占领国对个别或集体属于私人,或国家,或其他公共机关,或社会或合作组织所有之动产或不动产之任何破坏均被禁止,但为军事行动所绝对必要者则为例外。"

第二章 《1954 年海牙公约》及其第一议定书

第二次世界大战给人类带来了毁灭性灾难,也激发了国际社会反对侵略战争、捍卫世界和平的思潮。同时,战胜国尤其是占优势的大国,意图建立一种新的国际秩序,以解决战后问题,保持其既得利益并巩固其地位。在此背景之下,联合国应运而生。[①] 此后,依据《联合国宪章》第 53 条的规定,由英、法等国发起,在联合国的支持与协调下,联合国教科文组织于 1946 年成立,取代了国际联盟的知识协作组织。依据《联合国教科文组织组织法》的规定,“保证对图书、艺术作品及历史和科学文物等世界文化遗产之保存与维护,并建议有关国家订立必要之国际公约”为该组织的宗旨之一。[②] 因此,成立以后,教科文组织立即将制定保护文化财产免受战争破坏的国际条约确定为其工作重点。

1949 年,联合国教科文组织大会要求总干事于次年向其提交报告,就“为确保有关国家进行合作以保存、维护及修复古董与古迹(尤其是确保古董、古迹以及所有具有文化价值的物件免受武装冲突影响)而适宜

① 参见梁西:《国际组织法(总论)》,武汉大学出版社 2001 年版,第 59 页。

② 参见《联合国教科文组织组织法》第 1 条第 2 款 C 项第 1 目。

采取的措施”进行详细说明。[①] 受此指令,总干事于1950年召集专家开会,并在此次会议上作出决定,启动《关于在发生武装冲突下保护文化财产的公约》的起草工作。由于第二次世界大战后的国际局势(尤其是欧洲局势)迥异于第一次世界大战后的情势,各国普遍向往和平,痛恨战争,加之此次公约约文以国际博物馆办公室于战前草拟的《战时保护历史性建筑与艺术品公约(草案)》为基础,因而相关工作的推进相当顺利。到1954年,鉴于公约草案已臻成熟,荷兰政府遂邀请各国派代表于该年4月21日至5月14日参加在海牙召开的缔结《关于发生武装冲突情况下保护文化财产的公约》的外交会议。[②]

需要指出的是,在起草过程中,负责约文拟定的政府间专家委员会强调,“该公约草案是一个现实性文本,而非理想性文本”[③]。换言之,在军事必要原则与文化财产保护之间寻求平衡点是贯穿文本起草以及整个缔约过程的主基调,这也是为确保公约具有最广泛参与度兼顾为文化财产提供最大保护的必然选择。在外交会议开幕式上,联合国教科文组织总干事对此作了开诚布公的解释:起草公约的专家放弃了“无限保护的理想”,秉持的是“现实、谨慎的态度”,这是因为“对于文化财产的保护而言,适中但具有可执行性的条款更有利于该目的的实现”[④]。鉴于有国家代表认为这一基调会减损公约的“硬度”(bite),总干事在发言结束时强调:“公约力图在军事必要与文化财产保护之间保持平衡,对此,有观点指摘这一导向是错误的。但我认为,不管我们的路线图是否完全正确,它至少为公约的缔结与适用指明了现实的坐标。”[⑤]

公约文本采取现实主义路线,这便利了缔约进程。经过近两周的谈判,此次外交大会最终于5月14日通过了《关于发生武装冲突情况下保护文化财产的公约》(《1954年海牙公约》)以及实施条例,同时获得通过的还有一份可供各国选择加入的议定书(现在通称为《1954年海牙公约第一议定书》)。

《1954年海牙公约》及其第一议定书均于1956年8月7日生效。截至2023

---

① See 4 C/Resolution6.42. UNESCO.

② See UNESCO Docs. 5 C/PRG? 6 and Annex 1.

③ 7 C/PGR? 7, Annex I, p.6.

④ Records of the Conference Convened by the UNESCO Held at the Hague from April 21 to May 14, 1954, Staatsdrukkerij-en (1954), para.3.

⑤ Records of the Conference Convened by the UNESCO Held at the Hague from April 21 to May 14, 1954, Staatsdrukkerij-en (1954), para.206.

年年底，公约及其第一议定书的缔约国数量分别达到 135 个与 112 个。① 除整合、完善原有海牙公约关于武装冲突情况下保护文化财产的规定外，《1954 年海牙公约》、其实施条例及第一议定书还作出诸多创新性规定，它们的通过标志着保护文化财产免受武装冲突影响的当代国际法体系基本建立，具有里程碑式的意义。②

第一节 《1954 年海牙公约》

一、序言

《1954 年海牙公约》的序言共 6 段，阐述了缔约的历史经纬与贯穿公约始末的基本原则。在第 1 段中，序言开宗明义地指出："缔约各国认识到在最近的武装冲突中，文化财产遭受到严重损害，且由于作战技术的发展，其正处在日益增加的毁灭威胁之中"，因此公约被置于第二次世界大战刚刚结束的历史背景之中。在第 4 段中，序言交代了公约在条款规则上的历史传承，即"基于 1899 年和 1907 年海牙公约和 1935 年 4 月 15 日华盛顿条约所确立的关于在武装冲突中保护文化财产的各项原则"。

更为重要的是，《1954 年海牙公约》在序言第 2 段与第 3 段中提出了文化财产属于全人类文化遗产的理念，从而为通过国际立法保护文化财产奠定了法理依据。这两段宣布："（各国）确信对任何民族文化财产的损害即对全人类文化遗产的损害，因为每一民族对世界文化皆作有其贡献。考虑到文化遗产的保存对于世界各民族具有重大意义，该遗产获得国际保护至为重要。"针对这两段使用了"民族"（peoples）与"人类"（mankind）的措辞，而非当时国际条约更常见的"国家"（states）或"国际社会"（international community）的表述，有观点认为，这反映出该公约的人道主义本旨，并更加准确地描述了其规定的受益对象。③

---

① 《1954 年海牙公约》及其第一议定书缔约国的信息，详见红十字国际委员会官网，https://ihl-databases. icrc. org/applic/ihl/ihl. nsf/States. xsp? xp_viewStates = XPages_NORMStatesParties&xp_treatySelected = 400，https://ihl-databases. icrc. org/applic/ihl/ihl. nsf/States. xsp? xp_viewStates = XPages_NORMStatesParties&xp_treatySelected = 410，最后访问日期：2024 年 1 月 1 日。

② 参见郭玉军主编：《国际法与比较法视野下的文化遗产保护问题研究》，武汉大学出版社 2011 年版，第 197 页。

③ See O'Keefe, R., *The Protection of Cultural Property in Armed Conflict*, Cambridge University Press, 2006, p. 95.

事实上,《1954 年海牙公约》虽然是首部明确提出文化财产为全人类共同遗产的全球性国际条约,但此理念并非其独造。譬如,在普法战争期间,普军不分青红皂白地炮击圣丹尼斯(St. Denis)修道院以及巴黎与斯特拉斯堡等地的古迹;在第一次世界大战中,德军的炮火严重摧毁了法国兰斯大教堂与鲁汶大学图书馆。[①] 这些行径引发的国际声讨均以历史古迹为各国的共同文化遗产为理念与法理基础。前文提及的以国际博物馆办公室草拟文本为基础订立的《罗里奇公约》也载明了这一理念,国际博物馆办公室于 1938 年起草的《战时保护历史性建筑与艺术品公约(草案)》对之进行了更加具体的阐释。该公约(草案)第 5 条第 1 款规定,战时保护具有艺术与历史价值的建筑是各国"共同和各自的责任"(joint and several responsibility);第 7 条第 6 款进一步指出,保存与维护这类建筑是整个国际社会的关切。[②] 由此可见,《1954 年海牙公约》所秉持的国际主义理念由来已久,只是通过这部全球性国际条约在序言中的重申,文化财产法的国际主义由此发展到巅峰,对此,本书在第一编第一章第二节中亦曾有提及。

最后,序言不仅要求各国"采取一切可能步骤以保护文化财产",同时强调"除非于和平时期采取国内与国际措施组织之,否则保护无法奏效"[③]。要求各国在和平时期采取措施,尤其是在国内层面采取保护文化财产的措施,这是《1954 年海牙公约》区别于先前拟定或制定的国际法律文件的一大特点。

二、适用范围

《1954 年海牙公约》是第二次世界大战结束后国际社会改革既存国际法规

---

① 兰斯大教堂(*Notre-Dame de Reims*)在法国历史上的地位举足轻重,其重要程度绝不亚于巴黎圣母院。这里曾经是法国第一位国王克洛维(Clovis)接受洗礼的地方,从 1027 年开始一直到法国大革命,这里也是几乎每个法国国王举行加冕仪式的地方。其中最有名的一次莫过于,1429 年圣女贞德护送查理七世来这里加冕。第一次世界大战期间,德国的炮火毁坏了这座教堂的重要部分。北钟楼的脚手架着火,火焰蔓延到上部的木结构部分,屋顶融化,滴水嘴石兽倾泻而下,摧毁了主教宫。

② See Forrest, C., *International Law and the Protection of Cultural Property*, Routledge, 2010, p. 81.

③ 公约现有中文译文有失准确,因而本书作者对之做了修正。为便于读者理解,这里附上该段的英文条文与现有中文译文。英文:Being of the opinion that such protection cannot be effective unless both national and international measures have been taken to organize it in time of peace;现有中文译文:认为除非于和平时期采取国内和国际措施予以组织,否则这种措施不能发挥效力。

则、构建更加公平公正的国际法体系的宏大工程中的重要一步,并与 1949 年日内瓦四公约具有特别紧密的联系,可视为后者在文化财产领域的具体实施公约。① 因此,《1954 年海牙公约》的适用范围与《日内瓦公约》一致,依据其第 18 条第 1 款的规定,"除平时有效的规定外,本公约应适用于缔约国两方或两方以上之间可能发生经宣告的战争或任何其他武装冲突,即使一方或一方以上不承认有战争状态"。由于在现代武装冲突中,有关国家往往并不宣布进入战争状态,因而该条关于适用于"任何其他武装冲突,即使其中一国不承认有战争状态"的规定具有重要现实意义。② 鉴于此,一般认为,《1954 年海牙公约》与《日内瓦公约》相同,其适用范围可概括为"国际性武装冲突"③。

职是之故,作为适用于国际性武装冲突的条约,有两个或两个以上的国家卷入武装冲突是《1954 年海牙公约》适用所隐含的前提条件。④ 尽管如此,公约第 18 条并非"全体参与条款"(*Clausula si omnes*),⑤换言之,它并不要求卷入武装冲突的国家均为其缔约国。对此,公约第 18 条第 3 款规定如下:"如果冲突

---

① See Sassoli, M. & Bouvier, A., *How Does Law Protect in War?*, International Committee of the Red Cross, 2006, p. 109.

② 在现代国际法中,武装冲突这一术语正在逐渐取代战争这一术语。按照传统国际法,战争不仅存在武装冲突的事实,而且是一种法律状态。细言之,战争状态的存在不仅取决于敌对主体之间的一定规模的武装冲突的客观事实,而且取决于交战者较为明确的"交战意向"的表示和第三国的态度。所谓交战意向,就是敌对双方主观上都认为各自针对对方所进行的或将要进行的行为是战争行为,或交战一方或双方宣战或事实上把对方的敌对行为看作战争,或非交战国宣布中立。这样,交战国之间,交战国与非交战国之间平时的关系,就转变为战时的权利与义务关系,从而形成法律上的战争状态。参见梁西主编:《国际法》(修订第 2 版),武汉大学出版社 2000 年版,第 500 页;邵津:《国际法》,北京大学出版社、高等教育出版社 2000 年版,第 414 页。

③ 根据 1949 年《日内瓦第一公约评注》的解释,用这种更广泛的表述(武装冲突)来代替"战争"一词是深思熟虑的结果。人们或许会对"战争"的法律定义追问不休。当一国对另一国采取敌对行动时,它可以总是装作并未发动战争,而仅仅是进行一项警察行动或进行了合法自卫。"武装冲突"这个表述使得各国不再那么容易做出此类辩护。在两国间出现任何分歧并导致武装部队介入的情形就是武装冲突……即便其中一方否认战争状态的存在。See Pictet, J. S., *Commentary of the First Geneva Convention for the Amelioration of the Condition of the Wounded and Sick in Armed Forces in the Field*, International Committee of the Red Cross, 1952, p. 32.

④ See O'Keefe, R., *The Protection of Cultural Property in Armed Conflict*, Cambridge University Press, 2006, p. 96.

⑤ 早期战争法条约(如海牙诸公约)均规定了"全体参与条款",如果冲突的一方不是条约的缔约国,则所有各方均不受该条约的约束。See British Foreign and Commonwealth Office, *The Geneva Conventions and Public International Law*, International Law Review of the Red Cross, Vol. 91, p. 621 (2009).

的一方不是本公约的缔约一方,公约的缔约各国在其相互关系中仍受公约的约束。如果非缔约一方的国家声明接受公约的规定并且实施此项规定,缔约各国在其与非缔约一方的关系中应更进一步受公约的约束。”这一规定对于扩大公约的适用范围亦有重要实践意义。对于该款所称之第一种情况,第一次伊拉克战争即为典型例证:在派兵参加联合部队入侵伊拉克的国家中,澳大利亚、波兰等国已加入《1954年海牙公约》,而美国与英国尚未加入。① 因此,在这场战争中,作为公约缔约国的澳大利亚、波兰等国应受公约约束。对于该款所称的第二种情形,自公约生效以来,至少发生过一次。1962年,联邦德国声明,因受联邦体制所限,现阶段其加入公约存在法律障碍,但它愿意依据公约第18条第3款接受公约约束。②

《1954年海牙公约》第18条第2款的规定也有助于扩大其适用范围:“凡在一缔约国的领土部分或全部被占领之场合,即使此项占领未遇武装抵抗,亦适用本公约。”可见,当公约一个缔约国的部分或全部领土被另一缔约国占领时,即使没有实际发生武装冲突,公约也应适用。不过,公约并未对“占领”作出明确定义。在此情况下,须依据已经具有习惯国际法地位的海牙公约中的相关条款加以确定。③ 依据《1907年海牙第四公约》第42条的规定:“领土如实际上被置于敌军当局的权力之下,即被视为被占领的领土。占领只适用于该当局建立并行使其权力的地域。”

公约第18条第3款的规定固然有利于扩大公约的适用范围,但“国际性武装冲突”的适用条件在当代国际实践中依然可能产生一些问题。这是因为当代发生的诸多武装冲突并非发生在主权国家之间,在这种情况下,将之定性为“国际性”武装冲突常有争议。

一般而言,当冲突方涉及两个国家,其中一国并不认可冲突另一方是统治该另一国的合法政权时,一般不会影响到该冲突为国际性武装冲突的定性。例如,2001年美国入侵阿富汗时,美国并不认可塔利班是统治阿富汗的合法政权,

---

① 美国于2009年3月才批准加入公约,英国则于2017年9月批准加入。详见红十字国际委员会官网,https://ihl-databases. icrc. org/applic/ihl/ihl. nsf/States. xsp? xp_viewStates = XPages_NORMStatesParties&xp_treatySelected = 400,最后访问日期:2023年4月30日。

② 详见联合国教科文组织官网,http://portal. unesco. org/en/ev. php-URL_ID = 13637&URL_DO = DO_TOPIC&URL_SECTION = 201. html#STATE_PARTIES,最后访问日期:2023年4月30日。

③ See O'Keefe, R., *The Protection of Cultural Property in Armed Conflict*, Cambridge University Press, 2006, p.96.

尽管自 1996 年以来,塔利班就控制了该国的绝大部分领土,并成为该国事实上的政府。不过,阿富汗战争被定性为国际性武装冲突,在国际法上并没有激烈争议。[①] 与此不同,一个国家在另一个国家领土内与非国家主体进行的武装冲突是否应被定性为国际性武装冲突,则存在争议。譬如,以色列于 1982 年入侵黎巴嫩,展开打击巴勒斯坦解放组织的军事行动。对于这场军事行动,以色列认为这并不是国际性武装冲突,因为这是它与巴解组织之间的冲突,而非它与黎巴嫩之间的冲突。[②]

鉴于适用范围严格限定于"国际性武装冲突"具有局限性,《1954 年海牙公约》第 19 条以《日内瓦公约》共同第 3 条为模板,试图将其对文化财产的保护扩展至"国际性"特征不明显或不确定的武装冲突。该条以"非国际性冲突"为标题,第 1 款规定为:"如果一缔约国领土内发生非国际性武装冲突,每一冲突方应至少有义务适用本公约关于尊重文化财产的各项规定。"显而易见,该款旨在适用于内战或属于国内武装冲突性质的解放运动,依此,对于公约缔约国而言,即便它并非与另一公约缔约国交战,而是在其领土内对特定的武装团体(非国家主体)展开军事行动,也应该遵守公约义务;同时,作为交战方的武装团体亦应遵守。尽管这一规定对于扩大公约的适用范围甚为有利,但在实践中,对本属一国内政的事项施加国际法义务,尤其是要求参与武装冲突的非国家主体遵守条约义务,绝非易事。另外,该款关于"每一冲突方应至少有义务适用本公约关于尊重文化财产的各项规定"的表述存在歧义。有观点认为,该款的措辞表明,对于非国际性武装冲突而言,各方只需遵守公约第 4 条(对文化财产的尊重)即可,而无须遵守公约的所有条款。另有观点则认为,不应对该款进行如此狭义的解释,公约中所有涉及尊重文化财产的规定,均应被各方遵守。[③] 不过,从公约的意旨来看,后一种观点显然更为合理。

为便于实现第 19 条第 1 款的目的,该条第 2 款进一步规定:"冲突的各方应通过缔结特别协议,设法实施本公约其他规定的全部或一部。"同时,为鼓励各方达成此类协议,该条第 3 款与第 4 款接着规定:"联合国教育、科学及文化

---

① See Forrest, C., *International Law and the Protection of Cultural Property*, Routledge, 2010, p.81.

② See O'Keefe, R., *The Protection of Cultural Property in Armed Conflict*, Cambridge University Press, 2006, p.96.

③ See Forrest, C., *International Law and the Protection of Cultural Property*, Routledge, 2010, p.81.

组织可以向冲突的各方提供服务。上述各规定的适用不影响冲突各方的法律地位。"质言之,第 3 款授权联合国教科文组织向冲突各方(尤其是非国家主体)提供服务,以便利公约的实施,而第 4 款旨在确保此类特别协议不会产生法律与政治上的后果,从而打消冲突各方(尤其是作为政府一方)的顾虑。换言之,该款旨在确保一国政府与其境内的反叛武装团体达成此类协议不会产生令后者之合法性得到认可的法律效果。

随着非国家主体愈加频繁地参与武装冲突以及解放运动与维和行动愈加常见,武装冲突在形式上日益呈现多样化与复杂化趋势。在此背景之下,在国际性武装冲突与国内武装冲突之间作出截然区分,其难度可想而知。鉴于此,为确保《1954 年海牙公约》能够得到尽可能广泛的适用以实现其宗旨,有必要对公约第 18 条与第 19 条进行宽松解释:既包括第 18 条与第 19 条可以重叠适用于同一场武装冲突,也包括武装冲突的所有各方,无论其是否享有国际法上的地位,均应遵守。

三、文化财产的概念

《1954 年海牙公约》起草委员会认为,1899 年和 1907 年海牙公约之所以失败,其中一个重要原因在于它们对文化财产的定义过于宽泛,结果导致其可执行性被骛远的目标架空,故有必要殷鉴不远,以免重蹈覆辙。① 鉴于此,公约起草委员会形成一致意见:应制定一个范围相对较窄、边界清晰的文化财产概念,以确保凡属公约调整范围内的文化财产均可得到切实保护。

然而,知易行难,由于文化财产的定义具有与生俱来的主观性特质,如何既相对缩小概念的范围以保证公约的可执行性,又确保公约所保护的文化财产在范围上相对适当,成为整个缔约过程中最难处理、争议最多的事项之一。② 经过反复讨论与谈判,《1954 年海牙公约》最终选择使用"文化财产"的表述,并专设第 1 条(文化财产的定义)以列举的方式对之进行定义:③

为本公约之目的,"文化财产"一词应包括下列各项,而不问其来

① See UN Doc. 7 C/PRG/7, Annex 1, p. 7.

② See O'Keefe, R., *The Protection of Cultural Property in Armed Conflict*, Cambridge University Press, 2006, p. 101.

③ 由于公约现有中文译文无法精准体现公约作准文字的原意,此处对译文行文进行了微调。

源或所有权如何：

1. 对每一民族文化遗产具有重大意义的可移动或不可移动的财产，如建筑、艺术或历史上的纪念物，无论是宗教性的还是世俗的；考古遗址；具有历史或艺术上价值的建筑群；艺术品；手稿、书籍和其他具有艺术、历史或考古价值的物品；科学珍藏和书籍或档案的重要珍藏或者上述各物的复制品；

2. 主要目的为保存或展览第1款所述可以移动的文化财产的建筑物，如博物馆、大型图书馆和档案库，以及发生武装冲突时准备用以掩护第1款所述可以移动的文化财产的保藏所；

3. 用以存放大量的第1款、第2款两款所述文化财产的中心站，称为"纪念物中心站"。

对于文化财产的上述定义，第1条首先明确，它并不是国际法上文化财产的标准定义，并非具有普遍适用性，而仅"为本公约之目的"（for the purposes of the present Convention）。[①] 同时，该定义强调，文化财产的来源或所有权对其是否受本公约调整没有影响。概言之，公约第1条采用列举法对文化财产进行定义，并在第1款与第2款中分别对文化财产的具体类别进行非穷尽性的详细列举。

依据第1款的规定，公约所称的文化财产既包括动产，也包括不动产。从该款所列的文化财产来看，建筑、艺术或历史纪念物、考古遗址与建筑群属于不动产，其余属于动产。其中，"具有历史或艺术价值的建筑群"尤其值得一提。在缔约过程中，瑞典、挪威等北欧国家提出，有一些村镇完整保存，它们体现了中世纪的建筑风格与历史、人文印记，具有不可替代的文化与历史价值。尽管单看这些村镇中的个体建筑物或许不具备保护的必要性，但作为整体，有必要将此类村镇明确为一类文化财产予以保护。这一提议遭到英国等国的反对。经起草委员会投票，最终以14票赞成、10票反对、14票弃权的表决结果通过了瑞典等国的提议。[②] 需要指出，公约第1条将此类"建筑群"列为文化财产的一个类别，昭示着文物保护理念正从以单件物品为中心的"脱离背景式"

---

① 唯一的例外是该定义适用于《1954年海牙公约》两份议定书。

② See O'Keefe, R., *The Protection of Cultural Property in Armed Conflict*, Cambridge University Press, 2006, p.102.

(decontextualized)保护向关注街区等历史性区域的整体式保护迈进。

依据第 2 款的规定,公约所称的文化财产还包括特定的建筑物与保藏所。细言之,本款所指的建筑是指主要和实际目的系为保存或陈列第 1 款所述可移动文化财产的建筑物,如博物馆、大型图书馆和档案库等;本款所称的保藏所是指拟于武装冲突情况下保存第 1 款所述可移动文化财产的保藏所。由此可见,第 2 款所指的建筑物与保藏所是否具有重大的文化价值,并不取决于其本身,而是取决于其内部旨在存放(或陈列)的可移动文化财产。

第 3 款所称的"纪念物中心站"(centers containing monuments),依笔者之见,存在一定误导性。依据该款规定,纪念物中心站是指存放有大量第 1 款与第 2 款所述之文化财产的中心,但前文已提及,纪念物仅为第 1 款所述之文化财产中的一种,因此,一个并未存放纪念物的中心依然有可能构成第 3 款所称的纪念物中心站。换言之,一个并没有存放具有重大文化价值纪念物的中心站,如果它保存了大量属于第 1 款所列之其他类别的文化财产,也可以构成此处所称的纪念物中心站。

由此可见,公约第 1 条第 2 款与第 3 款所涵盖的文化财产最终取决于第 1 款关于文化财产的定义,即"对每一民族文化遗产具有重大意义的可移动或不可移动的财产"。所以,对第 1 款这一表述的理解遂成为界定哪些文化财产受《1954 年海牙公约》保护的关键。关于应如何解读此处的"每一民族"(every people),[①]主流观点认为,其含义是"每一个具体的民族"(each respective people),而非"所有民族"(all peoples jointly)。[②] 换言之,界定是否属于公约保护的文化财产,衡量标准是其对公约缔约国每一个具体民族的文化遗产是否具有重大意义。这一理解亦暗合公约前言中的表述:"对任何民族文化财产的损害即对全人类文化遗产的损害,因为每一民族对世界文化皆作有其贡献。"质言之,公约第 1 条关于文化财产的定义实际上反映出公约所秉持的理念,对于这一理念,国际法院前院长纳吉德拉·辛哈(Nagendra Singh)在纪念公约缔结 30 周年的演讲中有精辟总结:"那些民族的文物与财富,归根结底,是全世界的

---

① 需要注意的是,公约的法语文本与西班牙文本均未出现"每一"(every)这一表述。法语与西班牙文本的表述分别为:*le patrimoine culturel des peuples*、*el patrimonio cultural de los pueblos*。

② See O'Keefe, R., *The Protection of Cultural Property in Armed Conflict*, Cambridge University Press, 2006, p. 104.

遗产。”①

可见,公约第 1 条实际上赋予各缔约国相当大的自主权,因而各国有权确定其领土内的哪些文化财产受公约调整。这一立场也可以从其他几个方面得到佐证。首先,依据公约第 6 条、第 16 条与第 17 条的规定,为确保属于公约调整范围的文化财产得到有效保护,各国应以易辨识的方式在此类财产上使用公约所创设的独特标记。由于各国政府在执行中有权决定在哪些财产上作此标记,公约的调整范围自然受制于各国的自主决定权。其次,多年以来,各国提交的履约报告表明,各国大都以自己的标准确定哪些文化财产对其文化遗产具有重大的意义,故而受公约保护。② 此外,相关“补充资料”(*travaux prépartiones*)亦表明,允许各国自主确定受公约保护的文化财产的具体范围符合制定者的意图。在一份缔约文件中,公约起草委员会指出:“多边法律文件须以确保得到尽可能多的国家的支持为要旨。由于各国的习惯法与成文法千差万别,将各国国内法中的概念悉数体现在此类多边文件中是不可取的。因此,本公约的目的是建立一个绝大多数国家能够适用的适中标准。”③可见,提供一个边界封闭、硬性的文化财产定义,绝非公约第 1 条的意旨。

由于公约第 1 条授权各缔约国决定其领土内的哪些文化财产属于公约的调整范围,加之各国社会、历史、法律情况各异,因而不同国家依之确定受公约保护的文化财产的做法差异较大。从不可移动的文化财产来看,大多数国家采取了较为宽泛的方法予以确定。譬如,英国在批准公约前将其境内的 10,800 处文化遗产宣布为受公约一般保护的文化财产;④荷兰公布的数量为 43,000 处,瑞士为 8000 处,伊拉克为 10,000 处,奥地利为 10,000 处。⑤ 不过,也有少数

① Nagendra Singh at the celebration of the thirtieth anniversary of the Hague Convention, 1984 Reports, p. 14.

② 这些国家包括(但不限于):保加利亚、克罗地亚、德国、伊朗、列支敦士登、马达加斯加、斯洛文尼亚、瑞士、乌克兰、印度、荷兰、奥地利、白俄罗斯、匈牙利、伊拉克、约旦、尼日尔、卢森堡等国。See O'Keefe, R., *The Protection of Cultural Property in Armed Conflict*, Cambridge University Press, 2006, p. 105.

③ UN Doc. 7 C/PRG/7, Annex 1, p. 7.

④ See Department for Culture, Media and Sport Cultural Property Unit, *Consultation Paper on the 1954 Hague Convention on the Protection of Cultural Property in the Event of Armed Conflicts and its two protocols of 1954 and 1999*, September 2005, p. 13.

⑤ See O'Keefe, R., *The Protection of Cultural Property in Armed Conflict*, Cambridge University Press, 2006, p. 107.

国家采取较为严格的方法予以确定。例如,西班牙宣布,其境内不可移动的文化财产,只有被列入世界遗产目录,才属于《1954 年海牙公约》的保护范围。[①] 需要指出的是,列入世界遗产目录的标准为"具有突出的普遍价值",这远高于《1954 年海牙公约》第 1 条的标准,因此,西班牙采用的方法甚为严苛。从可移动的文化财产来看,由于其数量远多于不可移动的文化财产,因此从理论上说,受《1954 年海牙公约》保护的此类文化财产在数量上应当相当客观,各国甚至可以宣布,凡被其境内的博物馆及类似机构列入文化财产清册的此类文化财产,均属于公约的保护范围。尽管如此,在确定受公约保护的文化财产时,各国应当遵守善意解释公约的国际法义务。[②]

公约第 1 条授权各国确定在其境内的哪些文化财产属于公约的调整范围,但各国在行使这一自主权时须遵循善意原则。细言之,依据《维也纳条约法公约》第 26 条的规定:"善意原则要求公约缔约国以合理的方式适用之,以促进公约的目的得以实现。"[③]在《1954 年海牙公约》的背景下,将具有极其重大价值的文化财产排除在公约的保护范围之外以及将明显缺少保护价值的文化财产纳入公约的保护范围均不利于公约意旨的实现,均属明显违背善意原则。

四、核心义务

第 2 条是《1954 年海牙公约》的核心条款,其规定如下:"为公约之目的,文化财产的保护应包括对此项财产的保障和尊重。"[④]该条的重要之处在于它为文化财产的保护创设了两项性质不同的法律义务,即"保障"与"尊重"。细言之,这两项义务既包括积极性义务,也包括消极性义务;各国不仅在武装冲突期间,而且在和平时期,均须承担相应的法律义务。

---

① See 1984 Reports, p. 39.

② 迄今为止,仅有保加利亚一国公布了其境内受公约保护的可移动文化财产的具体数量:被其境内 222 座博物馆与美术馆所收藏的可移动文化财产共 4,000,000,000 件。与保加利亚不同,英国并未公布具体数量,而仅提出,其境内 102 座博物馆、美术馆展览馆以及国家记录办公室与五家法定档案馆收藏的所有藏品属于公约的保护范围。See 1995 Reports, p. 20; Department for Culture, Media and Sport Cultural Property Unit, *Consultation Paper on the 1954 Hague Convention on the Protection of Cultural Property in the Event of Armed Conflicts and its two protocols of 1954 and 1999*, September 2005, p. 39.

③ Gabcikovo-Nagymaros Project (Hungary/Slovakia), Judgment, ICJ Reports 1997, p. 7, at para. 142.

④ 《1954 年海牙公约》第 2 条。

（一）文化财产的保障

《1954 年海牙公约》引入文化财产的保障义务具有重要意义，因为在此之前，类似条约对各国施加的法律义务在时间上仅限于武装冲突实际发生以后，而从未要求各国在和平时期也承担法律义务。① 将文化财产的保护义务从武装冲突期间延伸至和平时期因而构成《1954 年海牙公约》的一大历史性贡献。

公约起草委员会认为，对于文化财产而言，其地理上所在的国家是最适格的保护者，因此，文化财产所在国有义务建立适当的预防性制度，以确保一旦发生武装冲突，此类财产能得到切实保护。② 不过，公约并未规定各国在和平时期应采取何种具体措施以实现对文化财产的保障，而是将之留给各国自由裁量，以避免侵入本属各国内政的领域。值得一提的是，在缔约过程中，曾有一版公约草案要求各国“确保”（ensure）对其境内文化财产的保障，但受各国不同的财力、物力、技术与法律水平所限，③这一义务最终被削减为各国“承允采取其认为适当的措施，于和平时期准备好保障位于其领土内的文化财产，使之免受武装冲突可预见的影响”，即公约第 3 条的现有表述。

显而易见，公约第 3 条最终文本体现的是概括性义务，各国有权自行理解并实施。尽管如此，我们还是可以从缔约文件中找到公约起草者对“保障”这一义务的理解。公约较早一版草案对这一义务曾有过列举性描述，其中包括成立专门应对武装冲突的文化财产保护机构、建立保藏所、用于保护可移动文化财产的应急储备场所以及为应对火灾与建筑物坍塌而采取防护措施等。④ 事实上，这些措施在第二次世界大战期间有过实施先例。譬如，战争爆发前夕，鲁汶大学将其保存的文化珍宝迅速装箱，并转移至冲突区域之外；英国政府将其珍藏于伦敦多家博物馆与艺术馆的油画珍品运往位于威尔士的地下仓库；⑤在抗日战场，国民政府也采取类似措施，将位于北平、南京多地的珍贵文物装箱运往

---

① 1899 年和 1907 年海牙公约均未为缔约国在和平时期施加任何义务，以备武装冲突发生后便利于文化财产的保护。

② See Forrest, C., *International Law and the Protection of Cultural Property*, Routledge, 2010, p. 87.

③ See Toman, J., *The Protection of Cultural Property in the Event of Armed Conflict*, Dartmouth, 1996, p. 62.

④ See Forrest, C., *International Law and the Protection of Cultural Property*, Routledge, 2010, p. 88.

⑤ See O'Keefe, R., *The Protection of Cultural Property in Armed Conflict*, Cambridge University Press, 2006, p. 112.

西南地区，以免被日军破坏或劫掠。① 概言之，这些措施包括各国为实施公约第 3 条以确保文化财产在武装冲突爆发后能得到切实保护的一切保障措施。

需要指出，公约第 3 条对各国施加的保障文化财产的义务固然重要，但在实践中，武装冲突一旦发生，确保交战对方知晓本国的哪些文化财产须得保护从而使之免受战火影响显然更具现实意义。为此，各国不仅应当准确确定其境内受公约保护的文化财产，而且应当将此信息向冲突各方进行必要的宣传。从公约的实施实践来看，各国将本国境内受公约保护的文化财产的准确信息及地理位置图提交联合国教科文组织，并由之分发至各缔约国是一个值得推荐的有效方法。②

此外，尽管公约第 3 条关于保障文化财产的义务属于抽象的概括性义务，其效力有待各国自行理解、实施，但它为各国在和平时期创制的法律义务，还得到了公约其他条款的有力支撑。譬如，公约创设了文化财产的专有标记并规定了具体的使用方法；③公约要求各缔约国在和平时期将保证遵守本公约的各项规定列入军事条例或教程之中，并在其武装部队内培养一种尊重各国人民文化及文化财产的精神；公约还要求各国于和平时期在其武装部队内筹划或设置专门机构或人员，以确保对文化财产的尊重并负责在武装冲突期间与保障文化财产的民政当局进行合作；等等。④

（二）文化财产的尊重

依据公约第 4 条的规定，对文化财产的尊重义务要求各国既尊重其境内的文化财产，也尊重其他公约成员境内的文化财产；既须在武装冲突期间尊重文化财产，亦须在后续占领期间尊重之；既包括积极性义务，也包括消极性义务。⑤具体而言，对文化财产的尊重包括以下 4 项具体内容：第一，各国应避免使用文化财产及其紧邻的周围环境或用于保护该项财产的设施，如果这有可能导致其

---

① 参见孟国祥：《大劫难：日本侵华对中国文化的破坏》，中国社会科学出版社 2005 年版，第 87 页。

② See Forrest, C., *International Law and the Protection of Cultural Property*, Routledge, 2010, p. 88.

③ 参见《1954 年海牙公约》第 6 条、第 16 条与第 17 条。

④ 参见《1954 年海牙公约》第 7 条。

⑤ See O'Keefe, R., *The Protection of Cultural Property in Armed Conflict*, Cambridge University Press, 2006, p. 120.

在武装冲突情况下遭受毁坏或损害。① 第二,各国不应针对其领土内以及其他缔约国领土内的文化财产展开敌对行为。② 第三,各国应禁止、防止及于必要时制止对文化财产任何形式的盗窃、抢劫或侵占以及任何破坏行为,亦不得征用位于另一缔约国领土内的可移动文化财产。③ 第四,各国不得对文化财产施以任何报复行为。④

为履行第一项义务,各国不应将文化财产及其邻近区域用作军事用途,譬如,在文化财产所处的区域修建军事基地或储藏军火等。一国通常只对其境内的文化财产承担此项义务。例如,在第一次伊拉克战争期间,萨达姆政府将大批战斗机集结于乌尔城附近,这无疑将这座具有重大历史文化价值的古代城市遗址置于战火威胁之中,⑤从而违反了此项义务。不过在少数情况下,也不排除一国对其他国家境内的文化财产承担该项义务。例如,在第二次伊拉克战争期间,美军在巴比伦古城遗址附近建立了一座军事基地,这明显有违于此项义务。⑥

第二项义务要求各国不针对文化财产进行敌对行为,这里的文化财产既包

---

① 参见《1954 年海牙公约》第 4 条第 1 款。

② 参见《1954 年海牙公约》第 4 条第 3 款第 1 句。

③ 参见《1954 年海牙公约》第 4 条第 3 款第 2 句。

④ 参见《1954 年海牙公约》第 4 条第 4 款。

⑤ 乌尔城是西亚的古代城市,位于伊拉克的穆盖伊尔。该城平面呈叶形,南北最长处为 1000 米,东西最宽处为 600 米。城内中央偏西北为塔庙区,该区东南是行宫,其附近为王陵。城西和城北各有一个码头,城西码头附近和城中央偏东南处各有两处居民区。城址内尚保存若干座塔庙建筑,塔庙一般建在沥青基础上,外形如分层金字塔,最著名的是月神欣的塔庙。该庙为前 22 世纪乌尔·那穆王所建,顶部筑一小神庙,为月神南纳的寝宫,亦是塔庙的中心;塔庙四周为广场,设有附属神庙及祭司的住房。已发掘的乌尔王陵包括乌尔第一王朝的 16 座王陵。该王陵规模庞大,用石或砖砌造,各座墓顶均为穹窿状,附设有侧室。王陵出土物丰富,贵金属制品有镂空金杯、金牛头竖琴、带青金石剑柄和黄金剑鞘的短剑等,豪华富丽,工艺精湛,又有贝壳、黑曜石、红石镶嵌、粘合成的各种饰物。各陵均有殉人,少者 3 人,多的达 74 人,反映了奴隶制的人殉制度。伊拉克乌尔城遗址告诉我们,世界上第一座城市就诞生在这里,公元前 2300 年乌尔城达到全盛,据《圣经》记载,希伯来人的始祖亚伯拉罕就出生在乌尔城。1991 年的海湾战争中,盟军轰炸了乌尔城遗址,留下了 4 个大弹坑。

⑥ 尽管美国当时并未加入《1954 年海牙公约》,但伊拉克是公约缔约国,加之美军后来将此军事基地交由波兰使用,而波兰也是公约缔约国,因此,笔者认为,不能得出美国的做法并不违反公约的结论。详见红十字国际委员会官网,https://ihl-databases. icrc. org/applic/ihl/ihl. nsf/States. xsp?xp_viewStates = XPages_NORMStatesParties&xp_treatySelected = 400,最后访问日期:2023 年 4 月 30 日。

括本国境内的文化财产,也包括其他缔约国境内的文化财产。此外,即便公约缔约国违反了上述第一项义务,即使用了文化财产及其紧邻的周围环境,从而有可能使其在武装冲突情况下遭受毁坏或损害,其他缔约国也不应针对该财产展开敌对行为。关于此点,其原理可谓不言自明:违反第一项消极性义务,只会使文化财产面临被战火破坏的可能性,而交战方以对方违反该项义务为由漠视第二项消极性义务,则会令文化财产受到战火破坏从可能变为现实。[①]

不过,如果要求各国绝对履行第二项消极性义务,有导致文化财产在实践中被敌方用作“军事盾牌”之虞。鉴于此,公约第4条第2款规定,前述两项消极性义务“仅在军事迫切需要时可以放弃”。需要强调,这是《1954年海牙公约》第一次明确援引军事必要理论。

事实上,在缔约过程中,公约是否应体现军事必要理论曾引发激烈争议。一些国家认为,以往的实践表明,在文化财产保护公约中嵌入该理论会使公约的目的化为泡影,因此提议删除公约草案中体现该原则的所有条款。但是,该建议遭到另一些国家的强烈反对,它们指出,军事必要理论的缺位必然导致公约无法获得其本国批准,故须保留。在僵局中,大会决定将此提议付诸表决。最终,在8个国家未参加投票的情况下,删除军事必要条款的提议以8票赞成、22票反对、8票弃权的表决结果未获通过。[②] 尽管如此,为最大限度照顾各方关切,钳制军事必要的适用,以免出现“例外吞噬原则”的结果,公约的最终文本在军事必要理论的表述上做了一定修改。其中,公约第4条第2款在措辞上使用“仅在军事迫切需要的情况下”,就体现了军事必要作为不履行第4条第1款所列的两项消极性义务的正当性依据只能作为例外予以严格适用的立法意图。

尽管有措辞上的限制,但公约并没有对“军事迫切需要”的含义进行界定,也没有对援用军事必要条款设立具体的最低标准,亦未规定在实践中判定援用该条款是否正当的权力主体,这不可避免地构成公约实现其宗旨的隐患。因而军事必要理论被嵌入公约饱受诟病,并成为《1954年海牙公约第二议定书》旨在解决的重要议题。

需要强调,公约虽然没有具体界定军事必要的含义,但这并不意味着在实

---

① See Forrest, C., *International Law and the Protection of Cultural Property*, Routledge, 2010, p. 90 – 91.

② See O'Keefe, R., *The Protection of Cultural Property in Armed Conflict*, Cambridge University Press, 2006, p. 121.

践中可以随意援引之为破坏文化财产的行径辩护。依据习惯国际法，援用军事必要条款证明破坏文化财产的行为具有正当性必须满足“比例原则”（the principle of proportionality）。[1] 比例原则是国际人道法的基本原则，是指作战方法与作战手段的运用应当与追求的军事目标成比例。具体而言，该原则包括“适当性”（suitability）、“必要性”（necessity）和“相当性”（proportionality）三项子原则，并以此对国际争端中的武力使用进行检验。适当性原则要求武力的使用能够或有助于正当目的的实现；必要性原则要求武力的使用是实现目的的最后手段；而相当性原则是要求使用武力与造成后果的均衡。它们分别从“目的导向”“手段选择”“价值取向”上规范目的与武力使用之间的关系，进而成为衡量国际争端中武力使用是否正当的基本依据。[2]

由此可见，武装部队将文化财产或其邻近区域用作军事用途（如行军穿越历史古城或古桥），从而使之暴露于战火威胁之中，在判断此行为是否满足军事必要时，须考虑以下因素：武装部队的这一做法是否有助于实现其军事目标（如这一行军路线是否有利于实现其军事目标），是否是实现此目标的最后手段（如是否只有这一条可行的行军路线），以及由此导致文化财产遭受毁坏或损害的现实危险程度（如穿越历史古城或古桥时遭到敌方攻击的可能与规模）等。

实践表明，趁乱对考古类遗址与博物馆进行盗窃与抢劫已超过战火的直接破坏，成为武装冲突期间文化财产面临的主要威胁，[3]因此，公约第 4 条第 3 款规定的具体义务对于保护此类财产免受武装冲突影响起到了至关重要的作用。该款规定如下：“缔约各方并承允设法禁止、防止及在必要时制止对文化财产以任何形式实施的盗窃、抢劫或侵占以及任何破坏行为。它们不得征用在缔约另一方领土内可以移动的文化财产。”该款的第一句话表明，各国不仅应禁止其武装部队盗窃、抢劫、侵占或破坏文化财产，而且有义务禁止有违于其规定的所有行为，无论行为的实施者是当地民众，还是敌对方武装人员。本句的规定不仅

---

① See Sassoli, M. & Bouvier, A., *How Does Law Protect in War?*, International Committee of the Red Cross, 2006, p. 81.

② 参见陈晓明：《比例原则与国际争端中的武力使用》，载《法治研究》2013 年第 12 期。

③ 2003 年，第 58 届联合国大会作出《关于文化财产返还或归还原主国》的第 58/17 号决议。这份决议指出，文化财产的丢失、毁坏、移除、盗窃、抢劫、侵占与非法转移，尤其是在武装冲突期间（包括军事占领期间），构成文化财产的主要威胁，由此重申《1954 年海牙公约》相关规定的重要性，并号召尚未加入该公约的国家应当尽快加入。See GA res. 58/17, 3 December 2003, preamble, fourteenth recital and para. 4.

含有消极性义务(禁止与防止),而且含有积极性义务(在必要时制止),原因也在于此。另外,需要指出的是,第4条第3款规定的义务与第1款规定的前述两项义务既有相同之处,也有不同之处。相同之处在于它们均不仅适用于武装冲突期间,而且适用于后续占领期间;而不同之处则在于第1款规定的前两项义务受军事必要条款(第4条第2款)的制约,而第3款规定的义务则不受此条款的限制。

公约第4条第4款要求"各国不得对文化财产施以任何报复行为",与第3款规定的义务相同,该义务也是绝对的,不受军事必要条款的限制。尽管在现代武装冲突中,直接针对文化财产施以报复的行为非常罕见,但只要这种可能性不能被完全排除,该款的规定便有其现实意义。

公约第4条第5款规定:"缔约任何一方不得因缔约另一方没有适用第三条所指保障措施而规避它对缔约另一方根据本条所应负的义务。"如前所述,公约第3条关于保障文化财产的规定是概括性义务,文化财产所在国有权自行理解并实施。因此,如果某一缔约国没有采取任何措施实施,或其采取的措施明显不充分,依该款规定,与该国发生武装冲突的另一缔约国不得以之为由,规避本条所规定的尊重文化财产的各项义务。据此,在武装冲突爆发前,如果文化财产所在国没有将其境内的可移动文化财产进行安全转移,或没有按公约规定在不可移动的文化财产上使用专有保护标记,与之交战的另一国不得就此认为所涉文化财产不属于公约的保护范围。举例而言,第二次伊拉克战争爆发前,伊拉克方面没有采取任何措施以实施公约第3条关于保障文化财产的义务,但这对联军履行公约第4条所规定的尊重伊拉克境内的文化财产的各项义务没有任何影响。

五、占领

第二次世界大战期间,无论是在欧洲,还是在北非,抑或远东,在被占领土上均发生了大规模的针对文化财产的毁坏、侵占与破坏行为,并造成重大损失。因此,军事占领期间的文化财产保护构成《1954年海牙公约》起草者的主要关切之一,并在公约中得到较为全面、系统的规定。①

在讨论公约的适用范围时,前文曾提及,第18条第2款虽规定,"公约亦应

---

① See Forrest, C., *International Law and the Protection of Cultural Property*, Routledge, 2010, p. 93.

适用于对缔约一方领土的一部或全部占领,即使对于上述占领不发生武装抵抗",但由于本公约并未给"占领"下定义,因此为确定占领的含义,须援引《1907 年海牙第四公约》第 42 条,即"领土如实际上被置于敌军当局的权力之下,即被视为被占领的领土。占领只适用于该当局建立并行使其权力的地域"。所以,只要情势符合占领的定义,即便未遇武装抵抗(武装冲突并未实际发生),《1954 年海牙公约》即具有适用性。换言之,在这种情况下,公约的所有条款均应予适用,而非仅限于第 5 条"占领"。[①] 同理,公约第 4 条关于尊重文化财产的各项义务也适用于被占领土,包括禁止、防止及于必要时制止对文化财产任何形式的盗窃、抢劫或侵占以及任何破坏行为的义务。当然,要在被占领土履行该义务,不仅占领国须承担责任,被占领国当局也须承担,两者之间还须相互合作。对此,公约第 5 条作了详细规定。

第 5 条共有 3 款,第 1 款规定如下:"缔约任何一方占领缔约另一方领土的全部或部分时,应尽可能支持被占领国国家主管当局保障并保全其文化财产。"在习惯国际法上,存在一套要求占领国保证被占领土上既有行政机制完好并自由运转以满足民众需要的规则,这为该款规定的实施提供了有力支撑。[②] 依据习惯国际法规则,占领国不应剥夺被占领国国家主管当局的行政管理权力及其对文化财产的尊重义务,占领国还应当避免实施任何可能阻碍被占领国国家主管当局履行其职责的行为。不过,在武装冲突实践中,占领国仅承担禁止性义务尚不足矣,在很多情况下,若得不到占领国的积极协助与支持,被占领国国家主管当局往往难以履行其职责。因此,第 5 条第 1 款要求占领国尽可能协助被占领国国家主管当局保障并保存其文化财产。

需要强调的是,该款在措辞上使用了"保障"(safeguard)与"保全"(preserve)两个不同的表述,这为精准理解该款含义造成一定困难。一般认为,"保障"文化财产的义务是指公约第 3 条所规定的义务,包括制定适当的文化财产清册、为应对火灾或房屋坍塌而采取预防措施等。相比之下,由于公约并没有明确指明"保全"文化财产的义务具体是指什么,对其理解遂产生了不同的观点。有学者认为,为确保公约实现其要旨,应对之予以广义解释,凡保障文化财

---

① See O'Keefe, R., *The Protection of Cultural Property in Armed Conflict*, Cambridge University Press, 2006, p. 97.

② See Benvenisti, E., *The International Law of Occupation*, Princeton University Press, 2004, p. 7 – 9.

产免受进一步破坏的措施均可涵盖在内。[①] 有学者则认为应对之进行相对狭义的解释,并提出"若非标准"(but for test)对其含义予以界定。细言之,该义务仅包括"若非因占领状态,则应被视为平时措施"的义务,包括执法以打击针对文化财产的各种犯罪行径等。[②] 还有观点认为,保障与保全几乎是同义词,在含义上并无实质性区别。[③]

另外,在占领期间,占领国虽有依《1954年海牙公约》第4条履行尊重文化财产的各项义务,但依据第5条第1款,对于被占领土上的文化财产,占领国并不直接承担保障与保全义务,而仅"应尽可能支持被占领国国家主管当局"保障与保全之。换言之,占领国并非被占领土上保障与保全文化财产的第一责任主体,而仅仅承担协助性义务。该款中"尽可能"(as far as possible)的措辞表明,协助性义务并非硬性、绝对的义务,占领国对此拥有较大的自由裁量权。[④]

在武装冲突中,被占领国的国家行政管理体系在军事占领前往往陷入瘫痪或崩溃状态,并因此失去保障或保全其境内文化财产的实际能力。鉴于此,在明确被占领国国家主管当局是保障或保全其境内文化财产的第一责任主体之后,第5条第2款进一步规定:"如有必要采取措施以便保全在被占领领土内由于军事行动遭受损失的文化财产而该国主管当局不能采取此项措施时,占领国应尽量同上述当局紧密合作,采取保全最需要的措施。"

与第1款不同,第2款仅使用了"保全",而没有同时使用"保障"这一表述。由于对保全的含义有不同解读,该款自然也引发了理解上的分歧。有学者认为,应对该款进行广义解释,这既符合公约的宗旨,也是接受第二次世界大战教训的必然要求,所以本款所称的保全措施包括防止文化财产受到进一步破坏的

---

① See Toman, J., *The Protection of Cultural Property in the Event of Armed Conflict*, Dartmouth, 1996, p.84.

② See O'Keefe, R., *The Protection of Cultural Property in Armed Conflict*, Cambridge University Press, 2006, p.135.

③ See Chamberlain, K., *War and Cultural Heritage: An Analysis of the 1954 Convention for the Protection of Cultural Property in the Event of Armed Conflict and its Two Protocols*, Institute of Art and Law, 2004, p.43.

④ 相比《日内瓦第四公约》第55条及其《附加第一议定书》第69条所使用的"在其所有方法之最大限度内"(to the fullest extent of means available),此处"尽可能"的措辞赋予的自由裁量权显然更大。

所有措施。[①] 不过,也有学者主张对之进行限制性解释,认为该款仅适用于以下情况,即"被占领国的国家主管当局无力采取必要的紧急措施以保全已遭破坏的文化财产"[②]。依据这一观点,只有在文化财产遭受破坏以后,占领国才需承担本款规定的义务。换言之,在文化财产仅因占领状态而面临受到破坏的危险但未实际遭受破坏之前,占领国则无须采取预防性保护措施。

尽管对如何理解该款所称的"保全"存在分歧,但占领国有义务与被占领国的国家主管当局紧密合作,这一点殆无疑义。[③] 为进一步加强这一义务,公约实施条例第 2 条第 1 款规定:"任何缔约国一经卷入本公约第 18 条应予适用的武装冲突,该国应为位于其领土内的文化财产任命一名代表;如果其占领别国领土,其应为位于该领土内的文化财产,任命一名专门代表。"

鉴于在第二次世界大战期间,被占领土上的武装抵抗运动曾造成文化财产较为严重的破坏,公约第 5 条第 3 款规定:"被抵抗运动成员认为是合法政府的缔约任何一方政府应在可能范围内促使此成员注意遵守本公约关于尊重文化财产各项规定的义务。"

综上可见,公约第 5 条对占领国施加的义务远非严苛。首先,占领国的义务在总体上是辅助性的,主要体现为协助被占领国的国家主管当局履行保护文化财产的义务。其次,该条措辞模糊、弹性较大,这赋予各国在解释与实施上较大的自由裁量权。事实上,在公约的实施过程中,该条引发的争议并非罕见。譬如,关于以色列政府是否有权在巴勒斯坦被占领土(尤其是约旦河西岸与耶路撒冷)颁发考古发掘许可就引发了激烈争论。有观点认为,由于第 5 条明确规定占领国须与被占领国的国家主管当局紧密合作,所以未取得巴勒斯坦当局的许可,以色列无权作出单方面授权。[④] 但有学者对于这一立场并不认同,他们指出,以色列授权在巴勒斯坦被占领土上进行考古发掘,并未被第 5 条所禁止,

---

① See Toman, J., *The Protection of Cultural Property in the Event of Armed Conflict*, Dartmouth, 1996, p. 85.

② O'Keefe, R., *The Protection of Cultural Property in Armed Conflict*, Cambridge University Press, 2006, p. 137.

③ See Forrest, C., *International Law and the Protection of Cultural Property*, Routledge, 2010, p. 93.

④ See Chamberlain, K., *War and Cultural Heritage: An Analysis of the 1954 Convention for the Protection of Cultural Property in the Event of Armed Conflict and its Two Protocols*, Institute of Art and Law, 2004, p. 43.

因此是合法的。[①] 鉴于依据公约第5条的规定,占领国是否有权在被占领土上组织、资助或许可考古发掘的问题无法得到明确回答,1999年制定的《1954年海牙公约第二议定书》专门设条款加以解决。关于此点,后文再行详述。最后,需要再次强调,尽管第5条以"占领"为标题,但公约第4条的各项规定也适用于被占领土,包括不得征用位于另一缔约国领土内的可移动文化财产,禁止、防止及于必要时制止对文化财产任何形式的盗窃、抢劫或侵占以及任何破坏行为的义务,不得对文化财产施以任何报复行为等。

六、特别保护

除对其调整范围内的文化财产设置了一般保护制度外,《1954年海牙公约》的一大亮点在于对"极其重要的"纪念物、博物馆、考古遗址、保存可移动文化财产的保藏所以及其他不可移动文化财产创设了特别保护制度。质言之,公约专设第二章"特别保护",通过对前述关于尊重文化财产的义务进行修正,尤其是通过制定更加严苛的标准以禁止将文化财产或其邻近区域用作军事用途以及针对文化财产实施敌对行为,从而为特定范围内的文化财产提供高于一般程度的特殊保护待遇。[②]

(一)特别保护的范围

依据第8条第1款的规定,属于公约特殊保护范围的文化财产具备两个特点:第一,它们在"数量上有限"(a limited number),即属于"少数";第二,它们在用途上是"武装冲突情况下用以掩护可移动文化财产的保藏所、纪念物中心站和其他具有重大意义的不可移动文化财产"。可见,属于特别保护范围的文化财产在数量上与范围上均受严格限制。同时,依据该款的规定,可移动的文化财产并不直接属于特殊保护的范畴,只有在被保存在登记入册的保藏所后,它们才能间接地被纳入特殊保护的范畴。不过,保藏所是否满足"重大意义"(of very importance)这一要件,并不取决于其本身的重要性,而是由其旨在掩护的可移动文化财产的重要性决定的。同理,只有因其藏品具有重大意义而被界定为"武装冲突情况下用以掩护可移动文化财产的保藏所"才属于特殊保护的

---

① See O'Keefe, R., *The Protection of Cultural Property in Armed Conflict*, Cambridge University Press, 2006, p. 139.

② 参见《1954年海牙公约》第9条。

范围。[①] 需要指出,除具备以上特点外,该条还为受到公约的特殊保护的文化财产设置了 3 项必备条件。

第一,此类财产不得用于军事目的,这包括:纪念物中心站不得用于军事人员或物资的调运,即便为过境;不得在该中心站内进行与军事行动直接相关的活动、驻扎军事人员或生产战争物资。[②]

第二,此项保藏所和中心站同任何大工业中心或构成易受攻击地点的任何重要军事目标,如机场、广播站、从事国防工作的设备、相当重要的港口或火车站或主要交通线要有一定的距离。[③] 需要强调的是,与第一项不得用作军事目的的要求相比,第二项要求不仅更加苛刻,而且因其措辞问题产生了理解与实施上的诸多难题。首先,这一条件中"易受攻击地点""重要军事目标""大工业中心"的表述缺少客观评判标准,容易导致理解上的分歧。其次,该条件关于"有一定的距离"的要求不仅欠缺具体衡量标准,而且在很大程度上架空了特殊保护制度的可适用性。[④] 在缔约过程中,有不少国家提出,其境内大凡属于极其重要的文化财产,几乎均紧邻大工业中心或易受攻击的重要军事目标,因此这一距离上的要求必将使特殊保护制度的调整范围大为缩减。[⑤]

鉴于此,公约对该条件设置了两项较为模糊的例外,试图弱化这一条件的硬度。第一项例外为第 8 条第 2 款所体现:"可以移动的文化财产的保藏所如由于构造条件不致被炸弹损坏者,则不论其在何处,也可予以特别保护。"依笔者之见,这一例外性规定本身并无多少实际意义,因为此类保藏所如果已经具有如此高的防止炸弹破坏的能力,是否将其置于特殊保护规则之下,对之几无任何影响。因此,该款所规定的例外,其实际价值并不在于对此类保藏所提供保护,而在于通过将之纳入特殊保护范畴,从而强化了其所在国禁止将之用作军事目的的义务。从公约实施以来的实践来看,该例外极少被援用。在有限的

---

① See Forrest, C., *International Law and the Protection of Cultural Property*, Routledge, 2010, p. 98.

② 参见《1954 年海牙公约》第 8 条第 3 款。依据该条第 4 款,由经特别授权的武装监管人对第 1 款所述文化财产进行保卫或在此项文化财产附近驻扎通常负责维持公共秩序的警察部队,不应视为用于军事目的。

③ 参见《1954 年海牙公约》第 8 条第 1 款。

④ 参见郭玉军主编:《国际法与比较法视野下的文化遗产保护问题研究》,武汉大学出版社 2011 年版,第 215 页。

⑤ See O'Keefe, R., *The Protection of Cultural Property in Armed Conflict*, Cambridge University Press, 2006, p. 144.

实例中,有国家曾通过为保存可移动文化财产的不动产加盖防弹屋顶从而将之改造成满足第8条第2款规定的可移动文化财产的保藏所,以此将特殊保护规则延展至整个建筑物。①

第二项例外体现在第8条第5款中:“本条第一款所述任何文化财产如果位于该款所规定重要军事目标附近,仍可予以特别保护,只要请求特别保护的缔约一方保证一旦发生武装冲突绝不使用该目标,特别是当这一目标是个港口、火车站或机场的时候,要保证疏散同这目标一切交通往来。在此情况下,疏散工作应于平时即作准备。”值得注意的是,这一例外仅提及第1款所述的文化财产位于重要军事目标附近的情况,而对此类财产位于大工业中心附近的情况未有提及。此外,依该款规定,该例外适用的条件是缔约国保证在武装冲突情况下不使用该目标,而不仅限于将之用作军事目的。对于该款缘何作出这两项规定及其在实践中的效果,目前尚无定论。

这种不确定状态可以从其唯一一次适用过程中得以印证。1959年,意大利宣布,为使“罗马古道”(Via Aurelia)载入“受特别保护的文化财产国际登记册”,依据公约第8条第5款的规定,它保证不将之用作军事目的。然而,严格地说,意大利的这一行为并不符合该款规定。首先,现存的罗马古道位于梵蒂冈境内,而作为一个独立的国家,梵蒂冈已于1958年2月加入公约,②因此,有权作出此承诺的应是梵蒂冈,而非意大利。其次,意大利仅承诺不将罗马古道用作军事目的,而第8条第5款则要求缔约国保证一旦发生武装冲突决不使用之,两者并不一致。有意思的是,在联合国教科文组织总干事将意大利请求将罗马古道列入“受特别保护文化财产国际登记册”的登记请求副本分送给公约各缔约国后,没有任何一个国家提出反对。在这种情况下,罗马古道应当被推定已被有效的载入“受特别保护文化财产国际登记册”,受到公约的特殊保护。③

第三,受到公约特殊保护的文化财产还需满足一个程序性条件,即依第8

① 譬如,荷兰为莫瑞泰斯(Mauritshuis)皇家美术馆加盖了防弹屋顶,从而使整个美术馆受到公约的特殊保护。

② 详见红十字国际委员会官网,https://ihl-databases.icrc.org/applic/ihl/ihl.nsf/States.xsp?xp_viewStates=XPages_NORMStatesParties&xp_treatySelected=400,最后访问日期:2023年4月30日。

③ See O'Keefe, R., *The Protection of Cultural Property in Armed Conflict*, Cambridge University Press, 2006, p. 150.

条第6款的规定,被载入"受特别保护文化财产国际登记册"。细言之,这一程序包括"登记请求""反对""登记""注销"等步骤,对此,公约实施条例第11条至第16条作了详细规定。概言之,各国有权提出将其境内文化财产载入该登记册的请求,但在占领情况下,占领国有权提出此项请求。① 此外,还对属于公约特殊保护范围的文化财产规定了特殊的蓝盾标志使用规则。②

(二)特别保护规则

在缔约过程中,曾有一些国家建议,应对少数具有重大意义的文化财产制定特殊保护规则,使之免受军事必要例外的制约,如此才能建立起一套更加严格、有效的保护制度。③ 然而,由于受到大国的反对,这一建议未获通过。

依据公约的最终文本,特殊保护制度的核心义务体现在第9条中:"缔约各方承允保证受特别保护的文化财产享有豁免权,从其载入国际登记册时起,不得针对此项财产作任何敌对行为,并除第8条第5款所规定的情况以外,不得将此项财产或其周围用于任何军事目的。"如将该条与第4条第1款进行比较,可以发现特别保护制度与一般保护制度在核心义务上的相似与不同之处。

首先,第9条禁止任何针对属于其调整范围的文化财产的敌对行为,这与第4条第1款的规定完全一致。不过,与第4条第1款禁止"任何目的对财产及其直接周围或用以保护此项财产的设备作任何使用,如果使用的目的可能在发生武装冲突时使此项财产遭受到毁灭或损失"的规定不同,第9条的表述更为简洁,即禁止"将此项财产或其周围用于任何军事目的"。尽管这两条规定在表述上差异明显,但在实际效果上,它们并无二致:为军事目的使用此类财产势必导致其在武装冲突情况下可能遭受毁坏或损害。公约的缔约文件也表明,第9条在该事项上使用不同的措辞并无意与第4条第1款产生不同的含义。④

其次,依第9条规定,针对受特殊保护的文化财产的敌对行为,系"从其载入国际登记册时起"禁止为之,而依第4条第1款的规定,仅在武装冲突期间禁

① 参见《实施条例》第13条第2款。

② 参见《1954年海牙公约》第10条、第17条;《实施条例》第20条、第21条。

③ See Forrest, C., *International Law and the Protection of Cultural Property*, Routledge, 2010, p. 99.

④ 从缔约文件来看,第9条未提及"用于保护该项财产的设施",也并非有意表明其与第4条第1款存在含义上的区别。

止针对受一般保护文化财产的敌对行为。[1] 换言之,禁止对受特殊保护的文化财产展开敌对行为,这一规定不仅适用于武装冲突期间,而且适用于和平时期,[2]这构成第 9 条与第 4 条第 1 款的实质性区别。

由此可见,对于受特殊保护的文化财产而言,除保护延伸至和平时期外,第 9 条所提供的保护力度并未实质性高于一般保护标准。不过,在豁免的解除与军事必要例外的适用门槛方面,两种保护制度的差别则更加明显。

关于豁免的解除,公约第 11 条第 1 款规定如下:"缔约各方之一如对于受特别保护的文化财产的任何一项违反第 9 条所规定的义务,则对方可以免除自己对有关财产保证给与豁免的义务,只要上述违反义务的事实尚在继续中,但该对方应尽可能首先要求在一合理期间内终止违反义务的行为。"据此,一国有义务确保不针对受特殊保护的文化财产展开敌对行为并避免将之用作军事目的,但如交战对方缔约国违反其应承担的此项义务,则前者有权解除此义务。此时,撤回豁免的一国仅需在可能的情况下首先要求"违反方"在合理期间内终止此项违反。至于何谓"合理期间"以及如何理解"尽可能"(if possible),公约并未给出具体判断标准,需要结合个案加以具体分析。

需要强调,豁免的解除并不是绝对的,并不意味着一旦交战一方攻击了受特别保护的文化财产,对方就可以豁免公约的所有义务。[3] 事实上,公约第 11 条第 1 款的法律效果是:交战一方如违反了公约第二章关于特别保护的义务,交战对方也仅能免除该章对其施加的义务,在这种情况下,后者依然受公约一般保护义务的约束。换言之,遇此情形,受公约特殊保护的文化财产依然受公约较低保护程度的保护(即"一般保护"),交战对方只有满足公约第 4 条第 2 款的规定,方得摒弃一般保护对其施加的义务。

公约第二章"特别保护"最为关键的条款是第 11 条第 2 款,[4]即为受特殊保

---

① See O'Keefe, R., *The Protection of Cultural Property in Armed Conflict*, Cambridge University Press, 2006, p. 157.

② 因此,第 9 条属于第 18 条第 1 款所称之"应于和平时期生效的各项规定"。

③ See Forrest, C., *The Doctrine of Military Necessity and the Protection of Cultural Property During the Armed Conflicts*, California Western International Journal, Vol. 37, p. 177(2007).

④ 该款规定如下:"除本条第 1 款所规定情况外,对受特别保护的文化财产只有在无可避免的军事必要的非常情况下并于此项必要存续期间,方得撤回豁免。此项必要只能由指挥相当师或更大规模部队的军官确定。只要情况许可,应于一合理时间前将撤回豁免的决定通知对方缔约国。"

护的文化财产适用军事必要例外设置最低门槛的规定。[①] 显而易见,该款为适用军事必要例外设置的门槛明显高于第4条第2款。首先,对于受特别保护的文化财产适用军事必要例外,该款规定"除本条第1款所规定的情况外,对受特别保护的文化财产只有在无可避免的军事需要的特别情况下,并且只有在此项需要尚继续存在时,才能撤回豁免",这样的要求明显高于第4条第2款为受一般保护的文化财产适用该例外设置的门槛。其次,为进一步限制军事需要例外适用于受特别保护的文化财产,第11条第2款还设置了两项程序性要件:第一,适用军事需要例外只能由指挥相当于师或更大规模部队的军官确定。第二,只要情况许可,应于一合理时间前将撤回豁免的决定通知对方缔约国。同时,第11条第3款还要求,"撤回豁免的一方应尽快以书面通知公约实施条例内所规定的文化财产专员,并说明理由"。该款规定的目的在于使撤回豁免的理由有机会得到审查,从而促使军官在是否作出撤回豁免的决定时更加谨慎。

质言之,通过使用"无可避免的""特别情况"等限制性措辞,第11条第2款试图实质性地提高受特别保护的文化财产适用军事必要例外的门槛,以有效提升对此类财产的保护水平。尽管这一立法意旨清晰且合理,但是由于公约并未对这些主观性措辞进行客观、具体的界定,在实践中如何将第11条第2款确立的军事必要适用标准与第4条第2款确立的较低门槛("仅在军事迫切需要的情况下可以放弃")严格区别开来,并非易事。相对而言,第11条第2款与第3款所设置的程序性条件则更加具有可操作性,它们对于限制军事需要例外的适用更显实效。

需要强调,与第11条第1款的法律效果类似,在一缔约国援引第11条第2款撤回受特别保护文化财产的豁免后,并不意味着它可以免除《1954年海牙公约》的全部义务,在这种情况下,该国依然受公约一般保护义务的约束。换言之,遇此情形,只有满足第4条第2款的规定,该国方得摒弃一般保护对其施加的义务。

公约设立特别保护制度是为了给极其重要的文化财产提供更高的保护水平,其初衷值得肯定。然而,从几十年来的实践来看,这项制度未能有效运行,

---

① See O'Keefe, R., *The Protection of Cultural Property in Armed Conflict*, Cambridge University Press, 2006, p. 158.

有学者更直截了当地将之称为“失败的制度”。[①] 自公约实施以来,共有1个纪念物中心站(梵蒂冈)、8个保存可移动文化财产的保藏所(其中6个位于荷兰境内,1个位于奥地利境内,1个位于德国境内)曾获得特别保护资格。[②] 后来,依据各自的申请,荷兰境内的3个保藏所和奥地利境内的1个保藏所从特别保护国际登记册上撤销,且自1978年以后,再也没有国家申请将其境内的文化财产列入登记册。截至本书写作时,特别保护国际登记册上仅有1个纪念物中心站与4个保藏所(3个位于荷兰境内,1个位于德国境内)。[③]

公约的特殊保护制度之所以遭遇失败,既有其内生性缺陷因素,也有战后国际格局等外部影响因素。从内生性缺陷来看,公约关于受特殊保护的文化财产的条件过于苛刻是主要原因,尤其是其关于此类财产必须与任何大工业中心或者易受攻击的重要军事目标保持适当距离的要求,使绝大部分具有重大意义的文化财产难以被纳入特别保护的范畴。[④] 此外,第11条关于豁免的撤回规定也是公约的败笔之一。在缔约过程中,该条曾引发各方严重对立。[⑤] 为了使公约能够顺利缔结,并被尽可能多的国家接受,第11条的最终文本作了较大妥协,[⑥]其模糊、主观的措辞在很大程度上弱化了特殊保护的强度,因而成为公约的“阿喀琉斯之踵”。[⑦] 申请特别保护烦琐的程序也是影响其发挥作用的因素之一。依据公约实施条例的规定,从总干事将申请书分送给各缔约国起,各国可以在4个月内提出异议。如有异议,总干事应将异议分送至各国,总干事或申请方可以向异议方作出说明以使其撤回异议。如果总干事在收到异议后6

---

① See Forrest, C., *International Law and the Protection of Cultural Property*, Routledge, 2010, p. 102.

② 参见郭玉军主编:《国际法与比较法视野下的文化遗产保护问题研究》,武汉大学出版社2011年版,第214页。

③ 详见联合国教科文组织官网,http://unesdoc.unesco.org/images/0015/001585/158587EB.pdf,最后访问日期:2023年4月30日。

④ 譬如,意大利曾计划将威尼斯、佛罗伦萨的维琴察、锡耶纳申请为受特别保护的文化财产,但因无法满足该要求而遭遇失败。瑞士、波兰、埃及以及苏联也因此原因,未能将其境内的重要文化财产列入受特别保护的范围。参见郭玉军主编:《国际法与比较法视野下的文化遗产保护问题研究》,武汉大学出版社2011年版,第215页。

⑤ See Toman, J., *The Protection of Cultural Property in the Event of Armed Conflict*, Dartmouth, 1996, p. 144.

⑥ 即便如此,英美两国依然在公约实施了几十年后才加入之,这难免令人遗憾。

⑦ See Forrest, C., *International Law and the Protection of Cultural Property*, Routledge, 2010, p. 102.

个月内没有收到撤回通知,申请登记的缔约国可以要求仲裁解决之。仲裁还须3个仲裁员组成仲裁庭。① 由此可见,《1954年海牙公约》规定的特别保护申请程序烦琐而耗时,这也是许多国家不愿意提出特别保护申请的原因之一。

除公约的内生性缺陷以外,当代国际格局的演进以及大规模杀伤性武器尤其是核武器的运用,也在一定程度上架空了特殊保护制度的实际作用。《1954年海牙公约》实施以后的最初30余年间,世界处于冷战格局,各国对核武器等大规模杀伤性武器的使用忧虑不已,这使许多国家对建立保藏所缺乏积极性,因为此类武器足以使保藏所失去实际价值,也使人口密集的国家认为此类武器的运用令保藏所与大工业中心或重要军事目标保持适当距离的要求无法满足。另外,有些国家虽然建立或计划建立这样的保藏所,但并不愿意为这些保藏所申请特别保护,因为担心一旦提出申请就必须依公约规定对保藏所进行详细说明,这可能令该国潜在的敌人、恐怖分子与偷盗者打这些保藏所的主意。②

鉴于特别保护制度已陷入困顿,1999年《1954年海牙公约第二议定书》设立重点保护制度,以济前者之穷。关于此点,后文将进行详述。

七、国际监督实施机制

为保护文化财产免受武装冲突的影响,《1954年海牙公约》制定了一般保护制度与特别保护制度,对缔约国既施加了积极性义务,也规定了诸多消极性义务。不仅如此,公约还创设了国际监督实施机制,以确保各国履行公约义务。

在公约的拟定过程中,由于对各国(尤其是处于武装冲突状态下)主动履约存在顾虑,公约起草委员认为有必要引入国际合作实施监督机制。为此,起草委员会一共考虑过三种可选方案。方案一:由联合国教科文组织作为中立第三方,监督各国履约及便利交战国合作。鉴于联合国教科文组织的权威性及其在本领域的主导性地位,这一方案优势明显。不过,由于尚有一些国家未加入联合国教科文组织,由该组织承担此责会对这些国家加入公约形成障碍。此外,出于种种考虑,联合国教科文组织也对此方案持消极态度。③ 最终,起草委员会

---

① 参见《实施条例》第13条、第14条。

② 参见郭玉军主编:《国际法与比较法视野下的文化遗产保护问题研究》,武汉大学出版社2011年版,第214页。

③ See Forrest, C., *International Law and the Protection of Cultural Property*, Routledge, 2010, p. 103.

放弃了该方案。方案二:创设一个专门的国际组织,由其监督各国履约。这一方案固然有其优势,但因创设一个新的国际组织并确保其运行,在程序上异常复杂,在经费上亦难以落实,这一方案最终无果而终。① 方案三:借助 1949 年《日内瓦公约》所创制的“保护国”概念,②建立以保护国为主的第三方斡旋机制。与前两种方案相比,该方案监督履约的力度最弱,但最具可操作性,遇到的阻力最小。因此,几经权衡与讨论,公约最终采用了这一方案。

依据《1954 年海牙公约》第 21 条的规定:“本公约及其实施条例的适用应获得负责保障冲突各方利益的实施保护国家的合作。”在武装冲突中,处于敌对状态的两个国家之间往往已经中断了外交关系,在这种情况下,将确保公约适用的一部分职责交由作为第三方的保护国承担,是切合实际的现实选择。第 22 条第 1 款接着规定,各保护国应于其认为对文化财产利益有用时,特别是当冲突各方对于本公约或其实施条例的规定之适用和解释有争议时,进行斡旋。为达此目的,该条第 2 款进一步对斡旋的程序作出规定:每一保护国可应一方或教科文总干事之邀,或主动向冲突各方建议,举行各方代表,特别是负责文化财产保护的当局的会议。如认为适当,在经适当选择的中立领土上举行。对于会议向其提出的建议,冲突各方有义务实施之。保护国应提议一位属于中立国的人员,或由教科文总干事提出并征得冲突各方赞同的人选,邀其以主席身份参加上述会议。显而易见,上述第 21 条与第 22 条并非《1954 年海牙公约》所独创,它们均以 1949 年《日内瓦公约》的相关条款为模板并稍加修改而成。③

依据公约实施条例的规定,本公约应适用的国际性武装冲突一旦爆发,与公约一缔约国发生冲突的各缔约国之代理保护国应按其规定任命驻该国代表。④ 保护国的代表应注意对本公约的违反,经其所驻国同意调查违反发生的前后情况,就地交涉以使违反停止并于必要时将此违反通知专员官长。此外,

---

① See O'Keefe, R., *The Protection of Cultural Property in Armed Conflict*, Cambridge University Press, 2006, p. 165.

② 譬如,1949 年《日内瓦第一公约》第 8 条与第 11 条。

③ 参见 1949 年《日内瓦第一公约》第 8 条与第 11 条;1949 年《日内瓦第二公约》第 8 条与第 11 条;1949 年《日内瓦第三公约》第 8 条与第 11 条;1949 年《日内瓦第四公约》第 9 条与第 12 条。

④ 依据《实施条例》第 3 条规定,保护国应从其外交或领事官员中,或经驻在国同意从其他人员中任命其代表。

保护国任命的代表对于文化财产专员的选任也具有相当大的话语权。①

需要指出,除保护国具有监督履约职能以外,公约还为卷入武装冲突的各国创设了“文化财产专员”(Commissioner-General for Cultural Property)一职,这也是为确保各国履约所设置的国际监督机制的重要组成部分。在公约实施条例中,公约为文化财产专员的产生及其职责规定了一套相当复杂的规则。概言之,文化财产专员系经驻在国与代表对方国家的保护国一致同意后,从联合国教科文组织推荐的国际专家名册中选任;②文化财产专员的主要职责为监督、调查、报告与公约适用有关的一切事项等。③ 此外,各国如在武装冲突期间设立受特别保护的应急保藏所以及将运输中的文化财产置于特殊保护下,也须文化财产专员的配合与协调。④ 概言之,公约建立了一套综合保护国及其代表、⑤处于武装冲突之中的各国文化财产代表、文化财产专员、视察员与专家为一体的、复杂的国际实施与监督体系,⑥冀以确保其各项义务得到各缔约国切实履行。

尽管这套精心构建的国际实施监督机制在当时看来具有一定创新价值,然而令人遗憾的是,实践表明该机制运转不畅,已陷入形同虚设的尴尬境地。造成这一困境的主要原因如下:首先,公约所倚重的保护国为主的第三方斡旋与监督机制缺少源制度作为根基。细言之,由于无论是公约本身还是习惯国际法,均无关于武装冲突中各方须指定保护国的规定,因此,当代武装冲突实践中从未出现冲突方指定保护国的先例。⑦ 在此背景下,以保护国为主的第三方监督履约机制沦为一纸具文,良有以也。其次,文化财产专员承担的职责固然繁多而重要,但是公约实施条例对这一职位规定了极其复杂的产生程序,并须得到驻在国及代表敌对各方的保护国的一致同意,使在实践中文化财产官长的选

---

① 依据《实施条例》第4条第1款规定,文化财产专员应经驻在国与代表对方国家的保护国一致同意,从国际名册中选任。

② 参见《实施条例》第1条、第2条及第4条。

③ 参见《实施条例》第6条。

④ 参见《1954年海牙公约》第12~14条;《实施条例》第17条、第18条。

⑤ 参见《实施条例》第3条、第5条。

⑥ 参见《实施条例》第7条。

⑦ See O'Keefe, R., *The Protection of Cultural Property in Armed Conflict*, Cambridge University Press, 2006, p.166-167.

任极难顺利推进。[①] 对此，有学者评价如下，可谓道尽其中关捩：[②]

> 公约所建立的这套监督实施机制孱弱而不切实际。它的实施依赖烦琐的组织运作、官僚化的程式以及利益对峙各方的协议，欠缺现实可行性。简言之，在当代武装冲突的条件下，它必然如缘木求鱼，注定失败。

以上机制性缺陷还大大弱化了公约为文化财产的运输提供的保护。质言之，公约第三章“文化财产的运输”旨在为文化财产的运输提供绝对豁免，使之能够被安全地运至不直接受武装冲突影响的保藏所或区域。为此，公约及其实施条例设立了一套相当复杂的国际监督机制，其中，文化财产专员扮演着关键性角色。[③] 然而，公约实施半个多世纪以来，该运输机制从未正式运转过，[④]仅此一点就足以证明公约建立的国际监督实施机制已遭遇失败。

公约的国际监督实施机制陷入失效境地，还体现在其他几个方面。譬如，公约第 26 条要求各国应至少 4 年一次向总干事提交一份报告，提供他们所认为适当的关于其各自机构为履行本公约及其实施条例而采取、拟订或设想的任何措施的一切情报。然而，自公约实施以来，严格履行该义务的缔约国少之又少，绝大部分国家对之选择视而不见。[⑤] 公约实施面临的困境，由此可见一斑。

---

① 自公约实施以来，仅有一次选任文化财产专员的实例。1967 年，依据《1954 年海牙公约》，以色列与阿拉伯国家协商同意，以色列与阿拉伯国家分别选任了一名文化财产专员。See Forrest, C., *International Law and the Protection of Cultural Property*, Routledge, 2010, p. 103.

② O'Keefe, R., *The Protection of Cultural Property in Armed Conflict*, Cambridge University Press, 2006, p. 167.

③ 参见《1954 年海牙公约》第 12 ~ 14 条；《实施条例》第 17 条、第 18 条。

④ 1972 年，在柬埔寨发生的国际性武装冲突中，柬埔寨当局在转移文化财产时曾使用公约所创设的保护标志，但是公约并不适用于那一场武装冲突。因此，这次实例并不构成公约关于文化财产的运输机制的实际适用。

⑤ See Forrest, C., *International Law and the Protection of Cultural Property*, Routledge, 2010, p. 105.

第二节 《1954 年海牙公约第一议定书》

一、制定背景

第二次世界大战期间,在被占领土上发生了针对文化财产的盗窃、劫掠、侵占与系统性的输出,其规模之大、范围之广,前所未有。此类行径对被占领国文化财产所造成的灾难,甚至大于战火本身。① 在欧洲,纳粹德国通过"征收""购买""紧急转移""受赠"等各种手段,从其占领的荷兰、法国、奥地利等国攫取了大量文化珍宝,给这些国家造成了深重的文化灾难。鉴于此类文化财产所有权的移转及其输出往往披着"合法"的外衣,17 个盟国和法国流亡政府于 1943 年汇聚伦敦,发布了《伦敦宣言》,严正声明,盟国将不再承认被占领土上任何资产的转移为合法,不论是否为善意购买,也不论相关交易方的国籍为何。②

战争结束后,以美、英、法为代表的西方 18 国于 1945 年 11 月 9 日至 12 月 21 日在巴黎召开赔偿会议,正式商讨德国对西方盟国的赔偿事宜,③并于会议最后一天通过《巴黎会议赔款最终法案》(Final Act of the Paris Conference on Reparations)。依据该法的规定,盟军占领德国西部期间,美国、英国与法国占领当局将分别成立归还文化财产的专门委员会,致力于将"所有纳粹从盟国掠夺的艺术品和具有科学或历史价值的物品返还其合法所有人"④。此外,该法还规定,第二次世界大战期间,被占领土上既存或生产的所有财产类物品,凡纳粹德国以暴力或威胁使用暴力取得的,无论是否为有偿,均在返还之列。⑤

由此可见,被占领土上文化财产的输出问题是在第二次世界大战结束后得到盟国高度关注的事项。在此背景下,有不少国家提议,《1954 年海牙公约》应专设条款,系统地规定被占领土上文化财产的输出问题。然而,这一建议受到部分国家的强烈反对,它们指出,由于在很多情况下,被占领土上文化财产的输

---

① See Benvenisti, E., *The International Law of Occupation*, Princeton University Press, 2004, p. 9.

② See *Court of Restitution Appeals Reports*, http://www.law.harvard.edu/library/digital/court-of-restitution-appeals-reports.html, 最后访问日期:2023 年 4 月 30 日。

③ 参见周鑫:《由〈波茨坦会议公报〉看战后对德国的经济制裁》,载《理论月刊》2009 年第 7 期。

④ 霍政欣:《追索海外流失文物的法律问题》,中国政法大学出版社 2013 年版,第 248 页。

⑤ See Final Act of the Paris Conference on Reparations, Annex Ⅰ.

出及其所有权的转移涉及善意取得等诸多国内私法层面上的问题,鉴于各国国内法霄壤有别,公约如对该事项进行规定,必然造成其无法获得广泛支持。

最终,经反复探讨与权衡,公约起草委员会作出妥协性安排:一方面,公约设专款对这一问题进行概括性规定;①另一方面,公约起草委员会决定,制定一份独立于公约的议定书专门处理被占领土上文化财产的输出问题,并允许各国在加入公约时,自行决定是否加入该议定书。换言之,如果有国家认为该议定书与其国内法存在冲突而不愿意受其约束,并不会阻碍其加入公约本身。如此,《1954年海牙公约第一议定书》应运而生,它与《1954年海牙公约》同时通过,并同时生效实施。②

《1954年海牙公约第一议定书》第6条规定:"本议定书的订立日期为1954年5月14日,凡在1954年12月31日以前,对被邀参加自1954年4月12日起至1954年5月14日止在海牙举行的会议的所有国家开放,任凭签字。"若仅从该条的字面措辞来看,本议定书对参加此次海牙缔约会议的所有国家开放。据此,有观点认为,即便是未加入《1954年海牙公约》的国家,只要其参加了海牙缔约会议,依然可以选择加入本议定书。持该观点的学者进一步指出,通过对比《1954年海牙公约第二议定书》的相关规定,此结论可以得到印证,因为后者在第40条中明确规定,其仅对海牙公约缔约国开放签署。③

对于这一观点,笔者并不认同。首先,在国际法上,"议定书"(protocol)通常是指缔约国对条约或协定的解释、补充、修改或延长有效期以及关于某些技术性问题所议定缔结的国际法律文件。④ 议定书不能独立发挥作用,必须依附于其旨在解释、补充或延长的基础性条约或协定。因此,只有其基础性条约或

---

① 公约第4条第3款规定:"缔约各方并承允设法禁止、防止及在必要时制止对文化财产以任何形式实施的盗窃、抢劫或侵占以及任何破坏行为……"然而,该义务体现在第4条"对文化财产的尊重"中,而非第5条"占领"中,因此,它不仅约束占领别国领土的公约缔约国,也约束处于武装冲突中的国家。换言之,它不仅要求占领国保护被占领土的文化财产免受这些行径的影响,而且要求各国对其自身境内的文化财产承担此项义务。可见,公约的这一规定并非专门用于保护被占领土内的文化财产。另外,这一规定未触及被占领土上文化财产的输出问题。

② See O'Keefe, R., *The Protection of Cultural Property in Armed Conflict*, Cambridge University Press, 2006, p.196.

③ See O'Keefe, P. J., *The First Protocol to the Hague Convention: Fifty Years on*, Art Antiquity and Law, Vol.9:2, p.113(2004).

④ See *Definition of Key Terms Used in the UN Treaty Collection*, https://treaties.un.org/Pages/overview.aspx?path=overview/definition/page1_en.xml,最后访问日期:2023年4月30日。

协定的缔约国才有资格加入议定书,[①]否则,议定书必然成为空中楼阁,无法发挥其作用。

其次,从《1954 年海牙公约第一议定书》的内容来看,也无法得出非《1954 年海牙公约》缔约国可以加入的结论。本议定书第 1 条第 1 款规定:“缔约各方承允对于 1954 年 5 月 14 日在海牙签订的《关于发生武装冲突情况下保护文化财产的公约》第 1 条所规定的文化财产,应防止其在武装冲突期间从缔约该方所占领的领土内输出”;第 10 条第 3 款规定:“1954 年 5 月 14 日在海牙签订的《关于发生武装冲突情况下保护文化财产的公约》第 18 条和第 19 条所述情况,应于敌对行为或占领开始以前或以后,使冲突各方所交存批准书或加入书立即生效”。议定书对公约多个条款的援引表明,一国要加入议定书,其前提是该国须为《1954 年海牙公约》缔约国,否则议定书无法发挥其法律效力。此外,《1954 年海牙公约第一议定书》虽未言明只有《1954 年海牙公约》缔约国才能受之约束,但其与公约同时、同地开放签署,这可以推定出议定书的制定者有此意旨。故笔者认为,凡受《1954 年海牙公约第一议定书》约束的国家,其必然为《1954 年海牙公约》缔约国,反之则不然。

最后,需要强调的是,《1954 年海牙公约第一议定书》第 10 条第 3 款对《1954 年海牙公约》第 18 条与第 19 条的援引明确表明这两份国际法律文件在适用范围上是一致的,尽管两者在调整的事项上并不完全相同。不过,对于在实践中如何确定议定书是否适用,尚存争议。大多数学者认为,如果两个国家均受《1954 年海牙公约第一议定书》约束(当然也为《1954 年海牙公约》缔约国),且一国处于另一国的军事占领下,那么在该被占领国家的领土范围内应适用本议定书。[②] 然而,少数学者不同意该观点,他们认为,《1954 年海牙公约第一议定书》第 1 条表明,只要占领国受其约束,它就应该遵守该议定书的规定,至于被占领国是否受其约束,则在所不问。[③] 显而易见,后一种观点更有利于扩大《1954 年海牙公约第一议定书》的适用范围。

---

① See O'Keefe, R., *The Protection of Cultural Property in Armed Conflict*, Cambridge University Press, 2006, p. 197.

② See Forrest, C., *International Law and the Protection of Cultural Property*, Routledge, 2010, p. 105.

③ See Chamberlain, K., *War and Cultural Heritage: An Analysis of the 1954 Convention for the Protection of Cultural Property in the Event of Armed Conflict and its Two Protocols*, Institute of Art and Law, 2004, p. 145.

二、核心义务

如前所述,本议定书第1条第1款要求,缔约各方对于《1954年海牙公约》第1条所规定的文化财产,应防止其在武装冲突期间从缔约该方所占领的领土内输出。需要注意的是,依据该款规定,占领国不仅须禁止其占领当局或武装部队从被占领土上输出文化财产,还须禁止私方当事人输出;不仅应禁止文化财产的非法输出,文化财产的合法输出也在禁止之列。换言之,该款全面禁止文化财产的输出,不论其方式是否合法,也不论输出的主体为何。

由于在出口与抵达目的地之间,所涉及的文化财产有可能经过一国甚至数国中转,而中转国既有可能是《1954年海牙公约》及其议定书的缔约国,也有可能不是,所以为确保文化财产在移转全程得到保护,本议定书要求缔约各方对于"直接"或"间接"从"任何"被占领土输入其自己领土内的文化财产予以接管。此处"间接"系指从第三国(或经更多国家)中转进入其领土的情况。鉴于许多国家不对文化财产的进口实施管制,议定书紧接着规定,"接管应于财产输入时自动实行,或者在未自动实行的情况下,根据上述被占领土主管当局的请求而实行"。此处"被占领土主管当局"既有可能是占领国当局,也有可能是占领后在被占领土上成立的行政主管当局。主管当局提出的请求,既可以针对特定、具体的文化财产,也可以针对某一类别的文化财产。①

不过,对于议定书上述规定在实践中适用的条件,理论界尚存争议。有观点认为,上述规定适用的前提是,相关三个国家(占领国、被占领国以及输入国)均为议定书的缔约国。② 而另有观点则认为,只要输入国是议定书的缔约国,其即有义务履行该条款规定的义务,至于占领国与被占领国是否是其缔约国,则在所不问。③

依据议定书第1条第3款的规定,如果文化财产从被占领土输出至占领国或议定书的其他缔约国,那么文化财产现所在国应在敌对行为终止时将之返还

① See O'Keefe, R., *The Protection of Cultural Property in Armed Conflict*, Cambridge University Press, 2006, p. 198.

② See Forrest, C., *International Law and the Protection of Cultural Property*, Routledge, 2010, p. 106.

③ See Chamberlain, K., *War and Cultural Heritage: An Analysis of the 1954 Convention for the Protection of Cultural Property in the Event of Armed Conflict and its Two Protocols*, Institute of Art and Law, 2004, p. 45.

给“先前被占领土的主管当局”(the competent authorities of the territory previously occupied),且该财产绝不得作为战争赔偿而被扣留。关于此款,以下两点尤须关注。第一,依据本款,返还的时间点是“敌对行为终止时”,而非“占领终止时”。显而易见,立法者在此想当然地认为敌对行为与占领的终止是同步的,故而才会作出如此规定,即敌对行为终止时将相关文化财产返还给“先前”被占领土的主管当局。① 然而,在当代武装冲突实践中,敌对行为既有可能与占领同时终止,也有可能出现敌对行为已经终止,但占领状态持续的情况。譬如,塞浦路斯与土耳其之间的敌对行为早已终止,但土耳其占领北塞浦路斯的状态持续至今,②在这种情况下,议定书的缔约国如履行议定书第 1 条第 3 款规定的返还义务,无疑将陷入无所适从的境地。第二,本款规定,文化财产现所在国应将之返还给“先前被占领土的主管当局”,而非文化财产先前的所有者。这一规定反映了第二次世界大战结束后欧洲各国在处理文化财产返还时面临的现实局面:承担返还义务的国家通常无法确定文化财产的合法所有人,因此将之交给先前被占领土的主管当局,再由其确定应将之最终返还给谁,不失为切合实际的明智之选。③

依据议定书的上述规定,凡武装冲突期间从被占领土输出的文化财产,在敌对行为终止后,均应由其现所在国予以扣押并返还。不过,如果现持有人取得文化财产系基于善意,在这种情况下,不予赔偿而径直剥夺之,揆情度理,显失公平。同时,考虑到议定书要求占领国禁止文化财产从被占领土出口,因此文化财产的出口系占领国疏于履行其义务所致,故而议定书规定,“有义务防止文化财产从其占领领土输出的缔约各方对于根据前款应予返还的文化财产,应

---

① See O'Keefe, R., *The Protection of Cultural Property in Armed Conflict*, Cambridge University Press, 2006, p.199.

② 1960 年独立后,塞浦路斯两大民族(希腊族和土耳其族)零星冲突不断,直至 1974 年爆发严重流血冲突。1974 年 7 月,希腊右翼军人政权在塞浦路斯策动政变,土耳其以此为由出兵。1975 年 2 月,土耳其族宣布建立塞浦路斯土族邦。1983 年,土耳其族宣布成立北塞浦路斯土耳其共和国,但未获国际承认,目前,仅有土耳其承认之。2004 年 4 月 24 日,举行全民公决,科菲·安南(Kofi Annan)的塞浦路斯统一方案结果无效。同年 5 月 1 日,塞浦路斯共和国(希腊族区)单独加入欧盟。See Goff, R., Moss, W. & Terry, J., Upshur, J., *The Twentieth Century*, 7th ed., McGraw-Hill, 2007, p.424.

③ See Forrest, C., *International Law and the Protection of Cultural Property*, Routledge, 2010, p.107.

向此项财产的善意持有人给付赔偿金”①。由此可见，在这种情况下，先前被占领的国家以及承担返还义务的国家均无须支付赔偿金，赔偿是文化财产的善意持有人与占领国之间须处理的事项，不构成文化财产返还的前提要件。②

尽管议定书的这一规定有利于促成文化财产的返还，但各国国内法斑驳不一，这一规定不可避免地会使一些国家在处理返还事宜时遇到一系列法律难题，尤其是在如何对待善意持有人的问题上。譬如，如何判断文化财产的现持有人是否为善意、如何计算赔偿金、如何计算时效等均为非常复杂的法律问题。除此之外，欧洲有学者还提出，不对善意持有人进行赔偿而径行没收其财产有违反人权之虞。依据《欧洲人权公约第一议定书》第 1 条的规定，不得剥夺任何人的财产，除非系为公共利益，且满足法律与国际法基本原则规定的条件。因此，对于该公约缔约国而言，如果它依据《1954 年海牙公约第一议定书》没收善意持有人的文化财产，并将之返还给先前被占领土的主管当局，但占领国拒绝向该善意持有人支付赔偿金，在这种情况下，如果该公约缔约国以其无给付赔偿金的义务为由也拒绝善意持有人要求获得赔偿金的请求，该国就违反了《欧洲人权公约第一议定书》的规定。③

在武装冲突中，无论是国际性武装冲突，还是国内武装冲突，为了避免可移动文化财产受到破坏，将之暂时转移至安全的第三国予以保存，在很多情况下是必要之举。例如，在纳粹德国入侵波兰前夜，波兰将其大批国宝运出，并辗转运至加拿大，从而使其得以保存至今。④ 再如，1940 年，在日军即将占领北平前夕，为确保北京猿人头盖骨化石免受破坏及劫掠，国民政府开始考虑将之运送至美国暂存。1941 年 1 月 10 日，国民党中央行政秘书长翁文灏致信著名古人类学家魏敦瑞(Franz Weidenreich)，信中写道：“鉴于美日关系日趋紧张，美国正与中国站在一条战线共同抗日，我们不得不考虑在北平新生代研究室的科学标本安全问题。我们准备同意将它们用船运往美国，委托某个学术研究机关在中

---

① 《1954 年海牙公约第一议定书》第 1 条第 4 款。

② 这一规定与《1970 年公约》第 7 条第 2 款第 2 项不同。详见本书第三编第二章的相关论述。

③ See Chamberlain, K., *War and Cultural Heritage*: *An Analysis of the 1954 Convention for the Protection of Cultural Property in the Event of Armed Conflict and its Two Protocols*, Institute of Art and Law, 2004, p.47.

④ See O'Keefe, R., *The Protection of Cultural Property in Armed Conflict*, Cambridge University Press, 2006, p.200.

国抗战期间替我们暂为保管。”[①]后经中、美学界与政界人士多次协商,1941 年 11 月,两国达成北京猿人头盖骨化石由美国领事馆安排、美国海军陆战队护送带出中国,暂存纽约的美国自然历史博物馆的协议。然而,由于彼时“珍珠港事件”业已爆发,加之华北全面处于日军占领之下,负责护送头盖骨的美军在秦皇岛附近受到日军突袭并投降,北京猿人头盖骨化石从此神秘失踪,成为千古疑案。[②] 这个令中国及全世界扼腕痛心的事件表明,在武装冲突期间,及时、安全地将受到战争威胁的文化财产安全转移至第三国是何其重要。

为确保暂时保存于他国的文化财产能够在武装冲突结束后返还其原属国,议定书第 5 条规定,“来自缔约一方领土并由该方为保护文化财产使免受武装冲突危害而交存于缔约另一方领土内的文化财产,应于敌对行为终止时由后者返还给此项财产来源地的主管当局”。值得一提的是,依据该条,暂时接受文化财产的国家无须实际同意保障此财产,甚至可能出现有关文化财产在该国主管机关并不知情的情况下,被运送到该国境内予以保存。不过,在敌对行为终止时,该国将所涉及的文化财产返还给其来源地的主管当局,这是一项绝对的义务,不论它是否曾同意保障该财产,不论其主管当局对该财产被运至其境内是否知情,也不论敌对行为终止后该财产来源地的政府是否被该国所承认。当然,在实践中,议定书第 5 条是否能得到文化财产暂存国的严格履行,往往受到国际政治、外交等因素的制约。[③]

第三节　总结与评价

从第二次世界大战结束,到《1954 年海牙公约》及其实施条例与第一议定书的成功缔结,前后不到 10 年。在国际立法史上,这一立法速度不可谓不快,这反映出有感于世界大战的切肤之痛,人类社会决意革新孱弱的既有国际法规则,以确保人民生命与财产免受战争荼毒的决心,恰如《联合国宪章》序言所严明:“我联合国人民同兹决心,欲免后世再遭今代人类两度身历惨不堪言之战

---

① 孟国祥:《大劫难:日本侵华对中国文化的破坏》,中国社会科学出版社 2005 年版,第 95 页。

② 关于北京猿人头盖骨如何失踪以及其下落,现在尚未有定论。参见岳南:《考古中国:北京人头盖骨失踪记》,海南出版社 2007 年版。

③ See Forrest, C., *International Law and the Protection of Cultural Property*, Routledge, 2010, p. 108.

祸。"《1954 年海牙公约》及其实施条例与第一议定书现已构成当代国际法的重要法律渊源,它们的制定与实施标志着国际文化财产法的演进取得历史性进展,并为其未来发展夯实了基础。细言之,它们的贡献主要体现在以下几个方面。

第一,《1954 年海牙公约》的制定在国际立法史上开创了将文化财产作为一类独立、特殊的财产予以单独立法的先河,堪称国际立法理念的一次革命,[①]其意义重大、影响深远。从此以后,将文化财产与其他类别的财产区别开来,制定专门的国际条约对该类财产的各个问题予以调整,成为国际文化财产法的立法趋势。从这个意义上来说,《1954 年海牙公约》的诞生为国际社会后续制定《1970 年公约》《世界遗产公约》《1995 年公约》《水下遗产公约》等专门性文化财产条约铺平了道路。

第二,《1954 年海牙公约》的规定相对系统、内容较为全面,它旨在构建文化财产的法律保护体系,不仅对武装冲突期间各国的权利与义务进行规范,同时对武装冲突发生前与结束后各国的权利义务进行规制,以此克服《1899 年海牙第二公约》与《1907 年海牙第四公约》的缺陷,并对日内瓦诸公约(尤其是《日内瓦第四公约》)起到补充、完善的作用。

第三,公约较好地平衡了各方利益,较为成功地调和了一对看似无法调和的利益需求:一方面,它须顾及各国的军事利益,以确保公约具有尽可能广泛的参与度;另一方面,它要最大限度地保护文化财产免受武装冲突的影响,以确保公约宗旨得到有效实现。至于公约的这一"现实主义"路线究竟是否正确以及在实践中是否成功取得了预期效果,则是一个自其实施以来就引发持续争议的话题。[②]

第四,公约的诸多规定与制度具有创新性,对于保护文化财产免受武装冲突的破坏发挥了积极作用。作为核心理念,《1954 年海牙公约》明确规定,文化财产的保护既包括对该类财产的"保障"(safeguarding),也包括对该类财产的"尊重"(respect)。[③] 保障文化财产需要对其进行"实质性保护"(material

---

① 参见郭玉军主编:《国际法与比较法视野下的文化遗产保护问题研究》,武汉大学出版社 2011 年版,第 208 页。

② See Forrest, C., *International Law and the Protection of Cultural Property*, Routledge, 2010, p. 79.

③ 参见《1954 年海牙公约》第 2 条。

protection)，而尊重文化财产则需要进行“法律制约”(legal restraint)，[①]两者均须对各国在和平时期以及武装冲突期间施加积极性与消极性义务。除对公约调整范围内的所有文化财产规定了一般保护制度外，公约还对“极其重要的”文化财产给予特别保护。同时，作为一般保护与特别保护的配套措施，公约还对文化财产的运输、从事文化财产保护的人员、信息共享以及文化财产保护的国际管制等事项进行了规定。尽管上述一些条款是在公约实施条例而非公约正文中体现的，然而必须指出，虽然公约实施条例在结构上独立于公约本身，但它构成公约不可分割的一部分。[②] 另外，公约还为受到一般保护的文化财产创制了便于辨识的蓝盾标志，并规定三次使用该标志则表明相关客体是受到特别保护的文化财产。[③]

遗憾的是，由于一些国家的反对，在缔约过程中，各国并没有在所有问题上均达成一致。譬如，第二次世界大战的惨痛教训表明，有必要建立适用于被占领土上文化财产进出口的规则制度，然而由于各国立场对峙，该项制度并没有规定在公约及其实施条例中，而是规定在各国可以选择加入的《1954 年海牙公约第一议定书》中。

《1954 年海牙公约》生效的半个多世纪以来，世界大战得以幸免，但是地区性武装冲突并不鲜见。从两次伊拉克战争到柬越战争，从巴以冲突到两伊战争，从黎巴嫩内战到波黑战争，从阿富汗战争到叙利亚内战，从车臣战争到俄乌冲突……这些地区性武装冲突无疑成为检验公约成效的试金石。然而，客观地说，在一次又一次的武装冲突中，公约虽产生了重大作用，但并未真正成为保护文化财产免受战火影响的坚强“蓝盾”；在上述武装冲突中，文化财产无一不遭受兵燹之祸。也正是在这些武装冲突实践中，公约的软肋被充分暴露。细言之，公约的缺陷主要表现为以下几点。

第一，军事必要作为文化财产保护的例外是其核心缺陷。自缔约之初，各方就对公约是否应引入“军事必要”限制文化财产的保护争论不休，并产生了

---

① See O'Keefe, R., *The Protection of Cultural Property in Armed Conflict*, Cambridge University Press, 2006, p. 76 – 77.

② See Forrest, C., *International Law and the Protection of Cultural Property*, Routledge, 2010, p. 79.

③ 参见《1954 年海牙公约》第 16 条、第 17 条。

"理想主义"与"现实主义"的路线之争。[①] "理想主义"路线主张文化财产的保护是一项绝对义务,军事必要不应作为其例外。更为关键的是,一旦引入军事必要例外,将动摇公约的基本原则,造成"例外吞噬原则"的后果。"现实主义"路线则认为,军事必要作为文化财产保护的例外早已得到国际法的认可,其合理性与正当性不容置疑。更为重要的是,如果公约不体现该例外,许多国家,尤其是军事大国不会批准公约,因此公约的适用范围及其实际效力将大打折扣。最终,公约在对军事必要例外作了一定限制后采纳了"现实主义"的立场。具体而言,公约有两处体现了军事必要例外:一般保护的放弃与特殊保护的撤回。尽管从公约的遣词用语来看,公约致力于严格限制军事必要例外的适用,尤其对其适用于特殊保护制度施加了苛刻的条件,但是由于公约并没有对军事必要例外进行明确定义,且其使用的限制性措辞明显存在主观性过强、可操作性不足的缺陷,在公约的实施实践中,该例外被滥用成为一种常态。

第二,公约设立的特别保护制度未能发挥其效用。如前所述,公约之所以设立特别保护制度,是为了给那些少数具有重大意义的文化财产提供更高程度的保护,然而由于公约的内生性缺陷等复杂因素,该制度未能有效运作,未实现其设立初衷。

第三,公约的执行机制存在先天性缺陷,各国的履约情况堪忧。[②] 前已论及,为了确保各国履行公约义务,公约精心设立了国际监督实施机制。然而,由于这套机制既欠缺"源制度"的保障,亦存在诸多"设计"缺陷,最终导致它陷入形同虚设的尴尬境遇。

此外,公约规定的惩罚措施无力,也是公约的重要缺陷及导致其未得到各国有效履行的原因之一。[③] 公约通篇仅有一个条文涉及制裁,即第 28 条,"缔约各方承允在其普通刑事管辖系统内对违犯或教唆违犯本公约的任何人,不论该人属何国籍,采取一切必要步骤予以诉追并施以刑罚或纪律制裁"。显而易见,该条规定过于简单、概括,不仅没有规定哪些行为应受到制裁,而且没有对管辖问题作具体规定,而从公约的实施实践来看,鲜有缔约国在其普通刑事管

---

① 参见郭玉军主编:《国际法与比较法视野下的文化遗产保护问题研究》,武汉大学出版社 2011 年版,第 213 页。

② See O'Keefe, R., *The Protection of Cultural Property in Armed Conflict*, Cambridge University Press, 2006, p. 200.

③ 参见郭玉军主编:《国际法与比较法视野下的文化遗产保护问题研究》,武汉大学出版社 2011 年版,第 215 页。

辖系统内对违反公约的行为作出专门规定。因此,公约第 28 条的规定象征意义远大于实际意义,无怪乎有学者将《1954 年海牙公约》比作“无牙之虎”。①

在此背景之下,1999 年,国际社会在海牙召开了外交会议,并通过《1954 年海牙公约第二议定书》,旨在对公约进行完善。《1954 年海牙公约第二议定书》的通过和生效,标志着保护文化财产免受武装冲突影响的国际法趋于完善。

① See Thomas Desch, *Problems in the Implementation of the Convention from the Perspective of International Law*, in Micewski, E. R. ed., Protection of Cultural Property in the Event of Armed Conflict—A Challenge in Peace Support Operations, Austrian Military Printing Press, 2002, p. 23.

第三章 《日内瓦公约》的两个附加议定书

鉴于两次世界大战,特别是第二次世界大战造成的严重人道灾难,国际社会将修订国际人道法作为战后国际立法的重中之重,[①]并于 1949 年在日内瓦重新缔结了四部基本国际人道法条约,统称《日内瓦公约》。经过 20 余年的实践,这四个公约的局限性日益显现,对之进行改革与完善的呼声随之高涨。在此背景之下,各国于 1974 年重聚日内瓦,召开"关于适用于武装冲突的国际人道法之发展与确认的外交会议",旨在对红十字国际委员会起草的《日内瓦公约》的两个附加议定书进行讨论。[②] 此后,外交会议在日内瓦每年召开一次。经过四轮旷日持久的外交谈判,[③]1949 年日内瓦公约《第一附加议定书》与《第二附加议定书》终于在 1977 年 6 月

---

① See Sassoli, M. & Bouvier, A., *How Does Law Protect in War?*, International Committee of the Red Cross, 2006, p. 133.

② See CDDH/SR. 41, Annex, Official Records of the Diplomatic Conference on the Reaffirmation and Development of International Humanitarian Law Applicable in Armed Conflicts, Geneva Vol. 17, 1974 – 1977.

③ 这四次外交会议的召开时间分别是 1974 年 2 月 20 日至 3 月 29 日、1975 年 2 月 3 日至 4 月 18 日、1976 年 4 月 21 日至 6 月 11 日以及 1977 年 3 月 17 日至 6 月 10 日。

8 日获得通过。①

这两份议定书均设专门条款用于保护文化财产,禁止攻击之,禁止将之用于支持军事努力,在国际性武装冲突中,禁止将之作为攻击对象。更为重要的是,它们在文本上未体现军事必要例外,在不少学者看来,对军事必要例外的摒弃构成其与《1954 年海牙公约》的实质性区别。② 不过,这一观点值得商榷,因为这两份议定书明确指出,上述针对文化财产的禁止性规定,须"在不妨害 1954 年 5 月 14 日关于发生武装冲突时保护文化财产的海牙公约和其他有关国际文件的规定的条件下"才予适用,③因此,对于同属《1954 年海牙公约》与《日内瓦公约》缔约国的国家而言,它们依然可以援引前者规定的军事必要条款作为其攻击文化财产的正当性依据。

尽管如此,这两份附加议定书的制定与通过,意义仍不可小觑,在国际文化财产法的发展历程中,这两份国际法律文件扮演着承前启后的重要作用。

第一节 《第一附加议定书》

一、适用范围

《第一附加议定书》的全称是《1949 年 8 月 12 日日内瓦四公约关于保护国际性武装冲突受难者的附加议定书》,其第 1 条第 3 款规定,它应适用于日内瓦各公约共同第 2 条所指的各场合。日内瓦各公约共同第 2 条规定如下:

> 于平时应予实施之各项规定之外,本公约适用于两个或两个以上缔约国间所发生之一切经过宣战的战争或任何其他武装冲突,即使其中一国不承认有战争状态。凡在一缔约国的领土一部或全部被占领

---

① 这两份议定书的全称分别是《1949 年 8 月 12 日日内瓦四公约关于保护国际性武装冲突受难者的附加议定书》与《1949 年 8 月 12 日日内瓦四公约关于保护非国际性武装冲突受难者的附加议定书》。

② See O'Keefe, R., *The Protection of Cultural Property in Armed Conflict*, Cambridge University Press, 2006, p. 202.

③ 《1949 年 8 月 12 日日内瓦四公约关于保护国际性武装冲突受难者的附加议定书》第 53 条,《1949 年 8 月 12 日日内瓦四公约关于保护非国际性武装冲突受难者的附加议定书》第 16 条。参见郭玉军主编:《国际法与比较法视野下的文化遗产保护问题研究》,武汉大学出版社 2011 年版,第 220 页。

之场合,即使此项占领未遇武装抵抗,亦适用本公约。冲突之一方虽非缔约国,其他曾签订本公约之国家于其相互关系上,仍应受本公约之拘束。设若上述非缔约国接受并援用本公约之规定时,则缔约各国对该国之关系,亦应受本公约之拘束。

上述规定表明,《日内瓦公约》的适用范围与《1954 年海牙公约》完全一致,因为后者第 18 条正是以上述规定为模板而制定的。需要注意的是,与《日内瓦公约》及《1954 年海牙公约》有所不同,《第一附加议定书》还在其第 1 条第 4 款中对上述规定作了延伸性解释,即"上款所指的场合,包括各国人民在行使庄严载入联合国宪章和关于各国依联合国宪章建立友好关系及合作的国际法原则宣言的自决权中,对殖民统治和外国占领以及对种族主义政权作战的武装冲突"。

二、民用物体

《第一附加议定书》第 52 条"对民用物体的一般保护"确立了禁止攻击民用物体的基本原则。[①] 该条在第 1 款中首先明确,"民用物体不应成为攻击或报复的对象"。更为重要的是,为了防止军事当局在武装冲突中通过肆意解释"民用物体"的方式架空这一原则,该条对如何界定"民用物体"作了独具匠心的精心设计。细言之,它没有直接给出民用物体的概念,而是先对军事目标进行狭义定义,再借助排除法规定,凡不属于军事目标的物体均为民用物体。如此,严格限定军事目标、宽泛解释民用物体的构架得以建立。同时,为最大限度地减小军事目标在实践中被扩张解释的可能性,该条进一步规定,在区分民用物体与军事目标存疑时,应将之推定为民用物体。

质言之,在对军事目标作出限制性定义的基础之上,该条综合使用"排除法"与"民物推定原则",开创了一条严格限定军事目标以确保民用物体受到切

① 该附加议定书第 48 条"基本规则"亦不可或缺。该条规定如下:为了保证对平民居民和民用物体的尊重和保护,冲突各方无论何时均应在平民居民和战斗员之间以及在民用物体和军事目标之间加以区别,因此,冲突一方的军事行动仅应以军事目标为对象。

实保护的新路径。[①] 尽管该条并不专门适用于文化财产，但毫无疑问的是，军事目标被有效限制将大大提升在武装冲突中保护文化财产的实效性。

《第一附加议定书》第51条"对平民居民的保护"[②]也包含着诸多有利于保护民用物体的规定，尤其是其中禁止"不分皂白的攻击"的规定。在对不分皂白的攻击予以禁止后，该条对此类攻击进行了列举，包括：不以特定军事目标为对象的攻击；使用不能以特定军事目标为对象的作战方法或手段；或使用其效果不能按照本议定书的要求加以限制的作战方法或手段；使用任何将平民或民用物体集中的城镇、乡村或其他地区内许多分散而独立的军事目标视为单一的军事目标的方法或手段进行轰击的攻击；和可能附带使平民生命受损失、平民受伤害、平民物体受损害或三种情形均有而且与预期的具体和直接军事利益相比损害过分的攻击。上述这些列举均是在吸收历次战争（尤其是第二次世界大战）惨痛教训基础之上所做的立法回应。与第52条相同，尽管该条亦非专门适用于文化财产，但显而易见其中的诸多规定对于保护文化财产，尤其是确保其免受作为附带损害的攻击至关重要。

---

① 第52条"对民用物体的一般保护"：(1)民用物体不应成为攻击或报复的对象。民用物体是指所有不是第二款所规定的军事目标的物体。(2)攻击应严格限于军事目标。就物体而言，军事目标只限于由于其性质、位置、目的或用途对军事行动有实际贡献，而且在当时情况下其全部或部分毁坏、缴获或失去效用提供明确的军事利益的物体。(3)对通常用于民用目的的物体，如礼拜场所、房屋或其他住处或学校，是否用于对军事行动作出有效贡献的问题有怀疑时，该物体应推定为未被这样利用。

② 第51条"对平民居民的保护"：(1)平民居民和平民个人应享受免受军事行动所产生的危险的一般保护。为了实现这项保护，在任何情况下均应遵守对适用的其他国际法规则所附加的下列各项规则。(2)平民居民本身以及平民个人，不应成为攻击的对象。禁止以在平民居民中散布恐怖为主要目的的暴力行为或暴力威胁。(3)平民除直接参加敌对行动并在直接参加敌对行动时外，应享受本编所给予的保护。(4)禁止不分皂白的攻击。不分皂白的攻击是：①不以特定军事目标为对象的攻击；②使用不能以特定军事目标为对象的作战方法或手段；③使用其效果不能按照本议定书的要求加以限制的作战方法或手段。因此，在上述每个情形下，都是属于无区别地打击军事目标和平民或民用物体的性质的。(5)除其他外，下列各类攻击也应视为不分皂白的攻击：①使用任何将平民或民用物体集中的城镇、乡村或其他地区内许多分散而独立的军事目标视为单一的军事目标的方法或手段进行轰击的攻击；②可能附带使平民生命受损失、平民受伤害、平民物体受损害，或三种情形均有而且与预期的具体和直接军事利益相比损害过分的攻击。(6)作为报复，对平民居民的攻击是禁止的。(7)平民居民或平民个人的存在或移动不应用于使某些地点或地区免于军事行动，特别是不应用以企图掩护军事目标不受攻击，或掩护、便利或阻碍军事行动。冲突各方不应指使平民居民或平民个人移动，以便企图掩护军事目标不受攻击，或掩护军事行动。(8)对这些禁例的任何违犯，不应解除冲突各方关于平民居民和平民的法律义务，包括第57条所规定的采取预防措施的义务。

在对平民居民与民用物体的保护作了实体性规定后,《第一附加议定书》又于第57条对攻击时应采取的预防措施进行规定,从而在程序上确保第51条与第52条得到履行。[①] 依据该条第1款的规定,作为一般原则,“在进行军事行动时,应经常注意不损害平民居民、平民和民用物体”。该条第2款第1项要求在攻击前尽可能查明将予攻击的目标既非平民也非民用物体,而且不受特殊保护,而是第52条的意义内的军事目标,并查明对该目标的攻击不是本议定书的规定所禁止的。第2款第2项接着规定,如果发现目标不是军事目标,该攻击应予取消或停止。该条第3款则在一定程度上体现了传统意义上的军事必要理论,即为了取得同样的军事利益有可能在几个军事目标之间进行选择时,选定的目标应是预计对平民生命和民用物体造成危险最小的目标。[②] 为了避免产生适用上的疑义,该条第5款规定,本条的任何规定均不得解释为准许对平民居民、平民或民用物体进行任何攻击。

三、文化财产

在《第一附加议定书》的框架内,作为民用物体,文化财产除受第52条保护以外,还受到第53条的特殊保护。细言之,第53条标题为“对文物和礼拜场所的保护”,它适用于“类别有限的物体,这些物因其公认的重要性构成人类文化

---

① 第57条“攻击时预防措施”:(1)在进行军事行动时,应经常注意不损害平民居民、平民和民用物体。(2)对于攻击,应采取下列预防措施:①计划或决定攻击的人应:尽可能查明将予攻击的目标既非平民也非民用物体,而且不受特殊保护,而是第52条的意义内的军事目标,并查明对该目标的攻击不是本议定书的规定所禁止的;在选择攻击手段和方法时,采取一切可能的预防措施,以期避免,并无论如何,减少平民生命附带受损失、平民受伤害和民用物体受损害;不决定发动任何可能附带使平民生命受损失、平民受伤害、民用物体受损害或三种情形均有而且与预期的具体和直接军事利益相比损害过分的攻击。②如果发现目标不是军事目标或是受特殊保护的,或者发现攻击可能附带造成与预期的具体和直接军事利益相比为过分的平民生命受损失、平民受伤害、民用物体受损害,或三种情形均有,该攻击应予取消或停止。③除为情况所不许可外,应就可能影响平民居民的攻击发出有效的事先警告。(3)为了取得同样的军事利益有可能在几个军事目标之间进行选择时,选定的目标应是预计对平民生命和民用物体造成危险最小的目标。(4)在进行海上或空中军事行动时,冲突每一方应按照其依据适用于武装冲突的国际法规则所享受和承担的权利和义务,采取一切合理的预防措施,以避免平民生命受损失和民用物体受损害。(5)本条的任何规定均不得解释为准许对平民居民、平民或民用物体进行任何攻击。

② See O'Keefe, R., *The Protection of Cultural Property in Armed Conflict*, Cambridge University Press, 2006, p. 207.

遗产的一部分"①。该条规定如下：

> 在不妨害1954年5月14日关于发生武装冲突情况时保护文化财产的海牙公约和其他有关国际文件的规定的条件下，禁止下列行为：一、从事以构成各国人民文化或精神遗产的历史纪念物、艺术品或礼拜场所为对象的敌对行为；二、利用这类物体以支持军事努力；三、使这类物体成为报复的对象。

在草拟《第一附加议定书》时，红十字国际委员会最初认为，没有必要在本议定书中专门设立适用于文化财产的条款，因为该事项已得到《1954年海牙公约》的系统解决。但是，在外交会议上，有不少国家的代表团坚持认为，有必要在议定书中简明重申"对文化财产的尊重与保障"。② 为顺利推进外交会议，议定书最终文本采纳了这些国家的观点。因此，就立法动机而言，《第一附加议定书》第53条仅为重申在武装冲突中尊重文化财产的基本义务，而无意对包括《1954年海牙公约》在内的相关既存国际法规则进行修正或完善。③ 对此，该条亦开宗明义地指出，其适用系"在不妨害1954年5月14日关于发生武装冲突时保护文化财产的海牙公约和其他有关国际文件的规定的条件下"。尽管如此，关于如何准确理解《第一附加议定书》第53条依然存在一些争议。

该条第1款的保护对象为"构成各国人民文化或精神遗产的历史纪念物、艺术品或礼拜场所"，如果将之与《1954年海牙公约》第1条相比，可以发现两者在措辞上的主要变化：前者增加了"礼拜场所"这一类物。对于这两条在措辞上的区别是否表明它们旨在保护的对象有所不同，曾引发争议。不过，无论是从缔约文件，还是红十字国际委员会的权威解释，抑或公约的实践来看，均不支持两者保护的对象存在实质性区别的观点。

---

① CDDH/SR. 41, Annex, Official Records of the Diplomatic Conference on the Reaffirmation and Development of International Humanitarian Law Applicable in Armed Conflicts, Geneva, Vol. Ⅵ, 1974 - 1977, p. 195.

② See Sandoz, Y., Swinarski, C. & Zimmermann, B. eds., *Commentary on the Additional Protocols of 8 June 1977 to the Geneva Conventions of 12 August 1949*, Martinus Nijhoff, 1987, para. 2046.

③ See O'Keefe, R., *The Protection of Cultural Property in Armed Conflict*, Cambridge University Press, 2006, p. 208.

前已提及,《第一附加议定书》无意修改或完善包括《1954 年海牙公约》在内的相关既存国际法规则,对此,缔约大会的正式决议有明文确认:大会欢迎本议定书通过保护文物与礼拜场所的第 53 条;确认《1954 年海牙公约》是保护全人类文化遗产免受武装冲突影响的、极其重要的国际法律文件,本议定书的上述条款绝不妨碍该公约的适用;敦促尚未加入《1954 年海牙公约》的国家尽早加入。[①] 由此可见,"避免在文化财产保护领域制造两个不同的法律制度,进而产生混乱与冲突"是本议定书的既定政策之一。[②]

在《第一附加议定书》的述评中,红十字国际委员会对第 53 条解释如下:尽管该条在措辞上增加了"精神"遗产以及"礼拜场所"的表述,但这并不表示其含义与《1954 年海牙公约》有实质性区别,遑论增加了一种新的文物种类。[③] 这一立场亦得到前南斯拉夫问题国际刑事法庭的支持。在"考迪奇"(Kordic)案的判决中,前南斯拉夫问题国际刑事法庭上诉分庭在对 1977 年《第一附加议定书》第 53 条与《1954 年海牙公约》第 1 条进行比较后,作出"尽管它们在措辞上存在不同,但其基本含义别无二致"的结论。[④]

由此可见,本议定书第 53 条所称的"历史纪念物""艺术品""礼拜场所"可视为《1954 年海牙公约》第 1 条所列举之各类"可移动或不可移动的财产"的简要表达;前者所含"构成各国人民文化或精神遗产"的表述,则表明各国有权依据自己的标准确定哪些文化财产受议定书保护,这一点与《1954 年海牙公约》第 1 条"对每一民族文化遗产具有重大意义"的表述具有完全相同的法律效果。[⑤]

至于本议定书第 53 条在行文上未体现军事必要例外,究竟是有意为之,还

---

① See CDDH/SR. 41, Annex, Official Records of the Diplomatic Conference on the Reaffirmation and Development of International Humanitarian Law Applicable in Armed Conflicts, Geneva, Vol. Ⅰ, 1974 – 1977, p. 213.

② See O'Keefe, R., *The Protection of Cultural Property in Armed Conflict*, Cambridge University Press, 2006, p. 209.

③ See Sandoz, Y., Swinarski, C. & Zimmermann, B. eds., *Commentary on the Additional Protocols of 8 June 1977 to the Geneva Conventions of 12 August 1949*, Martinus Nijhoff, 1987, para. 2064.

④ See Prosecutor v. Kordic and Cerkez, IT – 95 – 14/2 – A, Appeals Chamber Judgment, 17 December 2004, para. 91.

⑤ See O'Keefe, R., *The Protection of Cultural Property in Armed Conflict*, Cambridge University Press, 2006, p. 210.

是无心之举,从现有的缔约文件中,难以找到明确答案。有学者认为,这是有意为之,并就此认为这构成本议定书对《1954 年海牙公约》的重大进步。[①] 但依笔者之见,这一观点并不客观。从该条的现有框架来看,凡属该条调整范围内的文化财产,一旦被利用以支持军事努力(违反了该条第 2 款的规定),该物体就不再受该条第 1 款的保护。在这种情况下,该物体的地位应援引第 52 条第 2 款的规定。换言之,如果该物体由于其性质、位置、目的或用途对军事行动有实际贡献,而且在当时情况下全部或部分毁坏之、缴获之或使其失去效用会提供明确的军事利益,对其进行攻击即具合法性。[②]

由此可见,本议定书第 53 条在行文上虽未体现军事必要例外,亦未有"双务性"(synallagmatic)要求,但属于其调整范围内的文化财产享有的保护并不是无条件的。如果该物对军事行动有实际贡献,那么其便不享有本条第 1 款的保护,而只能援用第 52 条第 2 款确定其应受到的待遇。更为重要的是,第 53 条开宗明义地指出,其适用系"在不妨害 1954 年 5 月 14 日关于发生武装冲突时保护文化财产的海牙公约和其他有关国际文件的规定的条件下",因此,对于同为本议定书与《1954 年海牙公约》缔约国的国家而言,它们在国际性武装冲突中依然可以援用后者所规定的军事必要例外条款。

四、刑事制裁

《第一附加议定书》第五部分对违反《日内瓦公约》及本议定书的行为规定了具体的刑事制裁条款。在这一部分中,第一编"总则"中的第 85 条尤为关键。依据该条第 1 款的规定,日内瓦各公约"关于取缔破约行为和严重破约行为的规定,经本编加以补充,应适用于破坏和严重破坏本议定书的行为的取缔",因此,各国有必要制定必要的立法对于违反或严重破坏《日内瓦公约》及本议定书的人处以有效的刑事制裁,有义务搜捕被控为曾犯或曾令人犯此种严重破坏《日内瓦公约》与本议定书行为之人,并应将此种人,不分国籍,送交各该国法

---

① See Rogers, A. P. V., *Law on the Battlefield*, 2nd, Manchester University Press, 2004, p. 154.

② See Sandoz, Y., Swinarski, C. & Zimmermann, B. eds., *Commentary on the Additional Protocols of 8 June 1977 to the Geneva Conventions of 12 August 1949*, Martinus Nijhoff, 1987, para. 2079.

庭。[①] 依据后一项义务，各缔约国有义务授权其刑事法院对严重破坏《日内瓦公约》与本议定书的人行使普遍管辖权，并对其提起刑事诉讼。[②] 此外，作为在其本国境内对严重破坏公约与议定书者提起刑事诉讼的替代方法，"该国亦得于自愿时，并依其立法之规定，将此种人送交另一有关之缔约国审判，但以该缔约国能指出案情显然者为限"。各国还有义务采取必要措施，制止对公约及议定书的"非严重破坏行为以外的一切违反行为"。[③]

第85条第2款至第4款对严重破坏本议定书的行为作了详细规定。其中，依据第4款的规定，某些特定的行为，即便它们未造成严重的人员伤亡与财产损失，但只要它们"于故意并违反各公约和本议定书作出时，也应视为严重破坏本议定书的行为"。对于文化财产的保护而言，该款第4目尤其重要，依其规定，以下行为构成严重破坏本议定书的行为：对于被明确确认的、构成各国人民文化或精神遗产的，且依特别安排（如在主管国际组织的框架下）受到特别保护的、历史纪念物、艺术品或礼拜场所，如果没有证据证明敌方违反第53条第1款的规定，且在上述历史纪念物、艺术品和礼拜场所不紧靠军事目标的情形下，将之作为攻击目标并对之造成广泛毁坏，那么该行为构成严重破坏本议定书的行为。[④]

需要指出的是，上目措辞冗长、限定条件繁多，对其进行准确理解，并非易事。首先，"依特别安排（如在主管国际组织的框架下）受到特别保护"这一表述模糊，含义不甚清晰。从日内瓦外交会议的决议以及本议定书第53条的措辞来看，《1954年海牙公约》构成上目所称的"特别安排"应无疑义。不过，究竟是将《1954年海牙公约》理解为在武装冲突期间保护文化财产的"特别法"（*lex specialis*），而把本议定书理解为"一般法"（*lex generalis*），进而将受该公约调整范围内的所有文化财产解释为"依特别安排……受到特别保护"的文化财产，还是仅将该公约所建立的"特别保护制度"调整范围内的那些少数具有重大意义

---

① 参见《日内瓦第一公约》第129条、《日内瓦第二公约》第50条、《日内瓦第三公约》第129条与《日内瓦第四公约》第146条。

② See O'Keefe, R., *The Protection of Cultural Property in Armed Conflict*, Cambridge University Press, 2006, p. 225.

③ 参见《日内瓦第一公约》第49条、《日内瓦第二公约》第50条、《日内瓦第三公约》第129条与《日内瓦第四公约》第146条。

④ 需要指出，现有该目的中文译文语言不通，为准确体现该目原意，本书在此将译文做了修正。

的文化财产解释为“依特别安排……受到特别保护”的文化财产，就没有那么确定无疑了。笔者认为，由于《第一附加议定书》第 85 条第 2 款至第 4 款第 4 目明确提及“艺术品”，而该类文化财产并不属于公约特殊保护的范围，依此推理，应将受该公约调整范围内的所有文化财产解释为“依特别安排……受到特别保护”的文化财产。此外，依据《世界遗产公约》被列入世界遗产目录的历史纪念物也属于“依特别安排……受到特别保护”的文化财产。

其次，如何理解上目中“被明确确认的”（clearly recognized）这一表述亦存在疑义。有观点认为，这一表述并无特别含义，仅指攻击对象须为历史纪念物、艺术品或礼拜场所。另有观点则认为，这一表述是对此处所称之历史纪念物、艺术品或礼拜场所施加了另一项条件，即它们须明确构成各国人民文化或精神遗产，且依特别安排（如在主管国际组织的框架下）受到特别保护。[①] 从现有的缔约文件中，我们无法得到此问题的明确答案。不过，幸运的是，在实践中这一疑义并不会造成实际困扰，因为《1954 年海牙公约》规定使用“蓝盾”作为识别标志，所以只要标有此记的文化财产均可以作为“依特别安排……受到特别保护”的证据。此外，依据其他公约受到保护的文化财产，只要相关信息得以充分公布，就可以作为“依特别安排……受到特别保护”的证据。

再次，上目要求构成严重破坏议定书的行为须对所提及之对象“造成广泛毁坏”，这一表述源自《日内瓦第一公约》第 130 条、《日内瓦第二公约》第 51 条以及《日内瓦第四公约》第 147 条，前者与后 3 条的主要区别在于它仅限于对财产的广泛毁坏，而后者既包括财产毁坏，还包括人身伤害。不过，“广泛”并没有准确的法律含义，只能在个案中加以具体判断。

最后，需要提及第 85 条第 3 款第 6 目，其规定违反第 37 条的规定背信弃义地使用红十字、红新月或红狮与太阳的特殊标志或各公约或本议定书所承认的其他保护记号，也被视为严重破坏本议定书的行为。依据红十字国际委员会的解释，背信弃义地使用《1954 年海牙公约》规定的“蓝盾”标志构成对本议定书的严重破坏行为，因该标志属于“本议定书所承认的其他保护记号”。[②]

---

① See O'Keefe, R., *The Protection of Cultural Property in Armed Conflict*, Cambridge University Press, 2006, p. 227.

② See Sandoz, Y., Swinarski, C. & Zimmermann, B. eds., *Commentary on the Additional Protocols of 8 June 1977 to the Geneva Conventions of 12 August 1949*, Martinus Nijhoff, 1987, para. 3498.

第二节　《第二附加议定书》

一、适用范围

《第二附加议定书》的全称是《1949 年 8 月 12 日日内瓦四公约关于保护非国际性武装冲突受难者的附加议定书》,依据其第 1 条第 1 款的规定,该议定书旨在发展和补充《日内瓦公约》共同第 3 条,但不改变其现有的适用条件。细言之,《日内瓦公约》共同第 3 条适用于"缔约国之领土内发生非国际性的武装冲突之场合",而依据该议定书,它适用于"在缔约一方领土内发生的该方武装部队和在负责统率下对该方一部分领土行使控制权,从而使其能进行持久而协调的军事行动并执行本议定书的持不同政见的武装部队或其他有组织的武装集团之间的一切武装冲突"。

由此可见,本议定书的适用范围比《日内瓦公约》共同第 3 条更为狭窄,因为它仅适用于缔约国政府军与持不同政见的武装部队或其他有组织的武装集团之间的武装冲突,且其适用还须非政府一方在统帅能力、控制领土、军事行动的性质及执行本议定书的能力方面满足一定的条件。相比之下,《日内瓦公约》共同第 3 条则适用于缔约国领土内的一切非国际性武装冲突,无论冲突发生在政府军与非政府武装组织之间,还是不同的非政府武装组织之间,都不对非政府的武装组织有任何具体的要求。进言之,由于《1954 年海牙公约》第 19 条系以《日内瓦公约》共同第 3 条为摹本,因而本附加议定书的适用范围亦比该公约狭窄。

依据《第二附加议定书》第 1 条第 2 款的规定,本议定书"不应适用于非武装冲突的内部动乱和紧张局势,如暴动、孤立而不时发生的暴力行为和其他类似性质的行为"。该款所述的这些行为在范围与强度上未达到武装冲突的门槛,因而不受本议定书的调整;同理,这些行为亦不在日内瓦四公约与《1954 年海牙公约》的调整范围内。

二、文化财产与平民居民

在制定《第二附加议定书》的外交会议上,希腊政府代表提出,"世界上许多文化珍宝处于国内武装冲突的威胁之中,吴哥窟便是其中一例",故有必要在该议定书中对文化财产进行保护。[①] 这一提议得到许多国家的响应，并最终由第 16 条体现。该条规定如下：

> 在不妨碍 1954 年 5 月 14 日关于发生武装冲突时保护文化财产的海牙公约的规定的条件下，对构成各国人民文化或精神遗产的历史纪念物、艺术品或礼拜场所从事任何敌对行为，以及利用这些物体以支持军事努力，都是禁止的。

将《第二附加议定书》第 16 条与《第一附加议定书》第 53 条相比，可以发现两者之间既存在相同之处，也存在较为明显的区别。就相同之处来看，最明显的地方在于两条规定在行文上均未体现军事必要例外。对于《第二附加议定书》第 16 条未体现这一例外的具体法律效果，原则上可以依据前文对《第一附加议定书》第 53 条的相关论述加以理解。

两条规定的不同主要体现为：《第二附加议定书》第 16 条规定其适用以不妨碍《1954 年海牙公约》为前提，[②]而《第一附加议定书》第 53 条规定其适用以不妨碍《1954 年海牙公约》和其他有关国际文件的规定为前提。两者在该处措辞上的差别是否意味着《第一附加议定书》第 16 条的适用仅以不妨碍《1954 年海牙公约》为条件，而不考虑其他有关国际文件的规定？对此，主流观点认为，尽管从文本上似乎可以得出这一结论，但从立法背景与目的来看，该结论未免偏颇。在 20 世纪 70 年代制定这两份附加议定书时，保护文化财产免受国际性武装冲突影响的国际法律文件不仅有《1954 年海牙公约》，还包括《罗里奇公约》等，而用于保护文化财产免受非国际性武装冲突影响的国际法律文件，在当时则仅有《1954 年海牙公约》。职是之故，《第二附加议定书》第 16 条与《第一附加议定书》第 53 条在措辞上的差别仅为特定历史背景下对当时国际立法现状的反应，并不代表两者在实际含义上存在实质性差别。基于此，有学者认为，

---

① See CDDH/SR. 41, Annex, Official Records of the Diplomatic Conference on the Reaffirmation and Development of International Humanitarian Law Applicable in Armed Conflicts, Geneva, Vol. Ⅶ, 1974 – 1977, p. 115.

② 另外，本议定书第 16 条未提及禁止将其调整范围内的文化财产作为报复的对象。鉴于在国内武装冲突中各方通常不会将文化财产作为报复的对象，这一变化遂无须专门提及。

该附加议定书第16条的适用也不妨碍1999年《海牙公约第二议定书》的规定。[①]

与《第一附加议定书》不同,《第二附加议定书》并没有专设条款保护民用物体,没有禁止民用物体成为攻击或报复的对象,没有包含将攻击对象限于军事目标的规定,遑论对军事目标作定义,这构成本议定书的立法缺漏。

不过,《第二附加议定书》第13条规定的对平民居民的保护,在一定程度上与《第一附加议定书》第51条相呼应。依据第13条第1款的规定,平民居民和平民个人享受免于军事行动所产生的危险的一般保护。为此,该条第2款规定,平民居民本身以及平民个人,不应成为攻击的对象;禁止以在平民居民中散布恐怖为主要目的的暴力行为或暴力威胁。与《第一附加议定书》第51条类似,尽管该条并未直接适用于武装冲突,但是,禁止攻击平民居民无疑对保护文化财产免受冲突影响发挥积极作用。

第三节 总结与评价

虽然并不是专门用于保护文化财产的国际法律文件,1949年《日内瓦公约》的两个附加议定书的制定与通过对于本领域的国际法规则的完善仍然有积极意义。

第一,如前所述,与《1954年海牙公约》相比,这两份议定书(尤其是《第一附加议定书》)的诸多规定对于保护文化财产免受战争破坏明显更为有效。譬如,《第一附加议定书》言明,其规则适用于陆战、空战与海战,并明确禁止攻击平民居民与民用物体,将攻击严格限定于军事目标。此外,在吸取第二次世界大战惨痛教训的基础上,该议定书对军事目标进行了限制性定义,[②]大大缩小了军事目标的范围。更为重要的是,该议定书禁止可能附带使平民物体(自然包括文化财产)受损害或与预期的具体和直接军事利益相比损害过分的攻击,更加强调武装冲突中预防措施的效用。[③]

---

① See O'Keefe, R., *The Protection of Cultural Property in Armed Conflict*, Cambridge University Press, 2006, p. 227.

② 参见《1949年8月12日日内瓦四公约关于保护国际性武装冲突受难者的附加议定书》第52条第2款。

③ 参见《1949年8月12日日内瓦四公约关于保护国际性武装冲突受难者的附加议定书》第51条第2款第2项。

第二,《第一附加议定书》不仅包含大量实体性规则,还以较为完善的刑事制裁条款作为支撑,从而克服了《1954 年海牙公约》制裁措施乏力的缺陷,大大增强了其执行力。20 世纪 90 年代以来的国际司法实践表明,《第一附加议定书》对于增强保护文化财产免受武装冲突影响的国际法的实际效力起到了重要作用。关于此点,本编将在最后一章"国际司法实践的晚近发展"中予以详述。

第三,《第二附加议定书》直接规定其适用于非国际性武装冲突,这表明国际社会将国际人道法适用于非国际性武装冲突的决心。[①] 不过,由于这两份附加议定书均规定其适用并不妨碍《1954 年海牙公约》的各项规定,因此对于同为该两份议定书与《1954 年海牙公约》缔约国的国家而言,前者包含的对保护文化财产更为有利的规定在实践中往往会被后者架空。在此背景下,对《1954 年海牙公约》进行改革与完善逐渐被国际社会纳入议事日程。

① 参见郭玉军主编:《国际法与比较法视野下的文化遗产保护问题研究》,武汉大学出版社 2011 年版,第 220 页。

第四章 《1954 年海牙公约第二议定书》

进入 20 世纪 80 年代以后,《1954 年海牙公约》渐入被“善意遗忘”的窘境。① 一方面,各国批准公约的速度日渐放缓;另一方面,公约缔约国的履约热情明显降低。② 造成这一局面的原因并不难解释:公约存在诸多内生性缺陷,面对社会实践的迅速发展,其弊端愈加明显,已无法实现保护文化财产免受武装冲突影响的宗旨。而 20 世纪 80 年代与 90 年代几场大规模武装冲突的爆发,更令该公约的缺陷暴露无遗:1980 年,两伊战争爆发,两国境内(尤其是伊朗境内)的诸多文化遗产惨遭破坏;1990 年,伊拉克入侵科威特后,伊军公然洗劫科威特多家博物馆中的珍贵文物;1991 年,前南斯拉夫解体,引发了旷日持久的武装冲突,该地区众多的历史文化古迹与博物馆在战乱中受到严重破坏与大肆劫掠。③ 在此背景下,国际社会深切地认识到,改革、完善《1954 年海牙公约》已迫在眉睫,绝不容继续拖延,否则,人类必将自食苦果。

1992 年,联合国教科文组织向执行局提交报告,明

① See UNESCO Doc. 142EX/15, Annex, para. 6.6.

② 譬如,依据公约规定提交履约报告的国家越来越少。

③ See O'Keefe, R., *The Protection of Cultural Property in Armed Conflict*, Cambridge University Press, 2006, p. 238.

确指出“公约已经不再满足当前的现实需要”①。收到该报告后，执行局旋即作出决议，立即启动对公约进行修正或制定一份新的议定书的研究工作。② 不过，受联合国教科文组织委托进行此项研究的帕特里克·柏艾兰（Patrick Boylan）教授于次年初提交的研究报告作出的结论却令人颇感意外：公约及其议定书依然“有效而现实”，“契合当前现实情况”，“问题出自公约及其议定书未得到有效执行，而非其文本的内在缺陷”③。

尽管这份研究报告一度使联合国教科文组织搁置了公约的改革进程，但是 1993 年波黑战争中发生的一系列严重破坏重要历史文化遗迹的行径让国际社会警醒：《1954 年海牙公约》的问题绝不仅是执行上的问题，有必要对这份研究报告的客观性与科学性进行检讨。是年 7 月，国际文化财产法学界在荷兰海牙召开专家会议，对柏艾兰教授的报告进行详细论证，并在会议结束时发布结论，其措辞颇值得玩味：“公约及其议定书的‘调整对象’与‘目的’依然有效而现实，但其规定存在明显缺陷。”④为进一步推动公约的改革与完善，专家们于 1994 年年初在荷兰劳兹沃特（Lauswolt）再次召开会议，并在此次会议上提出了具体的立法建议，史称《劳兹沃特文本》。⑤ 该年年底，第三次专家会议在法国巴黎召开，对《劳兹沃特文本》进行了修正与完善，从而使之臻于完善。⑥

1995 年 11 月，联合国教科文组织第二十八届大会在巴黎召开。借此机会，联合国教科文组织召集召开了为期一天的《1954 年海牙公约》缔约国会议，这也是公约实施以来召开的第二次缔约国会议。在公约当时的 89 个缔约国中，有 69 个国家派代表参加了此次会议。会上，大多数国家同意制定一份新的附加议定书，对公约进行补充。此次会议还对后续立法活动作出了决议：邀请所有缔约国就如何完善公约提出书面观点或建议；继续召开专家会议，并邀请总干事在联合国教科文组织第二十九届大会期间再主持召开一次公约成员会议，

---

① UNESCO Doc. 140EX/13, para. 11.

② See 141 EX/Decision 5.5.5. para. 6.

③ Boylan, P. J., *Review of the Convention for the Protection of Cultural Property in the Event of Armed Conflict*, UNESCO Doc. CLT-93/WS/12, para. A. 2.

④ 142 EX/Decision 5.5.2, para. 5(a), UNESCO Doc. CLT-95/Conf. 009/5, Annex Ⅰ.

⑤ See O'Keefe, R., *The Protection of Cultural Property in Armed Conflict*, Cambridge University Press, 2006, p. 239.

⑥ See UNESCO Doc. CLT/CH/94/608/2.

对完善公约文本、加强履约等事项进行讨论。[①] 依据此次会议决议，在联合国教科文组织的主持下，公约缔约国会议与专家会议分别于 1997 年 11 月与 1998 年 5 月在巴黎与维也纳召开。经过数轮会议商讨，各国逐渐对通过制定附加议定书的形式对公约进行完善以及议定书的具体条款达成共识。[②]

在此背景下，“关于武装冲突时保护文化财产公约第二议定书的外交会议”于 1999 年 3 月 15 日在海牙召开。在公约当时的 95 个缔约国中，有 74 个国家派代表参加了会议，巴勒斯坦解放组织以及 19 位观察员列席了会议。此外，包括红十字国际委员会在内的相关国际组织也派代表列席了会议。3 月 26 日，在 1899 年第一次海牙会议召开行将迎来百年纪念日之际，《1954 年海牙公约第二议定书》获得通过，[③]并自 2004 年 3 月 9 日起生效。截至 2023 年年底，该议定书共有 88 个缔约国，中国尚未加入之。[④]

《1954 年海牙公约第二议定书》在序言中开明宗义地指出，它旨在补充《1954 年海牙公约》，尤其是通过“采取措施加强其实施”，而并非取代之。概言之，在保留公约大部分规则的基础上，议定书扩大了适用范围，使之无区别地适用于国际性与非国际性武装冲突，用“重点保护”制度取代形同虚设的“特别保护”制度，并对武装冲突中破坏文化财产的刑事责任进行了详细规定。此外，议定书设立了专门保护文化财产免受武装冲突影响的机构与基金会，强化了缔约国会议的职能，从而系统性地解决了公约的绝大部分缺陷。《1954 年海牙公约第二议定书》的通过与生效标志着保护文化财产免受武装冲突影响的国际立法得到实质性改善。

---

① See Resolution Adopted by the Second Meeting of the High Contracting Parties, UNESCO Doc. CLT-95/Conf. 009/5, Annex Ⅰ, para 2, 7, 9.

② See UNESCO Doc. 155EX/51, Annex.

③ See The Hague, 26 March 1999, UNReg. No. 3511.

④ 详见红十字国际委员会官网，https://ihl-databases. icrc. org/applic/ihl/ihl. nsf/States. xsp?xp_viewStates = XPages_NORMStatesParties&xp_treatySelected = 590，最后访问日期：2024 年 1 月 1 日。

第一节 《1954年海牙公约第二议定书》与《1954年海牙公约》的关系及其适用范围

一、与《1954年海牙公约》的关系

在制定《1954年海牙公约第二议定书》的外交会议上,如何处理议定书与《1954年海牙公约》之间的关系是一个棘手议题。尽管在此之前召开的专家会议与公约缔约国会议上,大部分国家同意以制定一份新的议定书的形式对公约进行完善,但缔约会议一经开始,这个问题就再度引发各国的激烈争论,以至于会议不得不临时调整议程,重启关于如何改革《1954年海牙公约》的辩论。

对此问题,各国提出以下三种观点:第一,制定一项新的国际条约取而代之;第二,依据《1954年海牙公约》第39条规定的程序制定公约的修正案;第三,制定一份附加议定书。在辩论中,第一种观点最先被淘汰,这是因为一些国家正在走批准《1954年海牙公约》的国内法律程序,而采取这一模式无疑会对它们造成困扰。① 不仅如此,这一模式与召开外交会议之前大多数国家形成的一致立场相左。许多国家的代表表示,制定新公约超出其授权,并将无限制拖延公约的改革进程。此外,即便新公约最终得以制定,也会在该领域导致新旧两套法律规则并存的问题。

第二种观点与第三种观点则形成交锋状态,并各有其合理性。支持第二种观点的国家认为,依据《1954年海牙公约》第39条第5款的规定,公约的修正案只有在出席会议的缔约各方全体通过并经缔约各方接受后方能生效,因此,这是唯一符合公约规定的模式,而且由于修正案须得到每一方接受后才能生效,该模式不会产生割裂公约体系完整性与协调性的问题。持第三种观点的国家则以《维也纳条约法公约》第41条作为该模式的法律依据,并指出,由于附加议定书的制定无须得到每一个缔约国接受,因而最具现实可行性。② 最终,第三种观点在大多数国家的支持下获得通过,尽管以色列等少数国家直到最后依然对

① 公约第39条第7款规定:对本公约或其实施条例的修正案生效后,只有经修正后的公约或其实施条例的文本应予开放,任凭批准或加入。

② See O'Keefe, R., *The Protection of Cultural Property in Armed Conflict*, Cambridge University Press, 2006, p. 242.

此持保留意见。[①]

《1954 年海牙公约第二议定书》第 2 条对其与《1954 年海牙公约》的关系作了界定:本议定书是在其缔约国的相互关系上对公约的补充。[②] 此处“补充”(supplements)的措辞表明,议定书不对公约缔约国承担的公约权利与义务构成任何影响。换言之,对于同为公约与及其第二议定书缔约国的国家而言,在两者规定相符合的范围内,它们同时受这两份法律文件约束;[③]对于仅为公约缔约国的国家,它们之间的关系仅受公约约束;如一方为公约缔约国,另一方为本议定书缔约国,它们之间的关系亦仅受公约约束。[④]

需要注意的是,作为第 2 条的例外,《1954 年海牙公约第二议定书》第 4 条第 2 款对其第三章与《1954 年海牙公约》第二章之间的关系作了特殊规定:《1954 年海牙公约第二议定书》第三章的执行不影响《1954 年海牙公约》第二章的规定,除非在本议定书的缔约国之间,如相关文化财产同时受特别保护与重点保护,则只执行关于重点保护的规定。[⑤] 换言之,一般情况下,《1954 年海牙公约第二议定书》仅对《1954 年海牙公约》进行补充,并无替代作用,但议定书第三章规定的重点保护制度旨在替代公约第二章的特别保护制度,如果相关文化财产同时受这两种制度保护,那么前者就取代了后者。

二、适用范围

《1954 年海牙公约第二议定书》第 3 条第 1 款规定,除和平时期应适用的条款外,它适用于《1954 年海牙公约》第 18 条第 1 款与第 2 款的情况,即“缔约国两方或两方以上之间可能发生经宣告的战争或任何其他武装冲突,即使一方或一方以上不承认有战争状态”,以及“对缔约一方领土的一部或全部占领,即使对于上述占领不发生武装抵抗”。该款还规定,《1954 年海牙公约第二议定书》适用于《1954 年海牙公约》第 22 条第 1 款的情况,即“适用于非国际性、发生在某一缔约国领土上的武装冲突”。此外,以 1977 年《第二附加议定书》第 1 条第

① See Summary Report, Annex 3.

② 此处,缔约国(Party)系指《1954 年海牙公约第二议定书》的缔约国,同时,依据议定书第 41 条与第 42 条规定,只有公约缔约国才能加入本议定书。

③ 参见《维也纳条约法公约》第 30 条第 4 款第 1 项。

④ 参见《维也纳条约法公约》第 30 条第 4 款第 2 项。

⑤ 此外,依据本款规定,如一方为本议定书缔约国,另一方为依据议定书第 3 款第 2 项接受并执行议定书的国家,也适用本款规定。

2 款为基础,《1954 年海牙公约第二议定书》第 22 条第 2 款规定:本议定书不适用于内部局势紧张和动乱,诸如骚乱、孤立零星的暴力行为或类似现象。因此,本议定书既适用于国际性武装冲突,也适用于非国际性武装冲突。

在外交会议上,上述规定受到许多国家的欢迎,因为"自《1954 年海牙公约》实施以来,实践证明文化财产大都毁于国内武装冲突,而不是国际性武装冲突"①。尽管如此,少数国家认为,上述规定会令其主权会受到侵蚀,并担心这会为外国干涉其内政提供借口,故而强烈反对。为化解这些国家的担忧,以 1977 年《第二附加议定书》第 3 条的两款规定为蓝本,《1954 年海牙公约第二议定书》在第 22 条第 3 款与第 5 款中规定:"不得援引本议定书任何条款损害一国主权或妨碍其政府利用合法手段行使维护、恢复国家公共秩序或捍卫国家统一及领土完整的责任";"当一缔约国领土上发生武装冲突时,不得以任何理由以本议定书的任何条款为借口,直接或间接干预该冲突或该国内外事务"。不过,如果《1954 年海牙公约第二议定书》的缔约国在发生非国际性武装冲突期间违反了议定书的规定,以上两款规定并不妨碍议定书其他缔约国对其予以谴责。

与此同时,中国、印度等国家提出,《1954 年海牙公约第二议定书》第四章对在非国际性武装冲突中严重违反议定书的行为规定了详细的刑事责任条款,这些规定可能与其国内刑法相冲突,进而影响议定书的批准进程。② 鉴于此,《1954 年海牙公约第二议定书》第 22 条第 4 款规定:如一缔约国领土上发生了违背本议定书第 15 条的不具国际性质的武装冲突,本议定书的任何条款均无损于该缔约国的法律优先权。最后,以《1954 年海牙公约》第 19 条第 4 款为模板,《1954 年海牙公约第二议定书》第 22 条第 6 款规定,当本议定书适用于第 1 段提及的情况时, 并不影响冲突各方的法律地位。

此外,为了适当地扩大适用范围,以《1954 年海牙公约》第 18 条第 3 款第一句为模板,《1954 年海牙公约第二议定书》第 3 条第 2 款第一句言明:"当武装冲突各方中有一方不受本议定书的约束时,议定书的各缔约国在其相互关系上依然受本议定书之约束"。不过,本款第二句与《1954 年海牙公约》第 18 条第 3 款第二句出现了较为明显的措辞区别。前者规定:"在与一个不受本议定书约束的冲突国发生关系时,只要它接受并执行本议定书之规定,本议定书的缔约

---

① UNESCO Doc. CLT – 96/Conf. 603/5, para 20.

② See O'Keefe, R., *The Protection of Cultural Property in Armed Conflict*, Cambridge University Press, 2006, p. 247.

国也应受本议定书的约束”;与此不同,后者规定:“如一非缔约国冲突方声明接受公约的规定,只要其适用这些规定,各缔约国在对该国关系上亦受公约约束”。

由此可见,公约在此情形下适用的条件是该非缔约国作出接受公约并适用公约的声明,而《1954年海牙公约第二议定书》则仅要求该非缔约国接受并执行之即可。换言之,即便它没有明示地作出如此声明,从其行为可以默示地推断出此意愿,即为足矣。这一措辞上的变化显然更有利于扩大《1954年海牙公约第二议定书》的适用范围,是一种进步。

第二节　主要条款解析

一、文化财产的一般性保护规定

《1954年海牙公约第二议定书》第二章“文化财产的一般性规定”旨在对《1954年海牙公约》第一章“保护总则”进行补充。其中,第5条“文化财产的保护”与第6条“尊重文化财产”分别是对公约第3条与第4条的解释;第7条“攻击时之预防措施”、第8条“攻击后果之预防措施”、第9条“保护被占领土上的文化财产”则是对公约规定的延伸与发展。①

(一)保障文化财产的义务

《1954年海牙公约》第3条规定了和平时期保障文化财产的义务,但因表述过于概括,其执行有待各国的自行理解与实施。鉴于此,《1954年海牙公约第二议定书》第5条对和平时期为保障文化财产而采取的保护措施进行了细化规定,包括:“编制目录,为保护文化财产而制定预防建筑物火灾或倒塌的应急措施,做好移走可移动文化财产的准备工作或为适当就地保护此类财产预先采取措施,以及确定负责文化财产保护的主管机构”。

需要指出,这些措施是列举性的,而非穷尽性的。同时,考虑到部分国家(尤其是发展中国家)实施这些措施确有困难,该条所列措施也不是强制性的,各国可以“采取其认为适当的措施”予以实施。尽管如此,实践证明,各国还是应当尽其可能采取这些措施,否则武装冲突一旦发生,文化财产遭受损失将难以避免。譬如,伊拉克国立博物馆一直未对其馆藏文物编制目录,这直接导致

① 需要指出,本议定书现存中文文本存在诸多错误及不准确之处,故本节所引之各条款,系经作者校正后的文本,与现存中文文本并不完全一致。

两次伊拉克战争期间该博物馆遭受劫掠，大批文物被贩卖至世界各地，至今无法追回，教训极其惨痛。①

此外，《1954年海牙公约第二议定书》第七章还通过要求各国采取适宜的信息传播手段等加强各国履行其和平时期对文化财产的保障义务。譬如，依据《1954年海牙公约第二议定书》第30条的规定，各国在和平时期与武装冲突时期均应尽可能广泛地传播本议定书；负责在武装冲突时期执行本议定书的军政当局应充分了解本议定书的内容，为此，各国应视情况将有关保护文化财产的方针和指令纳入它们的军事条例、与联合国教科文组织及有关的政府组织和非政府组织合作、制定和实施和平时期的训练和教育计划。

（二）军事必要例外

《1954年海牙公约》关于军事必要例外的规定用语含糊，含义不清，易在实践中被滥用，因而备受诟病。所以，在制定《1954年海牙公约第二议定书》的过程中，对军事必要例外进行修正与限制成为各方较为一致的观点。② 同时，各方均认为，前述1977年《第一附加议定书》提出了"军事目标"的概念，并通过对之严格界定以达到限制军事必要例外的目的，这是一个可取的路径。所以，《1954年海牙公约第二议定书》对军事必要的改进在很大程度上是基于对1977年《第一附加议定书》的借鉴。③

细言之，《1954年海牙公约第二议定书》第6条第1款试图厘定在哪些情况下一国可以援引《1954年海牙公约》第4条第2款，以军事上绝对需要的例外规定为依据对某一文化财产采取敌对行动，依之，必须同时满足以下两个条件：第一，所涉之文化财产"所起的作用已使其变为了军事目标"；第二，的确已没有其他办法能够像对该目标采取敌对行动那样获得相同的军事优势。对于此处所称的"军事目标"，《1954年海牙公约第二议定书》完全采纳了1977年《第一附加议定书》第52条第2款的规定，在第1条第6款中作出如下定义："军事目标系指一种物品，由于其性质、所处地点、目的或对其使用会给军事行动带来直接作用。该物品全部或部分被摧毁、被缴获或丧失作用也会导致明显的军事

---

① See Forrest, C., *International Law and the Protection of Cultural Property*, Routledge, 2010, p. 113.

② 尽管如此，各方对于如何改进之，依然分歧明显。See O'Keefe, R., *The Protection of Cultural Property in Armed Conflict*, Cambridge University Press, 2006, p. 251.

③ 参见郭玉军主编：《国际法与比较法视野下的文化遗产保护问题研究》，武汉大学出版社2011年版，第235页。

优势”。①

由此可见,《1954 年海牙公约第二议定书》第 1 条第 6 款对“军事目标”进行了细致界定,而第 6 条第 1 款则对援用军事例外对军事目标采取敌对行为作了进一步限制:第一,一件文化财产,如果其“所起的作用”(by its function)使其变为了“军事目标”,那么对其采取敌对行为才具有正当性。值得注意的是,第 6 条第 1 款所用“所起的作用”这一措辞旨在将军事必要例外限定在“依其用途”而成为军事目标的情况。这是因为有一部分文化财产,譬如,古代用于作战的工事(如我国的长城),依其性质与目的有可能构成军事目标,但依其所起的作用,在当代条件下,它们显然已经不能直接变为军事目标。同理,一件文化财产“所处的地点”对于是否构成可以予以攻击的军事目标也不具直接相关性,除非其直接用于军事目的。② 由此可见,《1954 年海牙公约第二议定书》第 6 条第 1 款进一步缩小了可以军事必要例外为由采取敌对行为的文化财产的范围,一件文化财产仅依其“性质、所处地点或目的”,不能对其以构成军事目标为由进行攻击。③ 第二,该款要求,对于所涉及的文化财产,只有满足“的确已没有其他办法能够像对该目标采取敌对行动那样获得相同的军事优势”时,方能攻击之。对于这一条件,有学者认为,由于在武装冲突中,几乎总能找到避免攻击文化财产的其他替代方法,因此,它能有效钳制军事必要例外的适用,因而构成本议定书相比 1977 年《第一附加议定书》更进一步之处。④

《1954 年海牙公约第二议定书》第 6 条第 2 款旨在具体规定一国在什么情况下可以援引《1954 年海牙公约》第 4 条第 2 款关于军事上绝对需要的例外将文化财产用于军事目的,从而使其暴露于损毁或破坏的危险之中。其强调:“除非的确已没有别的办法能获得同等的军事优势”,否则不得援引该例外将文化财产用于会使其遭损毁或破坏的目的。与对某一文化财产采取敌对行动不同,

---

① 值得一提的是,1977 年《1954 年海牙公约第一议定书》第 52 条第 2 款与本议定书第 1 条第 6 款的规定,在中文文本上表述略有不同,但英文文本没有区别。客观而言,这再一次证明当代国际条约的中文译文普遍存在不统一、不精确的问题。

② See O'Keefe, R., *The Protection of Cultural Property in Armed Conflict*, Cambridge University Press, 2006, p. 253.

③ See Chamberlain, K., *War and Cultural Heritage: An Analysis of the 1954 Convention for the Protection of Cultural Property in the Event of Armed Conflict and its Two Protocols*, Institute of Art and Law, 2004, p. 184.

④ See Forrest, C., *International Law and the Protection of Cultural Property*, Routledge, 2010, p. 114.

这里禁止援引军事必要例外并不取决于交战方先前的行为,因此"排除了对军事必要绝对需要进行宽松解释的可能性"。[①]

此外,《1954 年海牙公约第二议定书》第 6 条对援引军事必要例外还施加了两项程序性条件:第一,只有相当于或高于营级的军官才可做出援引军事上绝对需要的决定,在情况不允许做出其他选择时,营以下军官才可决定。有观点认为,较高级别的军官更能对行为做出客观、冷静的判断,因而更有助于在实践中减少对军事必要例外的援引,但也有学者对此不以为然,认为这只是一种理想化的假设。[②] 依笔者之见,这一程序性条件的设置对于减少军事必要例外的适用即便没有实质性作用,也在程序上有助于遏制下级军官援用之的冲动。第二,该条要求在做出攻击文化财产决定的情况下,当条件允许时,应及时向对方发出有效的警告。这一条件显然也增加了援引军事必要例外的程序性要件。不过,由于依据第 6 条第 1 款的规定,获得"军事优势"(military advantage)是展开攻击的主要考量,而向对方发出警告通常会降低这一优势,因此有学者担忧,在实践中,军事当局会倾向于认为,根本不存在及时向对方发出有效警告的条件。[③]

(三)攻击文化财产以及防止攻击后果的预防措施

早在考虑修订《1954 年海牙公约》之初,各方就一致认为,如果参考 1977 年《第一附加议定书》第 57 条增加攻击文化财产时的预防措施能极大便利公约宗旨的实现,所以《1954 年海牙公约第二议定书》专设第 7 条"攻击时的预防措施",并开宗明义地指出,其适用须以"不妨碍国际人道法在军事行动中所要求的其他预防措施"为前提。[④] 细言之,第 7 条为采取军事行动的缔约国施加了既彼此不同又紧密相关的 4 项义务。同时,该条各款均提及《1954 年海牙公约》第 4 款所保护的文化财产,这表明它旨在保护的对象不仅限于受一般保护的文

---

① See O'Keefe, R., *The Protection of Cultural Property in Armed Conflict*, Cambridge University Press, 2006, p.254.

② See Chamberlain, K., *War and Cultural Heritage: An Analysis of the 1954 Convention for the Protection of Cultural Property in the Event of Armed Conflict and its Two Protocols*, Institute of Art and Law, 2004, p.186.

③ See Forrest, C., *International Law and the Protection of Cultural Property*, Routledge, 2010, p.114.

④ See O'Keefe, R., *The Protection of Cultural Property in Armed Conflict*, Cambridge University Press, 2006, p.257.

化财产,也包括受特别保护的文化财产(《1954 年海牙公约》第二章),还包括受重点保护的文化财产(《1954 年海牙公约第二议定书》第三章)。

以 1977 年《第一附加议定书》第 57 条第 2 款第 1 项第 1 目为蓝本,《1954 年海牙公约第二议定书》第 7 条第 1 款要求冲突各方采取一切可行措施,确认被攻击目标不是《1954 年海牙公约》第 4 条所保护的文化财产。在 1994 年召开的专家会议上,与会专家认为,依据这一项义务,军事人员在发动攻击前,至少应查阅可得到的所有受保护的文化财产目录。① 以 1977 年《第一附加议定书》第 57 条第 2 款第 1 项第 2 目为蓝本,《1954 年海牙公约第二议定书》第 7 条第 1 款要求冲突各方在选择攻击手段和方法时,采取各种可能的措施,以尽量避免和减少对受《1954 年海牙公约》第 4 条保护的文化财产造成意外损失。

第 7 条第 3 款是《1954 年海牙公约第二议定书》最为重要的条款之一,它要求冲突各方放弃发动攻击,如果攻击会对受《1954 年海牙公约》第 4 条保护的文化财产造成意外的严重损失,而可期待得到的具体和直接的军事优势相对较小。与作为其蓝本的 1977 年《第一附加议定书》第 57 条第 2 款第 1 项第 3 目相同,本款也是比例原则的体现,尽管它们均未直接如此措辞。值得强调的是,本款规定更具冲击性与历史意义,因为它开创了将比例原则适用于非国际性武装冲突的国际立法先河。②

以 1977 年《第一附加议定书》第 57 条第 2 款第 2 项为模本,《1954 年海牙公约第二议定书》第 7 条最后一款(第 4 款)要求冲突各方在以下两种情况下取消或中止攻击:第一,目标是受《1954 年海牙公约》第 4 条保护的文化财产;第二,可以预见,攻击会对受《1954 年海牙公约》第 4 条保护的文化财产造成意外的严重损失,而可期待得到的具体和直接的军事优势相对较小。

除规定攻击时应采取的预防措施以外,《1954 年海牙公约第二议定书》还以 1977 年《第一附加议定书》第 58 条第 1 款与第 2 款为模本,要求各国采取预防措施防止攻击产生不当后果。对此,《1954 年海牙公约第二议定书》第 8 条规定如下:冲突各方应尽可能做到:(1)把可移动的文化财产从军事目标附近移走,或对它们提供适当的就地保护;(2)避免将军事目标设在文化财产附近。

与 1977 年《第一附加议定书》第 58 条相同,上款使用"冲突各方"的措辞,

① See UNESCO Doc. CLT/CH/94/608/2, p. 3.

② 参见郭玉军主编:《国际法与比较法视野下的文化遗产保护问题研究》,武汉大学出版社 2011 年版,第 232 页。

表明其适用于武装冲突发生以后的情形。事实上,《1954 年海牙公约第二议定书》第 8 条第 1 款旨在对第 5 条规定的和平时期保障文化财产的两项措施予以补充,即做好移走可移动文化财产的准备工作或为就地保护此类财产预先采取措施。需要注意的是,由于在武装冲突爆发后把可移动的文化财产从军事目标附近移走,或对它们提供适当的就地保护往往需要耗费大量资金,实施该款规定可以申请使用《1954 年海牙公约第二议定书》第 29 条所设立的"武装冲突中的文化财产保护基金"。依据第 29 条第 1 款第 2 项的规定,为支持根据第 8 条第 1 款而采取的紧急、临时或其他旨在武装冲突时期保护文化财产或敌对行动一俟结束即对之进行修复的措施提供财政或其他帮助,是此项基金设立的主要目的之一。第 8 条第 2 款的规定在实践中亦非常重要,因为在武装冲突中,大量的文化财产系毁于意外损失。

(四)被占领土上文化财产的保护

《1954 年海牙公约》及其第二议定书对各方施加的尊重文化财产的各项义务,既适用于武装冲突期间,也适用于后续占领期间。同时,为加强对被占领土上文化财产的保护,《1954 年海牙公约》还专设一条(第 5 条)对此事项予以调整。同理,《1954 年海牙公约第二议定书》亦专设一条(第 9 条)对该事项进行规定。质言之,该议定书第 9 条所规定的各项义务旨在补充公约第 4 条与第 5 条,其适用故以不妨碍公约第 4 条与第 5 条为前提,对此,该条在其行文之初即予以阐明。

第二次世界大战结束以后发生的武装冲突实践表明,从被占领土上非法出口、转移文化财产(尤其是考古类文物)对许多国家的文化财产造成了严重损失。为此,《1970 年公约》第 11 条专门对此问题进行了规定。不过,鉴于部分《1954 年海牙公约》缔约国尚未加入《1970 年公约》,一些国家建议,《1954 年海牙公约第二议定书》应当作出保护被占领土上文化财产的规定。这一提议得到广泛支持,并最终体现为议定书第 9 条"保护被占领土上的文化财产"。①

依据第 9 条第 1 款第 1 项的规定,部分或全部占领了另一缔约国领土的任何缔约国应在该被占领土上禁止和阻止一切文化财产的非法出口、移动或转让。这里的文化财产不仅包括可移动文化财产,还包括从不可移动文化财产上肢解下来的部分。与《1954 年海牙公约》第 4 条第 3 款相同,被占领国不仅须禁

① See O'Keefe, R., *The Protection of Cultural Property in Armed Conflict*, Cambridge University Press, 2006, p.260.

止其武装部队与占领当局从事这些行为,私方当事人也在被禁止之列。此外,议定书在第 1 条第 7 款中对“非法的”(illicit)进行了定义,即“‘非法的’系指强迫或违反其他应适用之被占领土国的国内法规或国际法的方式”。此处应适用的国际法系指适用于交战占领状态的相关国际法,包括《1907 年海牙第四公约》第 46 条、第 47 条与第 56 条,《日内瓦第四公约》第 33 条(以上两公约已经构成习惯国际法,因而具有普遍约束力),《1954 年海牙公约》第 4 条第 3 款(《1954 年海牙公约第二议定书》缔约国必然是公约缔约国)以及《1970 年公约》第 11 条(以该公约缔约国为限)等。

鉴于占领国在被占领土上进行的考古挖掘常对当地文化财产造成无可挽回的损失,《1954 年海牙公约第二议定书》第 9 条设立了 3 款彼此相关的规定。其中,第 1 款第 2 项要求占领国禁止和阻止任何考古挖掘,“除非它对文化财产的保护、登记或保存是绝对必要的”;第 3 项要求占领国禁止和阻止“目的在于隐匿或毁坏文化财产所具有的文化、历史或科学见证作用的改造或改变文化财产用途的行为”。该条第 2 款进一步规定,对被占领土上的文化财产进行考古挖掘、改造或改变其用途,只要条件允许,都必须与该被占领土的国家当局进行密切的合作。对于最后这一款规定,在外交会议上曾有国家表示强烈反对并指出,由于在不少情况下,被占领土上的国家机构无法独立、自主运转,因此该款在实践中难以实现其立法意旨。不过,后经多方施压,该国最终放弃反对,因而此款得以写进议定书。①

二、重点保护制度

实践表明,《1954 年海牙公约》第二章设立的“特别保护”制度已经遭遇失败,因此,在制定《1954 年海牙公约第二议定书》的过程中,设立新的制度取代之成为各方共识。② 为此,《1954 年海牙公约第二议定书》第三章创设了“重点保护制度”。该章是整个议定书的核心,对此,序言在开篇即予以言明:“各缔约国意识到改善在武装冲突情况下保护文化财产的必要性和制定一项重点保护特别指定的文化财产的制度之必要性。”

与特别保护制度不同,重点保护制度既涵盖不可移动文化财产,也包括可

---

① See Summary Report, para. 3.

② See O'Keefe, R., *The Protection of Cultural Property in Armed Conflict*, Cambridge University Press, 2006, p. 263.

移动文化财产;文化财产被纳入重点保护范畴,其条件也更具现实性,没有要求其须与军事目标保持适当距离。此外,重点保护资格的授予程序也更加客观与透明,依第24条设立的“武装冲突中的文化财产保护委员会”对此享有最终决定权。更为重要的是,文化财产一旦被纳入重点保护制度,其享有的豁免权远大于特别保护制度。此外,为了使重点保护制度“长出牙齿”,《1954年海牙公约第二议定书》还在第四章对违反特别保护规则的行径制定了具体的刑事惩罚措施。

前文已论及,《1954年海牙公约第二议定书》第三章与《1954年海牙公约》第二章的关系体现在议定书第4条第2款中:在本议定书的缔约国之间,如果相关文化财产同时受特别保护与重点保护,则只执行关于重点保护的规定。同时,议定书第4条第1款规定,其第三章的执行不影响公约第一章与第二章的规定。鉴于此,受重点保护的文化财产继续适用公约关于一般保护的各项条款,议定书第三章则构成“特别规定”,在两者重叠适用时,后者具有优先适用的效力。换言之,受重点保护的文化财产不仅优先适用议定书第三章的各项规定,也适用公约第3条、第4条第3~5款以及第5条的规定,还适用议定书第5条、第7~9条的规定。

(一)获得重点保护资格的条件

依据《1954年海牙公约第二议定书》第10条的规定,如果符合下述三个条件,文化财产即可置于重点保护之下:第一,属于对全人类具有最重大意义的文化遗产;第二,系得到足够的国内法律与行政措施保护的文化财产,且这些措施认可其具有特殊的文化与历史价值,并确保给予其最高级别的保护;第三,未被用于军事目的或用以保护军事设施,并且控制它的缔约国已经宣布,保证其不会被用作此类目的。① 与《1954年海牙公约》第8条为受特别保护的文化财产所设置的资格条件相比,《1954年海牙公约第二议定书》第10条规定的条件显然具有更强的可执行性。首先,它不仅包括不可移动文化财产,还包括可移动文化财产;其次,它并不要求受重点保护的文化财产与军事目标保持适当距离。这两点变化是确保重点保护制度不重蹈特别保护制度之覆辙的重要举措。

另外,《1954年海牙公约第二议定书》第10条规定的第一个条件,即文化财产“须属于对全人类具有最重大意义的文化遗产”,显然比《1954年海牙公

---

① 《1954年海牙公约第二议定书》的现有中文文本对此条的翻译不尽准确。

约》第8条更为苛刻,因为后者只要求文化财产“极其重要”。鉴于在实践中如何判断一件文化财产是否对全人类具有最重大意义并非易事,议定书将决定权交给“武装冲突中的文化财产保护委员会”统一行使。

不过,《1954年海牙公约第二议定书》第10条规定的第二个条件在实践中的执行存在一定困难,因为如何评判所涉及的文化财产是否得到“足够的”(adequate)国内法律与行政措施的保护具有较高的不确定性,尤其是发展中国家普遍存在立法与执法能力不足的问题。职是之故,议定书为发展中国家量身打造了诸多能力建设项目,包括寻求教科文组织与“武装冲突中的文化财产保护委员会”的协助,以及申请获得“武装冲突中的文化财产保护基金”的资助等。

在《1954年海牙公约第二议定书》第10条规定的第三个条件中,关于所涉及的文化财产未被用于军事目的或用以保护军事设施,这一要求与《1954年海牙公约》第8条第1款第2项类似。关于控制它的缔约国已经宣布,保证其不会被用作此类目的,这一要求与《1954年海牙公约》第8条第5款近似,不同之处则在于,后者仅要求该国确保在武装冲突情况下不使用之,而前者的要求则不仅包括武装冲突期间,也包括和平时期。依据当代国际法,相关国家在此处作出的宣布将构成有约束力的单边声明。①

(二)重点保护资格的授予

《1954年海牙公约第二议定书》第11条规定了重点保护资格的授予程序,其中诸多内容与第25条、第26条及第27条紧密相关。依据第25条至第27条,议定书设立了一个由12个人组成的“武装冲突中的文化财产保护委员会”,由缔约国大会选举产生。在重点保护制度中,该委员会发挥着核心作用,其中,“决定对有关文化财产给予、中止或停止重点保护,建立、更新和传播《受重点保护的文化财产目录》”以及“跟踪和监督本议定书的执行情况,推进应受重点保护的文化财产的确认工作”是其主要职责。②

在借鉴《世界遗产公约》第11条第1款的基础上,③《1954年海牙公约第二议定书》第11条第1款要求各缔约国向武装冲突中的文化财产保护委员会提

---

① See Nuclear Tests (Australia v. France), ICJ Reports 1974, p. 253; Nuclear Tests (New Zealand v. Frence), ICJ Reports 1974, p. 457; Frontier Dispute (Burkina Faso/Mali), ICJ Reports 1986, p. 554.

② 参见《1954年海牙公约第二议定书》第27条第1款第1项与第2项。

③ See UNESCO Doc. WHC-05/29. com/8A.

交一份它希望授予重点保护资格的文化财产目录。依据该条第 2 款的规定,有资格向武装冲突中的文化财产保护委员会提交此目录的国家是“管辖和控制文化财产的缔约国”。这一措辞表明,占领国有权将位于其占领领土内的文化财产列入其提交的名单中。此外,依据该条第 4 款的规定,如文化财产处于领土主权有争议的区域内,各争议方均有权将之列入名单之中。①

《1954 年海牙公约第二议定书》第 11 条第 2 款规定,管辖和控制一项文化财产的缔约国可以申请将之列入依第 27 条第 1 款第 2 项所规定的《受重点保护的文化财产目录》之中,该项申请应依第 10 条规定的标准列出有关文化财产的所有必要信息。该款还规定,武装冲突中的文化财产保护委员会可主动邀请一个缔约国提出申请,将有关文化财产列入《受重点保护的文化财产目录》。该条第 3 款授权其他缔约国、国际蓝盾委员会及其他非政府组织向武装冲突中的文化财产保护委员会推荐某一项具体的文化财产,在这种情况下,武装冲突中的文化财产保护委员会可决定邀请某一缔约国提出将该文化财产列入《受重点保护的文化财产目录》的申请。不过,在第 2 款与第 3 款适用的情况下,管辖和控制所涉文化财产的缔约国并没有接受武装冲突中的文化财产保护委员会邀请的义务。②

依据《1954 年海牙公约第二议定书》第 11 条第 5 款的规定,在收到列入《受重点保护的文化财产目录》的申请之后,武装冲突中的文化财产保护委员会应立即通知所有缔约国。缔约国可在 60 日之内向该委员会提交对此项申请的反对意见。需要强调的是,《1954 年海牙公约》在实施中曾遇到非常尴尬的境遇:1972 年,在讨论是否应将吴哥窟列入“受特别保护文化财产国际登记册”时,有不少国家以不承认高棉共和国的合法性为由提出反对意见,最终导致吴哥窟落选。③ 为避免议定书在实施中再遇到此类困局,该款进一步规定,反对意

① 该款规定如下:在有关文化财产处于有一个以上的国家提出主权或管辖权要求的领土上时,申请将该文化财产列入《受重点保护的文化财产目录》的行为或将其列入《受重点保护的文化财产目录》的行为在任何情况下均不构成对冲突各方权利的损害。

② See O'Keefe, R., *The Protection of Cultural Property in Armed Conflict*, Cambridge University Press, 2006, p. 269.

③ 高棉共和国是柬埔寨历史上的一个政权,建于 1970 年,由朗诺将军(后自封为元帅)废止君主制后成立。1975 年 4 月 17 日,红色高棉攻占柬埔寨首都金边,建立“民主柬埔寨”政权,高棉共和国宣告灭亡。参见[美]钱德勒:《柬埔寨史》(第 4 版),许亮译,中国大百科全书出版社 2013 年版,第 11 章与第 12 章。

见只能以第 10 条所列之标准作为依据,并且应详细具体和针对事实。在武装冲突中的文化财产保护委员会审议反对意见并作出决定之前,应给提出申请的缔约国以答辩的机会。依据《1954 年海牙公约第二议定书》第 11 条第 5 款的规定,武装冲突中的文化财产保护委员会有权决定是否对有关文化财产给予重点保护。武装冲突中的文化财产保护委员会在作出决定时,应由参加表决的 2/3 多数通过,委员会成员过半数参加即构成法定人数。[①] 不过,在武装冲突中的文化财产保护委员会收到了反对意见后,在不违背第 26 条的情况下,列入《受重点保护的文化财产目录》的决定应由出席并参加表决的 4/5 多数委员会成员通过。

《1954 年海牙公约第二议定书》第 11 条第 6 款规定,在对一项申请作出裁决时,武装冲突中的文化财产保护委员会应征询有关政府组织、非政府组织以及独立专家们的意见。与该条第 5 款相同,第 7 款明确要求,作出授予或拒绝授予重点保护资格的决定只能以第 10 条所列之标准作为依据。第 8 款规定了特别程序,依之,在特殊情况下,武装冲突中的文化财产保护委员会判定申请将某一文化财产列入《受重点保护的文化财产目录》的有关缔约国不满足第 10 条所列的第 2 项条件,但只要该缔约国依第 32 条提出国际援助的申请,武装冲突中的文化财产保护委员会便可作出授予重点保护资格的决定。换言之,如果一国缺少技术或经济资源实施足够的国内法律与行政措施对具有特殊文化与历史价值的文化财产予以认可并确保对其进行最高级别的保护,这并不必然导致有关文化财产无法列入《受重点保护的文化财产目录》,只要该国依《1954 年海牙公约第二议定书》第 32 条第 1 款提出国际援助的申请,即可以免除第 10 条所列的第 2 项条件。

该条第 9 款规定了发生武装冲突时的另一种特别程序,依之,敌对行动开始后,作为冲突一方的缔约国可因情况紧急向武装冲突中的文化财产保护委员会递交申请,要求对其管辖或控制之下的文化财产予以重点保护,该委员会则应立即将该申请转交参与冲突的各缔约国(而不是议定书的各缔约国)。在此情况下,武装冲突中的文化财产保护委员会须紧急审议有关各缔约国的反对意见。在不违背第 26 条规定的情况下,武装冲突中的文化财产保护委员会应尽快以 4/5 多数委员通过的方式作出提供重点保护的决定。在按正常程序作出是否予以重点保护的决定未有结果之前,只要符合第 10 条规定的第一个与第

① 参见《1954 年海牙公约第二议定书》第 26 条第 2 款。

三个条件，武装冲突中的文化财产保护委员会可以授予所涉文化财产临时性重点保护的资格。

该条第 10 款与第 11 款继续规定，文化财产自列入《受重点保护的文化财产目录》之时起便享受武装冲突中的文化财产保护委员会给予的重点保护待遇，总干事须及时将武装冲突中的文化财产保护委员会把文化财产列入《受重点保护的文化财产目录》的决定通知联合国秘书长及所有缔约国。

（三）豁免权及其丧失

《1954 年海牙公约》设置的特别保护制度未能发挥功用，其中一个重要原因是其关于军事必要例外的规定措辞的主观性过强，可操作性不足，从而导致该例外在实践中被滥用成为一种常态。因此，在讨论重点保护制度时，如何进行规则设计以避免再次出现类似缺陷，遂成为各方讨论的焦点。

一部分国家提出，有一小部分文化财产，由于具有极其重大的价值，因而在任何情况下，其安全均不得受到威胁。鉴于此，受到重点保护的文化财产，其享有的豁免权应该是绝对的，不应受制于军事必要例外。① 但大多数国家认为，完全摒弃军事必要例外并不现实，更为可取的方法是通过规则构建确保受重点保护的文化财产，其享有的豁免权只有在极其严格的条件下才能受制于军事必要例外。最终，后一种观点得到采纳，并体现在《1954 年海牙公约第二议定书》第 12 条与第 13 条中。细言之，第 12 条确立了受重点保护文化财产享有之豁免权的基本规则，第 13 条则详细阐述在哪些情况下，此类文化财产得丧失其豁免权。

第 12 条以“受重点保护的文化财产的豁免权”为标题，规定：“参与冲突的缔约国应确保受重点保护的文化财产的豁免权，不得将这些文化财产作为进攻目标，不得将这些文化财产或其周围设施用以支持军事行动。”需要注意的是，该条使用了“军事行动”（military action）的表述，这与 1977 年《第一附加议定书》第 52 条第 2 款的表述相同，而与后者第 53 条第 2 款以及 1977 年《第二附加议定书》第 16 条所使用的“军事努力”（military effort）相区别。一般认为，军事行动的含义较军事努力更为狭窄，因为前者通常仅指作战行动，而后者则是一个较为广义的概念，可以涵盖与战争行为相关的所有军事行为。② 因此，《1954

① See UNESCO Doc. 155 EX/51, Annex, para. 14.

② See Oeter, S., *Methods and Means of Combat*, in Fleck D. ed., The Handbook of International Humanitarian Law, Oxford University Press, 2013, para. 442(5).

年海牙公约第二议定书》第 12 条对其调整范围内的文化财产就该事项提供的保护较 1977 年两个附加议定书上述条款各自提供的保护应更为狭窄。

第 13 条题为“丧失重点保护资格”，依据其第 1 款的规定，只有在以下两种情况下，受重点保护的文化财产才能丧失受这种保护的资格：第一，根据第 14 条之规定中止或取消了该项保护资格；第二，有关文化财产“依其用途”（by its use）已使其成为军事目标。

就第一种情况而言，第 14 条第 1 款规定，当有关文化财产不再符合第 10 条规定的 3 个标准之一时，武装冲突中的文化财产保护委员会可以中止或取消对该财产的重点保护，并将其从《受重点保护的文化财产目录》中删除。从实践来看，文化财产无法继续满足第 3 个条件，即“未被用于军事目的或用以保护军事设施”是最为常见的一种情况。[①] 该条第 2 款规定，当受重点保护的文化财产被用作支持军事行动而严重违反第 12 条之规定时，武装冲突中的文化财产保护委员会可以中止对该文化财产的重点保护。如继续违反规定，武装冲突中的文化财产保护委员会可以例外地取消对其保护，并从《受重点保护的文化财产目录》中将其删除。[②]

关于第二种情况，即“有关文化财产依其用途已使其成为军事目标”，以下两点尤其值得提及：第一，该款将军事目标的概念仅限定在仅依文化财产的“用途”上，[③]而将“性质”“所处地点”“目的”排除在外，因而缩减了文化财产可以受攻击的情形。第二，即便有关文化财产依其用途已使其成为军事目标，对其进行攻击也受到严格限制，对此，第 13 条第 2 款规定如下：（1）对所涉及的文化财产进行攻击是可以结束将其作此使用的唯一可行办法；（2）在选择进攻办法与方式上已采取了一切可行的预防措施，以结束对文化财产作此使用，并避免或尽量减少对该财产的损害；（3）除因即时合法防卫的需要而导致情况不允许以外，进攻命令须由军事行动最高指挥当局发布，并已通过有效手段向对方发出警告，命令其结束对文化财产作此使用，且已给对方合理的时间设法改变有

---

① See Forrest, C., *International Law and the Protection of Cultural Property*, Routledge, 2010, p. 121.

② 该条第 3 款与第 4 款进一步规定，总干事将把武装冲突中的文化财产保护委员会关于中止或取消对某项文化财产的重点保护决定及时通知联合国秘书长及本议定书的缔约国。在作这种决定之前，武装冲突中的文化财产保护委员会向缔约国提供表达自己看法的机会。

③ 至于本款使用的“依其用途”（by its use）与第 6 条所称的“所起的作用”（by its function）之间是否在含义上存在差别，从现有的资料中尚无法得出结论。

关情况。

当丧失重点保护资格以后,文化财产便只受一般保护规则关于尊重文化财产的各项规定的保护。在这种情况下,军事需要例外的适用须依据《1954年海牙公约第二议定书》第6条的规定。

三、刑事责任的发展

通过刑事惩罚措施打击破坏文化财产的行径原则上属于各国主权范围内的事项。尽管如此,要求各国制定或完善其刑事法律以打击此类行径,甚至在约文中直接制定刑事惩罚条款,已经成为该领域国际条约发展的明显态势。

第一次世界大战结束以后,在巴黎和会上通过的《凡尔赛和约》要求德国对战争期间犯下的战争罪行承担法律责任,其中,"肆意损毁宗教、慈善、教育与历史性建筑"被列为其必须承担法律责任的战争罪行之一。遗憾的是,囿于第一次世界大战后波谲云诡的国际政治格局,《凡尔赛和约》的诸多条款并未得到执行,也没有任何人因破坏文化财产而受到刑事惩罚。① 1938年,国联委托国际博物馆办公室起草的《战时保护历史性建筑与艺术品公约(草案)》再一次作出了努力,该公约草案第3条3款要求各国对战时劫掠或破坏文化财产的个人施以惩罚。② 然而,20世纪30年代末40年代初的欧洲局势已经处于"山雨欲来风满楼"的危局,随后爆发的第二次世界大战则彻底终结了该公约的立法进程。

第二次世界大战结束后,国际法在各领域均取得了突破性发展,包括文化财产法领域。《纽伦堡国际军事法庭宪章》指出,掠夺公私财物、滥肆破坏或非出于军事上必要而损毁城镇或乡村为战争罪行。③ 在审判中,纽伦堡军事法庭更明确提出,这是国际战争习惯法的体现,亦为《1907年海牙第四公约》第46条与第56条的反映。以此为重要依据,负责劫掠各国文化珍宝的纳粹领袖阿尔弗雷德·罗森堡被处以绞刑。④

上述发展最终体现为《1954年海牙公约》第28条,其规定为:"各缔约国承

---

① See O'Keefe, R., *The Protection of Cultural Property in Armed Conflict*, Cambridge University Press, 2006, p.43-44.

② See Forrest, C., *International Law and the Protection of Cultural Property*, Routledge, 2010, p.72.

③ See Charter of Military Tribunal at Nuremberg, art.6(b).

④ See Forrest, C., *International Law and the Protection of Cultural Property*, Routledge, 2010, p.75.

允于其普通刑事管辖权范围内采取必要步骤,以对违反或唆使违反本公约的人,不问其国籍,进行起诉并施以刑事或纪律制裁。”该条的历史进步价值绝不容小觑。首先,它明确要求各缔约国采取措施,对违反公约的人施以刑事或纪律制裁。其次,依据该条规定,各缔约国有权采取措施对任何违反公约的人施以制裁,不论其国籍,亦不论违反公约的行为发生在何地。然而,作为妥协的产物,该条的缺陷亦显而易见。首先,其措辞过于概括、灵活,各国在实施中拥有极高的自主权。其次,尽管该条允许各缔约国对违反公约的犯罪行使普遍管辖权,但其措辞表明,各国对此类犯罪行使普遍管辖权并非强制性义务。① 截至 1999 年,尚没有一个公约缔约国依据上述第 28 条对任何人提起刑事诉讼。②

值得强调的是,20 世纪 90 年代以来,国际刑法在此方面取得了重大进展:文化财产犯罪不仅被明确列为战争罪行,责任人还被国际刑事法庭施以严厉的刑事处罚。其中,前南斯拉夫问题国际刑事法庭与国际刑事法院的司法实践尤其值得关注。

依据《前南国际法庭规约》的规定,“夺取、摧毁或故意损坏专用于宗教、慈善事业和教育、艺术和科学的机构、历史文物和艺术及科学作品”属于违反战争法与惯例的行为。③ 以此为法律依据,前南国际法庭对多位犯下此罪的责任人作出了有罪判决。④ 在“斯特拉格”案中,前南斯拉夫人民军指挥官因对下令将世界文化遗产——杜布罗夫尼克(Dubrovnik)老城作为攻击目标负有指挥责任而被判处 8 年有期徒刑。在“约克奇”案中,前南国际法庭明确指出,攻击民用建筑是对国际人道法的严重违反,而攻击受到特别保护的场所是更为严重的犯罪;将具有特定文化特征的族群所有的文化财产作为攻击目标构成反人类罪,尤其是在攻击行为具有歧视意图的情况下。⑤ 前南国际法庭在共计 11 起案件

---

① See O'Keefe, R., *The Protection of Cultural Property in Armed Conflict*, Cambridge University Press, 2006, p. 192.

② See Forrest, C., *International Law and the Protection of Cultural Property*, Routledge, 2010, p. 123.

③ 参见《前南国际法庭规约》第 3 条第 4 款。

④ 法庭依据《前南国际法庭规约》第 3 条第 4 款作出的判决包括但不限于:Prosecutor v. Blaskić IT – 94 – 14 – T, judgment, 3 March 2000; Prosecutor v. Plavsić IT – 00 – 39&40/1, judgment, 27 February 2003; Prosecutor v. Naletilić and Nartinović IT – 98 – 33 – T, judgment, 31 March 2003; Prosecutor v. Struger IT – 01 – 42 – T, judgment, 31 January 2005; Prosecutor v. Jokić IT – 01 – 42/1 – S, judgment, 18 March 2004; Prosecutor v. Brdanin IT – 99 – 36 – PT, judgment, 31 January 2005.

⑤ Prosecutor v. Jokić, IT – 01 – 42/1 – S, 18 March 2004, paras 46 – 54.

中追究了被告人破坏文化财产的刑事责任，终结了在武装冲突中破坏文化财产在国际法上不受刑事惩罚的历史，有力加强了国际文化财产法在实践中的执行力。

1998 年，联合国设立国际刑事法院的全权代表外交会议通过了《国际刑事法院规约》，该规约被视为国际刑法领域迄今为止最全面和最重要的国际公约。[①] 依据《国际刑事法院规约》第 8 条“战争罪”第 2 款第 2 项第 9 目以及第 5 项第 4 目的规定，“故意指令攻击专用于宗教、教育、艺术、科学或慈善事业的建筑物、历史纪念物、医院和伤病人员收容所，除非这些地方是军事目标”属于严重违反国际法既定范围内适用于国际武装冲突的法规和惯例的行为，构成战争罪。上述规定亦被视为习惯国际法的体现。[②] 2016 年，国际刑事法院将在马里北部破坏文化与宗教遗产的责任人判处 9 年监禁，开创了国际司法机构专门就破坏文化财产罪追究责任人刑事责任的先河，其意义再强调也不为过。[③]

鉴于国际刑法在打击文化财产犯罪方面已经取得了实质性突破，《1954 年海牙公约》第 28 条已越发显得脱离时代，亟待改革与完善。在此背景之下，《1954 年海牙公约第二议定书》应设立更加具体、有效的刑事惩罚措施，成为缔约各方共识。[④] 在广泛吸收当代国际刑法的发展成果的基础上，《1954 年海牙公约第二议定书》专设第四章“刑事责任与管辖权”，共包含 7 个条文，对武装冲突中破坏文化财产的刑事责任进行了详细规定，这被认为是《1954 年海牙公约》的最大发展之一。[⑤]

细言之，《1954 年海牙公约第二议定书》第 15 条列举了严重违反议定书的情况，其第 1 款规定如下：

任何人不顾公约或本议定书之规定，故意做出下列行为的，就是

---

① 参见马呈元：《国际刑法论》，中国政法大学出版社 2008 年版，第 159 页。

② Meron, T, *The Protection of Cultural Property in the Event of Armed Conflict within the Case-law of the International Tribunal for the Former Yugoslavia*, Museum International, Vol. 57:4, p. 41, 43 (2005).

③ 详见本编第五章。

④ See Forrest, C., *International Law and the Protection of Cultural Property*, Routledge, 2010, p. 123.

⑤ 参见郭玉军主编：《国际法与比较法视野下的文化遗产保护问题研究》，武汉大学出版社 2011 年版，第 238 页。

> 对本议定书的违反:1. 将受重点保护的文化财产作为进攻目标;2. 将受重点保护的文化财产或其周围设施用以支持军事行动;3. 大量地破坏或攫取受公约和本议定书保护的文化财产;4. 将受公约和本议定书保护的文化财产作为进攻目标;5. 偷盗、掠夺或侵占受公约保护的文化财产,或对它们进行破坏的行为。

该款的措辞表明,构成对《1954 年海牙公约第二议定书》的严重违反,行为人在主观上须为"故意"。此外,该款所列举的行为或违反公约或违反议定书,因此,第 15 条不仅涵盖议定书的相关条款,对于同时加入公约与议定书的国家而言,还包括公约的相关条款。

在上述 5 种行为中,前两种与重点保护制度有关。需要指出的是,第 1 种行为,即将受重点保护的文化财产作为进攻目标,并不必然构成对《1954 年海牙公约第二议定书》的违反,只有在所涉及的文化财产依据议定书第 13 条没有丧失豁免权的情况下,对之进行的攻击才构成违反。至于第 2 种行为,即将受重点保护的文化财产或其周围设施用以支持军事行动,则毫无例外地构成对议定书第 12 条的违反,因为议定书没有为此行为的非法性设置任何例外。

后 3 种行为不仅针对受重点保护的文化财产,除此类文化财产外,它们还适用于受《1954 年海牙公约》及《1954 年海牙公约第二议定书》一般保护的文化财产,以及受《1954 年海牙公约》特别保护的文化财产。在这 3 种行为中,"大量地破坏或攫取受公约和本议定书保护的文化财产"以及"将受公约和本议定书保护的文化财产作为进攻目标"这两种行为涵盖了对公约及议定书多个条款的违反,尤其是涉及尊重文化财产的《1954 年海牙公约》第 4 条与《1954 年海牙公约第二议定书》第 6 条。最后一种行为,即偷盗、掠夺或侵占受公约保护的文化财产,或对它们进行破坏,则直接对应《1954 年海牙公约》第 4 条第 3 款。需要提及,最后两种严重违反行为是在红十字国际委员会的建议下增加的,其理由是这两种行为已经被《国际刑事法院规约》认定为须受刑事处罚的战争罪行。①

《1954 年海牙公约第二议定书》第 15 条第 2 款要求各缔约国采取必要措施,依据国内法对上述 5 种行为加以指控,并通过适当刑罚制止此类行为。尽管该条的表述赋予各国较大的自主权,但该款同时规定,各国在这样做时,"应

① 参见郭玉军主编:《国际法与比较法视野下的文化遗产保护问题研究》,武汉大学出版社 2011 年版,第 239 页。

遵守法律的一般原则与国际法,尤其是遵守把个人刑事责任扩大到直接行为者以外之其他人的规则”。有学者认为,此处要求各国“遵守法律的一般原则与国际法”,这表明议定书对各国应施加的刑事惩罚措施进行了某种限定,依据当代国际刑法的最新发展,此5种行为构成战争罪行,各国对之施加的适当刑罚应为有期徒刑。① 此外,该款要求各国尤其须“遵守把个人刑事责任扩大到直接行为者以外之其他人的规则”,这表明,依据议定书,不仅直接从事上述5种严重违反行为的人应负刑事责任,一般法律原则所承认的命令、唆使、帮助他人犯此类行为的人,包括指挥官,也应当受到刑事惩罚。②

《1954年海牙公约第二议定书》第15条对“严重违反”公约与议定书的行为进行了定义,除此以外,其第21条对“其他违反行为”进行了规定,并要求各国在不违背公约第28条的情况下采取有效的立法、行政或惩罚措施,以制止故意实施的对公约或议定书的其他违反行为。具体而言,这些其他违反行为包括:(1)违反公约或议定书之规定,对文化财产的任何使用;(2)违反公约或议定书之规定,从被占领土上非法出口、转移文化财产或转让文化财产权。

除对违反行为进行了规定外,《1954年海牙公约第二议定书》还对管辖权问题作出了较为详细的安排。细言之,其第16条“管辖权”要求各缔约国采取必要的立法措施,确定自己在下列情况下对第15条所述的违反行为的管辖权:(1)这一违反行为发生在该国的领土范围内;(2)被推定为违反行为者是该国的国民;(3)违反第15条第1款第1项至第3项之规定的嫌疑人在该国领土内。在以上3种情况中,依据第一种情况,各国对其境内发生的违反行为具有管辖权,无论违反者是否是其国民;依据第二种情况,只要违反者为其国民,则该国对其具有管辖权,无论违反的行为是否发生在其境内;第三种情况赋予各国普遍管辖权,即无论嫌疑人是否是其国民,也无论违反第15条第1款第1项至第3项之规定行为是否在其境内实施,只要嫌疑人在其境内,该国就有权对其行使管辖权。第17条与第18条分别对“起诉”与“引渡”进行了规定,它们要求各国对第15条第1款第1项至第3项之规定的嫌疑人或进行起诉,或将之引

---

① See O'Keefe, R., *The Protection of Cultural Property in Armed Conflict*, Cambridge University Press, 2006, p.281.

② 参见郭玉军主编:《国际法与比较法视野下的文化遗产保护问题研究》,武汉大学出版社2011年版,第240页。

渡给违反行为发生地所在国或其国籍国。

鉴于各国倾向于维护其固有管辖权,《1954 年海牙公约第二议定书》对其规定的普遍管辖权进行了一定的限制,仅适用于对公约及议定书的“严重违反”。因此,第 16 条第 2 款规定了预防性措施以确保议定书第 16 条第 1 款的规定不妨碍依据国内或国际法既存的管辖权。与此类似,第 22 条第 4 款强调,对于非国际性武装冲突,《1954 年海牙公约第二议定书》的任何条款均无损于该缔约国的法律优先权。

此外,考虑到各国行使管辖权的法律基础纷繁多样,《1954 年海牙公约第二议定书》第 19 条要求,在对第 15 条所述之违约行为进行的调查和刑事诉讼或引渡程序中,各国应相互提供最大限度的司法协助,包括协助取得它们所掌握的为诉讼程序所必需的证据。同时,为确保各国不以“政治犯罪例外”为由拒绝引渡或拒绝为引渡提供司法协助,《1954 年海牙公约第二议定书》第 20 条明确指出,第 15 条所述之违反行为不得被视为政治罪行、与政治犯罪相关的罪行或有政治动机的罪行。因此,就此类违反行为提出的引渡或相互司法协助的要求不可仅以其涉及政治罪行、与政治犯罪相关的罪行或有政治动机的罪行为由而加以拒绝。

四、新的机制构建

《1954 年海牙公约》建立的国际监督机制过于繁芜丛杂,亦不切实际,这是导致公约未得到有效执行的重要肇因之一。因此,在《1954 年海牙公约第二议定书》的起草与谈判过程中,各方均认为,制定一套“灵活、简化的监督制度”对于履约至关重要。[①] 最终,《1954 年海牙公约第二议定书》第六章设立了一套新的履约机制,包括建立了“武装冲突中的文化财产保护委员会”、赋予了联合国教科文组织秘书处向该委员会提供协助并实施其决定的权力以及定期召开缔约国大会等。

需要指出的是,议定书第六章设立的机制安排并不替代《1954 年海牙公约》及其实施条例建立的国际监督实施机制。前已多次提及,依据议定书第 2 条,议定书仅对公约构成补充,因此,对于议定书的缔约国而言,它们依然受《1954 年海牙公约》第 20 条及其实施条例第一章的约束。

---

① See UNESCO Doc. 141 EX/15, Annex, para. 16; CLT-95/CONF. 009/5, p. 3.

（一）武装冲突中的文化财产保护委员会

《1954 年海牙公约第二议定书》第 24 条第 1 款规定，建立一个武装冲突中的文化财产保护委员会，由缔约国大会选出 12 个缔约国组成。由此可见，该委员会系政府间机构，由缔约国代表而非由独立专家组成。该条还要求，缔约国在确定委员会的构成时，应确保世界不同地区和文化间的公平代表性；委员会缔约国任期 4 年，并只可连任一次；委员会缔约国应挑选在文化遗产、防务问题和国际法方面具有专长的人士作为自己的代表，并通过协商，努力使整个委员会在所有这些领域都有必要的专业人才；委员会每年举行一次例行会议，并可在它认为必要时随时举行特别会议；委员会成员过半数即构成法定人数。作为冲突一方的委员会成员不参加所有涉及受该冲突影响的文化财产的有关决定的表决。除以下两种情况外，该委员会的决定应由参加表决的 2/3 多数通过：① (1) 依据第 11 条第 5 款的规定，委员会作出列入《受重点保护的文化财产目录》的决定，应由出席并参加表决的 4/5 多数委员会成员通过；(2) 依据第 11 条第 9 款的规定，在敌对行为开始后，作为冲突一方的缔约国因情况紧急向委员会递交申请，要求对其管辖或控制之下的文化财产进行重点保护的，委员会应尽快以 4/5 多数委员通过的方式作出提供重点保护的决定。

《1954 年海牙公约第二议定书》第 27 条第 2 款要求武装冲突中的文化财产保护委员会在行使职能时应与总干事合作，并在第 1 款中对其职能进行了详尽描述：第一，借鉴世界遗产委员会的经验，②制定执行议定书的实施指南；第二，决定对有关文化财产给予、中止或停止重点保护，建立、更新和传播《受重点保护的文化财产目录》；第三，跟踪和监督议定书的执行情况，推进应受重点保护的文化财产的确认工作；第四，审议各缔约国提交的报告并予以评价，并就议定书的执行情况向缔约国大会提出自己的报告；第五，受理并审议根据第 32 条提交的各种国际援助申请；第六，决定如何使用依第 29 条设立的“武装冲突中的文化财产保护基金”，第七，行使缔约国大会赋予的其他各项职能。

受《世界遗产公约》第 8 条第 3 款与第 13 条第 7 款启发，《1954 年海牙公约第二议定书》第 27 条第 3 款要求武装冲突中的文化财产保护委员会应和宗旨与《1954 年海牙公约》及其第一议定书及第二议定书类似的各种国际的及各国的政府及非政府组织进行合作。为“助力其行使职能”，武装冲突中的文化财产

---

① 参见《1954 年海牙公约第二议定书》第 24～26 条。

② See Operational Guidelines for the Implementation of the World Heritage Convention.

保护委员会还可邀请某些与联合国教科文组织有正式关系的杰出专业组织,特别是蓝盾委员会及其组成机构,以咨询机构身份出席委员会会议。国际文化财产保护与修复研究中心(罗马中心)和红十字国际委员会的代表亦可以咨询者身份与会。

不同于《世界遗产公约》设立其自身的秘书处,[①]《1954年海牙公约第二议定书》第28条要求联合国教科文组织秘书处向武装冲突中的文化财产保护委员会提供协助,为其拟定文件和会议议程,并实施其决定。

(二)武装冲突中的文化财产保护基金

同样受到《世界遗产公约》的启发,[②]《1954年海牙公约第二议定书》第29条设立了"武装冲突中的文化财产保护基金"。依据该条第2款的规定,此"基金"是根据联合国教科文组织《财务条例》规定建立的一项信托基金。依据该条第1款第1项的规定,建立此"基金"的目的包括:(1)提供财政或其他协助以支持在和平时期依据第5条、第10条第2款以及第30条等规定展开的预防或其他措施;(2)提供财政或其他协助以支持依据第8条第1款等规定而采取的紧急、临时或其他旨在武装冲突时期保护文化财产的措施或敌对行动一俟结束即对之进行修复的措施。

该条第3款进一步规定,"基金"的支出只能用于武装冲突中的文化财产保护委员会依据第23条第3款规定所确定的目的。依据第4款的规定,"基金"的资金来源包括以下渠道:(1)各缔约国的自愿捐助;(2)其他国家、联合国教科文组织或其他联合国机构、其他政府间组织或非政府组织、公共或私人机构或个人的捐助、捐赠或遗赠;(3)"基金"所拥有资金产生的利息;(4)为"基金"组织的募捐或其他活动所得;(5)"基金"既定方针所允许的其他各种资金来源。同时,第3款还明确规定,武装冲突中的文化财产保护委员会可以接受专门用于对它已决定实施的具体计划或项目的捐助。需要提及的是,与《世界遗产公约》不同,[③]《1954年海牙公约第二议定书》并不强制要求各缔约国捐助基金。

(三)缔约国会议

《1954年海牙公约》对其缔约国会议曾作专门规定。尽管如此,缔约国会

---

① 参见《世界遗产公约》第14条第1款。不过,自1993年以后,公约秘书处的职责交由世界遗产中心行使,详见本书第四编第二章。

② 参见《世界遗产公约》第四章。

③ 参见《世界遗产公约》第15条第1款与第16条。

议对推动、监督公约的实施几无效用。首先,公约缔约国会议并非定期召开,且其召开的要求较为严格。依据公约第 27 条第 1 款,缔约国会议只有得到执行委员会的同意后,由总干事召集,才可以召开;或者各经至少 1/5 缔约国要求,总干事必须召集上述会议。这可以解释公约的实施实践以来,缔约国会议召开的次数为何寥寥可堪。其次,公约对其缔约国会议的职责规定得过于概括,缺少实质性授权。① 鉴于此,《1954 年海牙公约第二议定书》要求其缔约国会议定期召开,并对之予以较为具体、明确的授权。

第一,依据《1954 年海牙公约第二议定书》规定,其缔约国会议应每两年召开一次。对于同为《1954 年海牙公约》与《1954 年海牙公约第二议定书》缔约国的国家而言,这意味着其不仅有义务依《1954 年海牙公约》第 27 条参加公约缔约国大会,还有义务依据《1954 年海牙公约第二议定书》第 23 条参加议定书缔约国大会。细言之,依据《1954 年海牙公约第二议定书》第 23 条第 1 款,议定书缔约国大会应与联合国教科文组织大会同时召开,如联合国教科文组织总干事召集公约缔约国大会,议定书缔约国大会应与之协调举行。据此,议定书缔约国大会原则上应每两年召开一次,但如总干事召集召开公约缔约国大会,则前者须与后者进行协调。② 此外,依据该条第 4 款的规定,如 1/5 以上的缔约国提出要求,总干事可召开缔约国特别会议。

第二,依据该条第 2 款与第 3 款的规定,缔约国大会应通过其议事规则,并行使以下职能:(1)选举 12 名武装冲突中的文化财产保护委员会成员;(2)批准武装冲突中的文化财产保护委员会根据第 27 条第 1 段 a 分段规定制定的指导原则;(3)向武装冲突中的文化财产保护委员会提出"基金"的使用方针,并对之进行监督;(4)审议武装冲突中的文化财产保护委员会根据第 27 条第 1 段 d 分段规定提交的报告;(5)审议与本议定书执行情况有关的各种问题,并视情况提出建议。

---

① 依该条第 2 款规定,在不妨碍本公约及其实施条例所授予任何其他职能的情况下,会议的目的将为研究关于适用公约及其实施条例的问题,并就这些问题提出建议。

② 在第 33 届联合国教科文组织大会结束 5 天后,本议定书第一次缔约国大会于 2005 年 10 月 26 日与《1954 年海牙公约》缔约国大会同时举行。

第三节 评价及中国加入《1954 年海牙公约第二议定书》的前景分析

一、对《1954 年海牙公约第二议定书》的评价

概言之,《1954 年海牙公约第二议定书》是人类社会总结历史教训、完善《1954 年海牙公约》所作的一次重要努力与有益尝试。尽管如此,由于实施时间尚短,且缔约国数量有限,其实际效果尚待观察。即便不考虑上述因素,通过制定议定书的形式改革《1954 年海牙公约》,其本身就是妥协之策,会不可避免地使该领域的国际法体系更加复杂,从而在一定程度上增加《1954 年海牙公约》及其两个议定书以及 1977 年两个附加议定书在适用上的不确定性。

从实质性条款来看,尽管与《1954 年海牙公约》相比,《1954 年海牙公约第二议定书》取得的进步堪称历史性,然而,与 1977 年两个附加议定书相比,它的积极意义并非如此显著,在某些方面甚至有倒退之虞。譬如,依据两个附加议定书,所有文化财产(而非仅受《1954 年海牙公约第二议定书》重点保护的文化财产)在武装冲突期间免受破坏,且在仅因其用途而使其成为军事目标时才丧失豁免权。另外,《1954 年海牙公约第二议定书》通过设立"重点保护制度"对极少数对全人类具有最重大意义的文化遗产给予了更高水准的保护,这固然有其积极意义,然而有学者忧虑道:"这有可能会在无形中降低受一般保护的文化财产的保护标准"。[①] 考虑到绝大部分文化财产属于受一般保护的范畴,这样的担忧不无道理。

尽管如此,《1954 年海牙公约第二议定书》的历史进步意义是毋庸置疑的,这集中体现在以下几点:第一,它明确要求占领国在该被占领土上禁止和阻止一切文化财产的非法出口、移动或转让。这是当代国际法对文化财产面临的此种严重威胁的有力回应。第二,它禁止占领国未经适当授权在被占领土上进行考古挖掘或改变文化财产用途的行为,这既开创了国际立法的先河,也是保护被占领土上文化财产的有力举措。第三,它发展、完善、强化了刑事制裁措施,使其文本长出了"牙齿",从而在一定程度上改变了国际文化财产条约羸弱无力的局面。第四,通过建立武装冲突中的文化财产保护委员会、设立武装冲突中

---

① See O'Keefe, R., *The Protection of Cultural Property in Armed Conflict*, Cambridge University Press, 2006, p. 299.

的文化财产保护基金以及强化公约缔约国会议的功能，议定书作出了诸多机制改革，从而为其得到有效实施提供了机制保障。

因此，总体而言，作为武装冲突期间保护文化财产的最新国际立法，《1954年海牙公约第二议定书》的通过与生效具有里程碑意义，标志着保护文化财产免受武装冲突影响的国际立法得到实质性改善，标志着该领域国际法发展到一个新的历史阶段。

二、中国加入《1954 年海牙公约第二议定书》的前景分析

前文已提及，《1954 年海牙公约第二议定书》迄今已经有 88 个缔约国。这些国家分布于各大洲，既有德国、日本等发达国家，也包括柬埔寨、埃及等发展中国家。值得注意的是，在联合国 5 个常任理事国中，法国和英国已分别于 2017 年 3 月 2 日和 2017 年 9 月 12 日批准之。①

具体到中国而言，尽管我国积极参与了《1954 年海牙公约第二议定书》的制定过程，并在外交会议的表决中投了赞成票，但迄今尚未加入或批准之。究其原因，主要在于该议定书的诸多条款与我国现行国内法，尤其是刑法存在较为明显的冲突。细言之，我国现行国内法与该议定书的冲突主要体现在以下几个方面：

第一，我国国内法暂无对武装冲突期间破坏文化财产的行径进行刑事制裁的规定。目前，我国针对文化财产犯罪施以刑事处罚的法律主要为《中华人民共和国刑法》（以下简称《刑法》）。现行《刑法》在第六章“妨害社会管理秩序罪”中专设一节“妨害文物管理罪”。在该节中，第 324 条至第 329 条对此类犯罪规定了 10 个罪名，分别为：故意毁损文物罪，故意毁损名胜古迹罪，过失毁损文物罪，非法向外国人出售、赠送珍贵文物罪，倒卖文物罪，非法出售、私赠文物藏品罪，盗掘古文化遗址、古墓葬罪，盗掘古人类化石、古脊椎动物化石罪，抢夺、窃取国有档案罪以及擅自出卖、转让国有档案罪。除此之外，《刑法》关于走私罪的规定适用于走私国家禁止出口的文物的行为。② 显而易见，上述这些罪名均非针对武装冲突期间的文化财产犯罪，因此无法满足《1954 年海牙公约第

---

① 详见红十字国际委员会官网，https://ihl-databases.icrc.org/applic/ihl/ihl.nsf/States.xsp?xp_viewStates=XPages_NORMStatesParties&xp_treatySelected=590，最后访问日期：2024 年 4 月 30 日。

② 参见我国《刑法》第 151 条第 2 款。

二议定书》第 15 条与第 21 条的规定。

值得注意的是,《刑法》第十章“军人违反职责罪”第 446 条“战时残害居民、掠夺居民财物罪”似与议定书规定的 5 种严重违反行为具有较为密切的关系,该条规定如下:“战时在军事行动地区,残害无辜居民或者掠夺无辜居民财物的,处五年以下有期徒刑;情节严重的,处五年以上十年以下有期徒刑;情节特别严重的,处十年以上有期徒刑、无期徒刑或者死刑。”2013 年 3 月,最高人民检察院、原中国人民解放军总政治部修订并下发《军人违反职责罪案件立案标准的规定》,进一步明确了《刑法》第十章规定的 31 种军人违反职责犯罪的立案标准。其中,《军人违反职责罪案件立案标准的规定》第 29 条专门对《刑法》第 446 条的立法标准作了具体规定,其规定如下:

> 战时残害居民罪是指战时在军事行动地区残害无辜居民的行为。无辜居民,是指对我军无敌对行动的平民。战时涉嫌下列情形之一的,应予立案:(1)故意造成无辜居民死亡、重伤或者轻伤三人以上的;(2)强奸无辜居民的;(3)故意损毁无辜居民财物价值五千元以上,或者不满规定数额,但手段恶劣、后果严重的。战时掠夺居民财物罪是指战时在军事行动地区抢劫、抢夺无辜居民财物的行为。战时涉嫌下列情形之一的,应予立案:(1)抢劫无辜居民财物的;(2)抢夺无辜居民财物价值二千元以上,或者不满规定数额,但手段恶劣、后果严重的。

依据《刑法》第 446 条及《军人违反职责罪案件立案标准的规定》第 29 条,“战时残害居民、掠夺居民财物罪”与《1954 年海牙公约第二议定书》规定的严重违反虽有一定关系,但文化财产并未被该罪明确提及。此外,依据《刑法》第 450 条的规定,第十章适用于中国人民解放军的现役军官、文职干部、士兵及具有军籍的学员和中国人民武装警察部队的现役警官、文职干部、士兵及具有军籍的学员以及执行军事任务的预备役人员和其他人员。与此相对,《1954 年海牙公约第二议定书》规定的严重违反以及其他违反行为所适用的主体为“任何人”,换言之,并不限于现役军人。[①] 由此可见,《刑法》第 446 条尚不足以构成

① 参见郭玉军主编:《国际法与比较法视野下的文化遗产保护问题研究》,武汉大学出版社 2011 年版,第 258 页。

作为承担《1954 年海牙公约第二议定书》义务的主要国内法依据。

第二,“或引渡或起诉”(*aut dedere aut judicare*)原则在我国法律中尚付阙如。“或引渡或起诉”原则是国际刑法中一个历史悠久而运用广泛的重要原则,系起源于荷兰学者格劳秀斯在 17 世纪提出的“或引渡或惩罚”(*aut dedere aut punire*)思想。[①] 依据当代国际刑法理论,该原则是指在其境内发现被请求引渡的犯罪人的国家,按照签订的有关条约或互惠原则,应当将该人引渡给请求国;如果不同意引渡,则应当按照本国法律对该人提起诉讼以便追究其刑事责任。[②] 目前,作为一项对国际犯罪行为人行使管辖权的原则,“或引渡或起诉”已经被许多国际条约所体现。[③]《1954 年海牙公约第二议定书》也吸收了该原则。前已提及,议定书第 17 条与第 18 条分别对“起诉”与“引渡”进行了规定,其中,第 17 条第 1 款明确规定,有关缔约国在发现违反第 15 条第 1 款第 1 项至第 3 项之规定的嫌疑人在其领土上时,如不将其引渡,则应无一例外和不过分拖延地将此案送交主管当局,按照符合国内法或符合有关国际法惯例的程序提起诉讼。

从国际刑法实践上看,“或引渡或起诉”原则在实践中具有广泛性与可操作性,在特定情形下,还可以起到安全阀的作用,可以作为拒绝引渡后的一种补救措施而出现,是对政治犯不引渡、本国公民不引渡以及死刑犯不引渡原则的必要补充。[④] 不过,无论是我国《刑法》,还是《中华人民共和国引渡法》均未采纳这一原则。在此背景之下,《1954 年海牙公约第二议定书》第 17 条规定的义务自然难以得到我国国内法的支撑。

除此之外,有学者认为,我国《刑法》总则未明确武装冲突期间针对文化财产的犯罪不适用时效,以及我国现行《刑事诉讼法》关于刑事司法协助的规定不充分也是我国批准议定书的法律障碍。[⑤]

综上可见,《1954 年海牙公约第二议定书》关于刑事责任的规定与我国国

---

① See Crawford, J., *Brownlie's Principles of Public International Law*, 8th ed., Oxford University Press, 2012, p. 470.

② 参见黄涧秋:《论国际刑法中的“或引渡或起诉”原则》,载《当代法学》2008 年第 1 期。

③ 参见马呈元:《国际刑法论》,中国政法大学出版社 2008 年版,第 221 页。

④ 参见郭玉军主编:《国际法与比较法视野下的文化遗产保护问题研究》,武汉大学出版社 2011 年版,第 261 页。

⑤ 参见郭玉军主编:《国际法与比较法视野下的文化遗产保护问题研究》,武汉大学出版社 2011 年版,第 259 ~ 262 页。

内法存在较为明显的差异。因此,我国尚需对国内法进行修改,才能具备批准议定书的法律条件。

与此同时,由于我国本土在可预见的将来陷入武装冲突状态的可能性微乎其微,我国在现阶段加入《1954 年海牙公约第二议定书》亦无迫切的现实需求。职是之故,笔者对我国短期内批准议定书的前景持谨慎态度。

尽管如此,应当指出,《1954 年海牙公约第二议定书》是当代国际法在文化财产领域的重大进步,代表了国际社会的共识与共同利益,因此,长期游离在其适用范围之外,并不符合我国旨在树立并维护的负责任大国的形象。更为重要的是,中国是一个文化财产资源极其丰富的国家,从历史来看,也是一个饱受战乱之苦的国家。与此同时,我国所处的周边环境也并不太平,因此,从长远来看,批准《1954 年海牙公约第二议定书》不仅符合保护我国文化财产的国家利益,还有利于更好地尊重其他国家的文化财产。从这个意义上说,笔者建议,中国应积极采取措施为批准该议定书创造有利条件,并在条件成熟后,尽快完成相应的法律程序。

第五章　国际司法实践的晚近发展

经过长期发展，一个以《1954 年海牙公约》及其两份议定书为核心，以日内瓦四公约及其两个附加议定书为补充的保护文化财产免受武装冲突影响的国际公约体系已基本成型，并渐趋成熟。其中，尤其值得关注的是，在约文中制定刑事惩罚条款，对实施文化财产犯罪的责任人施加刑事责任已成为该领域国际条约发展的明显趋势，这标志国际法在该领域的“硬度”不断增强。

尽管如此，由于上述国际条约本身并没有建立负责条约义务履行与监督实施的机构，它们是否能够得到遵守，在很大程度上取决于既有国际司法机构是否对武装冲突期间的文化财产犯罪行使管辖权以及是否将此类犯罪的实施者绳之以法。所幸的是，当代主要国际司法机构的规约及其判例表明，武装冲突期间实施文化财产犯罪的行为人须承担个人刑事责任，这已经成为该领域国际司法实践的大势所趋。

第二次世界大战结束以后，国际法的重要发展在于国际司法机构的扩散。[①] 当前，国际司法机构既有常设性的，如国际法院、国际刑事法院等，也有为解决特定国际争端而设立的临时性国际司法机构，包括卢旺达问题国际刑事法庭、前南斯拉夫问题国际刑事法庭（以下简

① 参见霍政欣：《论全球治理体系中的国内法院》，载《中国法学》2018 年第 3 期。

称前南法庭)、塞拉利昂问题特别法庭以及柬埔寨法院特别法庭等。[①] 值得注意的是,除国际法院外,上述国际司法机构的规约均明确规定,它们可以对武装冲突期间破坏文化财产的犯罪行使管辖权。[②] 不仅如此,前南法庭与国际刑事法院已经通过司法审判将武装冲突期间破坏文化财产的责任人施以刑罚。[③] 这些判例的出现,强化了如下理念:在武装冲突中攻击文化财产,与攻击人一样,均系严重的战争罪行,须受到国际法上的刑事处罚。

前南法庭与国际刑事法院的司法实践有力增强了保护文化财产免受武装冲突影响的国际法规则的威慑力与执行力,在国际文化财产法的演进过程中具有里程碑式的意义。鉴于此,本编专设一章,详细梳理这两个司法机构作出的相关判例并作小结。

第一节 前南法庭的司法实践

一、前南法庭概述

1991 年,前南斯拉夫开始解体,克罗地亚、斯洛文尼亚、波黑和马其顿先后宣布独立。在此期间,在前南斯拉夫境内的不同民族之间爆发了大规模的武装冲突,并发生了大量严重违反国际人道主义法的罪行。国际社会对此极为震惊,要求追究有关责任人的国际责任。联合国安理会于 1992 年 10 月 6 日通过第 780 号决议,要求联合国秘书长成立一个专家委员会,对前南境内发生的违反国际人道主义法的行径进行调查。[④]

该专家委员会成立后,对来自各方面的资料进行分析整理,赴据称发生严重犯罪的地区实地调查,得出如下结论:这一地区的武装冲突在性质上属于国

---

① See Shany, Y., *Regulating Jurisdictional Relations between National and International Court*, Oxford University Press, 2007, p. 1.

② See Ellis, M. S., *The ICC's Role in Combating the Destruction of Cultural Heritage*, Case Western Reserve Journal of International Law, Vol. 49:1, p. 41(2017).

③ 依据《前南法庭规约》,"夺取、摧毁或故意损坏专用于宗教、慈善事业和教育、艺术和科学的机构、历史文物和艺术及科学作品"属于违反战争法与惯例的行为。依据《卢旺达国际法庭规约》与《塞拉利昂问题特别法庭》,这两个法庭对于严重违反《日内瓦公约》共同第 3 条与《第二附加议定书》的罪行有管辖权;柬埔寨法院特别法庭有权对 1975 年 4 月 17 日至 1979 年 1 月 6 日期间,柬埔寨武装冲突中违反《1954 年海牙公约》破坏文化财产的罪行行使管辖权。

④ See RESOLUTION 780 (1992), adopted by the Security Council at its 3119th meeting, http://unscr.com/en/resolutions/780,最后访问日期:2023 年 4 月 30 日。

际性武装冲突，确实发生了严重违反有关公约和习惯国际法的行为，包括蓄意杀人、种族清洗、大规模屠杀、酷刑、强奸、破坏平民财产、破坏文化与宗教财产以及任意逮捕等。这些行为构成危害人类罪，也可能构成具体的战争罪，因此，专家委员会建议由安理会或其他有权机关成立一个审理前南境内有关事件的法庭。①

根据专家委员会的报告，联合国安理会于1993年2月22日审议和通过了第808号决议，认为在前南斯拉夫的特殊情况下，成立一个国际法庭，制止严重的违反国际人道主义法的行为，对犯有这种罪行的人绳之以法，有助于恢复与维持和平。同年5月25日，安理会通过了附有《前南斯拉夫问题国际刑事法庭规约》（以下简称《前南法庭规约》）的第827号决议，前南法庭成立，专门负责审判自1991年以来在前南境内违反国际人道主义法律的犯罪嫌疑人，从而开创了由国际法庭审理国内战争罪犯的先例。②

依据《前南法庭规约》的规定，该法庭有权根据本规约各条款起诉应对1991年以来前南斯拉夫境内所犯的严重违反国际人道主义法行为负责的人。细言之，依据规约第2条至第5条的规定，下列行为属于法庭有管辖权的罪行：（1）严重违反1949年各项《日内瓦公约》的情事；（2）违反战争法和惯例的行为；（3）灭绝种族；（4）危害人类罪。

值得注意的是，由于在前南境内的武装冲突中发生了攻击杜布罗夫尼克老城、萨拉热窝国家图书馆、莫斯塔尔古桥等破坏珍贵文化财产的行为，对该地区乃至全人类的文化财产造成了无可挽回的重大损失，不啻“文化灾难”，《前南法庭规约》第3条第4款专门将破坏文化财产列明为战争罪的一种。③ 这一规定开创了国际司法机构将文化财产犯罪列明为战争罪表现形式之一的先例，为该法庭将破坏文化财产的责任人施以刑罚提供了明确的法律依据，并对后来建立的国际司法机构产生了重要影响。

二、相关判例的法理分析

自成立以来，前南法庭共计在11起重要案件中对破坏文化财产的责任人

---

① See U. N. Doc. S/25274.

② 详见前南斯拉夫问题国际刑事法庭官网，http://www.un.org/zh/law/icty/，最后访问日期：2023年4月30日。

③ 参见《前南法庭规约》第3条第4款。

作出有罪判决。[①] 对这些判例进行梳理,可以总结出文化财产犯罪的责任人承担个人刑事责任的罪名及其构成要件。概言之,前南法庭的判例表明,破坏文化财产可以构成战争罪,在满足特定条件下,还有可能构成危害人类罪或构成灭绝种族罪主观意图的证据。

(一)作为战争罪的文化财产犯罪

《前南法庭规约》第3条第4款将破坏文化财产列明为战争罪的一种。在前南法庭审理的标志性案件——"检察官诉米洛舍维奇"案中,前南联盟总统米洛舍维奇被控的多项罪行中,就包括摧毁或故意损坏受规约第3条第4款保护的历史文物与专用于宗教和教育的机构。[②] 不过,规约第3条第4款并未直接使用文化财产的表述,而是使用了具体的措辞,"夺取、摧毁或故意损坏专用于宗教、慈善事业和教育、艺术和科学的机构、历史文物和艺术及科学作品"属于违反战争法与惯例的行为。[③] 对于如何理解该款含义,需要厘清以下两个问题:

第一,宗教、慈善事业和教育、艺术和科学的机构、历史文物和艺术及科学作品,这一表述是穷尽性的,还是列举性的?对此,规约本身并没有提供答案。在前南法庭成立后审理的第一个案子——"检察官诉塔迪奇"案中,法庭明确指出:规约第3条对违反战争法与惯例的行为的描述是列举性质的,而非穷尽性的。[④] 这表明,规约第3条第4款的措辞仅为列举性描述,并不构成对文化财产犯罪客体的严格限制。

第二,受该款保护的文化财产,是否受制于军事必要例外?在"检察官诉布拉斯科尼"案中,初审分庭在论及摧毁或故意损坏专用于宗教或教育的机构时指出:必须是蓄意损坏或摧毁被明确标示为专用于宗教或教育的机构,该机构

---

① 法庭依据《前南法庭规约》第3条第4款作出的判决包括:Prosecutor v. Blaskić IT – 94 – 14 – T, judgment, 3 March 2000; Prosecutor v. Plavsić IT – 00 – 39&40/1, judgment, 27 February 2003; Prosecutor v. Naletilić and Nartinović IT – 98 – 33 – T, judgment, 31 March 2003; Prosecutor v. Struger IT – 01 – 42 – T, judgment, 31 January 2005; Prosecutor v. Jokić IT – 01 – 42/1 – S, judgment, 18 March 2004; Prosecutor v. Brdanin IT – 99 – 36 – PT, judgment, 31 January 2005.

② See Prosecutor v. Slobodan Milosević, Case No. IT – 02 – 54 – T, Second Amended Indictment (Int'l Crim. Trib. for the Former Yugoslavia, 2004), 72, 83.

③ 参见《前南法庭规约》第3条第4款。

④ See Prosecutor v. Tadić, Case No. IT – 94 – 1 – I, Decision on Defence Motion for Interlocutory Appeal on Jurisdiction (Int'l Crim. Trib. for the Former Yugoslavia, Oct. 2, 1995).

在受攻击时未被用作“军事目标”,且其不能紧邻军事目标。① 可见,受该款保护的文化财产依然受制于军事必要例外。值得注意的是,法庭使用了“军事目标”的概念,这表明它遵循了1949年日内瓦公约《第一附加议定书》的路径,即适用了“军事目标”的措辞,而非“军事必要”或“军事目的”。如前所述,日内瓦公约《第一附加议定书》开创了严格限定军事目标以确保民用物体受到切实保护的新路径,提升了在武装冲突中保护文化财产的实效。

尽管文化财产被用于军事目标可以作为援引军事必要例外的理由,但依据习惯国际法,此种情形依然须满足“比例原则”的要求,②这亦被前南法庭所确认。在“检察官诉普利奇等”案中,③被告人试图援用军事必要为摧毁莫斯塔尔古桥做辩护,但初审分庭指出,由于莫斯塔尔古桥拥有巨大的文化、历史与象征意义,摧毁它对莫斯塔尔的穆斯林产生了非常大的心理杀伤力,其影响是“不容置疑与实质性的”,与因此而取得的军事优势不成比例,故不具正当性。④ 在“检察官诉布拉斯科奇”案与“检察官诉加利奇”案中,这一立场得到反复确认:行为人“明知会对民用物体(包括文化财产)造成的损失明显超出预期能取得的具体、直接的军事优势,依然故意攻击之”,须承担个人刑事责任。⑤

由此可见,夺取、摧毁或故意损坏文化财产要构成战争罪,其针对的客体应满足以下条件:第一,被明确标示为用于宗教、慈善事业和教育、历史、艺术及科学等目的文化财产;第二,该文化财产在受攻击时未被用于军事目标;第三,攻击用于军事目标的文化财产,须满足比例原则。

依据《前南法庭规约》第3条第4款的规定,夺取、摧毁或故意损坏文化财产构成犯战争罪的另一要件是行为人有犯罪意图,“故意”或“放任”针对文化财产的犯罪行为。在“检察官诉纳雷迪利奇等”案中,初审分庭指出,破坏文化

---

① See Prosecutor v. Blaskića, IT – 95 – 14 – T, at185, judgment (Int'l Crim. Trib. for the Former Yugoslavia, Mar. 3, 2000).

② See Sassoli, M. & Bouvier, A., *How Does Law Protect in War?*, International Committee of the Red Cross, 2006, p. 81.

③ See Prosecutor v. Jadranko Prlic et al., Case No. IT – 04 – 74 – T, Trial Judgment (Int'l Crim. Trib. for the Former Yugoslavia, May 29, 2013).

④ See Prosecutor v. Jadranko Prlic et al., Case No. IT – 04 – 74 – T, Trial Judgment (Int'l Crim. Trib. for the Former Yugoslavia, May 29, 2013), at 1584.

⑤ See Prosecutor v. Blaskić, Case No. IT – 94 – 14 – T, judgment (Int'l Crim. Trib. for the Former Yugoslavia, judgment Mar. 3, 2000); Prosecutor v. Galic, Case No. IT – 98 – 29, judgment (Int'l Crim. Trib. for the Former Yugoslavia, judgment Dec. 5, 2003).

财产的犯罪意图是指被控的行为人有破坏受保护文化财产的意图,或者在出现破坏文化财产的现实可能性的情况下,放任这种后果的发生。[①] 这一立场被"检察官诉布雷达尼"案再次确认。[②] 不过,"检察官诉斯图加"案表明,行为人仅仅有疏忽,尚不足以构成这一要件。[③]

此外,文化财产犯罪要构成《前南法庭规约》第 3 条第 4 款所列的战争罪,还需证明具体的武装冲突与文化财产损失之间存在因果关系,无论是国际性武装冲突,还是非国际性武装冲突。[④] 在"检察官诉布拉斯科奇"中,法庭认为,被告人的行为必须符合武装冲突的"地理与空间情境"。[⑤] 当然,这并非要求犯罪必须发生在精确的时空范围内,而是指其必须与敌对行为有密切的关联。[⑥]

综上可见,作为战争罪的一种表现形式,在满足以下条件的情况下,破坏文化财产犯罪的行为人须承担个人刑事责任:第一,从破坏的客体来看,须是被明确标示为用于宗教、慈善事业和教育、历史、艺术及科学等目的的文化财产,且该文化财产在受攻击时未被用于军事目标;攻击用于军事目标的文化财产,须满足比例原则。第二,从行为的主观意图来看,行为人须具有犯罪意图,"故意"或"放任"针对文化财产的犯罪行为。第三,从具体的武装冲突与文化财产损失之间的关系来看,两者必须存在因果关系。

(二)作为危害人类罪的文化财产犯罪

危害人类罪,亦称反人类罪,是指广泛或有系统地针对平民人口所实施的各种犯罪,是国际刑法上最严重的国际罪行之一。[⑦] 广泛或有系统地摧毁或劫掠一个地区或一个民族的文化财产不仅构成战争罪,而且有可能构成危害人类

---

① See Prosecutor v. Mladen Naletilic & Vinko Martinovic, Case No. IT – 98 – 34 – T, Judgment (Int'l Crim. Trib. for the Former Yugoslavia, Mar. 31, 2003).

② See Prosecutor v. Radoslav Brdanian, Case No. IT – 99 – 36 – T, Judgement (Int'l Crim. Trib. for the Former Yugoslavia, Sept. 1, 2004).

③ See Prosecutor v. Strugar, Case No. IT – 01 – 42 – T, Trial Judgement (Int'l Crim. Trib. for the Former Yugoslavia, Jan. 31, 2005).

④ See Ehlert, C., *Prosecuting the Destruction of Cultural Property in International Criminal Law*, Martinus Njhhoff Publishers, 2014, p. 214.

⑤ See Prosecutor v. Blaskić, Case No. IT – 94 – 14 – T, Judgment (Int'l Crim. Trib. for the Former Yugoslavia, Mar. 3, 2000).

⑥ See Ellis, M. S., *The ICC's Role in Combating the Destruction of Cultural Heritage*, Case Western Reserve Journal of International Law, Vol. 49:1, p. 49(2017).

⑦ 参见马呈元:《国际刑法论》,中国政法大学出版社 2008 年版,第 299 页。

罪。关于此点,纽伦堡军事法庭曾指出,纳粹在被占领土上实施的大规模劫掠与破坏文化财产的行径构成危害人类罪。①

依据《前南法庭规约》第 5 条的规定,危害人类罪也属于该法庭的职权范围。通过司法判例,前南法庭进一步确认,在特定情况下,针对文化财产的犯罪会对全人类产生影响,因而构成危害人类罪。在"检察官诉考迪奇与塞科奇"案中,审判分庭指出:"毫无疑问,摧毁独一无二的宗教文化目标是对全人类的伤害"。② 在"检察官诉约基奇"案中,法庭强调,对珍贵文化财产的攻击不仅影响该地区的历史与遗产,而且关系到人类的文化遗产,并明确指出,攻击列入世界文化遗产目录的文化财产会加重犯罪的严重性,其行为被视为具有特别的过错。③ 在"检察官诉米卢蒂诺维奇"案中,④法庭不仅重申了上述立场,还试图在《前南法庭规约》第 3 条第 4 款所规定的作为战争罪的破坏文化财产犯罪与第 5 条构成危害人类罪的破坏文化财产犯罪之间做出区分。

在上述判例基础上,审判分庭最终在"检察官诉斯塔尼斯奇与祖普贾尼"案中详细阐释了破坏文化财产的犯罪构成危害人类罪须满足的条件:(1)摧毁或破坏文化财产达到大规模的程度,并产生严重后果。法庭在评估后果是否严重时,不仅要考虑犯罪行为本身,还要考虑其对一个民族与整个国际社会的长远影响。(2)摧毁或破坏文化财产不满足军事必要例外。(3)实施者有摧毁或破坏宗教或文化财产的意图,或在摧毁或破坏存在现实可能性的情况下放任这种后果的产生。⑤

(三)作为灭绝种族意图证据的文化财产犯罪

依据《防止及惩治灭绝种族犯罪公约》第 2 条的规定,灭绝种族指蓄意全部或局部消灭某一个民族、人种、种族或宗教团体,犯有下列行为之一者:(1)杀害该团体的成员;(2)致使该团体的成员在身体上或精神上遭受严重伤害;(3)故

---

① See International Military Tribunal (Nuremberg), *Judgment*, American Journal of International Law, Vol. 41:1, p. 249(1947).

② See Prosecutor v. Kordic & Cerkez, Case No. IT – 95 – 12/2 – T, Trial Judgement (Int'l Crim. Trib. for the Former Yugoslavia, Feb. 26, 2001), at 207.

③ See Prosecutor v. Jokić, IT – 01 – 42/1 – S, Judgement (Int'l Crim. Trib. for the Former Yugoslavia, Mar. 18, 2004).

④ See Prosecutor v. Milan Milutinnović et al., Case No. IT – 05 – 87 – T, Judgement (Int'l Crim. Trib. for the Former Yugoslavia, Feb. 26, 2009).

⑤ See Prosecutor v. Mićo Stanisić & Stojan Zupljanin, Case No. IT – 08 – 91 – T, Judgement Summary (Int'l Crim. Trib. for the Former Yugoslavia, Mar. 27, 2013).

意使该团体处于某种生活状况下,以毁灭其全部或局部生命;(4)强制实施办法,意图防止该团体内的生育;(5)强迫转移该团体的儿童至另一团体。灭绝种族罪的这一定义被《前南法庭规约》第 4 条第 2 款完全引入,故被纳入其职权范围。

种族灭绝的目标不仅在于消灭一个种族的人,还在于消除这个种族在世界上的印记。所以,种族灭绝的目标通常包括消灭体现特定种族或宗教团体身份印记的文化财产,通过破坏、摧毁他们的集体记忆造成这个种族或宗教群组从未存在过的效果。[①] 发生在前南斯拉夫境内的武装冲突,主要是围绕穆斯林、克罗地亚族同塞尔维亚族之间的矛盾而爆发的,因而"消灭敌族"被定性为这场武装冲突的特点之一。[②] 所以,在很多情况下,前南武装冲突中发生的摧毁或破坏文化财产的行为是针对特定民族或宗教团体而实施的,这一特点也被前南法庭所关注。

在"检察官诉考迪奇与塞科奇"案中,法庭确定,摧毁或破坏宗教或教育机构的行为,如果实施者带有歧视的意图,则构成对一个民族的宗教与文化身份的攻击。[③] 在"检察官诉卡拉迪奇与马拉迪奇"案中,两位被告人被控对波斯尼亚的穆斯林与克罗地亚族进行了惨无人道的大规模攻击与杀戮,并大范围、系统性地摧毁与破坏穆斯林与罗马天主教宗教场所,因而被追究刑责。[④] 在"检察官诉克里斯蒂奇"案中,法庭对于攻击文化财产与灭绝种族罪之间的关系的界定更为清晰。审判分庭指出:在身体或生物意义上摧毁一个团体的过程中,往往伴随对该团体具有标志价值的文化或宗教财产的攻击。在这种情况下,对文化或宗教财产的攻击可以被视为有灭绝该种族主观意图的证据。[⑤]

由此可见,尽管前南法庭并没有直接将文化财产犯罪定性为灭绝种族罪的表现形式之一,但以民族或宗教身份为选择依据,有目的、歧视性地摧毁一个团

---

① See Ellis, M. S., *The ICC's Role in Combating the Destruction of Cultural Heritage*, Case Western Reserve Journal of International Law, Vol. 49:1, p. 42(2017).

② See O'Keefe, R., *Protection of Cultural Property under International Criminal Law*, Melbourne Journal of International Law, Vol. 11:2, p. 339, 358(2010).

③ See Prosecutor v. Kordić & Cerkez, Case No. IT – 95 – 12/2 – T, Trial Judgement (Int'l Crim. Trib. for the Former Yugoslavia, Feb. 26, 2001), at 207.

④ See Prosecutor v. Radovan Karadzić & Ratko Mladić, Case No. IT – 95 – 5 – I, Indictment (Int'l Crim. Trib. for the Former Yugoslavia, Oct. 2, 1995).

⑤ See Prosecutor v. Kristić, Case No. IT – 98 – 33 – T, Trial Judgement (Int'l Crim. Trib. for the Former Yugoslavia, Aug. 2, 2001).

体的文化财产已被法庭确立为判定行为人犯有灭绝种族罪主观意图的证据，对于该罪的定罪因而具有重要价值。

第二节 国际刑事法院的司法实践

一、国际刑事法院概述

20 世纪以来，国际社会为建立一个常设性的国际刑事法院进行着长期不懈的努力。经过多年谈判，联合国大会于 1998 年 6 月在罗马召开了为期 5 周的外交大会，最终通过一个有关建立国际刑事法院的公约——《国际刑事法院规约》。2002 年 7 月 1 日，《国际刑事法院规约》正式生效，国际刑事法院就此成立，这是国际法发展史上的标志性事件。截至 2023 年年底，已有 124 个国家批准或加入了规约。①

依据《国际刑事法院规约》的规定，国际刑事法院为常设机构，有权就本规约所提到的、受到国际关注的最严重犯罪对个人行使其管辖权，并对国家刑事管辖权起补充作用。该法院的管辖权限于整个国际社会关注的最严重犯罪，对下列犯罪具有管辖权：(1)灭绝种族罪；(2)危害人类罪；(3)战争罪；(4)侵略罪。②

需要强调的是，与包括《前南法庭规约》的其他国际司法机构规约相比，《国际刑事法院规约》更加明确地表达了对文化财产犯罪予以刑事起诉的决心。该规约序言第一句即为："意识到各国人民唇齿相依，休戚与共，他们的文化拼合组成人类共同财产，但是担心这种并不牢固的拼合随时可能分裂瓦解。"依据规约第 5 条的规定，法院对战争罪有管辖权。同时，依据第 8 条第 2 款第 2 项第 9 目与第 5 项第 4 目的规定，在国际性武装冲突与非国际性武装冲突中，"故意指令攻击专用于宗教、教育、艺术、科学或慈善事业的建筑物、历史纪念物，除非这些地方是军事目标"，属于战争罪。

尽管有观点认为，《国际刑事法院规约》确立了国际性武装冲突中的战争罪与非国际性武装冲突中的战争罪区别对待的立场，③但是，其第 8 条第 2 款第 2

---

① 详见国际刑事法院官网，https://asp.icc-cpi.int/en_menus/asp/states%20parties/Pages/the%20states%20parties%20to%20the%20rome%20statute.aspx，最后访问日期：2024 年 1 月 1 日。

② 参见《国际刑事法院规约》第 1 条、第 5 条。

③ See Frulli, M, *The Criminalization of Offences Against Cultural Heritage in Times of Armed Conflicts: The Quest for Consistency*, European Journal of International Law, Vol. 22:1, p. 203, 210 (2011).

项第9目针对国际性武装冲突下攻击此类目标的措辞与其第8条第2款第5项第4目针对非国际性武装冲突下攻击此类目标的措辞完全相同。可见,在这一点上,《国际刑事法院规约》遵循了《1954年海牙公约》及其第二议定书的模式。

不过,《国际刑事法院规约》对文化财产的保护仍有所欠缺。首先,依据规约,攻击不可移动的文化财产被纳入战争罪,而对可移动文化财产的攻击与掠夺并未被明确纳入其中,因而针对此类文化财产的犯罪不属于国际刑事法院的管辖权;其次,即便对于不可移动文化财产的保护,规约依然体现了军事必要例外。好在与《前南法庭规约》一样,本规约关于该例外的体现亦遵循1949年日内瓦公约《第一附加议定书》以及《前南法庭规约》的路径,即使用"军事目标"的措辞,而非"军事必要"或"军事目的"。尽管如此,由于《国际刑事法院规约》本身缺少明确规定,国际刑事法院是否对军事目标奉行限制解释,还须在案例中予以观察。

二、基于马赫迪案的法理分析

(一)马赫迪案的背景

马里共和国位于西非,历史上曾为法国殖民地。20世纪90年代,北部游牧民族图阿雷格部族(Tuareg)因土地权利和文化权利纠纷发动暴乱,持续多年。[①] 2011年利比亚内战后,一批利比亚武装人员流入马里,加剧了马里北部的暴乱。与此同时,"基地组织"与另一伊斯兰极端团体"伊斯兰卫士"(Ansar al - Din)也趁乱进入马里北部,并于2012年3月控制了马里北部,建立了伊斯兰教法的统治。[②] 在此期间,马里北部,尤其是廷巴克图古城的宗教、历史与文化遗产遭到了系统性的严重破坏。

廷巴克图历史上是贸易和文化中心,是古代西非和北非骆驼商队的必经之地,也是伊斯兰文化向非洲传播的中心,有大量的古代建筑、清真寺,享有"苏丹的珍珠""神秘的通布图""荒漠中的女王""333位圣徒的城市"之美称,是马里历史上最悠久的古城。令人痛心的是,2012年4月至2013年1月,"伊斯兰卫士"系统性地破坏马里廷巴克图的历史文化古迹,该古城的文化财产遭到"致命

① See BBC: *Mali Country Profile - Overview*, http://www.bbc.com/news/world-africa - 13881370,最后访问日期:2023年4月30日。

② See BBC: *Mali Country Profile - Overview*, http://www.bbc.com/news/world-africa - 13881370,最后访问日期:2023年4月30日。

打击”。

2013 年 1 月 9 日,“伊斯兰卫士”占领了孔纳镇,威胁到首都巴马科。同月 11 日,马里共和国政府请求原宗主国法国出军援助。法国军队进入马里以后,迅速将“伊斯兰卫士”驱赶至马里北方的大本营,结束了部分暴乱。但是,图阿雷格部族分裂主义者和“伊斯兰卫士”偶尔还在北方作乱,北部的局势依然紧张。①

马里是《国际刑事法院规约》缔约国,②鉴于北部暴乱期间发生了战争罪行,马里政府于 2012 年 7 月将马里的情势提交国际刑事法院。③ 2015 年 9 月 18 日,国际刑事法院签发逮捕令,下令逮捕对破坏廷巴克图负主要责任的马赫迪。随后,马赫迪在尼日尔境内被尼日尔政府逮捕。2015 年 9 月 26 日,在尼日尔和马里的合作下,马赫迪被送往海牙,移交给国际刑事法院。2015 年 9 月 30 日,马赫迪被正式起诉,被控蓄意破坏 10 处马里延巴克图的历史宗教遗迹。2016 年 9 月 27 日,国际刑事法院作出裁决,判处马赫迪 9 年监禁。这是国际刑事法院首例针对破坏文化财产案件作出的判决。④

(二)定罪依据及理由

根据《国际刑事法院规约》第 13 条的规定,国际刑事法院在下列情况下可以行使管辖权:(1)缔约国提交情势;(2)联合国安理会提交情势;(3)检察官自行调查。⑤ 因此,在收到马里政府提交的情势报告后,国际刑事法院检察官办公室(Office of the Prosecutor, OTP)于 2013 年 1 月启动初步调查程序。依据初步调查结果,检察官宣布,有合理的根据认为该案中发生了国际罪行,包括:(1)谋杀;(2)残伤肢体、虐待及酷刑;(3)故意指令攻击专用于宗教、教育、艺术、科学或慈善事业的建筑物、历史纪念物、医院和伤病人员收容所;(4)未经具有公认

---

① See Sterio, M., *Individual Criminal Responsibility for the Destruction of Religious and Historical Buildings: The Al Mahdi Case*, Case Western Reserve Journal of International Law, Vol. 49, p. 64 – 65(2017).

② 马里于 1998 年 7 月 17 日签署《国际刑事法院规约》,并于 2000 年 8 月 16 日交存批准书。详见国际刑事法院官网,https://asp.icc-cpi.int/en_menus/asp/states%20parties/african%20states/Pages/mali.aspx,最后访问日期:2023 年 4 月 30 日。

③ 详见国际刑事法院官网,https://www.icc-cpi.int/mali,最后访问日期:2023 年 4 月 30 日。

④ See Sterio, M., *Individual Criminal Responsibility for the Destruction of Religious and Historical Buildings: The Al Mahdi Case*, Case Western Reserve Journal of International Law, Vol. 49, p. 64 – 65(2017).

⑤ 参见《国际刑事法院规约》第 14 ~ 15 条。

为必需的司法保障的正规组织的法庭宣判,径行判罪和处决;(5)抢劫即使是突击攻下的城镇或地方;(6)强奸。[①]

在初步调查后,检察官办公室决定继续进行深入调查。在深入调查中,检察官发现,马赫迪是“伊斯兰卫士”在延巴克图建立的“赫斯巴哈”(Hisbah,意为“究责”,是一种宗教警察部队)的头目,他亲自下令并全程指挥了对廷巴克图文化遗产的破坏行为,包括9座陵墓和1座清真寺。[②] 基于此,检察官向国际刑事法院起诉马赫迪,请求得到法庭支持。对于检察官的起诉,法庭首先需要确定,其对于被告人2012年6月11日至30日在马里犯下的战争罪行是否具有管辖权。

依据《国际刑事法院规约》,国际刑事法院刑事管辖权需要满足以下三个基本条件:(1)被指控犯罪行为须满足第11条关于“属时管辖权”的规定;(2)须满足第12条关于属人或属地管辖权的规定;(3)须满足第5条事项管辖权的规定。

《国际刑事法院规约》第11条规定:对于在本规约生效后成为缔约国的国家,本法院只能对在本规约对该国生效后实施的犯罪行使管辖权。由于马里于1998年7月17日签署《国际刑事法院规约》,并于2000年8月16日交存批准书,而被告人马赫迪被控的犯罪行为发生在2012年,因此国际刑事法院对本案具有属时管辖权。

依据《国际刑事法院规约》第12条关于属人及属地管辖权的规定,犯罪行为发生地或者犯罪被告人的国籍须为规约缔约国或依规约第12条第3款接受国际刑事法院管辖的国家。在本案中,被指控的犯罪行为全部发生在马里境内,因而国际刑事法院具有属地管辖权。[③]

关于事项管辖权,《国际刑事法院规约》第5条第1款规定,战争罪属于国际刑事法院管辖权范围内的犯罪;第8条第2款第2项第9目规定,在国际性武

---

① See Press Release, ICC Prosecutor opens investigation into war crimes in Mali: “The legal requirements have been met. We will investigate”, ICC Press Release ICC – OTP – 209130116 – PR869 (Jan. 16, 2013).

② See Ellis, M. S., *The ICC's Role in Combating the Destruction of Cultural Heritage*, Case Western Reserve Journal of International Law, Vol. 49:1, p. 28(2017).

③ See The Office of Prosecutor, *Situation in Mali*, Jan. 16, 2013, https://www.icc-cpi.int/itemsDocuments/SASMaliArticle53_1PublicReportENG16Jan2013.pdf,最后访问日期:2023年4月30日。

装冲突中,故意指令攻击专用于宗教、教育、艺术、科学或慈善事业的建筑物、历史纪念物属于战争罪,除非这些地方是军事目标;第8条第2款第5项第4目规定,在非国际性武装冲突,故意指令攻击专用于宗教、教育、艺术、科学或慈善事业的建筑物、历史纪念物,亦属于战争罪,除非这些地方是军事目标。同时,第8条第2款第6项规定:第2款第5项适用于非国际性武装冲突,因此不适用于内部动乱和紧张局势,如暴动、孤立和零星的暴力行为或其他性质相同的行为。

在这种情况下,关于国际刑事法院对马赫迪被指控的犯罪是否具有事项管辖权,法庭需要作出两点判断:第一,马里北部的战乱在性质上如何定性;第二,马赫迪攻击的对象是否是专用于宗教、教育、艺术、科学或慈善事业的建筑物、历史纪念物,是否是军事目标。

对于第一个问题,根据证人证言和视频资料,2012年4月至2013年1月期间,廷巴克图处于“基地组织”和“伊斯兰卫士”的控制之下,这两个组织相联合共同在廷巴克图建立了行政政权,说明该武装冲突并非为国际性武装冲突。此外,综合检方提交的证据,包括马里国防部提交的文件、联合国和其他媒体机构获得的各种资料,法庭认定,马里在此期间确实爆发了区域性、高强度的武装冲突,而非内部动乱和紧张局势。因此,《国际刑事法院规约》第8条第2款第5项可以适用,即本案涉及的武装冲突属于非国际性武装冲突。

对于第二个问题,检方提交了廷巴克图被毁坏的历史建筑的录像片段、证人证言、遗迹毁坏前后卫星对比图、马里政府的文件、专家意见、媒体报道、国际机构声明和报告,证明破坏行动所针对的是10处历史宗教建筑,包括9座陵墓和1座清真寺。这些建筑具有极高的历史、文化、宗教与美学价值,被誉为“活的人文瑰宝”,且其中有9处遗产被联合国教科文组织认定为世界文化遗产。对此,检察官在声明中强调:“破坏廷巴克图的陵墓无异于抹去经过漫长年代才得以构建的集体身份的印记,是在根除一个文明的标记。这是在摧毁一个民族之根,会不可挽回地影响到该民族的心灵、社会实践与组织构造。”[①]法庭由此认定,本案中被毁坏的建筑毫无疑问属于宗教建筑、历史纪念物,并且从证据中明显可以看出这些建筑中并不含有军事目标。而且证据明确表明,袭击策划者精心选择攻击这些建筑物,正是因其宗教和历史文化意义。

根据以上证据,法庭认定,国际刑事法院对马赫迪指控的罪行具有事项管

---

① Prosecutor v. Al Mahdi, Case No. ICC0 - 01/12 - 01/15, Statement of the Prosecutor of the International Criminal Court (Aug. 22, 2016).

辖权。在此基础上,法庭需要进一步裁定,马赫迪的行为是否满足规约第 25 条关于个人负刑事责任的条件。①

检方提出,马赫迪是宗教事务领域杰出的学者和专家,是廷巴克图区域内对宗教事务最了解、最有发言权的人。他与"基地组织"和"伊斯兰卫士"这两个组织的领导层都有紧密的联系,在该组织中具有极高的地位。2012 年 4 月初,马赫迪独立创建了"赫巴斯哈",并担任其第一任头目。赫斯巴哈的主要职能是所谓"防止邪恶,促进美德,对道德情况进行监督",因此,该组织认为其有责任毁掉表达敬拜坟墓、死亡的建筑,包括本案中遭到袭击的 10 处文化遗产。检方的证明表明,马赫迪全程策划并下令实施了对这 10 处文化遗产的攻击,具体包括:选择要摧毁的目标、确定从古城的北部向南部按序推进摧毁的方案,为摧毁行动提供人力与设备保障,直接下令摧毁,并摧毁每一处目标时都在场监督。② 需要指出的是,对于检方的指控,马赫迪当庭认罪,并祈求原谅。他当庭忏悔道:

> 我记得有人说过,我们应当尊重司法,哪怕司法会将我们自己绳之以法。我们必须真实地面对自己,哪怕真实会灼伤我们的双手。女士们,先生们,此刻,我满心悔恨与痛苦,我承认对我的所有指控。这些指控都是正确与准确的。我真的很抱歉。对于我一手造成的所有破坏与损失,我非常悔恨。我愧对家庭、廷巴克图与我的祖国——马里。我的所作所为给整个国际社会也造成了巨大损失,对此我亦非常悔恨。

---

① 依据该条第 3 款的规定,有下列情形之一的人,应依照本规约的规定,对一项本法院管辖权内的犯罪负刑事责任,并受到处罚:1. 单独、伙同他人、通过不论是否负刑事责任的另一人,实施这一犯罪。2. 命令、唆使、引诱实施这一犯罪,而该犯罪事实上是既遂或未遂的。3. 为了便利实施这一犯罪,帮助、教唆或以其他方式协助实施或企图实施这一犯罪,包括提供犯罪手段。4. 以任何其他方式帮助以共同目的行事的团伙实施或企图实施这一犯罪。这种帮助应当是故意的,并且符合下列情况之一:(1)是为了促进这一团伙的犯罪活动或犯罪目的,而这种活动或目的涉及实施本法院管辖权内的犯罪;(2)明知这一团伙实施该犯罪的意图。5. 就灭绝种族罪而言,直接公然煽动他人灭绝种族。6. 已经以实际步骤着手采取行动,意图实施犯罪,但由于其意志以外的情况,犯罪没有发生。但放弃实施犯罪或防止犯罪完成的人,如果完全和自愿地放弃其犯罪目的,不按犯罪未遂根据本规约受处罚。

② See Prosecutor v. Al Mahdi, Case No. ICC0 – 01/12 – 01/15, Statement of the Prosecutor of the International Criminal Court (Aug. 22, 2016).

> 我特别要对被我摧毁的陵墓所有人的祖先道歉。我祈求得到廷巴克图人民的宽恕。我向他们保证:这是我做的第一件错事,也是最后一件。我祈求得到他们的原谅,但愿他们能把我看成一个失足的儿子,把我认作廷巴克图的一分子,不要忘记我曾经对廷巴克图所做的贡献。①

对于马赫迪当庭认罪及其在法庭上的悔罪言辞,检察官法托·本苏达(Fatou Bensouda)指出,这是国际刑事法院历史上的里程碑。她不无痛心地说:我们这个时代,人类的共同遗产反复、有计划地受到个人与团体的疯狂破坏。他们的目标是通过消除一个族群心灵上的物理表征来消灭世界上的异己者。如此,这些族群的特点与价值被否定、被根除。②

鉴于此,法庭认为,马赫迪本人全程参与了对廷巴克图宗教与历史遗产的破坏行动,对这些违法行为负有责任。他的宗教知识为他选择攻击这10处文化遗产提供了便利,同时,因其具有的宗教知识,他完全可以意识到这些建筑的历史性与非军事性,以及破坏行为对伊斯兰文化造成的毁灭性打击,因而马赫迪行为的故意性一览无余。虽然控方根据第25条第1款至第4款提出了四项指控,但法院最终认定,本案完全符合第25条第1款的情况,无须根据2~4款重复认定马赫迪应承担的刑事责任。③

由于马赫迪当庭承认在2012年6月30日至7月11日期间犯下了破坏廷巴克图历史宗教建筑的战争罪行,庭审只持续了数日:2016年8月22日开庭,24日庭审结束。鉴于马赫迪当庭认罪,并在之前与检方有所协调,国际刑事法院于2016年9月27日作出判决,判处马赫迪9年监禁。

该案开创了国际刑事法院的数项历史:第一,这是国际刑事法院首例专门针对破坏文化财产罪行作出的判决。第二,这是该法院审理的所有案件中,被告当庭认罪的第一案,因而也是该法院适用规约第65条关于认罪程序规定的第一案。第三,本案是国际刑事法院审判伊斯兰极端组织成员的第一案。因

---

① Prosecutor v. Al Mahdi, Case No. ICC0 – 01/12 – 01/15, Statement of the Prosecutor of the International Criminal Court (Aug. 22, 2016).

② See Prosecutor v. Al Mahdi, Case No. ICC0 – 01/12 – 01/15, Statement of the Prosecutor of the International Criminal Court (Aug. 22, 2016).

③ See Prosecutor v. Al Mahdi, Case No. ICC0 – 01/12 – 01/15, Trial Hearing (Aug. 22, 2016).

此，马赫迪案无论是在国际刑法上，还是在国际文化财产法上，均特具重要意义。

三、总结与评价

前南法庭在 11 起案件中，追究了被告人破坏文化财产的刑事责任，终结了在武装冲突中破坏文化财产在国际法上不受刑事惩罚的历史，有力加强了国际文化财产法在实践中的执行力。国际刑事法院判决的马赫迪案则更进一步，开创了国际司法机构专门就破坏文化财产罪追究责任人刑事责任的先河，从而将此类犯罪的严重性提高到一个新的高度，这是国际法在保护文化财产免受武装冲突影响领域的一次重大突破，其意义重大。尽管如此，对于未来文化财产是否能受到国际法愈加有效与严格的保护，从而免受武装冲突的影响，我们尚不能过于乐观。

第一，国际条约、习惯国际法规则与各国际司法机构的规约表明，保护文化财产免受武装冲突影响的国际法规则仅适用于国际性武装冲突与非国际性武装冲突，而“不适用于内部动乱和紧张局势，如暴动、孤立和零星的暴力行为或其他性质相同的行为”。因此，作为战争罪的一种表现形式，破坏文化财产犯罪只有发生在国际性武装冲突与非国际性武装冲突中，才有可能属于国际司法机构的管辖范围，责任人才有可能承担国际法上的刑事责任。这一状况必然使破坏文化财产的犯罪属于国际法的调整范围进而受到国际司法机构管辖的情况极其有限。

例如，2001 年，阿富汗塔利班最高领导人下令炸毁了巴米扬大佛。然而，这一严重毁坏文化遗产的事件并不是发生在武装冲突期间，所以，尽管阿富汗是《国际刑事法院规约》缔约国，国际刑事法院无权管辖之，因而国际社会束手无策。① 前南斯拉夫境内的武装冲突在性质上属于国际性武装冲突，而马里北部的武装冲突属于非国际武装冲突性质，这是发生在该两场武装冲突中的国际罪行能够得到国际法规则调整、破坏文化财产的相关责任人能够得到国际司法机构审判的重要原因。

第二，由于既有国际文化财产条约尚未建立负责执行的国际机构，保护文

① 阿富汗于 2003 年 2 月 10 日加入《国际刑事法院规约》，详见国际刑事法院官网，https://asp.icc-cpi.int/en_menus/asp/states%20parties/asian%20states/Pages/afghanistan.aspx，最后访问日期：2023 年 4 月 30 日。

化财产免受武装冲突影响的国际法规则在很大程度上只有得到各国国内法层面上的支持,才能得到有效实施。例如,《1954 年海牙公约》第 28 条规定:各缔约国承允于其普通刑事管辖权范围内采取必要步骤,以对违反或唆使违反本公约的人,不问其国籍,进行起诉并施以刑事或纪律制裁。《1954 年海牙公约第二议定书》第 15 条第 2 款也要求各缔约国应采取必要措施,依据国内法对本条款所列之各种违约行为加以指控,并通过适当刑罚制止此类行为。然而,从目前的现状来看,依据海牙公约及其第二议定书的上述规定在国内法中将武装冲突中破坏文化财产犯罪转化或并入国内法的国家为数寥寥,因而国际文化财产条约的执行力孱弱的局面未能得到扭转。①

第三,一些国家虽已制定了保护文化财产免受武装冲突影响的国内法,但真正发生武装冲突的不少国家缺少执法的实际能力。比如,将马赫迪提交国际刑事法院的马里是《1954 年海牙公约》缔约国,②也制定了一系列保护文化财产的国内法,③但由于该国北部长期处于武装冲突之中,其政府长期无法实际控制这一地区,加之该国财政几近枯竭,其司法机关极度缺乏财力与人力资源,马里政府没有执行法律的实际能力,无法将破坏文化财产的责任人绳之以法。事实上,这也是马里将马赫迪交由国际刑事法院管辖的主要原因。对此,马里政府于 2012 年 7 月在将案件递交给国际刑事法院的文件中指出:马里的司法制度没有能力逮捕、起诉马里北部实施犯罪的嫌疑人。④ 可见,交由国际刑事法院调查并审判马赫迪是马里政府的明智选择。再如,伊拉克与叙利亚的国内法也有明确禁止破坏与劫掠文化财产的规定,⑤但无论是在两次伊拉克战争期间,还是

---

① See Shoamanesh, S. S. & Duterte, G., *The ICC and Cultural Property: Reinforced Legal Enforcement of the Protection of Cultural Property in Armed Conflict*, International Criminal Justice Today (Jun. 22, 2016), https://www.international-criminal-justice-today.org/arguendo/the-icc-and-cultural-property/.

② 马里于 1961 年 5 月 18 日加入《1954 年海牙公约》,但直到 2012 年 11 月 15 日才加入《1954 年海牙公约第二议定书》。详见红十字国际委员会官网,https://ihl-databases.icrc.org/applic/ihl/ihl.nsf/States.xsp?xp_viewStates=XPages_NORMStatesParties&xp_treatySelected=590,最后访问日期:2023 年 4 月 30 日。

③ 仅在联合国教科文组织文化遗产法国家立法数据库中就能找到马里关于保护文化财产的法律 11 部。详见联合国教科文组织各国文化遗产法数据库,http://www.unesco.org/culture/natlaws/index,最后访问日期:2023 年 4 月 30 日。

④ *Renvoi de la situation au Mali.*

⑤ See Ellis, M. S., *The ICC's Role in Combating the Destruction of Cultural Heritage*, Case Western Reserve Journal of International Law, Vol. 49:1, p. 47 (2017).

仍在持续之中的叙利亚内战，自战事扩大后，这两个国家的行政当局均失去了执行法律的实际能力，尤其是在被武装团体占领的区域。

第四，随着国际司法机构的建立与增加，包括国际刑事法院在内的国际司法机构在保护文化财产免受武装冲突影响扮演着越来越重要的角色，但囿于国际社会是“横向”的平行式社会，国际司法机构的管辖权是否能够得到尊重与行使，取决于各国的意愿与复杂的国际政治局势。以国际刑事法院为例，尽管其已有124个缔约国，但中美等大国尚未加入，俄罗斯、南非等国家还在加入后宣布退出，因而该法院的发展面临现实困境。即便是文化财产近年受到战火蹂躏的叙利亚与伊拉克两国迄今也没有加入。[①] 叙利亚内战爆发后，势力剧烈扩张的“伊斯兰国”一度控制了叙利亚与伊拉克的大片区域，大规模破坏了两国境内的珍贵文化财产，其中包括叙利亚境内的倭马亚大清真寺宣礼塔、被誉为“沙漠珍珠”的巴尔夏明神庙；位于伊拉克境内的亚述古城遗址、摩苏尔努里清真寺以及历史悠久的宣礼塔等。[②] 然而，由于叙利亚与伊拉克两国并非《国际刑事法院规约》缔约国，国际刑事法院无法对之行使管辖权，除非安全理事会根据《联合国宪章》第七章行事，向检察官提交显示一项或多项犯罪已经发生的情势。[③] 不过，鉴于美俄等大国在安理会围绕叙利亚展开的激烈角力，这一情况实现的可能性几乎为零。

进入21世纪以来，文化财产依然未能免受武装冲突的破坏，这足见保护文化财产的国际法律制度需要进一步加强。所以，要切实保护文化财产，使之免受武装冲突的破坏，国际社会还需要作出不懈努力。

---

① 详见国际刑事法院官网，https://asp.icc-cpi.int/en_menus/asp/states%20parties/Pages/the%20states%20parties%20to%20the%20rome%20statute.aspx，最后访问日期：2023年4月30日。

② See Lostal, M., *International Cultural Heritage Law in Armed Conflict: Case – Studies of Syria, Libya, Mali, the Invasion of Iraq, and the Buddhas of Bamiyan*, Cambridge University Press, 2017, p. 197 – 198.

③ 参见《国际刑事法院规约》第13条第2款。

第三编

文化财产的返还与归还

古罗马已经不在罗马了，它在巴黎。

——18世纪法国街头小调[①]

① ［美］莎明·韦克斯曼：《流失国宝争夺战》，王若星、朱子昊译，浙江大学出版社2014年版，第60页。

第一章　概　述

作为民族集体记忆与社会价值的媒介，文化财产暗藏着各个民族的“心理构图”与“文化密码”，借此，我们可以洞烛民族的形成与变迁。[①] 从更宏观的意义上说，各个民族丰富灿烂的文物交相辉映，构成一幅色彩斑斓的文明拼图，观之，我们可以破译全人类波澜壮阔的发展史。对此，我国首任文物局局长郑振铎先生有如下精辟论断：

> 原来人类的进展，只有在文化上表现得真切。每一个时代，各有那个时代的文化生活；而每一个民族，同时也各有其特征。而这文化是传递不断的，像抽刀断水似的，水是永远的“更流”着的。每一个民族文化的特征，最好的表现，便是在各时代遗留下来的古文物、古文书上。要明白今人的时代和人民生活，便也非了解各时代——近代乃至邃古的——人民生活不可，自然也非研究各时代所遗留下来的古文物、古文书不可。[②]

① 参见王明珂：《华夏边缘：历史记忆与族群认同》，浙江人民出版社2013年版，第193页。

② 郑振铎：《保存古物刍议》，载《大学》1947年第6卷（第3、4期合刊），第25页。

质言之,作为各民族和全人类的文化印记与历史存证,文化财产的价值是无法用金钱衡量的,也是无法替代的,是须加精心呵护的珍贵遗产。然而,以历史的视角观之,人类意识到文化财产的价值并对之加以保护,并非自古即有。相反,在古代,劫掠、摧毁文化财产常被默许与纵容,甚至被视为理所当然的习惯法规则,无怪乎有学者哀叹:“历史往往是用战利品来书写的,而不是史书记载的。”①

到了近代,随着地理大发现及工业革命的完成,西方在世界确立了霸权,并用暴力将亚非拉广大地区纳入其殖民统治之下。在此背景之下,这些地区的文化珍宝,自然沦为西方帝国主义的“囊中之物”,甚至连意大利与希腊这两个古典西方文明的滥觞之地亦未能幸免。于是,曾见证这些地区古老文明的无数文化珍宝被西方列强所掳,从而开启了文化财产的“西向汇聚趋势”。对于这一段历史,时任联合国教科文组织总干事阿马杜·马赫塔尔·姆博(Amadou - Mahtar M'Bou)曾叹曰:

> 在沧桑而多舛的人类历史进程之中,许多民族被剥夺了本属于它们的无价珍宝,而对于这些民族而言,其得以存续的民族身份,只有在这些珍宝中方能体现。
>
> 建筑部件、雕像与壁缘,独石柱、马赛克、陶器、珐琅器、面具与玉器,象牙与镂金……事实上,每件被掳走的物品,从纪念碑到手工艺品,都不仅仅是饰品。它们是历史的见证者,见证的是一部文化与各民族永生不息之精神的历史。②

第二次世界大战结束以后,殖民体系土崩瓦解,亚非拉地区的民族陆续摆脱西方控制,继而走上独立、富强之路。随着发展中国家文化主权意识及其民族自信心与国力的提高,要求西方返还被劫掠及非法出口文物的呼声愈加高涨。在此背景之下,国际法开始大踏步地向更加公平正义的方向迈进。

1954 年,国际社会在海牙通过了《关于发生武装冲突情况下保护文化财产

---

① Rigby, D., *Cultural Reparations and a New Western Tradition*, The American Scholar, Vol. 13:3, p. 274(1944).

② Prott, L. V. ed., *Witnesses to History: A Compendium of Documents and Writings on the Return of Cultural Objects*, UNESCO Publishing, 2009, preface.

的公约》(《1954 年海牙公约》),该公约整合、充实、完善、发展了原有海牙公约体系关于在武装冲突情况下保护文化财产的法律规则,系统、全面地规定了交战各方对保护文化财产所承担的法律责任,对此,本书前一编已进行详尽论述。该公约的制定标志着战时肆意劫掠文化财产的习惯法规则被彻底废弃,武装冲突期间文物必须得到保护的原则得以明确确立。

《1954 年海牙公约》生效实施以后,国际社会开始将立法重点转向保护文化财产免受贩运与走私之害以及非法出口之文化财产返还其原属国的事项上来。立法重心上的转移,主要系因国际政治、经济形势在第二次世界大战结束后发生丕变:在新的历史环境下,贩运与走私已经迅速上升为文化财产安全的主要威胁。

第二次世界大战结束以来,和平发展成为国际大势,大规模的国际战争得以避免,因而武装冲突不再成为文化财产受到破坏的首要原因。更为重要的是,近几十年来,国际市场上文化财产的价格飙涨,这直接导致文化财产贩运的泛滥与文物黑市的火爆。在暴利的诱惑下,大量犯罪分子铤而走险,盗窃、盗掘、走私等文化财产犯罪遂进入高发期。据国际权威机构统计,进入 20 世纪 90 年代以后,跨国间的文化财产黑市交易已经成为利润最丰厚的非法贸易之一,并与军火及毒品走私并称为当代三大非法国际贸易。①

由此可见,自 20 世纪 60 年代起,国际社会在文化财产领域立法重点的转移,是应对新的国际环境的必然反应。自那时以来,在联合国教科文组织等国际组织的积极倡导与协调下,国际社会已成功订立了数个旨在打击文化财产贩运与走私以及促进被盗与非法出口文化财产返还原属国的多边国际公约,其中,最为重要的当属 1970 年联合国教科文组织主持制定的《1970 年公约》与《1995 年公约》。截至 2023 年年底,这两个公约的缔约国数量分别达到 145 个与 54 个,在全世界具有重要影响。

《1970 年公约》与《1995 年公约》的制定与实施,扭转了千百年间国际法对和平时期文物非法跨国流转无所规制的局面。这是继《1954 年海牙公约》后,人类为构建公平正义的国际文化财产法秩序而取得的又一次重大进步,为保护文化财产免受盗窃、盗掘、走私与贩运之害以及原属国追索非法流失之文化财

---

① See Gruber, S., *The Fight Against the Illicit Trade in Asian Cultural Artifacts: Connecting Domestic Strategies, Regional Cooperation and International Agreements*, AsianSIL Working Paper, May 2012, p. 9.

产燃起了希望。职是之故，本编以这两个公约为主要研究对象，全面梳理、研究文化财产返还领域的国际法问题。

第一节 立法回顾

一、国内立法

人类制定规则保护文化财产已经有相当长的历史。早期，无论是各国国内立法还是国际立法，其重点均在于保护文化财产尤其是不可移动文化财产（如寺庙、教堂与历史建筑）免受战火破坏。对此，本书第二编已作详尽论述。

随着人类社会的进步与发展，文化财产的价值日渐彰显。特别是自欧洲兴起复古热潮，以及近代意义上的考古学形成之后，各国扩展了文化财产保护立法的范围。保护文化财产免遭盗掘、走私等非战争行为的破坏，逐渐进入各国立法的关照层面。从全球范围看，制定法律保护文化财产（尤其是可移动文化财产）在和平时期免受破坏的立法活动肇始于文化财产资源丰富的欧洲国家。譬如，希腊、意大利与法国分别于 1832 年、1872 年与 1887 年颁布了和平时期保护文化财产的单行法。①

随着考古学的勃兴与考古活动的日益活跃，19 世纪中叶以后，越来越多的欧洲考古队到北非、西亚、中亚及远东进行考古活动，并将发掘的大量珍贵文物带回欧洲。在此背景下，这些地区的国家开始意识到制定法律的重要性与迫切性，以保护其文化财产、规制其境内的考古发掘活动，并防止珍贵文化财产的流失。以比较法观之，最早采取立法措施的是文化财产资源丰富且受欧洲考古活动影响最严重的北非及西亚国家。例如，土耳其与埃及分别于 1874 年与 1879 年颁布法律，对其境内的考古活动进行规范，并禁止文化财产的非法出口。② 与此同时，为了对已发掘出土的文化财产予以保护、收藏与展示，这些国家还开始建立博物馆或类似机构，土耳其于 1847 年建立了国家文物博物馆，埃及于 1835 年建立了国家博物馆。③ 进入 20 世纪以后，越来越多处于殖民或半殖民统治的

---

① See O'Keefe, P. J. & Prott, L. V., *Law and the Cultural Heritage, Vol. I Discovery and Excavation*, Professional Books Ltd., 1984, p. 31.

② See Forrest, C., *International Law and the Protection of Cultural Property*, Routledge, 2010, p. 134.

③ See O'Keefe, P. J. & Prott, L. V., *Law and the Cultural Heritage, Vol. I Discovery and Excavation*, Professional Books Ltd., 1984, p. 44.

亚非国家开始颁布单行的文物保护法。

19 世纪中叶以后,西方列强凭借其坚船利炮打开了中国的大门,中国由此逐渐沦为半殖民地国家,屈辱的近代史由此开启。在列强发动的历次侵华战争中,无数的珍贵文化财产惨遭破坏、劫掠并流失海外,其中,第二次鸦片战争及八国联军侵华战争对中国的文物破坏尤为严重。在这两次战争中,英法联军以及八国联军攻入北京烧杀抢掠,两次火烧圆明园,抢劫、破坏了园中大部分宫廷旧藏和大量珍宝器皿。

遗憾的是,由于当时清廷已处风雨飘摇之中,官方并没有对遭到破坏及劫掠的物品做详细统计和记载,具体数量及信息已无法考证,我们只能从一些西方历史文献的记载中窥见当时的惨状。一名参加英法联军侵华的法国军官在写给朋友的信中描述:"火烧圆明园以后,我们足足运走了 300 多车战利品。砸碎的瓷器、象牙制品不计其数……"一位英军将领在日记中写道:"那些法国兵没有纪律可言,单个活动,捡东西就乱抢,拿不动或不好拿的就砸,我们英国军官指挥兵士将战利品集中摆放,整整堆满了三处皇宫大院……"①

事实上,除圆明园外,从皇宫禁苑、官署部衙,到五公府第、民居商宅,都遭到联军地毯式的洗劫。有史料记载,经此浩劫,北京城"未然之橹楼,为联军击碎烧弃,已失数百年来巍奂之美观,旧迹留者,仅一二者"。② 疯狂的劫掠之中,有一只活泼的北京小狗未能逃脱,它被英军进贡给维多利亚女王,这是西方见到的第一只京巴狗,女王给这只小狗起了一个"恰当的名字"——"战利品"(looty)。③ 此外,自英法联军撤退至清廷返京期间,由于皇家庭院处于无人看守状态,部分当地民众及游民也参与到贵重物品的偷窃与抢夺之中,致使所剩珍宝又遭到一次涂炭。

1900 年,八国联军攻入北京,慈禧太后及其朝臣再次出逃。慈禧太后出逃后,八国联军还占领了故宫,时间长达一年之久。在那段时间里,仍频繁发生对各类珍宝的掠夺。④ 无怪乎有学者哀叹:"盖自元明以来之积蓄,上至典章文

---

① [法]布隆戴尔:《1860 年征战中国记》,赵珊珊译,中西书局 2011 年版,第 115 页。

② 梁启超等:《详述北京战后景况》,载《清议报》第 59 册,1900 年 10 月 4 日版。

③ 参见[美]卡尔·梅耶、谢林·布莱尔·布里萨克:《谁在收藏中国》,张建新等译,中信出版集团 2016 年版,第 23 页。

④ 参见[美]卡尔·梅耶、谢林·布莱尔·布里萨克:《谁在收藏中国》,张建新等译,中信出版集团 2016 年版,第 23 页。

物，下至国宝奇珍，扫地遂尽。”①经这两次战争，大量国宝级中国文物流失海外。献给法国路易皇帝和尤金妮·拿破仑皇后的战利品被收藏在枫丹白露宫，至今仍是该博物馆中国文物藏品的重要组成部分。在伦敦，1861 年拍卖季(以及后来许多拍卖活动)的亮点都是那些带有“源自圆明园”的醒目标牌的东方珍宝。② 直至今天，国际拍卖市场上出现的清宫拍品，大都为北京城两次遭受浩劫时被劫掠的文物。③

除战争外，19 世纪末 20 世纪初，中国西北地区成为各国文物探险家的“乐园”，各种名目的探险队、测量队和考察队纷至沓来。这些探险队，既有沙俄、英国、法国的，也有德国、日本、瑞典和美国的。他们未经中国政府许可就在中国西北地区肆意劫掠文物、非法发掘古文化遗址或以低价购买的方式从占有者或保管者那里获取珍贵文物，造成中国文物的大量流失。④ 仅以敦煌为例：敦煌石窟，历时千余载，拥有宝藏无以计数。藏经洞出土文书 5 万余件，多是历史上佚失无存的孤本，弥足珍贵。但几十年间敦煌数度遭盗抢，几经劫难，敦煌遗书在中国国内现仅存 2 万件，英、法、日、美、俄、瑞典、奥地利诸国均有敦煌文物收藏，数量无从估计。⑤

1911 年 10 月，武昌革命取得胜利，清朝被推翻，次年 1 月 1 日，孙中山宣誓就职，中华民国成立。然而，民国的创立并没有给中国带来统一、和平、秩序与繁荣。中国很快陷入军阀割据与混战状态，这一阶段因而成为中国文物被盗

---

① 柴萼：《庚辛纪事》，《中国近代史资料丛刊》(第一册)，上海人民出版社 2000 年版，第 42 页。

② 参见[美]卡尔·梅耶、谢林·布莱尔·布里萨克：《谁在收藏中国》，张建新等译，中信出版集团 2016 年版，第 17 页。

③ 参见吴树：《谁在拍卖中国》，山西人民出版社 2010 年版，第 3 页。

④ 参见霍政欣：《追索海外流失文物的法律问题》，中国政法大学出版社 2013 年版，第 242 页。

⑤ 历次考察中，以英国人斯坦因、法国人伯希和在敦煌藏经洞的劫掠最为严重。据说斯坦因买敦煌经书是依卷子大小而定，而伯希和精通中文，所掠 5000 余本经书和绢本、纸本画都为藏经洞中的上上品。考察中行径最为恶劣的当数美国人华尔纳，这家伙以特种油布按在敦煌千佛洞的壁画上，把带不走的壁画印在布上带回美国。他们疯狂劫掠过后，而今敦煌遗书在中国国内仅存 20,000 件，而藏于英国大英图书馆的就有 13,700 件，法国巴黎国立图书馆有 6000 件，俄罗斯亚洲民族研究所有 12,000 件，英国印度事务部图书馆近 2000 件，日本有 122 件。仅上述 4 国 5 处有案可查的敦煌遗书收藏量就比我国国内所藏的多出 13,800 多件，另外，美国、瑞典、奥地利、韩国等也均有敦煌文献收藏，其数量无从估计。See Cuno, J., *Who Owns Antiquity? Museums and the Battle over our Ancient Heritage*, Princeton University Press, 2008, p. 88 – 104.

掘、破坏以及大量外流的另一个高峰期。[①] 更为不幸的是,20 世纪 30 年代,日本发动全面侵华战争并占领中国大片国土。日本侵华期间,中国文物更是遭遇浩劫,对此,本书在第二编中已有论及,遂不赘述。

需要指出,就中国而言,现代意义上的文物保护立法滥觞于清末变革,是随着"西法东渐"的脚步逐渐步入中国的。1906 年,清政府设立民政部,拟定了《保存古物推广法》,通令各省执行。1908 年,清政府颁布《城镇乡地方自治章程》,[②]将"保存古迹"与"救贫事业、救荒"等作为城镇乡之善举,列为城镇乡的"自治事宜"。这是我国历史上最早涉及古物、古迹保护的法律,但由于那时清政权已处于崩溃边缘,文物保护并未得到各省巡抚的重视。[③]

中华民国成立后,遏制文物外流成为当时政府面临的一项迫切任务。为此,南京临时政府外交部向英、美、德、法、日等国领事馆发出照会指出,除清帝可以保留的财产以外,一切清廷的动产或不动产,均属国民所有,不得私相授受,"如有此项情事,我国民政府当视为无法律效力之买卖,必将该物产追还"。1916 年,北洋政府内务部颁发了《为切实保存前代文物古迹致各省民政长训令》,同年 10 月,该部又颁发了《保存古物暂行办法》,共 5 条,要求各地对待古物应"一面认真调查,一面切实保管",并禁止私相售运古物。[④] 1924 年,内务部草拟了《古籍、古物及古迹保存法(草案)》并提交国务会议审议。该草案第 28 条规定:"凡古籍、古物及古迹,无论何人,不得任意毁弃毁坏,并不得贩运或携出国境。"一般认为,这一条款"是专门针对清宫贩卖古物出口而定的"[⑤]。同时,该法草案也是中国首次将文物保护法正式提上立法议程的一次尝试。1927 年 3 月,北洋政府又以大总统令的方式命令税务处制定禁止古物出口办法,同年 7 月,内务部致函税务处,指出在正式律法未经订立公布之前,税务处可参酌

---

① 20 世纪二三十年代,欧美经济陷入空前危机,大量资本找不到合理的投资渠道,文物及艺术品遂成为闲置资本的投资对象。在此背景下,中国文物也成为西方资本追逐的目标。在中国,西方文物商几百美元便能买到一件上好的中国古董,1 万美元就可以买到国宝级文物。盗墓之风亦在中国盛行,在安阳,外国的古董商整天守在那里等着老百姓去挖商代的青铜器,而带回到美国后,一件青铜器能卖好几十万美元。故此,文物犯罪与流失在此阶段异常严重。参见霍政欣:《追索海外流失文物的法律问题》,中国政法大学出版社 2013 年版,第 243 页。

② 参见徐勇:《乡村治理与中国政治》,中国社会科学出版社 2003 年版,第 154 页。

③ 参见黄树卿:《中国文化遗产法的形成与发展》,第一届中法文化遗产法研讨会论文,2011 年 7 月于北京。

④ 参见张松:《中国文化遗产保护法制建设史回眸》,载《中国名城》2009 年第 3 期。

⑤ 爱新觉罗·溥仪:《我的前半生》,群众出版社 2007 年版,第 46 页。

《保存古物暂行办法》厘定禁止古物出口章程，通行各机关办理，以资救济。

囿于民国初期时局动荡，南京临时政府与北洋政府均未能颁布正式的文物保护法，它们所采取的相关措施亦未能得到切实有效的执行。尽管如此，它们发布的这些法令及采取的措施还是发挥了一定的积极作用。例如，北洋政府就查办了几件重大的外商串购、倒运文物案，这也为今后的立法及执法积累了经验、奠定了基础。①

1928 年 9 月，南京国民政府内政部颁布《名胜古迹古物保存条例》，凡 11 条。同年，在蔡元培的主持下，南京国民政府大学院设立了第一个现代意义上的文物保护机构——中央古物保管委员会。该委员会共有委员 20 名，除蔡元培先生外，还有陈寅恪、张静江、林风眠、易培基、胡适、傅斯年、李四光、徐悲鸿等文化、科技和政界著名人士。② 1930 年 6 月 2 日，南京国民政府颁布《古物保存法》，凡 14 条。该法是中国历史上第一部正式的文物保护法，它明确要求将在考古学、历史学、古生物学等方面有价值的古物作为保护对象，并规定地下古物属于国有，具有里程碑意义。③ 为落实《古物保存法》，南京国民政府行政院于 1931 年 7 月 3 日颁布《古物保存法施行细则》，凡 19 条，对文物的发掘与登记作出了具体规定。1932 年，南京国民政府设立“中央古物保管委员会”，裁撤原隶属教育部的古物保管委员会，同时制定了《中央古物保管委员会组织条例》。④

---

① 参见黄树卿：《中国文化遗产法的形成与发展》，第一届中法文化遗产法研讨会论文，2011 年 7 月于北京。

② 参见张松：《中国文化遗产保护法制建设史回眸》，载《中国名城》2009 年第 3 期。

③ 主要内容：(1)古物的范围和种类。包括与考古、历史、古生物等学科有关的一切古代遗物。(2)古物的保存方式。除私有者外，均由中央古物保管委员会责成保存处保存，并制作照片存教育部、内政部、中央古物保管委员会等处。(3)古物的管理方法。规定官方古物应每年造表上报，私有重要古物应向官方登记并不得转移于外人。(4)地下古物均属于国有。(5)古物发掘的管理。规定应由学术机关进行发掘，并需请中央古物保管委员会及教育、内政部共同发给发掘执照，由中央古物保管委员会派人监察。如需外国学术团体或个人参加，应先呈报中央古物保管委员会核准。发掘得到的古物，呈经中央古物保管委员会核准后，可由学术机关在一定时间内保存研究。(6)古物的流通。规定限于国内流通，因研究需要而必须出国者应报中央古物保管委员会及教育部、内政部核准，发给出境护照，并必须在 2 年内归回原保存处。(7)中央古物保管委员会的组织方法等。

④ 当时“中央古物保管委员会”开展了全国范围的文物调查活动，并就境内盗掘和毁坏文物古迹的案件予以追查并制订保护办法。时任古物保管委员会登记科科长、编审科科长的傅雷，用笔名“傅汝霖”编译了《各国文物保管法规汇编》，呼吁“会同内政教育两部发起保管古物运动，举办大规模之宣传工作”。后来古物保管委员会递交了“函请教育部，通令全国学校尽量协助，保存古物古迹事项，并设法于教科书内，插入保存古迹古物之材料”的议案。参见张松：《中国文化遗产保护法制建设史回眸》，载《中国名城》2009 年第 3 期。

《古物保存法》和《古物保存法施行细则》吸取并借鉴了西方近代文物立法的成果,在中国历史上第一次把文物保护纳入国家法律的轨道,是辛亥革命以来宪法精神在文物保护领域的直接体现,构成我国现代文物立法的基石。此外,两个先后设立的"中央古物保管委员会"成为我国历史上最早的国家文物保护机构,是我国实施文物保护与管理的滥觞。正是在这两个古物保管委员会的努力下,南京国民政府才相继出台了《古物保存法》《古物保存法施行细则》《采掘古物规则》《古物出国护照规则》《外国学术团体或私人参加采掘古物规则》《暂定古物范围及种类大纲》《古物奖励规则》《非常时期保管古物办法》等一系列保护、保管文物的法规,中国文物保护的立法工作终于取得了突破性进展。

尽管取得立法上的突破,但是由于20世纪30年代至40年代中国始终处于战乱状态,中央政府无暇将过多精力放在文物保护上,而地方政府则一直未设置相应的文物管理机构,法律、法规基本没有得到有效执行,民众的文物保护意识淡漠,各地大量文物仍处于管理不善的状态,文物流失风潮呈愈演愈烈之势。

1949年,中华人民共和国成立,这是现代中国历史的转折点。从中华人民共和国成立至今,中国的文物法制建设可分为三个阶段:20世纪50年代至60年代初为第一阶段。在此阶段,文物保护工作受到中央人民政府的重视,立法与执法体系初步建立。20世纪60年代中期至70年代末为第二阶段,这一阶段经历了"文化大革命",也是文物遭受野蛮破坏的时期。20世纪80年代至今为第三阶段,在此阶段,文物保护立法体系逐步完善。以宪法为根本依据,以《文物保护法》《刑法》等国内法律为核心,以《世界遗产公约》《1970年公约》《1995年公约》等国际条约为重要支撑的文物保护法律体系基本建立。

二、国际立法

维护文物安全、打击非法贸易以及促进非法流失文物回归原属国,仅靠一国立法显然是难以奏效的。为此,早在20世纪初,一些欧洲国家就开始尝试通过国际合作,以更好地实现上述目标。第一次世界大战结束后,人类历史上的第一个综合性国际组织——国际联盟应运而生,这为协调各国开展国际立法活动,以保护文化财产提供了历史契机。20世纪30年代,为解决被盗抢文物的返还问题,国际联盟委托其下属的国际博物馆办公室(Office International des

Musées, OIM)拟订一个专门性国际公约。[①] 为此,该办公室起草了《关于归还被盗、遗失或遭不法掠夺或出口的具有艺术、历史、科学价值之物品的国际公约》,并于1933年递交国际联盟缔约国讨论。但是,由于该公约草案未甄别私有文化财产与公有文化财产,原则上一律要求归还,受到荷兰、英国、美国等诸多欧美国家的强烈反对,因而以失败告终。[②]

鉴于此,国际博物馆办公室又起草了仅适用于公有文化财产的《关于保护国有历史艺术珍品的公约(草案)》。不过,该公约草案第17条规定,在接受公约约束时,当事国得声明,其依据公约承担的责任延展至私人拥有的财产。该公约草案于1936年提交国际联盟讨论,但主要因第17条规定而未获通过,国际联盟要求国际博物馆办公室继续研究。次年,国际联盟大会通过一项决议,呼吁于1938年召开国际会议专门讨论该公约的制定事宜。不过,为确保尽可能多的国家参加会议,尤其是那些对于公约有效实施至关重要的国家,国际博物馆办公室建议,将会议延期至1939年召开。鉴于荷兰、瑞典、英国与美国对公约草案的某些条款表示强烈反对,国际博物馆办公室还建议与这4个国家展开具体协商,并成立由四国法学家组成的专家委员会,以尽快弥合分歧,达成能为各方接受的公约文本。但是,随着20世纪30年代后期国际政治局势的迅速恶化,直至第二次世界大战爆发,这项工程被迫再度搁浅。

第二次世界大战结束以后,联合国成立,联合国教科文组织亦于1945年11月成立。由于大量珍贵文物在战争期间惨遭破坏与劫掠,所以在成立之初,联合国教科文组织将其工作重点放在制定旨在保护文化财产免受战争破坏的《1954年海牙公约》之上。当该公约于1954年成功制定后,联合国教科文组织遂将工作重点逐渐转移到制定和平时期保护文化财产的国际条约上来。

为推动相关立法工作,联合国教科文组织先后于1956年与1964年制定了两份建议书,它们虽非具有法律约束力的国际公约,但亦构成文化财产领域的重要国际法律文件,对于该领域国际法律原则的形成与发展起到了不容忽视的作用,联合国教科文组织成员有义务认真对待并尽最大限度实施之。[③]

---

① 参见霍政欣:《追索海外流失文物的法律问题》,中国政法大学出版社2013年版,第101页。

② See Goy, R., «Le Régime International de L'importantion, de L'exportation et du Transfert de Propriété des biens Culrturels», *Annuaire Français de Driot International*, Vol. 16, p. 614(1970).

③ See O'Keefe, P. J., *Commentary on the UNESCO 1970 Convention on the Means of Prohibiting and Preventing the Illicit Import, Export and Transfer of Ownership of Cultural Property*, Institute of Art and Law, 2007, p. 4.

第一份建议书为《关于适用于考古发掘的国际原则的建议》。该建议书旨在推动各缔约国制定管理文物贸易的法律规则，以确保文物贸易不助长考古类文物的走私，不对考古类文化遗址的保护及考古类文物资料的收藏产生负面影响。[①] 该建议书还鼓励各缔约国采取一切必要措施以防止私自盗掘和破坏文物，并阻止由此方式获得之文物的出口。[②] 该建议书第 30 条规定，各缔约国应采取一切必要措施，以确保收藏考古类文物的博物馆无任何理由相信这些文物是以盗掘、盗窃或以来源地国主管当局视为非法的任何其他方法而取得的。任何可疑的出让物及与此有关的一切细节应提请有关机构注意。在博物馆获取考古类文物后，应尽快公布之，并标明其取得该文物的方式等细节信息。该建议书第 31 条更值得关注，依之，发掘机构和博物馆应互相协助，以确保或便于由盗掘或盗窃而获之考古类文物及一切违反来源地国立法而出口之文物得以返还。每一缔约国亦应采取必要步骤，以保证此种返还。这两条规定为《1970 年公约》的核心条款(尤其是第 7 条)奠定了基础。[③]

第二份建议书为《关于禁止和防止非法进出口文化财产和非法转让其所有权的方法的建议》。联合国教科文组织于 1960 年便启动了该建议书的制定工作，但由于该文件对各当事国的利益牵动更为明显，各方的分歧更加严重，因此经过多次艰难谈判，历经 4 年直到 1964 年，该建议书才在联合国教科文组织第 14 届大会上得以通过。这份建议书的重要意义在于它与《1970 年公约》的主题高度一致，为后者的顺利制定奠定了更加坚实的舆论、政治与法律基础，其不少条文更直接构成后者文本的原型。譬如，该建议书第 1 段第 2 节明确规定，各缔约国应采用其认为最合适的标准，对其领土范围内的哪些文化财产依其重要程度应受本建议书的保护作出定义。建议书第 3 段规定，各国应设立保护文化财产的国家机构、制定受保护的文化财产清册。该建议书还规定，文物贸易应受到控制，各成员的“适格机构”应检查文化财产所有权的转让，以确保转让之财产不是偷盗物、非法出口物或其他依据出口国法律为非法的财产。也正是在联合国教科文组织第 14 届大会上，各国认识到，鉴于各国单独行动的局限性，

---

① 参见《关于适用于考古发掘的国际原则的建议》第 27 条。

② 参见《关于适用于考古发掘的国际原则的建议》第 29 条。

③ 1956 年制定的这份建议书对各国制定、完善相关国内法，推动国际立法起到了积极作用，但是随着时间的推移，其不少条款已显过时。为此，联合国教科文组织曾于 1986 年试图启动其修订工作，但因资金和人员匮乏，不得不放弃。

有必要采取联合行动以改善国际道德环境,并在未来达成一份具有法律约束力的国际协议。①

在此背景下,联合国教科文组织于1964年4月指定30个国家的学者组成专家委员会,由其负责起草公约的初步建议稿。4年后,第15届联合国教科文组织大会决议在第3.344段中明确指出,将成立公约起草委员会。② 依此决议,联合国教科文组织总干事指定了1位首席专家、4位顾问负责公约的起草工作。③ 1969年8月,起草委员会完成公约草案的初稿,并由联合国教科文组织秘书处发送至各缔约国以广泛征询意见。在收到反馈意见后,起草委员会对初稿进行了修正,并提交至政府专家组成的特别委员会,后者于1970年4月拟定了公约草案的最后文本。如前所述,在1970年11月召开的教科文组织第16届大会上,公约终获通过。

《1970年公约》的缔约过程充满曲折。在缔约初期,主要文物贸易国多持消极观望态度,有不少国家游离在公约的起草进程之外。譬如,英国与瑞士没有委派专家参加政府专家特别委员会,美国对公约的态度更是飘忽不定。20世纪60年代末以前,美国对联合国教科文组织制定这样一部国际公约一直持漠不关心甚至暗中抵制的态度,但随着国际政治法律环境的改变,尤其在墨西哥、秘鲁、哥伦比亚等与美国同处西半球的国家的强烈呼吁下,美国不得不改变态度,开始对公约的总体宗旨表示支持,并在缔约的关键阶段决定参与其中。④

在加入政府专家特别委员会后,美国代表对公约草案初稿的诸多条款表示反对,后来干脆自行拟定了一个草案文本,并建议以此文本作为各国谈判的基础。联合国教科文组织认为,经秘书处转发给各国的公约草案初稿已经过充分讨论并正等待各国提出意见与建议,该文本作为谈判基础因而更为合适,并据此婉拒了美国代表的提议。面对联合国教科文组织的这一立场,美国代表做出了威胁性回应:如果公约草案中的某些实质性条款被保留,那么美国将退出缔约活动。事实上,美国对公约草案的许多条款都提出了异议,其中,它反对最激烈的规定是“进口国有义务对出口国指定的任何文化财产加以控制”。美国认

---

① Means of Prohibiting the Illicit Export, Import and Sale of Cultural Property, Final Report, CUA/123 + ADD. 1, WS/0364. 53, 1963.

② UNESCO, Records of the General Conference Fifteen Session, Paris, 1968, p. 53.

③ UNESCO Doc. SHC/MD/3 Annex.

④ See Abramson, R. D. & Hutter, S. B., *The Legal Response to the Illicit Movement of Cultural Property*, Law and Policy in International Business, 1973, p. 956.

为,这一规定会给其海关体系造成极为沉重的负荷和经济压力,此外,它也不同意对其国内的文物交易进行控制。面对美国的这一态度,其他缔约国一方面对其做了大量的游说工作,另一方面也做了不少退让与妥协,以把美国留在缔约进程中。最后,教科文组织秘书处在协调、平衡各方利益的基础上,对公约草案作了诸多修正,从而形成了各方均能接受的最终文本。《1970 年公约》的缔约过程可谓筚路蓝缕、披荆斩棘。

实施 40 余年以来,《1970 年公约》显示出强大的生命力与影响力,对打击文物非法贩运、支持文物原属国追索文物、促进各国完善其相关国内立法并建立国际合作执法机制、提高民众的文化主权与文物保护意识起到了深远而积极的作用。[①] 也是在这 40 余年间,《1970 年公约》的缔约国数量不断增加,截至 2023 年年底,公约已经拥有 145 个缔约国,世界上绝大多数国家已加入其中。尤其值得强调的是,近 30 年来,已有越来越多的文物流入国改变了原先的消极抵触态度,转而采取理解和支持的立场,包括美国、法国、日本、瑞士、英国、加拿大、德国在内的主要文物流入国现已成为公约缔约国,这极大增强了公约的执行力、影响力,也对国际文化财产法律环境朝着公平、正义的方向演进起到了历史性的推动作用。

对于中国而言,自加入该公约以来,我国大力推进国内立法与执法机制的完善,并以公约为主要国际法支撑,陆续与秘鲁、意大利、印度、菲律宾、希腊、智利、塞浦路斯、委内瑞拉、美国、土耳其、蒙古国、瑞士等国签订了关于防止文物非法出入境以及促进文物返还的双边协议,逐步建立起日益牢固的国际合作与执法机制,对堵住文物非法流往国际市场的渠道、打击文物犯罪起到了至关重要的作用。此外,近 20 年来的文物返还实践表明,我国成功追索流失文物的案例也主要是以《1970 年公约》为法律框架,借助有关国家的国内立法并辅之以外交努力才有所作为的。该公约对于我国建立健全文物保护法律制度、打击文物非法出境、追索流失文物可谓厥功至伟。[②]

尽管《1970 年公约》堪称文化财产领域国际立法的里程碑,但是作为各国

---

① See Prott, L. V., *Strengths and Weakness of the 1970 Convention: An Evaluation 40 Years after it's Adoption*, http://unesdoc.unesco.org/images/0019/001918/191880e.pdf,最后访问日期:2023 年 4 月 30 日。

② 参见霍政欣:《1970 年 UNESCO 公约研究:文本、实施与改革》,中国政法大学出版社 2015 年版,第 6 页。

博弈与妥协的结果及特定历史阶段的产物,该公约亦存在诸多缺陷。这些缺陷严重束缚公约在实践中发挥其效力,关于此点,本编第二章作专门论述。

鉴于文物犯罪与非法文物贸易愈演愈烈,各国法律尤其是私法冲突严重,而《1970 年公约》受其缺陷制约难以独自发挥效用,自 20 世纪 80 年代初起,有越来越多的国家与学者建议由联合国教科文组织提出建议,委托致力于私法研究与统一的国际组织制定一个新的国际公约,以协调、统一各国法律,尤其是私法,并对《1970 年公约》的缺陷加以改善。[①] 这一建议得到了联合国教科文组织的积极响应,在其建议下,国际统一私法协会在 1988 年 6 月举行的一次会议上决定成立专家组,由其准备、起草一份新的公约草案。专家组由来自不同法系国家的专家组成,其中,既有来自文物进口国的专家,也有来自文物出口国的专家,还包括两名联合国教科文组织的顾问。[②] 专家组成立后,先后于 1991 年 5 月、1992 年 1 月、1993 年 2 月及 1993 年 9 月至 10 月在罗马召开了四次会议,研究讨论公约的草案文本。

有 70 多个国家参加了公约的谈判过程。[③] 由于文物进口国与出口国的立场与利益对立,公约的制定与谈判过程困难重重。概言之,文物进口国通常拥有规模巨大、利润丰厚的文物交易市场,因而注重对善意购买人的保护,而绝大多数文物出口国是文物掠夺和非法贸易的受害者,故主张注重对文物原所有者的保护。直到 1995 年 6 月 7 日至 24 日,在国际统一私法协会召开旨在通过公约的外交大会上,双方仍僵持不下。一些文物进口国认为,公约草案对文物流出国的利益过于袒护,即便得到外交大会的通过,也无法获得其本国立法机关的批准,因此要求对公约的诸多核心条款进行修改,而大部分文物出口国则不愿意做出实质性让步。在关键阶段,墨西哥代表团发挥了重要作用,在其倡导下,外交大会设立了一个工作组,专门协调文物进口国与出口国的立场。[④] 在该工作组的协调下,公约草案的一些条文得到修改;到会议日程的最后一天,各国

---

① See Prott, L. V. & O'Keefe, P. J., *National Legal Control of Illicit Traffic in Cultural Property*, UNESCO Doc. CLT/83/WS/16(1983).

② See Prott, L. V., *UNESCO and UNIDROIT: A Partnership Against Trafficking in Cultural Objects*, Uniform Law Review, Vol. 1:1, p. 59(1996).

③ See Prott, L. V., *Commentary on the UNIDROIT Convention on Stolen and Illegally Exported Cultural Objects 1995*, The Institute of Art and Law, 1997, p. 13.

④ 工作组最初由墨西哥、埃及、法国、希腊、伊朗、爱尔兰、意大利、韩国、西班牙、土耳其、美国、赞比亚的代表组成,后来澳大利亚与加拿大也派代表加入。

终于勉强同意付诸表决。最后,公约以35票赞成、5票反对和17票弃权的结果获得通过。①

依《1995年公约》第12条的规定,公约应自第5份批准、接受、核准或者加入的文件交存之日后第6个月的第一天起生效,据此,公约自1998年7月1日生效。② 中国于1997年5月7日交存加入书,同时声明如下:第一,中国加入本公约不意味着承认发生在本公约以前的任何从中国盗走和非法出口文物的行为是合法的。中国保留收回本公约生效前被盗和非法出口的文物的权利。第二,根据公约第3条第5款的规定,中国关于返还被盗文物的申请受75年的时效限制,并保留将来根据法律规定延长时效限制的权利。第三,根据公约第8条向中国提出的对文物返还或者归还的请求,可以直接向中国法院提出或者通过中国文物行政主管机关转交中国法院。本公约于1998年7月1日对中国正式生效。

第二节 概念辨析

一、返还

在谈及文化财产的跨国流转时,须首先对"返还"(restitution)、"归还"(return)、"回归"(repatriation)以及"追索"(recovery)这几个含义相近的术语进行细致的含义辨析。需要指出,尽管这几个术语在早期常被交替使用,但随着国际文化财产法的发展与完善,它们已经从最初的同义词逐渐演进成具体含义各不相同的法律术语。

从一般意义上说,"返还"与"归还"均指使物归其主,在国际文化财产领域,其大意均指将文化财产交还给其原本的所有权者。但是,从法律含义上分析,随着20世纪70年代以来国际文化财产法的逐步完善,返还与归还的具体含义已经出现明显区别。

依据当代国际文化财产法理论,"返还"适用于违反具有约束力的法律,对

① 投票是用举手的方式进行的,国际统一私法协会并没有用官方文件的方式列明投赞成票、反对票和弃权票的分别是哪些国家。See Prott, L. V., *Commentary on the UNIDROIT Convention on Stolen and Illegally Exported Cultural Objects 1995*, The Institute of Art and Law, 1997, p. 14.

② 详见国际统一私法协会官网,http://www.unidroit.org/english/implement/i-95.pdf,最后访问日期:2023年4月30日。

文化财产实施盗窃或劫掠之后，有关文化财产物归原主的情况，其目的在于恢复文化财产被强行移走之前的状态。①

在文化财产领域，"返还"最早用于战时以及外国军事占领期间被劫掠文物的追索。对战时被劫掠财物享有追索权，是随着近代民族国家及国际法的形成而逐渐确立的。制定于1648年的《威斯特伐利亚和约》以及拿破仑战争后于1815年订立的《巴黎条约》是早期对此有所体现的国际条约。② 第一次世界大战结束后订立的《凡尔赛和约》则作出了更加具体的规定。依据该和约，对于战争期间德国劫掠的文化财产，该国负返还义务，使其恢复到战前状态；对于被其破坏的文化财产，德国负赔偿与修复的义务。此外，该和约还规定了一种新的返还方式，对于被彻底毁坏或下落不明的文化财产，德国应当返还具有类似性质与价值文化财产，即"同类返还"(restitution in kind)。

第二次世界大战期间，德国法西斯对被占领地区的文化财产进行了大规模的劫掠。战后，国际社会通过一系列国际法律文件更加系统地确立了战时被劫掠文化财产应当返还的原则。早在1943年战争还未结束时，17个盟国和法国流亡政府就汇聚伦敦，发布了《伦敦宣言》。该宣言声明，由于纳粹正在以武力强迫被占领国的国民将他们的财产以买卖或者转让的方式转给他们，盟国将不再承认被占领国家的任何资产转移为合法。③ 盟军占领德国西部期间，美国、英国与法国占领当局分别通过颁布法令并成立专门的归还艺术品及文物的委员会，将"所有纳粹从盟国掠夺的艺术品和具有科学或历史价值的物品返还其合法所有人"，因而不少被劫掠文物在20世纪40年代就归还其主。联邦德国成立后制定了专门立法对归还第二次世界大战期间纳粹德国从他国劫掠的各类财产作了具体、系统的规定。联邦德国还与波兰、俄罗斯、乌克兰等国陆续签订了相关双边协议，以更加具体的方式对返还被劫文化财产作出了规定。④

---

① See Kowalski, W., *Art Treasures and War: A Study on the Restitution of Looted Cultural Property*, Institute of Art and Law, 1998, p.98.

② See Forrest, C., *International Law and the Protection of Cultural Property*, Routledge, 2010, p.140；霍政欣：《追索海外流失文物的法律问题》，中国政法大学出版社2013年版，第15页。

③ 参见霍政欣：《追索海外流失文物的法律问题》，中国政法大学出版社2013年版，第248页。

④ 盟国占领当局制定的返还法令标志着国际文化财产法迈出了重要一步，在此以前，从未有过规则如此详尽、适用如此广泛的此类法律文件。依据这些法令，不仅被纳粹占领国的文化财产需要返还，中立国的文化财产如涉及非法劫掠，也在返还范围内。See O'Keefe, R., *The Protection of Cultural Property in Armed Conflict*, Cambridge University Press, 2006, p.62.

此外,欧洲委员会也陆续通过了《关于被劫掠犹太人文化财产的第1205号决议》《维尔纽斯宣言》等法律文件,从欧盟法层面对第二次世界大战期间被纳粹强行掠夺的文化财产返还原主进行规定。国际社会也非常重视纳粹德国在战争期间劫掠文物及艺术品的问题。为回应遭受纳粹德国的各国、学者及国际组织提出的相关要求,归还第二次世界大战期间或在第二次世界大战直接影响下被纳粹德国盗取、掠夺或以其他非法方式转移出境的文物,国际社会于1998年在华盛顿召开的"关于大屠杀时代财产会议"上通过了《关于纳粹劫掠艺术品的原则》,确立了纳粹应返还劫掠艺术品的原则。2009年,46个国家的代表在捷克小城泰雷津签署《泰雷津宣言》,敦促各国政府重视归还纳粹大屠杀受害者被剥夺财产的工作。作为一份不具备法律约束力的文件,《泰雷津宣言》重申了1998年在华盛顿会议提出的原则,要求各国把1933~1945年大屠杀年代纳粹法西斯及其合作者通过包括盗窃、强迫收购、没收等各种手段掠劫的艺术品和不动产平和地归还给受害者或他们的遗属。① 值得注意的是,上述法律文件均使用了"返还"这一表述。②

尽管如此,在20世纪中期制定的一些国际公约中,也出现过将归还适用于战时被劫掠文化财产回归原属国的情况。譬如,《1954年海牙公约第一议定书》规定:"每一缔约国承允于敌对行动终止时,向先前被占领土的主管当局返还处于其领土内的文化财产。"③但是,随着20世纪后期联合国教科文组织等国际机构开始有意识地区别归还与返还的含义,将归还用于此种情形的国际法律

---

① See Prott, L. V. ed., *Witnesses to History: A Compendium of Documents and Writings on the Return of Cultural Objects*, UNESCO Publishing, 2009, p. 158-163.

② 可见,在受害国、德国、欧洲及全世界的重视与努力下,纳粹德国第二次世界大战期间劫掠的文化财产的归还问题已经得到较为彻底的解决。与此形成鲜明对照的是,抗战结束后,中国很快陷入内战,无暇顾及抗战期间被日军劫掠的文化财产问题。而内战结束后,世界又进入冷战状态,美国在远东采取扶植日本、对抗苏联和中国的政策,因而日军在第二次世界大战期间从亚洲各国(尤其是中国)劫掠的文化财产问题未得到应有重视,这直接造成战后日本并没有彻底、系统性地向各受害国返还其劫掠的财产。在此背景之下,日军在侵华战争中劫掠的中国文化财产,其中的绝大多数迄今未归还中国。值得提及,日本对殖民时期劫掠的韩国文物,已经进行了较为系统的返还。1965年,在美国的协调下,日本与韩国建立外交关系,并签订《韩日协定》,依据此协定,日本向韩国返还了1430件文物。2010年,日韩两国共同纪念日本强行吞并韩国100周年,并签订了返还文物的双边协议,据此,日本又返还了约1000件文物。此外,在韩国民间与政府的努力下,几十年间,日本断断续续地向韩国返还了多件文物。参见霍政欣:《1970年UNESCO公约:文本、实施与改革》,中国政法大学出版社2015年版,第184页。

③ 《1954年海牙公约第一议定书》第1条第3款。

文件已经越来越少。关于此点,下一节再行详述。

除适用于战时以及外国军事占领期间被劫掠文物的追索以外,返还还适用于违反文化财产所在国的刑事法律,对文化财产进行盗窃后将之非法出口至外国,其原属国要求将之物归原主的情形,这种用法是由《1995 年公约》确立的,详见下文。

二、归还

依据当代国际文化财产法理论,“归还”适用于在以下两种条件下文化财产回归原属国的情形:第一,殖民占领期间有关文化财产离开其原属国;第二,有关文化财产违反其所在国关于出口禁令的规定而出境。在第一种情况下,文化财产离开其原属国并未违反当时既存的法律;而在第二种情况下,文化财产的出境仅违反了出口国的出口禁令,但一般而言,这样的禁令不具有域外效力。换言之,其出口的非法性通常无法得到其他国家的认可。①

第二次世界大战结束后,关于新独立的殖民地国家要求原殖民宗主国消除殖民后果,将其殖民期间从殖民地国家劫掠的文化财产归还原属国的请求,应使用“返还”还是“归还”,曾有过反复。譬如,1973 年联大第 3187 号决议即以“返还各国被掠夺的艺术品”为标题,要求有关国家迅速无偿地返还因殖民或统治而无偿获得的艺术品与珍贵文物。② 尽管该决议的法理基础得到了国际法学界的普遍认可并起到了积极作用,但不少原殖民国家仍以各种理由拒绝返还,其中的一个主要理由是当初获取这些文化财产时,并没有相关国内法与国际法

---

① See Kowalski, W., *Art Treasures and War: A Study on the Restitution of Looted Cultural Property*, Institute of Art and Law, 1998, p.98.

② 需要指出的是,联大该决议的官方中文译本为《归还各国被掠夺的艺术品》;换言之,官方译本将“restitution”译为“归还”,笔者认为,由于该译文是在有关术语的含义得到联合国教科文组织作出明确阐释之前作出的,这样的翻译可以理解,但是在今天的法律语言环境下需要得到纠正。关于此点,下文将行详述。该决议在序言中指出:“……往往由于殖民或外国统治的结果,艺术品几乎无代价地从一国整批移至他国……深信此种艺术品的返还,对于因其转移而蒙受重大损失的国家,构成公平的补偿。”对于已经获得独立的原殖民地国家,决议“确认另一国家如将艺术品、历史文物、博物馆珍品、原稿和文件迅速无偿地返还原主国家,是对所造成的损失作出公平补偿,应能加强国际间的合作”;对于仍处于殖民统治之下的国家,决议“要求所有有关国家禁止没收仍在殖民或外国统治下的领土内的艺术品”。See Restitution of Works of Arts to Countries Victims of Expropriation, A/Res3187., https://undocs.org/en/A/RES/3187(XXVIII)&Lang=E&Area=RESOLUTION,最后访问日期:2023 年 4 月 30 日。

禁止之。换言之,在战时及殖民统治时获取这些文化财产是符合当时的国内法与国际法的。①

鉴于不少国家(尤其是原西方殖民国家)以获得文化财产不违反获取时的法律为由拒绝返还,联大决议几近沦为一纸具文,1978 年 6 月 7 日,联合国教科文组织总干事向各缔约国发出一份呼吁,标题为"将无可替代的文化遗产归还创造者的请求"。② 值得注意的是,这份文件使用的是"归还"一词,而非"返还",这表明联合国教科文组织开始有意识地使用"归还",并在法律含义上将之与"返还"区别开来。这一点也可以从联合国教科文组织专家委员《关于建立归还或返还文化财产政府间委员会》的报告中得到印证。③ 为了执行联合国教科文组织第 19 届大会决议,专家委员会于 1978 年 3 月在达喀尔召开会议,研究成立政府间委员会对促进文化财产归还或返还给原属国的作用等事项。在此次会议及其最终报告中,"归还"与"返还"也是两个用法有别的术语。以这份专家报告为基础,ICPRCP 成立后,为澄清"返还"与"归还"两个词语的法律含义,专门颁布《关于"请求返还或归还的标准形式"的使用指南》,对两者的含义作出详细阐释,④其第 A.9 点表述如下:

> "归还"(return)这一术语仅适用于在关于文化财产的保护的国内法与国际法具体形成之前离开其原有国的情形。在这种情况下,文化财产往往是从殖民地领土内转移到宗主国领土内,或从被占领国转移到占领国领土内。在许多情况下,所有权的转移是交换、馈赠礼品或买卖的结果,因而并未违反彼时既存的任何法律……
>
> "返还"(restitution)这一术语应用于"非法占有"的情形,即依据

---

① 参见霍政欣:《追索海外流失文物的法律问题》,中国政法大学出版社 2013 年版,"代前言",第 34 页。

② 在这份呼吁中,联合国教科文组织总干事敦促各缔约国签订双边协议,将文化财产返还给其原属国。不过,这份文件仅有英语、法语与西班牙语的官方文本,迄今没有中文文本。See A Plea for the Return of an Irreplaceable Cultural Heritage to Those Who Created It, http://www.unesco.org/culture/laws/pdf/PealforReturn_DG_1978.pdf,最后访问日期:2023 年 4 月 30 日。

③ Committee of Experts on the Establishment of an Intergovernmental Committee Concerning the Restitution or Return of Cultural Property, Final Report, Dakar, 1978, http://unesdoc.unesco.org/images/0003/000333/033337eo.pdf,最后访问日期:2023 年 4 月 30 日。

④ The Guidelines for the Use of the "Standard Form Concerning Request for Return or Restitution", CC-86/ws/3.

相关的国内立法,尤其是联合国教科文组织《1970 年公约》的相关规定,物品是非法地离开其原有国的。

从以上关于“归还”与“返还”使用语境的阐释可以看出,联合国教科文组织通过 ICPRCP 颁布“使用指南”明确阐释了这两个术语不同的法律含义,前者适用于文物流失未违反既存法律的追索,而后者适用于非法流失文物的追索。①

尽管联合国教科文组织作出了以上词义阐释,仍有学者提出异议,即“非法性”的评判标准是什么?如果文物的转移出境仅仅违反了其所在国的出口禁令(如由其合法所有人将之携带出境),而其他国家并不承认该国禁令,在这种情况下,文物的出境是否为非法,对这类文物的追索属于“返还”还是“归还”?

对于这一问题,学界的看法并不一致。直到《1995 年公约》制定时,不同专家依然有不同主张,这甚至成为该公约制定过程中争议最大的议题之一。② 最初,该公约的名称拟定为《关于保护文化财产的公约》(Convention on the Protection of Cultural Property),但这一名称旋即引起争议。有专家指出,这一公约的目的是促使流失出境的文化财产回归其原主,但在不少情况下,这并不是保护此类文化财产的最好方法,因为现持有人往往拥有更好的保护、收藏条件与能力。③ 于是,公约拟更名为《返还与归还文化财产的公约》(Convention on the Restitution and Return of Cultural Property)。然而,这引发了更加激烈的辩论,而焦点就集中在“返还”与“归还”这两个术语各自精确的法律含义上。④ 鉴于公约起草时这一问题产生严重分歧,公约起草小组在第三次会议上达成一致:为避免“思维混乱”,公约标题将回避使用这两个术语。⑤ 这一观点得到缔

---

① 《1970 年公约》第 7 条 b 款第 2 项规定:“本公约缔约国承担……根据两国中的原主缔约国的要求,采取适当措施收回并归还进口的此类文化财产……”根据该条 b 款第 1 项,“此类文化财产”是指“从本公约另一缔约国的博物馆或宗教的或世俗的公共纪念馆或类似机构中窃取的文化财产,如果该项财产业已用文件形式列入该机构的财产清册”。值得一提的是,在这里,公约使用的是“归还”(return),而非“返还”(restitution),这显然与联合国教科文组织第 20 届大会对这两个术语所做的阐释不符。鉴于该公约的制定早于联合国教科文组织第 20 届大会 8 年,本书认为,这可资理解。参见霍政欣:《追索海外流失文物的法律问题》,中国政法大学出版社 2013 年版,第 34 页。

② See Kowalski, W., *Art Treasures and War: A Study on the Restitution of Looted Cultural Property*, Institute of Art and Law, 1998, p. 98.

③ UNIDROIT 1989, Study LXX, Doc. 10, at 4.

④ UNIDROIT 1989, Study LXX, Doc. 16, at 1,8.

⑤ UNIDROIT 1989, Study LXX, Doc. 18, at 7.

约国外交大会的采纳,公约最终以《关于被盗或者非法出口文物的公约》命名。

不过,公约虽在名称上刻意回避了“返还”与“归还”这两个词汇,它们还是被公约文本使用。公约序言两次并列使用了这两个词汇,公约第二章以“被盗文物的返还”为标题,第三章以“非法出口文物的归还”为标题。有意思的是,《1995 年公约》的制定过程虽然备受这两个术语具体含义的困扰,并因此刻意在公约名称上做了回避,但是,由于公约在文本上明确将两个术语用于两种不同的情形,公约制定并生效后,这两个术语的用法与含义随之固定,学术界的争议亦逐渐平息。

当前,国际文化财产法学界普遍的观点是:“返还”用于战时被劫掠文化财产以及被盗文化财产的追索,在这两种情况下,文化财产的转移违反了国际法与各国普遍接受的法律;“归还”用于文化财产的转移不存在明确的“非法性问题”的情形,譬如,文化财产系在殖民统治期间离开其原属国,或文化财产的出口仅仅违反了该国的出口禁令,而这样的禁令并没有获得普遍认可。①

三、回归与追索

还需提及,随着文化财产法术语的日益精细化,在西方的文化财产法文献中,近些年“回归”(repatriation)一词的出现频率也逐渐增多,不过到目前为止,该词与“返还”以及“归还”之间的区别还没有完全厘清,大部分学者认为“回归”主要用于以下几种情况下:第一,发生国家解体、领土变更时,相关国家就文化财产的归属进行索回的问题。譬如,苏联与南斯拉夫解体后,在新独立国家之间就产生了一系列的相互索回文化财产的情形。② 第二,文化财产在一个国家内部返还原地的情形。例如,1996 年,斯昆石(Stone of Scone)在离开苏格兰 700 年后,又从伦敦“回归”爱丁堡原址;③ 2002 年,威尔士也提出,现有大英博

---

① See Prott, L. V., *Commentary on the UNIDROIT Convention on Stolen and Illegally Exported Cultural Objects 1995*, The Institute of Art and Law, 1997, p. 53.

② See Wojciech W. Kowalski, *Restitution of Works of Art pursuant to Private and Public International Law* (*Vol. 288*), in Recueil des cours, Martinus Nijhoff, 2002, p. 74 – 75.

③ 斯昆石是苏格兰历代国王加冕时使用的一块砂岩。斯昆石色淡黄,呈长方形,长 26 英寸,宽 16 英寸,高 11 英寸,重 336 磅。来自爱尔兰的达尔瑞达王朝征服苏格兰之前,他们就已经有使用斯昆石作为加冕石的传统。在苏格兰抗英战争时期,长脚王爱德华一世从一个叫斯昆的村庄掠走了象征苏格兰王权的“斯昆石”,将它作为战利品带回伦敦。1996 年,英国政府终于决定将斯昆石归还苏格兰,1996 年 11 月 15 日,在两地边境上,英国内政部和苏格兰部的代表举行了一个交接仪式,之后,斯昆石被带回爱丁堡城堡安放至今。参见《牛津当代百科大辞典》,中国人民大学出版社 2004 年版,第 384 页。

物馆收藏的威尔士文物应"回归"原址。[①] 第三,对于人类遗骸回归其原属国或原属民族及社区,大多数国际法律文件倾向于使用"回归"这一措辞,尽管有时也使用"归还"这一术语。[②]

至于"追索"一词,它并非严格意义上的法律术语,系以原属国为视角,适用于原属国对其流失出境的文化财产主动提出返还或归还的请求。它既可以用于要求返还被盗文化财产,也用于要求归还违反出口禁令出境的文化财产。[③]

综上可见,"返还""归还""回归""追索"这些术语的含义在持续不断的演进之中。就目前看来,其含义之间的区别愈加清晰,但依然存在一些不确定性。这些术语含义的不断变化与发展也表明,法律制定于过去,但适用于现在,并为将来着想,这是一个永生不息的演进过程。其结果,法律之概念,自与法律同样常有历史性的时间结构(*die Zeitstruktur der Geschichtlichkeit*),必然随历史之变迁而演进,因此,没有一个法律概念是完全不变的。要求法律概念在规范上能超越时空,"放诸四海而皆准,俟诸百世而不惑",显然已逾越法律概念所能扮演的角色。[④]

---

① See Forrest, C., *International Law and the Protection of Cultural Property*, Routledge, 2010, p. 145;参见霍政欣:《追索海外流失文物的法律问题》,中国政法大学出版社 2013 年版,第 15 页。

② See Prott, L. V. ed., *Witnesses to History: A Compendium of Documents and Writings on the Return of Cultural Objects*, UNESCO Publishing, 2009, p. 158 – 163.

③ 参见霍政欣:《追索海外流失文物的法律问题》,中国政法大学出版社 2013 年版,"代前言",第 37 页。

④ 参见黄茂荣:《法学方法与现代民法》,中国政法大学出版社 2001 年版,第 82 ~ 83 页。

第二章 《1970 年公约》

在当代国际文化财产法体系中,《1970 年公约》是最重要的全球性条约之一,主持制定该公约亦被视为联合国教科文组织在文化领域所做的最重要的立法贡献之一。该公约的制定与实施,扭转了千百年间国际法对和平时期文物非法跨国流转无所规制的局面,是人类为构建打击文物犯罪的国际法秩序而迈出的历史性一步,为保护文物免受盗窃、盗掘、人为破坏和走私之害燃起了希望,堪称国际文化财产法发展的里程碑。

需要指出,在《1970 年公约》的缔约过程中,联合国教科文组织曾面临诸多挑战与困难,整个过程更是一波三折。事实上,出于现实利益与价值理念的对立,各国在诸多问题上尖锐对峙,一度使缔约进程陷入停顿,几近流产。最终,在联合国教科文组织的不懈努力与协调下,并在对公约文本进行反复调整与修改后,各国在最后时刻达成妥协,公约才得以破茧而出。

故此,作为特定历史阶段的产物与各国博弈与妥协的结果,公约的诸多条款存在措辞模糊、含义不明的问题,因而在 40 余年的实施过程中,不同国家、不同学者对公约的相同条款作出了不同的解释在所难免。此外,在国际社会(尤其是广大文物流出国)的呼吁下,自 2012 年起,联合国教科文组织开始启动公约的改革与完善进程。经过数年的酝酿、磋商与谈判,2015 年 7 月,公约第 3 届缔约国大会正式通过了《1970 年公约操作指南》,标志着公约改革的阶段性任务告一段落。该指南旨在通过对公约条款进行解释的方式,对公约的内生性缺陷进行修正。尽管并不具备强制约束力,但它代表了国际社会的共识与公约的发展趋势,具有强大的道义力量,对于加强各国履约、提升公约的效力具有重大的历史价值。

鉴于此,本章分两节,第一节旨在依据条约解释的基本原则与方法,比较分析各国立场,对公约文本作出客观、准确的阐释;第二节结合作者亲历公约改革所获得的第一手资料,梳理、解析公约的改革进程,并作出总结与评价。

第一节 文本分析

一、序言

序言不是公约的正文,不规定具体的权利与义务,因而有学者认为其无关紧要,只是些"陈言腐辞"(conventional boilerplate)而已。① 不过,这一观点并不完全正确。如前文已及,依据《维也纳条约法公约》第 31 条的规定,序言构成公约上下文的一部分,因而对其解释特具重要意义。一般而言,序言旨在阐明公约的制定背景与宗旨,因而可据此确立解释公约的指导原则。

《1970 年公约》的序言由 14 句话构成,②其中,第一句话与最后三句话分别交代了联合国教科文组织第 16 届大会及本公约通过的日期及相关程序性背景,而其余 10 句话则高度概括了公约的制定背景及主要考量,梳理如下:

首先,序言明确指出:"文化财产实为构成文明和民族文化的基本要素之一。"③这一原则是公约的基石,序言指出,应尽可能充分地掌握文化财产的来源、历史与传统背景等信息,唯有如此才能理解其真正价值。④ 同时,文化财产对各民族增进彼此间的文化理解、相互尊重乃至国际和平具有重要意义,故有"文化大使"之誉。鉴于此,序言明确鼓励各国进行文化财产交流,并言明:"各国间为科学、文化及教育目的而进行的文化财产交流增进了对人类文明的认识、丰富了各国人民的文化生活并激发了各国之间的相互尊重和了解。"⑤

---

① See Bator, P. M., *An Essay on the International Trade Art*, Stanford Law Review, Vol. 34:2, p. 377(1982).

② 需要说明,本章所引之公约文本,系基于其校正版。具体详见本书附录。

③ 《1970 年公约》"序言"第 4 句话前半部。

④ 参见《1970 年公约》"序言"第 4 句话后半部。

⑤ 《1970 年公约》"序言"第 3 句话。

此后，序言笔锋一转，指出盗窃、盗掘、非法进出口及非法转让所有权对理解文化财产的真正价值以及增进各国相互尊重与了解构成危险，[①]因而公约旨在提出法律解决方案以应对这些危险。不过，在对公约构建的法律机制上，序言的论述并不十分明确。一方面，序言规定，“各国有责任保护其领土上的文化财产免受偷盗、秘密发掘和非法出口的危险”[②]；另一方面，它又指出，“为避免这些危险，各国须日益认识到其有尊重自己及所有国家的文化遗产的道义义务”[③]，“作为文化机构，博物馆、图书馆和档案馆应保证根据普遍公认的道义原则汇集其收藏品”[④]。客观而言，在具有法律约束力的国际条约中援引“道义义务”而非法律义务并不适宜，有减损公约自身效力之嫌。此外，作为国际条约，在此绕过国家，直接提及文化机构的道义义务，其实际意义也值得商榷，因为后者并不是国际法上的主体。因此，与其直接要求文化机构遵守道义义务，倒不如要求国家保证此类机构遵守该义务更为合适、有效。

然后，序言强调：“只有各国在国家和国际层面上组织起来，密切合作，文化遗产才能得到有效保护”[⑤]，并特别提及，联合国教科文组织大会在 1964 年就此通过了一项建议[⑥]。这两句话中的前一句为点题之笔，意在阐释联合国教科文组织推动缔结《1970 年公约》的主要理由及其合法性依据；而后一句则表明，1964 年制定的《关于禁止和防止非法进出口文化财产和非法转让其所有权的方法的建议》是本公约的重要法律基础。

通观序言，可以得出以下几点结论：第一，文化财产既有民族性也有国际性，且两者并行不悖；第二，公约的目的在于阻止与防止盗窃、盗掘、非法进出口文化财产及非法转让其所有权；第三，为实现公约的目的，公约确认，各国是其境内文化财产的最佳守护者，应对其领土上的文化财产承担保护义务；第四，只有进行密切的国际合作，作为人类文化遗产的组成部分的各国文化财产才能得到有效保护。

---

① 参见《1970 年公约》“序言”第 5 句话与第 8 句话。
② 《1970 年公约》“序言”第 5 句话。
③ 《1970 年公约》“序言”第 6 句话。
④ 《1970 年公约》“序言”第 7 句话。
⑤ 《1970 年公约》“序言”第 9 句话。
⑥ 《1970 年公约》“序言”第 10 句话。

二、文化财产的定义

在《1970 年公约》的制定过程中，各方均认为，为明确公约的调整范围，实现公约的目的，应当制定一个统一的“文化财产”的定义。① 然而，知易行难，由于文物流出国与流入国的利益相左，“文化财产”的定义成为缔约过程中最难解决的事项之一。② 最初，公约草案对文化财产的定义是“具有重要的艺术、历史、精神、宗教或其他文化价值的所有物品”。③ 但这一定义受到不少国家尤其是文物流入国的反对，它们指摘该定义过于概括，容易导致公约的适用范围被肆意扩大。④ 为协调各方立场，公约第 1 条关于文化财产的定义最终采用了“混合法”：一方面，它允许各国自行对文化财产进行“明确指定”。另一方面，它规定了两个强制性条件：第一，属于公约调整的文化财产，必须具有重要的考古、史前史、历史、文学、艺术或科学价值；第二，必须属于本条所列各类者。

如果将《1970 年公约》第 1 条与《1954 年海牙公约》第 1 条进行比较，不难发现，这两部公约采取了不同的路径对文化财产予以定义。细言之，《1954 年海牙公约》采用了列举法，而《1970 年公约》采用了“混合法”，试图对其调整范围进行较为具体的限定。两公约在文化财产的定义上采用两种不同的路径，是由两者不同的宗旨与调整事项决定的。《1954 年海牙公约》旨在发生武装冲突时为文化财产提供普遍性保护，这是得到各当事国一致认可的基本原则，故其允许各国对此语境下的文化财产进行自由阐释；而《1970 年公约》有所不同，它是文物流出国与流入国相互博弈、相互妥协的结果，所以它必须对哪些类别的文化财产应受到进出口控制划出较为明确的界限，只有这样，各当事国才有可能依之实施互惠的进出口控制措施。

尽管如此，《1970 年公约》第 1 条仍然给予各国一定的自主权。譬如，美国

---

① Operational Guidelines of the UNESCO 1970 Convention, C70/14/2. SC/5, Paris, June 2014, p. 9.

② See Stamatoudi, I. A., *Cultural Property Law and Restitution: A Commentary to International Conventions and European Law*, Edward Elgar, 2011, p. 36.

③ O'Keefe, P. J., *Commentary on the UNESCO 1970 Convention on the Means of Prohibiting and Preventing the Illicit Import, Export and Transfer of Ownership of Cultural Property*, Institute of Art and Law, 2007, p. 35.

④ See Forrest, C., *International Law and the Protection of Cultural Property*, Routledge, 2010, p. 170.

为实施公约而颁布的《文化财产公约实施法》将“具有重要考古意义”的文化财产限定为具有250年历史以上的物品，[①]而加拿大旨在实施公约的《文化财产进出口法》则未对文化财产作历史年限上的限定。[②] 对于美国的做法，加拿大并不认同，认为这对其履行公约义务构成了不当限制。[③]

加拿大的立场不无道理。这是因为对于美国、加拿大、澳大利亚、新西兰等历史较短的移民国家，如果将考古类文物限定为具有250年历史以上的物品，那么这些国家本土内将几乎没有任何此类文物。吊诡的是，依据美国国内法，即1979年颁布的《考古资源保护法》，具有100年以上历史的考古类文物就属于法律保护的范围。[④] 换言之，依据美国法，具有100年以上的考古类文物即受到法律保护，但只有对具有250年以上历史的文化财产，美国才会依据公约履行相应的义务。尽管从学理上说，一国对文化财产作出的限定仅对其本国有效，并不能对他国对文化财产的指定以及据此提出的返还请求权构成限制，[⑤]但是从公约的实施情况来看，以美国为代表的不少国家均依自己对文化财产所作的限定作为是否支持他国返还请求的法律标准。[⑥]

需要强调，准确理解公约第1条关于文化财产的定义，其关键在于如何解释其中的“明确指定”，因为依据其规定，属于公约调整范围的文化财产应当属于该条所列的11种类别之一，且依据“其重要考古、史前史、历史、文学、艺术或科学价值”而被各国“明确指定”。公约实施以来，对于如何理解“明确指定”，各国立场并不一致。一部分国家（主要为文物流入国）担心文物资源丰富的国家会尽可能地扩大文物出口禁令，甚至可能出现全面禁止文物出口的倾向，所

---

① 19 U. S. C. s. 302(2)1.

② Cultural Property Export and Import Act 1975, s 31., Canada.

③ See Clark, I. C. *The Cultural Property Export and Import Act: An Appraisal Nine Years After Implementation*, in Prott, L. V. ed., Protection or Plunder? Safeguarding the Future of Our Cultural Heritage, Canberra Australian Govt. Pub. Service, 1989, p. 19 – 20.

④ 16 U. S. C. s. 470bb(1).

⑤ See O'Keefe, P. J., *Commentary on the UNESCO 1970 Convention on the Means of Prohibiting and Preventing the Illicit Import, Export and Transfer of Ownership of Cultural Property*, Institute of Art and Law, 2007, p. 33 – 35.

⑥ 参见《中华人民共和国政府和美利坚合众国政府对旧石器时代到唐末的归类考古材料以及至少250年以上的古迹雕塑和壁上艺术实施进口限制的谅解备忘录》。

以它们认为,“明确指定”是指对每一件文化财产做具体的描述。[①] 这一担心是美国《文化财产公约实施法》对实施进口控制的文化财产作出具体限定的主要考量。[②] 基于同样考虑,联邦德国在1985年声明:只有被以每件详细描述的方式列入国家清册的重要国家文化财产,其出口才属于非法;只有在认可这一立场的前提下,德国才考虑加入公约。[③] 与美国的立场相比,德国对“明确指定”的解释更为严格,这既反映了德国作为主要文物流入国的利益考量,也与德国国内法实践相一致:德国制定了文化财产清册,其中列出并具体描述了受到出口控制的约2000件文物及艺术品,而在此清册之外的文化财产则不受出口限制。

需要指出,将“明确指定”理解为每一件文化财产均须受到具体描述的观点,与许多文化财产尤其是考古类文物的特性相抵触,如采用之,会大大缩小公约的调整范围。以中国为例,我国文物数量多、分布广、跨越历史时期长,除已经挖掘出土的文物外,还有大量文物尚未出土或未被考古发现。显而易见,这些未出土或未被发现的考古类文物是无法列入文物清册的,遑论予以每件具体描绘。可见,如果将“明确指定”狭义解释为对每一件文化财产做具体的描述,必然会使大量考古类文物被排除在公约的调整范围之外,从而大大缩小公约的适用范围。

因此,许多国家通常通过采取“分类法”对文化财产进行明确指定。所谓“分类法”是指依据一定标准,将文化财产分成不同类别,再对其中某些类别的文化财产的进出口加以禁止或限制。譬如,中国原文化部与国家文物局分别颁布了《文物进出境审核管理办法》与《文物出境审核标准》,[④]依据文物的性质、重要性及年份等标准,对限制与禁止出口的文物的类别作了具体规定。采用分类法,可以较好地解决考古类文物无法对之进行每件具体描述的难题,因而被

---

① See Bator, P. M., *An Essay on the International Trade Art*, Stanford Law Review, Vol. 34:2, p. 329(1982).

② 该法规定,只有从博物馆或类似机构盗窃的文化财产或具有考古学或人类学价值的物品才受到进口控制。See 19 U. S. C. arts. 7, 9.

③ Auswärtiges AMT (Foreign Office of Federal Republic of Germany), Commentary on the UNESCO 1970 Convention on the Means of Prohibiting and Preventing the Illicit Import, Export and Transfer of Ownership of Cultural Property, Doc. 615 - 611. 31/43(1985).

④ 《文物进出境审核管理办法》于2007年7月3日由中国文化部部务会议审议通过,于7月13日以文化部令第42号的方式公布,并自公布之日起施行;《文物出境审核标准》于2007年4月3日经国家文物局第4次局务会议审议通过,并自2007年6月5日起施行。

大多数国家所采纳。

此外,需要指出的是,如果有国家对其境内的所有文化财产做出概括性"指定",这是否能被接受? 对此,公约本身未提供明确答案。当前,主流观点认为,在一般情况下,这样的指定不能被认定为"具体指定",但对于某些国情特殊的国家,亦不能完全否定其如此制定的合理性。例如,某些太平洋岛国,其境内留存的文化财产屈指可数,每一件均可视为具有重要价值,在此背景下,允许此类国家做出概括性指定是符合公约宗旨的。①

综上,由于公约关于文化财产的定义是文物流出国与文物流入国相互斗争、相互妥协的产物,公约第 1 条并没有对何谓"明确指定"以及如何进行明确指定作出具体规定,因此各国有权决定哪些文物属于公约的调整范围,这在一定程度上给公约的实施带来不确定性。因而,第 1 条成为饱受诟病的公约条款之一。② 鉴于此,2015 年通过的《1970 年公约操作指南》已将如何理解该条列为重要议题之一,并明确将"分类法"认可为"明确指定"的一种方式。关于此点,下一节谈及公约改革时,再行详述。

除第 1 条外,公约第 4 条与第 13 条第 4 款也涉及文化财产的概念,它们对于适用公约时如何定义文化财产亦有重要作用。具体而言,公约第 4 条通过指定不同的连结因素将特定的文化财产定义为缔约国文化遗产的组成部分。

依据公约第 4 条第 1 款的规定,一国的文化遗产包括该国国民个人或集体创造的文化财产,以及居住在其境内的非该国国民创造的对其有"重要意义"的文化财产。对于何谓"重要意义",各国显然具有一定的自由解释权。不过,一般认为,对于后一类文化财产,重在考查此类财产本身与该国之间的关系,而不是创造此类财产的非该国国民与该国之间的关系。譬如,对于前殖民地国家,殖民时期由其殖民者在其境内创造的一些文化财产对于反映该国殖民时期的历史具有重要作用,因而构成该国文化遗产的一部分。因此,这一类规定对于亚非拉等曾经受殖民统治的国家具有重要意义。

依据公约第 4 条第 2 款的规定,一国的文化遗产包括在其领土内"发现"(found)的文化财产。主流观点认为,该款系指在一国领土及领水内"发掘"

---

① See O'Keefe, P. J., *Commentary on the UNESCO 1970 Convention on the Means of Prohibiting and Preventing the Illicit Import, Export and Transfer of Ownership of Cultural Property*, Institute of Art and Law, 2007, p. 37.

② 参见霍政欣:《追索海外流失文物的法律问题》,中国政法大学出版社 2013 年版,第 222 页。

(excavated)的考古类文物。[①] 据此,衡量考古类文物归属的标准是一国当今的国界线。因此,一国的文化遗产既包括在该国境内发现的古代文明的历史遗迹,也包括分布在该国当今政治版图以外的其他民族历史上遗留在其境内的文化财产。对于第一种情况一般不会产生争议,譬如,已消失的玛雅文明是分布于现今墨西哥东南部、危地马拉、洪都拉斯、萨尔瓦多和伯利兹共五个中美洲国家的古代文明,依据该款,在哪一个国家境内发现的属于玛雅文明的文化财产即应构成该国文化遗产的一部分。不过,由于国界的变动以及近现代移民潮的出现,后一种情况很可能与公约第 4 条第 1 款发生冲突。例如,德国哲学家康德的出生地今属俄罗斯加里宁格勒,依第 4 条第 1 款的规定,由德国人康德创造的文化财产应属德国的文化遗产;但依第 4 条第 2 款的规定,在加里宁格勒出土的由康德创造的文化财产亦应构成俄罗斯的文化遗产。再如,对于美洲移民国家而言,其境内的不少文物为外国人所创作,因此公约第 4 条第 1 款与第 2 款的冲突在此类国家更为常见。

对于如何协调这两款的规定,《1970 年公约》本身并没有提供解决方法,学者遂提出多种方案。有学者主张,应采取国际法院在"列支敦士登诉危地马拉案"中用于确定个人国籍的"有效联系"标准。[②] 在该案中,诺特波姆在德国出生、在危地马拉居住,但持列支敦士登护照。国际法院审理认为,国籍是一个法律上的纽带,其基础是关于联结的社会事实,关于生存、利益和情感的实际连带关系,以及权利和义务的相互性;取得国籍的人与授予其国籍的国家的人们之间的关系,在事实上应比与其他国家的人民之间的关系更为密切,这样的国籍才是有效国籍。据此,法院判决,诺特波姆的列支敦士登国籍不是实际国籍,不符合国际法上实际国籍的标准,危地马拉没有义务承认列支敦士登赋予他的国籍。尽管"有效联系"标准有一定参考价值,但在实践中如出现有两个或两个以上的国家与标的物具有"有效联系"时,依然存在不确定性。所以,美国法学家巴特评论道:第 4 条尤为含混,似乎不具有可实施性。[③]

依据公约第 4 条第 3 款的规定,经原主国主管当局的同意,由考古学、人种

---

① See Stamatoudi, I. A., *Cultural Property Law and Restitution: A Commentary to International Conventions and European Law*, Edward Elgar, 2011, p. 38.

② Liechtenstein v. Guatemala, I. C. J. Report 4 (1955).

③ See Bator, P. M., *An Essay on the International Trade Art*, Stanford Law Review, Vol. 34:2, p. 377(1982).

学或自然科学团体所获得的文化财产构成该团体所属国文化遗产的一部分。这样的规定,在调整考古类文物研究的法律法规中颇为常见,譬如,1956年《关于适用于考古发掘的国际原则的建议》第23条即含有类似规定。

依据公约第4条第4款与第5款的规定,经由自由达成协议而交易的文化财产,以及经原主国主管当局的同意,作为赠送品而接收的或合法购置的文化财产,构成一国文化遗产的一部分。

值得提及的是,在公约草案①以及公约修订版草案②中,第4条还包含第6款,其规定为:"在本公约对有关国家生效前,由一缔约国或其国民获得的文化财产构成该国文化财产。"该款受到了诸多文物流出国的强烈反对,正如墨西哥代表所言:"对于数量庞大的非法流失的文化财产而言,这样的规定等于默示地放弃了返还请求权。"③在遭遇强烈反对后,政府专家特别委员会最终删除了这一款,但并未作出具体解释。从公约最终文本删除这一款规定来看,一国或其国民占有文化财产这一事实并不能构成有关财产是否构成其文化遗产的判断标准,此类财产仍有可能成为别国要求返还的标的物。

公约第13条第4款规定了一类特别的文化财产,对于这类财产,公约缔约国有权宣布其为"不能让与的",因而不能出口,且这种权利是"不可废除的权利"。所谓"不可废除",是指既不能被剥夺,也不能被拒绝的永久性权利。这种权利应被视为等同于"联合国大会第1803号决议"所确认的各国对其自然资源享有的永久主权。④ 可见,《1970年公约》要求各缔约国承认其他国家对特定的文化财产享有永久性权利。这一规定已被许多国家(尤其是大陆法系国家)的国内法体现。譬如,依据法国法,公共机构所有的动产以及其他具有文化或档案价值的不可替代的财产,属于"非交易物"(*res extra commercium*),通常不能被出售或成为私有财产,所以公共财产不论因任何途径被私人占有,公共财产的所有权主体均可以要求返还,不受任何限制,既包括善意取得,也包括时效限制。⑤ 鉴于此,有学者指出,本款所称之"不可废除的权利"是指如果有关文化

---

① UNESCO Doc. SHC/MD/3 Annex, 2.

② UNESCO Doc. SHC/MD/5 Annex, Ⅲ, 2.

③ UNESCO Doc. SHC/MD/5 Annex, Ⅰ, 14.

④ http://www.ohchr.org/CH/Issues/Documents/other_instruments/09.PDF,最后访问日期:2023年4月30日。

⑤ See Planiol, M. & Ripert, G., «Traité Pratique de Droit Civil Français» (Practical Treatise of French Civil Law), *Meline Cans et Comp*, 1952, p.2490.

财产被其原属国定性为不能让与的,因而不能出口,那么只要该财产在其境内,该国可以从任何主体那里要求返还之,且不受时效限制,也不管以该财产为标的的相关交易发生在哪里(即便该国国际私法认可物之所在地法原则)。① 当然,依据公约第 13 条第 1 款的规定,其适用系以“在与其法律相一致的情况下”为前提,作为有关文化财产出口国的公约缔约国,其是否承认进口国的此项权利,实际上依然受制于其国内法的规定。

三、文化财产的非法进出口

《1970 年公约》的中心议题是处理文化财产的非法进出口及其所有权的非法转让问题,而这一问题之所以成为顽疾,原因错综复杂。除了文化财产原属国(绝大多数为发展中国家)普遍存在立法落后、行政执法水平较低等问题外,文化财产原属国涉及文化财产保护与出口限制的法律得不到其他国家承认,也是一个重要原因。

依据国家主权平等原则,公法性质的法律②仅在其颁布国的境内有效,此即“公法无域外效力”原则。③ 概言之,公法包括刑法、税法,还包括进出口法。④ 因此,一国颁布的限制或禁止文化财产出口的法律不具有域外效力,无法得到其他国家的承认与执行。在以全球化为特质的当代社会,“公法无域外效力”因而成为文物保护以及流失文物追索的重大法律障碍。鉴于此,建立相互承认文化财产出口法的国际法律制度,成为公约的主要目标之一。

以序言中关于国际合作的论述为基础,公约第 2 条第 1 款指出,“公约缔约国承认文化财产的非法进出口及其所有权的非法转让是造成这类财产原主国文化遗产枯竭的主要原因之一,国际合作是保护各国文化财产免遭由此产生的

---

① See O'Keefe, P. J., *Commentary on the UNESCO 1970 Convention on the Means of Prohibiting and Preventing the Illicit Import, Export and Transfer of Ownership of Cultural Property*, Institute of Art and Law, 2007, p. 85.

② 自乌尔比安以来,法律便有为“公法”(*jus publicum*)与“私法”(*jus privatum*)之分野。法律划分为公法和私法,是罗马法对后世法律制度最为重要的贡献之一,亦为人类社会文明发展的重大成果。德国著名学者基尔克说,公法和私法的区别,是现代整个法秩序的基础;日本学者美浓部达吉也认为,公法和私法的区分是现代法的基本原则。参见陈朝璧:《罗马法原理》,法律出版社 2006 年版,第 21 页。

③ See Martin Wolff, *Private International Law*, 2nd ed., Clarendon Press, 1950, p. 172.

④ See Forrest, C., *International Law and the Protection of Cultural Property*, Routledge, 2010, p. 174.

各种危险的最有效方法之一”。该款的重要性在于,它确认了阻止文化财产的非法贸易不能仅归责于文化财产原属国,要有效解决此问题,各国须展开合作。据此,国际合作不再仅为道义责任,而成为一项法律义务。

公约第2条第2款进一步规定:“为此目的,缔约国承诺充分利用现有手段反对这种非法行径,尤其是通过消除其根源、制止当前的非法行径和对必要的赔偿提供协助等手段。”该款的重要之处在于,它为缔约国施加了一项法律义务,即充分利用现有各种手段反对文化财产的非法进出口及其所有权的非法转让。这意味着公约要求所有缔约国尽其所能实施公约,对于文物市场国而言,由于买卖来源不明的文物是助长文物非法贩运的重要根源,因此这些国家应当积极采取立法及执法措施消除这一根源。例如,通过立法要求文物的转让只有在当事人提供文物的来源证明时方为合法。对于文物流失国而言,由于贫困、淡漠的法律意识与低下的执法水平是造成文物被非法盗掘及走私的重要根源,这些国家应当通过采取改善当地人民生活、加强民众法律意识、提高执法机关执法水平、打击腐败等措施来消除根源。[①] 值得一提的是,本款最后提到“对必要的赔偿提供协助”,而“赔偿”(reparations)一词在国际法上特指“对违反国际法律义务的行为进行的赔偿”。[②] 对于此处的“赔偿”,有学者指摘其指向并不清楚,且何谓“对赔偿进行协助”,亦令人费解。[③]

虽然公约第2条存在一些瑕疵,但总体而言,其意义重大。依之,文化财产进口国一旦加入公约,就须承担打击文化财产非法进出口及其所有权非法转让的法律义务。而在此之前,绝大多数此类国家将责任推卸给文化财产出口国,将文化财产非法贸易泛滥的主因归责于后者的贫困、腐败、行政管理及执法水平低下,并以此为借口,拒绝承担任何法律责任。

(一)进出口制度构架

如前所述,文物非法贸易无法得到有效遏制的重要法律原因在于“公法无域外效力”。被盗窃、盗掘的文化财产一旦被带出其原属国的国界线,几乎就能

---

① See O'Keefe, P. J., *Commentary on the UNESCO 1970 Convention on the Means of Prohibiting and Preventing the Illicit Import, Export and Transfer of Ownership of Cultural Property*, Institute of Art and Law, 2007, p. 40.

② Compensation for an injury or a wrong, esp. For wartime damages or breach of an international obligation. Garner, B. A. ed., *Black's Law Dictionary*, 9th ed., 2004, West, p. 1413.

③ See Forrest, C., *International Law and the Protection of Cultural Property*, Routledge, 2010, p. 175.

堂而皇之地进入国际文物市场。因此，公约最主要的使命是确立如下法律制度：违反其原属国法而出口的文化财产，其进口到其他国家，亦属非法。换言之，文化财产原属国禁止文化财产出口的法律，其效力得到公约其他缔约国的承认。显然，一旦这样的文化财产进出口法律制度得以构建，文化财产的非法贸易就能得到有效遏制。

然而，由于涉及各方重大利益，在《1970 年公约》缔约过程中，关于文化财产的进出口法律制度事实上成为各方争议最激烈的核心事项之一。文物流出国大都希望公约制定严格、具体的进口控制措施与程序，以期将违反其法律而出口的文化财产卡在进口国的国境线上。但是，以美国为代表的文物流入国则担心，过于严格的进口控制条款会给各国海关带来巨大压力，也与当代国际社会追求贸易与人员交往自由化、便捷化的趋势相违背。

最终，在美国等国的强大压力下，公约没有规定具体、严格的进口控制措施与程序，对于违反文化财产原属国法律而出口的文物，公约也没有要求进口国海关进行扣押或返还，其关于文物进出口制度的条款措辞较为抽象，从而留给各国较大的解释空间。

细言之，公约第 3 条是关于文化财产进出口法律制度的核心条款，其规定为："文化财产的进出口或所有权转让，如违反缔约国依本公约而制定的规定，应属非法。"该条虽然简短，但自公约实施以来，它已被证明是最难准确理解的条款之一，并在各国学界与实务界引发了激烈讨论。有观点认为，第 3 条是《1970 年公约》的核心条款，具有明确、独立的法律效果，另有观点则认为，该条并没有独立的法律效果，甚至还有观点完全否认其法律意义。

第一种观点认为，公约第 3 条具有明确、独立的法律效果，在公约两个缔约国之间发生的文化财产进出口，如果按照出口国的法律该文化财产为"非法出口"，那么进口国应当将之定性为"非法进口"。简言之，文化财产，如其出口为非法，则其进口亦应为非法，这是公约义务统一性的必然要求，不可分割。该观点特别指出，公约第 3 条对缔约国设置了独立的法律义务，不能将之与公约第 7 条第 2 款相混同。①

这一观点合乎逻辑，既可以找到公约其他条款的印证，也被一些国家立法

---

① See O'Keefe, P. J., *Commentary on the UNESCO 1970 Convention on the Means of Prohibiting and Preventing the Illicit Import, Export and Transfer of Ownership of Cultural Property*, Institute of Art and Law, 2007, p. 41.

所呼应。依据公约第 6 条的规定,出口国应当发放证件,以证明有关文化财产的出口已经被批准。如果将公约第 3 条、第 6 条及第 2 条第 2 款放在一起理解,似应可以推得:违反公约某一缔约国出口法令而出口的文化财产,是无法出具出口许可证的,公约另一缔约国应将此类文化财产的进口视为非法,因为依据公约第 2 条第 2 款的规定,公约缔约国已承诺充分利用现有手段制止当前的非法行径。在公约缔约国中,加拿大与澳大利亚已经通过立法肯定了以上观点。加拿大《文化财产进出口法》第 31 条明确规定,加拿大承认与之达成双边或多边互惠安排的公约其他缔约国的出口法令的效力。① 澳大利亚《可移动文化财产法》则规定,构成某外国文化遗产的一部分的物品,如果该外国法令禁止其出口,那么将此类物品进口到澳大利亚属于非法。②

第二种观点认为,公约第 3 条并无独立的法律意义,因为它明确规定,衡量文化财产的进出口及其所有权的转让是否为"非法"的依据是缔约国"依本公约制定的规定"。换言之,此处区分合法抑或非法的依据并非第 3 条本身,而是为实施依据公约的其他条款(尤其是第 6 条、第 7 条及第 13 条)而制定的规定。因此,公约第 3 条本身并无独立的法律意义,它不过是对公约第 6 条(出口)、第 7 条(进口)及第 13 条(所有权转让)的援引与重申。持这一立场的学者进一步指出,各国可以公约第 6 条第 2 款、第 7 条第 2 款与第 13 条第 1 款为基础立法,宣布以下行为为非法:出口未附有出口证件的文化财产③、进口从博物馆或类似机构中窃取的文化财产④、可能助长非法进出口的文化财产的所有权转移⑤。只有这样,公约第 3 条才具有可执行性。

第三种观点则彻底否认公约第 3 条的法律效力,并指摘该条措辞含糊,是一条"神秘的"、不具执行力的条款,无须对之进行解释。⑥ 在公约制定过程中,在政府专家特别委员会开会时,美国代表曾对该条的法律效果提出疑问,秘书

---

① Cultural Property Export and Import Act 1975, s. 31, Canada.

② See Ley, J. F., *Australian's Protection of Movable Cultural Heritage*: *Report on the Ministerial Review of the Protection of Movable Cultural Heritage Act 1986 and Regulations*, Australian Government Publishing Service, 1991, p. 125.

③ 参见《1970 年公约》第 6 条第 2 款。

④ 参见《1970 年公约》第 7 条第 2 款。

⑤ 参见《1970 年公约》第 13 条第 1 款。

⑥ See Bator, P. M., *An Essay on the International Trade Art*, Stanford Law Review, Vol. 34:2, p. 377(1982).

处的法律官员的回答是："它（第 3 条）可能是对公约实体条款的赘述。"①鉴于此，一小部分学者持第 3 条为非实体条款的立场。

客观而言，第 3 条引发不同解释，是公约文本的模糊性导致的，在一定程度上不可避免。不过，综合公约的宗旨以及国际条约的解释原则，笔者认为，公约第 3 条应具有独立、明确的法律意义，依之，在公约两个缔约国之间发生的文化财产的进出口，如果按照出口国的法律该文化财产为"非法出口"，那么进口国法应当将之定性为"非法进口"。

（二）出口许可证

为遏制文化财产的非法贸易，首先需要在出口环节建立起有效的控制制度，为此，公约第 6 条要求各缔约国引入文化财产的出口许可证制度，禁止未取得出口许可证的文化财产出口，并对此禁令进行宣传。然而，由于对这一条规定的理解牵涉到公约第 7 条第 2 款及第 3 条，其准确的法律意义产生了不同解读。

有观点认为，公约第 7 条第 2 款仅禁止进口从本公约另一缔约国的博物馆或宗教的或世俗的公共纪念馆或类似机构中被盗的文化财产，所以源自上述机构的非被盗文化财产以及非源自上述机构的文化财产（即便是被盗财产）并不在禁止进口之列。可见，即便是非法出口的文化财产，其中一部分依然可以被定性为合法进口的物品。鉴于此，他们认为，公约第 6 条如同被阉割，几无实际意义。②

以上观点虽不无道理，但须以公约第 3 条没有实质性法律意义为前提。如前所述，关于公约第 3 条，目前存在不同解释，如果认为该条不具有具体的法律意义，那么第 6 条亦丧失了存在的必要。所以，笔者认为，依据本书第一章所述的条约解释通则（文本解释、上下文解释与目的解释等），公约第 3 条与第 6 条应均有具体、实质性的含义。前已论及，关于第 3 条，笔者认为，依之，在公约两个缔约国之间发生的文化财产的进出口，如果按照出口国的法律该文化财产为

① 他的原话是："it was perhaps redundant of the substantive provisions of the Convention。"当时，有几个大陆法系国家的代表提出，该条应当具有司法上后果，但也未给出具体解释。See United States Report of the United States to the Special Committee of Governmental Experts to Examine the Draft Convention on the Means of Prohibiting and Preventing the Illicit Import, Export and Transfer of Ownership of Cultural Property (1970), p. 13 – 14.

② See Abramson, R. D. & Hutter, S. B., *The Legal Response to the Illicit Movement of Cultural Property*, Law and Policy in International Business, 1973, p. 932, 961.

"非法出口",那么进口国法应当将之定性为"非法进口"。因此,为使第3条的规定具有可执行性,公约第6条进而要求各缔约国推行文化财产的出口许可证制度。从这个意义上说,笔者无法赞同前述关于"即便是非法出口的文化财产,其中一部分依然可以被定性为合法进口的物品"的观点。① 意大利学者拉什尔(Raschèr)关于公约第6条与第3条关系的论述也与笔者的观点一致:

> 从一个国家出口文化财产,每一件均需得到官方签发的出口许可证。依据公约第3条的规定,没有取得出口许可证而出口文化财产应被视为非法行为。(第6条)关于许可证以及展开相关宣传的规定是为了增强文化财产转移在法律上的确定性。②

不过,公约第6条并非要求缔约国对从其境内出口的所有文化财产均签发许可证,只有对于那些依公约第1条经"明确指定"而受到法律保护的文化财产,出口国才须签发许可证。③ 值得强调的是,在对公约的实施状况进行研究后,联合国教科文组织专家委员会于1983年提出了制定出口许可证样表并由各国采纳的建议。这一建议,从一个侧面也印证了公约第6条具有确定的法律效果的观点。此后,ICPRCP专门召开了数次会议,讨论如何设计出口许可证样表的问题,并建议联合国教科文组织秘书处与世界海关组织(World Customs Organization,WCO)合作,共同设计出口许可证样本。这一建议得到了采纳,2005年联合国教科文组织与世界海关组织正式发布了出口许可证样表。④ 目前,这一样表已经得到越来越多的国家的采纳,并有中文版,不过我国迄今尚未采纳。

最后需要指出,尽管公约第6条要求各国建立文化财产出口许可证制度,但作为文物流出国与流入国妥协的产物,公约并未要求各缔约国在文化财产入境时查验许可证,也没有要求各国海关发现入境文化财产缺少出口许可证时对之予以扣押或返还,因而各国执法机关可以依据其国内法对文化财产的进口施以相应的管控。⑤ 客观而言,公约在这一事项上所做的妥协令人遗憾,这不可避

---

① 参见霍政欣:《追索海外流失文物的法律问题》,中国政法大学出版社2013年版,第126页。

② Raschèr, A. F. G., *Cultural Property Transfer*, Bruylant, 2005, p. 20.

③ See Forrest, C., *International Law and the Protection of Cultural Property*, Routledge, 2010, p. 177.

④ CLT-2005/WS/5

⑤ 相关条款的具体分析,详见后文。

免地减损出口许可证的实际效力,并动摇了公约旨在构建的文化财产进出口法律制度的根基。

从公约50余年来的实施情况看,各国在此方面的做法相差较大。譬如,加拿大为实施公约而颁布的《文化财产进出口法》规定,将从公约另一缔约国非法出口的文物进口到加拿大是违法的,相关文物应予扣押。不过,该法并不要求加拿大海关在文物入境时逐件查验其出口许可证;在一般情况下,加拿大执法机关只有在收到文物出口国提出的正式请求后,才会启动调查程序,并在发现后予以扣押。因此,进口商应履行适当的调查责任,否则有可能承担不利后果。① 澳大利亚的国内法采用了相同的做法。② 捷克的做法则与上述两国不同,捷克在实施公约的实践中发现,自20世纪90年代以后,该国成了文物从中、东欧非法流失到西欧的中转站,文物非法过境情况愈加严重。鉴于此,捷克执法机关要求所有文物在入境时均需出具有效的出口证明,而不是在放任入境之后,满足一定条件后再启动调查及查扣程序。捷克的这一做法对于实现公约的宗旨显然更为有利,值得其他国家借鉴。当然,由于公约并未对进口控制措施与程序作出强制性的具体规定,各国有权依据自身情况与国内法规定对文物进口施以管控。

(三)被盗及非法出口的文化财产

如前所述,公约第6条要求各国建立文化财产的出口许可制度,没有出口许可证的文化财产禁止出口。因此,如果公约进一步规定,对于没有出口许可证的文化财产,公约各缔约国禁止进口之,并在查获后予以返还,那么文化财产的非法贸易链便能被斩断。然而,作为各方博弈与妥协的产物,公约并未要求文化财产进口国在一般意义上承担此义务。在美国的坚持下,公约最终给文化财产进口国施加的义务大为缩减,这主要体现在公约第7条上。③

依据公约第7条第1款的规定,本公约缔约国应采取与本国立法相一致的必要措施,防止其领土内的博物馆及类似机构获取源于另一缔约国并于本公约在有关国家生效后非法出口的文化财产。如发现针对本公约对两国均已生效后从原主国非法运出的文化财产的买卖要约,应尽可能通知该原主国。

对于阻止文化财产的非法贸易而言,该款设置了诸多限制性条件。第一,

① See Cultural Property Export and Import Act 1975, s. 31(3), Canada.
② See Protection of Movable Cultural Heritage Act, 1986, s. 14(1), Australia.
③ 参见霍政欣:《追索海外流失文物的法律问题》,中国政法大学出版社2013年版,第127页。

对于非法出口的文化财产，它并没有禁止进口，只是防止获取此类文化财产。第二，对于防止此类文化财产的获取，它也并非具有普遍适用性，而仅仅针对“博物馆及类似机构”。换言之，它并没有禁止个人获取此类财产。第三，“与本国立法相一致的必要措施”的表述，使该款的实际效力须受制于各缔约国国内立法。需要指出，这一表述是在美国代表的强硬要求下加入的，以确保该款的法律效果仅约束美国联邦政府所拥有的博物馆。这是因为依据美国国内法，美国联邦政府仅能对其拥有的博物馆制定限制收藏品买卖的规则，而在美国，绝大多数博物馆是私立或州立的，美国联邦政府拥有的博物馆仅限于国会图书馆、国家档案馆等寥寥几家。① 可见，对于美国而言，“与本国立法相一致的必要措施”这一表述必然使本款规定的法律义务在效力范围上大为缩减。

当然，也有美国学者提出，在美国绝大多数博物馆或类似机构并不为政府所拥有，因而该条在多数情况下不具有直接效力。但是此类机构仍然会受到各级政府的制约，尤其是在税收优惠、资金支持等方面，因此，美国政府可以利用这些方面的制约机制，鼓励此类机构履行该款规定，甚至可以将之作为在税收、资金等方面支持它们的前提条件。如此一来，就可以在一定程度上扩大该款在美国的约束力。② 对于克服该款因加入“与本国立法相一致的必要措施”这一表述而造成的先天性缺陷，这一建议具有一定积极意义，但它还是将自主权留给了各缔约国，故不确定性依存。

此外，公约第7条第1款规定，如发现针对从原主缔约国非法运出的文化财产的买卖要约，应尽可能通知该原主国，但该义务受制于非法出口系发生于“本公约对两国均已生效后”这一条件。在实践中，这一条件几近苛刻，因为对于大量被盗掘的考古类文物而言，其原属国根本无法知道其出口的具体时间，因而该款规定的通知义务无法满足其适用条件。

公约第7条第2款旨在调整文化财产的非法进口问题，但与第1款类似，其适用范围较窄，适用条件较为苛刻。从公约的实施情况来看，该款的两项规定构成制约公约实际效力的重大障碍，已经引起了许多国家，尤其是文物流出国的强烈忧虑与不满。

---

① See Bator, P. M., *An Essay on the International Trade Art*, Stanford Law Review, Vol. 34:2, p. 377, 380(1982).

② See Nafziger, J., *Article 7(a) of the UNESCO Convention*, in DuBoff L. D., Art Law: Domestic and International, Fred B Rothman, 1975, p. 388 - 389.

依据公约第 7 条第 2 款第 1 项的规定，本公约对有关国家生效后，禁止进口从本公约另一缔约国的博物馆或宗教或世俗的公共纪念馆或类似机构中盗窃的文化财产，只要该项财产已用文件形式列入该机构的财产清册。据此，其适用需要满足以下三个条件：第一，有关文化财产必须是另一缔约国的博物馆或宗教或世俗的公共纪念馆或类似机构中的被盗物；第二，有关文化财产必须已用文件形式列入该机构的财产清册；第三，它仅适用于公约对进口国与出口国均生效以后。这三个条件导致的直接结果是：属于禁止进口之列的文化财产极其有限，且具有不明确性。

首先，对于被盗文化财产而言，只有少数是从防盗措施较为严格的博物馆或类似机构中盗取的；大多数文化财产，尤其是考古类文物，通常属于未出土文物因遭到非法盗掘而流失。对于这部分被盗掘文物而言，它们显然无法满足这三项条件。对于中国而言，这一情况尤为典型。我国历史悠久、幅员辽阔，有大量文物尚未出土或未被发现及正式发掘，每年有大量古墓与其他野外历史遗迹因遭非法盗掘而导致文物流失境外。这些被盗掘文物既不是从博物馆或类似机构中被盗的，也不可能被列入财产清册，更难以掌握其具体被盗及出口时间，因而无法依据公约第 7 条第 2 款要求其他公约缔约国禁止其进口。事实上，这些限制性条件已经成为近年来我国援引公约追索文物的重大法律障碍。[①] 其次，公约第 7 条第 2 款要求有关文化财产是从“博物馆或宗教或世俗的公共纪念馆或类似机构”中被盗的，而何谓“公共纪念馆或类似机构”缺少具体、客观的判断标准。

那么，美国代表在公约的制定过程中缘何要强行加入这一条款呢？存档资料显示，最初的公约草案文本旨在禁止一切非法出口的文化财产，但美国担心这样的禁止性规定会对边境控制体系造成巨大的人力及财力负担，同时与当代频繁的跨国人员及货物往来现状以及贸易自由制度相违背。[②] 这一观点也获得其他一些文物流入国的支持，甚至成为荷兰等国一度拒绝加入公约的理由。[③]

美国等少数文物流入国的上述立场虽然被公约最终文本所体现，但是需要强调，从公约 40 余年来的实施情况以及当代国际法律体系现状来看，这一立场缺乏实践支持，并对公约的效力及执行力产生了严重的负面作用，亟待改革。

---

① 参见霍政欣：《追索海外流失文物的法律问题》，中国政法大学出版社 2013 年版，第 129 页。

② UNESCO Doc. SHC/MD/5 Annex, Ⅱ, 329 - 320.

③ UNESCO Doc. 22C/93, 3.

首先,全面禁止一切非法出口的文化财产入境并不意味着要求各国海关或边境控制机构将所有非法入境的文化财产堵在边境之外,而是旨在为文物原属国追索非法出口文物提供法律支持。这一点,已为不少国家的立法所支持。譬如,依据加拿大《文化财产进出口法》规定,边境控制并非执行法律的主要手段,诚如该国学者卡梅隆(Cameron)所言:

> 执行本法无须在边境专门设立严格的文化财产进出口检查制度。其一,拟进口的文化财产是否系从其原属国合法出口,是进口商要查清的问题;其二,本法仅旨在为公约另一缔约国就非法进口至加拿大的文化财产提出书面追索及返还请求时提供法律依据。①

澳大利亚为实施公约而颁布的《保护可移动文化遗产法》也采用了这一做法。② 事实上,在公约制定过程中,美国派驻政府间专家委员会的代表就公约第7条第2款所作的报告中也体现了这一观点:禁止进口的规定应被理解为,为嗣后就有关文化财产提起返还之诉提供法律基础。正如数个国家的代表团所言,并不能期望文化财产的非法贸易被完全堵在国境线上。③

其次,即便要在国境线上遏制文化财产的非法入境,也并不意味着会给边检或海关带来过于沉重的负担。目前,世界各国已经建立起较为成熟的打击跨国犯罪(尤其是非法军火贸易、洗钱、毒品贸易等)机制,这套机制综合利用了信息共享、执法合作、边检等措施,完全可以用来打击文化财产的非法贩运,而无须另行建立专门的文化财产边境控制体系。

综上,笔者认为,公约第7条第2款第1项对禁止进口的文化财产所施加的严格条件不仅在理论上站不住脚,而且在实践中已成为束缚公约发挥效用的重大障碍,应当成为今后完善及改革公约的主要对象。

在前项的基础上,公约第7条第2款第2项进一步规定,对于满足第1项严格限定的文化财产,进口国应予以追索并归还,依其规定,公约缔约国承担以下

---

① Cameron, D. F., *An Introduction to the Cultural Property Export and Import Act*, Department of Communications, 1980, p. 22.

② Protection of Movable Cultural Heritage Act, 1986, s. 14(1), Australia.

③ United States Report of the United States to the Special Committee of Governmental Experts to Examine the Draft Convention on the Means of Prohibiting and Preventing the Illicit import, export and transfer of ownership of cultural property (1970), p. 14.

义务：

> 本公约对有关两个国家生效后，根据原主国的要求，采取适当措施收回并归还进口的此类文化财产，但请求国须向不知情的买主或对该财产具有合法权利者给予公平的赔偿。要求收回和归还失物必须通过外交部门进行。请求方应提供主张收回和归还的必要文件及其他证据，费用自理。各方不得对遵照本条规定而归还的文化财产征收关税或其他费用。归还和运送文化财产过程中所需的一切费用均由请求方负担。

据此，该款的适用受制于诸多限制性规定，第一，进口国追索并返还文物须以原主国通过外交途径提出要求为前提，换言之，文化财产的私人所有者或机构无权提出此类请求。所以，公约实际上剥夺了私人提出返还请求的权利。

第二，应原主国的要求，进口国应“采取适当措施”追索并归还有关文化财产。“采取适当措施”这一表述显然将具体的执行方法交给了进口国自由行使。从公约实施以来的情况来看，所谓适当的措施至少包括以下几种：(1)在入关时由海关或边境警察截获；(2)对进口人提起刑事指控，并在被判有罪后对有关文化财产予以收缴并返还；(3)待有关民事诉讼结束后，依据判决结果返还有关文化财产，在这种情况下，冗长而充满不确定性的诉讼程序势必会使返还受制于相关国家的国内法，从而陷入漫长且结果不明的窠臼。①

第三，提出返还要求的国家应提供能证明其追索或归还要求合法性的必要文件及其他证据，且费用自理，归还和移交文化财产过程中产生的一切费用也由该国承担。由于文物流出国大多为发展中国家，其拥有的智力资源与财力资源有限，这样的要求无疑会成为不少国家的沉重负担。

第四，提出返还要求的国家须向不知情的买主或对该财产具有合法权利者给予公平的赔偿。然而何谓“公平的赔偿”？这取决于各国国内法的规定，这一要求使公约再次踏入国内法的领地。从比较法的角度来看，尽管各国的具体法律规则多有差别，但是善意取得制度广泛存在于世界各国(尤其是大陆

---

① See *Republic of Ecuador v. Danusso*, *Rivista di dirtto internazionale private e proceessuale*, 1982, 18, p. 625.

法系国家)。[1] 在不少国家,善意取得制度规定,在善意购买被盗物以后的一段期限内,原所有人可以要求善意购买人返还原物,但须向后者支付购买的价款。需要指出的是,在公约草案中,相关表述为"依据购买价格确定的公平赔偿"(fair compensation corresponding to the purchase price),[2]在政府间专家委员会的协商过程中,这一表述最终被公约现行措辞代替。不过,对于为何改变草案文本,政府间专家委员会及联合国教科文组织均未给出解释,就目前来看,各国可依其国内法确定"公正赔偿"的具体标准。不少学者也提出了具体主张,譬如,澳大利亚学者帕迪克·欧基非(Patrick O'Keefe)认为,在公约的语境下,所谓公平的赔偿应当依据购买价格、交易的实际成本(如律师费等)及为保存有关财产所花费的必要支出综合确定。[3] 然而,鉴于文化财产的国际市场交易价通常很高,以此确定赔偿额度一方面会使许多文物流出国望而却步,另一方面也等于为文化财产的购买人的利益背书,会助长文化财产的非法贸易。

第五,与上一个要求相关的另一个问题是如何界定"不知情的买主或对该财产具有合法权利者"。事实上,在公约的制定过程中,这是一个引起各方争辩的议题:欧洲大陆法系国家多主张宽泛地解释"不知情"或"善意",[4]而文物流出国则大多主张应严格解释之。[5] 值得注意的是,公约草案在这一款中原本包含如下表述:[6]

> 提出返还此类文化财产的一方应当证明该财产的占有人是不诚实的。换言之,应当证明后者是在充分知晓有关财产为遗失物、被盗

---

① 详见霍政欣:《追索海外流失文物的法律问题》,中国政法大学出版社2013年版,第26~44页。

② UNESCO Doc. SHC/MD/5 Annex, 4, art. 10(d).

③ See O'Keefe, P. J., *Commentary on the UNESCO 1970 Convention on the Means of Prohibiting and Preventing the Illicit Import, Export and Transfer of Ownership of Cultural Property*, Institute of Art and Law, 2007, p. 64.

④ 例如,瑞典政府对该条公约草案的意见是:显然,公约草案系基于以下理念,即非法进口之文化财产的购买者很少为善意者。但瑞典司法部认为,善意占有在实践中是相当常见的。法国政府的立场是:不阻碍合法的商业、不怀疑善意的商人、收藏者或展出者,这一点是非常重要的。UNESCO Doc. SHC/MD/5 Annex Ⅰ, 16.

⑤ 例如,叙利亚政府指出:善意购买人的概念应当被限定在极为狭窄的范围内。UNESCO Doc. CUA/123/Add. Ⅰ, Annex Ⅰ, 21.

⑥ UNESCO Doc. SHC/MD/3 Annex, 4, art. 10(c)(i).

物或非法进口物的情况下购买的。

显而易见,上述草案文本反映的基本立场是:原则上推定占有人为善意,如果提出返还一方主张其为非善意,则负举证责任。由于受到文物流出国的反对,这一表述未出现在公约的最后文本中。尽管如此,公约亦未能采纳对"不知情"或"善意"严格限制的解释,在此背景之下,各国有权依其本国法对这一问题加以解释。

至于什么是"对该财产具有合法权利者",公约亦未提供具体的确定标准,这同样取决于各国国内法。以比较法观之,对被盗财产具有合法权利一般是指通过取得时效、诉讼时效等制度获得相应权利,①而各国在这两项制度上的差异非常大,这势必使其判断标准陷于复杂和不确定的状态。

从以上对公约第7条的分析中可以看出,作为核心条款,本条存在适用条件过于苛刻、相关措辞欠缺客观性等严重缺陷。公约实施40余年来的实践表明,该条已经成为制约其发挥效力的主要障碍,是今后改革、完善公约过程中需要予以重点讨论与关注的条款。

四、文化财产所有权的非法转让

正如其名称所示,除构建阻止文化财产非法进出口的法律制度之外,《1970年公约》的另一主题是遏制文化财产所有权的非法转让,这体现在公约第13条上。不过,依据公约第13条的措辞,该条为各缔约国规定的各项义务,其适用须满足一个条件,即"与各国法律相一致"(consistent with the laws of each State)。这样的措辞显然会在一定程度上减损该条的法律效力,因此有学者甚至忧心忡忡,认为这一表述足以令其意义全无,因为各缔约国可以该条与其国内法相矛盾为由,拒绝履行相关义务。②

客观而言,这样的担心不无道理,因为与公约其他核心条款一样,该条也是各国相互博弈、相互妥协的产物,其自身带有无法克服的缺陷。不过,就此从根本上否认该条的意义与法律效果亦失之偏颇,以下详细探讨公约第13条的具

---

① 各国的诉讼时效及取得时效制度,详见霍政欣:《追索海外流失文物的法律问题》,中国政法大学出版社2013年版,第45~69页。

② See Bator, P. M., *An Essay on the International Trade Art*, Stanford Law Review, Vol. 34:2, p. 377, 378(1982).

体规定。

依据公约第 13 条第 1 款的规定,如果文化财产所有权的转让会加剧此类财产的非法进出口,则各成员应采取一切适当的手段阻止这种情况下的所有权转让。由于本款并没有明确规定哪些情况下的所有权转让会加剧文化财产的非法进出口,因而各国拥有相当大的空间,可以较为自由地通过其国内法来阻止特定情况下文化财产所有权发生转移。

从比较法的视角来看,各国国内法在此问题上的规定差异较大。塞浦路斯的法律要求所有私人收藏的文物均须向国家文物主管部门申报,并由政府委派的文物专家制订清单目录;埃及与约旦则全面禁止文物贸易;新西兰禁止考古类文物的所有权转让。① 我国《文物保护法》第 51 条则规定,公民、法人和其他组织不得买卖国有文物(但国家允许的除外)、非国有馆藏珍贵文物、国有不可移动文物中的壁画、雕塑、建筑构件等;第 52 条第 3 款还规定,国家禁止出境的文物,不得转让、出租、质押给外国人。值得注意的是,对于以国籍为标准阻止某些类别的文物所有权转让,有外国学者认为,这有悖于当代国际人权公约以及 WTO 法规定的非歧视原则。② 因此,我国《文物保护法》第 52 条第 3 款的规定有可能引起法律争议。

依据公约第 13 条第 2 款的规定,如果文化财产非法出口到某国,该国作为进口国应在符合其国内法律规定的情况下要求有关机构通过适当的程序,尽快将之返还合法所有人。显而易见,该款旨在促使非法出口的文化财产以尽可能快的方式得到返还,不过,此处有两个问题可能影响其执行力:第一,进口国启动合作程序须以其国内法为依据;第二,何谓"合法所有人"在文化财产的返还实践中时常出现争议。以美国为例,由于美国对公约第 3 条与第 6 条提出了保留,在此情况下,如果出口国与美国不存在双边协议,美国当局启动返还合作程序只能以公约第 7 条与第 9 条以及美国相关国内法为依据,而美国政府在确定有关文化财产是否属于"被盗物"时,会依据其《国家被盗财产法》加以判定。

---

① See UNESCO, *Implementation of the Convention on the Means of Prohibiting and Preventing the Illicit Import, Export and Transfer of Ownership of Cultural Property* (1970), Reports by Member States and Other States Parties on the Action they have taken to implement the Convention, UNESCO Doc. 32C/24, 6, July 31 (2003).

② See O'Keefe, P. J., *Commentary on the UNESCO 1970 Convention on the Means of Prohibiting and Preventing the Illicit Import, Export and Transfer of Ownership of Cultural Property*, Institute of Art and Law, 2007, p. 83.

如果符合该法关于被盗物的规定，美国政府会提起刑事诉讼，并要求法院判令将有关文化财产返还给其合法所有人；而如果不符合该法关于被盗物的界定，则只能由原所有人提起冗长、繁杂且极具不确定性的民事诉讼程序来进行追索。在此情况下，何谓"合法所有人"势必成为法庭需要确定的先决性问题。

公约第 13 条第 3 款要求各国受理遗失或被盗文化财产的合法所有人或其代表提起的追索之诉。该款与第 7 条第 2 款第 1 项是公约涉及被盗文化财产的两个条款，不过前者的适用并不受后者的范围限制。换言之，第 13 条第 3 款所称的追索之诉，其标的并不限于从公约缔约国博物馆或宗教或世俗的公共纪念馆或类似机构中盗窃的文化财产。不过，该款虽旨在为遗失及被盗文化财产的原所有人提供司法救济，但其执行也以与各国国内法律相一致为前提。换言之，可提供的司法救济依然取决于各国国内法。

依据公约第 13 条第 4 款的规定，公约缔约国有权对文化财产加以分类，并宣布特定类别的文化财产是不能让与的因而不能出口，这种权利是"不可废除的权利"。当然，由于该款的适用亦以"与各国法律相一致"为前提，作为有关文化财产进口国的公约缔约国，其是否承认出口国此项权利，实际上依然受制于其国内法的规定。

五、保护文化遗产的国家机构

《1970 年公约》要求各缔约国建立保护文化遗产的国家机构，以保护文化财产免受非法进出口和所有权非法转让之害。公约第 5 条与第 14 条还规定了此类国家机构的具体职责，并要求各国为之提供必要的人员与资金保障。

依据公约第 5 条的规定，如果公约缔约国尚未设立保护文化遗产的国家机构，那么该国应在与其本国国情相适应的情况下，在其领土之内建立一个或一个以上的此类国家机构。就目前看，大多数公约缔约国均建立了保护文化遗产的政府机构，如英国的文化、传媒及体育部与中国的国家文物局等。依据该条规定，那些尚未建立此类机构的国家应建立此类国家机构，以行使保护文化遗产的职责，这也是加入公约后国家应承担的公约义务。值得注意的是，由于这句话中含有"在与其本国国情相适应的情况下"（as appropriate for each country）这一较为模糊的措辞，如何理解该条所规定的法律义务遂引发了一定争议。有学者认为,这一模糊的表述无异于将该条的法律义务转化为道德义务。① 有学者则认为,此处的模糊性仅涉及相关国家的法律、文物及财政情况。换言之,公约缔约国有建立此类国家机构的法律义务,但依据其自身的法律、文物及财政情况,无须承担公约第5条为此类机构规定的各项义务中与其国情不相符者。譬如,有些国家境内并不存在重要的考古遗址,同时也不存在盗掘问题,故无须承担第5条第4款所列之义务。② 笔者认为,依据国际公约解释的一般原则及《1970年公约》本身的宗旨,后一种解释更为合理。

具体而言,公约第5条为此类国家机构规定了7项职责。其中,第一项职责是协助及敦促立法,特别是防止重要文化财产的非法进出口和非法转让的法律、法规。对于立法已经完备的国家,公约第5条第1款所要求的职责是监督立法的实施,发布年度报告,并在必要时推动立法的修订。而对于立法薄弱乃至空白的国家,此类国家机构应积极推动相关立法工作。对于不少发展中国家,尤其是最不发达国家,限于人力、财力等各方面因素的制约,立法工作举步维艰,为此,联合国教科文组织、世界银行及欧洲理事会等国际组织发挥了积极作用,提供了资金及专家智力等支援。③

依据公约第5条第2款的规定,此类机构的另一项重要职责是制订并不断更新一份出口将造成文化遗产的严重枯竭的重要公共及私有文化财产清单。同时,该款规定,清单须以全国受保护财产的清册为依据。这一要求与公约第1条关于"明确指定"的文化财产之间的关系,引发了不少讨论。对此,法国政府持以下立场:

> 法国政府赞同设立一份全国的文化财产清单……事实上,在法国已经建立了此类清单,并依其性质进行了归类……不过,鉴于这一清

---

① See Abramson, R. D. & Hutter, S. B., *The Legal Response to the Illicit Movement of Cultural Property*, Law and Policy in International Business, 1973, p. 932, 962.

② See Fraoua, R., Convention concernant les mesures à prendre pour inter-dire et empêcher l'importation, l'exportation et le transfert de propriété illicites des biens Culturles (Convention on the Means of Prohibiting and Preventing the Illicit Import, Export and Transfer of Ownership of Cultural Property), 62 (UNESCO Doc. CC-86/WS/40. 1986).

③ See O'Keefe, P. J., *Commentary on the UNESCO 1970 Convention on the Means of Prohibiting and Preventing the Illicit Import, Export and Transfer of Ownership of Cultural Property*, Institute of Art and Law, 2007, p. 48.

> 单系为严格的科研目的而创设的，极其繁杂，法国政府认为它不可能用于对有关财产交易的监督。①

联合国教科文组织秘书处对这一款做出的评论如下：“设立清单并不是为海关所用，而是为了科研目的，以推动对各类物品的分类与研究，从而确定哪些物品应当受到保护与禁止出口以及哪些物品可以被允许合法转让。”②同时，鉴于对一部分国家而言，建立一份全国清单难度很大，秘书处进一步指出，清单可以不采取全国统一为一份的形式，“每家博物馆、每座城市或地区可以设立其各自的清单”。③ 可见，公约第5条第2款主要用于科研目的，譬如，用于判断哪些特定类别的文化财产数量稀少、品质独特，需要予以保护。

尽管如此，公约的实施实践表明，清单也可以对遏制文物的非法流转发挥重要作用。在20世纪90年代以前，由于主要用于科研目的的清单并不包含可以迅速辨识出被盗或非法贸易的文化财产的信息，因而其对于遏制及打击文化财产犯罪的作用未受到重视。不过，1993年，总部设在洛杉矶的盖特信息研究所（Getty Information Institute）联合政府主管机构、博物馆、交易商、保险公司、文化财产鉴定人及警方共同发起了一个项目，旨在为辨识特定类别文化财产的身份制订一套国际认可的文档标准。以此项目为基础，“文物身份证”（Object ID）标准应运而生，现已得到广泛接受，譬如，在ICPRCP建议下，联合国教科文组织在1999年11月召开的第30届大会上将“文物身份证”标准确定为记录可移动文化财产最基本数据的国际标准，并建议各缔约国尽最大可能使用。可见，如果各国在设立清单时能采纳“文物身份证”标准，那么清单就不仅能起到科研作用，对打击文化财产犯罪、促进非法流转文物的返还能起到积极作用。

此外，公约第5条第2款还要求对清单予以不断更新，换言之，当有新的文化遗址或文化财产被发现或创制时，缔约国应予以及时更新。最后，该款措辞表明，清单应平等地对待公共及私有财产，这也与《1970年公约》不涉及所有权归属的基本宗旨相吻合。所以，为鼓励私有财产的所有人将其拥有的重要文化财产向主管机构登记，国家可以制定税费减免等鼓励政策。

依据公约第5条第3款的规定，此类国家的机构的第三项职责是促进科学

---

① UNESCO Doc. SHC/MD/5 Annex, Ⅰ, 8.

② UNESCO Doc. SHC/MD/5 Annex, Ⅱ, 5.

③ UNESCO Doc. SHC/MD/5 Annex, Ⅱ, 5.

及技术机构的成立或完善,如博物馆、图书馆、档案馆、实验室、工作室等,以满足文化财产的保存和展出之需。依据公约第 5 条第 4 款的规定,此类机构还应组织对考古发掘的监督,确保在原地保存某些文化财产,并保护某些地区,供今后考古研究之用。此项职责主要涉及考古类文物的发掘,而原地保存则反映了国际公约即软法关于考古发掘的基本原则。[①] 依据公约第 5 条第 5 款的规定,此类机构应为文化财产交易相关方(博物馆长、收藏家、古董商等)的利益,制定符合本公约所规定的道义原则的规则,并采取措施保证这些规则得到遵守。应当指出,此项职责颇值研究,因为它明确提及公约所体现的道义原则,并将之与规则联系起来。因此,即便公约所体现的道义原则本身不具备法律约束力,依据该款规定,公约缔约国也有义务通过其国家机构推动立法,制定符合这些道义原则的法律规则,从而将不具约束力的道义原则转化为具有约束力的法律规则。依据公约第 5 条第 6 款的规定,此类机构还应采取教育措施,鼓励并提高国民对各国文化遗产的尊重,并传播公约的知识。

在公约第 5 条规定的各项职责中,最后一项尤其值得关注,依之,任何种类的文化财产,一旦丢失,此类国家机构应确保对之进行“适当的宣传”(appropriate publicity)。那么,何谓“适当宣传”? 公约草案的评述对此有如下解释:[②]

> 任何一件文物,一旦丢失,在对该文物主张权利的国家要求下,应通过适当宣传手段(尤其是最新的大众传媒)告知公众。即便宣传不能使文物被迅速找回,也能起到引起公众(尤其是专家)关注的功用,这会促使其占有人为避免卷入麻烦而将其返还原主。
>
> 进而言之,国家所做的宣传可与国际性的专业宣传活动相配合。国际统一私法协会力倡对丢失文化财产进行宣传,并高度重视其产生的法律效果。该组织认为,如果每件文化财产丢失后均可以发动国际性的宣传活动,那么,在民事诉讼中,财产现持有人就难以善意自称,进而无法得到法律保护,如此一来,返还遂成为可能。因此宣传是为返还之诉提供正当性的有效手段,即便在“占有即构成所有权”的国家。

① See Stamatoudi, I. A., *Cultural Property Law and Restitution: A Commentary to International Conventions and European Law*, Edward Elgar, 2011, p. 42.

② UNESCO Doc. SHC/MD/3, 7.

由此可见,公约第5条第7款关于“适当宣传”的规定旨在为解决善意取得制度引发的复杂法律问题提供某种途径。值得关注的是,随着《1970年公约》的缔约国越来越多,其在国际社会的影响力日益增大,不少国际组织(包括政府间国际组织及非政府间国际组织)对实施该款所规定的宣传义务起到了积极推动作用。例如,国际刑警组织设立了被盗艺术品数据库,每6个月更新一次数据;①国际博物馆协会也定期发布丢失文化财产的信息,②此外,应缔约国的请求,联合国教科文组织也不定期地发布被盗及被劫掠文化财产的信息。

除第5条以外,公约第14条还要求各缔约国在可能范围内为主管文化遗产保护的国家机构提供足够资金,并在必要时为此设立一项基金,以保证其能有效地遏制文化财产的非法出口并履行公约义务。对于贫穷国家而言,实施该条的要求存在困难,所以其行文中有“在可能范围内”的表述。该条还提及,在必要时为此设立基金。对于这一规定,澳大利亚国内法作出了具体规定,建立了专项基金以协助国有博物馆购买未取得出口许可的文化财产。③

除鼓励在国家层面上设立基金外,自1978年以来,ICPRCP多次提议在联合国教科文组织层面上设立专项基金。1999年,在联合国教科文组织第30届大会上该建议终获采纳,一个特别基金得以建立。依据该基金实施准则,其资金的使用必须满足以下条件:④第一,应联合国教科文组织成员或准成员的请求,用于归还或返还对其具有重要价值的文化财产,并且该财产是因殖民统治或外国占领或非法盗窃而流失境外的;第二,与“促进文化财产归还原属国或返还非法占有文化财产政府间委员会”章程相一致,并考虑有关国家或地区的文化身份、教育与政策;第三,有助于增强相关国家阻止文物非法贩运或追索流失文物或交换信息的能力。

需要强调的是,在设立基金的讨论过程中,ICPRCP明确指出,基金不能用于对有关文物持有人的赔偿,因为这只能助长文化财产的非法贩运。因此,基金主要用于资助有关法律行为以及运输费、保管费、保险费等。

---

① 详见国际刑警组织被盗艺术品数据库,https://www.interpol.int/Crimes/Cultural-heritage-crime/Stolen-Works-of-Art-Database,最后访问日期:2023年4月30日。

② 详见国际博物馆协会红色清单数据库,https://icom.museum/en/resources/red-lists/,最后访问日期:2023年4月30日。

③ Protection of Movable Cultural Heritage Act, 1986, s.25, Australia.

④ Fund of the Intergovernmental Committee, http://www.unesco.org/new/en/culture/themes/restitution-of-cultural-property/fund-of-the-committee/,最后访问日期:2023年4月30日。

2001 年,联合国教科文组织总干事呼吁各缔约国为基金捐赠,但迄今为止,该基金得到的资助仍然很少,且所捐款项一直未得到有效使用。[①] 在 2012 年 6 月召开的 ICPRCP 第 19 届理事会上,其秘书处官员呼吁各国重视该基金的作用,并积极捐款或申请使用。

最后,有两点需要澄清:第一,公约要求各国设立的国家机构,行使的是保护文化遗产的全面职责,而非仅限于阻止文化财产的非法进出口与所有权的非法转让。第二,为实现公约的目的,此类国家机构的职责并不仅限于对其本国文化遗产的保护,对保护其他国家的文化遗产也具有协助的职责。[②]

六、惩罚措施

对于法律而言,无论是国内法还是国际法,如果没有规定制裁措施,那么其规定得再全面、再严格,也难免成为"无牙之虎"。《1970 年公约》涉及惩罚的条款仅有一条,即第 8 条,依之,公约缔约国应对违反第 6 条第 2 款和第 7 条第 2 款所列之禁止规定负有责任者施以刑罚或行政制裁。

从这条规定来看,《1970 年公约》的惩罚机制相当薄弱,这主要体现在以下两点:第一,该条并未规定具体的制裁措施及手段,而仅要求各缔约国施加刑罚或行政制裁,因此,该条如何执行以及是否能得到执行,仍取决于各缔约国的国内法规定。第二,该条仅要求各缔约国对违反公约第 6 条第 2 款和第 7 条第 2 款的责任者施以刑罚或行政制裁;换言之,只有对未取得出口许可证而出口文化财产的责任者,以及进口严格满足公约第 7 条第 2 款各项限定条件的被盗文化财产的责任者,公约才要求各缔约国对之施以惩罚。因此,依据公约第 8 条的规定,惩罚的适用对象极其有限。

从公约在各国实施情况来看,已有不少国家建立符合公约要求的进出口管控及违法惩罚制度,满足公约第 8 条的要求。例如,加拿大《文化财产进出口法》不仅对文化财产的出口控制及违法的具体惩罚措施予以详细规定,而且明确规定,将禁止进口的文化财产进口或企图进口到加拿大的责任者须面临没收

① 据作者向国家文物局了解,中国政府于 2013 年向该基金捐款 3 万美元。

② See Stamatoudi, I. A., *Cultural Property Law and Restitution: A Commentary to International Conventions and European Law*, Edward Elgar, 2011, p. 44.

有关文化财产，并处罚金或监禁的惩罚；①澳大利亚的《保护可移动文化遗产法》也有类似规定。②

相比之下，我国《文物保护法》《文物保护法实施条例》《刑法》《最高人民法院关于审理走私刑事案件具体应用法律若干问题的解释》对违反我国法律、法规及部门规章出口禁止或限制出境的文物的责任人施加详细的刑事及行政处罚，但是对于违反《1970 年公约》第 7 条第 2 款的规定，将属于禁止进口的文物带入我国境内的责任人，我国法律迄今为止未规定任何具体的处罚或行政制裁，这不符合公约第 8 条的规定。

七、被占及被管辖领土

如“导论”所述，《1954 年海牙公约》旨在保护文化财产免遭武装冲突之害，系统地规定了交战各方对保护文化财产所应承担的法律义务。《1970 年公约》也有一个条款与武装冲突有关，即第 11 条。依据该条规定，一国被迫出口文化财产及转让其所有权，如系受外国占领所致（无论是直接还是间接所致），那么，文化财产的出口及其所有权的转让应被视为非法。

据此，外国占领当局强行从被占领土出口文化财产，或强迫有关文化财产的所有者转让其所有权显然是非法的。不过，公约第 11 条的适用依然存在一些疑问。譬如，因被外国占领而导致有关文化财产的所有者经济状况恶化的情况下，所有者为维持生计而不得已出卖之，是否属于“间接”因受他国占领所致？对此，公约并未提供明确答案。再如，文化财产的出口或转让依本条被定性为非法，其产生的法律效果是什么？由于第 11 条并未提及是否应禁止进口此类文化财产，因此与公约第 3 条类似，其法律后果具有不确定性，各国可以自行确定。

另一个需要关注的问题是第 11 条与《1954 年海牙公约》之间的关系。③ 首

---

① See Cameron, D. F., *An Introduction to the Cultural Property Export and Import Act*, Department of Communications, 1980, p. 22.

② Protection of Movable Cultural Heritage Act, 1986, s. 14, Australia.

③ 与《1954 年海牙公约》同时通过的还有一项《关于占领时期文化财产的议定书》（《1954 年海牙公约第一议定书》）。1999 年 3 月 26 日通过了 1954 年海牙公约的第二个议定书（《1954 年海牙公约第二议定书》）。除这些法律文件之外，1977 年《日内瓦公约附加议定书》也纳入了关于保护文化财产的条款（《日内瓦公约第一附加议定书》第 38 条、第 53 条和第 85 条，《日内瓦公约第二附加议定书》第 16 条）。

先,鉴于《1970 年公约》的少数缔约国尚未加入《1954 年海牙公约》,对这部分国家而言,第 11 条对于保护被占领状态下的文化财产具有重要的法律意义。其次,由于《1970 年公约》与《1954 年海牙公约》规定的救济途径并不完全相同,因此,对于同为两个公约缔约国的国家,两公约同时适用,以确保文化财产获得更为全面的保护。

需要指出,由于政府行政执法能力的削弱甚至完全丧失,文化财产的非法贸易在武装冲突期间通常会呈爆发之势。在交战一方的领土被交战另一方占领时,情况尤甚。当代爆发的武装冲突,无不证明了这一点:1991 年伊拉克战争爆发后,大量文物惨遭劫掠,据该国向联合国教科文组织的报告,约 3400 件珍贵文物因被盗抢而下落不明,其中相当一部分据信已流入黑市。1993 年,前南联盟与克罗地亚爆发战争,前南联盟军队在占领克罗地亚的武科瓦尔(Vukovar)期间,强行将该市博物馆的馆藏文物运送到前南联盟境内。克罗地亚提出抗议,指出作为《1970 年公约》与《1954 年海牙公约》的缔约国,前南联盟的行为是违法的。对此,前南联盟辩称,其转移文化财产的目的是保护,使之免受战争破坏。2001 年,21,651 件文物得以返还克罗地亚,但仍有约 3 万件文化财产下落不明。[①] 2002 年的阿富汗战争与 2011 年爆发的叙利亚冲突,也造成大量珍贵文物被洗劫,并进入黑市交易,引发全球忧虑与关注。[②] 所以,《1970 年公约》第 11 条与《1954 年海牙公约》及其议定书可以起到相辅相成的作用,以加强武装冲突期间对文化财产的保护。当然,适用事项存在部分重叠,亦有可能造成上述两个公约适用上的难题,对此,本书将在末编予以探讨。

《1970 年公约》起草于 20 世纪 60 年代末,那时尚存在不少被托管地或未独立地区,而美、英、法、澳则是当时最主要的托管国。因而公约的制定者希望公约能适用于这些地区。为此,公约第 12 条规定,公约缔约国应尊重由其负责国际关系的领土内的文化遗产,并应采取一切适当措施禁止并防止在这些领土内非法进出口文化财产和非法转让其所有权。公约第 22 条进一步规定,公约缔约国承认,公约不仅适用于其本国领土,而且适用于在国际关系上由其负责的一切领土;如有必要,缔约国须在批准、接受或加入之时或以前与这些领土的政

---

① See Aim Zagreb, *Vukovar Cultural Treasure Returned*, http://www.aimpress.ch/dyn/trae/archive/data/200112/11221 - 002 - trae-zag.htm,最后访问日期:2023 年 4 月 30 日。

② See *Safeguarding Syrian Cultural Heritage*, http://www.unesco.org/new/en/safeguarding-syrian-cultural-heritage/,最后访问日期:2023 年 4 月 30 日。

府或其他主管当局进行磋商,以便保证本公约在这些领土的适用。

显然,这两条是特定历史背景的产物,到21世纪,绝大多数当时未独立的地区已获得独立。尽管如此,这两条依然未完全丧失其价值。首先,鉴于这些新独立国家的财力、人力通常非常有限,其原宗主国或托管国有义务通过出口控制①、教育②及采取法律行动③等手段保护它们的文化遗产。不过,也有少数先前的被托管地最终被并入其宗主国,如复活岛被并入智利、夏威夷被并入美国、塔希提岛及新喀里多尼亚被并入法国等,对于这种情况,由于涉及国家主权问题,本条是否适用一般得由该国中央政府决定。

其次,与这两条适用有关的另一种情形是,原先统一的国家在分裂后,如何处理相关的文化财产归属问题?例如,苏联与前南斯拉夫各自解体后,新独立的一些国家要求原先置于莫斯科或贝尔格莱德博物馆中的本属于它们的文化财产应予以归还。对于这个问题,《1970年公约》并未提供任何解决方法,只能适用国际法上国家继承的规则或依据ICPRCP的相关程序加以处理。④

八、国际合作

国际合作是《1970年公约》的基石与缔约的主要宗旨之一,贯穿整个公约。值得注意的是,公约有3个条款就具体的国际合作问题进行了规定,其中,第9条与第15条分别规定了特定的国际合作事项,第17条规定了联合国教科文组织在国际合作中的角色。

公约第9条是针对因考古或人种学资源遭受掠夺而使一国"文化继承物"(cultural patrimony)处于危险境地时适用的紧急救济条款。在这种情况下,该国可以向受到影响的其他缔约国提出请求,而各缔约国应参与协调一致的国际努力,以确定并实施必要的具体措施,包括对有关特定物资的进出口及国际贸易实行管制。在尚未达成协议之前,有关各国应在可能范围内采取临时性措施,以制止对请求国的文化遗产造成不可弥补的损失。

从第9条措辞来看,其适用需满足以下两个条件:

---

① 《1970年公约》第6条。

② 参见《1970年公约》第10条。

③ 参见《1970年公约》第8条。

④ See O'Keefe, P. J. & Prott, L. V., *Law and the Cultural Heritage*, *Vol. Ⅲ Movement*, Butterworth, 1989, p. 802 -923.

第一,它仅限于"考古或人种学资源遭受掠夺"的情况。换言之,其他类型的文化财产,如艺术品,即便遇到如此情境,该条也不适用。

第二,它仅在因上述资源受到劫掠而使一国文化继承物处境危险时才予适用。关于这一条件,有两个术语值得讨论。首先,公约第9条英文文本在这里用于描述文化遗产的术语是"cultural patrimony",而不是公约常用的"cultural property"(文化财产)或"cultural heritage"(文化遗产)。通观公约,此处亦为"cultural patrimony"唯一出现的一次。在英文中,这三个术语在语义上有细微差别。"cultural property"与"cultural heritage"的差别主要体现在以下两个方面:(1)文化遗产在涵盖范围上要广于文化财产。文化遗产是指"须善加保护以代代相传的文化传承的表现形式"①,不仅包括物质遗产,还包括非物质遗产,如各种类型的民族传统和民间知识、各种语言、口头文学、风俗习惯、民族音乐、舞蹈、礼仪、手工艺、传统医学、建筑艺术以及其他艺术等。与此相对,文化财产仅仅涵盖前一类,即物质遗产。② (2)文化财产与文化遗产所反映的价值理念有所不同。"财产",从法律意义上必然与所有权相关联,因此文化财产通常与特定的个人、民族或国家的所有权相联系;而"遗产"往往体现客体的历史传承价值,暗示其中的普遍价值,即"全人类的共同遗产"。职是之故,持国家主义或民族主义的学者倾向使用"文化财产",而持国际主义的学者则更习惯于使用"文化遗产"。③ 相比之下,"cultural patrimony"的含义则介于两者之中,一方面,与"cultural heritage"相比,它更强调财产的含义;另一方面,它所包含的财产及法律上含义又不及"cultural property"那么强。④ 至于公约在此处为何使用"cultural patrimony",而同样在第9条的最后一句却使用了"cultural heritage",原因不甚明晰,还有待今后由联合国教科文组织秘书处做出解答。不过,出于忠于公约文本的考虑,笔者建议将此处的"cultural patrimony"翻译为"文化继承

---

① Blake, J., *On Defining the Cultural Heritage*, International and Comparative Law Quarterly, Vol. 49:1, p. 61(2000).

② See Prott, L. V., *Problems of Private International Law for the Protection of the Cultural Heritage* (*Vol. 217*), in Recueil des cours, Martinus Nijhoff, 1990, p. 225.

③ See Greenfield, J., *The Return of Cultural Treasures*, 3rd ed., Cambridge University Press, 2007, p. 366.

④ See O'Keefe, P. J., *Commentary on the UNESCO 1970 Convention on the Means of Prohibiting and Preventing the Illicit Import, Export and Transfer of Ownership of Cultural Property*, Institute of Art and Law, 2007, p. 69.

物”，以区别第9条最后一句中所使用的“cultural heritage”（文化遗产）。其次，与第9条第二个条件相关的另一个术语是“处境危险”（in jeopardy）。何谓“处境危险”？公约并未提供准确回答，不过值得注意的是，在公约草案中，原先的表述是“处境严重危险”（in critical jeopardy），但在一些文物流失较严重的国家建议下，公约最终文本将“严重”一词删去，以降低该条适用的门槛。对这一措辞上的变化产生的实际法律效果，学者们有不同看法。美国学者巴特（Bator）认为，公约最终删除“严重”一词并未产生实质性法律后果，他指出，在缔约过程中，许多国家认为“严重”一词冗赘、多余，故而主张删除之。不过，第9条的基本目的保持不变：当文化继承物处于严重危险之中时，公约鼓励采取多边行动。因此，该条仍属于“危机条款”（crisis provision）或“紧急状态条款”（emergency provision）。① 但是，美国国务院法律事务顾问、美国国际法协会理事费尔曼（Feldman）持不同立场，他反驳道：②

> 有观点认为《1970年公约》第9条仅适用于危机局势，对此，我无法认同。在我看来，这一观点没有任何事实基础。首先，在公约文本及公约制定过程中的相关文件中从未出现“危机”一词。我们能发现的是“危险”这一表述。我尤其要提醒巴特教授，公约草案中的措辞是“处境严重危险”，但在投票表决中以一票之差，公约最终文本改为“处境危险”。所以，我认为，没有理由认为本条仅适用于危机局势。本条的含义应为：当对“考古或人种学资源”的掠夺致使情况危险时，即可适用。

综上可见，将第9条解释为“危机条款”或“紧急状态条款”实际上是主张严格限制该条的适用。依据条约解释的通则，尤其考虑到公约文本删除“严重”这一表述的事实因素，笔者赞同费尔曼的推论，并认为，所谓“因考古或人种学资源遭受掠夺而造成一国的文化继承物处境危险”包括以下两种情况：一是某

---

① See Bator, P. M., *An Essay on the International Trade Art*, Stanford Law Review, Vol. 34:2, p. 377, 379 (1982).

② Feldman, M. B., *Proceedings of the Panel on the U. S. Enabling Legislation of Import, Export and Transfer of Ownership of Cultural Property*, Syracuse Journal of International Law and Commerce, Vol. 4, p. 97, 134 (1976).

一特定文明的历史遗迹面临毁灭的威胁;二是国际市场上特定考古文物的买卖引发了对此类文物的疯狂盗掘,从而造成重要历史遗迹毁灭的情况。对于中国而言,我国文物资源极其丰富,一般不会出现第一种情况,而第二种情况则有可能发生。

公约第 9 条规定,在满足以上所列条件后,一国“可以向受到影响的其他缔约国提出请求”(may call upon other States Parties who are affected)。这里需要讨论两个问题:第一,如何理解“可以提出请求”? 对此,不同国家的立法并不一致。一些国家(如美国及德国)认为,一国基于第 9 条向其他有关国家提出进口控制的请求须以两国之间存在双边协议为前提。[①] 另一些国家,如加拿大、澳大利亚等国则无此要求,澳大利亚甚至不要求请求国是《1970 年公约》的缔约国。[②] 第二,什么是“受到影响”的国家? 对此,公约没有具体说明,但综合该条语境及正常理解,“受到影响”的国家应该指那些应采取措施限制有关文化财产进出口或贸易的国家,尤其是主要的文物交易市场国。譬如,伊拉克战争期间,巴格达博物馆遭受劫掠,大量古巴比伦时期的文物流失到英国、美国、瑞士等国,进入文物交易市场。在这种情况下,伊拉克即可援引该条要求有关国家禁止进口此类文化财产并对相关贸易加以控制。

如前所述,一些国家要求公约第 9 条的适用以其与提出请求的国家之间存在双边协议为前提。对于此类双边协议及其他协议,《1970 年公约》专设第 15 条表明其立场,依之,《1970 年公约》的实施不影响已存在的相关国际条约,既包括双边条约,也包括多边条约;既包括全球性条约,也包括区域性条约。该条同时明确,即便是公约的缔约国,它们之间仍有权缔结双边协定以归还从其原主国领土上“不论以何种理由”转移的文化财产。

公约第 15 条的规定在实践中产生了两种效果。第一,公约的缔约国可以公约为基本法律框架签订更为具体的双边协议。对于我国而言,截至 2023 年年底,我国已与 26 个国家签订了关于防止文物非法出入境以及促进文物返还的双边协议。在这些国家中,仅菲律宾不是《1970 年公约》的缔约国,可见,

---

① Auswärtiges AMT (Foreign Office of Federal Republic of Germany), Comments on the UNESCO 1970 Convention on of 14 November on the Means of Prohibiting and Preventing the Illicit Import, Export and Transfer of Ownership of Cultural Property, Doc. 615 – 611. 31/4 69 (1985).

② Cultural Property Export and Import Act 1975, s. 31, Canada; Protection of Movable Cultural Heritage Act, 1986, s. 14, Australia.

《1970年公约》已经成为我国推动与其他国家签订双边协议的重要法律框架与基石。第二,一部分国家在加入公约时通过声明或国内立法等方式表明,对公约某些条款的执行须以与有关国家缔结双边协议为前提。例如,美国《文化财产公约实施法》规定,公约第9条的实施须以美国与有关国家存在双边协议为前提;[①]联邦德国加入公约时声明:依据公约第7条与第9条而实施的进口控制只有在德国与有关国家签订双边协议后才予以执行。[②] 不过这表明,这些国家对公约某些条款的履行设置了额外的前提条件,客观而言,这并不符合第15条的本旨,也有悖于公约的一般执行机制。

需要指出,中国加入《1970年公约》以后,积极利用公约框架,与其他公约缔约国签订更为具体、有效和具有针对性的双边协议,并取得了卓有成效的进展。不过,在此过程中亦出现一个问题,即一些公约缔约国以双方均为《1970年公约》缔约国为由,对缔结双边协议持消极甚至抵触态度。譬如,中国政府近年来希望推动与英国签订文物保护与流失文物追索的双边协议,但英方一直以英、中两国均为《1970年公约》缔约国,没有缔结双边协议的必要性为由,婉拒中国政府的倡议。

客观而言,英方的这一态度并不违反公约,因为15条虽规定其实施不影响已存在的相关国际条约,并明确公约缔约国有权缔结双边协定,以归还从其原主国领土上"不论以何种理由"转移的文化财产。但显而易见的是,对于缔约国签订双边协议,第15条仅为中性的许可性条款,而非积极的鼓励条款。

鉴于《1970年公约》本身存在诸多缺陷,缔约国之间缔结更为具体双边协议是克服公约缺陷、推进公约实现其宗旨的有效途径,笔者建议,应对公约第15条的措辞进行修改,使其对缔约国缔结双边协议的态度从中性的许可态度转变为积极的鼓励态度,以推动各缔约国在多边条约框架下展开双边谈判,推动特定范围内公约的完善与实施。[③]

公约第17条旨在从联合国教科文组织的角度谈及国际合作事宜。依据该条的规定,联合国教科文组织可以向公约缔约国提供技术援助。此类援助既可

---

① Convention on Cultural Property Implementation Act 19 U. S. C. 2606 et seq, s. 303.

② Auswärtiges AMT (Foreign Office of Federal Republic of Germany), Comments on the UNESCO 1970 Convention on of 14 November on the Means of Prohibiting and Preventing the Illicit Import, Export and Transfer of Ownership of Cultural Property, Doc. 615 – 611. 31/4 3 (1985).

③ 参见霍政欣:《追索海外流失文物的法律问题》,中国政法大学出版社2013年版,第133页。

以由联合国教科文组织主动为之,也可在缔约国的请求下而为之。应缔约国的请求而提供的技术援助主要包括:(1)情报和教育;(2)咨询和专家建议;(3)协调和斡旋。联合国教科文组织可以主动向缔约国提供的技术援助主要包括:(1)对有关文化财产的非法转移问题进行研究并出具研究报告;(2)请求非政府组织合作;(3)向缔约国提出有关本公约实施的建议。

公约实施以来,联合国教科文组织一直积极行动,向各缔约国提供教育、咨询、专家建议以及协调与斡旋等技术援助,发布了旨在宣传、解释公约、介绍各国国内法及履约情况的诸多材料,还设立了资料丰富的关于各国立法的电子数据库。[①] 自20世纪末以来,联合国教科文组织还与国际刑警组织、联合国毒品与犯罪问题办公室(以下简称联合国毒罪办)、国际博物馆协会及国际统一私法协会等国际组织密切合作,不定期召开打击文化财产犯罪的地区性及国际性研讨会,交流各国在此领域的经验与信息,并联合起草、制定本领域的国际法律文件。譬如,2014年1月,在联合国教科文组织与联合国毒罪办的共同努力与协调下,《关于制止文化财产贩运与其他相关犯罪的刑事司法对策的操作指南》得以成功制定,为建立打击文物贩运的国际刑事司法制度奠定了基础。[②]

此外,作为联合国教科文组织的一个机构,ICPRCP也积极提供各种技术援助。譬如,在其建议下,联合国教科文组织设立了特别基金促使文物返还,也是在其积极倡导下,联合国教科文组织在第30届大会上将"文物身份证"标准确定为记录可移动文化财产最基本数据的国际标准,并建议各缔约国尽最大可能使用之。

依据公约第17条第2款的规定,联合国教科文组织可以主动就有关非法转移文化财产问题展开研究并发布研究报告。据此,有学者建议,联合国教科文组织可以就公约在世界范围内遭到违反的情况展开研究,并发布报告,从而对有关国家形成压力。[③] 不过,考虑到公约的核心条款具有模糊性,各国的解释并不一致,这一建议尚未得到联合国教科文组织的采纳。

值得注意的是,第17条第5款规定,在公约缔约国的请求下,联合国教科

---

① 详见联合国教科文组织各国文化遗产法数据库,https://en.unesco.org/cultnatlaws/list,最后访问日期:2023年4月30日。

② 详见联合国毒罪办官网,http://www.unodc.org/unodc/en/organized-crime/trafficking-in-cultural-property-expert-group-2014.html,最后访问日期:2023年4月30日。

③ See Abramson, R. D. & Hutter, S. B., *The Legal Response to the Illicit Movement of Cultural Property*, Law and Policy in International Business, 1973, p. 932, 963.

文组织可以在它们之间展开斡旋，以解决其在公约实施中产生的争端。应当指出，同其他当代国际条约相比，《1970 年公约》规定的争端解决机制相当脆弱。第一，公约将争端解决条款规定在"技术援助"条款中，仅作一项出现，而非独立的一条；第二，该项规定较为概括，缺少实质性的、具有强制力的具体程序，这显然构成公约执行机制的缺陷。2010 年，在 ICPRCP 召开的第 16 届会议上，该委员会以其章程第 4 条第 1 款为依据，制定通过了"调解与和解程序规则"。① 依据该规则，应一个成员的请求，并在有关缔约国均同意的前提下，该委员会可以展开调解与和解程序，以解决它们之间因文化财产返还而引发的争议。不过，就目前来看，有关程序的有效性及实际效果还存在诸多疑问。因此，在公约目前推进的改革中，如何加强公约的履约及争端解决机制已经成为各方关注的重点。

九、教育与公众意识的提升

在缔约过程中，联合国教科文组织秘书处草拟的公约草案第 7 条原本还有第 8 款，涉及古董商的义务，但后因该条基本采纳了美国代表提出的替代条文，这一款规定经修正后被移到第 10 条中，并成为公约所有条文中唯一涉及古董商的条文。② 公约第 10 条分两款，第 1 款要求公约缔约国通过教育、信息通报和警戒以及对古董交易商施加特别义务来限制从另一国家非法出境的文化财产的流转；第 2 款则规定了较为概括的教育手段。

公约第 10 条第 1 款首先要求各缔约国通过"教育、信息通报和警戒等手段"，限制从本公约缔约国非法运出的文化财产的流转。所谓"教育、信息通报和警戒"是指教育民众自觉保护文化遗产；鼓励传媒及文物专家将正处于非法贩运状态的文物的信息向公众传播；警告公众遵守法律等。③ 其中，教育与信息通报也适用于监管国际贸易的执法人员，尤其是海关人员。诚如荷兰学者赫斯(Heese)所言，经过专业培训的海关人员当然对各个领域均有专长，但从各国的情况来看，他们普遍在文化遗产方面经验与技能较少，所以应开展此方面的培

① See Stamatoudi, I. A., *Cultural Property Law and Restitution: A Commentary to International Conventions and European Law*, Edward Elgar, 2011, p. 199.

② UNESCO Doc. SHC/MD/3 Annex, 3.

③ See O'Keefe, P. J., *Commentary on the UNESCO 1970 Convention on the Means of Prohibiting and Preventing the Import, Export and Transfer of Ownership of Cultural Property*, Institute of Art and Law, 2007, p. 74 – 75.

训项目,邀请文物专家讲课、播放相关影像资料,以及在遇到大型文物拍卖活动及召开艺术节时,委派专家协助执法等。[①]

公约第10条第1款还规定,各缔约国应要求古董商保存一份登记簿,将每件文化财产的来源、提供者的姓名与住址、每件已售物品的描述与价格记录下来,并须把此类财产可能禁止出口的情况告知该项文化财产的购买人,违者须受刑事或行政制裁。这一要求显然对打击文物的非法交易具有重要意义,但是,该款在规定此义务时加入了"视各国情况"(as appropriate for each country)这一弹性表述。显而易见,这一表述使上述要求的效力大打折扣,使缔约国事实上可以漠视该义务。此外,由于该款使用了"古董商"这一表述,一般认为,从事其他文化财产(如现代艺术品)交易的商人并不属于该款的调整范围。[②]

公约第10条第2款旨在鼓励各国教育公众,提高公众的文化财产保护以及与文物犯罪作斗争的意识,属于无实质性执行机制的条款。当然,由于公众文化水平的低下以及文物保护意识的薄弱是造成文物犯罪的重要原因,该条虽无具体法律意义,但其导向价值依然不容忽视。

十、总结与评价

以历史的眼光来看,《1970年公约》的功绩是巨大而深远的,是人类消弭利益与价值分歧、构建公平正义的国际文化财产法律制度的万里征程中的关键性一步。概言之,公约在以下几个方面作出了历史性贡献:[③]

第一,在国际社会分裂成文物资源国与文物市场国的历史背景下,《1970年公约》最大限度地弥合了两大利益集团的分歧,为保护文化财产、打击文化财产贩运、促进流失文物返还制定了最低限度的规则,在国际立法史上留下了历史性印记。

---

① See Heese, M., *The Fight Against Illicit Traffic in Cultural Goods: The Dutch Approach*, Art Antiquity and Law, Vol. 11:1, p. 85, 87 – 88 (2006).

② 不过,有学者持不同观点,认为应对古董交易商予以宽泛解释以涵盖所有从事文化财产交易的商人。See Fraoua, R., Convention concernant les mesures à prendre pour inter-dire et empêcher l'importation, l'exportation et le transfert de propriété illicites des biens Culturles (Convention on the Means of Prohibiting and Preventing the Illicit Import, Export and Transfer of Ownership of Cultural Property) (UNESCO Doc. CC – 86/WS/40. 1986), p. 83.

③ See Prott, L. V., *Strengths and Weakness of the 1970 Convention: An Evaluation 40 Years after it's Adoption*, http://unesdoc.unesco.org/images/0019/001918/191880e.pdf, 最后访问日期:2023年4月30日。

第二,《1970 年公约》在全球范围内提高了各国政府与民众的文物保护与打击文物贩运的意识,具有重要的教育与舆论引导作用,并直接促成了文物交易与收藏领域诸多行为准则及道德标准的诞生与完善。这些行为准则或道德标准虽非严格意义上的法律规则,但如得到反复、连贯的适用,它们不仅能成为行业惯例,而且有可能成为国际习惯,因而产生约束力。此外,权威机构制定的规范性文件,具有道义力量,可以起到引导社会舆论、教育公众、提升其道德与法律意识的作用,意义重大而持久。

第三,《1970 年公约》极大地促进了各国在该领域的立法完善与司法判例的发展。近几十年来,许多国家制定或修改了文化财产领域的国内法,其中相当一部分系专为实施《1970 年公约》而颁布的,《1970 年公约》已经成为国际立法与国内立法良性互动的典型范例。《1970 年公约》还得到一些国家司法判例的支持。譬如,在德国尚未加入该公约时,德国联邦最高法院便在判例中表示:①《1970 年公约》代表了一种"国际性的公共秩序","这是公共秩序的一种当代标准,所以,不能漠视其他国家保护其文物的愿望"。② 在 1997 年审理一个文化财产纠纷案件时,③瑞士联邦法院也在该国尚未加入公约的情况下对之进行援引,并明确指出,"返还被盗文化财产事关国际公共利益……因而该公约代表了一种普遍的愿景,构成已经具有效力或正在形成的国际性公共秩序"④。这些国家的法院在本国尚未加入公约时便肯定公约的效力及其代表的国际法的发展趋势,彰显出公约的强大影响力与号召力。

第四,《1970 年公约》为文化财产领域国际法的后续发展奠定了基础,尤其为《1995 年公约》铺平了道路。正是以《1970 年公约》为基础与依托,《1995 年公约》才能"在文物的返还和归还方面制定共同的、最低限度的法律规范",通过协调各国私法(尤其是善意取得制度)的方式促进文物的返还与归还。尽管截至本书写作之时,《1995 年公约》仅有 50 多个缔约国,但它在推动法律进步、

---

① 德国于 2007 年 11 月 30 日才正式批准该公约。详见联合国教科文组织《1970 年公约》官网,http://portal.unesco.org/en/ev.php-URL_ID = 41528&URL_DO = DO_TOPIC&URL_SECTION = 201.html,最后访问日期:2023 年 4 月 30 日。

② Allgemeine Versicherungsgessellschaft *v.* E. K., BGHZ59, 83 (1972).

③ *Despores Still – Life case*, *Chambre d'accusation de Genève*(*Geneva Indictments Chamber*), *Cour de Droit Public*(*Court of Public Law*), April 1, 1997.

④ Prott, L. V., *Commentary on the UNIDROIT Convention on Stolen and Illegally Exported Cultural Objects 1995*, The Institute of Art and Law, 1997, p. 87.

树立示范性规则方面所起到的作用是深远的。鉴于此,联合国教科文组织法律顾问评论道:“对于那些《1995年公约》的非缔约国而言,该公约实际上具有示范法的功用。”①此后制定的文化财产国际公约,如2001年《保护水下文化遗产公约》及2005年《保护和促进文化表现形式多样性公约》,虽不直接涉及打击文物贩运,但其体现的原地保护水下遗产原则及国际合作原则,反映并强化了《1970年公约》所确立和体现的国际法的发展趋势与方向。

第五,《1970年公约》有力推动了打击文物犯罪、追索流失文物的国际合作机制的建立。在公约框架下,联合国教科文组织与国际刑警组织、联合国毒罪办、国际博物馆协会及国际统一私法协会等国际机构建立了密切合作关系,同时,这些国际组织与各国执法机关之间也建立起日益有效的跨国合作机制。此外,包括中国在内的不少国家还在《1970年公约》框架下签订了区域性条约或双边条约,以增强文化财产的国际保护机制。可以说,自公约实施以来,一张文物保护与被盗文物追索的国际法律网正在加速形成。

第六,《1970年公约》的实施,有力地促进了被盗及非法流失文物的返还实践。40余年间,在各缔约国及联合国教科文组织的共同努力下,不少国家借助公约的制度与规则,已成功索回了被盗或非法出口的文物。尤其令人欣喜的是,近年来,成功追索的案例呈逐年增加的态势。② 这些成功追回的案例,不仅是相关文物流出国的胜利,而且是公约的胜利,更是全人类的共同胜利。

当然,作为特定历史时期各国博弈与妥协的产物,《1970年公约》的缺陷也是与生俱来的。公约实施40余年来,文化财产的非法进出口及其非法贸易并未得到有效遏制,文物犯罪依然呈泛滥之势,即可证明之。事实上,公约实施以来出现的困难与问题,在很大程度上是公约文本的内生缺陷造成的,具有不可避免性。除溯及力外,公约的缺陷与不足主要体现在以下几个方面:

第一,由于制定该公约时各国存在严重分歧,公约不少条款含糊其词、语义不清,这必然给各国理解与执行公约留下过大的自由裁量权,从而减损了公约的明确性与统一性。恰如有学者评论道:“公约在实体性条款与不具执行性的宣誓性条款之间作了无奈妥协,它的大多数条款可以被定性为不起作

---

① 依据笔者参加《1970年公约》第二届缔约国大会时的笔记整理。

② See Prott, L. V., *Strengths and Weakness of the 1970 Convention: An Evaluation 40 Years after it's Adoption*, http://unesdoc.unesco.org/images/0019/001918/191880e.pdf,最后访问日期:2023年4月30日。

用、难以理解、任意性或缺乏精确准则与实体程序的规定。"①譬如,公约第5条规定,缔约国"可根据本国情况"在其领土内建立保护文化财产的国家机构。这样的措辞任意性过强,缺乏精确性,使该条款的效力完全取决于缔约国的自由裁量。类似的任意性措辞在公约中还大量存在,如"帮助给予必要的补偿"②、"采取与本国立法相一致的必要措施"③、"实施必要的措施"、"在可能范围内采取临时性措施"④等。这些任意性规定对于弥合各国分歧、达成一致以及吸引更多国家加入公约虽有好处,但同时会赋予公约缔约国,尤其是主要文物进口国过大的自由裁量权,这必然会严重减损公约的统一性与实际执行力。⑤

第二,尽管公约对文化财产的界定十分宽泛,共列举了11个类别的受保护物品,⑥但其核心条款第7条对禁止进口的文化财产进行了严格的限定,即"本公约对有关国家生效后,禁止进口从本公约另一缔约国的博物馆或宗教的或世俗的公共纪念馆或类似机构中窃取的文化财产",且"该项财产已用文件形式列入该机构的财产清册"。所以,对于不符合上述限制条件的文物,公约缔约国无法依据公约要求收回或归还。由于包括中国在内的许多文物资源丰富的国家,其文物分布广、数量大,而保护资源有限,因此很多珍贵文物无法满足公约第7条的限定,这必然使大量文物被排除在公约的调整范围之外。

第三,公约未赋予私人提出返还请求的权利。根据公约第7条的规定,文化财产的返还请求只能由该财产原主缔约国提出,且必须通过外交部门进行,这使个人提出的权利请求得不到公约的支持。因此,绝大多数法学家认为,该公约并未规定私人诉权。⑦ 公约之所以未涉及私人权利,在很大程度上是受制

---

① Bator, P. M., *The International Trade in Art*, University of Chicago Press, 1983, p. 1023 - 1024.

② 参见《1970年公约》第2条。

③ 参见《1970年公约》第7条。

④ 参见《1970年公约》第9条。

⑤ See Jore, K. S., *The Illicit Movement of Art and Artifact: How Long Will the Art Market Continue to Benefit from Ineffective Laws Governing Cultural Property?*, Brooklyn Journal of International Law, Vol. 13:1, p. 55, 64 (1987).

⑥ 参见《1970年公约》第1条。

⑦ See Sultan, J., *Combating the Illicit Art Trade in the European Union: Europol's Role in Recovering Stolen Artwork*, Northwestern Journal of International Law & Business, Vol. 18:3, p. 759 (1998).

于彼时国际法的理论与实践,因为 20 世纪 60 年代,个人还未被承认为国际法的主体。[①]

第四,公约缺乏强有力的履约监督机制,这已经成为制约各国积极履行公约、影响公约发挥实际效力的重要障碍。从公约的现有条款来看,仅在第 16 条规定,公约缔约国应定期向联合国教科文组织提交报告,通报其为履行公约而颁布的立法、采取的行动以及积累的经验。除此以外,它未规定任何具有强制性的履约监督机制。事实上,即便是第 16 条规定的义务,各国的执行情况也差强人意。早在 1976 年,联合国教科文组织在其召开的第 19 届大会上就曾作出第 4.122 号决议,要求其缔约国就其执行 1964 年《关于禁止和防止非法进出口文化财产和非法转让其所有权的方法的建议》的情况提交实施报告,并考虑在第 20 届大会上要求各国提交关于实施《1970 年公约》的报告。不过,由于各缔约国的反应并不积极,所以直到 1987 年,联合国教科文组织才发布关于各国实施《1970 年公约》的第一次报告。[②] 此后,该组织分别于 1995 年、[③]2003 年又发布两次各国实施报告。[④] 不过遗憾的是,在这几次有限的报告中,仅有少数国家向联合国教科文组织提交了国别报告。这在很大程度上显示,缺少有效的实施机制使《1970 年公约》的执行力受到很大影响。鉴于联合国教科文组织近年来制定的其他国际公约,如 1999 年《海牙公约第二议定书》、2001 年《保护水下文化遗产公约》、2005 年《保护和促进文化表现形式多样性公约》等均建立了较为有效、具体的公约监督及争端解决机构与程序,笔者认为,《1970 年公约》的改革,应从参考其他国际文化财产公约、建立有效的履约监督机制入手,按照先程序、后实体的步骤,遵循先易后难的顺序,有序推进公约的改革与完善。[⑤]

---

① See O'Keefe, P. J., *Commentary on the UNESCO 1970 Convention on the Means of Prohibiting and Preventing the Illicit Import, Export and Transfer of Ownership of Cultural Property*, Institute of Art and Law, 2007, p. 166.

② UNESCO Doc. 24C/24.

③ UNESCO Doc. 28C/35.

④ UNESCO Doc. 32C/24.

⑤ 本节内容详见霍政欣:《1970 年 UNESCO 公约研究:文本、实施与改革》,中国政法大学出版社 2015 年版,第 48 ~107 页。

第二节　公约操作指南

一、制定操作指南的背景

《1970 年公约》的制定与实施，对打击文物贩运、支持文物原属国追索文物、提高各国民众的文化主权与文物保护意识起到了深远而积极的作用。然而，在 40 余年的实施过程中，《1970 年公约》也暴露出诸多缺陷，这集中体现在公约诸多条款措辞模糊、公约对禁止进口的文化财产的限定过于严格，以及公约缺少执行机构与履约监督机制等。① 对此，上文已作详细论述。

在此背景下，自进入 21 世纪以来，各国要求加强履约、改革公约的呼声日益高涨。鉴于此，联合国教科文组织于 2003 年 10 月 13 日召集各国在巴黎召开了《1970 年公约》第一次缔约国大会，就公约执行与完善的议题展开讨论。② 由于这是公约实施近 40 年来举行的第一次缔约国会议，各国提出的议题过于分散、分歧明显多于共识，一天的会议日程无法应对，大会执行局遂决定，在 2012 年公约实施 40 周年之际，召开第二次缔约国大会，届时再系统讨论与公约执行与改革有关的议题。③

2011 年 3 月 15 日至 16 日，联合国教科文组织在巴黎召开了"1970 年公约实施 40 周年庆祝大会"，借此契机，联合国教科文组织向国际社会大力宣传了《1970 年公约》的积极贡献，并号召尚未加入的国家尽快加入公约，已经加入的国家进一步加强履约。在此次庆祝大会上，联合国教科文组织作出于 2012 年 6 月 20 日至 21 日召开公约第二次缔约国大会的决议，从而将公约的改革纳入轨道。

2012 年 6 月 20 日，《1970 年公约》第二次缔约国大会如期召开。④ 经过两

---

① 1972 ~ 2003 年，《1970 年公约》仅召开过一次缔约国大会，而其他文化财产公约均定期召开缔约大会，对公约的实施予以监督。

② CLT – 2003/CONF/207/5, http://unesdoc. unesco. org/images/0013/001326/132663e. pdf#xml = http://www. unesco. org/ulis/cgi-bin/ulis. pl? database = &set = 4E80893E_2_214&hits_rec = 15&hits_lng = eng，最后访问日期：2023 年 4 月 30 日。

③ 1st Meeting of States Parties to the 1970 Convention, http://www. unesco. org/new/en/culture/themes/illicit-trafficking-of-cultural-property/meeting-of-states-parties/1st-msp – 2003/，最后访问日期：2023 年 4 月 30 日。

④ 中国政府派出由国家文物局国际组织处处长朱晔、香港特区政府律政司高级政府律师丁国荣与本书作者组成的代表团参会。

天的讨论,会议作出两项历史性决议:第一,制定了“公约缔约国大会议事规则”,[①]并决定以后每两年召开一次公约缔约国大会,监督公约的实施情况;第二,决定建立“1970 年公约缔约国大会附属委员会”,作为公约的专属执行机构。这两项决议克服了《1970 年公约》缺少履行监督机制的先天缺陷,标志着公约的改革已驶入快车道。

2013 年 7 月 2 日至 3 日,“1970 年公约缔约国大会附属委员会”第一次会议在联合国教科文组织总部召开。此次会议的主要日程是审议《1970 年公约操作指南(草案)》。在讨论并审议联合国教科文组织秘书处提交的《1970 年公约操作指南(草案)》时,秘书处委托著名文化财产法学者林戴尔·普罗特(Lyndel V. Prott)对该指南(草案)的起草背景与基本内容作了介绍。

在介绍中,普罗特着重就《1970 年公约操作指南》的性质、主要内容作了介绍。她指出,《1970 年公约》实施 40 余年以来,成绩巨大,但缺陷亦愈加明显。因此,联合国教科文组织希望通过制定《1970 年公约操作指南》,推广各国的履约经验、加强国际合作,协助各缔约国提升公约的执行水平。通过对公约条文的解释,该操作指南还能在一定程度上澄清公约文本的歧义。当然,《1970 年公约操作指南》并不是对公约的修正,在国际法上不具有法律约束力,它仅是对公约的解释,对推进各国对公约的理解达成共识、加强履约具有辅助作用。

由于许多文物流失国要求直接对公约条文进行修正,而对通过制定没有法律约束力的《1970 年公约操作指南》来加强履约表示不同意见,并引发激烈争论,联合国教科文组织秘书处法律顾问对该问题作了详细阐释:

第一,从公约的实施实践来看,公约暴露出的主要问题还是其未得到有效执行。换言之,在现行公约框架下,执行仍然是主要问题,还有很大的提升空间。因此,如果公约在各国的执行能得到有效提升,就可以在维持现有条文不变的情况下,大踏步地推动公约实现其宗旨与目的。

第二,公约不少条文之所以存在缺陷,在很大程度上是各缔约国相互妥协的结果,体现了各国利益的平衡。现阶段,各国在相关问题上的立场并没有发生实质性变化,在诸多核心与敏感问题上的分歧依然严重。在此情况下,强行推动公约的修正,将导致各国无可避免地再次陷入对立,这显然无助于公约实现其目的与宗旨。

---

① Resolution 2. MSP 3, http://www. unesco. org/new/fileadmin/MULTIMEDIA/HQ/CLT/pdf/1970_MSP_Rules_Procedure_2012_en. pdf,最后访问日期:2023 年 4 月 30 日。

第三，当前，联合国教科文组织仍在致力于鼓励更多的国家加入公约，考虑到有数个国家正积极推动其国内法律程序，并极有可能很快完成加入公约的程序，修改公约将对这几个国家加入公约构成障碍，这不利于公约的推广。

第四，在国际社会尚未达成共识的情况下，强行推动公约的修正，将导致批准公约新文本的国家与坚持旧文本国家之间产生生效条文的冲突，从而使公约陷入分裂，导致公约实际上裂变为两个不同的法律体系，这不仅不利于公约的执行，反而会制造新的难题与混乱。

第五，由于《1995 年公约》在很大程度上克服了《1970 年公约》的缺陷，因此没有必要再制定新的法律规则。需要指出，尽管《1995 年公约》实施已近 20 年，但该公约迄今只有 50 多个缔约国，这一方面表明，制定新的、更有利于文物流出国的法律规则，很难得到大多数国家的认可与支持；另一方面表明，与其强行推动对《1970 年公约》的修正，倒不如鼓励更多的国家加入《1995 年公约》。

第六，通过制定软性的操作指南，可以最大限度凝聚国际共识、加强国际合作。与此同时，《1970 年公约操作指南》的实施，将为今后启动公约的修正创造条件、营造有利环境。

联合国教科文组织秘书处的上述阐释，得到大多数与会国家的理解与认可，会议的僵持局面就此打开，遂进入对公约指南（草案）的审阅进程中。在对该指南（草案）进行逐条讨论的过程中，各国对诸多具体措辞的确当性及准确性也进行了热烈讨论。不少国家表示，该指南（草案）公布仅几天时间，没有时间对之进行仔细研究，且其具体立场还需要报本国政府批准。鉴于此，执行局主席决定，此次会议仅对该指南（草案）进行第一次审阅，记载下各国立场，交由工作小组继续收集各国意见并加以完善，力争在 2015 年公约第三次缔约国大会上通过。

二、操作指南分析

（一）操作指南的酝酿与通过

2014 年 6 月 30 日至 7 月 2 日，“1970 年公约缔约国大会附属委员会第二次会议”在巴黎召开，[①]主要议题为审议《1970 年公约操作指南（草案）》，为 2015 年公约缔约国第三次大会上正式通过该指南奠定基础。

---

① 中国政府派出由国家文物局国际组织处处长朱晔与笔者组成的代表团参加此次会议，中国驻联合国教科文组织常驻团二等秘书王萌列席会议。

2013 年 7 月至 2014 年 6 月,附属委员会工作组依据各国提出的反馈意见,先后对草案进行了四次修正,提交本次会议讨论已经是草案第五稿。这次草案吸收了许多合理建议,在某些核心问题上有突破、有坚持,在另一些问题上则有所妥协,较好地体现了大多数国家的观点,该草案已经基本成熟,因而受到了包括中国在内的绝大多数国家的积极评价。

依据联合国教科文组织既定工作规划以及 1970 年公约第二届缔约国大会决议,1970 年公约缔约国第三届大会于 2015 年 5 月 18 日至 20 日在巴黎联合国教科文组织总部召开。[①] 讨论并表决《1970 年公约操作指南(草案)》是此次会议的主要议题,也是我国此次参会最为重要的任务。[②]

在联合国教科文组织及包括中国在内的文物流出国的积极努力之下,《1970 年公约操作指南(草案)》的内容较好地体现了该阵营国家的利益,如其能通过并得到较好执行,可以在较大程度上克服公约缺陷,有利于我国利用公约追索流失文物,尤其是考古类文物。因此,在参与讨论该议题时,我国代表按照预定工作方案,率先向大会表明以下立场:《1970 年公约操作指南》具有重要意义,对于各国改善履行、克服公约的缺陷具有重大意义,是改革《1970 年公约》的重大历史性步骤。同时,考虑到该指南的现版文本已经广泛征询了各国意见并经多次修改,其内容与措辞已经成熟,因此中国呼吁,此次会议各方应秉持建设性的合作态度,在不做任何修改的前提下通过该指南。中国的表态得到大多数国家的支持与积极回应,对于大会通过《1970 年公约操作指南》起到了推动作用。后经过讨论与辩论,各国最终同意大会在不做任何修改的情况下批准通过之。

《1970 年公约操作指南》的顺利通过,标志着国际社会改革、完善《1970 年公约》的阶段性任务得以完成,这是包括中国在内的文物流出国多年来持续不懈努力的成果,具有里程碑意义。尤其值得强调,该指南充分考虑了考古类文物的特点,允许各国通过类型化的描述将此类文物纳入保护清册,并号召其他国家承认此类清册的效力。在文物流失国依据公约追索此类文物时,该指南强

---

① 中国政府派出了由国家文物局国际组织处主任科员朱稚怡与笔者组成的中国代表团参会;中国驻联合国教科文组织常驻团二等秘书王萌全程参加了会议。

② Third Meeting of States Parties to the 1970 Convention (3. MSP), http://www.unesco.org/new/en/culture/themes/illicit-trafficking-of-cultural-property/meeting-of-states-parties/3rd-msp - 2015/, 最后访问日期:2023 年 4 月 30 日。

烈鼓励相关国家考虑将考古科学研究与分析作为支持返还的法律证据。此外,该指南还要求各国明确将违反其他国家文物出口法令而出境的文物定性为非法出口文物,应予归还;如果文物现持有人无法提供文物的合法出口证书,则不能视为善意购买人,不适用善意取得制度。上述规定体现了文物流出国的主张,对于增强公约的约束力与效力,尤其是对于文物流出国利用公约追索考古类文物具有积极而重要的意义。①

尽管《1970 年公约操作指南》不具有硬性约束力,但其在实践中的作用依然值得重视。例如,我国于 2019 年在追索流失至日本的"曾伯克父"青铜组器的过程中,就以该指南的规定为依据,请求日本政府予以协助,并顺利将这批国宝追回。2019 年 3 月 3 日,国家文物局接到举报,称日本某拍卖公司拟于近期拍卖的"曾伯克父"青铜组器疑为我国非法流失文物。当日,国家文物局立即开展了相关调查研究工作,并在 3 天内获取了该批青铜组器为近年来被盗出土且非法出境文物的相关线索依据,遂决定启动该批青铜组器的追索工作。

在该案中,中日两国均为《1970 年公约》缔约国,但"曾伯克父"青铜组器属于被盗考古类文物,不属于公约的调整范围。鉴于此,我国政府在向日本政府通报流失文物信息时,除提供"曾伯克父"青铜组器系非法出口的中国文物并涉嫌为被盗掘走私文物的相关证据,还特别强调,希望日方依据中日两国共同加入《1970 年公约》及其操作指南的规定,采取一切必要措施开展相关工作,协助中方妥善解决该批青铜组器的返还问题。

收到我国政府的协助请求后,日本政府表现出较为积极的配合态度。最终,在多方努力下,2019 年 7 月,文物持有人向我国政府表示,愿意无条件将文物上交国家。在此情况下,日本驻华使馆向我国国家文物局建议,中方可赴日接收文物,日方愿意给予相应协助。8 月 20 日,国家文物局、公安部派出的联合工作组,在我国驻日本使馆和日本外务省代表的共同见证下,于我国驻日本使馆完成"曾伯克父"青铜组器实物鉴定与接收工作。其后,在我国驻日本使馆的大力协调支持下,国家文物局以最快速度完成了该批青铜组器日本出境手续,

---

① Operational Guidelines for the Implementation of the Convention on the Means of Prohibiting and Preventing the Illicit Import, Export and Transfer of Ownership of Cultural Property (UNESCO, Paris, 1970), http://www.unesco.org/new/fileadmin/MULTIMEDIA/HQ/CLT/pdf/OPERATIONAL_GUIDELINES_EN_FINAL.pdf, 最后访问日期:2023 年 4 月 30 日。

于 8 月 23 日携运文物深夜抵京。[①] 由此可见,《1970 年公约操作指南》在该案中对于促进日本政府积极配合我国追索工作起到了重要作用。

(二)操作指南的要点

1. 操作指南的目的

《1970 年公约操作指南》开宗明义地指出,本指南旨在尽可能减小因公约的解释而产生纠纷以及因此而生诉讼的风险,促进国际共识的形成,从而加强和便利公约的执行。以公约各缔约国的共识、经验为基础,指南汲取各国为有效执行公约所积累的有益经验,并鼓励各国加强国际合作,从而帮助各国执行公约的各项规定,推进公约实现其宗旨与目的。

由此可见,该指南不构成对公约的修正,不具有强制约束力,而仅对公约的解释与执行起辅助作用。

2. 文化财产的定义

《1970 年公约操作指南》指出,在缔约过程中,各国认识到确立一个统一的文化财产定义有助于公约实现其要旨,因而在第 1 条对文化财产作出了定义。依该条规定,文化财产是指各国根据宗教或世俗理由,明确指定为具有重要考古、史前史、历史、文学、艺术或科学价值的财产。

《1970 年公约操作指南》鼓励公约缔约国不断更新对文化财产的“明确指定”,并强调,以下三类文化财产,由于性质使然,对之进行“明确指定”面临特殊的挑战与困难,因此公约缔约国在适用公约相关条款时,应对它们予以特别考虑:(1)考古类文物与被盗掘的地下文物;(2)从文化或艺术建筑或遗迹上被肢解或切除的部分;(3)具有人种学意义的物品与土著部落的物件。由于第一类文化财产或尚处于未知状态,或因盗掘而信息流失,因而无法严格依据公约第 1 条对之进行具体指定,遑论列入文化财产清册。第二类与第三类文化财产也因其特殊性质,无法进行具体指定,亦很难将之列入文化财产清册。鉴于此,该指南鼓励各国通过立法对未发掘的地下文物规定国家所有权,并对这三类文化财产进行“类型化”的描述,以分类的方式对之进行相对具体的指定,并鼓励公约其他缔约国充分考虑这三类文化财产的特殊性,尊重其原属国通过类型化描述对其进行的指定以及为保护此类财产而颁布的相关法律。需要指出,对考古类文物通过类型化描述进行指定并列入清册,是在吸纳了中国与土耳其政府

① 详见《中国成功追索流失日本曾伯克父青铜组器》,载央广网,http://www.sach.gov.cn/art/2019/9/10/art_722_156692.html。

代表意见的基础之上确立的。

3. 公约的基本原则

《1970 年公约操作指南》指出，第 2 条与第 3 条体现了公约的基本原则，依之，公约的第一项基本原则是：承认文化财产的非法进出口和所有权的非法转让是造成这类财产的原主国文化遗产枯竭的主要原因之一，以及国际合作是保护各国文化财产免遭由此产生的各种危险的有效方法之一；第二项基本原则是：各缔约国承诺充分利用现有手段反对这种非法行径，尤其是通过消除其根源、制止当前的非法行径和对必要的赔偿提供协助等手段。

在对上述两项原则进行声明后，《1970 年公约操作指南》强调，无知与文化财产保护意识的淡漠是造成文化财产贩运的根源，因此各国在加强监管、执法之外，应充分重视教育与宣传的作用，并采取相应措施。

4. 文化遗产与国家之间的关联

《1970 年公约》第 4 条旨在规定什么类别的文化财产可以构成各缔约国文化遗产的一部分。在对该条进行简要复述后，《1970 年公约操作指南》指出，在不止一个国家主张相关文化财产构成其文化遗产一部分的情况下，公约无意确定哪一个国家的主张应予优先考虑。该指南建议，在发生此类纠纷时，各国或其相应机构应该通过协商或签订特别协议的方式解决纠纷；如仍无法解决纠纷，应通过替代争议解决方式，即非诉讼的方式（包括调停、斡旋、和解，一定程度上也包括仲裁）解决纠纷。

《1970 年公约操作指南》特别提到，通过诉讼方式解决此类文化事务的纠纷，并不符合本领域的传统。各国实践表明，综合考虑法律、文化、历史以及其他相关因素，借助非诉途径解决此类纠纷方为传统。鉴于此，《1970 年公约操作指南》鼓励各国在选择诉讼与仲裁之前，穷尽公约所规定各种纠纷解决途径，尤其鼓励利益相关国通过租借、交换、临时展览、联合研究与修复等方式实现其利益。

5. 保护文化遗产的国家机构

在对《1970 年公约》第 5 条关于保护文化遗产的国家机构的各项职责进行重申后，《1970 年公约操作指南》着重阐述了以下几点：

第一，要求各国制定适当的立法以保护文化遗产、阻止文化财产的非法进出口及所有权的非法转让，尤其鼓励尚未对未发掘地下文物规定国家所有权的国家采纳 ICPRCP 制定的《关于未发掘文物国家所有权的示范条款》。[①]

第二,要求各国大力宣传其国内法律,使所有利益相关方了解法律规定,并将相关法律翻译成英语或法语,及时报告联合国教科文组织秘书处,以便纳入联合国教科文组织的各国文化财产法数据库。

第三,基于公约实施以来的实践,鼓励各国建立专门的警察与海关机构或专门的执法机关,履行文化财产的保护以及被盗文化财产的返还职责,并与本国各级政府的其他相关机构建立常态化的合作机制。

第四,各国应使本国的此类机构与联合国毒罪办、国际刑警组织、世界海关组织、国际统一私法协会等国际组织建立并保持密切合作关系,共享信息、经验,相互给予技术合作。各国应提升执法机关之间的联系与合作执法关系,尤其要在打击私自发掘考古类文物方面加强信息与经验共享。

第五,《1970 年公约操作指南》指出,依公约第 5 条第 2 款的规定,各国文化遗产保护机构应以受国家保护的文化财产清单为基础,制定并不断更新目录,以列明哪些公共及私有文化财产出口将造成国家文化遗产的严重枯竭,这是各缔约国保护文化财产免受非法进出口和所有权非法转让的关键步骤。《1970 年公约操作指南》特别强调,各缔约国应当充分考虑某些文化财产的具体特点,即该指南在文化财产的定义中所提及的三类文化财产,尤其是非法私自发掘的地下考古类文物。鉴于这些类别的文化财产具有特殊性,该指南指出,目录涵盖的文化财产,既可以采用各个具体描述的方式,也可以类型化描述的方式,譬如,借助出土区域、时期或其他任何适当的考古标准进行类型化描述。为此,《1970 年公约操作指南》鼓励各缔约国在联合国教科文组织秘书处的协助下,与联合国毒罪办、国际刑警组织、世界海关组织等国际合作伙伴通力合作,在既有方法与数据库的基础上,开发新的通用方法,以确保此类清单与当前用于追踪被盗及遗失文物下落的国际程序相融合。此类通用方法不仅可以用于确定已经发掘的考古类文物或已由博物馆收藏或展出的文物的身份,而且可以用于确定非法私自发掘的地下考古类文物的身份。对于博物馆或宗教或世俗的公共纪念馆或类似机构收藏的可移动文化财产,该指南建议各国使用"文物身份证"标准。

第六,各缔约国有权对其文化财产进行分类,并宣布特定文化财产具有不

① Model Provisions on State Ownership of Undiscovered Cultural Objects, http://unesdoc.unesco.org/images/0021/002164/216453e.pdf,最后访问日期:2023 年 4 月 30 日。

可分割性，有权对文化财产规定国家所有权。《1970 年公约操作指南》声明，这是各国拥有的无可辩驳的权利，并鼓励各国根据公约精神，返还构成其他缔约国文化遗产不可分割一部分的文化财产。

第七，为便利各国海关执法，海关官员应当掌握其他缔约国保护的文化财产及出口禁令的准确信息，为此，各缔约国应当及时发布相关目录与立法，并录入联合国教科文组织的文化遗产法数据库。《1970 年公约操作指南》重申，清单与目录可以采用两种形式：一是对每件文化财产进行个体化描述（如“文物身份证”标准）；二是如果无法对受保护的文化财产进行个体化描述，可以采用尽可能详细的类型化描述。

第八，依《1970 年公约》第 5 条第 7 款的规定，各国文化遗产保护机构应当在文化财产被盗或遗失时进行适当宣传。由于通过大众传媒进行宣传，有助于调查被盗文化财产的下落，并使相关文化财产无法在市场上交易，有利于追索文物，《1970 年公约操作指南》要求各缔约国及时公布盗窃及其他形式的文化财产犯罪的情况，并鼓励各国将信息与已经建立的国际数据库（如国际刑警组织被盗文化财产数据库）共享。

6. 禁止和防止文化财产非法进出口和所有权的非法转让

《1970 年公约操作指南》重申，依公约第 6 条第 1 款的规定，各缔约国应当引入适当的出口证书，以说明有关文化财产的出口已经过批准，该款还规定，依法出口的所有文化财产，均须附有此种证书。该指南建议各国采用联合国教科文组织秘书处与世界海关组织共同设计的出口证样表。公约第 6 条第 2 款还规定，各缔约国应当禁止文化财产从本国领土出口，除非附有上述出口证明。在对上述两款规定进行复述后，《1970 年公约操作指南》强调，各国海关应当在进、出口两道关口检查文化财产的出口证书。

《1970 年公约操作指南》认为，出口证书对有效控制文化财产的跨国转让具有关键作用，同时，这也必然要求各国（包括文化财产临时中转国）的文化遗产保护机构与海关相互配合。《1970 年公约操作指南》要求，那些签发文化财产进口许可证的国家，只有在所涉及的文化财产具有出口国签发的出口证书的情况下，才能签发此类许可证。仅持有进口许可证，而没有出口证书，不能被视为善意或取得所有权证书的证明。

为确保此类出口许可实现其目的，依据公约之精神，各缔约国应当禁止进口没有出口证书的受保护文化财产。因此，被一国禁止出口的、没有出口证书的文化财产，若进口到另一国家，其进口也属非法。

依公约第7条第2款第1项的规定,公约对有关国家生效后,禁止进口从本公约另一缔约国的博物馆或宗教或世俗的公共纪念馆或类似机构中盗窃的文化财产,只要该项财产已用文件形式列入该机构的财产清册。针对该项规定,《1970年公约操作指南》指出,应当考虑以下两点:

第一,文化财产的出口必须提供原属国的出口证书才能使其跨国流转具有合法性,只有对此作出强制性规定,上述款项规定的禁令才能得到有效实施。同时,该禁令还要求,盗窃及其他形式的文化财产犯罪应得到广泛宣传并被及时报告给国际刑警组织等相关执法机关,各国执法机关(尤其是海关)应进行通力合作。

第二,各国实施这一禁令时,应当考虑公约第1条所定义的各类文化财产的特点,尤其是前述包括被私自发掘的考古类地下文物在内的三类文化财产,这三类文化财产因其性质而使对其进行具体指定异常困难。在这种情况下,各缔约国应当尊重其他国家的如下权利,即对文化财产进行分类并宣布特定的文化财产具有不可分割性,因而禁止其出口。

依据公约第8条的规定,各缔约国应对违反第6条第2款和第7条第2款规定负有责任者施以刑罚或行政制裁。针对该条,《1970年公约操作指南》强调,如果不能向相关执法机关提交能够证明文化财产系合法出口的书面材料,那么所涉文化财产应当被扣留,并依据法律程序返还相关国家。此外,由于公约并未具体规定应对责任者施加何种刑罚或行政制裁措施,《1970年公约操作指南》鼓励各国以适当的方式在其立法中对直接或间接违反公约的责任人规定具体的刑事或行政处罚措施。对于那些同为《联合国打击跨国有组织犯罪公约》(以下简称《打跨公约》)与《1970年公约》缔约国的国家,《1970年公约操作指南》鼓励它们在立法中对构成《打跨公约》规定的"严重犯罪"的行为予以刑事制裁。此外,《1970年公约操作指南》呼吁各国在执行《1970年公约》时,考虑联合国毒罪办与联合国教科文组织及国际刑警组织联合制定的《关于制止文化财产贩运与其他相关犯罪的刑事司法对策的操作指南》。①

《1970年公约操作指南》特别提及,制定《1970年公约》时,互联网还不是文化财产买卖的渠道,但随着互联网的普及,互联网现已成为文化财产的重要交

---

① Guidelines for Crime Prevention and Criminal Justice Responses with Respect to Trafficking in Cultural Property and Other Related Offences, https://www.unodc.org/unodc/en/organized-crime/trafficking-in-cultural-property-expert-group-2012.html,最后访问日期:2023年4月30日。

易平台。鉴于此,《1970 年公约操作指南》呼吁各国加强对线上文化财产交易活动(尤其是网上拍卖)的监控,以有效防止和打击文化财产非法贩运,加强公约的履行。

针对文化财产的拍卖,《1970 年公约操作指南》指出,拍卖对文化财产的返还构成严重影响,在不少情况下,拍卖甚至成为对非法来源的文化财产进行漂洗的手段。鉴于此,该指南鼓励各国对文化财产拍卖予以特别关注,颁布适当的法律,以保证所涉及的文化财产系合法进口财产,拥有原属国颁布的出口证书,一旦有关财产存在可疑因素,应通知原属国并采取适当的临时性措施。此外,在受保护的文化财产进行拍卖之前,应受影响的国家申请,联合国教科文组织总干事可以考虑对相关商业行为作出公开声明,强调此类行为会对所涉及的文化遗产造成负面影响。

《1970 年公约操作指南》还要求,博物馆与其他类似文化机构,无论是公有还是私有,均不应展出或持有来源及出处不明的进口文化财产。不应以文化财产在风格上或美学上的特质为由,为其移转出原属国做辩护。

7. 行政与刑事处罚

公约第 8 条规定,公约缔约国应对违反第 6 条第 2 款和第 7 条第 2 款所列之禁止规定负有责任者施以刑罚或行政制裁。鉴于不少国家并未实际落实公约的规定,在重复各国义务的基础上,《1970 年公约操作指南》进一步强调:第一,由于公约并未具体规定应施加的刑罚或行政处罚措施,各国应在其国内立法中对实施了公约所禁止之行为的人施加具体的刑罚或行政处罚,并将相应的立法及时报告联合国教科文组织,以便录入后者的数据库;第二,同为《1970 年公约》与《打跨公约》缔约国的国家,应对符合后一公约第 2 条规定的有关文化财产贩运的行为规定刑事处罚条款;第三,属于《1970 年公约》调整范围内的文化财产,如果其持有人无法提供合法出口的法律证明文件,应当被适格的执法机关予以扣押,并依据该国的法律程序返还相关国家。

8. 确立返还请求所需的证据

依据公约第 7 条第 2 款第 2 项的规定,提出追索或归还要求的一方应提供证明其要求具有合法性的必要文件及其他证据。针对该项规定,《1970 年公约操作指南》强调,各成员应考虑所涉文化财产的特点,尤其是前述包括被私自发掘的考古类地下文物在内的三类文化财产,这三类文化财产因其性质而使对其进行具体指定或将其列入清单非常困难。同时,如果一国的法律对特定的文化财产规定了国家所有权,以便促进其返还或归还,该指南鼓励公约其他缔约国适当考虑此类法律。

《1970年公约操作指南》指出，对于非法盗掘的考古类文物，提出追索或归还请求的国家如提供了合理的科学报告、关于文物出处的科学鉴定或专家评估报告，各缔约国可以支持其请求。考虑到提供此类文物的详细证据通常极其困难，该指南特别鼓励各缔约国考虑将科学研究与分析报告作为法律上的证据。

9. 公平的赔偿与适当的慎重

《1970年公约操作指南》指出，关于赔偿的问题，近年来发展尤其显著。依据公约第7条第2款的规定，要求国须向不知情的买主或对该财产具有合法权利者给予公平的赔偿。由于不少原属国对有偿索回本属于自己的文化财产感到不满，且各国日益意识到文化事务在其对外交往中的重要作用，一些国家在加入公约时还作出了免除其他缔约国给予公平赔偿的声明或保留，因而该款关于赔偿的规定在实践中很少适用。

依据公约之精神，各国在判断买主是否为不知情以及持有人是否对文化财产具有合法权利时，应当使用适当的慎重标准。在此问题上，《1970年公约操作指南》推荐各国采纳《1995年公约》第4条的规定，被要求归还被盗文物的占有人只要不知道也理应不知道该物品是被盗的，并且能证明自己在获得该物品时是慎重的，则在返还该文物时有权得到公正合理的补偿。

10. 公约不溯及既往的准确含义

依据"法不溯及既往"原则，《1970年公约》无溯及力并无争议，但在公约实施后，围绕公约某些具体条款的适用，依然出现了关于其溯及力的争议。由于该公约旨在阻止其生效后文化财产的非法进口与出口，因此文化财产的进、出口时间与公约的生效时间之间可能存在的时际法律冲突就成为一个无法回避的问题。换言之，在一国接受公约约束时，已经从公约另一缔约国非法出口的文物是否属于公约的调整范围？更具体地说，如果公约对A国生效时，有一批文物已经从公约的另一缔约国B国非法出口，在这种情况下，依据公约，A国进口这批文物是否属于非法？

从目前各国的实践来看，各国的判例与立法并不一致，因而公约的适用产生了不确定性，因此有必要对之进行准确厘定。鉴于此，《1970年公约操作指南》规定如下：第一，公约虽不具有溯及力，但并不能使公约生效之前的文化财产非法进出口及非法交易合法化；第二，依据公约规定，尤其是第7条的规定，只有在有关文化财产公约的出口与进口发生在请求国与被请求国均受公约约束之后，才属于公约的调整范围；第三，对于公约生效之前非法出口的被盗文物的返还问题，鼓励有关国家依据公约之精神，综合考虑各种情况，通过友好协商达成双方均可接受的解决方案。

11. 明确鼓励各国在公约框架下签订双边协议

依据《1970 年公约》第 15 条的规定，其实施不影响已存在的相关国际条约，且即便是公约的缔约国，它们之间仍有权缔结双边协定，以归还从其原主国领土上“无论以何种理由”转移的文化财产。尽管如此，对于缔约国签订双边协议而言，该条仅为中性的许可性条款，而非积极的鼓励条款。这一规定，事实上对包括中国在内的国家推进双边协议的谈判构成了某种障碍。

鉴于《1970 年公约》本身存在诸多缺陷，缔约国之间缔结更为具体的双边协议是克服公约缺陷、推进公约实现其宗旨的有效途径，许多国家一直倡议，公约应该明确鼓励缔约国在多边条约框架下展开双边谈判，推动特定范围内公约的完善与实施。

《1970 年公约操作指南》接受了这一建议，其明确规定，鼓励各国签订在《1970 年公约》《1995 年公约》《水下文化遗产公约》《打跨公约》框架下的双边协议或地区性协议，以确保文物得到最严格的保护。这一规定，将有利于我国今后推动与其他国家签订文物保护及非法流失文物返还的双边协议。

12. 鼓励各国撤回保留或类似单边声明

保留在国际条约法中具有重要作用，它允许一个国家在同意国际条约的基本内容的情况下，摒除或更改条约中若干规定对该国适用时的法律效果。在接受《1970 年公约》时，有不少国家对公约的某些条款作出保留（如奥地利）或类似单边声明（如美国）。保留虽有利于促进更多的国家批准或加入公约，但也会削减公约的实际效力，并使公约的统一性受到损害。因此，《1970 年公约操作指南》要求各国审查自己加入公约时所作的保留或类似单边声明，并鼓励撤回不符合公约目的与宗旨的保留或类似声明，以维护公约的完整性与系统性，推动公约得到有效执行。

此次会议结束后，依据各国提出的意见与建议，在保留《1970 年公约操作指南（草案）》的原则、宗旨、整体构架与核心条款的基础上，附属委员会对文字进行了进一步修正与完善，并提交各国审议。此后，在联合国教科文组织秘书处的协助下，经过几轮意见反馈、非正式磋商，各国对《1970 年公约操作指南》各项规定逐渐形成一致意见，美国、法国等文物市场国审时度势，逐渐放弃了原先坚持的立场，公约缔约国大会正式批准之的条件日趋成熟。

三、前景展望

从 1970 年至今,人类已经走过了半个多世纪。正如本书开篇言明,从国际法的角度来看,在这 50 多年间,人类社会取得的进步是巨大的,而在国际法的领地,文化财产法的发展尤其令人瞩目。这是《1970 年公约》改革与完善的历史大背景,也是我们回顾历史、展望未来必须洞烛的历史要素。然而,由于历史与现实利益不同,国际社会在文化财产领域明显地分为文物市场国(文物流入国)与文物资源国(文物流出国)两大阵营,因此,该领域的国际立法,每一步前进均来之不易。基于同理,亦不能期望《1970 年公约》的改革,毕其功于一役。

作为中国政府专家以及《1970 年公约》观察员,笔者自 2012 年起参加了与《1970 年公约》相关的历次联合国教科文组织会议,亲历了公约的改革进程,对公约改革之难因而有切身体会。事实上,联合国教科文组织为公约改革而召开的每一次会议均成为各国激烈辩论与斗争的外交战场:有时,各国代表为了一个关乎本国利益的条款,争论得面红耳赤,完全不顾外交场合的斯文;有时,一些国家为了阻挠公约改革,采取无节制发言的战术以拖延会议进程,从而使会议无果而终;还有时,为了会议尽可能有所进展,大会主席采取无限制拖延会议的策略,让会议持续到深夜,用疲劳战使各国代表缴械投降;而在遇到选举、表决等更具关键性的事项时,各国在会场内外的外交角力与博弈更是惊心动魄……

尽管在联合国教科文组织及国际社会的共同努力下,《1970 年公约》于 2003 年正式启动了改革进程,并自 2012 年起加快了推进步伐,但整体而言,改革的进程仍然步履蹒跚:从直接启动修改公约的计划搁浅,到通过制定无约束力的"操作指南"以柔性修法,再到针对"操作指南"无休无止的辩论……笔者甚至一度觉得,公约的改革曾在咫尺,如今又遥不可及。

然而,如果把公约的改革放在宏观的历史坐标下,也许就能找到方向。在 2012 年 6 月 21 日召开的公约第二届缔约国大会上,公约约文的主要起草专家之一的林戴尔 · 普罗特教授在对缔约以来的历史进行回顾时,满怀深情地谈道:①

① 依据笔者参加《1970 年公约》第二届缔约国大会时的笔记整理。

> 40多年前，在缔约过程中，每一个条款都引发了激烈争议。各国利益严重对峙、观点激烈交锋，谈判几度陷入僵局。我一度悲观地认为，这些困难过大，无法克服。然而今天，当再度回首那段荆棘密布的缔约过程时，我的内心感到无比宽慰。我想，对于我们这些当年参与公约谈判的人而言，没有人会想象得到，公约在今天已经有了120多个缔约国，其中还包括许多文物市场国，还有不少国家在加入公约时对其国内法进行了修改，作出了保护他国文化遗产的明确规定。因此，从长远的历史眼光视之，我们应对公约表以最高敬意，并对未来保持乐观。

作为见证《1970年公约》诞生及实施数十载的权威学者，普罗特的上述感慨中肯而深刻。她的这段话也告诉我们，如果把公约的改革置于更加宏观的历史背景下，我们就能对公约改革前景抱以乐观。事实上，自2003年公约启动改革进程以来，尽管历经挫折与困难，但已取得了巨大突破，而在十几年前，这些突破是无法想象的。

第一，通过数年的酝酿与讨论，公约的改革路线图已经确立，即公约的改革将采取“先改革程序性缺陷，再改革实质性缺陷；先进行柔性修法，后启动硬性修约”的总方针。细言之，改革将以克服公约没有监督执行机制为突破口，将建立有效的监督执行机制、加强各国履约作为第一阶段的工作重点；在成立了相关机构、制定了相关规则、提升了各国的履约水平后，再分步骤推进公约的实质性改革。在改革公约实质性缺陷的过程中，为凝聚国际共识、形成改革合力，各国将首先制定没有法律约束力的“操作指南”，在此基础上，积极推动该指南得到各国实践确认，并在条件成熟时启动具有法律约束力的修约进程。

第二，在上述方针指引下，公约改革已经完成了阶段性任务。首先，公约成立了“附属委员会”，并实现公约缔约国大会的定期召开，彻底改写了公约缺少执行监督机制的历史；其次，自2013年以来，在联合国教科文组织的主持下，各国经过两年的磋商与讨论，终于对《1970年公约操作指南》的文本达成共识，并在2015年7月召开的公约缔约国第三次会议正式通过。该指南的正式通过，意味着公约改革路线图的目标已经完成过半。

因此，在《1970年公约操作指南》通过后，联合国教科文组织以及“附属委员会”会督促各国朝着落实“指南”各项规定的方向努力，并在经过一段时间的实践确认后，适时推动有法律约束力的修约进程。从这个意义上说，从根本上改革《1970年公约》的缺陷,构建更加公平、公正的国际文化财产法律制度的进程已如在弦之箭,这是无法阻挡的历史大势。对此,我们应满怀信心。

第三章 《1995 年公约》

《1970 年公约》堪称国际文化财产法发展史上的里程碑,具有深远的历史意义与重大的现实价值。然而,诚如上一章所析,作为特定历史背景下的产物,该公约存在诸多内生性缺陷,故自其诞生之日起便广受诟病。此外,该公约旨在从公法角度解决文化财产的非法贸易问题,并未触及各国私法在该领域的冲突。需要指出的是,由于文物交易涉及诸多私法事项(尤其是所有权、时效、善意取得以及赔偿等事项),而各国私法在此领域差异极大,因此,如不从私法角度协调各国法律,文物的非法贸易就难以从法律层面上得到有效遏制,非法流失文物的返还也难以在实践中实现。鉴于此,在学者的倡议下,联合国教科文组织请求专门致力于协调各国私法的政府间国际组织——“国际统一私法协会”制定一部国际公约,以协调各国私法在该领域的规定,①从而弥补《1970 年公约》的缺陷与不足。

在联合国教科文组织的倡导下,在国际统一私法协会的主持下,国际社会通过不懈努力于 1995 年制定了

---

① 国际统一私法协会,是一个专门从事私法统一的政府间国际组织,成立于 1926 年,总部设在意大利的罗马,宗旨是统一和协调不同国家和国际区域之间的私法规则,并促进这些私法规则的逐渐采用。国际统一私法协会有 65 个会员国,中国于 1985 年 7 月 23 日正式接受该协会章程,并从 1986 年 1 月 1 日起正式成为其会员国。详见国际统一私法协会官网,http://www. unidroit. org/about-unidroit/membership,最后访问日期:2024 年 4 月 30 日。

《国际统一私法协会关于被盗或者非法出口文物的公约》(《1995 年公约》),以图克服《1970 年公约》的缺陷。鉴于此,本编专设一章,对该公约展开详细探讨。[①]

第一节 基本事项

一、性质、名称与宗旨

前已论及,国际统一私法协会于 1988 年 6 月决定成立专家组,由其准备、起草一份新的公约草案。专家组由来自不同法系国家的专家组成,其中,既有来自文物进口国的专家,也有来自文物出口国的专家,还包括两名联合国教科文组织的顾问。专家组最初设立时,关于制定的规则采用国际公约还是示范法的形式,曾有争议。英联邦国家和其他一些文物出口国主张采取示范法的方式,而大多数文物出口国则希望制定一个有约束力的国际公约。[②] 后来,随着起草工作的展开,专家组逐渐达成一致:制定国际公约是一个更具实际作用、更可取的方法。同时,为防止公约因保留制度而陷入支离破碎的窠臼,公约最终条文禁止保留。[③]

在确定以国际公约的方式制定规则后,专家组内部对于未来这部国际公约的宗旨与名称又产生了激烈争议。文物进口国强调公约旨在保护文化财产,因而主张以"保护文化财产的国际公约"为公约名称;而文物出口国则认为公约应将重点放在促进文物的返还与归还上,故主张在公约名称上加入"返还与归还"的措辞。还有学者则认为"文化财产"的表述具有误导性,主张用"文化遗产"这一表述。经过激烈讨论与相互妥协,国际统一私法协会的外交大会最终确定以"关于被盗或者非法出口文物的公约"作为公约的名称。显而易见,这一名称带有明显的折中色彩。事实上,作为文物出口国与进口国博弈与妥协的产物,折中色彩贯穿公约的各个部分,尤其在序言第 3 段中:

---

① 需要指出,由于该公约的中文译文存在较为严重的翻译问题,本章所引之公约文本均为经过作者校正后的表述。

② See Prott, L. V., *Commentary on the UNIDROIT Convention on Stolen and Illegally Exported Cultural Objects 1995*, The Institute of Art and Law, 1997, p. 15.

③ 详见后文关于第 18 条的论述。

> 本公约缔约国……深切关注文物的非法交易以及经常由此引起的、无可挽回的损害，这不仅是对这些物品本身及民族、部落、土著居民或者其他社团的文化财产的损害，也是对所有民族财产的损害；更关注对考古遗址的掠夺和由此而造成的、无法弥补的考古学、历史学及科学资料的损失。

这一段序言表明，公约所构建的法律制度旨在保护的对象包括以下三类：第一，文物本身。此处不仅仅指作为单个物品的文物，还包括与之相关的考古学、历史学与科学信息。细言之，公约不仅对单个文物的物质存在形式予以保护，还对文物所载负的考古学、历史、地理、文化信息予以保护。这是因为作为特定历史与文化的产物，文物只有在其赖以产生的历史、地理、文化氛围中才能组成一个有机的文化系统，而单个的文物所能提供的地理、历史、文化、民族等信息是不全面的。第二，作为文物所有者的民族、部落、土著居民或其他社团。对一个国家内部不同群体的利益予以确认，这一点颇值强调。事实上，由于本公约允许私方当事人在另一国法院提起民事诉讼，因而对"次国家"(sub-national)主体利益确认兼具理念价值与实践意义。第三，所有民族，即全人类。这是因为文物既属于其所有权人，属于特定群体、民族或国家，归根结底也是全人类的共同财产。

另外，序言的措辞强调公约旨在打击文物的非法贸易，而非文物贸易本身，因为"文化交流对促进人民之间的理解特具重要性"，"文化传播对人类福祉和增进文明特具重要性"。[①] 由此，序言进一步确认，"公约本身并不会解决非法交易引发的问题；相反，它旨在开启一种进程，以促进国际文化合作、维护合法交易以及国家间的文化交流协议的适当作用"。[②] 需要指出，尽管公约致力于维护文物的合法交易，但其绝无意将既存的文物非法交易合法化。对此，序言有专段指出："本公约的各项规定通过后，未来绝不对发生在本公约生效前的任何种类的非法交易予以认可或赋予其合法性。"[③]虽然上述表述可视为对公约规定无溯及力的确认，但这也表明即便在1995年以后，对于同为《1970年公约》

① 序言第3段。
② 序言第7段。
③ 序言第4段。

与本公约缔约国的国家而言,前者对于文物的跨国交易依然具有约束力。①

序言还对公约如何打击文物的非法交易进行了说明,其第4段申明,“公约决心为有效打击文物的非法交易做出贡献”,为此,“公约在缔约国之间引入共同的、最低限度的法律规范以调整文物返还和归还,以期为各方利益提高文物的保存与保护”。② 由于公约仅为最低限度的规定,序言第4段进一步强调,公约并不妨碍各国制定对便利文物的返还与归还更为有利的规则。③

由此可见,从价值取向来看,公约小心翼翼地在“民族主义”(强调文物的民族属性,主张流失文物应予返还)与“国际主义”(强调文物属于全人类,主张文物贸易自由)中保持均衡,以图协调、平衡文物出口国与进口国的利益。

二、《1970年公约》与《1995年公约》的关系

毫无疑问,《1970年公约》与《1995年公约》的关系极为密切,前者是后者之根,而后者则是前者的发展与完善。④ 细言之,两公约的不同之处主要体现在以下三个方面:

第一,《1970年公约》的目的是打击文化财产的非法进出口与贸易,而《1995年公约》不仅旨在“有效地打击文物的非法交易”,更注重“在文物的返还和归还方面制定共同的、最低限度的法律规范”。

第二,《1970年公约》主要是通过行政程序与国家行为来打击文物的非法流转;而《1995年公约》则通过协调各国私法(尤其是善意取得制度)的方式赋予文物所有人直接诉诸缔约国法院的权利来促进文物的返还与归还。

第三,依据《1970年公约》,归还的文物仅限于“公约另一缔约国的博物馆或宗教的或世俗的公共纪念馆或类似机构中窃取的文化财产”,且“该项财产已用文件形式列入该机构的财产清册”;而依据《1995年公约》,所有被盗文物均须返还。

需要强调的是,这两个公约是相互补充、相互协调的。联合国教科文组织

---

① See Forrest, C., *International Law and the Protection of Cultural Property*, Routledge, 2010, p. 199.

② 序言第4段。

③ See Forrest, C., *International Law and the Protection of Cultural Property*, Routledge, 2010, p. 199.

④ See Stamatoudi, I. A., *Cultural Property Law and Restitution: A Commentary to International Conventions and European Law*, Edward Elgar, 2011, p. 67.

与国际统一私法协会希望并鼓励各国同时加入两公约,诚如有学者评论道:

> 新公约(《1995 年公约》)对《1970 年公约》具有补充作用,对那些对“UNESCO 公约”失望的国家来说,新公约措辞精准、得之不易的文本可以让它们感到宽慰了。对此,联合国教科文组织深感满意。①

第二节 文本分析

一、适用范围与调整对象

《1995 年公约》第一章包含两条,分别规定了公约的适用范围与调整对象(文物的定义)。依据第 1 条的规定,本公约适用于如下国际性请求:(a)返还被盗文物;(b)归还因违反缔约国为保护其文化遗产之目的制定的文物出口法律而被移出该国领土的文物(以下简称非法出口文物)。

第 1 条规定了《1995 年公约》的适用范围,依之,它不仅适用于被盗文物的返还,还适用于非法出口文物的归还。与《1970 年公约》仅适用于从博物馆及类似机构中被盗的文化财产相比,该公约的适用范围明显扩大。不过需要强调的是,该公约仅适用于“国际性请求”;换言之,国内性请求不在适用范围之内。如第 1 条(a)项、(b)项所示,属于公约调整范围内的文物有被盗文物与非法出口文物两大类别。对于非法出口的文物,毋庸置疑,对其提出的请求属于“国际性请求”;而对于被盗文物,如何甄别对其提出的请求是否为国际性请求,在某些情况下并不十分明确。譬如,在英格兰著名判例“文克沃斯诉佳士得、曼森及伍兹公司”案中,所涉及的文物曾在一国境外交易,待其又回流至被盗国后,原主提出返还之诉,这种情况是否属于国际性请求?② 从公约的规定中似乎无法找到明确答案,不过学者们大都认为,公约应适用于该案这样的情况,这对打击

---

① Prott, L. V., *UNESCO and UNIDROIT: A Partnership Against Trafficking in Cultural Objects*, Uniform Law Review, Vol. 1, p. 70(1996).

② Winkworth v. Christie, Manson & Woods Ltd. [1980] 1 Ch. at 499. 在该案中,窃贼从文克沃斯(Winkworth)位于英格兰的居所内盗窃了其珍藏的一件日本古董——一个象牙雕刻的坠子,并将之运到意大利,在那里卖给了一位善意购买人达诺(D'Annone)。随后,达诺将之带往英格兰,并委托佳士得公司进行拍卖。文克沃斯获悉后向英格兰法院起诉,请求法院签发禁令禁止拍卖,并以这件古董的所有权人身份提起文物返还之诉。参见霍政欣:《追索海外流失文物的法律问题》,中国政法大学出版社 2013 年版,第 83 ~ 85 页。

通过选择文物交易地以“漂白”其身份的行径具有重要意义。①

此外,公约第1条(b)款对非法出口文物进行了定义,依之,“因违反缔约国为保护其文化遗产之目的制定的文物出口法律而被移出该国领土的文物”即非法出口的文物。可见,文物出口国的法律是判断文物是否为非法出口文物的依据。需要指出是,在公约制定过程中,中国政府代表团曾建议,(b)款措辞中的“法律”应用更加准确的“法律与法规”(laws and regulations)代替,因为中国的法律体系中有相当多的文物出口规则是体现在行政法规之中的。尽管这一主张并未被公约最终文本所体现,但公约起草委员会明确表示,无论在英文还是法文中,法律均包含法规。②

最后,需要指出,尽管第1条(b)款对非法出口文物的定义对文物出口国有利,但依据公约第5条第3款的规定,并非所有的非法出口文物均应归还,只有那些对请求国具有特殊的文化方面的重要性的非法出口文物,才属于应予返还之列。

应如何对本公约的调整对象进行定义,曾是缔约过程中各国争议的焦点问题之一。由于本公约旨在补充《1970年公约》,因此许多国家建议应直接采用后者关于文化财产的定义,而无须另作定义。此外,它们还指出,由于不少国家为实施《1970年公约》已将该公约关于文化财产的定义转化为其国内法,直接采用这一定义将便利于《1995年公约》的批准与实施。③ 不过,有少数国家并不赞同上述立场,它们指出,制定《1995年公约》的主要原因之一就在于解决《1970年公约》核心条款的模糊性与不确定性,鉴于后者第1条关于文化财产的定义过于宽泛且不够准确,因此有必要对公约的调整对象作出重新定义。④

最终,经过反复磋商,各国达成妥协:一方面,《1995年公约》保留了《1970年公约》关于文化财产定义的实质性内容;另一方面,它并未在正文中直接援引,而是在对该定义作出一定调整的基础上,通过附件将其实质性规定予以体

---

① See Prott, L. V., *Commentary on the UNIDROIT Convention on Stolen and Illegally Exported Cultural Objects 1995*, The Institute of Art and Law, 1997, p. 22.

② See Prott, L. V., *Commentary on the UNIDROIT Convention on Stolen and Illegally Exported Cultural Objects 1995*, The Institute of Art and Law, 1997, p. 24.

③ See Forrest, C., *International Law and the Protection of Cultural Property*, Routledge, 2010, p. 199.

④ See Jenkins, P., *The UNIDROIT Convention on Stolen or Illegally Exported Cultural Objects*, Art Antiquity and Law, Vol. 1:2, p. 163(1996).

现。细言之，公约第 2 条规定如下：

> 为本公约之目的，文物系指因宗教或者世俗的原因，具有考古、史前史、历史、文学、艺术或者科学方面重要性，并属于本公约附件所列分类之一的物品。①

显而易见，上述条文保留了《1970 年公约》第 1 条的基本框架与实质性内容，也采取了概括定义与具体描述相结合的方式对其调整对象予以定义。不过，与后者相比，该条有三点值得关注。

第一，在概括定义中，该条并不要求每个国家对文物进行“明确指定”，这一点构成《1995 年公约》与《1970 年公约》在定义上的最主要区别。由于《1970 年公约》主要在各国国家层面上实施，故须各国明确指定，而《1995 年公约》主要以私法为基础，因而无须各国加以指定。从这个意义上说，就不难理解《1995 年公约》中文物的范围缘何要广于《1970 年公约》中的文化财产。②

第二，该条所援引的公约附件对文物所作的分类与《1970 年公约》第 1 条完全一致。这样处理显然是为了确保两公约具有兼容性与协调性，同时，为避免少数抵触《1970 年公约》的国家因此对本公约亦采取抵触态度，该条在行文上并未提及《1970 年公约》。

第三，该条使用了“文物”的表述，而没有采用《1970 年公约》所采用的“文化财产”的措辞。由于在缔约过程中，关于公约应使用“文化遗产”还是“文化财产”的措辞，各国僵持不下，为消弭分歧，国际统一私法协会建议公约采用中

---

① 附件：(a)动物群落、植物群落、矿物和解剖以及具有古生物学意义的物品的稀有收集品和标本。(b)有关历史（包括科学、技术、军事及社会史），有关国家领袖、思想家、科学家、艺术家之生平以及有关国家重大事件的财产。(c)考古发掘（包括正常的和秘密的）或考古发现的成果。(d)业已肢解的艺术或历史古迹或考古遗址之构成部分。(e)一百年以上的古物，如铭文、钱币和印章。(f)具有人种学意义的文物。(g)有艺术价值的财产，如：(i)全部是手工完成的图画、绘画和绘图，不论其装帧框座如何，也不论所用的是何种材料（不包括工业设计图及手工装饰的工业产品）；(ii)用任何材料制成的雕塑艺术和雕刻的原作；(iii)版画、印片和平版画的原件；(iv)用任何材料组集或拼集的艺术品原件。(h)稀有手稿和有特殊意义的（历史、艺术、科学、文学等）古物、古书、文件和出版物，不论是单个的或整套的。(i)邮票、印花税票及类似的佐证，不论是单张的或整套的。(j)档案，包括有声、照相和电影档案。(k)一百年以上的家具物品和古乐器。

② See Stamatoudi, I. A., *Cultural Property Law and Restitution: A Commentary to International Conventions and European Law*, Edward Elgar, 2011, p. 72.

立性的表述——“文物”,并获得各国理解与支持。①

二、被盗文物的返还

公约的实体部分为第二章“被盗文物的返还”与第三章“非法出口文物的归还”。其中,第二章包含第3条与第4条,第三章包含第5条、第6条与第7条。从这样的结构可以看出,公约区别处理被盗文物的返还与非法出口文物的归还问题。这样的区别对待反映了公约制定过程中大多数国家的意见,也是后来缔约工作得以推进的保障,诚如一位代表在专家组第4次会议上的发言:

> 事实上,有必要加强合作以惩罚在境外发生的文物盗窃行径,这一立场得到了所有缔约国的一致认可,因为盗窃被公认为刑事犯罪。与此不同,依据各国现行法律,对于违反外国海关法律的行为,仅有少部分国家会对之施以惩罚。②

尽管各国法律均禁止对公私财物的盗窃,但是在如何处理被盗物的返还事项上,各国法律并不一致,大陆法与英美法在该问题上的法律冲突尤为明显。概言之,两大法系的法律冲突主要集中在以下三点:

第一,普通法上存在“自己无有者,不得与人”(*nemo dat quod non haber*)的基本原则,窃贼无法向其他人移转被盗物的所有权,因而被盗物的善意购买者无法获得该财产的所有权,除非财产的原所有人同意或有意误导购买者,使其认为他将获得该财产的所有权;③与此不同,大陆法上普遍存在善意取得制度,因此被盗物的买受人可以基于善意对抗其所有人,并获得其所有权。④ 尽管两

---

① See Forrest, C., *International Law and the Protection of Cultural Property*, Routledge, 2010, p. 200.

② Doc. 48 § § 52, 100-102, 105-108.

③ See Grover, S. F., Note, *The Need for Civil-Law Nations to Adopt Discovery Rules in Art Replevin Actions: A Comparative Study*, Texas Law Review, Vol. 70, p. 1445(1992).

④ 参见谢在全:《民法物权论》,中国政法大学出版社1999年版,第218页;《法国民法典》第2279条、《德国民法典》第935条、《瑞士民法典》第714条、《意大利民法典》第1153~1157条、《日本民法典》第192条;See Burke, K. T., *International Transfer of Stolen Cultural Property: Should Thieves Continue to Benefit from Domestic Laws Favoring Bona Fide Purchasers?*, Loyola of Los Angeles International and Comparative Law Journal, Vol. 13:2, p. 428(1990).

大法系在此问题上存在原则对立,但因两大法系内部不同国家贯彻这两个原则的具体分类规定斑驳不一,大都设有钳制其效力的例外或限制性规定,因而其分歧并非不可弥合。① 第二,两大法系的时效制度存在明显差异。首先,两大法系关于消灭时效(诉讼时效)的制度与规则存在重大区别;其次,一部分大陆法系国家不仅有消灭时效制度,还有取得时效制度。② 第三,关于如何判断购买人是否为善意,以及如何对善意购买人进行赔偿,各国法律也存在较大差别。③ 因此,协调各国法律在这三个问题上的冲突,遂构成公约第二章的主要任务。

(一)原属人的返还权

从私法的角度来看,法律的功能不外乎于以下两项:第一,保护所有权;第二,保障交易安全,④而这两项功能恰恰均与文物返还休戚相关,因为在绝大多数文物返还纠纷中,利益冲突的双方当事人分别是文物的原所有人与现持有人,前者常以文物合法所有者的身份要求返还,而后者则多以善意购买为由对抗前者的请求权。可见,对于文物返还而言,最为关键的问题是在财产原所有人与善意购买人之间,法律更侧重于保护何者的利益。⑤

如何解决这个问题素来棘手,因为作为无辜当事方,文物的原所有人与现持有人的利益均应得到保护,这实际上分别是法律两大基本功能的体现。换言之,是保护原所有人的所有权,支持返还?还是保障交易安全,承认善意购买人合法取得了占有物?当涉及文物纠纷时,这个问题在法律上更加难以权衡,这是因为文物通常具有不可替代性,即使判令取得文物所有权的一方补偿另一方的经济损失,也不足以安抚后者。所以在处理这个问题时,法律不免会陷入一种顾此失彼、无法兼顾的两难困局。

从当代世界各国法律来看,为了兼顾双方当事人的利益,法律通常会设置一套复杂的、互有制约的法律制度,以避免出现明显偏向一方的不公情形,借以

---

① 参见霍政欣:《追索海外流失文物的法律问题》,中国政法大学出版社 2013 年版,第 26 ~ 44 页。

② 参见霍政欣:《追索海外流失文物的法律问题》,中国政法大学出版社 2013 年版,第 45 ~ 69 页。

③ See Forrest, C., *International Law and the Protection of Cultural Property*, Routledge, 2010, p. 202.

④ 休谟(Hume)认为,正义在本质上不过是对财产权的尊重;而法律规则,说到底,就是关于财产与买卖的规则。See McClelland, J. S., *A History of Western Political Thought*, Routledge, 1996, p. 412.

⑤ 参见霍政欣:《追索海外流失文物的法律问题》,中国政法大学出版社 2013 年版,第 1 页。

在所有权与交易安全之间找到平衡点。尽管如此,各国在制度构建与规则设计上的差异仍然非常明显。以比较法的视角来看,大陆法系国家相对侧重于保护善意购买人的利益,而普通法国家则倾向于维护原所有人的利益,且在两大法系内部,各国法律也多有不同。[①] 因此,协调各国私法在此问题上的冲突,遂成为《1995 年公约》最重要的任务之一。

细言之,公约第 3 条旨在对此问题进行详细规定。依据第 3 条第 1 款规定,"被盗文物的占有人应归还该被盗物"。这是一条措辞明确、法律意义较为确定的重要条款,从原则上确立了被盗文物应予返还的义务。它不仅直接肯定了普通法上"自己无有者,不得与人"的法律原则,否定了许多国家(尤其是大陆法系国家)国内法上的善意取得制度,而且与《1970 年公约》对待被盗文物的做法明显不同。如前所述,《1970 年公约》第 7 条第 2 款对应予返还的被盗文物施加了极其严格的限制,致使文物原属国无法依之对大多数被盗文物提出返还请求;与此形成鲜明对照,《1995 年公约》第 3 条第 1 款则确立了所有被盗文物均应返还的基本原则,对于文物流出国而言,这显然是一个重大的历史性进步。

事实上,在缔约过程中,各国围绕这一款曾发生激烈辩论。最终,各国逐渐妥协并达成一致:如果不确立被盗文物应予返还的基本原则,文物犯罪及其非法贸易便无法得到有效遏制,公约的宗旨便无法实现。同时,为平衡符合条件的善意持有人利益,公约在第 4 条中对其作出了补偿规定。此外,在具体措辞上,第 3 条第 1 款最终使用了中性的"占有人"(possessor),而非"持有人"(holder)、"所有人"(owner)或"取得人"(acquirer),以弥合各国分歧。同时,该款没有提及被盗文物应向谁予以返还,而是将此问题交给各国法院自行确定。

在实践中,由于大多数文物通常是因遭到非法盗掘而流失境外的,它们无法满足《1970 年公约》第 7 条第 2 款规定的苛刻条件,所以,许多国家(尤其是文物流出国)强烈要求新的国际公约将此类文物纳入被盗文物范围之内。除此之外,文物原属国发现,它们在文物追索时证明被盗掘文物的身份也是相当困难的。对于许多被盗掘文物而言,直到它们公开出现在国际文物市场,其原属国才获知其被非法发掘及流失出境,在此情况下,要证明有关被盗掘文物的被盗时间、地点是相当困难的。近年来,我国在向外国追索被盗掘文物时,就经常面临证据欠缺或不足的困扰,而在几次成功追索的例子中,偶然因素相当多,或

---

① See Grover, S. F., Note, *The Need for Civil - Law Nations to Adopt Discovery Rules in Art Replevin Actions: A Comparative Study*, Texas Law Review, Vol. 70, p. 1432(1992).

是因为恰巧国内保存同类文物的照片，或是因为文物表面残留土壤的化学物质鉴定与我国某地土壤完全匹配等而成功证明被盗掘文物的身份。① 在此背景下，在制定《1995 年公约》的过程中，如何处理被盗掘文物就成了各方关注的议题之一。对此，公约第 3 条第 2 款专门予以调整。

在专家组召开的第一次会议上，墨西哥代表提议，违法发掘文物应被视为被盗文物。② 但此提议在专家组第二次会议上因遭到反对而搁浅。③ 在专家组第三次会议上，美国代表提出了一个条文建议，该条文基本支持了墨西哥的立场，并以 42 票赞成、5 票弃权、0 票反对的结果通过此次会议表决，由此构成公约第 3 条第 2 款的基础。④ 不过，在国际统一私法协会的外交大会上，日本代表与美国代表却要求删除公约文本第 3 条第 2 款。⑤ 尽管遭到美、日两国的反对，在绝大多数国家的坚持下，该款依然得到保留，据此，"为本公约之目的，凡非法发掘或者合法发掘但非法持有的文物，应当视为被盗，只要符合发掘发生地国家的法律"。毋庸置疑，第 3 条第 1 款与第 2 款被成功订入公约可有效克服《1970 年公约》第 7 条第 2 款的缺陷，其意义重大。

此外，有两点需要提及：第一，依据 1956 年联合国教科文组织制定的《关于适用于考古发掘的国际原则的建议》，"发掘"的对象不仅包括地下文物，还包括水下文物；第二，依据专家组第三次会议记录，为本公约之目的，盗窃的定义不应限定于特定国内法的规定，而应作广义理解，使之具有独立含义，并包括必要的相似行为。⑥

(二)时效问题

由于公约第 3 条第 1 款确立了"被盗文物的占有人应归还该被盗物"的基本原则，因此大部分缔约国(尤其是欧洲大陆法系国家)认为，须通过制定时效制度以及赔偿规则对善意购买人的合理利益予以必要照顾。然而，由于各国时

---

① 参见霍政欣：《追索海外流失文物的法律问题》，中国政法大学出版社 2013 年版，第 260 ~ 264 页。

② Doc. 23 § § 56, 164 – 165.

③ Doc. 30 § § 22 – 25, 47, 104 – 106.

④ Doc. 48 § § 49 – 50.

⑤ 美国态度的突然转变当时令许多国家感到不解。See Prott, L. V., *Commentary on the UNIDROIT Convention on Stolen and Illegally Exported Cultural Objects 1995*, The Institute of Art and Law, 1997, p. 33.

⑥ Doc. 39 § § 60.

效制度迥异,且在如何对待善意的文物购买人问题上利益对峙,在公约的谈判过程中,时效事项成为争论最激烈、各方立场对峙最严重的事项之一。文物出口国以道义、公正与打击文物犯罪与非法贸易为由,希望公约规定的时效尽可能长,甚至彻底取消时效;而文物进口国则以维护交易安全、市场稳定为依据,主张公约制定较短的时效。[①] 最终,在协调各方的立场之后,公约规定了一套较为复杂的时效制度,具体体现为第 3 条第 3 款至第 8 款的各项规定。

依据公约第 3 条第 3 款的规定,请求返还被盗文物的一般时效为 3 年,自请求者知道该文物的所在地及该文物占有人的身份之时起开始计算,并受制于 50 年绝对期间(最长期间)的限制,该绝对期间自被盗发生时计算。这一规定是在综合考虑各国国内法及其立场后作出的折中性规定。

需要指出,公约第 3 条第 3 款所规定的一般时效的起算点("自请求者知道该文物的所在地及该文物占有人的身份之时")是在专家组第三次会议上才加入的。综观世界各国关于时效的法律规则,这一规定比绝大多数国家的法律更有利于文物原属人的利益。[②] 依据这一起算标准,只有同时满足请求者知道文物所在地以及占有人身份这两项条件后,时效才开始计算。整体而言,这样的规定对保护文物原属人的利益以及打击文物的非法贸易较为有利。这是因为在文物交易实践中,尤其在拍卖市场上,经常出现文物的具体所在地被公布,但拍卖公司以保密为由拒绝透露文物占有人身份的情况。在此情况下,依据公约第 3 条第 3 款的规定,时效不开始起算。

还有两点需要强调:第一,这一起算点的措辞是"请求人知道",而非草案中的"知道或应当知道",这是因为在外交大会上,有一些文物出口国担心"应当知道"的表述会使时效的起算增加不确定因素,对其返还不利。不过,尽管公约最终文本取消了"应当知道"这一表述,在实践中如何确定"知道"这一请求人的主观意念,仍然须由各国法院依据其所在国法律加以判断。[③] 第二,第 3 款未

---

① See Stamatoudi, I. A., *Cultural Property Law and Restitution: A Commentary to International Conventions and European Law*, Edward Elgar, 2011, p. 79.

② 从对文物原属人的利益保护而言,这一规定比大陆法各国与英国的规定更为有利,与美国加利福尼亚等州的"发现规则"近似,而不及纽约州的"要求并被拒绝规则"。

③ See Stamatoudi, I. A., *Cultural Property Law and Restitution: A Commentary to International Conventions and European Law*, Edward Elgar, 2011, p. 81.

规定 3 年时效的任何中止或中断事由。[①] 尽管如此，由于一些国家将时效识别为程序问题，因而仍不能排除这些国家的法院在审理文物返还诉讼时，适用其本国法关于时效中止及中断的规定。

公约第 3 条第 4 款与第 5 款旨在规定对特定类别的文物提起返还请求的时效。在不少国家的国内法上，存在某些特定类别的文物，[②]因其对该国的历史、文化、宗教或社会等具有特别重要的意义，因而具有不可分割性和不可交易性，只有国家才是其唯一的合法所有人，如其被盗或遗失，国家可以在任何时候要求其占有人返还，不受任何关于时效的限制。在公约的谈判过程中，在一部分国家的要求下，公约第 3 条第 4 款基本体现了这类特定文物不受时效限制的立场，即"关于返还某一特定纪念地或者考古遗址组成部分的文物，或者属于公共收藏的文物的请求，则除请求者应自知道该文物的所在地及该文物的占有人身份之时起 3 年以内提出请求外，不受其他时效限制"。

不过，在外交大会上，包括英国、瑞士以及荷兰在内的不少国家明确反对特定文物不受时效限制的观点，并指出，如果公约作出了这样的规定，就不可能获得其国内立法机构的批准。鉴于此，公约第 3 条第 5 款作了但书规定以体现这部分国家的立场，即"缔约国可单方面作出 75 年最长时效限制的声明，并可予以延长，且在另一缔约国境内对从作出上述声明的缔约国纪念地、考古遗址或者公共收藏品中移走的文物提出返还请求，也应受上述时效的限制"。第 6 条进一步规定，"上述声明应在签署、批准、接受、核准或者加入时作出"。

此外，考虑到公约第 3 条第 4 款提到的此类文物不够明确具体，公约第 3 条第 7 款与第 8 款对"公共收藏品"作出具体说明，即"为本公约之目的，'公共收藏品'是由经过登记注册或者其他方式证明的文物组成，并且其所有者是下列之一：(a)缔约国；(b)缔约国的一个区域或者地方当局；(c)缔约国的一个宗教机构；(d)为文化、教育或者科学之基本目的而在缔约国内建立的旨在服务于公共利益的机构。此外，对一缔约国境内属于一部落或者土著人社区所有的或者使用的，作为该社区传统或者祭祀用品的一部分的宗教文物或对该社区具有重要意义的文物提出返还要求，则应受适用于公共收藏品的时效限制"。

---

① 在谈判过程中，以色列代表曾提出战争应构成时效的中止事由，但未被采纳。Doc. 30 § § 149.

② 有的国家将之称为"不可交易物"(*res extra commercium*)，有的国家称为"圣物"(*res sacrae*)。参见霍政欣：《追索海外流失文物的法律问题》，中国政法大学出版社 2013 年版，第 39 页。

由此可见,对于文物流出国而言,第3条第4款对其更为有利,因为该款表明,对某些特别重要的文物提起返还请求将不受最长时效的限制,而仅受3年一般时效的限制;与此相对,依据第3条第5款的规定,对此类文物提起返还请求则须同时受最长时效与一般时效的双重限制。从这个意义上说,我国在加入公约时根据第3条第5款作出的申明,即"中国关于返还被盗文物的申请受75年的时效限制,并保留将来根据法律规定延长时效限制的权利",是基于对公约时效条款的误解而作出的不利申明,未来应尽早撤回。

(三)赔偿问题

事实上,公约的谈判过程中,除时效问题外,善意持有人的赔偿事项亦引发激烈辩论。发展中国家的代表大都提出,被盗文物返还原主,无须对其占有人进行赔偿;①但是不少国家的代表认为,公约第3条确立善意购买人应返还被盗文物的原则,已经是对许多国家国内法的重大偏离,如进一步规定无须对善意购买人予以赔偿,势必使公约陷于孤立处境,难以获得大多数国家的支持。② 最终,在协调各方立场后,公约第4条作出妥协性规定,一方面,它体现了对占有人给予赔偿的立场;另一方面,则规定了较为严格的赔偿条件,且将举证责任倒置,即要求现占有人而非原属人承担举证责任。

依据第4条第1款的规定,被盗文物的占有人在满足下列条件时,有权得到"公正合理的赔偿"(fair and reasonable compensation):第一,他"不知道也理应不知道该物品是被盗的";第二,他"能证明自己在获得该物品时已履行'尽职调查'(due diligence)义务"。对于该款,需要关注以下两点:

首先,鉴于"善意"(*bona fide*)这一表述在各国国内法上含义不同,为避免词义混乱,公约文本刻意避免使用该措辞,而使用了"尽职调查"这一含义更加客观、明确的表述,并在第4条第4款中对如何判断占有人是否履行"尽职调查"义务作出了具体规定,即"在确定占有人是否履行尽职调查义务时,应注意其获得物品的背景情况,包括当事各方的主体性质、支付的价格、占有人是否向通常可以接触到的被盗文物登记机关进行咨询、他通常可以获得的其他有关信息和文件,或者采取一个正常人在此情况下应当采取的其他措施"。

其次,关于赔偿的标准,第4条第1款使用了"公正合理"这一较为模糊的措辞,因此各国法院在审理案件时对于判定赔偿的具体数额拥有较大的自由裁

① Doc. 30 § § 60 – 74; Doc. 39 § § 68 – 71; Doc. 48 § § 83.

② Doc. 23 § § 69 – 71, 73.

量权。事实上,这一含糊的措辞也是协调、弥合文物出口国与进口国立场的产物。在谈判过程中,文物进口国主张,应对善意占有人给予充分的赔偿,使其在返还文物时不承担经济上的损失;而文物出口国则主张对赔偿作出限制性解释,反对以市场价对善意占有人予以赔偿,以免因赔偿过高而使返还请求受挫。① 在此背景下,不难理解公约的最终文本缘何采用"公正合理"这一模糊的措辞,并将自由裁量权交由各国法院。

然而,由于在司法实践中,被盗文物的返还之诉通常是在文物所在国法院审理的,而文物所在国一般为文物进口国,其法院大都倾向于将"公正合理"的赔偿解释为充分的赔偿,这势必会使处于经济弱势的追索方因难以承受高额赔偿而不得不放弃返还请求。②

公约第 4 条最后一款即第 5 款规定,占有人若以继承、受赠等无偿方式从某人处获得文物,则不应享有优于此人的地位。这是因为在实践中经常出现如下情形:未尽尽职调查义务的文物商在购买来源不明的文物后,出于享受税收优惠等目的,将之无偿捐赠给他人或博物馆,在此情况下,受捐赠人或机构往往主张其为善意相对人,应享受相应的法律地位。缔约过程中,有专家指出,公约应制定明确规定以填补这一法律空白。

三、非法出口文物的归还

自乌尔比安以来,法律便有公法与私法之分野。③ 依据国际公法上的主权原则,"外国公法无域外效力"是大陆法各国普遍遵循的原则。④ 从大陆法各国的司法实践来看,一国关于限制或禁止文物出口的法律通常会被归类为公法,在无条约义务的情况下,另一国法院不会认可其效力。譬如,瑞士联邦法院在判例中就明确否定了外国文物出口禁令的域外效力。此案涉及一枚印度古金币的质押合同纠纷,这枚金币违反了印度的文物出口禁令进入瑞士。瑞士联邦法院在该案中适用了瑞士法,而并未依《瑞士联邦国际私法法规》第 19 条规定适用印度法。在判决中,瑞士联邦法院特别提及英格兰判例——新西兰司法部

① See Stamatoudi, I. A. , *Cultural Property Law and Restitution: A Commentary to International Conventions and European Law*, Edward Elgar, 2011, p. 93.

② 参见霍政欣:《追索海外流失文物的法律问题》,中国政法大学出版社 2013 年版,第 170 页。

③ 参见陈朝璧:《罗马法原理》,法律出版社 2006 年版,第 21 页。

④ See Martin Wolff, *Private International Law*, 2nd ed. , Clarendon Press, 1950, p. 172.

长诉奥瑞蒂茨案,并指出该案标的物——印度古金币是在 1988 年 8 月设置抵押债权的,而瑞士直到 2003 年才加入《1970 年公约》,即在该案标的设置质押债权时,瑞士不受任何涉及限制文物非法出口的国际条约的约束。该判例表明,即便在《瑞士联邦国际私法法规》明确瑞士法院可以适用外国公法的情况下,如缺少公约义务,瑞士法院依然会拒绝适用外国文物出口限制法令。① 意大利法院在审理德 · 康斯希尼案时也作出类似裁定。②

在普通法中,尽管"外国公法无域外效力"并不以一般原则的形式存在于立法之中,但法院在司法实践中已经形成了类似做法。对此,《戴西与莫里斯论冲突法》有经典论述:英格兰法院对如下诉讼无管辖权:(1)旨在直接或间接实施外国刑法、税法或其他公法的诉讼;(2)基于国家行为的诉讼。③ 所谓"其他公法"系指(除刑法与税法之外)所有为维护中央政府或地方政府权力而实施的法律规则。④ 从这一解释来看,外国限制或禁止文物出口的法律属于"其他公法"的范畴,应无疑义。⑤

基于以上原因,在《1995 年公约》的缔约过程中,文物市场国,尤其是美、英两国强烈反对违反一国出口法令的文物进口到其他国家属于非法的立场。它们认为,依据两大法系普遍尊重的准则,一国不能仅依本国限制或禁止文物出口的法律要求外国返还走私出境的文物。⑥ 但是文物资源国认为,各国颁布的限制文物出口的法律是保护其文物的基础性法律制度,如果其他国家不承认此类法律的域外效力,公约的宗旨势必落空。事实上,早先在制定《1970 年公约》的过程中,联合国教科文组织就有意确立如下制度:违反其原属国法出口的文物进口到其他国家,亦属非法。但是由于各国立场严重对立,为弥合各国分歧,该公约第 3 条与第 7 条故意使用了措辞模糊、含义不清的表述,从而导致各国

---

① See Schonenberger, B., *The Restitution of Cultural Assets*, Stampfli Publishers, 2009, p. 149.

② Stato Francese c. Ministero per I bent culturali e ambientali e De Contessini, Tribunale di Roma, 27.6.1 1987, Rivisita di internazionale, 1988, p. 71.

③ See Collins, L., ed., *Dicey, Morris and Collins on Conflict of Laws*, 14th ed., Sweet & Maxwell, 2006, p. 107.

④ See Collins, L., ed., *Dicey, Morris and Collins on Conflict of Laws*, 14th ed., Sweet & Maxwell, 2006, p. 94.

⑤ 参见霍政欣:《追索海外流失文物的国际私法问题》,载《华东政法大学学报》2015 年第 2 期。

⑥ See Forrest, C., *International Law and the Protection of Cultural Property*, Routledge, 2010, p. 208.

在实施过程中作出了不同的解释,许多文物市场国通过对该两条进行狭义解释,在很大程度上架空了该公约的意旨。①

在此背景下,如何处理非法出口文物的问题,就成为《1995 年公约》最为重要的任务之一。在缔约过程中,各方逐渐认识到,一方面,本公约必须解决《1970 年公约》在此事项上因其核心条款措辞不明而导致的问题;另一方面,许多国家坚持的"公法无域外效力"的立场亦须适当关照。职是之故,《1995 年公约》区别对待被盗文物与非法出口文物,在第二章对被盗文物的返还进行规定后,第三章对"非法出口文物的归还"作出具体规定。其中,第 5 条规定非法出口文物归还的基本事项,第 6 条规定归还非法出口文物的赔偿及替代方式,而第 7 条则规定本章的例外情况。②

(一)基本事项

公约第 5 条第 1 款确立了非法出口文物在本公约体系中的基本地位:"缔约国可以请求另一缔约国法院或者其他主管机关命令归还从请求国领土出口的文物。"显而易见,该款集中体现了被盗文物的返还与非法出口文物的归还之间的区别。

首先,该款明确限定,仅有缔约国才有权提出归还非法出口文物的请求,换言之,私方当事人无法提出此类请求。与此相对,国家和私方当事人均可提出被盗文物的返还请求。

其次,归还非法出口文物不是无条件的。该款在措辞上使用的是"可以请求"这一任意性表述,而非第 3 条第 1 款使用的"应当"。只有在请求国证实从其境内移出文物严重地损害了第 3 款(a)项至(d)项所规定的一项或者多项利益,或者证实该文物对于请求国具有特殊的文化方面的重要性时,非法出口的文物才应当被判令归还。细言之,第 3 款(a)项至(d)项的规定利益包括:(a)有关该物品或者其内容的实物保存;(b)有关组合物品的完整性;(c)有关诸如科学性或者历史性资料的保存;(d)有关一部落或者土著人社区对传统或者宗教物品的使用。

上述规定是缔约过程中各方妥协的产物,它旨在引入一定的标准,对公约

---

① 参见霍政欣:《1970 年 UNESCO 公约研究:文本、实施与改革》,中国政法大学出版社 2015 年版,第 61 页。

② See Forrest, C., *International Law and the Protection of Cultural Property*, Routledge, 2010, p. 209.

第5条第1款的规定进行限制。然而在司法实践中,第5条第3款的规定对缔约国请求另一缔约国归还非法出口文物构成了一定障碍。依据第5条第3款的规定,请求国须承担"证实"责任;①但依第5条第4款及第8条的规定,对此具有裁定权的是文物所在国的法院或其他主管机关,鉴于文物所在国通常为文物进口国,请求国想在文物进口国的法庭上证实从其境内移出文物严重地损害了第5条第3款(a)项至(d)项所规定的一项或者多项利益,或者证实该文物对于请求国具有特殊的文化方面的重要性,是一件相当不容易的任务。事实上,将特定文物对其原属国重要性的裁定权赋予另一缔约国的法院或其他主管机关,也背离了公约的基本宗旨与第2条不要求缔约国对文物及其重要性进行定义的规定。

公约第5条第5款规定了提出非法出口文物归还请求的时效,依之,一般时效为3年且从请求国知道文物所在地和占有人身份时起算,而最长时效为50年,显然与被盗文物返还的时效不同,非法出口文物没有为"公共收藏品"规定特殊的最长时效。

(二)赔偿问题

对于非法出口文物善意占有人的赔偿问题,公约专设第6条予以调整。一般而言,对于非法出口的文物,现占有人判断其非法性的难度明显高于被盗文物。因此,与被盗文物的现占有人相比,非法出口文物的现占有人的过错明显较小,法律上对后者要求的尽职调查义务相应较轻。职是之故,第6条第1款规定:"被盗文物非法出口后获得该物品的占有人,如果在获得该物品时不知道或者理应不知道这一物品是非法出口的,则有权在归还该物时得到请求国公正、合理的赔偿。"本款是归还非法出口文物时对善意占有人给予赔偿的基本条款,这一款与公约第4条第1款虽有相似之处,但不同之处亦较为明显:

第一,非法出口文物的占有人有权要求得到赔偿,只需满足一个条件,即"在获得该物品时不知道或者理应不知道这一物品是非法出口的",而无须证明自己在获得该物品时已履行"尽职调查"义务。同时,第6条第2款对如何判断占有人是否已知道或者通常理应知道其文物属非法出口作出了较为具体的规

① 需要指出,公约文本使用"证实"(establish),而非"证明"(prove),也是在协调文物出口国要求非法出口文物应予无条件返还与文物进口国要求出口国承担举证责任的立场后作出的妥协性表述。See Prott, L. V., *Commentary on the UNIDROIT Convention on Stolen and Illegally Exported Cultural Objects 1995*, The Institute of Art and Law, 1997, p. 22.

定,依之,应考虑获得物品的情况,包括缺少请求国法律所要求的出口许可证的情况等。综合比较第 6 条第 1 款、第 2 款两款与第 4 条第 1 款、第 4 款两款,可以看出,被盗文物的占有人若主张获得赔偿,其承担的义务显高于非法出口文物的占有人。

第二,考虑到请求国往往是财力有限的发展中国家,第 6 条第 3 款为无力支付赔偿的请求国获得非法出口文物提供了两种替代解决方案。① 依据该款的规定,在与请求国取得协商一致的前提下,占有人可以选择以下两种替代赔偿方式之一:(a)保留对该物品的所有权;(b)有偿或者无偿地将所有权转让给他所选择的居住在请求国境内并提供了必要保证的人。可见,在请求国无法向满足第 6 条第 1 款所列条件的占有人支付公正合理的赔偿时,经请求国同意,占有人可以选择在保留对该文物享有所有权的前提下将其占有权转让给请求国,从而实现文物事实上的归还,或者将该文物的所有权有偿出售或无偿转让给第三人,该第三人无须是请求国公民,只需在该国境内居住。值得注意的是,在后一种情况下,第 6 条第 3 款(b)项使用了"有偿出售"(payment)的表述,这实际上赋予占有人以该文物市场价出售的权利。② 此外,依据该项的规定,有偿或无偿获得文物所有权的人需要提供必要的保证。但是,所谓"必要的保证"(necessary guarantees)的具体含义是什么?是否是指对文物予以妥善保存、维护以及公众接触的保证?谁有权确定保证是否为必要?如果该第三人违反了保证义务,他需要承担什么样的法律后果?对此公约并没有给出答案。因此,各国法院在该事项上享有较大的自由裁量权。

(三)例外性规定

公约第 5 条的数款规定已使一部分非法出口文物的归还面临障碍,第 7 条第 1 款进一步明确地将一些类别的非法出口文物排除在归还范围之外。依据第 7 条第 1 款(a)项的规定,要求归还时,如果该文物的出口已不再是非法,则本章的规定不予适用。这一款规定是在专家组第三次会议上被加入的,理由是一国关于文物出口的法律是会发生变化的,如果一国修改其法律,导致在要求归还文物时该物品的出口已不再是非法,那么将该文物归还给该国后,它却可

---

① Doc. 39 § § 171 – 172.

② See Stamatoudi, I. A., *Cultural Property Law and Restitution: A Commentary to International Conventions and European Law*, Edward Elgar, 2011, p. 102.

以再次合法出口,这显然没有任何意义。[①] 第 7 条第 2 款(b)项涉及创作者生前或其死后 50 年内出口的物品。在公约制定过程中,有专家提出,创作人生命存续期间不应禁止其作品的出口,因为这样会侵害其知识产权,并阻碍其创作力的发展。因为对于许多艺术家而言,海外市场的认可与作品的自由买卖是保证和鼓励其创作的重要因素。[②] 创作人死亡后,其继承人可以在其死后 50 年仍享受同样的保护。

如果说第 7 条第 1 款是非法出口文物归还的例外性规定,那么该条第 2 款则是对第 1 款的例外性规定。依据第 2 款的规定,由部落或者土著人社区的成员为该社区之用而制作的文物,不适用第 1 款的规定,转而适用第 5 条的规定,即此类文物如在其创作人生前或死后 50 年以内非法出口的,其所在缔约国可以提出归还请求。

四、一般规定

《1995 年公约》第四章对索还诉讼的管辖权、公约关于被盗文物返还及非法出口文物归还的规定在适用上的时间限制等“一般事项”作出了具体规定。

(一)管辖权

为在程序上便利文物的归还及返还,公约第 8 条规定了文物索还诉讼的管辖权等事项。依据第 8 条第 1 款的规定,文物追索诉讼的管辖权基础主要有两个:第一,文物所在地的缔约国法院;第二,依各缔约国现行法律享有管辖权的法院。[③] 在这两个管辖权基础中,第二项仅为对各国国内法之确认,无须多言,而第一项则为公约为文物追索诉讼创设的新的管辖权基础,需要加以关注。

大多数国家的民事诉讼法及国际公约采取“原告就被告”原则,即以被告的住所或惯常居所作为法院行使管辖权最主要的连结因素,[④]仅有极少数国家认可诉讼标的所在地是法院行使国际民事诉讼管辖权的依据。[⑤] 鉴于此,海牙国际私法协会秘书长(亦为公约起草专家组成员)指出,将文物所在地确定为法院

---

① Doc. 18 § § 90; Doc. 30 § §150; Doc. 39 § § 154,183.

② Doc. 10 § § 51; Doc. 14 § §63; Doc. 48 § § 167.

③ 本款措辞为“法院”或“其他主管机关”,这是因为某些国家将此类案件的管辖权赋予行政部门的裁判机构。Doc. 114 §25,96; Doc. 23 § §97 – 100; Doc. 30 § § 81 – 82.

④ See Born, G. B., *International Civil Litigation in United States Courts*, 4th ed., Wolters Kluwer, 2007, p. 103 – 110.

⑤ 参见我国《民事诉讼法》第 241 条。

行使管辖权的基础,是公约的创举,有利于文物原所有人提起诉讼,亦可便利相关判决得到承认与执行。①

公约之所以创设文物所在地这一管辖权基础,主要是顾及文物追索诉讼的实践。在许多文物追索的案例中,文物占有人的住所(或国籍及惯常居所)与文物所在地并不一致,或文物占有人下落不明。如涉及文物拍卖,情况尤其严重:许多拍卖公司以保密条款为由,拒绝透露拍卖人的身份与信息。在此背景下,如果文物所在地为公约缔约国,而文物占有人的住所地(或惯常居所)所在国不是公约缔约国,文物原所有人就无法得到有效的司法救济。由此可见,在确认各国既有之管辖权基础上,创设文物所在地这一新的管辖权基础有利于文物原所有人提起文物追索诉讼。此外,由文物所在地法院行使管辖权,其作出的判决可以直接在其境内得到执行,不涉及其他国家法院的承认与执行问题,这对于文物原所有人实现权利亦颇为有利。

依据第 8 条第 2 款的规定,文物追索纠纷的当事人也可以通过意思自治选择法院或选择仲裁作为解决纠纷的途径。鉴于协议选择法院已得到广泛认可,加之仲裁本身具有的保密性、便捷性、专业性、经济性等优点,这一款规定在公约制定过程中及实施后均鲜受质疑。②

第 8 条第 3 款旨在赋予文物所在国法院采取临时措施的权力,即便有关诉讼系在另一缔约国进行。该款规定是在专家委员会第二次会议上加入的,旨在确保诉讼进行过程中,作为诉讼标的文物免于被拍卖、转手、再次出口、消失或因不当处置而遭到损坏。在文物追索诉讼中,该款规定具有相当重要的现实意义:在文物追索实践中,只有文物所在地国的法院有权在相关诉讼进行过程中对文物采取临时保全措施,确保诉讼标的安全与完整,否则,就有可能出现在原告胜诉后文物已消失或已出口到另一国的尴尬局面。

(二)最低限度原则

诚如公约序言所言,本公约旨在“在文物的返还和归还方面制定共同的、最低限度的法律规范”,因此第 9 条第 1 款明确规定,如果有缔约国在公约生效之

---

① See Prott, L. V., *Commentary on the UNIDROIT Convention on Stolen and Illegally Exported Cultural Objects 1995*, The Institute of Art and Law, 1997, p. 71.

② 对于文物纠纷而言,仲裁的优点颇多,除时间、成本、私密性上的优势外,由于涉及文物的事项专业性强,文物专家作为仲裁员具有天然的合理性与必要性。参见霍政欣:《追索海外流失文物的法律问题》,中国政法大学出版社 2013 年版,第 204 ~ 207 页。

前,已经存在比公约对文物返还或归还更为有利的法律规定,这些法律规定当然继续有效。同时,在其生效之后,各缔约国也可以制定更为有利的国内法或缔结更为有利的国际条约。显然,这也是本公约宗旨的体现与必然要求。

不过,法国代表在外交大会上提出,公约第 9 条第 1 款的规定有可能导致善意占有人在返还文物时无法获得赔偿,还可能助长挑选法院的现象。尽管这一观点受到许多专家的驳斥,[①]在法国的要求下,第 9 条还是加上了第 2 款,即公约不要求一缔约国承认或执行另一缔约国依据与公约不一致的规定作出的裁决。显然,该款规定是妥协的产物,并无多少实际意义。

(三)无溯及力原则

公约第 10 条是一个非常重要的条款,限定了公约适用的时间范围,明确本公约原则上无溯及力。作为各方妥协的产物,这一条的最终文本较为抽象,需要予以详细阐述与解释。

第 10 条第 1 款限定了第二章(关于被盗文物返还的规定)的适用时间。在公约制定过程中,围绕这一问题出现了两种对立立场:一些国家认为,无论文物在何地被盗,也无论被盗发生时公约是否对盗窃地所在国具有约束力,公约均应适用;而另一些国家则坚持认为,公约第二章的适用必须满足以下三项条件:第一,盗窃应发生在公约缔约国境内;第二,应在公约缔约国境内提出索还请求;第三,盗窃发生时,公约应对上述两个国家均已生效。最后,在激烈讨论与妥协后,第 10 条第 1 款最终形成,其规定为:“第二章的规定应仅适用于本公约对提出索还请求所在国生效后被盗的文物,但有以下条件:(a)该物品是在本公约对一缔约国生效后从该国领土内被盗的;或者(b)该物品在本公约对该缔约国生效后位于该国的。”结合公约第 8 条关于管辖权的规定,该款可以理解如下:

如果被盗文物的原所有人依据“原告就被告”原则,在被告住所地(或惯常居所)提起追索诉讼,那么依据第 10 条第 1 款(a)项的规定,公约第二章的适用条件是:文物被盗应当发生在公约对法院地所在国(被告住所或惯常居所国)与被盗发生地所在国均生效之后;而公约对文物所在国是否生效则在所不问。至于判决是否能得到文物所在国的承认与执行则取决于该国的国内法,包括其缔

---

① 许多专家认为法国的这一担心是多余的,因为即便公约不存在,各国国内法的差别也会引起挑选法院与法律适用上的差别。See Prott, L. V., *Commentary on the UNIDROIT Convention on Stolen and Illegally Exported Cultural Objects 1995*, The Institute of Art and Law, 1997, p. 77.

结或参加的相关国际条约的规定。

如果被盗文物的原所有人选择在文物所在地国提起追索诉讼,那么依据第10条第1款(b)项的规定,公约第二章的适用条件是:盗窃应当发生在公约对文物所在国生效之后。在此情况下,即便文物盗窃发生在一个公约非缔约国,公约第二章依然可以适用。譬如,文物因短期出境到一个公约非缔约国展出时被盗,后来又在公约某缔约国境内出现时,如果原所有人在该缔约国法院提起文物追索诉讼,依据公约第10条第1款(b)项的规定,只要满足盗窃发生时公约已对该国生效,公约第二章即可适用。

第10条第2款对公约第三章(关于归还非法出口文物的规定)的适用进行了时间上的限定。依据该款的规定,如果在现占有人所在国提起索还请求,那么公约第三章适用应当满足以下条件:在文物非法出口时,公约对文物出口国与提出索还请求所在国均已生效。在这种情况下,公约是否对文物所在国已生效则在所不问。如果在文物所在国提出索还请求,那么公约第三章的适用条件是:在文物非法出口时,公约对文物出口国与文物所在国均已生效。在此情形下,公约对文物占有人所在国是否生效则在所不问。

第10条第3款也是各方妥协的产物,其旨在明确对于之前发生的非法交易,公约不使之合法化,也不限制有关国家或个人通过谈判、协商或其他方式对公约生效前被盗或者非法出口的文物提出返还或者归还请求。

五、最后条款

公约第五章规定了公约的生效及退出程序、不允许保留等事项,由于该章中的大部分条款属于国际条约常见的程序性条款,此处不作逐条解析,仅选取其中特具含义的规定予以分析。

公约第13条第2款明确规定,公约的任何缔约国可以与一个或者多个缔约国订立协定,以期在其相互关系中促进适用本公约。这一规定再一次体现了公约的目的,即"在文物的返还和归还方面制定共同的、最低限度的法律规范,以期促进为所有各方的利益而保存和保护文物",也与公约第9条第1款遥相呼应。

公约第13条第3款明确,作为经济一体化组织或者区域性机构成员的缔约国,可以声明在其相互关系中将适用该组织或者机构的内部规定,因而在这些国家之间将不适用本公约中与前述规定的适用范围相同的规定。这一规定是法国在外交大会上代表欧盟提出的,不过公约第 15 条第 1 款对此类声明的提出也作出了限定,即“在签署时根据本公约规定作出的声明,应在批准、接受或者核准时予以确认”。

公约第 16 条规定,向公约某一缔约国提出对文物返还或者归还的请求,应当按照该国在签署、批准、接受、核准或者加入时声明的程序。依据该条第 1 款(a)项至(c)项的规定,相关程序包括向法院或其他主管机关提出,或通过外交与领事途径等。中国在加入时作出的声明是:“根据公约第 8 条向中国提出的文物返还或者归还的请求,可以直接向中国法院提出或者通过中国文物行政主管机关转交中国法院。”

最后,值得强调的是,公约第 18 条明确规定,“除本公约有明确授权之外,不允许作出保留”。由于公约并未对保留作出明确授权,因此公约事实上禁止保留。这是因为公约已经是各方妥协的产物,如果再允许保留,不仅会打破历尽艰难谈判达成的脆弱平衡,而且会使公约陷入支离破碎的境地。[①]

六、评价

《1995 年公约》的制定与生效是国际社会为打击文物犯罪、促进流失文物回归所做的又一次历史性努力。该公约旨在从私法领域协调各国法律,为文物追索提供国际法依据,与《1970 年公约》形成了相互支撑、互为补充的格局。

与《1970 年公约》相比,《1995 年公约》的诸多具体规定对于保护文物原属国及原属人更为有利,其中主要包括:扩大了被盗文物的范围;确立了被盗文物应当返还的原则;认可了被盗文物的私人诉权;规定了较为严格的赔偿条件,且将举证责任倒置,即要求占有人而非原主承担举证责任;创设了“文物所在地”这一新的管辖权基础;不允许保留等。这些规定反映了文化财产领域的国际法律环境已经向更有利于文物流失国与文物原属人的方向发展,其意义不容小觑。

尽管如此,《1995 年公约》生效以来,也暴露出不少问题,以中国为代表的文物流失国利用该公约机制追索文物依然存在不少困难,这主要体现在以下四个方面:

第一,公约缔约国有限,且结构失衡。由于该公约偏向保护文物原属国与

---

① See Stamatoudi, I. A., *Cultural Property Law and Restitution: A Commentary to International Conventions and European Law*, Edward Elgar, 2011, p. 108.

原所有人的利益,因此西方主要文物市场国大都拒绝加入该公约。在该公约的现有缔约国中,绝大多数为文物资源流失严重的发展中国家,而鲜有作为国际文物贸易中心与主要文物进口国的欧美发达国家,包括美国、英国、德国在内的大部分主要文物进口国迄今尚未签署该公约。需要注意的是,法国、瑞士、荷兰、俄罗斯虽分别于1995年6月24日、1996年6月26日、1996年6月28日、1996年6月29日签署该公约,但这几个国家的立法机构迄今未正式批准该公约,因而不受公约约束。① 显而易见,只要作为文物非法流入主要目的国的欧美国家不受该公约约束,公约的实际效力以及对我国的实际意义就会大打折扣。

第二,公约对返还非法出口的文物设置了限制。对于非法出口的文物是否应返还的问题,该公约没有采取像被盗文物的那样“应当返还”的明确表述,而是在一般地规定缔约国可以提出归还从其领土上非法出口的文物的请求的同时,对非法出口文物的返还设定了限制,即只有其出口损害了请求国“特殊利益”的文物才在应予返还之列。② 由此可见,公约并未确立所有非法出口文物均应返还的原则,这不可避免地会增加请求国的证明责任,也使被请求国法院享有了更多的自由裁量权,从而给返还带来一定的阻力。

第三,公约规定善意持有者在返还文物时,有权获得“公平合理”的赔偿,但没有制定具体的赔偿标准,因此在不同个案中很可能出现赔偿数额存在巨大差异的情况。公约模糊的赔偿要求有可能使许多发展中国家或文物原所有人因无力支付高昂的赔偿费而放弃追索请求。

第四,公约没有溯及力。溯及力的问题是公约制定过程中争论最严重的问题,由于发达国家出于自身利益普遍反对公约具有溯及力,最后公约第10条明确规定,仅适用于公约生效后被盗或非法出口的文化财产。③ 因此,文物流出国无法以该公约为依据,要求返还公约生效前被盗或非法出口的大量文物。这是现实国际秩序的无奈妥协,也是我国适用该公约追索流失海外文物的重大限制。

---

① 详见国际统一私法协会官网,https://www.unidroit.org/status-cp,最后访问日期:2024年4月30日。

② 参见《1995年公约》第5条第3款。

③ 参见《1995年公约》第10条第1款、第2款。

第四章　文化财产归属纠纷的多元化解决机制

因文化财产归属而引发的纠纷往往涉及法律、道德、政治、经济、历史、文化、民族情感等多重因素，因而此类纠纷的解决相当复杂。从 20 世纪下半叶以来积累的实践来看，文物归属纠纷的争议解决途径可以大致分为司法途径和司法外途径。所谓司法途径是指通过将相关纠纷提交司法机关（法院）来解决；而司法外途径是指通过非诉讼的方式解决相关纠纷。需要指出的是，司法途径与司法外途径一般不具有排他性，不少跨国文物归属纠纷综合使用数种途径，才最终得以妥善解决。

细言之，司法途径可以分为国内司法途径与国际司法途径。前者是指当事方将纠纷诉诸相关国家（尤其是文物当前所在地国）的国内法院；后者是指当事方将纠纷提交国际法院等国际司法机构作出决断。

国际民商事争议的解决途径在当代呈现多元化发展趋势。除司法诉讼外，还有其他一些争议解决方式可以用来替代诉讼这一严格的司法程序。目前，非诉讼的争议解决方式越来越多，越来越受到重视，它们被统称为“ADR”。所谓“ADR”，英文全称为“Alternative Dispute Resolution”，多被直译为“替代争议解决方式”，即替代诉讼解决民商事争议的其他各种方式。[①] 为契合汉语表达习惯，便于读者理解，本书将替代争议解决方式称为“司法外”（extra-judicial）途径。

对于跨国文物归属纠纷的解决而言，司法外途径的地位更加重要，更加受到当事方的重视与欢迎，主要原因如下：第一，文化财产领域的国内立法与国际立法迄今仍处于不完善的阶段，许多文物归属纠纷依据现行法律无法得到有效解决；第二，除涉及法律问题外，许多文物归属纠纷牵涉到复杂的考古学、人类学、社会学以及物理、化学、生物及文化领域的专业知识与技术，仅靠律师或法官这样的法律人士很难使纠纷得到合理、公正和科学的解决；第三，司法途径，无论是国内司法途径还是国际司法途径，本身存在诸多缺陷，关于此点，下文将进行详述。

从目前来看，文物归属纠纷的司法外解决途径主要包括谈判与协商（negotiation and consultation）、斡旋（good offices）、调停（mediation）、和解（conciliation）、仲裁（arbitration），其中尤以谈判与协商常见。[②] 概言之，各种司法外解决途径虽各有特点，但其共性是以当事方的自愿为基础。

以司法外途径处理国际纠纷得到了《联合国宪章》及相关文化财产国际公约的鼓励与确认。《联合国宪章》第六章“争端之和平解决”第 33 条规定如下：

> 任何争端之当事国，于争端之继续存在足以危及国际和平与安全之维持时，应尽先以谈判、调查、调停、和解、公断、司法解决、区域机关或区域办法之利用，或各该国自行选择之其他和平方法，求得解决。

《1970 年公约》第 17 条第 5 款规定，在对公约实施有争议的两个以上的公约缔约国的请求下，联合国教科文组织可以进行斡旋，以解决它们之间的争端；《1995 年公约》第 8 条第 2 款规定，当事人可以同意将争议提交任何法院或者其他主管机关，或者提交仲裁。

此外，ICPRCP 在 2010 年 9 月召开的第 16 届理事会上制定了《ICPRCP 调停与和解议事规则》以加强其在解决文物归属纠纷中的作用。[③] 如此一来，除

① 参见黄进主编：《国际私法》（第 2 版），法律出版社 2005 年版，第 584 页。

② See Schonenberger, B., *The Restitution of Cultural Assets*, Stampfli Publishers, 2009, p. 247.

③ 详见 UNESCO 数字图书馆官网，http://unesdoc.unesco.org/images/0018/001875/187505C.pdf。

原先具备的斡旋职能外,ICPRCP 还可以应当事国的请求承担调停与和解工作。

第一节　司法途径

一、国内司法途径

跨国文物归属纠纷的解决,从目前积累的案例来看,相当比例是通过诉诸一国的国内法院解决的。一般而言,将此类纠纷提交一国法院,通常需要满足以下两个基本条件:第一,有关事实基本清楚。譬如,所涉及的文物于何时、何地被盗或被劫掠,于何时、何地发现其下落及现持有人的具体信息等;第二,法律主张"初步"(*prima facie*)成立。例如,有关当事人与诉讼标的有利害关系、所提之诉讼请求有法律依据以及时效期间尚未届满等。

与其他争议解决途径相比,国内司法途径既有优势,也有缺陷。具体来说,其优势主要有:

第一,在一国司法机关提起诉讼,可对诉讼对方当事人形成法律、心理及舆论压力。事实上,许多跨国文物归属纠纷是在进入司法程序后,才得以通过和解或调停的方式顺利解决。① 1998 年,我国成功从英国追索 3000 余件珍贵文物,就是中国政府在英国提起诉讼后,犯罪嫌疑人在强大的法律及舆论压力下答应通过庭外和解的方式返还的。②

第二,启动诉讼程序后,原告可以请求法院采取诉讼保全措施,以免被告在法院作出判决前转移、藏匿或毁坏标的。

第三,诉诸法院,有利于当事方(尤其是原告)获取证据。绝大多数国家的民事诉讼法均有证据公开或披露规则,因而诉诸法院可以从对方当事人那里获得对其不利而对己有利的证据。③ 需要指出,获得这些证据不仅有利于本诉的解决,往往还对其他相关纠纷得到顺利解决大有裨益,例如,某处文化遗址因遭盗掘而导致多件文物通过同一渠道非法出境,获得其中一件文物被盗及出境的证据,对追索其他同批流失文物有重要的法律及证据意义。

---

① See Schonenberger, B., *The Restitution of Cultural Assets*, Stampfli Publishers, 2009, p.5–20.

② 参见曹兵武:《中国索还走私文物案例》,载《国际博物馆》2009 年第 2 期。

③ 参见[美]弗里德里希·K. 荣格:《法律选择与涉外司法》,霍政欣、徐妮娜译,北京大学出版社 2007 年版,第 2 页。

第四，在绝大多数跨国文物追索诉讼中，原告通常会选择在所涉及文物的所在地法院起诉，在此情况下，一国司法机关作出的判决，其执行以国家强制力为后盾，执行力较以司法外方式作出的裁决或决定更强。

第五，“因循先例”是英美普通法的基本原则，因此如追索诉讼胜诉，该判例将产生法律约束力，会对今后在该国追索文物提供直接的判例法支持。从这个意义上说，在普通法国家获得文物追索的胜诉判决，堪称功在当代、利在千秋。①

第六，各国国内法院的司法活动对于推动该领域国内法与国际法的演进与完善发挥着建设性作用。首先，一国司法机关可以通过司法判例填补国内立法的空白，也可以通过适用相关国际法规则促进本领域国内法的完善。其次，本领域国际条约的实际效力，在很大程度上有赖于各缔约国法院在司法中是否能够严格适用之。最后，由于包括《1970 年公约》在内的文化财产公约大都存在条款措辞模糊、含义不明的缺陷，缔约国法院在判例中的解释对于提高此类公约含义的明确性、克服其缺陷具有积极作用。需要指出，尽管国内法院在判例中对条约的解释不直接具有国际法上的约束力，但缔约国法院的判例对于其他缔约国法院解释条约具有重要的参考价值，长此以往形成的解释最终会对所涉国际条约的理解、发展与实施产生影响。②

不过，与其他争议解决方式相比，将文物归属纠纷诉诸一国国内法院也存在诸多弊端，主要包括以下六点：

第一，各国法律斑驳不一，以国际民事诉讼的方式解决争议，其诉讼结果存在不确定性。尤其是在外国法院提起诉讼的情况下，当事人还须面对语言、文化等诸多障碍，要想准确预计诉讼结果更是难上加难。

第二，与其他争议解决方式相比，民事诉讼费用高、耗时长，往往需要经过两次甚至三次审判，才能作出终审判决。对于那些贫穷的发展中国家以及私方当事人而言，高昂的诉讼成本是令他们望而却步的重要因素。

第三，与国内民事诉讼相比，国际民事诉讼涉及复杂的国际私法问题。要想在一国的法院顺利提起国际民事诉讼，原告首先要处理诉讼主体资格、识别、管辖权、法律适用等事项，而其中任何一个问题的解决均非易事。例如，在福建阳春村村民委员会在荷兰阿姆斯特丹法院提起的要求荷兰藏家返还肉身坐佛

---

① 参见霍政欣：《追索海外流失文物的法律问题》，中国政法大学出版社 2013 年版，第 198 ~ 200 页。

② 参见霍政欣：《论全球治理体系中的国内法院》，载《中国法学》2018 年第 3 期。

的案件中,荷兰法院在受理案件的两年后以村民委员会主体资格不适格为由,驳回了原告的诉讼请求。①

第四,从当前文物追索的实践来看,文物追索诉讼主要受制于西方文物市场国的国内法及其法院。通过司法途径追索流失文物一般为文物流失国或其机构与公民在文物现所在地国(文物流入国)的国内法院提起诉讼。因此,文物追索事实上受制于西方国家的国内法及其法院。这一状况对文物原属国明显不公、不利。尽管包括中国、意大利在内的文物流失国开始探索通过行使管辖权并判令海外持有人返还文物的制度,②但因判决的跨国间承认与执行难题,截至本书写作时,通过这一途径最终实现文物返还的实践尚未出现。

第五,民事诉讼不利于纠纷以友好、秘密的方式解决,往往会使原、被告陷入对立局面,不利于双方当事人今后建立合作关系,或以友好的态度解决其他相关纠纷。譬如,中国流失海外的珍贵文物,其中相当一部分集中在几十家著名的西方博物馆中,以诉讼的方式追索其中某些文物而选择与这些博物馆对簿公堂,有可能破坏双方的关系,不利于我国相关机构今后与这些著名博物馆建立业务合作关系,也不利于以司法外途径解决其他文物归属纠纷。

第六,许多国家的法官并不擅长处理涉及文化财产归属的跨国纠纷,这既有可能源于他们对文化财产(尤其是其他国家的文化财产)的特殊性与重要性缺少了解,也有可能源于他们缺少必要的历史或考古学知识,从而导致不少文物归属诉讼的最终判决结果并不理想。③ 在阳春村村民委员会在荷兰阿姆斯特丹法院提起的返还肉身坐佛案中,荷兰法官对于肉身坐佛以及中国东南部的历史、文化宗教及宗族背景知之甚少,导致本案审理过程中遭遇诸多困难,就是一个典型例证。

综上可见,诉诸一国的国内法院解决文物归属纠纷的途径并非完美,文物原属国或原属人应针对特定流失文物的具体情况,对相关国家的国内法,包括民商法、诉讼法、冲突法、宪法、刑法、行政法及相关判例做深入研究与充分准备,如确有胜诉把握,才应提起民事诉讼,而如无胜诉把握,则应尽力避免启动

---

① 参见霍政欣、陈锐达:《跨国文物追索:国际私法的挑战及回应——从“章公祖师肉身坐佛案”展开》,载《国际法研究》2021 年第 3 期。

② 参见霍政欣、陈锐达:《跨国文物追索:国际私法的挑战及回应——从“章公祖师肉身坐佛案”展开》,载《国际法研究》2021 年第 3 期。

③ See Chechi, A., *The Settlement of International Cultural Heritage*, Oxford University Press, 2014, p. 144.

诉讼程序。

二、国际司法途径

概言之，对于因违反国际法而产生的纠纷，得依据国际法规则将其提交国际司法机构解决。事实上，如果当事国之间无法通过外交途径解决纠纷，将之交由适格的国际司法机构加以解决不仅是必要的，而且比由一国国内法院解决更为理想。

国际法院是联合国六大主要机构之一和最主要的司法机关，负责依国际法解决国家之间的法律争端，并对联合国各机关和专门机构向其提出的法律问题发表咨询意见。国际法院系根据 1945 年 6 月在旧金山签署的《联合国宪章》而成立，《国际法院规约》是《联合国宪章》不可分割的组成部分。国际法院的判决具有约束力，当事国不得上诉。依据《联合国宪章》第 94 条的规定，遇有一方当事国不履行依法院判决应负之义务时，另一方得向安全理事会申诉。安全理事会认为必要时，得作成建议或决定应采办法，以执行判决。

联合国教科文组织是联合国的专门机构，国际法院是联合国最主要的司法机关，涉及文化财产的国际争端，从理论上说应属于后者的权限范围。细言之，有两类文化财产国际争端应可提交国际法院：第一类为"条约争端"，即联合国教科文组织主持缔结的文化财产公约的缔约国就公约的解释与适用产生的纠纷；第二类为"条约外争端"，即联合国教科文组织主持缔结的文化财产公约调整范围外的纠纷，这既有可能因纠纷产生于公约生效之前，也有可能因争端的一方或双方当事国为非缔约国。

截至本书写作之时，国际法院处理过两起涉及文物返还的国际纠纷。在"列支敦士登诉德国"案中，[①]列支敦士登王储汉斯·亚当二世（Hans Adam Ⅱ）要求德国返还 17 世纪荷兰绘画大师皮耶特·范·拉尔（Pieter van Laer）的一幅画作。第二次世界大战结束后，捷克斯洛伐克政府没收了第二次世界大战期间背叛该国政府的德国人与匈牙利人留在其境内的财产，本案标的画作也在征收之列。该画作的原所有人——列支敦士登王储汉斯·亚当二世遂向布拉迪斯法克行政法院起诉，以其不是德国人为由，要求捷克斯洛伐克政府将画作返还之。

---

① Liechtenstein v. Germany, Preliminary Objection, Judgment of 10 February 2005, ICJ Reports 2005, 6.

1951年，布拉迪斯法克法院判决原告败诉。同年，该画在德国一博物馆展出期间，汉斯·亚当二世向德国法院提起返还之诉，但亦以败诉告终。随后，王储向欧洲人权法院起诉，依然未获支持。王储最终选择诉诸国际法院，其起诉书写道：该诉讼不仅事关汉斯·亚当二世的个人权利，也涉及列支敦士登的主权权利。不过，国际法院认为，列支敦士登的诉讼请求主要以1957年《欧洲和平解决争端公约》为依据，①而该公约直到1980年以后才对涉案两国生效，这远远晚于本案纠纷发生之时，故以其缺乏属时管辖权（*ratione temporis*）为由驳回了列支敦士登的诉讼请求。

与上案相比，"柏威夏寺"案的影响更大。不过，该案主要涉及领土争议，文物返还仅为附随事项。1959年，柬埔寨将泰国诉至国际法院，指控泰国侵占其领土上的柏威夏寺，要求后者立即从该寺撤军，并归还从寺庙中拿走的文物，包括雕塑、石碑、陶器等。国际法院于1962年6月5日对本案实体内容作出判决：第一，以9票对3票判决，柏威夏寺在柬埔寨境内，泰国有义务从该寺撤回军队和其他所有人员；第二，以7票对5票判决，泰国须将其占领期间从柏威夏寺转移的所有文物归还柬埔寨。②

国际法院处理的文物归属纠纷之所以很少，主要是受其管辖权所限。依据《国际法院规约》第34条第1款的规定，"在法院得为诉讼当事国者，限于国家"。这就排除了自然人、法人、团体和地方政府及非主权的政治实体成为国际法院当事国的可能性。③

依据《国际法院规约》第36条的规定，国际法院的管辖范围分为三大类。一是当事国自愿提交的一切案件，即当事国在实现协商同意的情况下自愿提交的各类案件。国际法院对此类案件的管辖，称为"自愿管辖"（voluntary jurisdiction）。二是现行国际条约、协定所涉及的一切事件。这是指已发生的案

---

① ETS No. 3.

② *Temple of Preah Vihear* (*Cambodia v. Thailand*), Judgment of 15 June 1962, ICJ Report 1962, 6, 34.

③ 可以在国际法院进行诉讼的当事国包括：(1)联合国会员国，即国际法院的当然当事国；(2)虽非联合国会员国，但依《联合国宪章》第93条规定的条件而成为《国际法院规约》的当事国者；(3)既非联合国会员国，亦非规约当事国，但按规约第35条第2款的规定，该国已预先向国际法院书记处交存一项宣言，声明按宪章和规约以及程序规则接受国际法院的管辖，保证认真执行法院判决并承担宪章第94条加给联合国会员国的一切义务后，亦可成为国际法院的当事国。参见梁西主编：《国际法》(修订第2版)，武汉大学出版社2000年版，第486页。

件正是当事国在现行各种条约、协定中约定提交国际法院审理的因有关条约的适用或解释而发生的争端，无论这类条约是双边还是多边的，亦无论是造法性的还是契约性的，都可以提交国际法院解决，但对公约中的这类条款提出保留的缔约国除外。由于在此情况下国际法院的管辖权是通过条约和协定所规定的，因而被称为“协定管辖权”（conventional jurisdiction）。三是当事国随时声明，对于接受同样义务的任何国家，承认不须另订协议而接受国际法院强制管辖的各种法律争端。这类争端经常涉及：（1）条约的解释；（2）国际法的任何问题；（3）国际法院的任何事实之存在，经确定属违反国际义务者；（4）因违反国际义务而应予赔偿的性质与范围。由于这类管辖权是当事国临时声明任意承担的，且一经声明国际法院就具有强制管辖权，因而又被称为“任意强制管辖权”（optional compulsory jurisdiction）。① 不过，总体而言，国际法院的各类管辖权，无论是基于当事国的事先协商同意或依据对当事国有效的国际条约规定，还是当事国的随时任意声明，都是在当事国自愿接受的基础上确立的，因而并不构成真正意义上的强制管辖权，或对国家主权的限制。②

由此可见，对于国际文物归属纠纷而言，如果所涉当事方符合在国际法院进行诉讼的条件，在双方自愿的前提下，是可以将纠纷提交国际法院加以裁决的。以希腊向英国追索雅典卫城帕特农神庙埃尔金大理石雕为例，希腊政府如决定诉诸司法途径解决问题，那么，它有两条路径可走：第一，它可以选择以大英博物馆托管理事会为被告到伦敦法院（被告居所地）起诉，即付诸国内司法途

---

① 《国际法院规约》第36条规定如下：一、法院之管辖包括各当事国提交之一切案件，及联合国宪章或现行条约及协约中所特定之一切事件。二、本规约各当事国得随时声明关于具有下列性质之一切法律争端，对于接受同样义务之任何其他国家，承认法院之管辖为当然而具有强制性，不须另订特别协定：（子）条约之解释。（丑）国际法之任何问题。（寅）任何事实之存在，经确定属违反国际义务者。（卯）因违反国际义务而应予赔偿之性质及其范围。三、上述声明，得无条件为之，或以数个或特定之国家间彼此拘束为条件，或以一定之期间为条件。四、此项声明应交存联合国秘书长并由其将副本分送本规约各当事国及法院书记官长。五、曾依常设国际法院规约第三十六条所为之声明而现仍有效者，就本规约当事国间而言，在该项声明期间尚未届满前并依其条款，应认为对于国际法院强制管辖之接受。六、关于法院有无管辖权之争端，由法院裁决之。

② 目前接受国际法院任意强制管辖的国家只有60多个，而且各国在作出接受国际法院的这种强制管辖的声明时往往在年限和范围上作出相应保留。中华民国政府曾在1946年10月26日作出过接受国际法院强制管辖的声明。1972年6月，在中华人民共和国恢复了联合国合法席位后，我国政府致函联合国秘书长，表示不承认中华民国政府的这一声明。参见梁西主编：《国际法》（修订第2版），武汉大学出版社2000年版，第486页。

径解决纠纷;[①]第二,由于大英博物馆为国有机构,加之英国与希腊均接受国际法院的强制管辖,所以希腊政府也可以英国政府为被告,依据《国际法院规约》第36条第2款规定的"任意强制管辖权",将纠纷提交国际法院裁定。在这种情况下,国际法院将依据对双方有约束力的国际条约、习惯国际法以及一般法律原则对纠纷加以裁判。[②]

不过就目前而言,由于埃尔金雕像被切割并运到英国系发生在19世纪初,且相关历史证据并不确凿,存在诸多争议,无论是依据现行的英国或希腊国内法,还是相关国际公约,希腊方面均无法获得足够的法律支持。所以,迄今为止,希腊政府既没有选择国内司法途径,也没有选择国际司法途径来解决纠纷,而是将努力放在司法外途径,冀以通过道义、舆论压力来实现国宝的回归。

综上可知,在满足特定条件的前提下,国际法院有权审理跨国文物归属纠纷。但是,国际司法途径用于解决跨国文物归属纠纷存在诸多限制与缺陷,可概括如下:

第一,在既存国际法体系下,国际司法途径仅向国家开放,个人、法人及其他非国家组织均无法将此类纠纷提交国际法院,这无疑大大缩减了该途径用于解决跨国文物归属纠纷的范围。

第二,即便是国家之间的文物归属纠纷,如将之提交国际法院,也应以各方当事国同意为前提。从当代国际法实践来看,在选择解决国际争端的方式时,国家通常要综合考虑政治、经济、文化与法律等复杂因素后作出一个对其最为有利的决策。一般而言,对于涉及国家重大利益与牵涉民族情感的国际争端,决策者通常不倾向于将纠纷提交第三方决断,尤其是国际法院。这是因为纠纷一旦被提交国际司法机构,国家便几乎失去争端解决的"可控度",由此带来的政治风险是各国政治家不得不慎重对待的。文物,尤其是国宝级文物,往往牵

---

① The Brussels Convention (1968), art. 2; Regulation (EC) No. 864/2007 of the European Parliament and of the Council of 11 July 2007 on the Law Applicable to Non-contractual Obligation (Rome Ⅱ), art. 4.

② 《国际法院规约》第38条规定如下:"一、法院对于陈诉各项争端,应依国际法裁判之,裁判时应适用:(子)不论普通或特别国际协约,确立诉讼当事国明白承认之规条者。(丑)国际习惯,作为通例之证明而经接受为法律者。(寅)一般法律原则为文明各国所承认者。(卯)在第五十九条规定之下,司法判例及各国权威最高之公法学家学说,作为确定法律原则之补助资料者。二、前项规定不妨碍法院经当事国同意本'公允及善良'原则裁判案件之权。"

动原属国人民的民族与文化情感,因而可以理解各国决策者将国际司法途径作为此类争端解决的最后一个选项。

第三,国际法院作出的判决,缺乏有效的强制执行机制。在实践中,只有得到相关国家当地法院的支持,国际法院的判决才能够有“硬度”。[①] 例如,美国联邦最高法院曾于2008年3月裁定,国际法院的判决在美国不具有与国内法院判决相同的可执行性。[②] 这大大减损了国际法院在处理国际纠纷中的声望。职是之故,当代跨国文物归属纠纷通过国际法院解决的案例屈指可数。

第二节 司法外途径

一、谈判与协商

谈判与协商是指当事方为了有关争议得到解决而进行的直接交涉,包括澄清事实、阐明观点、消除隔阂、增进相互了解和信任,寻求双方都能接受的解决方法。在国际实践中,谈判与协商是解决国际争端最基本的方法之一。作为早期国际法发展史上最常见的争端解决方法,谈判已载入一系列国际公约。相比而言,协商作为国际争端解决方式,其受到国际社会的重视是在20世纪50年代以后。从当代国际社会的争议解决实践来看,谈判与协商通常交替使用,这是因为两者联系紧密,难以截然分离。事实上,鉴于两者之间拥有许多共同之处,当代国际法往往将协商看作谈判的一种形式。[③] 作为解决国际文物归属纠纷的方法之一,谈判与协商的优点十分明显。

首先,争议当事方能以完全平等的身份通过直接会谈来澄清事实、消弭误解,求同存异,达成妥协与一致。对于发生在主权国家之间的文物纠纷,与其他争议解决方式相比,谈判与协商更加有利于体现国家主权的平等性与最高性等特征,因而也更能受到当事国的青睐。

其次,由于存在善意取得、时效、溯及力与证据获取等法律及其他方面的障

---

① See Terris, D., Romano, C. & Swigart, L., eds., *The International Judge: An Introduction to the Men and Women Who Decide the World's Cases*, Brandeis University Press, 2007, p.227.

② 参见霍政欣:《论全球治理体系中的国内法院》,载《中国法学》2018年第3期。

③ 细言之,谈判与协商的共同特点是争端当事方之间直接交流意见,自始至终地参加和掌握谈判和协商的整个过程;而主要不同之处则在于协商更加灵活,它可以不受谈判双方的限制,扩大协商参加方的范围,从而更加有利于推动争议方达成妥协。参见王铁崖主编:《国际法》,法律出版社2001年版,第573页。

碍,对于大多数文物归属纠纷而言,如果严格按照法律规则,原属国或原属人往往难以获得有力支持,因此灵活的协商与谈判,往往是实现文物返还或归还更为有效的方式,

此外,谈判与协商的主体灵活,可以在国家之间进行,也可以在国家与机构或私人之间、机构与机构之间进行,还可以在相关私人之间进行,基本不受诉讼、仲裁等其他方式关于主体资格的限制。

从近几十年的实践来看,由于大多数重要文物追索纠纷发生在主权国家之间,加之国家通常不愿意将此类纠纷提交国际司法机构解决,因而大多数跨国文物追索纠纷是通过谈判与协商的方式解决的。据不完全统计,自20世纪90年代中期至2014年,已经有超过2000件文化财产通过这种方式回到其合法所有人的手里。① 当然,其中有一部分纠纷的谈判与协商过程是与司法诉讼平行进行的,在这种情况下,尽管纠纷最终以谈判与协商的形式获得解决,但司法诉讼对当事人产生了无形的压力,对争议最终以友好方式解决起到了重要作用。韩国、希腊以及中国等文物原属国通过与文物现持有国进行直接谈判与协商,成功解决了曾长期困扰它们的文物归属纠纷,可以充分显示这一方式的优点与特点。

1866年10月,法国以天主教遭迫害、法国神父被杀为由,派遣军舰攻打朝鲜,此即为"丙寅洋扰"。1866年11月10日,法军入侵朝鲜1个月后决定从朝鲜撤退,临走前将江华岛抢掠一空。江华府是朝鲜王朝的陪都之一,法军在当地放火烧毁了长宁殿和无数官衙民房,并将府库中的金银财宝尽数抢走(总计50万法郎),又从外奎章阁掠夺了包括《朝鲜王朝实录》《朝鲜王室仪轨》在内的大量珍贵书籍(外奎章阁图书),给朝鲜造成重大损失。

1975年,居住在法国的韩国历史学家朴炳善在巴黎国立图书馆首次发现外奎章阁图书,将此事公之于众。从此以后,要求法国返还这批图书的声音在韩国社会愈加高涨。1991年,韩国正式向法国提出返还要求,但法国予以拒绝并指出,外奎章阁图书已被收藏于法国国家图书馆,其馆藏性质属于法国国家藏品,具有公共物品的性质,若将其返还,则会违背法国《博物馆法》关于"公共物品不可转让"的规定。

1993年,韩、法之间的谈判取得了突破,时任法国总统密特朗同意以"租借"的方式送还韩国1册外奎章阁图书,并表明有意送还其他图书。谈判之所

---

① See Chechi, A., *The Settlement of International Cultural Heritage*, Oxford University Press, 2014, p. 187.

以在此阶段取得进展，其背景是当时韩国准备建设高速铁路，有关工程向国际招标，而法国政府正积极向韩方推销其高速列车（train à grande Vitesse, TGV）。因此，法国在此时作出让步，在很大程度上是为取得韩国政府的好感从而为投标获得有利地位的考量。此后，两国又为其余图书的返还事宜展开了漫长的谈判与斡旋。

2010年11月，时任韩国总统李明博利用首尔举办20国集团峰会之际，与时任法国总统萨科齐展开首脑会谈，专门就外奎章阁图书的返还事宜进行协商，并达成协议。据此，双方再次以“租借”的方式由法国将剩余的图书租借给韩国，租期为5年，届满后自动更新租借期，且无次数限制。如此，两国达成了互利的妥协，法国在名义上保留了图书的所有权，而韩国实际上实现了国宝的回归。①

此外，韩国政府也通过长期与日本进行直接谈判与协商，在其最高领导人的积极推动下，利用日本非法吞并朝鲜半岛100周年等特殊历史时机，成功使日本归还包含《朝鲜王室仪轨》等流失日本的韩国文物。②

希腊是西方文明的摇篮，因战乱、盗掘等原因，也是世界上文物流失最严重的国家之一。20世纪70年代希腊共和国成立以后，随着政治、经济逐渐稳定，希腊政府逐渐将追索国外的珍贵流失文物纳入国家外交战略中。由于绝大多数国宝级文物是在历史上流失的，通过法律途径追索存在时效、证据、法不溯及既往等诸多难以逾越的障碍，希腊政府往往选择谈判与协商、调停、斡旋与和解等政治、外交手段进行追索。近20年来，尤其是雅典取得2004年奥运会主办权以后，希腊政府加大了追索力度，综合采用多元化追索手段，充分利用奥运机遇，使追索工作取得了历史性突破。其中，通过谈判与协商解决纠纷的成功案例主要包括：2006年，德国海德堡大学归还帕特农神庙雕像的组成石块、美国盖蒂博物馆归还4件珍贵文物、瑞典归还48枚古代钱币；2007年，一位丹麦公民归还了一块110年前从希腊流失的描绘雅典城的大理石凸版石雕、一位英国考古学教授归还6件古希腊陶艺酒坛、瑞典归还1件被盗的阿波罗太阳神雕像、德国返还94件被盗的古代希腊文物；2008年，美国谢尔白·怀特·里尔

---

① 参见霍政欣、余萌、刘浩：《流失文物争夺战——当代跨国文物追索的实证研究》，中国政法大学出版社2018年版，第17页。

② 参见《韩日就日本返还韩国1205卷书籍文物达成协议》，载新浪网，http://news.sina.com.cn/o/2010-11-14/103521468394.shtml。

(Shelby White and Leon)博物馆归还一块公元前4世纪的古代墓碑的上半段、瑞典归还卫城遗址的一块碎片、英国归还一尊公元前14世纪的神像(该神像是从希腊北部的一所寺庙中被盗的,在希腊提起诉讼后,希腊与英国通过谈判得以解决);2009年,比利时根特大学归还公元前5世纪至2世纪制作的123枚钱币及类似物、德国归还96件青铜及陶制古代器具、一名英国古董收藏家归还一尊拜占庭时期的雕像部件;2010年,瑞士归还1978年从希腊一所教堂中盗走的5幅湿壁画等。①

在中国流失海外的文物中,相当一部分流失年代久远、被盗及流失证据缺失,所以,通过法律途径追索之往往存在巨大困难。职是之故,谈判与协商也是中国文物追索最常使用的手段,典型的成功例证包括:1989年从美国追回屈原纪念馆战国铜敦;2008年从日本追回被盗北朝石刻菩萨像;2011年从美国追回唐贞顺皇后陵墓被盗文物;2015年从法国追回56件大堡子山遗址流失金饰片;2019年从日本追回走私出境的曾伯克父青铜组器等。其中,2015年从法国追回56件大堡子山遗址流失金饰片案是我国通过协商谈判促使流失文物回归的标志性范例。

20世纪90年代初,甘肃礼县大堡子山遗址被非法盗掘,金饰片及其他珍贵文物流失海外。90年代中后期,国家文物部门对大堡子山遗址进行了抢救性发掘。经科学发掘考察,大堡子山遗址在早期秦人、秦族、秦文化乃至中国古代文明的研究中具有重要价值。

大堡子山遗址被盗后,国家文物部门和有关文博单位积极努力,在相关国家政府和友好人士的支持下,陆续促成一些流失海外的大堡子山文物回归祖国。在此次流失金饰片回归之前,已有美国收藏家范季融、胡盈莹夫妇于2009年将所藏6件秦国早期青铜器捐赠给中国,其中包括秦公鼎3件、秦公簋2件、秦式鍑1件。经考证,捐赠文物均出自大堡子山遗址。2011年,时任全国政协委员郭炎将自境外征集的2件鸷鸟形金饰片、1组小型金饰片捐赠给国家。

2005年,国家文物局启动有关海外流失文物的调查工作,针对大堡子山流

---

① 此外,近年来通过谈判与协商成功解决文物追索纠纷的案例还包括:2000年,德国向津巴布韦归还石鸟的下半部;2005年,意大利向埃塞俄比亚归还国宝阿克苏姆方尖碑(Axum Obelisk);2007年,英国皇家外科医学院向澳大利亚归还古人类遗骸、大英博物馆向加拿大归还古代印第安人面具等。See Greenfield, J., *The Return of Cultural Treasures*, 3rd ed., Cambridge University Press, 2007, p. 41-87.

失文物进行专题调查研究。在获悉法国吉美博物馆收藏有大堡子山流失的金饰片后,国家文物局积极与法方协商流失文物返还事宜,并组织专题调查,收集证据材料,开展成分检测、金相分析等科技鉴定工作,最终认定吉美博物馆收藏的金饰片为1992~1993年礼县大堡子山秦公大墓被盗文物。

2014年,中法两国联合组建专家小组,对法国吉美博物馆所藏金饰片的来源等问题进行实地考察,两国政府相关部门保持密切沟通,积极寻求文物返还的恰当途径。2014年10月,经中法两国磋商,就大堡子山遗址被盗流失金器返还问题达成共识,并最终促成金饰片原捐赠人——法国收藏家弗朗索瓦·亨利·皮诺(François - Henri Pinault)、克里斯蒂安·戴迪安(Christian Deydier)——同意撤销对吉美博物馆的捐赠行为,使文物退出法国国家馆藏,再将文物返还给中国。2015年4月13日、5月13日,我国分别在巴黎、北京接收法国政府通过原捐赠人皮诺、戴迪安返还的32件大堡子山流失金饰片;9月21日,戴迪安再次返还其持有的24件大堡子山流失方形金饰片。至此,流失境外20余年的大堡子山遗址秦国金饰片已回归祖国,现已划拨入藏甘肃省博物馆。

此次大堡子山遗址流失金饰片的回归,是中法两国首次通过协商合作促成流失文物回归的成功案例。中法两国摸索出了恰当的文物返还途径——私人持有人通过撤销捐赠,使文物退出所在国国有馆藏后再将其归还中国,这一方式巧妙规避了法国《博物馆法》关于国有馆藏文物不得转让的规定,同时实现了所涉文物物理与法律意义上的返还,比法韩之间解决外奎章阁图书的纠纷更为彻底,为传统的文物回归路径提供了新的尝试。

上述通过谈判与协商成功解决文物归属纠纷的案例表明,文物原属国追索流失境外的文物应依据追索对象的不同,制定有针对性与可操作性的追索战略与策略。对于那些缺少明确法律支持的文物的返还,谈判与协商是比司法途径更为有效和可行的途径。在与文物流入国或有关机构进行谈判时,文物原属国可以借助经济、政治、文化等多重力量,充分利用各种适宜的机会与场合,并以务实的态度和灵活的方式,本着妥协与双赢的精神进行协商与探索,从而找到双方均可接受的解决方案。

二、仲裁

仲裁是当前用来解决国际争议的一种常见方式,是指国际交往中的当事方通过协议,自愿将他们之间的有关争议提交某一临时仲裁机构或某一常设仲裁机构审理,由其依据有关法律或公平原则作出裁决,并约定自觉履行该项裁决所确定的义务的一种制度。

与诉讼程序烦冗、固定不同,仲裁的灵活性较大。一般而言,当事方可以自主地选择仲裁地点、仲裁机构以及仲裁程序,可以选择仲裁过程中应适用的程序法与仲裁庭裁决有关争议时应适用的实体法,还可以通过协议适用法律外的原则或规则。此外,仲裁还有程序保密、气氛相对友好、仲裁当事方可以指定本行业专业技术人员为仲裁员等特点。①

国际性的仲裁依据当事方的不同性质可以分为以下几类:第一,双方均为国家,这种仲裁被称为"国际仲裁"("国际公法上的仲裁");第二,一方为国家,另一方为自然人、法人或其他组织,这种仲裁被称为"国际混合仲裁";第三,双方均为非国家的平等主体,这种仲裁被称为"国际商事仲裁"。② 具体到文物追索领域,由于国际商事仲裁发生在私方当事人之间,基本不涉及公共利益与国家权益,故不在本书讨论范围内。这里着重分析国际仲裁与国际混合仲裁。

文物归属纠纷通过国际仲裁得到顺利解决的例子,是厄立特里亚与埃塞俄比亚之间的仲裁案。2000 年 12 月 12 日,厄立特里亚政府与埃塞俄比亚政府在阿尔及尔签订和平协议,依此协议,两国政府成立"厄立特里亚—埃塞俄比亚索赔委员会"与"厄立特里亚—埃塞俄比亚边界委员会"。前一个委员会成立后受理了一件因文化遗址遭到破坏而提起的仲裁案件。依据两国和平协议,厄立特里亚向"索赔委员会"提出仲裁请求,指称其境内最重要的历史文化遗迹——玛塔拉石碑(Stela of Matara)遭到埃塞俄比亚军队的毁坏,遗址内的一些重要文物遭到劫掠,因此请求"索赔委员会"裁定埃塞俄比亚返还所劫掠的文物,并给予赔偿。经查证,"索赔委员会"认可了厄立特里亚主张的事实,并依据两国和平协议第 5 条第 13 款,③裁定埃塞俄比亚返还从玛塔拉石碑遗址中非法劫掠的文物,并对造成的毁坏结果承担赔偿责任。④

通过国际混合仲裁解决私方当事人与国家之间的文物归属纠纷的典型例

① 参见霍政欣:《国际私法学》(第 2 版),中国政法大学出版社 2020 年版,第 335～336 页。

② See Stamatoudi, I. A., *Cultural Property Law and Restitution: A Commentary to International Conventions and European Law*, Edward Elgar, 2011, p. 196.

③ 该款规定:在审理仲裁案件时,委员会应适用相关国际法规则。

④ See Stamatoudi, I. A., *Cultural Property Law and Restitution: A Commentary to International Conventions and European Law*, Edward Elgar, 2011, p. 96.

证是曾引起国际关注的“玛瑞亚·埃尔特曼诉奥地利共和国”案。① 该案标的为6幅由克里姆特(Klimt)创作的名画,②原所有人为费迪南德·博洛奇·鲍尔(Ferdinand Bloch – Bauer)及其妻子阿黛尔·博洛奇·鲍尔(Adèle Bloch – Bauer)。1925年,由于明显感受到日渐逼近的恐怖氛围,阿黛尔在临终前夕留下遗嘱,“善意地”(kindly)恳求费迪南德考虑在他去世后将这6幅画捐献给奥地利国家艺术馆。

1938年,纳粹德国吞并奥地利,费迪南德匆忙逃亡,其绝大部分财产,包括这6幅画在内的艺术藏品、一座城堡和一家蔗糖工厂,则遗留在奥地利。纳粹占领期间,没收了费迪南德的所有艺术藏品,这些藏品最后被收藏于奥地利国家艺术馆。1945年,费迪南德在瑞士苏黎世去世,留下遗嘱,将其包括这6幅画在内的所有财产留给他的两个侄子与一个侄女[本案原告玛瑞亚·埃尔特曼(Maria Altmann)]继承。

20世纪90年代,在奥地利陆续有人将奥地利国家艺术馆告上法庭,指称后者非法持有被纳粹劫掠的艺术品。为应对这些诉讼,奥地利政府开放了相关国家档案,允许公众为调查国家馆藏藏品的来源查阅之,并于1998年制定和通过了《关于从奥地利联邦博物馆与馆藏中索回艺术品的联邦法案》(以下简称“索回法”)。③ 是年,一位名叫胡伯图斯·次泽宁(Hubertus Czernin)的奥地利记者通过研究解密档案,发现费迪南德从未将这6幅克里姆特名画捐赠给奥地利国家艺术馆,后者仅依据阿黛尔的遗嘱主张所有权显然存在瑕疵。

在获得这一重大事实证据后,费迪南德的侄女埃尔特曼以“索回法”为法律依据,正式向奥地利国家艺术馆提出返还这6幅名画的要求。然而,该要求遭到后者拒绝,理由是依据阿黛尔的遗嘱,这6幅画的所有权已归属于之。埃尔特曼随即向奥地利法院提起民事诉讼。然而,由于依奥地利法律,她须缴纳高

---

① Maria Altmann v. The Republic of Austria, 142 F. Supp. 2d 1187 (C. D. Cal. 1999), aff'd, 317 F. 3d 54 (9th Cir. 2002), as amended, 327, F. 3d 1246 (9th Cir. 2003), 541 US 677 (2004).

② 古斯塔夫·克里姆特(Gustav Klimt),1862年生,1918年逝世,生于维也纳,是一位奥地利知名象征主义画家。他创办了维也纳分离派,也是所谓维也纳文化圈代表人物。

③ See The Federal Act Regarding the Restitution of Artworks from Austrian Federal Museums and Collection, 4 December 1998, Federal Law Gazette 1, No. 1811(1998).

达上百万元的诉讼费,最后不得不撤回起诉。①

2004 年,埃尔特曼在其住所地美国加利福尼亚州,以奥地利共和国与奥地利国家艺术馆为被告,向加利福尼亚州中区法院提起诉讼,并以美国《外国主权豁免法》(Foreign Sovereignty Immunity Act, FSIA)中的"侵占例外"(expropriation exception)为依据,主张美国加利福尼亚州法院对该诉讼享有"事项管辖权"(subject matter jurisdiction)。依据美国《外国主权豁免法》,违反国际法取得的财产,其财产权利尚有争议并且该项财产现在美国境内,且与该外国在美国进行的商业活动有关的,或者该项财产是属于该外国在美国从事商业活动的某一机构所有或者属于该机构的经营者所有的,则该外国不享有豁免。② 被告奥地利共和国与奥地利国家艺术馆提出动议,主张加利福尼亚州法院不享有事项管辖权,并依"非方便法院原则"(*forum non conveniens*)要求法院拒绝行使管辖。关于加利福尼亚州法院缺少事项管辖权,被告的主要理由是:该案涉及的纠纷发生在 20 世纪 40 年代,那时,美国采用的是"绝对豁免论",《外国主权豁免法》实施于 1976 年,它不具有溯及力,因此奥地利共和国在美国法院享有豁免权。

加利福尼亚州中区法院驳回了被告的动议,裁定其对该案享有适当的管辖权:第一,这些名画系因纳粹当局违反国际法的行径而从原属人那里获得的;第二,本诉讼进行时,这些画作系由奥地利政府的机构——奥地利国家艺术馆占有;第三,该艺术馆在美国境内从事了商业活动(对克里姆特的名画做了推广与印刷活动)。

被告不服上诉,但二审法院维持了地区法院的裁决。奥地利政府于是请求美国联邦最高法院签发调卷令。美国联邦最高法院于 2003 年同意签发调卷令,但将审查事项限定在《外国主权豁免法》的"侵占例外"是否能赋予美国法院对外国政府基于 1976 年以前的行为(甚至是 1952 年以前美国采取限制豁免论以前)行使管辖权。经审查,美国联邦最高法院裁定,《外国主权豁免法》具有溯及力,奥地利共和国不享有豁免权。据此,加利福尼亚州法院对该诉讼具

---

① 依据奥地利法,诉讼费依据诉讼标的额的一定比例缴纳(1.2%)。由于这 6 幅克里姆特名画当时的市场价约为 1.35 亿美元,原告因而需缴纳 160 余万美元的诉讼费。Burris, D. S. & Schoenberg, E. R., *Reflections on Litigation Holocaust Stolen Art Case*, Vanderbilt Journal of Transnational Law, Vol. 38:4, p. 1041 – 1045 (2005).

② Foreign Sovereign Immunity Act, s. 1605(a)(3) (1976).

有事项管辖权，有权继续审理“埃尔特曼诉奥地利共和国与奥地利国家艺术馆”案。

尽管如此，由于证据等事项，直到2005年年底加利福尼亚州法院仍未能就实体问题作出判决。由于埃尔特曼年事已高，且身体状况迅速恶化，显然已无法继续承受冗长的诉讼程序。在这种情况下，原告于2006年1月与被告达成协议，终止诉讼程序，改以仲裁方式解决纠纷。依据双方的仲裁协议，仲裁庭应对本纠纷是否应适用“索回法”以及这6幅画作的归属作出裁定。双方同时约定，仲裁庭应适用奥地利的实体法与程序法。

仲裁庭成立后，依据双方提交的证据，很快作出了仲裁裁决：本纠纷的实体问题应适用“索回法”，其中的5幅画应返还原告，还有1幅画因其所有权的历史与其他5幅画不同而归奥地利政府所有。① 仲裁庭作出裁决后，埃尔特曼提出，归其所有的这5幅画可以由奥地利政府购买，但因后者无法获得足够的资金支持而放弃收购。随后，埃尔特曼于当年将5幅画拍卖出售，成交价创造了西方名画拍卖史上的新高。②

在国际文物返还实践中，“玛瑞亚·埃尔特曼诉奥地利共和国”案是一个具有里程碑意义的案件，其重要性集中体现在以下三个方面：第一，该纠纷的解决由诉讼开始，中途改为仲裁，并最终以仲裁的方式得到顺利解决，这充分体现了诉讼与仲裁各自的特点与优缺点。第二，它表明文物归属纠纷的解决途径是灵活多样的，有的纠纷可以依情况使用多种争议解决方式，在具体个案中，纠纷到底通过哪一种途径解决，最终取决于双方当事人的意愿。第三，美国联邦最高法院的裁定显示它有意愿通过行使法律解释权克服历史上被劫掠文化财产返还的法律障碍。细言之，由于美国是判例法国家，依据“因循先例”（*stare decisis*）原则，该案确立了人权规范具有溯及力，针对违反人权的行径提起的诉

① See Schonenberger, B., *The Restitution of Cultural Assets*, Stampfli Publishers, 2009, p. 211.

② 这5幅画的售价分别为：《阿黛尔·布洛赫·鲍尔像（一）》（通称“金色阿黛尔”）1.35亿美元、《阿黛尔·布洛赫·鲍尔像（二）》8790万美元、《桦林》4030万美元、《奥特赛斯上昂特拉齐的房子》3140万美元、《苹果树（一）》3300万美元。在拍卖之前，埃尔特曼还将这5幅名画临时借展于洛杉矶县艺术博物馆。See Chechi, A., *The Settlement of International Cultural Heritage*, Oxford University Press, 2014, p. 137.

讼不受时效限制的基本原则。[1]

在瑞士发生的一起仲裁案也值得研究。2002年，瑞士苏黎世州与圣加仑州通过仲裁成功地解决了常年困扰在它们之间的一起文物纠纷。尽管该案并非国际性仲裁，但因发生在联邦制国家两个平等的州之间，且涉及的文物纠纷极具典型性，故值得关注。

该案所涉及的标的包括手稿、古书、古画和一些古天文设备，共计约100件文物。这些文物原属圣加仑修道院(Catholic St. Gallen)图书馆，但在第二次维尔梅根战争(War of Villmergen)结束时(公元1712年)，[2]遭到苏黎世劫掠。此后，这些文物一直被收藏在位于苏黎世的中央博物馆与瑞士国家博物馆内。自20世纪后期以来，圣加仑州一直向苏黎世州提出返还请求，理由如下：苏黎世州占据这批文物没有任何法律依据、当时的瑞士战争法"禁止劫掠文化财产"。而苏黎世方面则指称，依据当时的国际战争法，获得战利品是战争中获胜一方享有的法定权利，且依据瑞士联邦法，圣加仑的主张早已超过时效。[3] 对此，圣加仑从这批文物对该州历史文化的重要性入手，指出这批文物是该州历史文化标志的重要组成部分，它们的回归意义重大。在瑞士联邦政府的斡旋下，两州政府于2002年达成协议，约定以仲裁方式解决争议。依据协议，仲裁庭成立，并在两州的配合下于2006年4月底作出裁决：这批文物的所有权归苏黎世州，但其中的35件珍贵文物以无偿的方式租赁给圣加仑州，其余文物的原件运往圣加仑州免费展览4个月。同时，苏黎世州负责制作这批文物的仿制品，并将之赠送给圣加仑州。裁决得到顺利履行，两州持续多年的文物争夺战得到了圆满解决。[4] 这个案例不仅再次证明仲裁是解决文物纠纷的一种有效途径，其裁决内容也为其他文物归属纠纷的解决提供了颇具价值的经验。

---

① See Jayme, E., *Human Rights and Restitution of Nazi – Confiscated Artworks from Public Museums: The Altmann Case as a Model for Uniform Rules?*, Kunstrechtsspiegel, Vol. 2, p. 47 – 49 (2007).

② 第二次维尔梅根战争爆发于1712年。托根堡(Toggenburg)的改革者和圣加仑修道院为争夺连接中部各州和德国南部的公路建筑权，而引起争端。苏黎世和伯尔尼均支持托根堡，最终击败了圣加仑天主教派。

③ Cf. NZZ, Nr. 203, of 3.9.2003, 46.

④ See Schonenberger, B., *The Restitution of Cultural Assets*, Stampfli Publishers, 2009, p. 11.

三、调停、斡旋与和解

作为解决跨国文物纠纷的另一种司法外解决途径，调停是指第三方（可以是中立的国家、组织或个人）为了和平解决争端，直接参与有争议的当事方之间的谈判，或提出参考性的解决方案，促使各方让步，从而平息或解决争端。①

与仲裁相同，调停也以当事方的同意与自觉配合为前提，但调停更为灵活，具有完全的自主性，这主要表现在以下几个方面：调停通常无须依据严格意义上的法律规则进行，调停人在得到双方（或各方）当事人的同意与批准后，从中协调、排解疏导，以使双方（或各方）在自愿协商的基础上，谅解让步，达成协议，从而使其争议得以解决。在调停过程中，调停人基于当事人的充分信任行事，这意味着他可以用其认为合适的方式会见任何一方当事人，而无须向另一方披露（除非当事人有相反的约定）。同时，调停人也无须为法律专业人员。不过，如调停结束时当事人达成协议，往往需要聘请法律专业人员起草法律文书。此外，在调停过程中，当事人随时可以通过合意对调停的进程、提请调停的事项等进行修改。调停如最终达成协议，这份协议的效力相当于当事人之间缔结了一份合同，如一方不履行，等于违反合同义务，从这个意义上说，调停协议不具有强制执行力。

尽管在很多国际法律文件中，调停与斡旋常被交替使用，②但从严格意义上讲，两者是存在差异的。斡旋是指由第三方以各种有助于促成当事方进行直接谈判的行动，促使争端当事方进行谈判以平息或解决争议。在斡旋过程中，斡旋者不直接参与双方的谈判，但可以为各方提供建议或转达当事方相互间的意见或建议。可见，调停与斡旋的主要区别，在于调停者直接参与或主持当事方的谈判，并提出条件作为谈判的基础，调和并折中当事方有冲突的主张和要求，缓和、平息相互间的敌对情绪，以使争端各方达成协议。③

和解，又称调解，也是一种替代争议解决方式，是指将争端提交给一个由若

---

① 参见《和平解决国际争端公约》（1899 年《海牙公约》）第 4 条。

② 1899 年《海牙公约》与 1907 年《海牙公约》未对这两个术语进行区分，《联合国宪章》第 33 条第 1 款没有提及斡旋。但也有一些国际条约对两者进行了区分，如 1948 年《美洲国家组织宪章》［也称《波哥大宪章》（Pact of Bogota）］。《关于禁止和防止非法进出口文化财产和非法转让其所有权的方法的公约》第 17 条第 5 款特别提到，应对公约实施有争议的两个以上的缔约国的请求，联合国教科文组织可以进行斡旋，使它们之间的争端得到解决。

③ 参见梁西主编：《国际法》（修订第 2 版），武汉大学出版社 2000 年版，第 473 ~ 474 页。

干人员组成的委员会,并由委员会查明事实,提出报告和建议,促使当事国达成协议,解决争端。和解与调停也有不同之处。调停者可以就争端处理的方法、程序提出建议并主持或参加谈判;和解则是将争端提交至由若干人组成的委员会,委员会的任务是澄清事实,并提出包括解决争端建议在内的报告,此类报告不具法律约束力,当事方接受与否,悉听尊便。①

值得提及的是,自成立起 ICPRCP 在斡旋、调停、调解当事国之间的文物归属纠纷方面作出了诸多工作和制度性贡献。依据其章程,应联合国教科文组织成员国或准成员国的请求,ICPRCP 可以启动调停或斡旋进程,以解决《1970 年公约》调整范围之外的、具有重大意义的文化财产归属纠纷。②

为加强 ICPRCP 在解决重大跨国文物纠纷上的作用并将有关规则制度化,2010 年 9 月,ICPRCP 第 16 届理事会制定并通过了《ICPRCP 调停与和解议事规则》。依据该规则,"调停"是指经当事国各方预先同意,由第三方介入,安排当事国进行谈判,并协助它们就文化财产的返还或归还纠纷达成友好解决方法。调停需要一名或一名以上的调停人,调停人由当事国选定,最好由文化财产返还领域的独立专家担任。"和解"是指经当事国各方预先同意,有关当事国将它们之间关于文化财产的返还或归还纠纷提交专门设立的机构,由其展开调查并促成当事国达成友好解决方案,和解委员会由数名由当事国选定的文化财产返还领域的独立专家构成。调停与和解均须以当事国各方的同意为前提,以充分信任为基础,秉持公平、公正、诚信的基本原则,并充分考虑国际法及国际社会公认的其他原则。③

同时,调停与和解的程序非常灵活,既不排除当事方曾使用过的任何争议解决方式,也不排除当事人未来转而采用其他争议解决方式,包括诉讼。满足下列条件之一时,调停或和解程序被视为终结:第一,当事各方同意达成协议;第二,当事各方以书面方式终止程序;第三,在当事方就约定调停或和解期限有约定的情况下,约定期间届满而当事方未达成协议;第四,当事方中的一方以书

---

① 参见梁西主编:《国际法》(修订第 2 版),武汉大学出版社 2000 年版,第 476 ~ 477 页。

② Statutes of the Intergovernmental Committee for Promoting the Return of Cultural Property to its Countries of Origin or its Restitution in case of Illicit Appropriation, art. 2(1978).

③ Rules of Procedure for Mediation and Conciliation in Accordance with Article 4, Paragraph 1, of the Statute of the Intergovernmental Committee for Promoting the Return of Cultural Property to its Countries of Origin or its Restitution in Case of Illicit Appropriation, arts. 2,3(2010).

面方式通知撤出程序。① 显然,只有在第一种情况下,调停或和解程序才能产生对各方有约束力的协议。

自20世纪80年代以来,在ICPRCP的努力下,数件长期困扰一些国家的具有重大历史文化价值的文物归属纠纷得到了成功解决,其中主要包括:②经ICPRCP调停,1986年,美国辛辛那提艺术博物馆与约旦文物局达成协议,就双方长期争议的命运女神石雕组件的归属达成一致,终于使石雕得以恢复全貌;在ICPRCP的斡旋下,1987年,原东德将7000件刻有楔形文字的古代陶片归还给土耳其;经ICPRCP调停,1988年,美国将帕侬蓝雕像归还给泰国;在ICPRCP的框架下,瑞士巴比亚·穆勒博物馆与坦桑尼亚于2006年启动谈判,并于2010年5月达成协议,从而使前者占有的一件古代人物面具得以回归;1987年,土耳其与德国将它们之间关于博阿兹柯伊狮女神雕像归属的纠纷提交ICPRCP,在ICPRCP的框架下,双方展开长期的谈判与讨论,2011年5月,双方终于达成协议,德国于2011年11月将该雕像返还给土耳其;在2012年6月召开的ICPRCP第19届理事会上,德国政府与土耳其政府向大会报告了两国协议的内容以及协议履行的具体情况。

上述案例表明,ICPRCP已成为重要的跨国文物归属纠纷的争议解决平台,并已逐渐建立起一套争议解决机制。该机制不具强制性,以有关各方的自愿为前提、以程序灵活为特点。尽管缺少强制性,但鉴于ICPRCP的权威性,这套机制在跨国文物追索方面具有重要的示范意义和道义价值。譬如,自1982年以来,希腊就将向大英博物馆索回"埃尔金石雕"的请求提交ICPRCP,希望借助该委员会的平台追索国宝。尽管英国并不同意ICPRCP直接介入调停,但考虑到国际影响与道义因素,依然同意借助ICPRCP的平台与希腊展开讨论谈判。自此,在ICPRCP召开的每届理事会上,两国政府都会发表声明,阐释各自的主张与理由,以争取其他国家的支持。例如,在2017年6月召开的ICPRCP第24届理事会上,希腊与英国政府代表再次分别向大会做了关于埃尔金石雕问题的报告。在听完两国代表的发言后,中国、秘鲁、塞浦路斯、土耳其、巴基斯坦、厄瓜多尔、

---

① Rules of Procedure for Mediation and Conciliation in Accordance with Article 4, Paragraph 1, of the Statute of the Intergovernmental Committee for Promoting the Return of Cultural Property to its Countries of Origin or its Restitution in Case of Illicit Appropriation, art. 10.

② See *Return or Restitution Cases*, http://www.unesco.org/new/en/culture/themes/restitution-of-cultural-property/return-or-restitution-cases/,最后访问日期:2023年4月30日。

伊拉克、柬埔寨等国纷纷表示支持希腊的追索主张，要求英国应尽快将雕像返还给希腊，会场上并没有任何国家发言支持英国的主张。① 因此，虽然两国的纠纷很难在短期内得到解决，但ICPRCP为希腊追索国宝提供了一个重要的国际平台，对其获得并扩大国际社会的支持与道义上的优势地位具有重要作用。

四、两种途径的比较及建议

对于文化财产纠纷而言，并不存在普适或完美的纠纷解决机制。无论是司法途径，还是司法外途径，均有其比较优势和各自缺陷。因此，只有构建和完善多元化的纠纷解决机制才能公平合理地解决各类文化财产纠纷。

就司法途径而言，这是一种相对正式、官方化的解决机制。无论是在国内法院还是在国际司法机构，一旦一方提起诉讼，势必引发对方的高度重视，并让其感受到巨大压力。这种机制的优势集中体现为程序和实体结果的实现以司法的强制力为后盾。同时，借助司法程序，原告往往可以在获得实体救济之前寻求程序法上的支持，如证据开示、诉讼保全等。不过，司法途径也存在程序繁芜、成本高昂、诉讼结果不确定性高、易造成双方对立、判决的国际流动性弱等缺陷。特别是国际司法途径，囿于当代国际法本身的机制性缺陷，其很难在文化财产纠纷解决实践中发挥重要作用。

就司法外途径而言，包括谈判与协商、斡旋、调停、和解及仲裁在内的各种替代争议解决方式在当代文化财产纠纷解决实践中正扮演着愈加重要的角色。由于文化财产纠纷往往牵扯历史、文化、宗教、战争、民族情感等多重复杂因素，司法外途径因其程序上的灵活性、专业性以及更加尊重当事方的意愿等特点而具备司法途径不可比拟的诸多优势。通过本章的案例梳理，我们可以发现，当代文化财产纠纷大多数是通过这些灵活的司法外途径解决的。尽管如此，笔者认为，依然不能低估司法途径及其潜在价值。

司法实践表明，不少文化财产纠纷，尤其是流失文物追索案例，是在原属国或原属人诉诸司法后，现持有人因诉讼而感受到强大压力后，才愿意通过谈判或其他司法外途径解决纠纷的。从这个意义上说，司法途径和司法外途径并非排他性关系。如果运用得当，它们之间可以形成相互助力、相互依助、相互转化的良性互动关系，从而推动文化财产纠纷得到妥善解决。此外，尽管从现阶段

---

① 笔者作为中国国家文物局的法律专家出席了此次会议。

来看,国际司法途径的作用相当有限,但随着国际法规则与机制的完善与改革,特别是在中国积极参与全球治理的历史背景下,这一途径特值得我国重视。

当前,就解决跨国文化财产纠纷的司法途径而言,国际上还未建立专门性的国际司法机构,因而此类纠纷大多只能诉诸文化财产市场国的国内法院。从文化财产市场国国内法院的司法实践来看,基于这些国家的法律传统与社会经济背景,其国内法院通常将此类纠纷定性为财产或物的所有权纠纷,适用其民商法调整所有权与交易的法律规则,在很大程度上忽视了文化财产的本质属性。换言之,文化财产市场国法院将文化财产纠纷定性为普通的财产纠纷,这构成文化财产纠纷难以得到公平合理解决的重要原因。

在此背景下,近来有外国学者提出,应建立专门解决文化财产纠纷的国际司法机构,以扭转当前此类纠纷普遍被各国法院定性为普通的财产纠纷的局面。然而,由于提出此构想的是西方学者,所以他们主张在国际司法中心——荷兰海牙建立此类国际司法机构。①

尽管建立以此类专门国际司法机构的主张值得肯定,但笔者认为,选择荷兰的主张并不恰当。首先,荷兰是典型的文物市场国,存在明显的利益偏向,正因如此,荷兰迄今未加入对文化财产返还最为有利的《1995 年公约》。因此,在该国建立此类司法机构并不合适。其次,中国是世界公认的文明古国、文化财产资源大国,已经加入文物保护与流失文物返还的所有重要国际公约,因而在中国建立专门解决文化财产纠纷的国际司法机构具有天然优势与合理性。最后,进入 21 世纪以后,中国已经从过去单纯的文物流出国变为兼具文化财产市场大国与资源大国的身份,在这种情况下,在中国建立此类机构,可以较好平衡文化财产市场国与文物流失国的利益,其作出的判决也更容易被国际社会接受。由此可见,中国是建立此类国际司法机构的理想国家。

鉴于此,笔者认为,我国可以探索建立专门解决文化财产纠纷的国际司法机构,将中国逐步打造成解决国际文化财产纠纷的司法中心,提高中国司法的国际影响力,彰显中华文明的国际地位,为实现中华民族伟大复兴发挥积极作用。②

---

① See Chechi, A., *The Settlement of International Cultural Heritage*, Oxford University Press, 2014, p. 292 - 296.

② 参见霍政欣:《追索海外流失文物:现状、难题与中国方案》,载《法律适用·司法案例》2017 年第 20 期。

第五章　文化财产追索诉讼的国家豁免问题

跨国民事诉讼是实现文化财产返还和归还原属国或原属人的重要法律手段。在此类诉讼中，国家具有不可替代的重要地位：由于大多数流失文化财产由其原属国主张所有权，因而国家在法理上是提起文化财产追索诉讼的最恰当主体。所以，在当代跨国文化财产追索诉讼中，特别是在胜诉案件中，文化财产原属国作为原告提起的诉讼最为常见；而由非国家主体提起此类诉讼，则很可能因主体资格问题遭遇法律障碍。如我国民间团体曾于2009年提起跨国诉讼，力图阻止佳士得在巴黎拍卖圆明园青铜兽首，但法国法院以“欧洲保护中华艺术联合会”作为原告主体不适格为由驳回该诉讼请求。[①] 事实上，由于曾长期坚持国家豁免的绝对立场，加之对海外诉讼存有顾虑，我国政府通常不愿意在外国法院主动提起诉讼，这构成我国文物追索实践的一大难题，亟待破解。

鉴于此，本章以跨国文化财产追索诉讼的国家豁免问题为对象，先对国家豁免在此类诉讼中的立场进行观察和总结，梳理其历史演进脉络，再对各国国内法院为解决国家豁免问题如何适用法律展开分析。随后，本章

① 参见霍政欣：《追索海外流失文物的法律问题》，中国政法大学出版社2013年版，第79页。

对跨国文化财产追索诉讼涉及的管辖豁免与执行豁免事项进行研究，并在此基础上提出未来我国在国家豁免问题上应采取的立场及其实现路径，冀以解决长期困扰我国文物追索的国家豁免难题。

第一节 基本立场演进

一、绝对豁免

国家豁免原则的立场选择，决定了一国国内法院可以在什么条件下对案件行使管辖权或采取执行措施，进而决定文化财产追索实体争议能否诉诸司法，并最终影响文化财产追索诉讼的结果。当前，国家豁免原则整体呈现从“绝对豁免”向“限制豁免”演进的态势。如何在这两种立场中做出恰当选择，成为平衡主权行为、私人财产权和有效司法救济的关键。①

19 世纪末以前，各国立法和司法实践普遍遵循绝对豁免论，②除非国家明确同意，向该国及其财产提起的任何诉讼均不被允许。③ 作为国家主权身份的典型象征，战舰、公务船舶以及主权者的其他财产因而享有绝对豁免权，免受他国管辖。④ 但是，对于历史上沉没的军舰是否享有绝对豁免权，则素有争议。由于此类军舰维护国家主权安全、按照国家意志行动方面的功能业已丧失，而其文化、历史与考古价值日益增加，⑤有观点认为，军舰自沉没之日起便不再以船舶的身份存在，不具备国际海事法上的功能和目的，故不应继续享有绝对豁免权。不过，英国、美国、荷兰和西班牙等传统海洋强国出于自身利益考虑，坚持其享有绝对豁免权。⑥

---

① See Soledad Torrecuadrada García - Lozano, «La inmunidad del Estado y los bienes culturales», Anuario de la facultad de Derecho de Madrid, Vol. 19, p. 175(2015).

② See Gamal Moursi Badr, *State Immunity: An Analytical and Prognostic View*, Martinus Nijhoff Publishers, 1984, p. 9.

③ See Curtis A. Bradley, *International Law in the U. S. Legal System*, Oxford University Press, 2013, p. 228.

④ 参见黄进：《国家及其财产豁免问题研究》，中国政法大学出版社 1987 年版，第 48 ~ 49 页。

⑤ See Valentina Vadi & Hildegard E. G. S. Schneider eds., *Art, Cultural Heritage and the Market: Ethical and Legal Issues*, Springer, 2014, p. 228.

⑥ See Luigi Migliorino, *The Recovery of Sunken Warships in International Waters*, in Budislav Vukas ed., Essays on the New Law of the Sea, Sveucilisnanaklada Liber, 1985, p. 251.

如在“梅赛德斯号沉船打捞案”中,[①]美国奥德赛公司(Odyssey)在直布罗陀海峡附近海域,发现一艘沉没于1804年的西班牙海军护卫舰“梅赛德斯号”。在打捞到沉船上的部分财产后,奥德赛公司向美国佛罗里达州坦帕市联邦地区法院提起对物诉讼,主张对沉船及打捞所获财产的所有权,或用之换取合理的打捞报酬。西班牙政府作为第三方参加诉讼,主张该船原为海军护卫舰,应依《联合国海洋法公约》享有绝对豁免权,[②]故美国奥德赛公司无权打捞,且应在打捞后将之返还。地区法院支持了西班牙政府的主张,拒绝对该案行使管辖权,判令解除财产扣押并将之返还西班牙。[③] 奥德赛公司不服并提起上诉,但上诉法院援引美国《沉没军事航行器法》[④]明确指出,他国沉船享有与美国沉船相同的豁免保护,除非该国明示放弃,从而确立沉没军舰和政府船舶享有绝对国家豁免权的基本司法立场。[⑤] 值得注意的是,秘鲁政府也作为该案第三方参加诉讼,它提出,由于船上运载金币等文化财产是在秘鲁制作、生产的,故其得以文化财产来源国身份主张所有权。不过,由于法院认为沉船及船货作为整体享有豁免权,故未考虑该主张。[⑥]

由此可见,绝对豁免论对外国及其财产一概给予豁免,除非该国明确放弃,否则法院不得对以其为被告或以其财产为标的的任何案件行使管辖权。进言之,在跨国文化财产追索中适用绝对豁免论的结果是:对于以作为文化财产现持有者的外国为被告的案件以及以作为外国国家财产的文化财产为标的的案件,法院均无管辖权。这必然对通过司法途径追索文化财产构成重大法律障碍。

---

① Odyssey Marine Exploration, Inc. v. Unidentified Shipwrecked Vessel, 657 F. 3d 1159 (11th Cir. 2011), cert. denied, 132 S. Ct. 2379 (2012).

② 《联合国海洋法公约》第95条规定:“军舰在公海上有不受船旗国以外任何其他国家管辖的完全豁免权。”

③ Odyssey Marine Exploration, Inc. v. Unidentified Shipwrecked Vessel, 657 F. 3d 1159 (11th Cir. 2011), cert. denied, 132 S. Ct. 2379 (2012).

④ 依美国2004年《沉没军事航行器法》,在沉没时享有国家豁免的船舶,除非被正式放弃,仍属于船旗国的财产。See Sunken Military Craft Act of 2004, 10 U. S. C. § § 113 note, 1401 *et seq.*

⑤ See Nicola Ferri, *The Right to Recovered Underwater Cultural Heritage: The Neglected Importance of Article 149 of the UN Law of the Sea Convention*, in Silvia Borelli and Federico Lenzerini eds., Cultural Heritage, Cultural Rights, Cultural Diversity: New Developments in International Law, Martinus Nijhoff Publishers, 2012, p. 260.

⑥ Odyssey Marine Exploration, Inc. v. Unidentified Shipwrecked Vessel, 657 F. 3d 1159 (11th Cir. 2011), cert. denied, 132 S. Ct. 2379 (2012).

二、限制豁免

20 世纪以后，政府愈加频繁地参与商业活动，但绝对豁免论使私人主体与国家在商业竞争中处于不平等地位，亦不利于国家的长远商业利益。在此背景下，限制豁免论应运而生。依之，一国以主权身份实施的行为应与私法或商业行为相区分，后者不享有豁免权。① 20 世纪下半叶以来，限制豁免论逐渐取代绝对豁免论，成为各国立法和司法的主流立场。②

在殖民和战争劫掠文化财产的追索返还问题上，如果坚持绝对豁免论，受害者及其继承人将难以借助司法途径伸张正义，战争对文化财产造成的损失将难以弥补。为此，1998 年《关于遭纳粹没收艺术品的华盛顿会议原则》提出返还纳粹掠夺文化财产的一系列原则，其中包括：对于为解决此类文化财产所有权争议而专门设立的国家委员会或其他机构，各国法院有权对其作出的所有权决定予以司法审查，③而不能因该决定有可能被认定为国家行为而拒绝提供司法救济，以此确保合法的返还请求受到保护。④ 由此，限制豁免在促进纳粹掠夺文化财产返还中的作用得以显现。

近年来，限制豁免论已扩展运用到跨国文化财产追索实践，其中，美国司法实践值得关注，"查巴德诉俄罗斯联邦案"即为典型案例。该案涉及一批在第二次世界大战期间被苏联军方征收的犹太藏书和档案，第二次世界大战结束后，美国犹太人组织"查巴德"（Aguda Chasidei Chabad）多次向苏联政府提出返还请求，并在苏联解体后继续向俄罗斯政府主张文化财产所有权，但均遭失败。⑤ 2004 年，"查巴德"向美国加利福尼亚中区联邦地区法院起诉俄罗斯政府、俄罗斯国家图书馆和军事档案馆，要求返还文化财产，俄罗斯方面则依国家豁免原

① 参见［英］R. 詹宁斯、A. 瓦茨修订：《奥本海国际法》（第 1 卷·第 1 分册），王铁崖等译，中国大百科全书出版社 1995 年版，第 281 页。

② See Ernest K. Bankas, *The State Immunity Controversy in International Law: Private Suits Against Sovereign States in Domestic Courts*, Springer, 2005, p. 73.

③ See Washington Conference Principles on Nazi - Confiscated Art, paras. 10, 11.

④ See Erik Jayme, *Narrative Norms in Private International Law - The Example of Art Law*, in Collected Courses of the Hague Academy of International Law, Vol. 375, p. 35 (2015).

⑤ See Michael J. Bazyler & Seth M. Gerber, *Chabad v. Russian Federation: A Case Study in the Use of American Courts to Recover Looted Cultural Property*, International Journal of Cultural Property, Vol. 17, p. 365 - 368 (2010).

则提出管辖权异议,因而国家豁免事项成为决定该案结果的首要事项。① 尽管美国政府多次向法院提交利益声明,指出法院行使管辖权可能对美俄关系造成影响,并建议该案通过司法外途径解决,②但未被法院采纳。法院援引美国《外国主权豁免法》的征收例外,驳回了被告的管辖权异议,③并判令其返还文化财产。④

综上所述,在跨国文化财产追索中采纳限制豁免论可以为文化财产原属人行使诉讼权利创造条件,确保私人与国家在跨国文化财产追索纠纷中处于平等地位,便利文化财产返还。采纳限制豁免论对于追索因战争或殖民而流失的文化财产尤为重要:由于此类文化财产通常作为战利品由所在国政府所有或其公共博物馆收藏,⑤对其展开追索不可避免地触及国家豁免问题,因而限制豁免论成为能否通过司法途径展开追索并由此恢复国际正义的关键。

第二节　法律适用问题

一、国际条约

在跨国文化财产追索诉讼中,一国法院如何处理国家豁免问题,取决于其所适用的法律。在此问题上,国际条约或习惯国际法通常具有优先适用的效力,⑥如没有可适用的条约或习惯国际法,国家豁免事项因被识别为程序问题而适用法院地法。⑦

---

① 参见孙昂:《国家豁免案件的管辖权问题研究——在司法与外交复合语境中的探讨(上)》,载《国际法学刊》2020 年第 4 期。

② See, *e. g.*, Agudas Cbasidei Chabad of United States v. Russian Federation, Supplemental Statement of Interest of the United States, Civil Action No. 1:05 – cv – 01548 – RCL.

③ Agudas Cbasidei Chabad of United States v. Russian Federation, 729 F. Supp. 2d 141, 143 (D. D. C. 2010).

④ 尽管如此,为不影响两国关系,特别是两国间的文物借展与交流,法院强调,不会直接执行美国境内与该案无关联的俄罗斯财产,尤其是俄罗斯文物。关于此点,本文第四节再行详述。

⑤ See Evelien Campfens, *Cross – Border Claims to Cultural Objects: Property or Heritage ?*, Eleven International Publishing, 2021, p. 225.

⑥ See Riccardo Pavoni, *Sovereign Immunity and the Enforcement of International Cultural Property Law*, in Francesco Francioni and James Gordley ed., Enforcing International Cultural Heritage Law, Oxford University Press, 2013, p. 81.

⑦ See Crawford, J., *Brownlie's Principles of Public International Law*, 8th ed., Oxford University Press, 2012, p. 487 – 488.

当前,调整国家豁免事项的国际条约,既包括普遍性国际公约,也包括调整特定领域国家豁免问题的国际公约、区域或双边条约。[①] 因受缔约国数量或调整范围所限,后者适用于跨国文化财产追索诉讼的空间极其有限。[②] 普遍性国际公约则以2004年《联合国国家及其财产管辖豁免公约》(以下简称《联合国豁免公约》)为代表,其对国家豁免一般性事项的规定适用于跨国文化财产追索诉讼。该公约采纳限制豁免立场,在肯定国家豁免原则的基础上规定了以商业交易为代表的诸项例外。[③] 虽然截至本书写作时,《联合国豁免公约》尚未生效,[④] 但它对跨国文化财产追索诉讼的现实与潜在影响绝不容小觑。

在有关文化财产返还原属国的决议中,联合国大会多次提及《联合国豁免公约》对文化财产追索诉讼的可适用性,并鼓励各国加入。[⑤] 事实上,由于该公约以联大协商一致的方式通过,体现了各国普遍立场与共识,标志着国际社会在国家及其财产管辖豁免方面开始确立普遍性的统一规则,其对国际法和各国国内法的影响已经以强有力的方式展现出来。[⑥] 如奥地利、法国、意大利及日本等国在批准公约后,已颁布公约执行法或修订既有国内法以适应公约要求。公约的某些规则,如商业行为例外及财产的执行豁免等还代表了国际统一规则制定及习惯国际法的发展趋势,影响广泛而深远。[⑦] 近年来,呼吁中国政府尽快批

---

① 如《联合国海洋法公约》《国际油污损害民事责任公约》《关于国家豁免的欧洲公约》等。

② 参见孙昂:《国家豁免案件的法律适用问题研究——在司法与外交复合语境中的探讨》,载《国际法研究》2021年第2期。

③ 参见王虎华、罗国强:《〈联合国国家及其财产管辖豁免公约〉规则的性质与适用》,载《政治与法律》2007年第1期。

④ 公约仅有28个签署国,其中仅有22个国家完成了批准程序,尚未达到公约生效所要求的最低数量标准。根据《联合国豁免公约》第30条,本公约应自第30份批准书、接受书、核准书或加入书交存联合国秘书长之日后第30天生效。See UNTC, *United Nations Convention on Jurisdictional Immunities of States and Their Property*, https://treaties.un.org/pages/ViewDetails.aspx?src=TREATY&mtdsg_no=III-13&chapter=3&clang=_en,最后访问日期:2023年4月30日。

⑤ 参见联合国大会决议《文化财产返还或归还原主国》,A/RES/61/52(2006), A/RES/67/80(2012), A/RES/70/76(2015), A/RES/73/130(2018), etc。

⑥ 参见张美榕:《〈联合国国家及其财产管辖豁免公约〉及其批准情形对中国的启示》,载《南京工业大学学报(社会科学版)》2013年第12期。

⑦ See Hazel Fox CMG QC & Philipa Webb, *The Law of State Immunity*, Oxford University Press, 3rd edn(2013), p. 472-476.

准该公约并完成从绝对豁免到限制豁免转变的声音也不断增强。[①] 因此,该公约对文化财产追索诉讼的影响值得高度重视。

还须指出,如国际条约直接对缔约国施加了文化财产返还义务,因持国家豁免的不同立场对跨国文化财产追索产生影响的问题可在一定范围内得到避免。如《1970 年公约》要求缔约国返还被盗自公共机构的藏品,该义务主要通过外交途径来实现。[②] 因此,无论采纳绝对豁免论,还是限制豁免论,对于公约适用范围内盗自公共机构的文化财产而言,缔约国均承担返还义务。不过,《1970 年公约》还规定,缔约国应在符合本国法律的情况下受理遗失或被盗文化财产的归还之诉,[③]可见,对于上述范围之外的文化财产返还,公约提供的司法救济事实上还取决于缔约国国内法。

此外,《1995 年公约》虽将文化财产所在国法院管辖确定为文化财产追索诉讼的管辖权基础,[④]但允许缔约国声明提出请求的具体程序,即允许采取除直接向本国法院起诉以外的其他程序,如向其他主管机关提出、通过外交或领事途径等,缔约国有较大自主权。[⑤] 因此,如跨国文化财产追索诉讼涉及国家豁免问题,仍须受制于法院地国在国家豁免问题上所持的立场。

综上,在国际条约层面,无论是调整国家豁免的普遍性国际公约,还是与文化财产返还有关的国际公约,均存在直接适用以解决国家豁免事项的可能,但仍以公约对缔约国生效且与国内法所持立场相一致为限。

二、习惯国际法

在习惯国际法层面,基于互惠礼让以及对主权的尊重,国家豁免原则已被接受为一项国际共识和国际习惯。[⑥] 然而,由于国家豁免的基本立场正从绝对豁免论转向限制豁免论,且现阶段呈现两者并存的状态,哪种立场及其具体适

---

① 参见《马一德代表:尽快制定符合我国国情的外国国家豁免法》,载新华网,http://m.xinhuanet.com/2020-05/26/c_1126035895.htm,最后访问日期:2023 年 4 月 30 日;乔雄兵、郎雪:《我国国家豁免立法现状及展望》,载《长江论坛》2021 年第 5 期;邵沙平:《〈联合国国家及其财产管辖豁免公约〉对国际法治和中国法治的影响》,载《法学家》2005 年第 6 期;等等。

② 参见《1970 年公约》第 7 条。

③ 参见《1970 年公约》第 13 条第 3 款。

④ 参见《1995 年公约》第 8 条第 1 款。

⑤ 参见《1995 年公约》第 16 条。

⑥ See Ernest K. Bankas, *The State Immunity Controversy in International Law: Private Suits Against Sovereign States in Domestic Courts*, Springer, 2005, p. 42.

用规则构成国际习惯,[①]进而为各国法院提供明确的管辖权依据,目前尚难以判断。

以国际法院审理的"德国诉意大利"案为例。该案涉及的历史文化建筑"维戈尼别墅"(Villa Vigoni)位于意大利,但自1986年起由德国政府所有。[②]2004年,意大利最高法院裁定其对纳粹受害者向德国政府提起的民事索赔诉讼有管辖权,进而引发一系列针对纳粹暴行的民事索赔诉讼。为保证判决执行,意大利法院扣押了维戈尼别墅。2008年,德国向国际法院起诉,指称意大利法院的做法侵犯了其依习惯国际法享有的国家豁免权。意大利则主张,一国对其武装部队严重违反国际人权法的行为不享有国家豁免,这亦构成习惯国际法。[③]国际法院认为,尽管德意两国均认可在本案中适用习惯国际法,但对习惯国际法的范围和限度存在明显分歧。法院进一步认定,一国不能因被控违反国际人权法而丧失豁免权,意大利的主张因缺乏充分的国家实践,尚不构成习惯国际法,意大利法院对德国政府及其财产无管辖权。[④] 可见,对于管辖豁免事项,尽管国家豁免的一般习惯国际法地位可以得到承认,但国家豁免的限制主义及其具体例外尚未构成习惯国际法,无法为管辖权提供明确具体的法律依据。

值得注意的是,该案判决生效后次年,意大利宣布加入《联合国豁免公约》,并通过立法明确排除其法院管辖针对德国在第二次世界大战期间严重侵犯人权行为的民事索赔案件。[⑤] 但意大利宪法法院随后裁定,这一立场侵害了任何

---

① 参见孙昂:《国家豁免案件的法律适用问题研究——在司法与外交复合语境中的探讨》,载《国际法研究》2021年第2期。

② See Andrzej Jakubowski, *Cultural Property under the Threat of Seizure*: (*Re*) *Defining the Limits of State Immunity in the Face of International Crimes*, Art Antiquity and Law, Vol. 18, p. 10 (2013).

③ See *Jurisdictional Immunities of the State* (*Germany v. Italy*: *Greece intervening*), Judgment, I. C. J. Reports 2012, p. 124, para. 58.

④ See *Jurisdictional Immunities of the State* (*Germany v. Italy*: *Greece intervening*), Judgment, I. C. J. Reports 2012, p. 139, para. 91.

⑤ See UNTC, *United Nations Convention on Jurisdictional Immunities of States and Their Property*, https://treaties. un. org/pages/ViewDetails. aspx? src = TREATY&mtdsg _ no = III - 13&chapter = 3&clang = _en (last visited 4 June 2022); Law No. 5 of 14 January 2013 Accession of the Italian Republic to the United Nations Convention on the Jurisdictional Immunities of States and their Property, done at New York on 2 December 2004, as well as rules of adaptation to the domestic legal system.

人享有的为保护自身权益提起诉讼的宪法权利,构成违宪。[①] 此后,意大利法院重启对德索赔相关案件的审理。2022 年 4 月,德国再次以国家豁免权受到侵害为由向国际法院起诉意大利。[②] 尽管现阶段尚无法准确预判国际法院对意大利宪法法院的裁定是否违反国际法的立场,但上述发展动态表明,国家豁免的有关例外在某些国家已引发合宪性争议,国内法院的实践正为新的习惯国际法的形成积累国家实践。

在执行豁免层面,一国位于他国财产免受该国法院司法管辖和强制执行已被广泛接受,尤其是对于国有文化财产的司法扣押豁免问题,相关习惯国际法正在形成。[③] 如用于非商业目的的国有文化财产或具有重要意义的借展文化财产免受法院执行,已在一些国家的司法实践中被援引为习惯国际法,成为法院裁判的依据。[④] 欧盟委员会 2013 年通过《关于国有文化财产管辖豁免的声明》亦承认该原则的习惯国际法地位。[⑤] 不过,由于对于适用该豁免的具体范围、条件及程序,各国立法和司法实践依然存在差异,[⑥]国家实践在何种范围及程度上构成法律确信,仍存在不确定性。[⑦] 因此,在"德国诉意大利"案中,国际法院并

---

① See Italian Constitutional Court, Judgment No. 238/2014, quoted in *Questions of Jurisdictional Immunities of the State and Measures of Constraint Against State-owned Property* (*Germany v. Italy*), Application instituting proceedings and request for the indication of provisional measures, 29 April 2022.

② See *Questions of Jurisdictional Immunities of the State and Measures of Constraint Against State-owned Property* (*Germany v. Italy*), Application instituting proceedings and request for the indication of provisional measures, 29 April 2022.

③ See Riccardo Pavoni, *Sovereign Immunity and the Enforcement of International Cultural Property Law*, in Francesco Francioni & James Gordley ed., Enforcing International Cultural Heritage Law, Oxford University Press, 2013, p. 94.

④ See *Cf. Offi ce des poursuites et faillites du district de Martigny v Compagnie Noga d'importation et d'exportation SA*, No. 5A. 334/2007/frs (Swiss Federal Tribunal, 29 Jan. 2008), para. A. b; Diag Human v. Czech Republic, Case No. 72 E 1855/11 z – 20 (District Court of Vienna, 21 June 2011).

⑤ See Council of Europe, *Declaration on Jurisdictional Immunities of State Owned Cultural Property*, 2013, https://rm. coe. int/declaration-on-immunities-en/168071bb2d (last visited 22 January 2021).

⑥ See *Morning Star International Corporation v. Gabon*, ECLI:NL:HR:2016:2236, paras 3, 4, 7 (30 September 2016).

⑦ See Christian Salm, *Cross-border Restitution Claims of Looted Works of Art and Cultural Goods*, European Parliamentary Research Service, European Added Value Unit, PE 610. 988 – November 2017, p. 61.

未回答外国文化财产享有的执行豁免权是否已构成习惯国际法,仅依据各国的广泛实践,即主要根据涉案标的物是否与商业活动有关进行判断:作为德意两国文化交流中心,维戈尼别墅被用于国家目的而非商业目的,因而享有豁免权。①

由此可见,在跨国文化财产追索中,国家豁免原则的习惯国际法地位已得到普遍认可,但对其具体立场和适用规则,则尚未构成习惯国际法,有待各国的充分实践并逐渐形成法律确信。

三、法院地法

由于国家豁免事项通常被识别为程序问题,故在缺乏可适用的国际条约以及国际习惯不明确的情况下,一国法院会依据国内法确定其对于涉及国家的文化财产追索诉讼是否享有管辖权以及是否采取相应的执行措施。需要强调的是,由于国家豁免原则经历了从绝对豁免论转向限制豁免论的演进历程,大多数国家在20世纪下半叶才完成这一转变,适用法院地法会产生时际法律冲突问题,即应适用文化财产流失时法院地的绝对豁免立场,还是审理案件时的限制豁免立场?

在"埃尔特曼诉奥地利共和国"案中,美国联邦最高法院认为,《外国主权豁免法》并非旨在保护过去的国家行为,而是为保护基于这些行为在当下引起的诉讼主张。一国在该法颁布前实施的行为已构成既定事实,适用该法既不会增加国家对过去行为的责任,也没有施加新的义务。② 此外,如果该法不能追溯适用于其生效之前的行为,则国会制定这样一部综合性管辖权立法的目的将落空。③ 美国联邦最高法院由此裁定,《外国主权豁免法》有溯及力,加利福尼亚州法院有权管辖。

美国联邦最高法院的上述立场不仅明确赋予《外国主权豁免法》溯及力,为该法适用于历史上被掠文化财产追索诉讼提供依据,④还得到国际法院的背书,产生了广泛的国际影响。在前述"德国诉意大利"案中,国际法院认为,一项行

---

① See *Jurisdictional Immunities of the State* (*Germany v. Italy*: *Greece intervening*), Judgment, I. C. J. Reports 2012, p. 148, para. 119.

② Republic of Austria v. Altmann, 541 U. S. 677 (2004).

③ 参见李庆明:《美国的外国主权豁免理论与实践》,人民日报出版社2021年版,第28页。

④ See David P. Stewart, *The Foreign Sovereign Immunities Act*: *A Guide for Judges*, Federal Judicial Center, 2nd ed., 2018, p. 10.

为是否违反国际法，仅应依该行为发生时的有效法律来确定。就管辖权而言，该案的争议行为是意大利法院否认德国豁免权并行使管辖权。德国在20世纪40年代实施的行为属于实体事项，与该案管辖权无关。因此，国际法院决定审查和适用在意大利诉讼开始时的国家豁免法律，而非纳粹德国实施涉诉行为时的法律。①

由此可见，在审理涉及国家的跨国文化财产追索诉讼时，如发生国家豁免的时际法律冲突，法院适用审理案件时其所在国现行有效的国家豁免法，应构成一般原则。

第三节　司法管辖豁免事项

一、商业行为例外

司法管辖豁免，又称"属人理由的豁免"（immunity *ratione personae*），②是指国家不得作为被告、国家财产不得作为诉讼标的在外国法院被起诉。依绝对豁免论，一国法院无法对以国家为被告或以国家财产为标的物的任何案件行使管辖权。因此近年来，各国法院处理与外国政府有关的文化财产追索案件，③涉及的争议主要集中于如何解释和适用限制豁免论，尤其是商业行为例外和征收例外。

商业行为例外是限制豁免论的核心，也是各国司法实践中被援引最多的豁免例外。④ 根据《联合国豁免公约》，国家与自然人或法人进行商业交易而引起的诉讼不得援引管辖豁免。⑤ 目前，判断国家行为是否属于商业行为的标准主要有三种，即目的标准、行为性质标准和混合标准，其中赞成行为性质标准的占

---

① See *Jurisdictional Immunities of the State* (*Germany v. Italy*: *Greece intervening*), Judgment, I. C. J. Reports 2021, p. 124, para. 58.

② See Crawford, J., *Brownlie's Principles of Public International Law*, 8th ed., Oxford University Press, 2012, p. 488.

③ See Lauren Fielder Redman, *The Foreign Sovereign Immunities Act*: *Using A "Shield" Statute as A "Sword" for Obtaining Federal Jurisdiction in Art and Antiquities Cases*, Fordham Int'l L. J., Vol. 31, p. 781 (2007).

④ See Crawford, J., *Brownlie's Principles of Public International Law*, 8th ed., Oxford University Press, 2012, p. 495.

⑤ 参见《联合国豁免公约》第10条。

多数,[①]《联合国豁免公约》也主要采纳性质标准。[②]

在"意大利诉瑞士持有人"案中,瑞士法院在跨国文化财产追索诉讼中对商业行为的判断明确采取了性质标准。在该案中,意大利政府通过司法协助程序向瑞士持有人调取一批古代石碑作为相关刑事案件的证据。期限届满后,由于意大利政府未返还该批文化财产,持有人在瑞士法院提起返还之诉,意大利政府提出管辖权异议。[③] 瑞士法院查证,涉案文化财产原属意大利非法出口文化财产,系由持有人在瑞士购得,意大利政府在接收后依其民法和文化遗产保护法予以扣留。[④] 基于此,法院认为,意大利政府的行为是否属于国家行为抑或商业行为,应由该行为的性质来决定。法院进一步指出,尽管意大利政府扣留涉案文化财产违反了适用于两国的司法协助公约,但该行为是政府实施文化财产保护和管理的主权行为,而非私法行为。该案文化财产此前卷入的商业交易并非意大利政府实施的行为,与管辖权争议无关,因而意大利政府享有管辖豁免。[⑤]

美国法院在跨国文化财产追索诉讼中也严格运用性质标准对商业行为作出裁判。同时,依据《外国主权豁免法》,美国法院适用商业行为例外不仅要求行为本身具有商业性,还要求其与美国具有直接联系或产生直接影响。[⑥] 如在"切佩尔诉匈牙利共和国"案中,匈牙利国有博物馆和美术馆收藏了一批在第二次世界大战期间缴获的犹太人艺术品。第二次世界大战结束后,匈牙利政府曾将部分文化财产返还现居于美国的继承人,但在该批文化财产准备运往美国

---

① 如依美国《外国主权豁免法》,行为的商业性质应由"行为过程或特定交易或行动的性质确定,而非依据其目的或效果"。参见霍政欣:《国际私法学》(第2版),中国政法大学出版社2020年版,第74页。

② 根据《联合国豁免公约》第2条的规定,在确定一项合同或交易是否为"商业交易时",应主要参考该合同或交易的性质,但如果合同或交易的当事方已达成一致,或者根据法院地国的实践,合同或交易的目的与其非商业性质有关,则其目的也应予以考虑。

③ See Riccardo Pavoni, *Sovereign Immunity and the Enforcement of International Cultural Property Law*, in Francesco Francioni & James Gordley eds., Enforcing International Cultural Heritage Law, Oxford University Press, 2013, p. 81.

④ 《意大利文化与景观遗产法典》第91条规定:"根据《民法典》第822条和第826条之规定,任何人以任何方式在地下或海床发现的第10条所述文化财产,均属国家所有……"中译本参见国家文物局编译:《意大利文化与景观遗产法典》,文物出版社2009年版,第40页。

⑤ Italian State v. X & Court of Appeal of the Canton of the City of Basle, 82 ILR 24 (Swiss Federal Tribunal, 6 Feb. 1985).

⑥ Foreign Sovereign Immunities Act (FSIA) of 1976, 28 U.S.C. § 1605(a)(2).

时再次将之没收,理由是根据匈牙利海关法和战后文化财产返还法规,此类文化财产禁止出境。[①] 在向匈牙利法院寻求救济无果后,文化财产继承人在美国哥伦比亚联邦地区法院提起诉讼,主张匈牙利政府拒绝返还文化财产的行为违反了双方在战后达成的临时保管协议,且美国法院依据商业行为例外享有管辖权。[②]

对此,地区法院和上诉法院作出了截然相反的裁定,前者认为不构成商业行为例外,后者则支持适用商业行为例外。上诉法院指出,为确定行为的商业性质,应判断外国政府采取的特定行动是否可由私人参与或实施。由于在战后被告保管原告文化财产的行为构成民事保管合同,而此类合同事实上可由私主体实施,故属于商业行为。[③] 案件发回重审后,地区法院部分采纳上诉法院的观点,但认为适用商业行为例外,还须证明行为至少对美国产生了直接影响,如该保管协议包含在美国境内交付文化财产的意思表示。然而,原告并未证明这一事实。事实上,由于涉案文化财产的返还系在匈牙利境内进行,且匈牙利法明确禁止此类文化财产出口,故很难认定该行为与美国具有直接联系或产生直接影响。[④]

可见,法院认为,就跨国文化财产追索诉讼而言,一国实施的某项行为如亦可由私主体为之,则该行为通常不具备主权性,而属于商业行为,无论其目的为何,国家均不享有豁免权。当然,为确立法院管辖权,争议行为还需满足法院地法适用商业行为例外的其他条件。

值得注意的是,在"切佩尔诉匈牙利共和国"案中,地区法院在排除商业行为例外后,转而适用征收例外,认为匈牙利战时征收财产的行为与诉讼相关联,[⑤]该行为具有主权性,其导致财产的损失构成种族灭绝,系对国际法的违反,故应适用征收例外。[⑥] 由此可知,在跨国文化财产追索中,尽管争议的国家行为不符合商业行为例外,但仍可能触发其他例外,其中,征收例外适用于战时掠夺

---

① de Csepel v. Republic of Hungary, 169 F. Supp. 3d 143, 161 (D. D. C. 2016).

② See Bruce L. Hay, *Nazi - Looted Art and the Law: The American Cases*, Springer, 2017, p. 239 - 244.

③ de Csepel v. Republic of Hungary, 714 F. 3d 591, 598 (D. C. Cir. 2013).

④ de Csepel v. Republic of Hungary, 169 F. Supp. 3d 143, 159 (D. D. C. 2016).

⑤ Simon v. Republic of Hungary, 812 F. 3d 141 (D. C. Cir. 2016).

⑥ de Csepel v. Republic of Hungary, 169 F. Supp. 3d 143, 147 (D. D. C. 2016).

文化财产返还之诉的案件数量呈明显增长之势，特值关注。①

二、征收例外

征收例外（或称“侵占例外”）是指一国对“在未提供符合国际法要求的充分、有效补偿的情况下实施的国有化或征收财产”的行为不享有豁免权，包括“具有任意性或歧视性的”取得财产的行为。②

由于征收通常发生在外国领土，且常与法院地国无实际联系，对外国国家行使管辖权，容易导致本国司法管辖权向域外延伸，进而有侵犯他国主权之虞。③ 因此，征收例外未被《联合国豁免公约》纳入，仅有极少数国家立法作此规定，且受到严格限制。④ 如依美国《外国主权豁免法》，适用征收例外须满足两个核心要件，即领土联系和对国际法的违反。⑤

需要指出，在跨国文化财产追索实践中，文化财产持有国因实施违反国际法的征收行为而取得争议文化财产，已成为最常被援引的豁免例外之一，⑥特别是在第二次世界大战受害者追索战争期间被劫掠文化财产的相关案件中。在此方面，美国的立法和司法实践已有突破性进展。

首先，关于外国因涉嫌违反国际法获取文化财产的行为是否符合适用征收例外的领土联系要件，商业活动构成核心判断标准。细言之，只要争议财产位于美国境内，或与美国境内的商业活动相关，或持有该财产的外国机构或部门

---

① See Lauren Fielder Redman, *The Foreign Sovereign Immunities Act: Using A "Shield" Statute as A "Sword" for Obtaining Federal Jurisdiction in Art and Antiquities Cases*, Fordham Int'l L. J., Vol. 31, p. 781 (2007).

② See Curtis A. Bradley, *International Law in the U. S. Legal System*, Oxford University Press, 2013, p. 242.

③ See Xiaodong Yang, *State Immunity in International Law*, Cambridge University Press, 2012, p. 298.

④ See Crawford, J., *Brownlie's Principles of Public International Law*, 8th ed., Oxford University Press, 2012, p. 411.

⑤ 美国《外国主权豁免法》第 1605 条（a）款（3）项对征收例外规定的条件为：“如果对违反国际法征收的财产发生争议，且该财产或与该财产交换取得的任何财产位于美国境内，并同外国国家在美国进行的商业活动相关；或该财产或与该财产交换取得的任何财产由在美国从事商业活动的外国机构或部门所有或运营。”中文译本参见徐宏主编：《国家豁免国内立法和国际法律文件汇编》，知识产权出版社 2019 年版，第 5 页。

⑥ See Michael J. Bazyler, *The Holocaust Restitution Movement in Comparative Perspective*, Berkeley Journal of International Law, Vol. 11, p. 12 (2012).

在美国境内实施商业活动，[1]该外国因涉嫌违反国际法获取文化财产的行为即符合适用征收例外的领土联系要件。对于商业活动的认定，美国法院仍遵循性质标准。如在"马列维奇诉阿姆斯特丹"案中，原告借争议文化财产在美国展览之际向哥伦比亚联邦地区法院起诉，要求荷兰阿姆斯特丹市政府返还。被告提出管辖权异议，认为涉案文化财产在美国展览并非出于商业目的，而是为促进文化交流，故应享有管辖豁免权。[2] 法院认为，由于私人博物馆也可从事跨境借展活动，因而借展行为本身并不包含任何主权因素，尽管涉案文化财产可能属于主权国家，但国家将文化财产在外国展出的行为在性质上仍属于商业行为，构成征收例外项下的商业活动，无论该行为是否具有文化教育目的。[3]

但是，法院的这一认定导致在美国展览的外国文化财产经常成为主权豁免诉讼的标的。[4] 由于外国担心文化财产借展期间涉诉，因而向美国借展文化财产的意愿大为降低。[5] 为平衡文化交流目的与文化财产追索需要，美国《外国主权豁免法》于2016年对征收例外项下的商业活动增设一项例外，[6]即在美国借展具有重要文化意义的外国文化财产不被视为商业活动，即便出借国因征收行为涉诉，法院也不得依据借展所产生的领土联系确立管辖权。但是，这一规定存在一项"例外之例外"，即对纳粹掠夺文化财产提起的诉讼不适用这一规定。[7] 美国《外国主权豁免法》的上述修订旨在回应美国法院在"马列维奇诉阿姆斯特丹"案的裁决：[8]一方面消除外国将文化财产出借给美国博物馆展览的顾虑，使其无须担心文化财产借展期间在美国涉诉；另一方面为特定类别文化财产的跨国追索留下空间，即法院仍可对纳粹掠夺文化财产的返还请求行使管

---

① Foreign Sovereign Immunities Act (FSIA) of 1976, 28 U.S.C. § 1605(a)(3).

② Malewicz v. City of Amsterdam, 362 F. Supp. 2d 298 (D.D.C. 2005).

③ Malewicz v. City of Amsterdam, 362 F. Supp. 2d 298, 314 (D.D.C. 2005).

④ 参见李庆明：《美国的外国主权豁免理论与实践》，人民日报出版社2021年版，第211页。

⑤ See Charlene A. Caprio, *Artwork, Cultural Heritage Property, and the Foreign Sovereign Immunities Act*, International Journal of Cultural Property, Vol. 13, p. 294(2006).

⑥ See The Foreign Cultural Exchange Jurisdictional Immunity Clarification Act of 2016, Pub. L. No. 114-319, Dec. 16, 2016, 130 Stat. 1618 (codified at 28 U.S.C. § 1605(h) (2016)).

⑦ See Foreign Sovereign Immunities Act (FSIA) of 1976, 28 U.S.C. § 1605(h)(2)(A).

⑧ See Laura Gilbert, *New Legislation to Protect Foreign Art Lenders from Lawsuits on U.S. Soil*, Observer, https://observer.com/2012/04/new-legislation-to-protect-foreign-lenders-from-lawsuits-on-u-s-soil/，最后访问日期：2023年4月30日。

辖权。[1]

其次，对于行为是否违反国际法，美国法院通常援引《第三次对外关系法重述》有关国家责任的阐释。[2] 依之，一国取得另一国国民财产的行为在下述情况构成违反国际法：非出于公共目的，具有歧视性，或没有提供公正补偿。[3] 值得注意的是，为防止美国法院对外国国家公权行为的过度管辖，[4]法院通常认为，对本国国民财产的征收不违反国际法，即"国内征收规则"；[5]且所违反的国际法仅限于与征收和国家责任有关的国际法规则，而非其他国际法义务，如违反国际人权法或习惯国际法。[6]

在跨国文化财产追索诉讼中，上述规则得到确认和重申，但亦引发了一些争议。在"联邦德国诉菲利普"案中，德国犹太人的继承人向美国哥伦比亚联邦地区法院起诉德国政府，要求其返还一批第二次世界大战期间被纳粹强行征收的艺术品，德国政府则以国家豁免为由提出管辖权异议。[7] 联邦地区法院和巡回上诉法院均驳回了德国的管辖权异议，[8]该案由美国联邦最高法院再审。通过分析美国对外政策，美国联邦最高法院认为，主权国家征收外国公民的财产，构成对该外国人所属国主权的侵犯，因而违反国际法；但主权国家征收本国国民财产的行为属于国内行为，并不损害国家间的关系，因而不违反国际法。[9]

对于征收财产的行为涉嫌违反国际人权法的问题，美国联邦最高法院指出，国家主权豁免例外仅涵盖针对财产权的违反国际法的行为，与种族灭绝等侵犯人权行为无关。[10] 法院还援引国际法院在"德国诉意大利"案的意见，即一

---

① Federal Republic of Germany v. Philipp, 141 S. Ct. 703 (2021).

② See Curtis A. Bradley, *International Law in the U. S. Legal System*, Oxford University Press, 2013, p. 242.

③ See Restatement (Third) of the Foreign Relations Law of the United States, § 712.

④ Banco Nacional de Cuba v. Sabbatino, 276 U. S. 398 (1964).

⑤ See Curtis A. Bradley, *International Law in the U. S. Legal System*, Oxford University Press, 2013, p. 242.

⑥ See David P. Stewart, *The Foreign Sovereign Immunities Act: A Guide for Judges*, Federal Judicial Center, 2nd ed., 2018, p. 66.

⑦ Federal Republic of Germany v. Philipp, 894 F. 3d 406 (2018).

⑧ Philipp v. Federal Republic of Germany, 248 F. Supp. 3d 59, 64 (D. D. C. 2017); 894 F. 3d 406, 408 (D. C. Cir. 2018).

⑨ Federal Republic of Germany v. Philipp, 141 S. Ct. 703, 707 (2021).

⑩ Federal Republic of Germany v. Philipp, 141 S. Ct. 703, 712 (2021).

国不能因被指控违反国际人权法而丧失豁免权。[①] 对于纳粹掠夺文化财产的追索返还，法院认为国会已通过一系列文化财产返还立法，[②]为受害者追索文化财产提供了司法诉讼以外的救济渠道，因而他们无须诉诸法院。

美国联邦最高法院依上述意见撤销了上诉法院的判决，认定德国在第二次世界大战期间的征收行为不构成违反国际法。[③] 有观点认为，美国联邦最高法院的做法表明美国法院在与其关联性不强的案件中自我谦抑，以避免管辖权的过度扩张。[④] 不过，就跨国文化财产追索而言，从美国《外国主权豁免法》对纳粹掠夺文化财产的"例外之例外"规定可以看出，立法并没有对被征收对象的国籍和被控行为所违反的国际法提出额外要求，而美国联邦最高法院的解释剥夺了部分第二次世界大战受害者的文化财产追索权，这明显偏离了立法意旨，不利于跨国文化财产追索。[⑤]

综上所述，征收例外为跨国追索文化财产，尤其是追索战时劫掠文化财产提供了新的思路。该例外允许原告基于外国政府实施的主权行为提起诉讼，只要该外国政府或其机构与美国的商业活动相关，美国法院就能确立管辖权，这提高了文化财产追索方将征收行为诉诸司法的可能性。[⑥] 不过，由于该例外涉及对他国主权行为的裁判，为避免管辖权的过度延伸，美国法院在具体适用中设置了严格的限制条件，这限缩了征收例外适用于跨国文化财产追索的空间。

除了商业行为例外与征收例外以外，主权豁免的其他例外情形亦有可能成为法院对以外国国家为被告的文化财产追索案件行使管辖权的依据，如依《联合国豁免公约》，在涉及对动产或不动产的继承、赠与或无人继承而产生的权利

---

① See *Jurisdictional Immunities of the State* (*Germany v. Italy*: *Greece intervening*), Judgment, I. C. J. Reports 2012, p. 139, para. 91.

② See Holocaust Victims Redress Act, Pub. L. No. 105 – 158, Holocaust Expropriated Art Recovery Act of 2016, Pub. L. No. 114 – 308.

③ Federal Republic of Germany v. Philipp, 141 S. Ct. 703, 716 (2021).

④ See Samuel Estreicher & Julian G. Ku, *Supreme Court Rules that Claims of Nazi – Era Expropriation of Jewish Property are Barred by Germany's Sovereign Immunity*, New York Law Journal, https://www. law. com/newyorklawjournal/2021/03/17/supreme-court-rules-that-claims-of-nazi-era-expropriation-of-jewish-property-are-barred-by-germanys-sovereign-immunity/.

⑤ See *Foreign Sovereign Immunities Act of 1976—International Law—Expropriation Exception—Federal Republic of Germany v. Philipp.*, Harvard Law Review, Vol. 135, p. 450(2021).

⑥ See Luke Tattersall, *Derailing State Immunity*: *A Broad – Brush Approach to Jurisdiction under Claims for the Expropriation of Cultural Property*, International Journal of Cultural Property, Vol. 26, p. 183(2019).

或利益时,主权国家不得援引管辖豁免。[1] 在跨国文化财产追索中,如文化财产持有国通过上述方式取得争议文化财产,法院可以行使管辖权,但仍须符合各国国内法规定的具体条件。[2] 尽管尚缺乏充分的国家实践,[3]但其他例外情形对于文化财产追索争议而言仍具有广泛适用的可能。[4]

第四节 执行豁免事项

一、用于商业目的的文化财产

执行豁免又称"属物理由的豁免"(immunity *ratione materiae*),[5]是指不能对国家财产在另一国法院采取诉讼保全措施和强制执行措施。相较于诉讼管辖豁免,对外国财产的扣押和执行将使外国主权权益受到实质影响,因而免除执行豁免的范围受到严格限制,通常仅限于商业目的的财产。[6] 此外,对于特定类型的文化财产,如跨境借展文化财产,同时享有特殊豁免保护,这对跨国文化财产追索构成阻碍。

在跨国文化财产追索诉讼中,即便一国法院有管辖权,在诉讼过程中或判决作出后,能否扣押文化财产或执行判决还须取决于该文化财产是用于商业目的还是主权目的。[7] 需要强调,与管辖豁免不同,国际法和各国国内法在执行豁

---

① 参见《联合国豁免公约》第 13 条(b)项。

② See Foreign Sovereign Immunities Act (FSIA) of 1976, 28 U. S. C. § 1605(a)(4).

③ 例如,在"埃尔特曼诉奥地利共和国"案中,埃尔特曼主张的被"征收"的文物实际上是以捐赠的名义移交给奥地利美术馆的。但由于起诉时文物不在美国,不符合美国《外国主权豁免法》对捐赠例外规定的条件,埃尔特曼无法援引该例外要求法院行使管辖权,转而主张了征收例外。参见[美]巴里·E.卡特、艾伦·S.韦纳:《国际法》,冯洁菡译,商务印书馆 2015 年版,第 761 页。

④ See Riccardo Pavoni, *Cultural Heritage and State Immunity*, in Francesco Francioni & Ana Filipa Vrdoljak eds., The Oxford Handbook of International Cultural Heritage Law, Oxford University Press, 2020, p. 553.

⑤ See Crawford, J., *Brownlie's Principles of Public International Law*, 8th ed., Oxford University Press, 2012, p. 488.

⑥ See Xiaodong Yang, *State Immunity in International Law*, Cambridge University Press, 2012, p. 343.

⑦ See Riccardo Pavoni, *Cultural Heritage and State Immunity*, in Francesco Francioni & Ana Filipa Vrdoljak eds., The Oxford Handbook of International Cultural Heritage Law, Oxford University Press, 2020, p. 553; *Jurisdictional Immunities of the State* (*Germany v. Italy: Greece intervening*), Judgment, I. C. J. Reports 2012, p. 148, para. 118.

免问题上对商业性的认定,采用的是行为的目的标准,而非性质标准。①

在国际法层面上,《联合国豁免公约》规定,对位于法院地国领土内,②且与被诉实体存在联系的外国财产,如已证明其"被用于或意图用于政府非商业用途以外的目的",该财产不享有执行豁免。③ 国际法院在前述"德国诉意大利"案中也明确采纳目的标准。④ 在国内法层面上,依据美国《外国主权豁免法》的规定,免除扣押或执行豁免的财产应为位于美国境内的"用于商业活动"的财产。⑤ 英国、意大利、法国等国的立法或司法判例亦有类似规定。⑥

对于哪些财产系用于商业目的,国际公约与各国司法实践标准不一。如《联合国豁免公约》要求该财产实际或意图用于商业活动。美国法院则认为,财产能够或计划用于商业活动不足以充分满足该要求,涉案财产应在判决作出时已被用于商业活动,才能满足之。⑦ 法国法院则强调,所执行的财产须为"被分配用于具有私法性质的经济或商业活动的财产"。⑧ 换言之,被执行的财产应为用于特定商业活动的财产,而非通过该商业活动取得的财产。

值得注意的是,《联合国豁免公约》第 21 条第 1 款以列举的方式排除了特定类型财产用于商业目的,其中包括:如涉案财产"属于一国文化遗产或档案的一部分"(第 4 项)或"构成具有科学、文化或历史价值的物品展览的一部分"(第 5 项),且均非供出售或意图出售,则此类财产不属于用于商业目的的财

---

① See Matthias Weller, *Immunity for Artworks on Loan? A Review of International Customary Law and Municipal Anti-seizure Statutes in Light of the Liechtenstein Litigation*, Vanderbilt Journal of Transnational Law, Vol. 38, p. 1008(2005).

② 需要指出,由于国家财产的执行豁免涉及对一国境内外国财产的执行,如果涉案财产位于法院地国领土外,则不存在执行豁免问题,而应诉诸判决的跨国承认与执行。如在"马列维奇诉阿姆斯特丹案"和"查巴德诉俄罗斯联邦案"中,由于涉案文化财产在判决作出后均不位于美国境内,美国法院无法强制执行之。仅当文化财产位于美国境内时,才涉及执行豁免事项。See Giselle Barcia, *After Chabad: Enforcement in Cultural Property Disputes*, Yale Journal of International Law, Vol. 37, p. 469(2012).

③ 参见《联合国豁免公约》第 19 条(c)项。

④ See *Jurisdictional Immunities of the State* (*Germany v. Italy: Greece intervening*), Judgment, I. C. J. Reports 2012, p. 148, para. 118.

⑤ Foreign Sovereign Immunities Act (FSIA) of 1976, 28 U. S. C. § 1610(a).

⑥ See Xiaodong Yang, *State Immunity in International Law*, Cambridge University Press, 2012, pp. 367 – 371.

⑦ Aurelius Capital Partners, LP *v.* Republic of Argentina, 584 F. 3d 120 (2nd Cir. 2009).

⑧ Yugoslavia v. Société Européenne, France, (1985/1986) 82 ILR 58, 72 – 73.

产。[①] 关于第4项,公约以概括的方式规定,外国文化财产免受司法扣押和执行。对此,国际法委员会认为,该项规定旨在保护缔约国的国有文化财产,第5项则将此类保护特别适用于缔约国国有文化财产参与的非商业性展览活动。[②] 至于如何判断展览是否为商业性活动,国际法委员会依然采取目的标准,[③]即只有以出售文化财产为目的的展览活动才具有商业性,以文化和科学交流为目的的展览,即便为组织展览而收取费用或存在销售纪念品等行为,也不影响展览的公共性质。[④]

需要指出,由于大多数国家法律保护的文化财产不仅包括国有文化财产,还包括经特别指定或登记的私有文化财产,因此,第4项和第5项不仅适用于国有文化财产的执行豁免,还应适用于国有博物馆等公共机构收藏的私有文化财产。在跨国文化财产追索中,如果涉案文化财产构成外国受保护文化财产的一部分,则法院无法依公约执行该文化财产,但用于商业目的的文化财产除外。

在跨国文化财产借展和交流中,对文化财产赋予执行豁免有助于保护位于境内的外国文化财产。但仅从商业目的来判定涉案文化财产是否享有执行豁免,仍会令一国的部分文化财产在位于境外时面临被外国法院司法扣押和执行的风险,这无疑会降低跨国文化财产借展和交流的意愿。[⑤] 可见,仅通过援引国家豁免制度中的商业性标准来判断涉案文化财产是否可执行尚不足以为借展文化财产提供充分保护,亦不符合文化财产跨境交往的目标。[⑥] 因此,有必要建立专门调整跨境借展文化财产的司法免扣押制度,赋予文化财产更广泛的不涉及商业性考量的豁免权,从而形成对跨境借展文化财产的特殊豁免保护。

---

① 参见《联合国豁免公约》第21条第1款第4项、第5项。

② See *Draft Articles on Jurisdictional Immunities of States and Their Property*, *ILC Commentary*, 1991, art. 19, para. 1.

③ See Nout van Woudenberg, *State Immunity and Cultural Objects on Loan*, Martinus Nijhoff Publishers, 2012, p. 63.

④ See Roger O'Keefe & Christian J. Tams eds., *The United Nations Convention on Jurisdictional Immunities of States and Their Property: A Commentary*, Oxford University Press, 2013, p. 345.

⑤ See Ronan Saref, *The Value of Borrowed Art*, Brooklyn Journal of International Law, Vol. 25, p. 733(1999).

⑥ 参见郭玉军主编:《国际法与比较法视野下的文化遗产保护问题研究》,武汉大学出版社2011年版,第430页。

二、跨境借展文化财产的司法免扣押

为满足国际文化交流与文明互鉴的需要,跨境借展文化财产须受特殊豁免保护已成为一种共识。当前,美国、德国及瑞士等不少国家通过立法规定了跨境借展文化财产的司法免扣押制度,还有一些国家则通过司法实践确立了跨境借展文化财产免予司法扣押的立场。①

尽管各国立法或司法实践关于跨境借展文化财产司法免扣押的具体适用范围和保护程度并不完全相同,但存在共通之处。首先,从文化财产出借方的法律性质来看,各国通常没有严格限定,仅有法国等极少数国家将豁免的对象限定为外国国家机构或外国公共或文化组织出借的文化财产。② 其次,对于借展行为的性质,各国通常要求应具有“公共性”和“非营利性”,而不包括“非商业性”。③ 这是由于对借展活动商业性的认定,采用的是性质标准,即该行为能否由私人实施,而非营利性仅要求借展活动的组织、实施和管理不以营利为目的,与该借展行为是否被认定为商业行为无关。④

除国家豁免制度本身的重要性以外,建立跨境借展文化财产司法免扣押的法律制度必要性主要在于:文化财产是各国文化交往的重要媒介,文化财产跨境借展是促进文化交流和国际友好关系的重要方式,只有各国确保外国文化财产在本国境内展出时免受诉讼或执行措施,并在展览结束后将其安全返还,出借国才能打消顾虑,借展方能顺利开展。⑤ 如在前述“查巴德诉俄罗斯联邦”案中,尽管美国法院判令俄罗斯将文化财产返还原告,但同时强调,在俄罗斯履行判决前,法院不会执行其位于美国境内与该案无关联的财产,尤其是文化财产,

---

① See Nout van Woudenberg, *State Immunity and Cultural Objects on Loan*, Martinus Nijhoff Publishers, 2012, p. 3.

② Loi portant diverses dispositions d’ordre économique et fi nancier, art. 61.

③ 参见郭玉军主编:《国际法与比较法视野下的文化遗产保护问题研究》,武汉大学出版社2011年版,第449页。

④ See Nout van Woudenberg, *State Immunity and Cultural Objects on Loan*, Martinus Nijhoff Publishers, 2012, p. 155 – 156.

⑤ See Riccardo Pavoni, *Sovereign Immunity and the Enforcement of International Cultural Property Law*, in Francesco Francioni and James Gordley eds., Enforcing International Cultural Heritage Law, Oxford University Press, 2013, p. 553.

因而不会影响两国的文化财产交流，俄罗斯无向美国暂停借展文化财产之必要。[①] 可见，跨境借展文化财产的司法免扣押不仅是对国家豁免权的维护，亦是对跨文化交流的保障。

不过，该制度与跨国文化财产追索存在一定冲突，特别是在借展国与出借国均为文化财产返还公约缔约国的情况下。如《1970 年公约》和《1995 年公约》旨在打击文化财产非法贩运，促进流失文化财产返还原属国，缔约国有义务依公约规定促进被盗和非法出口文化财产的返还，而借展文化财产的司法免扣押制度旨在确保借展文化财产返还出借国，在宗旨与具体义务上均与公约存在矛盾。[②] 此外，在跨国文化财产追索实践中，当事人通常选择向文化财产所在地法院起诉，[③]因而文化财产纠纷诉诸借展国法院的情况颇为常见，该制度可能减损文化财产原属人的司法救济权。[④]

为平衡国际文化财产交流与跨国文化财产追索之间的关系，不少国家的立法对跨境借展文化财产司法免扣押制度施以限制，而非全部、自动地授予豁免权。如美国《联邦司法扣押豁免法》规定，享有豁免权的外国文化财产应具备文化上的重要性，在美国境内临时存储、保护、展开科学研究、展览或展示符合美国国家利益，且须经由总统或其指定的人决定，并在联邦公报上公布。[⑤]

还有国家对文化财产的合法来源提出要求，对被盗文化财产不给予豁免权。[⑥] 如依瑞士《联邦文化财产国际转让法》的规定，外国文化财产在瑞士临时借展期间，出借方应向接收方提供担保，该担保应包含对该文化财产及其来源

---

① Agudas Cbasidei Chabad of United States v. Russian Federation, 729 F. Supp. 2d 141 (D. D. C. 2010).

② See Christian Salm, *Cross-border Restitution Claims of Looted Works of Art and Cultural Goods*, European Parliamentary Research Service, European Added Value Unit, PE 610. 988 - November 2017, p. 54.

③ 参见霍政欣、陈锐达：《跨国文物追索：国际私法的挑战及回应——从"章公祖师肉身坐佛案"展开》，载《国际法研究》2021 年第 3 期。

④ See *Prince Hans - Adam II*, Application No. 42527/98, paras. 67 - 70.

⑤ See 1965 Immunity From Seizure Act (IFSA), 22 U. S. C. § 2459(a).

⑥ See Andrea Gattini, *The International Customary Law Nature of Immunity from Measures of Constraint for State Cultural Property on Loan*, in Isabelle Buffard *et al*. eds., International Law between Universalism and Fragmentation: Festschrift in Honour of Gerhard Hafner, Martinus Nijhoff Publishers, 2008, p. 430.

的准确描述并在联邦公报上公布。① 在国际法层面上，国际法协会文化遗产法委员会2014年《关于以文化、教育或科学为目的的临时跨国文化财产的司法扣押及诉讼豁免公约（草案）》规定，在接收国出于文化、教育或科学目的临时保管文化财产前，接收国和出借国应分别或合力至少按照国际博物馆协会的标准开展尽职调查，确保文化财产来源合法。②

综上所述，在跨国文化财产追索中，如外国文化财产享有扣押和执行豁免权，法院难以对涉案文化财产采取执行措施。不过，通过对豁免权施以程序限制，或在事前对文化财产来源合法性展开调查，可以避免在借展国法院引起文化财产追索纠纷时对当事人的合法权益构成不当减损，从而在国家豁免与跨国文化财产追索之间保持有效平衡。

第五节　中国的立场选择与实现路径

一、立场选择

当今世界处于百年未有之大变局，以习近平同志为核心的党中央主动应对全球形势的深刻变化，统筹国内国际两个大局，将涉外法治建设提升到前所未有的高度，并将“统筹推进国内法治和涉外法治”确立为新时代全面依法治国必须做到的“十一个坚持”之一，为我国运用法治方法应对外部挑战，稳步推进和平发展以及妥善处理与外部世界的关系指明了方向。③ 国家豁免制度对于维护国家主权、安全、发展利益具有重要意义，是我国涉外法治建设的重要组成部分。因此，解决海外流失文化财产追索中的国家豁免问题，需要在涉外法治建设的系统工程内加以谋划，④并在我国改革与完善国家豁免制度的整体进程中加以推进。

---

① See Federal Act on the International Transfer of Cultural Property (CPTA), Art. 10, Art. 11. 1; Ordinance on the International Transfer of Cultural Property (CPTO), Art. 7.

② See International Law Association, Committee on Cultural Heritage Law, Resolution 3/2014, Draft Convention on Immunity from Suit and Seizure for Cultural Objects Temporarily Abroad for Cultural, Educational or Scientific Purposes, Art. 7.

③ 参见霍政欣：《我国法域外适用体系之构建——以统筹推进国内法治与涉外法治为视域》，载《中国法律评论》2022年第1期。

④ 参见霍政欣、陈锐达：《文化主权视域下流失文物追索的法理思考——基于石窟寺流失文物的分析》，载《学术月刊》2022年第1期。

多年来，中国政府在其他国家或地区法院涉诉的情况时有发生，在这些案件中，中国政府反复表明国家及其财产享有豁免是国际法的基本原则，即主张绝对豁免论，反对限制豁免论。① 全国人大常委会亦在相关立法解释中明确表明，②我国采取绝对豁免立场。可见，中国在立法与实践上均长期坚持绝对豁免论。③

近年来，随着综合国力的不断提升，中国已成为世界主要对外投资国之一，且已从债务大国转变为债权大国。在此背景下，继续坚持绝对豁免论不利于中国政府和企业追讨海外债务。不仅如此，坚持绝对豁免论不可避免地导致当事人无法在中国法院起诉其他任何一个国家，而中国政府作为被告在美国等采取限制豁免论的国家被诉的情况却越发频繁。可见，中国继续坚持绝对豁免论，已逐渐失去合理性和必要性。此外，作为《联合国豁免公约》的签署国，即便公约尚未生效，依据国际法，中国也不得采取与公约宗旨不符的行为。④ 所以，在新的时代背景下，中国有必要调整国家豁免立场，从绝对豁免论转向限制豁免论。⑤ 就流失文物追索而言，坚持绝对豁免论已构成我国通过跨国诉讼追索文物的重大法律障碍，亟待进行立场调整。

(一)既有立场之弊

绝对豁免论在跨国文化财产追索中的弊端日益显现。具体而言，一方面，由于坚持绝对豁免立场，中国政府一般不会在外国法院主动提起文物追索诉讼，在外国法院涉诉时常以中国国家豁免为由拒绝应诉。⑥ 这意味着我国放弃在外国法院寻求司法救济的权利，甚至可能导致延误文物追索时机。前已提

---

① 参见霍政欣、汤诤：《美国法院涉新冠疫情诉讼的主要法律问题》，载《武大国际法评论》2020 年第 3 期。

② 参见全国人大常委会《关于〈中华人民共和国香港特别行政区基本法〉第十三条第一款和第十九条的解释》。

③ See Dahai Qi, *State Immunity, China and Its Shifting Position*, Chinese Journal of International Law, Vol. 7, p. 315 – 326(2008).

④ 参见[英]R. 詹宁斯、A. 瓦茨修订：《奥本海国际法》(第 1 卷 · 第 1 分册)，王铁崖等译，中国大百科全书出版社 1995 年版，第 277 页。

⑤ 参见郭玉军、徐锦堂：《论国家豁免的相对性》，载《武大国际法评论》2003 年第 1 期；何志鹏：《主权豁免的中国立场》，载《政法论坛》2015 年第 3 期；乔雄兵、郎雪：《我国国家豁免立法现状及展望》，载《长江论坛》2021 年第 5 期。

⑥ See Nout van Woudenberg, *State Immunity and Cultural Objects on Loan*, The Hague: Martinus Nijhoff Publishers, 2012, p. 349.

及,在阻止佳士得拍卖圆明园青铜兽首时,中国政府未曾主动起诉或参与诉讼,导致诉讼因原告主体资格问题而失败。1995 年我国向英国追索 3000 余件走私文物时,在走私嫌疑人向英国法院提起民事诉讼后,中国政府拒绝应诉,并明确以国家豁免权为由,迫使法庭无限期冻结文物,导致这批文物历经 25 年之久直到 2020 年才最终以司法外途径全部返回中国。[①] 可见,继续坚持绝对豁免立场,不利于我国通过跨国诉讼途径追索流失文物。

另一方面,坚持绝对豁免论导致当事人无法在中国法院提起以外国国家或政府为被告的文物追索诉讼。如随着近年来我国民众文化主权意识的提高,要求日本返还战时被掠文物的呼声愈加高涨。为此,中国民间对日索赔联合会曾于 2015 年分别在中国和日本两地法院起诉日本政府及皇室,要求返还日本侵华期间被掠的"中华唐鸿胪井刻石",这是我国民间首次通过法庭诉讼方式向日本追讨文物。[②] 然而,受政治、外交等复杂因素影响,该案诉讼面临诸多困难,迄今无实质进展。首先,由于中国一向秉持绝对豁免立场,此类诉讼以外国政府为被告,我国人民法院无法对之行使管辖权,日本政府也有可能基于对等原则提出管辖权抗辩。[③] 其次,尽管日本立法已采纳限制豁免论,[④]其法院有可能行使管辖权,但碍于日本国内法和司法政策,[⑤]当事人还面临原告诉讼主体资格、法律溯及力以及诉讼时效等难题。[⑥]

由此可见,绝对豁免立场已成为当前我国文物追索工作的掣肘,导致我国

---

① 参见李韵:《二十五年追索,六十八件流失文物回家记》,载《光明日报》2020 年 11 月 20 日,第 9 版。

② 参见《中国民间在北京东京海牙三地起诉日本　要求归还国宝》,载中国新闻网,https://www.chinanews.com.cn/sh/2015/06-09/7332874.shtml。

③ 参见王欣濛、徐树:《对等原则在国家豁免领域的适用》,载《武汉大学学报(哲学社会科学版)》2015 年第 6 期。

④ 日本于 2007 年签署《联合国豁免公约》,2009 年日本国会通过关于日本法院对外国国家行使民事管辖权的法案,并于 2010 年正式接受公约。See Hazel Fox CMG QC & Philipa Webb, *The Law of State Immunity*, p. 296; UNTC, *United Nations Convention on Jurisdictional Immunities of States and Their Property*, https://treaties.un.org/pages/ViewDetails.aspx?src=TREATY&mtdsg_no=III-13&chapter=3&clang=_en,最后访问日期:2023 年 4 月 30 日。

⑤ See Kang Jian & William Underwood, *Japan's Top Court Poised to Kill Lawsuits by Chinese War Victims*, The Asian-Pacific Journal, Vol. 5, p. 1(2007).

⑥ See Hui Zhong, *Can Chinese Individuals Request the Restitution of Chinese Cultural Relics in Japan?: A Revisit under International Law*, Journal of East Asia and International Law, Vol. 10, p. 194(2017).

追索海外流失文物时难以借助司法诉讼充分展开。

(二)立场转向之利

调整国家豁免立场,从绝对豁免论转向限制豁免论,对于我国通过跨国诉讼途径追索流失文物极具重要性和必要性。

首先,采纳限制豁免论有助于我国积极地通过司法途径追索流失文物,兼具法律和实践上的合理性。

在法律层面上,现代文物保护立法大都确立国家对本国大多数文物的所有权,因而国家是提起文物追索诉讼的最佳主体。[①] 如依我国《文物保护法》的规定,境内地下、内水和领海中遗存的一切文物属于国家所有,[②]故对于绝大多数流失海外的文物而言,中国政府是提起诉讼的适当主体。由于文物保护和管理,尤其是进出口监管,属于主权国家行使公权力的体现,[③]因而违反文物出口管制法律而产生的文物返还请求只能由国家提出,不能由私人主张。[④] 同时,作为有关文物返还国际公约或双边协定的缔约主体,国家通常是向文物所在缔约国提出返还请求的最适当主体,而缔约国的司法程序和法律适用规则可以为原属国政府行使请求权创造条件。[⑤] 而且,从绝对豁免论转向限制豁免论,将实质性减少我国政府对海外诉讼的顾虑,还可避免外国基于绝对豁免论的对等原则拒绝参加诉讼,由此确保我国在文物追索诉讼中的主动权。

---

① 参见陆建松:《文物灾难备忘录:当代中国文物犯罪与防治》,四川人民出版社2002年版,第27页。

② 参见我国《文物保护法》第5条。

③ See Dominic McGoldrick, *The Boundaries of Justiciability*, The International and Comparative Law Quarterly, Vol. 59, p. 981(2010).

④ See Jordana Hughes, *The Trend toward Liberal Enforcement of Repatriation Claims in Cultural Property Disputes*, The George Washington Journal of International Law and Economics, Vol. 33, p. 133 (2000).

⑤ 如根据美国《外国主权豁免法》第1606条,依该法不享有豁免权的国家,应与私人在同等情况下以同等方式承担同等程度的责任,包括适用与平等民事主体之间争议相同的法律适用规则。在"卡希尔诉西班牙泰森美术馆基金会案"中,原告卡希尔在加利福尼亚中区联邦地区法院起诉西班牙泰森美术馆返还在二战中被德国强制征收并由被告购得的一幅画作。在涉及该案实体问题的法律适用时,美国联邦最高法院认为,在不涉及联邦利益的情况下,该案应适用与普通民事案件相同的冲突规则,即案件审理法院所在地加利福尼亚州的冲突规则,而非联邦普通法的冲突规范。前者指向的准据法对文物返还有利,后者则有可能构成文物返还的障碍。See Cassirer v. Thyssen – Bornemisza Collection Foundation, 596 U. S. (2022), p. 1, 7 – 8; Evelien Campfens, *Cross – Border Claims to Cultural Objects: Property or Heritage ?*, Eleven International Publishing, 2021, p. 122.

在实践层面上，考虑到在外国提起诉讼的成本较高，作为具有强大经济、政治与法律资源的国家理应在跨国文物追索诉讼中承担重要角色。从意大利、希腊、埃及、墨西哥、印度等主要文物流失国的文物追索实践来看，国家均是最为重要的追索主体，在大部分文物追索诉讼中，国家都是原告或主要原告。因此，以中国为代表的文物流失国与文物持有国在司法层面上展开法律交锋，将为流失文物返还原属国价值理念提供更加坚实的司法裁判支撑，贡献更具说服力的国家实践。

其次，采纳限制豁免论可以有效克服制约中国法院对跨国文物追索案件行使管辖权的法律障碍，充分发挥人民法院涉外审判职能，提升中国司法在跨国文物追索返还领域的国际影响力。①

细言之，对于由外国国家或政府持有的中国流失文物，限制豁免可以为我国政府或文物原属人在人民法院起诉返还创造条件。如前所述，我国当事人追索日本战时劫掠的中国文物面临双重司法障碍，既难以获得日本法院的支持，也无法向人民法院寻求救济。采纳限制豁免后，人民法院受理此类案件的法律障碍将被移除。由此，人民法院可以积极发挥涉外审判功能，通过作出标杆性判决，彰显我国立场，维护我国权益。

此外，由于中国近年来已成为兼具文物流失国与流入国身份的国家，对于非法流入我国的外国文物，一旦采纳限制豁免论，人民法院亦可受理文物原属国提起的返还诉讼，并依据对中国与该国均有约束力的国际条约和中国法律作出公正判决。如此，我国法院不仅能妥善确定文物纠纷当事方的权利义务，为文物原属国伸张正义，还能向国际社会彰显中国严格履行文物返还公约义务的形象，为其他国家树立典范，提高中国司法的国际公信力与美誉度。

综上所述，采纳限制豁免论后，“中国政府主动在外国起诉”与“中国法院依法受理外国涉诉案件”将构成我国参与跨国文物追索诉讼的“一体两翼”。这一目标的实现要求我国将文物追索工作纳入涉外法治建设的系统工程，推动我国从绝对豁免论向限制豁免论转变，加快制度与规则建设。

二、实现路径

经过长期努力，中国的综合国力已进入世界前列，国际地位得到前所未有

---

① 参见霍政欣：《追索海外流失文物：现状、难题与中国方案》，载《法律适用》2017 年第 20 期。

的提升,正日益接近世界舞台中央。① 在此时代背景下,调整国家豁免立场,通过立法方式正式采纳限制豁免论是维护国家权益和提升中国国际影响力的必然要求,也是我国涉外法治建设的重要内容。对于文物追索而言,为有力推进追索工作、提高我国在文物全球治理体系中的话语权,我国制定的国家豁免立法应系统构建跨国文物追索国家豁免制度体系,并建立跨境借展文物司法免扣押的配套规则。

(一)加快制定和完善国家豁免立法

在国家豁免问题上,除散见于各专门领域的国内法和国际条约、全国人大常委会的立法解释和我国政府在海外涉诉时的立场声明之外,系统规定国家豁免问题的中国法律曾长期阙如。面对日益复杂多变的国际国内环境,我国亟待制定综合性的国家豁免立法,充实维护国家权益的法律工具箱。从我国对外交往需要和国际发展趋势来看,我国国家豁免立法应采纳限制豁免论的基本立场,借鉴《联合国豁免公约》和相关国家立法实践,结合我国的现实需要,详细规定国家豁免例外的具体事项和范围,并在条件成熟后批准《联合国豁免公约》。

从中国国家豁免制度的建立进程上来看,国务院办公厅在 2016 年公布《立法工作计划》,将"外国国家豁免法"作为立法项目之一,正式将豁免法的制定提上日程。② 2022 年 12 月 9 日,十三届全国人大常委会第一百三十次委员长会议审议《外国国家豁免法(草案)》的议案,并于 12 月 30 日向社会公开征求对该草案的意见。③《外国国家豁免法》经十四届全国人大常委会第五次会议通过,自 2024 年 1 月 1 日实施。该法的颁布标志我国的外国国家豁免制度得以系统建立,明确我国的外国国家豁免政策由绝对豁免转向限制豁免,这对于统筹推进国内法治和涉外法治、促进对外开放、依法维护权益、稳定行为预期等具有重要意义。④

---

① 参见习近平:《决胜全面建成小康社会 夺取新时代中国特色社会主义伟大胜利——在中国共产党第十九次全国代表大会上的报告》,人民出版社 2017 年版,第 10 ~ 11 页。

② 参见《国务院办公厅关于印发国务院 2016 年立法工作计划的通知》,载法律图书馆官网,http://www.law-lib.com/law/law_view.asp? id = 528252,最后访问日期:2022 年 7 月 29 日。

③ 参见《栗战书主持召开十三届全国人大常委会第一百三十次委员长会议 决定十三届全国人大常委会第三十八次会议 12 月 27 日至 12 月 30 日在京举行》,载中国人大网,http://www.npc.gov.cn/npc/kgfb/202212/d863d7bc178244809e7d6fd57df5247a.shtml,最后访问日期:2023 年 4 月 30 日。

④ 参见《全国人大常委会法工委负责人就外国国家豁免法答记者问》,载新华网,http://www.xinhuanet.com/2023 - 09/02/c_1129841470.htm。

整体而言,《外国国家豁免法》框架清晰,结构合理,立法体例、具体内容均与国际通行规则接轨,采纳限制豁免的基本立场,为我国政府在外国法院提起文物追索诉讼和人民法院审理涉及外国政府的文物追索案件奠定基础。

不过,从文物追索的实践需要来看,该法还无法为追索文物提供全面有力的法律支持。首先,由于该法并未规定对其生效前发生的行为具有溯及力。依法不溯及既往的原则,它无法为追索历史上的流失文物扫清时际法律障碍。其次,鉴于商业行为例外、征收例外以及与财产转让有关的豁免例外均有可能适用于跨国文物追索诉讼,该法体现上述诸项例外时,还应妥善处理它们与文物追索之间的关系,既要符合维护国家权益的整体目标,又要使其与文物追索纠纷的产生背景、动因和制约因素相匹配,为便利文物返还提供法律条件。因此,在该法未对战争索赔和战时掠夺文物的追索规定专门条款的情况下,它难以为我国追索战时被掠文物提供全面、有力的法律保障。

在执行层面上,建议未来修法时参照《联合国豁免公约》,进一步明确外国财产免受司法扣押和执行的基本原则和例外条件,将商业目的作为外国财产可执行性的判定标准。不过,对于外国国有文物,尤其是跨境借展文物,不能将商业性与文物的可执行性完全等同起来,而应注重与外国文物司法免扣押制度相衔接,确保其享有特殊豁免保护。

(二)系统构建契合文物追索需要的国家豁免规则体系

为实现国家豁免制度在跨国文物追索诉讼中发挥“一体两翼”的功能,我国还需通过立法和司法实践,进一步明确国家豁免事项在跨国文物追索诉讼中的具体适用规则,既要把握国家参与跨国文物追索诉讼的主动权,又要确保我国法院对跨国文物追索案件的司法审判权。

一方面,对于国家主动在外国法院起诉而言,由于国家豁免问题主要适用案件审理法院所在国的立法和司法立场,外国法院审理涉及我国的国家豁免案件适用我国国家豁免制度的可能性较小,但我国立法可以通过规定有权代表国家在海外起诉或应诉的国家机关、有关司法文书在国内的送达和处理程序等,提高我国在外国法院涉诉时的应对能力。对于文物追索而言,我国应在目前推进的《文物保护法》修订中,专设条款声明国家追索海外流失文物的基本立场及其在跨国文物追索诉讼中的法律地位,具体指定代表我国对外参与文物追索诉讼的国家机关,明确对外追索的诉讼主体。

另一方面,从法院依法受理来看,我国应灵活运用国家豁免规则,充实跨国文物追索的法律工具箱,积极推进法院开展跨国文物追索的司法审判实践。首先，立法机关应完善《民事诉讼法》等法律，明确我国法院审理以外国国家或政府为当事方的文物追索案件的管辖权、诉讼程序与判决执行等事项。其次，最高人民法院可适时颁布司法解释，规定我国国家豁免立法适用于司法机关审理跨国文物追索案件的具体规则，尤其是国家豁免各项例外的具体适用标准及条件。最后，从文物追索的现实需要来看，我国还可在立法或司法解释中强化我国当事人向人民法院起诉外国国家或政府追索文物的诉讼权利，探索建立国家依法支持文物追索的公益诉讼制度。此外，我国还可通过与他国签订双边协议的方式，明确文物追索诉讼中缔约国政府的诉讼地位和豁免规则，在坚持我国基本立场的前提下推进文物追索领域的双边司法合作。

（三）建立跨境借展文物司法免扣押制度

随着国际文物跨境流通与文化往来的日益频繁，跨境借展文物司法免扣押制度已为各国立法和司法实践采纳，为外国借展文物提供了特殊的豁免保护。当前，我国相关立法尚未建立跨境借展文物的司法免扣押制度，成为困扰我国开展文物国际交流的主要法律障碍之一，亟待解决。

也许有人会担心，司法免扣押制度不利于通过司法途径追索因借展等原因暂时回到境内的我国流失文物，但这一担心并无必要。首先，跨境借展文物的司法免扣押制度有助于促进我国流失文物回国展出，提高民众对流失文物的认识及其文物保护和文化主权意识，为日后追索文物奠定基础。其次，从长远来看，解决文物所有权争议的理想地并非借展国，而是文物原保存地，对借展文物免予司法扣押并不意味着放弃对文物的所有权主张，两者并不矛盾。[①] 最后，通过对外国借展文物司法扣押豁免权的取得规定限制条件，可以最大限度削减司法免扣押制度可能存在的负面作用，有效平衡文化交流与文物追索之间的关系。

进言之，为避免该制度成为文物持有人免除文物返还义务的筹码，实现跨境借展文物的司法扣押豁免保护与文物返还国际义务相协调，我国立法可对外国文物的司法扣押豁免权设置一定条件。首先，免受司法扣押的外国文物范围应仅限于博物馆等文物收藏单位在公益性展览中的文物，而不包括以营利为目的的展览，如在文物拍卖前举行的公开展览。其次，立法可规定借展文物司法免扣押的事先公示制度和批准程序，对申请司法扣押豁免的外国文物开展来源

---

① 参见霍政欣：《追索海外博物馆非法收藏的中国文物：困难与对策》，载《中国博物馆》2016年第1期。

调查。当前,我国行政机关已逐步重视对外国临时进境文物来源的合法性审查,但相关程序和法律后果并不完备。[①] 因此,我国立法应明确跨境借展文物免予司法扣押的审查机关和程序,规定文物来源认定标准,对于无法提供合法来源证明或存在涉诉风险的文物,不给予豁免权,并将相关信息公布或上传至国际数据库。最后,我国还可通过与外国签订双边协议的方式规定双方借展文物免受扣押和执行的条件;在涉及双方应承担的有关文物返还的国际义务时,考虑对特定借展文物不给予豁免保护。

① 参见国家文物局《关于做好文物进出境审核中被盗文物查验工作的通知》,文物博函〔2018〕369号。

第四编

不可移动文化财产的保护

没有生命的文化遗产啊，你有灵魂吗？

——［法］阿方斯·德·拉马尔丁[①]

---

① Extract from "Milly ou la Terre Natale"（Milly or the Native Land） by Alphonse de Lamartine, in *Harmonies Poétiques et Religieuses*（*Poetic and Religious Harmonies*）, third book.

第一章　历史回顾

人类文明的进程如奔腾的江水川流不息。当时间的潮水退去，唯有星星点点的美丽贝壳留了下来，向今天的人类传达着历史的信息，它们是人类文明的结晶，它们承载着创造了它们的时代精神、人类的智慧与永恒的生命，它们就是先人留下来的遗产。[①] 20 世纪爆发的两次世界大战，使人类遗产遭受重创，给人类带来巨大伤痛，同时也激发了人类建立一个和平新世界的愿望。

第二次世界大战结束以后，在国际社会的共同努力下，一个崭新的世界格局得以构建，和平发展成为主旋律，大规模、持续性的武装冲突得以避免，人类遗产受战火破坏的威胁在整体上得到降低。然而，随着战后全球格局的改变与各国社会、经济的迅猛发展，散落在世界各国的人类遗产受到的威胁呈现日益多样化的态势。除武装冲突、偷盗、私掘、贩运等传统威胁之外，人类遗产安全面临的挑战越来越多地来自城市建设、环境污染、气候变化以及过度商业开发等新问题。在此背景下，如何处理文化及自然遗产与社会发展之间的关系，成为全世界需要共同面对的重大问题。因此，制定一个专门保护人类遗产的国际条约，建立国际保护机制保护分散在各国的珍贵遗产，从法律上确认保护此类遗产是全人类的共同

---

① 参见吕舟：《世界遗产 30 年》，载《中国国家地理》2004 年第 6 期。

责任,并为各国施加具体的法律责任以应对各种新的挑战,成为国际社会的共识。

正是在这样的历史条件下,《世界遗产公约》应运而生。《世界遗产公约》体现了人类遗产“数量虽众,实为一体”(we are one, but we are many)的理念,[①]从法律层面上确认具有特别重要价值的自然遗产与文化遗产属于全人类,它们在历史、道德、心理、精神、文化、社会、教育以及休闲娱乐等诸多领域对全人类具有独特且重大的意义。在当代国际法体系下,该公约构成保护不可移动文化财产的基石性条约。[②] 鉴于此,本编以该公约为主要研究对象,系统梳理、分析调整不可移动文化财产保护的国际法制度与规则。

第一节 各国国内立法演进史

保护特定类别的文化财产,尤其是属于不动产的建筑物与考古遗址,这一理念并非《世界遗产公约》独创。事实上,正如本书第二编第一章与第三编第一章所析,通过立法保护不可移动的文化财产,尤其是宗教、文化与历史建筑,在人类历史上早已有之,且国内立法的步伐远远先于国际立法。

譬如,1462 年,罗马教皇庇护二世(Papal Bull of Pius Ⅱ)颁布敕令,保护罗马城内的建筑;[③]1560 年,英国女王伊丽莎白一世(Elizabeth Ⅰ)下令保护英格兰境内的教堂,使其免受宗教改革运动中过激行为的破坏;[④]1666 年,瑞典国王颁布法令,禁止破坏境内的古代建筑与遗址;[⑤]18 世纪初,赫库兰尼姆(Herculaneum)与庞贝(Pompeii)古城被考古发现后,意大利也制定了保护历史建筑与考古遗址的立法。[⑥]

---

① 这一理念的措辞来自澳大利亚歌曲“我是澳大利亚人”(I am Australian)中的一句歌词,“we are one, but we are many”。

② See Meyer, R. L., *Travaux Preparatoires for the UNESCO World Heritage Convention*, Earth Law Journal, Vol. 2, p. 45, 46(1976).

③ See O'Keefe, P. J. & Prott, L. V., *Law and the Cultural Heritage, Vol. I Discovery and Excavation*, Professional Books Ltd., 1984, p. 34.

④ See O'Keefe, R., *The Protection of Cultural Property in Armed Conflict*, Cambridge University Press, 2006, p. 28.

⑤ See Forrest, C., *International Law and the Protection of Cultural Property*, Routledge, 2010, p. 225.

⑥ See O'Keefe, P. J. & Prott, L. V., *Law and the Cultural Heritage, Vol. I Discovery and Excavation*, Professional Books Ltd., 1984, p. 28.

法国的早期立法尤须提及,正如本书在第二编第一章所言:“对于文化财产法的演进而言,法国革命、拿破仑战争与19世纪是一个分水岭。”事实上,对于不可移动文化财产的保护而言,这一阶段的法国经验极其重要,它们构成该领域近代国内立法的基础。1789年,法国考古与建筑学家昆西明确提出保护古代建筑的理念。他在发表于该年的一篇文章中指出,一些历史建筑特具重要价值,这是基于建筑本身的价值,而非基于其用途或目的。① 经过法国大革命与拿破仑战争的洗礼,古代建筑须得保护的理念逐步深入人心。1830年,法国当局建立了专门负责历史建筑保护的“历史建筑委员会”。1849年,被列入保护名录的法国历史古建筑迅速增长到约3000处。② 1887年,法国颁布划时代的《历史古迹法》。

这一时期的法国立法与实践,极大地推动了欧洲其他国家在此领域的法制化进程。19世纪中叶,历史建筑在大部分欧洲国家已得到法律保护。③ 欧洲的法制发展进一步促进了世界其他地区的立法进程。19世纪末,不少亚洲与拉美国家也陆续颁布了旨在保护不可移动文化财产的立法。④

各国国内法的发展亦大大促进了此领域的国际立法。19世纪下半叶以来,旨在保护不可移动文化财产免遭破坏的国际条约逐渐成为国际立法的关注点与着力点之一。回顾历史不难发现,不可移动文化财产保护的立法进程呈现“各国国内法相互影响、国内法与国际法相互促进”的良性互动态势。

与历史建筑相比,对自然风景进行法律保护的进程要晚得多。在该领域,一般认为,“国家公园”(National Park)概念是由美国艺术家乔治·卡特林(Geoge Catlin)首先提出的。1832年,在去达科他州旅行的路上,他对美国西部大开发对印第安文明、野生动植物以及荒原的影响深表忧虑。此次旅行后,他撰文写道:“它们可以被保护起来,政府须在法律与政策层面进行制度设计,建立一个大公园——一个国家公园,其中有人也有野兽,所有的一切都处于原生状况,体现自然之美。”⑤在越来越多有识之士的呼吁下,美国国会于1872年通

---

① See O'Keefe, P. J. & Prott, L. V., *Law and the Cultural Heritage, Vol. I Discovery and Excavation*, Professional Books Ltd., 1984, p. 34.

② See Choay, F., *Invention of the Historic Monument*, Cambridge University Press, 2001, p. 97.

③ See Choay, F., *Invention of the Historic Monument*, Cambridge University Press, 2001, p. 84.

④ See O'Keefe, R., *The Protection of Cultural Property in Armed Conflict*, Cambridge University Press, 2006, p. 15.

⑤ Mackintosh, B., *The National Parks: Shaping the System*, U. S. Department of the Interior, 2000, p. 1.

过了《黄石法》(Yellow Rock Act),建立了世界上第一个国家公园——黄石国家公园,标志着国家公园这一概念正式运用于实践。[①] 在具有独特自然风貌与重大自然价值的大片区域划设国家保护区,由联邦政府为全国人民的共同福祉进行严格保护,美国国家公园体系的这一核心理念[②]对世界其他国家的立法与国际法产生了重大影响。[③]

第二节 国际法演进史

第二次世界大战结束以后,西方殖民体系瓦解,大批亚非拉国家实现了民族独立。在新的世界政治、经济格局下,许多发展中国家经历了快速城市化、工业化的发展进程。因而世界遗产保护面临诸多新挑战、新问题,其中,城市扩张、过度商业化以及环境污染的威胁日益严重。

与此同时,在各国国内层面及国际层面上,遗产管理制度也经历着重大转变。从国家层面上看,经过制度创新与法律改革,美国的自然与文化遗产管理制度在20世纪中期日臻完善,影响了其他国家管理制度的变革与发展。从国际层面上看,自20世纪60年代起,遗产管理制度进入快速发展通道。1964年5月,第二届"建筑师和技术员国际会议"在威尼斯召开,并于31日通过两项历史性决议:第一,制定和发布《保护历史古迹及历史地段的国际宪章》(简称《威尼斯宪章》)。《威尼斯宪章》肯定了历史古迹的重要价值和作用,将其视为人类的共同遗产和历史见证,并建立了一个文化遗产保护的理论和技术标准平台。第二,决定成立保护历史建筑与古迹的专门性国际机构——"国际古迹遗址理事会"(International Council on Monuments and Sites,ICOMOS)。该理事会的建立对于不可移动文化财产的保护立法,尤其是《世界遗产公约》的制定,起到了举足轻重的作用。[④] 1965年,在华盛顿召开的会议上,联合国教科文组织提出了建立"世界遗产信托基金"(Word Heritage Trust)的建议,并获各国积极响应,

---

① 参见杨锐:《美国国家公园体系的发展历程及其经验教训》,载《中国园林》2001年第1期。

② See Muir, J., *Our National Park*, University of Wisconsin Press, 1981, p. 6.

③ See Forrest, C., *International Law and the Protection of Cultural Property*, Routledge, 2010, p. 226.

④ 详见国际古迹遗址理事会官网,http://www.icomos.org/en/about-icomos/mission-and-vision/history,最后访问日期:2023年4月30日。

世界遗产的国际保护由此获得了资金保障。① 1968 年,“世界保护联盟”(International Union for Conservation of Nature, IUCN)向“世界遗产信托基金”提出建议,②表达加入信托基金的愿望,人类历史上第一次将自然遗产和文化遗产结合在一起进行保护由此成为可能。③

需要指出的是,20 世纪中后期发生了多起人类遗产遭受严重威胁的重大事件,在国际援助下扭转危局,从而在很大程度上加速了该领域国际立法的步伐。1959 年,埃及政府决定在尼罗河上游建造阿斯旺水坝。然而,由于缺少预判及技术与资金准备,在水坝的建造过程中,属于古埃及文明核心区的大量考古类遗址与古迹或被破坏,或被水位不断上升的纳赛尔湖淹没。眼看更多的考古类遗址与古迹即将沉入湖底,埃及与苏丹政府向联合国教科文组织紧急求助。收到两国请求后,联合国教科文组织发起国际紧急援助行动,共有 50 个国家参与其中,援助金额达 4000 万美元。在资金与技术援助下,古埃及新王国第十九王朝的拉美西斯二世(Ramses Ⅱ)时期建造的阿布 · 辛贝(Abu Simbel)神庙被完整切割并迁移至安全地带重新组合,这座极其珍贵的人类遗产得以保留。④

1966 年,威尼斯与佛罗伦萨遭遇特大洪灾,这两座历史名城中的诸多历史古迹受到严重威胁。在意大利政府的请求下,联合国教科文组织再次发起国际紧急援助呼吁,获得多国支持。20 世纪 70 年代,为挽救突尼斯境内的迦太基遗址以及印度尼西亚境内婆罗浮屠,联合国教科文组织也发起了类似的国际援助行动,并获得显著成效。⑤

这些国际援助行动将属于特定国家的文化遗产保护变成人类共同的事业。

---

① See Titchan, S. M., *On the Construction of Outstanding Universal Value*, PhD Thesis, Austrian National University, 1995, p. 76.

② “世界保护联盟”是国际自然及自然资源保护联盟(International Union for Conservation of Nature and Natural Resources)的缩写,是专门致力于自然环境保护的国际组织。世界保护联盟是个独特的世界性联盟,是政府及非政府机构都能参与合作的少数几个国际组织之一,共有国家的、政府机构的以及非政府组织的会员 915 个,遍及 133 个国家。联盟的 6 个专家委员会及其他志愿者网络的各成员都以个人名义加入联盟,目前的总人数已超过 8500 名。参见孙克勤编著:《世界文化与自然遗产法概论》(第 2 版),中国地质大学出版社 2012 年版,第 9 页。

③ 详见世界保护联盟官网,http://www.iucn.org/,最后访问日期:2023 年 4 月 30 日。

④ 整个文物保护与迁移最终花费了 8000 多万美元。See Francioni, F. & Lenzerini, F., *The 1972 World Heritage Convention: A Commentary*, Oxford University Press, 2008, p. 295.

⑤ See Forrest, C., *International Law and the Protection of Cultural Property*, Routledge, 2010, p. 226.

这令各国日益认识到,分散在各国的遗产不仅属于其所在国人民,而且是全人类的共同财富,国际社会有责任保护它们,并传于世世代代。同时,这些事件也令国际社会意识到,从制度上建立国际合作机制以应对未来可能发生类似危机是一件非常紧迫的任务。

在此背景下,以联合国教科文组织为代表的国际组织大大加快立法进程。1968 年,联合国教科文组织启动制定《对具有全球价值的古迹、建筑群与遗址予以国际保护的公约》的进程。[①] 几乎与此同步,"世界保护联盟"开始着手制定《保护世界遗产公约》。[②] 1972 年 6 月,联合国在斯德哥尔摩召开人类环境大会,此次会议的重要任务之一,是成立一个工作小组,负责将上述两条约合并为一部条约,并推动缔约进程。经过卓有成效的工作,会议通过了具有重大历史性价值的《联合国人类环境会议的宣言》(简称《斯德哥尔摩宣言》)。[③] "斯德哥尔摩宣言"呼吁各国政府和人民为维护和改善人类环境、造福全体人民、造福后代而共同努力,并明确支持联合国教科文组织制定《世界遗产公约》,从而为条约的制定及通过铺平了道路。[④]

1972 年 11 月 16 日,联合国教科文组织第 17 届大会正式通过了《世界遗产公约》,标志人类共同保护文化成就和自然财富的新时代的来临。以更宏阔的历史背景为坐标,《世界遗产公约》诞生的时代是人类重新认识自身发展、重新评价人类传统文化、重新认识社会发展方向的时代。在这个时代里,环境问题、能源问题、城市问题乃至道德评价标准问题被不断提出。在这样的历史条件下,重新认识文化和自然遗产的价值,认识保护它们的意义已经成为一种历史必然。[⑤]

---

① 该公约的英文名称是"International Protection of Monuments, Groups of Buildings and Sites of Universal Value"。详见联合国教科文组织《世界遗产公约》官网,http://whc. unesco. org/en/documents/1531, 最后访问日期:2023 年 4 月 30 日。

② 该公约的英文名称是,"Convention for the Protection of the World's Heritage"。See Meyer, R. L. , *Travaux Preparatoires for the UNESCO World Heritage Convention*, Earth Law Journal, Vol. 2, p. 47 (1976).

③ 详见联合国教科文组织《世界遗产公约》官网,http://whc. unesco. org/en/convention/, 最后访问日期:2023 年 4 月 30 日。

④ 参见 1972 年《联合国人类环境会议的宣言》(《斯德哥尔摩宣言》)和 1992 年《关于环境与发展的里约宣言》。

⑤ 参见吕舟:《世界遗产 30 年》,载《中国国家地理》2004 年第 6 期。

第二章 《世界遗产公约》

《世界遗产公约》分8章,共38条,旨在构建世界遗产保护的国际法律规则与制度。第一章对公约调整范围内的世界遗产作出定义;第二章为各国施加保护世界遗产的法律义务,也被许多专家视为公约最重要的一章;第三章设立保护世界文化和自然遗产政府间委员会;第四章建立保护世界自然和文化基金;第五章规定国际援助的条件和安排;第六章、第七章和第八章分别规定教育宣传、报告及程序性事项。

由世界遗产委员会负责制定的《世界文化与自然遗产公约操作指南》(以下简称《世界遗产公约操作指南》)也是公约体系的重要组成部分。自1977年以来,《世界遗产公约操作指南》先后进行了26次修正,最后一次修正于2017年发布。① 概言之,这些修正是对公约某些条款的解释或对公约适用中的问题所作的释明,以使公约适应情势的发展。

《世界遗产公约》于1975年12月17日(在第20份批准书交存之日的3个月之后)生效,截至2023年年

① 详见联合国教科文组织《世界遗产公约》官网,The Operational Guidelines for the Implementation of the World Heritage Convention, http://whc. unesco. org/en/guidelines/,最后访问日期:2023年4月30日。

底,共有 195 个缔约国。① 1985 年 11 月 22 日,第六届全国人民代表大会常务委员会第十三次会议批准中国加入该公约。

第一节 文本分析

一、序言

序言是《世界遗产公约》的重要组成部分,它不仅阐明了公约的制定背景、主要目的与宗旨,也对公约的基本原则进行了详尽阐释,因而对条约的解释与适用特具重要意义。

序言开宗明义地言明:文化遗产和自然遗产遭到破坏的威胁愈加严重,这一方面,系因年久腐变所致;另一方面,是因为变化中的社会和经济条件使情况恶化,造成更加难以应对的损害或破坏现象。在第 2 段中,序言进一步指出:文化或自然遗产的损害或消失,其结果会造成全世界遗产趋于枯竭。

需要指出,序言多次提及"世界遗产"的措辞,这开创了国际公约使用该措辞的先河。尽管如此,公约并没有对"世界遗产"作出准确定义,而仅规定了数项原则确定该术语的内容。通观序言,其对世界遗产的多次援引反映以下理念:此类遗产构成人类的共同遗产,因而对其进行保护不仅是其所在国的义务,而且是全人类的共同义务。② 譬如,序言第 5 段指出:这类罕见且无法替代的财产无论属于哪一国人民,对其进行保护对全世界人民都很重要。第 6 段紧接着强调:考虑到部分文化或自然遗产具有突出的重要性,因而需作为全人类世界遗产的一部分加以保护。

还需提及,序言不仅使用了"世界遗产"的概念,而且在第 7 段与第 8 段中引入"突出的普遍价值"(outstanding universal value)这一标准,为确定哪些遗产可以被归类为世界遗产提供依据。不过,序言第 6 段中却使用了另一表述——"突出的重要性"(outstanding interest),且公约全文并未对这两个表述的具体含义进行界定,这一点让人颇感困惑。不过也有学者认为,这固然会令公约的核心概念边界不明确、公约调整范围缺少确定性与稳定性,但也增加了公约的灵

---

① 详见联合国教科文组织《世界遗产公约》官网,States Parties Ratification Status, http://whc.unesco.org/en/statesparties/, 最后访问日期:2024 年 1 月 1 日。

② See Forrest, C., *International Law and the Protection of Cultural Property*, Routledge, 2010, p. 229.

活性与适应性，使依据最新情势对公约进行解释成为可能。①

除明确确立世界遗产这一概念，序言亦阐明了维系整个公约体系的原则——国际合作原则。要理解公约为何将这一原则提升到如此高的地位，还须了解缔约所处的历史背景。20 世纪 70 年代初，许多国家摆脱西方的殖民统治获得独立并走上快速发展之路。在此进程中，越来越多的国家遇到如何在经济发展与环境及遗产保护之间保持平衡的新问题。事实上，这一问题不仅为发展中国家所独有，威尼斯与佛罗伦萨的洪灾表明，即便是较为富裕的发达国家，在遭遇自然灾害时也须借助国际合作的力量才能有效应对危局。

在第 3 段中，序言对国际合作原则的必要性进行了专门论述："国家层面保护这类遗产往往不很完善，原因在于这项工作需要大量资源，而须被保护的财产所在国却不具备充足的经济、科学和技术力量。""鉴于威胁这类遗产的新危险的规模和严重性"，第 7 段进一步指明："整个国际社会有责任通过提供集体性援助参与保护具有突出的普遍价值的文化和自然遗产。"为达此目的，序言第 8 段提出制定本公约的必要性："为此有必要通过采用公约的形式制定新规定，在永久的基础之上，并依据现代科学方法，建立一个有效的制度以集体保护具有突出的普遍价值的文化与自然遗产。"不过，尽管国际合作机制极其重要，但它并不取代遗产所在国的行动，仅构成对后者的有效补充，对此，序言在第 7 段的最后一句话中予以说明。

二、文化遗产的定义

公约第一章的标题为"文化与自然遗产的定义"，共含 7 条。其中，第 1 条对文化遗产作了定义，即为达公约之目的，以下各项为"文化遗产"：

> 古迹：从历史、艺术或科学角度看具有突出的普遍价值的建筑物、碑雕和碑画、具有考古性质的成份或结构、铭文、窟洞以及联合体；
>
> 建筑群：从历史、艺术或科学角度看在建筑式样、分布均匀或与环境景色结合方面具有突出的普遍价值的单体或连体的建筑群；
>
> 遗址：从历史、审美、人种学或人类学角度看，具有突出的普遍价值的人类工程或自然与人的联合作品以及考古地址等地方。

---

① 参见《世界遗产公约》第 6 条第 1 款。

1968～1972年，在整个缔约过程中，关于文化遗产的上述三种类别及其各自定义，是各方反复谈判与磋商的议题。从文化财产法的发展历程来看，无论是在国内法层面，还是在国际法层面，具有历史与艺术价值的古迹均属于最早受到保护的核心对象。尽管如此，不同国家的法律以及不同的国际条约对古迹所作的定义并不一致。因此，如何对古迹作出一个各方均可接受的定义，对于《世界遗产公约》的制定者而言绝非易事。经过协商，各方同意以1964年《威尼斯宪章》中的定义为基础。《威尼斯宪章》对历史古迹的定义非常宽泛，不仅包含个别的建筑作品，而且涵盖能够见证某种文明、某种有意义的发展或某种历史事件的城市或乡村环境。① 显而易见，这一定义确认了自然遗产与文化遗产之间存在复杂、密不可分的关系，这对《世界遗产公约》最终厘定其调整范围起到至关重要的作用。

早在1968年缔约初始时，各方就认可古迹与遗址应成为公约保护的对象，只是对于这两个术语各自的范围及其包括的亚种类，还存在较大争议。各方一致认为，并非所有的古迹与遗址均须保护，只有那些从美学、视觉、科学或历史角度来看具有"普遍重要性与意义"的古迹与遗址才属于受到保护的对象。② 另外，受《威尼斯宪章》的影响，在古迹与遗址之外，《世界遗产公约》将建筑群作为一类与前两类并列的文化遗产，体现了"古迹、建筑群与遗址应被视为不可分割之整体"以及"人、社会与自然实为一体"的理念。③ 事实上，正是在这样的理念之下，联合国才建议将教科文组织着手起草的《对具有全球价值的古迹、建筑群与遗址予以国际保护的公约》与世界保护联盟着手制定的《保护世界遗产公约》合并为一项条约，由其对文化遗产与自然遗产的保护做统一、系统的规定。

职是之故，《世界遗产公约》对文化遗产的定义具有一定复杂性，内含三个构成要素。第一，依据该公约第1条的规定，文化遗产有三个组别，即古迹、建筑群与遗址。不过，这三个组别并不是泾渭分明的三个类别，因为它们构成的是"作为一个不可分割的整体的文化遗产"。④ 上述三个组别所包含的具体内

---

① 参见《威尼斯宪章》第1条。

② UNESCO Doc. SCH/CS/27/8, 31 December 1968.

③ UNESCO Doc. SCH/CONF. 43/4, July 1969.

④ See Forrest, C., *International Law and the Protection of Cultural Property*, Routledge, 2010, p. 231.

容也表明它们不是相互封闭的体系。譬如,古迹包括“具有考古性质的成份或结构”,遗址包括“考古地址”,两者所包含的内容显然有所交叉。同时,“考古地址”还很可能与“建筑群”在内容上交叉,因为从考古实践来看,考古地址构成“历史、艺术或科学角度看,在建筑式样、分布均匀或与环境景色结合方面具有突出的普遍价值的单体或连体的建筑群”是一个比较常见的现象。另外,由单体建筑构成的建筑群也有可能被视为古迹或遗址。第二,古迹、建筑群与遗址均须具有“突出的普遍价值”(Outstanding Universal Value,OUV)才属于公约调整范围内的文化遗产。第三,上述三个组别所具有的价值须满足具体的衡量标准。细言之,对于古迹和建筑群而言,须“从历史、艺术或科学角度”看具有突出的普遍价值;对于遗址而言,须“从历史、审美、人种学或人类学角度”看具有突出的普遍价值。

对于上述定义,有学者指摘其所列的组别过于狭窄,带有明显的欧洲主义倾向,对非洲等地原始部落的文化遗产被纳入公约保护范围不利。① 但笔者认为,从该定义的措辞来看,它涵盖的范围还是相当广泛的,这使世界遗产委员会在制定及修正《世界遗产公约操作指南》时,可以对其内容进行灵活、必要的扩充。例如,依据上述定义将“自然与人联合工程”纳入遗址的表述,世界遗产委员会提出“文化景观”的概念,并将之纳入世界遗产目录。② 此外,从公约的实施情况来看,联合国教科文组织、世界遗产委员会以及公约各缔约国在援引该定义时,通常将之作较宽泛的理解,而将其作狭义理解的情况极为少见。③ 从最宽泛的意义上说,该定义的边界在于其仅指不可移动的文化遗产,可移动的遗产不能涵盖其中。对此,《世界遗产公约操作指南》作了明确规定,依之,有可能变为动产的不可移动遗产,不能被提名为世界遗产。④ 事实上,在世界遗产委员会决定是否应将提名对象列入《世界遗产目录》时,最关键的衡量标准是上述定义中的第二个要素,即具有“突出的普遍价值”,而非其是否属于上述定义所列的三个组别。

通观公约不难发现,具有“突出的普遍价值”不仅适用于文化遗产,还适用

---

① See Smith, L., *The Use of Heritage*, Routledge, 2006, p.96.

② 关于文化景观,详见 Droste, B., Placher, H. & Rössler, M., *Cultural Landscapes of Universal Value*, Gustav Fischer in Cooperation with UNESCO, 1995.

③ See Francioni, F. & Lenzerini, F., *The 1972 World Heritage Convention: A Commentary*, Oxford University Press, 2008, p.27.

④ 参见 2008 年版《世界遗产公约操作指南》第 48 段。

于自然遗产,所以这一标准不仅对理解世界遗产的定义至关重要,而且是世界遗产委员会衡量是否将提名对象列入《世界遗产目录》的主要考量标准,因而兼具重要的理论价值与现实意义。然而,遗憾的是,囿于这一标准与生俱来的灵活性与主观性,公约并没有对之进行定义。鉴于此,依据《维也纳条约法公约》第31条的规定,“应依其用语按其上下文并参照条约之目的及宗旨所具有之通常意义,善意解释之”。有学者认为,“突出的”在此意指“唯一的、罕见的、杰出的,或非常特别并远在寻常之上的”;“普遍价值”是指“对于全人类具有普遍吸引力,并对当代及子孙后代具有重要价值”。① 尽管这一解释不无道理,但因其亦以主观性措辞解释这一标准,实际价值有限。

鉴于对“突出的普遍价值”这一标准作精准、静态的定义较为困难,公约授权世界遗产委员会对之进行解释。在公约的实施过程中,该委员会通过颁布及修订《世界遗产公约操作指南》对该标准进行具体、灵活的解释。自1977年以来,世界遗产委员会对《世界遗产公约操作指南》进行多次修正,在此过程中,“突出的普遍价值”标准得到不断的修改与更新,从而使文化遗产的概念与实践始终保持兼容性与适应性。②

1977年版《世界遗产公约操作指南》对“突出的普遍价值”所作的定义,在很大程度上受到“国际古迹遗址理事会”1976年制定的标准以及美国政府向世界遗产委员会推荐遗产进入《世界遗产目录》使用的标准的影响。③ 在参考上述两个标准的基础上,遗产委员会进一步强调:“除须评估一件财产的内在特质以外,还需特别关注自然区域的完整性与文化财产的真实性。”④最终,《世界遗产公约操作指南》对“突出的普遍价值”作出如下解释:⑤

> 公约对具有突出的普遍价值的文化或自然财产或区域规定了保护手段。它并无意图保护具有重大的意义、重要性或价值的全部财产

---

① See Francioni, F. & Lenzerini, F., *The 1972 World Heritage Convention: A Commentary*, Oxford University Press, 2008, p. 18.

② See Titchan, S. M., *On the Construction of Outstanding Universal Value*, PhD Thesis, Austrian National University, 1995, p. 99.

③ See Forrest, C., *International Law and the Protection of Cultural Property*, Routledge, 2010, p. 234.

④ UNESCO Doc. CC. 77/CONE001/4, 9 June 1977.

⑤ 1977年版《世界遗产公约操作指南》第6段与第7段。

与区域,而仅仅将那些从国际角度来看最突出的财产与区域选入目录予以保护。

"突出的普遍价值"这一术语中的"普遍"一词需要注释。有一些财产,其重要性与意义并不能得到所有人、所有地方的认可。观点会因文化与时代的不同而不同,一件财产只有对于其所属的文化具有高度代表性,才能构成"普遍"。

上述定义表明,1977 年版《世界遗产公约操作指南》对"突出的普遍价值"设置了非常严格的标准,只有那些在全球范围内具有极高认可度的标志性遗产才能被纳入公约保护的遗产名录。所以有学者认为,这是用"世界奇迹"(wonders of the world)的标准解释"突出的普遍价值"。① 《世界遗产公约》实施最初 10 余年的实践表明,遗产委员会在对候选遗产名单进行讨论时遵循了上述严格标准,只有那些举世闻名、独一无二、堪称世界奇迹的遗产才被列入了《世界遗产目录》。譬如,加拉帕戈斯群岛于 1978 年被列为世界自然遗产,埃及吉萨金字塔于 1979 年被列为世界文化遗产,科罗拉多大峡谷于 1979 年被列为世界自然遗产,罗马古城中心区于 1980 年被列为世界文化遗产,泰姬陵于 1983 年被列为世界文化遗产,雅典卫城于 1983 年被列为世界文化遗产。②

然而,经过一段时间的检验,上述标准的弊端日益显露,受到各方诟病。该标准最明显的问题在于其过于严苛,只有少数国家境内的少数遗产才有可能入选《世界遗产目录》,这显然与《世界遗产公约》旨在"维护全世界所有文化的多样性与整体性"的宗旨并不一致。③ 因而有学者指摘:"代表性并不仅局限于特定遗产本身,而要结合其所属的文化、地理位置、宗教或种族等因素综合考量。"④

到 20 世纪 80 年代末,从已入选的世界文化遗产来看,出现了愈加明显的

---

① See Yusuf, A. A., ed., *Standard-setting in UNESCO: Normative Action in Education, Science and Culture*, Mattinus Nijhoff, Paris: UNESCO Publishing, 2007, p. 36.

② See Forrest, C., *International Law and the Protection of Cultural Property*, Routledge, 2010, p. 234.

③ See Francioni, F. & Lenzerini, F., *The 1972 World Heritage Convention: A Commentary*, Oxford University Press, 2008, p. 20.

④ Forrest, C., *International Law and the Protection of Cultural Property*, Routledge, 2010, p. 234.

地理、宗教及文化上的不均衡态势,即欧洲的历史建筑以及反映基督教文明的历史遗迹所占比例明显过大,而世界其他地区与反映其他宗教文化的古迹所占比例则明显过小。在此背景下,各方逐渐达成共识,“突出的普遍价值”应包含以下两项基本元素:第一,该遗产因其独特的品质而具有普遍的吸引力;第二,“普遍”这一概念必须与该遗产在时空上代表世界文化与传统多样性的能力结合起来。这要求仔细选择遗产,以保证入选对象能够真实、完整地反映整个人类社会表达的多样性。①

为修正、完善“突出的普遍价值”的认定标准,世界遗产委员会制定“全球战略”(Global Strategy)项目,并成立专家组负责文稿的起草工作。在提交“全球战略”草案时,专家组特别解释道:②

> 文学与建筑的历史、考古学、人类学以及人种学并不能在孤立的单个古迹上得到充分体现,须综合、多维度地考虑文化组合体及其体现的社会构架、生活方式、信仰、知识体系以及全世界过去及当下各种文化的表现。

专家组认为,《世界遗产目录》应对不同文明的表现形式怀有更高的包容性,其囊括的主题亦应更加多样,应包括但不限于:人类与土地的共存(如定居点、民族生存与迁徙的模式等)、社会中的人类(如文化上的共存、精神与创造性表现等)。鉴于此,专家组建议,除自然遗产与文化遗产之外,具有突出的普遍价值的“文化景观”也应属于公约的保护范围。③

在批准了专家组提交的“全球战略”后,世界遗产委员会对《世界遗产公约操作指南》进行全面修正,并于 1994 年发布新版指南。1994 年版《世界遗产公约操作指南》摈弃了先前的“世界奇迹标准”,转而采取更注重代表性的“优选标准”,在很大程度上克服了 1977 年版《世界遗产公约操作指南》对“突出的普

---

① See Francioni, F. & Lenzerini, F., *The 1972 World Heritage Convention: A Commentary*, Oxford University Press, 2008, p. 21.

② Forrest, C., *International Law and the Protection of Cultural Property*, Routledge, 2010, p. 235.

③ See Yusuf, A. A., ed., *Standard-setting in UNESCO: Normative Action in Education, Science and Culture*, Mattinus Nijhoff, Paris: UNESCO Publishing, 2007, p. 36.

遍标准”的解释过于严苛以及欠缺全球范围代表性考量而导致的缺陷。[①]

自1994年以后,为继续提高《世界遗产目录》的代表性与均衡性,在修订《世界遗产公约操作指南》时,世界遗产委员会对“突出的普遍价值”的解释又进行数度完善与提高。[②] 其中,2008年公布的《世界遗产公约操作指南》对“突出的普遍价值”的解释作了最后一次实质性修改,并一直维持不变至2017年。[③]依据该版《世界遗产公约操作指南》,“突出的普遍价值”是指“文化或/及自然意义非常罕见,可以超越国界,并对全人类及其子孙后代具有共同重要性”[④]。在第77段中,《世界遗产公约操作指南》还规定了评判“突出的普遍价值”的具体标准,即文化遗产只有至少符合下列条件之一,世界遗产委员会才会考虑其具有“突出的普遍价值”:[⑤]

(1)代表人类创造性天赋的杰作;

(2)展示人类价值观跨时间或跨文化区域的重要交流,建筑、技术、艺术、城市设计或景观设计的重要发展;

(3)对于一种文化传统或已消失的文化而言,它构成唯一或至少独特的见证;

(4)构成一类建筑物、作为整体的建筑学或技术的杰出范例或揭示人类历史重要阶段的景观;

(5)构成人类传统定居点,利用土地、利用海洋且代表对某种文化或人类与环境互动的杰出范例,尤其是在不可逆转的变化影响下变得易于损毁时;

(6)与具有突出的普遍重要性的事件或生活传统、思想或信仰、艺术存在直接或实质性联系(委员会在考虑这一标准时会优先将之与其

---

① See Forrest, C., *International Law and the Protection of Cultural Property*, Routledge, 2010, p. 236.

② 参见李恬静、熊忻凯、宋峰:《世界遗产“突出普遍价值”的第六条评价标准之变迁》,载《风景园林论坛》2015年第2期。

③ 详见联合国教科文组织《世界遗产公约》官网,http://whc. unesco. org/archive/opguide08 – en. pdf; *cf.* http://whc. unesco. org/archive/opguide15 – en. pdf,最后访问日期:2023年4月30日。

④ 2017年版《世界遗产公约操作指南》第49段。

⑤ 该段共含10项标准,其中第1项至第6项适用于文化遗产,第7项至第10项适用于自然遗产。

他标准结合起来加以适用)。

公约的多年实践表明,各国向世界遗产委员会提交预备名单时,必须阐明其满足上述哪项(或哪几项)条件,否则提名程序将被视为“不完整”。① 是否满足上述条件已经构成《世界遗产目录》提名过程中不可缺少、不可分割的部分。此外,依据《世界遗产公约操作指南》,一项财产一旦入选《世界遗产目录》,世界遗产委员会就会发布“突出的普遍价值声明”,阐释该财产提名及入选满足的标准与条件,这份声明构成未来对该财产予以保护与管理的核心参考。②

综上可见,尽管《世界遗产公约》第1条对文化遗产作了定义,③但由于其核心标准“突出的普遍价值”缺乏客观、具体的衡量因素,在实践中确定一项财产是否能列入《世界遗产目录》,须依据世界遗产委员会制定的《世界遗产公约操作指南》。由于该委员会有权依据情势变化灵活修正、解释《世界遗产公约操作指南》,因而公约框架下的文化遗产概念具有较强的弹性与适应性。

---

① 参见2017年版《世界遗产公约操作指南》第132段。

② 参见2017年版《世界遗产公约操作指南》第51段

③ 需要指出,《世界遗产公约》的一大特点在于其不仅保护文化遗产,也保护自然遗产,这在当代国际文化财产公约中是唯一一例。关于自然遗产的定义,该公约第2条规定如下:在本公约中,以下各项为“自然遗产”:从审美或科学角度看,具有突出的普遍价值的、由物质和生物结构或这类结构群组成的自然面貌;从科学或保护角度看,具有突出的普遍价值的、地质和自然地理结构以及明确划为受威胁的动物和植物生境区;从科学、保护或自然美角度看,具有突出的普遍价值的天然名胜或明确划分的自然区域。从上述定义看,自然遗产与文化遗产是既具有共性、又彼此区别的两个概念。从共性上看,两者均具有“突出的普遍价值”;而从不同点来看,两者的区别亦很明显:第一,自然遗产与文化遗产包括的组别各不相同。细言之,文化遗产包括古迹、建筑群与遗址;而自然遗产包括自然地貌、地理与自然机构以及生境区、天然名胜与自然区域。第二,《世界遗产公约操作指南》对两类遗产的“突出的普遍价值”作了不同的解释。细言之,在第77段中,《世界遗产公约操作指南》规定了评判“突出的普遍价值”的十项具体标准,其中,第1项至第6项适用于文化遗产,第7项至第10项适用于自然遗产。据此,自然遗产只有符合下列条件至少一项时,世界遗产委员会才会考虑其具有“突出的普遍价值”:(1)包括最显著的自然现象或特殊的自然美景和具有美学价值的地区。(2)代表地球演化史中重要阶段的杰出范例,包括生活记录、地形发展过程中进行的重要地质过程。(3)或具有重要的地貌或自然地理特征。(4)代表进化过程中进行的重要生态和生物过程以及芦笛、淡水、沿海和海洋生态系统与植物和动物群落的发展的杰出范例;在生物多样性保护方面具有最重大意义的生物栖息地,包括从科学和保护的角度看具有突出的普遍价值的濒危物种的栖息地。

三、文化遗产的真实性

列入《世界遗产目录》的文化遗产不仅要满足《世界遗产公约》第 1 条设定的“突出的普遍价值”标准，还须符合《世界遗产公约操作指南》规定的“真实性”(authenticity)与“完整性”(integrity)要求。① 真实性和完整性要求不仅是衡量遗产价值的标尺，也是遗产保护须依据的关键。其中，完整性主要用于评价自然遗产，如原始森林或野生生物区等，而真实性既适用于自然遗产，也适用于文化遗产。②

真实性这一概念最早出现在《威尼斯宪章》里，后被《世界遗产公约操作指南》采纳，概言之，真实性要求对自然遗产的重要性要大于文化遗产。③ 即便如此，在判断文化遗产是否具有“突出的普遍价值”时，真实性要求依然有其重要意义。所谓“真实性”，系要求特定文化遗产所体现的价值是可靠的、可信的。2017 年版《世界遗产公约操作指南》特别指出，依据文化遗产的种类及其文化背景，如果财产的文化价值通过以下多种特质真实、可信地表达出来，那么就可以将其理解为满足了真实性要求：(1)形状与设计；(2)材料与物质；(3)使用与用途；(4)传统、技术与管理制度；(5)位置与背景；(6)语言与无形遗产的其他形式；(7)精神与感觉；(8)其他内在与外在因素。④

上述规定表明，文化遗产的真实性在一些情况下是指文化遗产在物理特性上是真实的，而在更多的情况下是指文化遗产的价值或其重要性借由表达的信息来源是真实、可靠的。这些信息来源包括能够让文化遗产的性质、含义与历史得到理解的所有物质、书面、口头与图形来源。⑤ 然而，由于不同的文化载负的价值是不同的，故世界遗产委员会指出，西方式的科学标准以确凿的事实与可验证的方法为基础，依之确定的价值与非洲方法确定的价值显著不同，因为

---

① 参见 2017 年版《世界遗产公约操作指南》第 78 段。

② 参见张成渝、谢凝高：《“真实性”和“完整性”原则和世界遗产保护》，载《北京大学学报(哲学社会科学版)》2002 年第 2 期。

③ See Forrest, C., *International Law and the Protection of Cultural Property*, Routledge, 2010, p. 239.

④ 参见 2017 年版《世界遗产公约操作指南》第 82 段。

⑤ 参见 2017 年版《世界遗产公约操作指南》第 84 段。

后者倚重文化遗产的精神所载负的价值，而非其物质所体现的价值。① 因此，《世界遗产公约操作指南》要求，“文化遗产须主要在其所归属的文化背景下予以考虑与评价”②。《世界遗产公约操作指南》还指出，在提交预备名单时，公约缔约国应提交真实性声明，阐释相关文化遗产适用的主要特质的真实性。③

关于文化遗产的真实性要求，《世界遗产公约操作指南》尤其关注“重建”（reconstruction）对文化遗产真实性的影响，其第86段规定如下：考古遗迹与历史建筑或区域的重建只有在例外情况下才具有正当性。只有以完整、具体的文献资料为基础进行的完全忠于原貌的重建才可以被接受。④

需要指出，上述规定对于中国、日本、韩国等东亚国家特具重要意义。因为东亚古代建筑大多为木质建筑，很容易因火灾及自然灾害被毁坏，因而重建相当常见。譬如，1998年世界遗产委员会在评定中国提名颐和园列入《世界遗产目录》的申请时，对颐和园的重建与修缮进行了细致评估，并在仔细比对历史文献资料的基础上，最终认定其满足真实性要求。⑤

四、文化遗产的保护与管理制度

文化遗产如果被认定具有“突出的普遍价值”并满足了真实性要求，即应被世界遗产委员会列入《世界遗产目录》。为维护或提高被列入《世界遗产目录》的遗产所具有的“突出的普遍价值”及其真实性条件，《世界遗产公约操作指南》规定了充分的保护与管理制度，并以强有力的监管机制作为保障。⑥

《世界遗产公约操作指南》指出，所有入选《世界遗产目录》的文化遗产必须有“长期、充分的立法、规范，机构的和（或）传统的保护及管理，以确保遗产得到保护”。建立划界足够的保护区是这套制度的核心要素之一。依据2015年版《世界遗产公约操作指南》，保护区的划界应能体现财产所有属性所表达的

---

① See Forrest, C., *International Law and the Protection of Cultural Property*, Routledge, 2010, p. 239.

② 2017年版《世界遗产公约操作指南》第81段。

③ 参见2017年版《世界遗产公约操作指南》第85段。

④ 参见2017年版《世界遗产公约操作指南》第86段。

⑤ 颐和园始建于公元1750年，1860年被严重损毁，1886年在原址上重新进行了修缮。参见孙克勤编著：《世界文化与自然遗产法概论》（第2版），中国地质大学出版社2012年版，第34页。

⑥ 参见2015年版《世界遗产公约操作指南》第96段。

“突出的普遍价值”,并确保其真实性及/或完整性。[①] 对于文化遗产,《世界遗产公约操作指南》还要求,保护区不仅应包括直接、实际体现该财产突出的普遍价值的区域,还应当预留为促进、提高对财产的认知而在未来开展研究的区域。[②]

此外,依据《世界遗产公约操作指南》,为充分保护财产,如有必要,应在保护区外围设立缓冲区,缓冲区应具有同保护区近似的法律与管理制度。提名进入《世界遗产目录》的备选遗产,如设置缓冲区,其申请国应对缓冲区如何发挥保护作用做详细说明;如没有设置缓冲区,亦应说明原因。[③]

需要指出,为达到有效保护的目的,《世界遗产公约》对于其调整范围内的遗产规定了国内层面与国际层面相互支撑的双层立体保护体系。

(一)文化遗产的国内保护

各国有责任保护其境内的文化财产,这不仅是符合现实的必然选择,而且是《世界遗产公约》建立遗产保护机制的基石。对此,公约第 4 条有明确规定:

> 本公约缔约国均承认,保证第 1 条和第 2 条中提及的文化和自然遗产的确定、保护、保存、展出和遗留后代,主要是遗产所在国的责任。将为此目的,该国竭尽全力,最大限度地利用其自身资源,并在适当时,利用其所能获得的任何国际援助和合作,特别是财政、艺术、科学及技术方面的援助和合作。

作为主权国家,每个国家对其境内所有文化遗产与自然遗产享有排他性的主权权利,这不仅是现代国际法确认的基本原则,亦为上述公约第 4 条所确认。此外,公约第 6 条再次体现了这一原则。该条首先强调,本公约缔约国充分尊重第 1 条和第 2 条提及的文化和自然遗产的所在国的主权,并且不损害该国立法规定的财产权。在此基础上,该条进一步指出,各缔约国承认这类遗产构成世界遗产的一部分,因此国际社会有责任合作予以保护。

依据公约第 4 条的规定,“确定”(identify)其境内符合公约第 1 条定义的文化遗产是公约缔约国承担保护义务的第一步。这一义务亦为公约第 3 条所体

① 参见 2015 年版《世界遗产公约操作指南》第 99 段。
② 参见 2015 年版《世界遗产公约操作指南》第 100 段。
③ 参见 2015 年版《世界遗产公约操作指南》第 105 段、第 106 段。

现,依之,公约每一缔约国均可自行确定、描述第 1 条和第 2 条提及的位于其领土内的文化和自然财产。由此可见,公约各缔约国有义务确定其境内的哪些文化遗产(包括古迹、建筑群与遗址)符合公约第 1 条的定义。需要指出,被其所在国确定为符合公约第 1 条的文化遗产,并不必然被该国列入候选名单申报《世界遗产目录》,这是因为各国履行“确定”义务时,有权自主适用其认为适当的任何标准,包括综合考虑社会、政治、经济等因素。① 换言之,在此阶段,各国无须依据《世界遗产公约操作指南》设置的标准对其境内的文化遗产进行确定。因此,对于被缔约国确定符合公约第 1 条定义的文化遗产,该国依公约第二章对其承担的保护义务并不必然等同于该国依公约其他章节对入选《世界遗产目录》的文化遗产所承担的保护义务。质言之,公约第二章规定的保护义务与公约为《世界遗产目录》的遗产所设定的保护义务是相对独立的。②

尽管如此,某一缔约国在确定其境内的某处文化遗产符合公约第 1 条的定义后,如果出于某种考量决定不将其申报世界遗产,并不影响该国依公约第 4 条应承担的各项义务,它依然有义务对其予以保护、保存、展出,并将之遗留后代。不过,第 4 条对各缔约国施加的仅为抽象、概括的义务,并无具体内容,各国可以根据其国情予以实施。此外,考虑到一些国家仅靠自身力量履行义务存在困难,该条还规定,该国应“竭尽全力,最大限度地利用其自身资源,并在适当时,利用其所能获得的任何国际援助和合作,特别是财政、艺术、科学及技术方面的援助和合作”。这表明,对于世界遗产的保护,国内保护是基础,国际保护仅为国内保护不足够时的必要补充。

鉴于各国的社会、文化与经济条件迥异,公约第 4 条并没有对其规定的义务予以具体化,但是为保证各国为保护、保存和展出本国领土内的文化和自然遗产采取积极有效的措施,公约第 5 条规定,公约各缔约国应视本国具体情况尽力做到以下几点:

(1)通过旨在使文化和自然遗产在社会生活中起一定作用并把遗产保护纳入全面规划计划的总政策;

(2)如本国内尚未建立负责文化和自然遗产的保护、保存和展出

---

① See Forrest, C., *International Law and the Protection of Cultural Property*, Routledge, 2010, p. 242.

② See Boer, B. & Wiffen, G., *Heritage Law in Australia*, Oxford University Press, 2006, p. 72.

的机构，应建立一个或更多此类机构，并为之配备适当的工作人员和为履行其职能所需的手段；

(3)发展科学和技术研究，并制订出能够抵抗威胁本国文化或自然遗产的危险的实际方法；

(4)采取为确定、保护、保存、展出和恢复这类遗产所需的适当的法律、科学、技术、行政和财政措施；

(5)促进建立或发展有关保护、保存和展出文化和自然遗产的国家或地区培训中心，并鼓励这方面的科学研究。

值得提及的是，第5条的内容虽然具体，但其使用"应视本国具体情况尽力做到"的弹性措辞事实上赋予各缔约国在实施以上措施时较大的自主权与灵活度。

总体而言，公约第4条为各国施加的保护义务"抽象且不明确"，而第5条的规定虽具体，但弹性较大。尽管如此，这两条在整个公约体系中的重要地位依然不能被低估。事实上，它们的重要性并不在于其为各缔约国施加的义务是否具体明确，而在于它们确立了各国对其境内遗产承担主要保护义务的原则。在此基础上，《世界遗产公约》才建立了以协助遗产所在国履行保护义务为宗旨的国际合作机制。①

(二)文化遗产的国际保护

如前所述，公约第二章确立了遗产保护主要由其所在国承担主要义务的原则，在此基础上，该章对公约其他缔约国以及国际社会规定了以国际合作为基石的保护义务。前亦提及，公约第6条第1款指出，各缔约国承认第一章所定义的遗产构成世界遗产的一部分，因此国际社会有责任合作予以保护。从严格的国际法角度来看，该条所称的"国际社会"应指公约的正式缔约国。鉴于公约目前已经有195个缔约国，这里"国际社会"的含义已经相当宽泛了。

从《世界遗产公约》构建的文化遗产的国际保护机制来看，合作是其核心义务，②这为公约第6条第2款所体现，依之，应遗产所在国的请求，公约缔约国有

---

① See Francioni, F. & Lenzerini, F., *The 1972 World Heritage Convention: A Commentary*, Oxford University Press, 2008, p. 206.

② See Forrest, C., *International Law and the Protection of Cultural Property*, Routledge, 2010, p. 245.

义务协助该国确定、保护、保存和展出《世界遗产目录》与《濒危世界遗产目录》中的文化遗产。这种协助义务系通过公约建立的机制,包括第四章建立的世界遗产基金以及第五章的国际援助制度实施。不过,公约第6条并没有为这种国际合作义务规定具体内容,而仅仅试图对合作义务的性质与基本事项作概括性规定。为进一步释明第6条所提出的国际合作义务,第7条接着规定:"为达本公约之目的,世界文化和自然遗产的国际保护应被理解为建立一个国际合作与援助系统,该系统旨在为本公约缔约国为保存和确定这类遗产所做的努力提供支持。"该条规定再度阐明,公约建立的国际合作机制是世界遗产国际保护的核心所在,同时,文化遗产所在国对此类遗产的保护承担主要义务,而国际合作在本质上是协助文化遗产所在国履行保护义务。

需要指出,公约第二章的重点虽在于引入国际合作机制,但其在第6条第3款中也引入了一项性质不同的义务。该款要求,本公约各缔约国不得故意采取任何可能直接或间接损害本公约其他缔约国领土内的第1条和第2条中提及的文化和自然遗产的措施。

需要强调的是,该款在措辞上虽然使用的是禁止性语言,但在某些情况下,也可能出现要求一国主动采取措施以阻止源自其境内但对另一缔约国境内的文化遗产造成破坏的行为。从国际法的角度来看,一国对源自该国境内的所有行为,并非在所有情况下均需承担国家责任,但如果此类行为可直接归因于该国,那么该国就有义务采取积极措施阻止此类行为直接或间接损害公约其他缔约国领土内的文化遗产。否则,就违反了公约第6条第3款的规定,须承担国家责任。① 譬如,刚果民主共和国境内的5个世界遗产(均为国家公园)受到跨界偷猎行为的严重威胁。② 鉴于此,世界遗产委员会于2005年依据公约第6条第3款的规定,要求苏丹采取措施"阻止跨界偷猎,并确保不会发生威胁公约其

① 参见[英]R.詹宁斯、A.瓦茨修订:《奥本海国际法》(第1卷·第2分册),王铁崖等译,中国大百科全书出版社1998年版,第402~407页。

② 刚果民主共和国境内的五个世界自然遗产为:维龙加国家公园(Virunga National Park,1979年,濒危世界自然遗产)、加兰巴国家公园(Garamba National Park,1980年,濒危世界自然遗产)、卡胡兹-别加国家公园(Kahuzi-Biega National Park,1980年,濒危世界自然遗产)、萨隆加国家公园(Salonga National Park,1984年,濒危世界自然遗产)以及俄卡皮野生动物保护区(Okapi Wildlife Reserve,1996年,濒危世界自然遗产)。See Bonneville, P., *The World Heritage: UNESCO's Classified Sites*, Bonneville Connection, 2006, p.344-346.

他缔约国境内遗产的价值或完整性的行为"①。

五、世界遗产委员会

公约第三章设立了"保护世界文化和自然遗产政府间委员会"(以下简称世界遗产委员会)。从最广泛的意义上说,世界遗产委员会代表"公约全体缔约国保护世界遗产的共同利益"②。从更实际的角度说,该委员会是"世界遗产公约框架机制的执行机构"。③ 然而,从该委员会多年的运作实践来看,作为由公约缔约国代表组成的政府间机构,它在很大程度上成为国际政治角力的场所。④

依据公约第 8 条的规定,世界遗产委员会由联合国教科文组织大会常会期间召集的本公约缔约国大会选出的 21 个缔约国组成,委员会委员的选举须保证均衡地代表世界的不同地区和不同文化。为确保不同地区与文化的均衡性,选举分 5 个地区组进行:(1)非洲组;(2)阿拉伯组;(3)亚太组;(4)欧洲与北美组;(5)拉美与加勒比组。⑤

鉴于公约目前已经有 195 个缔约国,21 个缔约国席位是否能确保足够的代表性,近年来成为各方争议的焦点问题之一。有部分国家曾极力主张将世界遗产委员会的席位由 21 个增加到 36 个,以增加其代表性。但有不少国家反对,它们认为,这不仅没有实际效用,而且会令该委员会的运作更加官僚化,效率更低。另外,增加席位还须对公约第 8 条进行修改,这牵涉复杂的修约程序,难度极高。最终,这一主张无果而终。⑥

世界遗产委员会在联合国教科文组织大会常会(2 年召开一次)期间选举,其任期自当选之应届大会常会结束时起至应届大会后第三次常会闭幕时止。但是,第一次选举时指定的委员会成员中,有 1/3 的委员会成员的任期应于当选之应届大会后第一次常会闭幕时终止。同时,指定的委员中,另有 1/3 的委

---

① WHC 27 COM 7A. 2, 2003.

② Francioni, F. & Lenzerini, F., *The 1972 World Heritage Convention: A Commentary*, Oxford University Press, 2008, p. 149.

③ Francioni, F. & Lenzerini, F., *The 1972 World Heritage Convention: A Commentary*, Oxford University Press, 2008, p. 221.

④ See Forrest, C., *International Law and the Protection of Cultural Property*, Routledge, 2010, p. 247.

⑤ 参见 2017 年版《世界遗产公约操作指南》第 203 段。

⑥ Detailed discussion, see Simmonds J., *UNESCO World Heritage Convention*, Art Antiquity and Law, Vol. 2:2, p. 253, 255(1997).

员会成员国的任期应于当选之应届大会后第二次常会闭幕时终止。这些委员由联合国教科文组织大会主席在第一次选举后抽签决定。所以,每一次联合国教科文组织大会常会期间通常需要选举1/3的委员会成员。一般而言,世界遗产委员会的任期为6年,但第一次选举时分别有1/3的委员会成员,其任期为2年与4年。委员会每年至少应召开一次会议。①

此外,依据《世界遗产公约操作指南》,世界遗产委员会可以在联合国教科文组织大会召开前作出决定,为尚未有遗产被列入《世界遗产目录》的国家预留特定数量的席位,以适当关照这些国家的利益。② 2007年,世界遗产委员会就曾作出决定,为此类国家预留一个席位。③

联合国教科文组织大会常会结束前,世界遗产委员会从继续担任委员的会员国中选举产生执行局,负责委员会的日常协调工作。执行局由主席、副主席与报告人组成。④ 此外,依据公约第10条的规定,在制定议事规则以及决定邀请哪些组织与个人参加会议方面,世界遗产委员会拥有较大的自由裁量权。

公约第9条第3款要求,委员会员国应选派在文化或自然遗产方面有资历的人员担任代表。这样的要求主要是为了确保委员会的专业性,避免其由各国外交官或政府官员主宰,沦为政治性过强的机构。不过,由于公约并未设定具体的任职条件,在实践中,各国选派的代表依然具有相当大的自主权,几乎不可能出现一国选派的代表被其他国家反对的情况。从近20年来世界遗产委员会各国代表的构成来看,大多数国家还是倾向于派遣外交官担任此职,因而委员会未能摆脱政治性明显强于技术性的困扰。

为提升委员会履行职能的整体水平,该委员会于2002年第26届大会上通过《关于世界遗产的布达佩斯宣言》。⑤ 该宣言引入指导世界遗产委员会活动的四项战略目标:(1)加强《世界遗产目录》的可靠性;(2)确保已入选《世界遗产目录》的财产得到有效保存;(3)提高公约缔约国的能力建设实效性;(4)提

---

① 参见2017年版《世界遗产公约操作指南》第19段。

② 参见2017年版《世界遗产公约操作指南》第22段。

③ See Forrest, C., *International Law and the Protection of Cultural Property*, Routledge, 2010, p. 248.

④ 《世界遗产委员会议事规则》第12条。详见联合国教科文组织《世界遗产公约》官网, http://whc.unesco.org/en/committee/, 最后访问日期:2023年4月30日。

⑤ WHC. 02/CONF. 202/05.

高公众保护与参与保护世界遗产的意识。[①] 2007 年,世界遗产委员会又通过决议增加一项战略目标:提高国际社会对《世界遗产公约》的执行。这五项战略目标现已成为世界遗产委员会履行其职责的指导原则。[②]

《世界遗产公约》及其操作指南赋予世界遗产委员会广泛的职能,而《世界遗产目录》的制定、遴选及对入选财产的保护无疑是世界遗产委员会最为核心的职能。

如前所述,依据公约第 3 条与第 4 条的规定,各缔约国可自行确定其境内的哪些文化遗产符合公约第 1 条的定义,并对之承担主要保护义务。对境内的文化遗产进行确定,这个过程往往被称为"识别"(identification)。[③] 一项文化遗产得到其所在国的识别,不仅是其最终入选《世界遗产目录》的第一步,而且意味着其应得到该国的妥善保护与管理。换言之,一国一旦确认其境内的某项文化遗产符合公约第 1 条的定义,那么就应对之进行保护与管理,至于它是否将之列入《世界遗产目录》清单并向联合国教科文组织进行提名,以及该文化遗产最终是否能入选目录,则在所不问。对该文化遗产"突出的普遍价值"造成减损或破坏的行为均会被视为"对公约精神与条文的违反"。[④]

对于被识别为符合公约第 1 条定义的文化遗产,是否提名列入《世界遗产目录》,属于该遗产所在国自主决定的事项。公约明确规定,把一项财产列入《世界遗产目录》需征得有关国家同意。一般而言,此处的"有关国家"即为遗产所在国。不过在某些情况下,也有可能产生争议,尤其当有不止一个国家对某文化遗产主张权利时。鉴于此,公约进一步规定,"当几个国家对某一领土的主权或管辖权均提出要求时,将该领土内的一项财产列入《世界遗产目录》不得损害争端各方的权利"[⑤]。可见,如某文化遗产的归属存在争议,争议所涉及的国家均可对之进行提名,而最理想的方式则是由争议所涉及的国家共同提名。同时,提名以及被列入《世界遗产目录》,并不影响争议各国对该遗产的权利。

---

① 详见联合国教科文组织《世界遗产公约》官网,http://whc.unesco.org/en/decisions/1217/,最后访问日期:2023 年 4 月 30 日。

② See Forrest, C., *International Law and the Protection of Cultural Property*, Routledge, 2010, p. 248.

③ 参见孙克勤编著:《世界文化与自然遗产法概论》(第 2 版),中国地质大学出版社 2012 年版,第 9 页。

④ See Boer, B. & Wiffen, G., *Heritage Law in Australia*, Oxford University Press, 2006, p. 89.

⑤ 《世界遗产公约》第 11 条第 3 款。

对于跨越国界的遗产,公约规定,提名应由所涉及的公约缔约国共同提名。① 不过,此类遗产大多数属于自然遗产,例如,斯特鲁维测地弧(Struve Geodetic Arc)跨越挪威、瑞典、芬兰、俄罗斯、爱沙尼亚、拉脱维亚、立陶宛、白俄罗斯、乌克兰以及摩尔多瓦10国。2005年,这10个国家联合提名其列入《世界遗产目录》并获批准。② 再如,莫西奥图尼亚/维多利亚瀑布(Mosi-oa-Yunya/Victoria Falls)位于赞比亚与津巴布韦接壤处,经该两国联合提名其于1989年被列入《世界遗产目录》。③

在公约的实施过程中,围绕跨越边界线的遗产的申报,也出现过不和谐的情况。例如,1981年,阿根廷提名将洛斯·格拉兹阿勒(Los Glaciares)国家公园列入《世界遗产目录》,但因该公园位于阿根廷与智利的两国交界处,一部分区域位于智利境内,该提名引发智利与阿根廷两国外交关系的紧张。后来,阿根廷在申报文件中明确将公园进行分割,仅就其位于本国境内的部分进行申报,才平息了两国间的外交纷争。④

与此相比,柬埔寨与泰国围绕柏威夏寺(Preah Vihear Temple)的纠纷则引发了更为激烈的对抗与冲突。⑤ 2007年,柬埔寨向世界遗产委员会申请将柏威夏寺列入《世界遗产目录》。但泰国政府称,柏威夏寺周围4.6平方公里的区域属于两国争议区,柬埔寨无权单方面提出申请。由于泰国方面的强烈反对,此次申请没有成功。2008年,柬埔寨再次向世界遗产委员会提出申请,但申报范围缩小至柏威夏寺本身,不包括其周边地区。⑥ 2008年7月7日,联合国教科文

---

① 参见2015年版《世界遗产公约操作指南》第135段。

② 关于斯特鲁维测地弧被列入目录的信息,详见联合国教科文组织《世界遗产公约》官网,http://whc.unesco.org/en/list/1187/,最后访问日期:2023年4月30日。

③ 关于莫西奥图尼亚/维多利亚瀑布被列入目录的信息,详见联合国教科文组织《世界遗产公约》官网,http://whc.unesco.org/en/list/509,最后访问日期:2023年4月30日。

④ See Simmonds J., *UNESCO World Heritage Convention*, Art Antiquity and Law, Vol. 2:2, p. 257 (1997).

⑤ 柏威夏寺位于柬埔寨柏威夏省与泰国接壤的边境地区,柏威夏寺的历史悠久。古寺最早的历史可追溯到公元9世纪,它是高棉帝国的君主下令建造的,建于公元10世纪中叶至12世纪初。它矗立在550米高的峭壁上,俯瞰整个柬埔寨平原。由于地处偏远,地形险要,柏威夏寺保存得相当完好。柏威夏寺位于泰柬边境地区,泰柬两国在历史上都宣称对该寺所属区域拥有主权。1962年海牙国际法院将柏威夏寺判归柬埔寨,这一裁决结果在泰国引发争议。See *Temple of Preah Vihear* (*Cambodia v. Thailand*), Judgment of 15 June 1962, ICJ Report 1962, 6, 34.

⑥ 6月中旬,泰国沙马政府认可了柬埔寨向联合国教科文组织提交的新地图,时任外长诺巴敦在获得了内阁与多名军事将领同意后,与柬埔寨签署了支持柏威夏寺申遗的联合公报。

组织根据柬埔寨提出的申请,批准柏威夏寺为世界文化遗产,列入《世界文化遗产名录》。这一事件在泰国引起轩然大波,柬、泰两国围绕这一地区的争端进一步升级,并多次爆发军事冲突。炮火纷飞中,柏威夏寺这座经历过近千年时光洗礼的古老庙宇,静谧不再,以一种不应有的方式引发了全世界的高度关注。①

跨越边界或权属存在纠纷的遗产在申遗时引发的纠纷也反映申遗与国际政治千丝万缕的联系。除以上几类遗产的申请容易引发纠纷外,依笔者之见,随着人类活动的扩展与科技的发展,公海区域,甚至外空区域(如月球等)的申遗未来发生的可能性逐渐增大,由此引起纠纷亦属难免,而在现存的国际法框架下,这类纠纷还没有解决之策。所以,国际法学界有必要对于这一问题进行超前性理论准备。

(一)“预备目录”

前文提及,遗产所在国对其境内符合公约第1条定义的文化遗产进行确定与描述,是有关遗产最终列入《世界遗产目录》的第一步。公约第11条第1款进一步要求,“公约各缔约国应尽力向世界遗产委员会递交一份关于该国领土内适于列入《世界遗产目录》的、组成文化和自然遗产的财产清单”。不过,这份清单所列的财产并非必然会得到该国实际提名列入《世界遗产目录》。依据《世界遗产公约操作指南》,这份清单在性质上属于“预备目录”(Tentative List),仅表明其所列之财产在未来有得到其所在国提名的可能性。②

由于这份清单并非穷尽性的,③它可以在任何时间被修改。《世界遗产公约操作指南》鼓励各国综合各种因素对其提交的清单不断进行重新审查,包括考虑在主题、地区等方面与其他国家的“预备目录”以及已入选的《世界遗产目录》相协调,并至少每10年重新向世界遗产委员会提交一次清单。④ 不过,鉴于公约第11条第1款在规定各国提交此清单的义务时使用“应尽力”(in so far as possible)的弹性措辞,制定、提交“预备目录”并非严格意义上的强制性义务。

《世界遗产公约操作指南》要求各国在准备“预备目录”的过程中鼓励“范围尽可能广泛的利益相关者参与其中,包括管理者、当地政府、当地社区、非政

① 参见武传兵、陈彬:《柏威夏寺成功申遗引发柬泰国领土争端再度升温》,载《当代世界》2008年第9期。

② 参见2017年版《世界遗产公约操作指南》第二章C节。

③ 参见《世界遗产公约》第11条第1款。

④ 参见2017年版《世界遗产公约操作指南》第65段与第73段。

府组织以及其他利益相关方”参与其中。[①] 这一规定的初衷固然良好，但在公约的履行过程中，在某些国家（主要是联邦制国家）出现了一些公约制定者始料未及的情况。譬如，在准备将悉尼歌剧院列入其本国“预备目录”的过程中，澳大利亚联邦政府与新南威尔士州及当地社区围绕歌剧院的管理等事项产生纠纷，遂未将之列入。澳大利亚联邦政府于2007年直接向世界遗产委员会提出悉尼歌剧院的申遗请求并获批准。[②] 尽管公约及《世界遗产公约操作指南》并未明确规定，缔约国在向世界遗产委员会提出申遗请求前有义务将申请对象列入“预备目录”，但有学者认为“未对申请对象进行识别并将之列入预备目录应被视为对公约宗旨的违反”。[③]

一般而言，除去个别例外，入选遗产所在国的“预备目录”是最终入选《世界遗产目录》的前提条件，《世界遗产公约操作指南》还鼓励各国在正式提出申遗前至少1年将申请对象列入其“预备目录”。[④] 同时，指南要求各国提交的“预备目录”应对其列入的文化遗产提供必要的说明文件，阐释其具体的地理位置以及重要性。[⑤]《世界遗产公约操作指南》还在附录中提供了向世界遗产委员会提交的“预备目录”的标准表格，其中包括备选财产的地理位置、描述、突出的普遍价值说明等必备信息。同时，该表格要求各国阐明备选财产具体符合《世界遗产公约操作指南》所列的哪项或哪几项具体标准。换言之，各国须阐明备选遗产符合《世界遗产公约操作指南》第77段所列之第1项至第6项标准中的至少一项。

依据公约规定，一旦入选其所在国的“预备目录”，则意味着相关文化遗产具有“突出的普遍价值”，不管其最终是否能否入选《世界遗产目录》，其所在国均需承担公约第4条与第5条所规定的各项义务。

（二）世界遗产的申报

《世界遗产公约》规定，根据缔约国按照第11条第1段规定递交的清单，世界遗产委员会应制定、更新和出版一份《世界遗产目录》，其中所列的均为本公

---

① 参见2017年版《世界遗产公约操作指南》第64段。

② 关于悉尼歌剧院被列入目录的信息，详见联合国教科文组织《世界遗产公约》官网，http://whc.unesco.org/en/list/166，最后访问日期：2023年4月30日。

③ See Boer, B. & Wiffen, G., *Heritage Law in Australia*, Oxford University Press, 2006, p. 100.

④ 参见2017年版《世界遗产公约操作指南》第63段与第65段。

⑤ 参见《世界遗产公约》第11条第1款。

约第1条和第2条确定的文化遗产和自然遗产的组成部分,也是委员会按照自己制定的标准认为是具有突出的普遍价值的遗产。目录应至少每2年更新并分发一次。①

如前所述,《世界遗产目录》通常以各国提交的“预备目录”为基础,但只有各国对其境内的某项遗产实际提出申遗请求时,世界遗产委员会才会对相关遗产进行评估,进而作出是否将之列入《世界遗产目录》的决定。依据《世界遗产公约操作指南》,当公约缔约国决定把其境内的某处遗产提名列入《世界遗产目录》时,该国应按照标准表格回答各项问题,并表明该国将履行保存相关遗产的全部承诺。② 一般而言,各国需要说明的项目包括:该遗产现有的保护与管理状况;已采取以及未来将要采取的适当的政策及科学、技术、行政与经济措施;该遗产具体满足《世界遗产公约操作指南》“突出的普遍价值”规定的哪一项(或数项)标准等。③ 其中,最关键的当属最后一项,因为是否具有“突出的普遍价值”是世界遗产委员会评定各国提名时考量的核心要素。

在公约的实施过程中,世界遗产委员会通过对《世界遗产公约操作指南》进行修正,不断完善其关于“突出的普遍价值”的解释。前已提及,1994年版《世界遗产公约操作指南》摒弃了先前的“世界奇迹标准”,转而采取更注重代表性的“优选标准”,这代表“突出的普遍价值”含义发生了重要转变。为进一步提高入选遗产的代表性,世界遗产委员会于2000年在澳大利亚凯恩斯召开的第24届会议上通过了《凯恩斯决议》,其核心内容是限制已有较多遗产的国家申报,依之,一国一年只能申报一项,而对于没有世界遗产项目的国家的申报将给予特别支持。但是,这一决定受到包括中国在内的不少文化遗产大国的批判,它们认为,这样的限制并不能有效提高世界遗产的代表性与均衡性,反而会降低入选遗产的标准。

2004年,第28届世界遗产委员会通过《苏州决议》,将公约缔约国每年只能申报一项的规定改为:自2006年起,每个缔约国最多申报两项世界遗产,其中至少一项是自然遗产。《苏州决议》还规定,自2006年起,世界遗产委员会每年受理的新项目从此前的30个增加到45个,包括往届会议推迟审议的项目、扩展项目、跨国联合申报项目和紧急申报项目。该决议最后强调,这一规定依

---

① 参见《世界遗产公约》第11条第2款。

② 参见2015年版《世界遗产公约操作指南》第53段。

③ 参见2015年版《世界遗产公约操作指南》第132段、《附录》5第3段。

然是“实验性和过渡性”的措施。[①]

2007年,世界遗产委员会再次对其评定世界遗产的政策进行调整,在每年受理的新项目保持45个不变的前提下,对申请的优先顺序进行如下重新厘定:[②]

(1)尚无财产入选《世界遗产目录》的公约缔约国的提名;

(2)入选《世界遗产目录》的财产不超过3项的国家的提名;

(3)之前的提名因每年入选项目不超过45项的限制而被排除的项目,该国对该财产的再次提名;

(4)对自然遗产之财产的提名;

(5)对混合型遗产之财产的提名;

(6)对跨越边界/跨国之财产的提名;

(7)非洲、太平洋及加勒比地区的缔约国的提名;

(8)近10年内批准《世界遗产公约》的缔约国对其财产的提名;

(9)最近10年或更长时间没有提名的缔约国对其财产的提名;

(10)在适用以上优先顺序时,如对涉及的提名无法做出排序,世界遗产中心出具的收到完整、全面提名的日期,应当被作为次要的考量因素。

对于公约缔约国的每一项提名,世界遗产委员会最终可以作出4种可能的决定:[③](1)列入《世界遗产目录》;(2)将提名退回提名缔约国补充信息,并提交委员会下一届会议审议;(3)推迟作出决定,直到提名国做出更加深入的评估或研究或修正;(4)拒绝列入《世界遗产目录》。在作出拒绝列入《世界遗产目录》决定之前,世界遗产委员会应与有关文化或自然财产所在缔约国磋商。[④] 尽管世界遗产委员会有权独立作出任何决定,但在磋商的过程中,仍有较大的可回旋余地。在实践中,委员会将拒绝列入的决定改为推迟决定或退回决定的情况

① 参见孙克勤编著:《世界文化与自然遗产法概论》(第2版),中国地质大学出版社2012年版,第11页。

② 2015年版《世界遗产公约操作指南》第61段。

③ 参见2015年版《世界遗产公约操作指南》第三章G节。

④ 参见《世界遗产公约》第11条第6款。

并非罕见。即便在磋商过程中,世界遗产委员会认为拒绝列入是唯一结果,提名国也可以在决定作出前撤回提名,避免遭拒绝的尴尬结果。[1] 对于世界遗产委员会作出的决定,无论是公约本身还是《世界遗产公约操作指南》均未规定救济程序。因此,对于提名国而言,唯一的对策是等到次年重新提名。

对于已入选《世界遗产目录》的财产,尽管公约并没有明示规定可以将之剔除,但依照公约宗旨,一般认为这属于世界遗产委员会的默示权限。[2] 依据《世界遗产公约操作指南》,在下列两种情况下,已入选遗产得被剔除出《世界遗产目录》:(1)遗产的状况已经严重恶化,导致其已丧失决定将之列入《世界遗产目录》时所具有的特点;(2)在提名其列入《世界遗产目录》时,该遗产就已经受到人为威胁,但提名国在其承诺的时间范围内未采取必要的改正措施。[3] 需要强调,世界遗产委员会有权将已入选的遗产从《世界遗产目录》中剔除,而无须经其所在国同意。从这个意义上说,将已入选目录的遗产除名可视为对遗产所在国的惩罚,或者可以更具体地说,是对该国享受入选《世界遗产目录》带来的收益,但不履行承诺及义务的惩罚。[4]

从公约实施的情况来看,已入选目录之财产被除名的例子甚为罕见,截至本书出版时仅出现过两例。2007 年,世界遗产委员会作出决定,将阿曼的阿拉伯大羚羊保护区(Arabian Oryx Sanctuary)从《世界遗产目录》中除名。该保护区于 1994 年被列入目录,但由于阿曼政府未采取必要保护措施,偷猎猖獗。此外,该区域地下发现石油后,大规模的工业开采与建设导致保护区环境严重退化,致使保护区内的大羚羊数目锐减 9 成以上。鉴于此,委员会向阿曼政府交涉,要求其采取措施扭转局势,但未获积极回馈。最终,该保护区成为《世界遗产公约》实施以来被除名的第一例。

2009 年,世界遗产委员会决定将德国的德累斯顿易北河谷(Dresden Elbe

---

① See Strasser, P., *Putting Reform into Action: Thirty Years of the World Heritage Convention: How to Reform a Convention Without Changing Its Regulations*, International Journal of Cultural Property, Vol. 11:2, p. 215, 219(2002).

② See Francioni, F. & Lenzerini, F., *The 1972 World Heritage Convention: A Commentary*, Oxford University Press, 2008, p. 197.

③ 参见 2015 年版《世界遗产公约操作指南》第 192 段。

④ 不过,有专家对于在《世界遗产公约操作指南》所列第二种情况下将相关财产剔除出《世界遗产目录》持反对意见,因为在这种情况下,该财产具有的"突出的普遍价值"并不必然会丧失。See Forrest, C., *International Law and the Protection of Cultural Property*, Routledge, 2010, p. 255.

Valley)从《世界遗产目录》中除名。长约20公里的德累斯顿易北河谷于2004年入选《世界遗产目录》。为改善当地交通,德累斯顿市政府于2005年开始建设饱受争议的沃德池克罗斯坦大桥(Waldschlösschen Bridge)。2006年,联合国教科文组织向德国政府发出质询,指出这一工程将影响到德累斯顿易北河谷作为世界遗产的地位,并将之列入《濒危遗产目录》,为期2年,因此德累斯顿易市政府暂停了大桥的建设。2007年3月,该市所在的萨克森州高等法院作出大桥修建合法的判决,随后,大桥复工。2008年,世界遗产委员会决定将德累斯顿易北河谷列入《濒危遗产目录》的期限延长1年。2009年,世界遗产委员会在西班牙塞维尔召开第29届会议,以14票赞同、5票反对的表决结果通过将德累斯顿易北河谷从《世界遗产目录》除名的决定。这是《世界遗产公约》实施以来第二例被除名的遗产,也是欧洲唯一一例。① 需要提及,将入选遗产列入《濒危遗产目录》,并不是将之从《世界遗产目录》中除名的必经步骤。

入选《世界遗产目录》会给该项目及其所在国带来诸多益处,包括可接受"世界遗产基金"提供的援助,能得到世界的关注与保护,提高知名度并能产生可观的旅游收益。譬如,我国山西平遥古城于1997年被列入《世界遗产目录》,此后,当地旅游收入迅速上升。据统计,1996年平遥古城的门票收入为82万元,到2004年,则高达4760万元,增长整整57倍。② 由此可见,申遗成功是无形的财富和资产,无怪乎越来越多的国家对申遗积极响应。不过,被列入《世界遗产目录》也有可能产生负面影响。譬如,游客人数的大量增加可能对遗产的安全与保护构成威胁,在一些国家,入选目录还导致不同层级的政府以及不同利益群体之间产生冲突。③

(三)《世界遗产目录》

截至2022年年底,全世界共有1157项财产入选《世界遗产目录》,分布在167个公约缔约国境内,其中有43项遗产属于跨界遗产。④ 公约实施以来,《世

---

① 关于德累斯顿易北河谷从目录除名的信息,详见联合国教科文组织《世界遗产公约》官网,http://whc.unesco.org/en/list/1156/,最后访问日期:2023年4月30日。

② 参见新浪城市:《丝绸之路申请世界遗产的好处》,http://city.sina.com.cn/city/t/2010-07-21/10336477.html。

③ See O'Keefe, P. J., *Foreign Investment and the World Heritage Convention*, International Journal of Cultural Heritage, Vol. 3:2, p. 259(1994).

④ 关于《世界遗产目录》的信息,详见联合国教科文组织《世界遗产公约》官网,http://whc.unesco.org/zh/list/,最后访问日期:2023年4月30日。

界遗产目录》一直以较稳定的速度扩容。有学者统计,目录年均增加 28 项,其中,新增项目最少的是 1989 年,仅增加 7 项,新增项目最多的是 2000 年,增加了 61 项。[①]

从《世界遗产目录》的现状来看,欧洲地区入选的遗产在数量上明显高于其他地区。其中,世界遗产总数位列欧洲前四位的国家是意大利、西班牙、法国及德国。这 4 个国家入选目录的遗产甚至比整个非洲与阿拉伯地区入选的遗产加在一起还要多。[②] 这一状况不仅反映了《世界遗产目录》的入选标准在很大程度上受到欧洲(及北美)理念的主导,也反映出《世界遗产公约》的执行机制存在西方影响过大的积弊。事实上,从公约开始实施起,欧美国家一直居于强势地位,从公约的各项会议与活动,到世界遗产委员会的组成,再到历年提名的国别情况来看,欧美国家一直扮演主导作用。以意大利为例,1997 年,该国担任世界遗产委员会主席国,这一年,该国有 10 项财产入选《世界遗产目录》。[③] 对于西方主导《世界遗产目录》的问题,世界文化与发展委员会(World Commission on Culture and Development)在一次报告中指出:[④]

> 由于目录只录入不可移动财产,且在理念、经费等各方面一直受到工业化国家的影响与支持,故不可避免地反映了这些国家的利益关切。所以,目录未能真实、适当地反映各地区最普遍的遗产类别。

进入 21 世纪以来,随着以中国为代表的亚非拉国家的整体实力、国际影响力与文化意识的迅速崛起,西方主导《世界遗产目录》的状况开始逐渐得到扭转。一个明显的变化是,自 21 世纪以来,发展中国家境内财产入选目录的数量明显上升。例如,随着中国良渚古城遗址于 2019 年 7 月 6 日在阿塞拜疆巴库举

---

① See Forrest, C., *International Law and the Protection of Cultural Property*, Routledge, 2010, p. 248.

② 关于《世界遗产目录》的信息,参见联合国教科文组织《世界遗产公约》官网,https://whc.unesco.org/en/list/,最后访问日期:2023 年 4 月 30 日。

③ 详见联合国教科文组织《世界遗产公约》官网,http://whc.unesco.org/zh/list/,最后访问日期:2023 年 4 月 30 日。

④ 该委员会依据联合国教科文组织大会决议于 1992 年成立。参见联合国教科文组织《世界遗产公约》官网,http://unesdoc.unesco.org/images/0009/000957/095724Eo.pdf,最后访问日期:2023 年 4 月 30 日。

行的世界遗产大会上获准列入《世界遗产目录》,中国已经有55项遗产入选《世界遗产目录》,数量超过意大利,居世界第一。此外,墨西哥、印度、伊朗、巴西、土耳其、南非等国的入选数量近年来也迅速增长。① 不过总体而言,欧美区域入选的遗产数量比重依然最大,大约占入选总数的50%左右,而非洲以及阿拉伯地区的入选比重依然过小,分别只占约9%与7%。

从《世界遗产目录》已入选的财产来看,还呈现文化遗产远远多于自然遗产的特点。鉴于此,在修正其遴选政策时,世界遗产委员会已经将自然遗产的提名摆在优先位置,以期逐渐改变这一状况。此外,1992年12月,世界遗产委员会第16届会议提出"文化景观"这一概念,代表《世界遗产公约》第1条所表述的"自然与人类的联合作品",并将之纳入《世界遗产目录》。②

就文化遗产而言,《世界遗产目录》的遴选标准如前所述是"突出的普遍价值",因此,入选者并不限于历史建筑或遗迹,不少现、当代建筑作品也在入选之列,如澳大利亚悉尼歌剧院、墨西哥国立自治大学中心城市校区、巴西利亚等。

最后,需要指出,尽管《世界遗产公约操作指南》第77段在列举衡量"突出的普遍价值"的第6项标准("与具有突出的普遍重要性的事件或生活传统、思想或信仰、艺术存在直接或实质性联系")时明确指出,世界遗产委员会在考虑这一标准时会优先将之与其他标准结合起来适用,但在遴选世界遗产的时候,委员会独立适用该标准的例子并不鲜见。例如,美国独立纪念馆、波兰奥斯维辛集中营、日本广岛和平纪念馆、波斯尼亚与黑塞哥维那莫斯塔尔老桥等,均因满足该标准而入选目录。③

(四)《濒危世界遗产目录》

《世界遗产公约》要求,世界遗产委员会应在必要时制定、更新和出版一份《濒危世界遗产目录》。截至2023年年底,一共有56项遗产被列入或曾列入该

---

① 上述各国入选的数量分别为:印度37项、墨西哥35项、土耳其18项、伊朗24项、南非10项、巴西22项。详见联合国教科文组织《世界遗产公约》官网,http://whc.unesco.org/zh/list/,最后访问日期:2023年4月30日。

② 关于文化景观的信息,详见联合国教科文组织《世界遗产公约》官网,http://whc.unesco.org/en/culturallandscape/#1,最后访问日期:2023年4月30日。

③ See Forrest, C., *International Law and the Protection of Cultural Property*, Routledge, 2010, p. 257.

目录。[1] 依据公约第11条第4款的规定,入选《濒危世界遗产目录》的财产,需要满足数项条件:第一,该财产须在《世界遗产目录》之中。第二,该财产受到严重、具体的威胁,包括:"因退化加剧、大规模公共或私人工程、城市或旅游业迅速开发项目造成的消失威胁;土地的使用变动或易主造成的破坏;未知原因造成的重大变化,不管出于何因的弃之不管;武装冲突的爆发或威胁;灾害和灾变;严重火灾、地震、山崩;火山爆发;水位变动、洪水和海啸等。"第三,对此类财产的保存需要采取"重大行动"(major operations)。第四,已经依据公约请求援助。[2]

与《世界遗产目录》不同,世界遗产委员会可以直接将一项财产列入《濒危世界遗产目录》,而无须征得其所在国同意。事实上,由于入选《濒危世界遗产目录》的财产须在《世界遗产目录》之中,因此,从某种意义上说,将其列入《濒危世界遗产目录》已经得到其所在国的授权。细言之,提名国申请将其境内的某件财产列入《世界遗产目录》,就意味着授权世界遗产委员会依据公约机制对其进行管理与处置,包括将之列入《濒危世界遗产目录》。此外,尽管缔约国可以提名将其境内的财产列入《濒危世界遗产目录》,但对于已经列入该目录的遗产,世界遗产委员会可以不经其所在国同意而直接将其除名。

从公约实施的实际情况来看,大多数被列入《濒危世界遗产目录》的财产是应其所在国的请求而由世界遗产委员会作出决定的。譬如,前南斯拉夫境内的杜布罗夫尼克老城、柬埔寨境内的吴哥窟等。[3] 不过,也出现过缔约国反对世界遗产委员会将其境内的遗产列入《濒危世界遗产目录》的先例。譬如,尼泊尔政府曾强烈反对将加德满都谷地列入《濒危世界遗产目录》,澳大利亚政府则利用各种资源试图阻止将卡卡杜(Kakadu)国家公园列入此目录。[4] 所以,对世界遗产委员会而言,很多时候将某财产列入《濒危世界遗产目录》是一件政治上颇为

---

① *List of World Heritage in Danger*,载联合国教科文组织《世界遗产公约》官网,http://whc.unesco.org/en/danger/,最后访问日期:2024年1月1日。

② 参见《世界遗产公约》第11条第4款。

③ 详见联合国教科文组织《世界遗产公约》官网,http://whc.unesco.org/en/danger/,最后访问日期:2023年4月30日。

④ See Forrest, C., *International Law and the Protection of Cultural Property*, Routledge, 2010, p.258.

敏感的事项。[①]

相对而言,作为被列入《濒危世界遗产目录》的条件之一,“财产受到严重、具体的威胁”是一个比较容易满足的条件。《世界遗产公约操作指南》给出了“确定的威胁”与“潜在的威胁”的具体例证,“确定的威胁”包括“物质的严重退化;结构和/或装饰风格的严重退化;城市或乡村空间或自然环境的严重退化;历史真实性的重要丧失;文化重要性的重要丧失”。“潜在的威胁”包括“财产法律地位的修改,导致其受到保护的程度降低;保存政策缺失;区域规划项目产生的威胁性后果;城市规划导致的威胁性后果;武装冲突的爆发或威胁;因地质、气候或其他环境因素导致的缓慢改变”。[②]

《世界遗产公约》对入选《濒危世界遗产目录》所设置的第三项条件,即对此类财产的保存需要采取“重大行动”多少存在一些问题,因为无论是公约还是其操作指南均未对这一条件的具体例证或含义予以释明。不过,由于《世界遗产公约操作指南》第 181 段指出,“威胁和/或及其对财产产生的破坏性后果必须是通过人为行为可以得到纠正的”,因而世界遗产委员会有权决定为消除威胁须采取哪些必要的步骤。换言之,世界遗产委员会有权对这一项条件进行自由裁量。

与前述三项条件相比,第四项条件(“已经依据公约请求援助”)的问题则要多得多。结合公约上下文可知,公约第 11 条第 4 款所称的援助是指依据第 13 条申请的援助。需要指出,依据公约第 13 条申请援助与申请将某处文化遗址列入《濒危世界遗产目录》并不可同一而论。然而,一旦公约缔约国提出援助申请,公约第 11 条第 4 款所设置的第四项条件即告满足,世界遗产委员会就可以不经该国同意而将所涉及的财产列入《濒危世界遗产目录》。从这个意义上说,提出援助申请成为世界遗产委员会将所涉及财产列入《濒危世界遗产目录》的前提条件。从公约实施的情况来看,这也是一种比较理想的情况:当公约某缔约国难以保护、管理其境内的文化遗产时,即应依据公约规定提出援助申请,世界遗产委员会将之列入《濒危世界遗产目录》,而一旦被列入该目录,该财产就可以得到援助。尽管如此,在某些情况下,寻求援助并不是相关财产被列入《濒危世界遗产目录》的前提。公约第 11 条第 4 款在最后一句话中强调,“委员

---

① See Report of the Intergovernmental Committee of Experts, Submitted to the Central Conference of UNESCO, June 1972, para. 29.

② 2015 年版《世界遗产公约操作指南》第 179 段、第 180 段。

会在紧急需要时随时在《濒危世界遗产目录》中增列新条目并立即予以公布”。鉴于公约及其操作指南并未具体规定如何界定“紧急需要”,世界遗产委员会对于将某财产列入该目录拥有相当大的自由裁量权,即便在其所在国未提出援助申请的情况下,依然可以作出列入目录的决定。

另有观点认为,一旦公约缔约国申请将其境内的某处财产列入《濒危世界遗产目录》,按照公约之精神,即等同于依公约提出援助申请。因此,公约第 11 条第 4 款规定的第四项条件即告满足。① 依据这一观点,提出援助并非相关财产被列入《濒危世界遗产目录》的一个独立、必经的前提条件,公约缔约国提出将其境内的某处财产列入《濒危世界遗产目录》的申请可以被理解为该国默示地提出了援助申请。

尽管上述观点有一定合理性,但在笔者看来,实际情况往往更加复杂。例如,在某些情况下,公约缔约国申请将其境内的某处财产列入《濒危世界遗产目录》仅仅是为了在其本国国内产生影响,包括唤起本国民众的保护意识等。毕竟,在入选该名单的财产中,并非所有的财产均位于发展中国家境内,有一部分入选财产位于美国、英国等财力与技术资源丰厚的发达国家。② 此外,在公约实施实践中,还出现过缔约国提出援助申请,但反对将相关财产列入《濒危世界遗产目录》的情况。譬如,1996 年,埃塞俄比亚为保护锡门(Simmen)国家公园申请获得世界遗产基金的援助。接到援助申请后,世界遗产委员会将该国家公园列入《濒危世界遗产目录》。但在此过程中,埃塞俄比亚强烈反对世界遗产委员会作出此项决定。不过,由于满足了公约第 11 条第 4 款的规定,委员会并未理会该国的反对意见。③

由此可见,《濒危世界遗产目录》既可以作为援助的形式,也可以作为敦促缔约国履行公约义务的手段,还可以作为对公约缔约国未履行义务施加的惩罚。从已入选该目录的财产来看,作为惩罚的情况显然要多于作为敦促手段的情况。

值得注意的是,在公约第三章中还有一条专门对未能入选《世界遗产目录》

---

① See Forrest, C., *International Law and the Protection of Cultural Property*, Routledge, 2010, p. 260.

② 详见联合国教科文组织《世界遗产公约》官网,http://whc.unesco.org/en/danger/, 最后访问时间:2023 年 4 月 30 日。

③ 关于锡门国家公园的信息,详见联合国教科文组织《世界遗产公约》官网,http://whc.unesco.org/en/list/9, 最后访问日期:2023 年 4 月 30 日。

与《濒危世界遗产目录》的财产所享有的待遇作了规定。公约第12条规定如下："未被列入第11条第2段和第4段提及的两个目录的属于文化或自然遗产的财产，决非意味着在列入这些目录的目的之外的其他领域不具有突出的普遍价值。"

从公约来看，对于那些未能列入《世界遗产目录》与《濒危世界遗产目录》的文化遗产，只要被其所在国确认为具有"突出的普遍价值"，它们就会受到公约第二章规定的保护。所以，第12条的规定在法律效果上再次确认了遗产所在国对此类遗产的保护义务。不过在实践中，对于未入选目录的文化遗产，公约对其所在国施加的义务很难得到有效实施。

不仅如此，第13条第1款进一步规定：对于已经列入或可能适于列入第11条第2段和第4段中提及的目录的财产，如其所在国为保证这类财产得到保护、保存、展出或恢复而提出国际援助的申请，世界遗产委员会应予接收并研究。由此可见，对于未入选两个目录的遗产，世界遗产委员会依然可以受理其所在国提出的申请。不过，从公约的实施实践来看，这样的情况非常罕见。

六、国际援助

为具有突出的普遍价值的遗产建立目录，在《世界遗产公约》的体系中并不属于核心构建，建立一套以国际合作为手段的国际遗产保护机制才是公约的核心构建，而国际遗产委员会与国际遗产基金则是这套构建的两大支撑点。细言之，公约在第五章（第19～26条）规定了国际援助的条件与安排，而在第四章与第三章中分别建立了国际遗产基金与国际遗产委员会。

（一）有资格获得国际援助的文化遗产

依据《世界遗产公约》，国际援助本身并不是一项权利。公约第19条规定，凡公约缔约国，均可要求对该国领土内构成具有突出的普遍价值的文化或自然遗产之财产给予国际援助。依据该条，公约缔约国有提出国际援助的权利，但提出援助不代表必然会获得。同时，该条的措辞较为宽泛，它仅要求各国对其境内具有"突出的普遍价值"的遗产提出国际援助，而并未将之限定于已入选《世界遗产目录》与《濒危世界遗产目录》的财产。因此，公约缔约国似有权对其确定的具有突出的普遍价值的遗产提出国际援助请求，不过，公约第20条对提出国际援助的对象进行了限制，即公约规定提供的国际援助仅限于世界遗产委员会业已决定或可能决定列入上述两类目录的遗产的财产。依据该条,已经入选《世界遗产目录》与《濒危世界遗产目录》的财产有资格获得国际援助自不待言,世界遗产委员会"可能"决定列入此两类目录的财产亦有资格获得之。[①]尽管从理论上说,有资格获得国际援助的对象越宽泛越有利于遗产的保护,但是考虑到世界遗产委员会有限的资源与能力以及国际援助的现实有限性,有必要对国际援助的对象进行限定。为此,第 20 条创设了基本规则的数项"例外":在满足第 13 条第 2 款、第 22 条(c)分款与第 23 条的情况下,不适用上述规则。

公约第 13 条第 2 款规定,在初步调查表明进一步调查有其正当性的情况下,国际援助的申请还可能涉及"确定"(identification)哪些财产属于第 1 条和第 2 条确定的文化或自然遗产。显而易见,这一规定是对公约第 4 条提到的为确保相关遗产得到"确定、保护、保存、展出和遗留后代"而进行的国际援助的呼应。与此类似,公约第 22 条(c)分款提到,世界遗产委员会提供的援助可以用于在各级培训文化和自然遗产的确定、保护、保存、展出和修复方面的工作人员和专家。公约第 23 条继续规定,世界遗产委员会还可向培训文化和自然遗产的确定、保护、保存、展出和修复方面的各级工作人员和专家的国家或地区中心提供国际援助。通过设置上述几项例外,公约旨在限制第 20 条所规定的有资格获得国际援助的文化遗产的范围。有学者认为,这表明除已经入选《世界遗产目录》与《濒危世界遗产目录》的财产以外,第 20 条所涵盖的对象仅包括那些已经得到各国预先确定的"具有突出的普遍价值"的财产,如已列入各国提交的"预备目录"的财产、已被各国提名列入《世界遗产目录》但尚未得到批准的财产。[②]

由此可见,有资格得到国际援助的文化遗产,一类是已经列入《世界遗产目录》与《濒危世界遗产目录》的财产,另一类是已经得到各国预先确定的"具有突出的普遍价值"的财产,就后者而言,世界遗产委员会在决定是否对之给予国家援助方面有较大的自由裁量权。

(二)国际援助的类别

将公约第 13 条、第 20 条、第 22 条与第 23 条结合起来可知,国际援助的核

---

① 这样的规定与第 13 条第 1 款颇为相似。如前所述,后者规定,对于已经列入或"可能"列入此两类目录的财产,如其所在国提出国际援助的申请,世界遗产委员会应予接收并研究。

② See Forrest, C., *International Law and the Protection of Cultural Property*, Routledge, 2010, p. 264.

心目的在于确保已经列入或世界遗产委员会“可能”决定列入《世界遗产目录》与《濒危世界遗产目录》的财产得到保护、保存、战时或修复。同时，作为例外，国际援助也可以用作对具有世界遗产潜在资格的财产的确定。其中，公约第22条对国际援助的行使作了较为具体的列举：

> 世界遗产委员会提供的援助可采取下述形式：
>
> (a)研究在保护、保存、展出和修复本公约第11条第2段和第4段所确定的文化和自然遗产方面所产生的艺术、科学和技术性问题；
>
> (b)提供专家、技术人员和熟练工人，以保证正确地进行已批准的工作；
>
> (c)在各级培训文化和自然遗产的鉴定、保护、保存、展出和修复方面的工作人员和专家；
>
> (d)提供有关国家不具备或无法获得的设备；
>
> (e)在例外和特殊情况下提供无偿补助金。

(三)国际援助的申请

依据公约第21条第1款的规定，“世界遗产委员会应制定对向它提交的国际援助申请的审议程序，并确定申请应包括的内容，即打算开展的活动、必要的工程、工程的预计费用和紧急程度以及申请国的资源不能满足所有开支的原因所在。这类申请须尽可能附有专家报告”。第24条进一步规定，“在提供大规模的国际援助之前，应先进行周密的科学、经济和技术研究。这些研究应考虑采用保护、保存、展出和修复自然和文化遗产方面最先进的技术，并应与本公约的目标相一致。这些研究还应探讨合理利用有关国家现有资源的手段”。由此可见，公约缔约国提出国际援助的申请程序，在很大程度上由世界遗产委员会确定。

在修订《世界遗产公约操作指南》的过程中，世界遗产委员会逐渐完善、细化申请程序，并制定标准申请表格。① 依据公约，世界遗产委员会拥有广泛的权限以决定对这些申请所需采取的行动，必要时应确定其援助的性质和程度，并授权以它的名义与有关政府作出必要的安排。② 不过，世界遗产委员会不能仅

---

① 参见2017年版《世界遗产公约操作指南》第七章与附录8。

② 参见《世界遗产公约》第13条第3款。

依据申请国提供的信息,在作出决定之前,应进行它认为必要的研究与磋商。①在实践中,世界遗产委员会通常会从下列咨询机构获得援助:国际文物保护与修复研究中心(International Centre for the Study of the Preservation and Restoration of Cultural Property,ICCROM)②、国际古迹遗址理事会(ICOMOS)③、世界保护联盟(IUCN)等。④

尽管世界遗产委员会对于其各项活动的优先顺序以及给予国际援助的性质与程度拥有相当大的自由裁量权,公约还是规定了最低限度的指导原则。其中,对因遭受灾难或自然灾害而提出的申请,由于可能需要开展紧急工作,委员会应立即给予优先审议,委员会应掌握一笔应急储备金。⑤ 依据《世界遗产公约操作指南》,该款规定意味着,世界遗产委员会应优先对《濒危世界遗产目录》中的财产给予国际援助。⑥ 对于非紧急援助,公约要求,世界遗产委员会在决定其活动的优先顺序时应考虑:需予保护的财产对世界文化和自然遗产各具的重要性,对最能代表自然环境或世界各民族的才华和历史的财产给予国际援助的必要性,所需开展工作的迫切性,受到威胁财产之所在国现有的资源,特别是该国利用本国资源保护这类财产的能力大小。⑦ 此外,《世界遗产公约操作指南》对应考虑的因素还作了补充规定,包括:经济援助是否会产生放大效果,是否会增加从其他渠道获得的经济与技术援助,行动在科学研究、培训专家以

---

① 参见《世界遗产公约》第21条第3款。

② 国际文物保护与修复研究中心(ICCROM)成立于1959年,是联合国教科文组织创设的一个独立的国际科学机构。ICCROM的基本宗旨是保护古代建筑,历史遗迹和世界艺术珍品,以及为此而进行的专业队伍的培训和修复工作的改进。ICCROM研究并传播世界文化遗产保护及修复方面的信息;负责举办国际性会议;出版有关刊物并组织专家讨论。ICCROM致力于推动有关文物保护技术的探讨;研究制定文物保护及修复问题的解决方案;调整文物保护措施,使之达到世界先进水平。详见国际文物保护与修复研究中心官网,http://www.iccrom.org/,最后访问日期:2023年4月30日。

③ 国际古迹遗址理事会于1965年在波兰华沙成立,是世界遗产委员会的专业咨询机构。它由世界各国文化遗产专业人士组成,是古迹遗址保护和修复领域唯一的国际非政府组织,在审定世界各国提名的世界文化遗产申报名单方面起着重要作用。详见国际古迹遗址理事会官网,http://www.icomos.org/en/,最后访问日期:2023年4月30日。

④ 参见前文对该组织的介绍,此处不再赘述。

⑤ 参见《世界遗产公约》第21条第2款。

⑥ 参见《世界遗产公约》第13条第3款。

⑦ 参见《世界遗产公约》第13条第4款。

及民众教育等方面的示范价值等。① 尤其需要强调,在世界遗产基金数额有限的情况下,国际援助应优先提供给联合国经社理事会发展政策委员会界定的最不发达国家或低收入国家、世界银行界定的低收入国家,以及小岛屿发展中国家及冲突后重建国家。② 最后,援助对推进世界遗产委员会制定的五项战略目标产生的作用也在考虑之列。③

一旦世界遗产委员会作出决定,对某缔约国的某项文化遗产给予国际援助,④即应与该国签订协助协定,对援助的具体内容、实施条件等事项作出规定。⑤《世界遗产公约操作指南》进一步要求,援助工作完成后 3 个月之内,世界遗产委员会须完成评估工作。⑥ 从公约的实施来看,对国际援助进行监督、评估已经成为世界遗产委员会越来越重要的工作。此外,公约还要求该委员会制定、更新和公布已给予国际援助的遗产目录。⑦

(四)世界遗产基金

建立世界遗产基金的主要目的是为公约缔约国提供国际援助,这也是吸引更多国家(尤其是发展中国家)加入公约、确保公约取得成功的重要手段。《世界遗产公约》规定,依据联合国教科文组织《财务条例》,此基金在性质上属于信托基金,其来源主要为各缔约国的捐助,非公约缔约国,包括联合国教科文组织与联合国开发计划署在内的国际组织以及公共或私立机构或个人的捐款、赠款或遗赠也是基金的重要来源。此外,基金来源还包括:基金款项所得的利息、募捐的资金和本基金组织的活动的所得收入以及世界遗产委员会拟订的基金条例所认可的所有其他资金等。⑧ 一般而言,世界遗产委员会有权限定基金的使用目的,但也可以接受仅用于某个计划或项目的捐款,但以委员会业已决定实施该计划或项目为条件。对基金的捐款不得带有政治条件。⑨

---

① 参见 2017 年版《世界遗产公约操作指南》第 239 段。

② 参见 2017 年版《世界遗产公约操作指南》第 239 段(b)。

③ 参见 2002 年世界遗产委员会第 26 届大会上通过的《关于世界遗产的布达佩斯宣言》。

④ 依据《世界遗产公约》第 13 条第 8 款,世界遗产委员会的决定应经出席及参加表决的委员的 2/3 多数通过。委员会委员的多数构成法定人数。

⑤ 参见《世界遗产公约》第 26 条;2015 年版《世界遗产公约操作指南》第 255 段。

⑥ 参见 2015 年版《世界遗产公约操作指南》第 256 段。

⑦ 参见《世界遗产公约》第 13 条第 5 款。

⑧ 参见《世界遗产公约》第 15 条第 2 款与第 3 款。

⑨ 参见《世界遗产公约》第 15 条第 4 款。

依据《世界遗产公约》,公约缔约国对世界遗产公约的捐款既可以是自愿的,也可以是强制性的。事实上,在缔约过程中,围绕基金捐款的性质,各国曾发生激烈辩论。一些国家主张,为保证基金来源与公约的有效实施,公约缔约国对世界遗产基金的捐助应当是强制性的,否则基金将形同虚设;而一些国家则反对公约规定强制性捐款义务,认为这会加重其经济负担,亦不利于公约得到更多国家的接受。① 公约的最终文本是这两派意见折中方案的体现。

公约第16条第1款要求,公约缔约国每2年定期向世界遗产基金纳款。该款同时要求,公约缔约国大会应在联合国教科文组织大会期间确定适用于所有缔约国的统一的纳款额百分比。不过,在任何情况下,公约缔约国的义务纳款都不得超过对联合国教科文组织正常预算纳款的1%。上述规定显然是强制性捐款的体现。

然而公约第16条第2款规定,一国在交存批准书、接受书或加入书时可以声明不受本条第1款规定的约束。孤立地看该款规定,难免令人产生这样的担心:会不会有许多国家通过声明排除其强制捐款的义务,从而使世界遗产基金难以为继?为避免产生这样的后果,该条紧接着设立了所有缔约国均有义务纳款的“自愿”捐助。细言之,第16条第4款规定,已作本条第2段中所述声明的公约缔约国应至少每2年定期纳款,纳款不得少于它们如受本条第1段规定约束所需交纳的款额。② 显而易见,该款关于“自愿”捐助的规定,使其与强制性捐助并无二致,这样规定的目的是确保“委员会得以有效规划其活动”。

此外,为敦促各缔约国按期向基金纳款,第16条还规定了两项配套措施。第一,对于强制捐款,公约缔约国大会应在联合国教科文组织大会期间确定适用于所有缔约国的统一的纳款额百分比,并由出席及参加表决的缔约国多数通过。但是,依第16条第1款作出不受强制捐款约束声明的国家无权参与投票。③ 可见,如果一国在加入公约时声明不受第16条第1款规定的

---

① See Francioni, F. & Lenzerini, F., *The 1972 World Heritage Convention: A Commentary*, Oxford University Press, 2008, p. 269 – 287.

② 此外,第16条第3款还规定,已作本条第2段中所述声明的公约缔约国可随时通过联合国教科文组织总干事收回所作声明。然而,收回声明之举在紧接的一届公约缔约国大会之日以前不得影响该国义务捐款。

③ 参见《世界遗产公约》第16条第1款。

约束,那么它将失去决定强制捐款数额的投票权。第二,凡拖延交付当年和前一日历年的义务纳款或自愿捐款的公约缔约国不能当选世界遗产委员会成员,已当选委员会成员的缔约国的任期则应在委员会下一届成员选举之时终止。①

从世界遗产中心可动用的资金来看,世界遗产基金所占比重并不大。除基金以外,联合国教科文组织拨付的正常预算以及预算外经费、未加入公约的联合国教科文组织成员国的捐款以及其他国际组织及机构的捐款也构成该中心重要的经费来源。② 尽管如此,世界遗产基金一直是国际遗产委员会用于国际援助的主要资金来源。

由于入选《世界遗产目录》的遗产数量逐年快速增长,且发展中国家境内的遗产入选的比例明显提高,世界遗产基金所承受的压力与日俱增,捉襟见肘已逐渐成为常态。在此背景下,在联合国、联合国教科组织等国际机构的倡议下,近20年来在国家、地区与国际层面陆续成立了不少用于支持世界遗产保护的公共基金会。譬如,1995年,北欧世界遗产委员会建立,该基金会最初仅向本地区的世界遗产提供经济援助,后来将援助的对象扩展至发展中国家的世界遗产。③ 2002年,非洲世界遗产基金会建立,该基金会建立之初仅得到南非的捐助,近年来越来越多的国家向其提供捐助,其中既包括阿尔及利亚、加蓬在内的非洲国家,也包括中国、印度、挪威、荷兰在内的区域外国家。④ 值得一提的是,为加强与非政府组织、企业与社会各界的合作,加强获得国际援助的能力,有效保护入选《世界遗产目录》的财产,世界遗产委员于2002年发起成立"保存世界遗产伙伴联盟"(World Heritage Partnership for Conservation)。该联盟成立后,得到各方积极响应,对于扩大世界遗产委员会的经济来源,增强公约的国际援助能力起到了重要作用。⑤

世界遗产基金与上述其他基金共同构成世界遗产委员会为保护世界遗产

---

① 参见《世界遗产公约》第16条第6款。

② 参见《世界遗产公约》第17条。

③ See The Nordic World Heritage Foundation Expands Its Support to Myanmar Through UNESCO, http://www.unesco.org/new/en/media-services/single-view/news/the_nordic_world_heritage_foundation_expands_its_support_to/, 最后访问日期:2023年4月30日。

④ 详见非洲世界遗产基金会官网,http://awhf.net/, 最后访问日期:2023年4月30日。

⑤ 详见联合国教科文组织官网,http://whc.unesco.org/en/faq/, 最后访问日期:2023年4月30日。

而给予国际援助的常规资金来源。除此以外，为应对紧急灾难，联合国教科文组织还曾多次发起国际募款行动，依据公约规定，公约缔约国有义务予以援助。① 事实上，回顾历史，我们可以发现，正是20世纪六七十年代联合国教科文组织发起的，为挽救遗产遭遇灾难的数次国际募捐活动有力地推动了公约的缔约进程。自公约实施以来，联合国教科文组织也发起了多次类似的国际援助行动，并取得了良好效果。

七、行政运作机制

（一）世界遗产中心

公约规定，联合国教科文组织总干事应任命并组成一个秘书处协助世界遗产委员会的工作。② 最初，秘书处的构成并不稳定，主要由联合国教科文组织的正式工作人员、少数公约缔约国的工作人员以及世界遗产委员出资聘用的一些临时工作人员构成。这样的构成不利于公约的实施，不利于世界遗产委员会日常工作的有效推进。鉴于此，联合国教科文组织总干事于1992年建立世界遗产中心，该中心设在巴黎联合国教科文组织总部，行使《世界遗产公约》常设秘书处的功能。③

由于世界遗产中心在公约制定后20年才建立，故公约并未对该中心的功能予以精准定义。该中心的功能由《世界遗产公约操作指南》界定如下：④

（1）组织公约缔约国大会与世界遗产委员会的会议；

（2）执行世界遗产委员会与公约缔约国大会的决议并报告其执行情况；

（3）对世界遗产名单的提名申请予以接受、登记、检查申请材料的完整性、归档并将之移交相关咨询机构；

（4）协调作为"为实现更具代表性、平衡性与可信度的世界遗产目录的全球战略"的一部分研究与相关活动；

（5）组织定期报告；

---

① 参见《世界遗产公约》第18条。
② 参见《世界遗产公约》第14条。
③ 参见2017年版《世界遗产公约操作指南》第27段。
④ 2017年版《世界遗产公约操作指南》第28段。

(6)协调、组织反应性监督,包括反应性监督任务①以及在合适时协调、参与咨询任务②;

(7)协调国际援助;

(8)为保存与管理世界遗产,动员预算外资源;

(9)协助公约缔约国实施世界遗产委员会的项目与工程;

(10)通过向公约缔约国、咨询机构与大众传播信息推广世界遗产以及本公约。

自世界遗产中心成立以来,公约的日常行政工作得以有效加强。近 20 年来,公约新增缔约国以及各国申遗数量的快速增加被视为该中心卓有成效的行政工作的体现。

(二)咨询机构

国际文物保护与修复研究中心(ICCROM)、国际古迹遗址理事会(ICOMOS)与世界保护联盟(IUCN)这三个咨询机构对于世界遗产的保护以及《世界遗产公约》机制的运作发挥重要作用。本编第一章第一节曾提及,正是在国际古迹遗址理事会与世界保护联盟的倡导与推动下,《世界遗产公约》才得以酝酿与成型。事实上,上述三个机构在公约框架下的作用不仅重要,而且相当独特,因为公约对它们各自的作用作了较为具体的规定。譬如,公约第 14 条规定,联合国教科文组织总干事应尽可能充分地利用国际文物保护与修复研究中心(罗马中心)、国际古迹遗址理事会和世界保护联盟在各自职权范围内提供的服务,为委员会准备文件资料,制定委员会会议议程,并负责执行委员会的决定。此外,公约第 13 条第 7 款特别要求世界遗产委

① 反应性监督(Reactive Monitoring)任务是秘书处与咨询机构就受到威胁的具体财产的保存状况向世界遗产委员会进行报告的一部分。应世界遗产委员会的要求,并经与有关公约缔约国磋商,此类任务旨在查明财产的状况、财产受到的危险、充分修复财产的可行性或通过实施改正措施获得改善的可行性。反应性监督任务这一术语的适用是由世界遗产中心依据世界遗产委员会的决议提出的,所需费用由世界遗产基金提供。

② 咨询任务并不是严格意义上的法定及强制性任务,而是由公约缔约国自愿发起的,并取决于提出请求的缔约国对相关情势的考虑与判断。咨询任务一般是指由专家向某公约缔约国就某具体事项提出建议,可以涉及对遗址的确定、预备名单或申遗的具体事项,包括对有关财产是否具有突出的普遍价值进行评估等。咨询任务这一术语是由公约缔约国提出的,并得到世界遗产中心与其他相关咨询机构的认可。咨询任务的所有费用由提出任务的公约缔约国承担,除非该国又各自获得公约规定的国家援助,或有关费用获得了额外的预算支持。

员会与上述三个机构合作以实施其计划与项目。公约第 8 条第 3 款还规定，上述三个机构可以各派一名代表以咨询者身份出席世界遗产委员会的会议。

《世界遗产公约操作指南》对这三个机构的作用作了更加具体的规定。[①]国际古迹遗址理事会与世界保护联盟在世界遗产的提名、遴选以及对世界遗产的监管方面扮演重要作用。此外，这两个机构还对公约缔约国提出的国际援助申请负有评审职责。[②] 国际文物保护与修复研究中心在世界遗产管理与保存的人员培训、世界遗产财产保存状况的监督、缔约国提出的国际援助申请的评审以及为展开能力建设活动提供人力与物力支持方面扮演重要角色。[③]

从公约的实施情况来看，国际文物保护与修复研究中心、国际古迹遗址理事会与世界保护联盟起到重要且积极的作用，特别是在世界遗产的遴选、评定、保护、监管以及国际援助的展开方面，这三个咨询机构提供了不可或缺的技术、人力与物力支持。

不过，针对这些机构的运作及其工作方式与重点，也存在批评之声。譬如，有些国家指摘这些机构的运作缺少透明性与公开性，尤其是在对公约缔约国申遗请求的评估方面，这些机构决策过程的不透明备受诟病。还有一些国家认为，国际古迹遗址理事会过于关注欧洲地区古迹的保护，而对世界其他地区，尤其是亚非拉发展中国家的遗产保护则显得过于冷漠。[④]

（三）报告机制

除常设秘书处、咨询机构以外，《世界遗产公约》及其操作指南还规定了较为完善的报告机制。与联合国教科文组织主持制定的其他几部文化财产公约相比，该公约在缔约国数量、各国的履约程度、与各类机构的合作水平、国际影响力等各方面都明显更胜一筹，客观而言，这在相当大的程度上与本公约建立的报告机制紧密相关。

从公约来看，其第 29 条第 1 款要求，公约缔约国应按照联合国教科文

① 参见 2017 年版《世界遗产公约操作指南》I. G.

② 参见 2017 年版《世界遗产公约操作指南》第 171 段、第 184 段与第 200 段。

③ 参见 2017 年版《世界遗产公约操作指南》第 25 段与第 33 段。

④ See Forrest, C., *International Law and the Protection of Cultural Property*, Routledge, 2010, p. 273.

组织大会确定的日期和方式向该组织大会递交报告。在报告中,应提供有关它们为执行公约所通过的立法与行政规定以及采取的其他行动的信息,并详述在这方面获得的经验。这些定期报告应得到世界遗产委员会的关注。[①] 依据《世界遗产公约操作指南》,这些定期报告的目的主要包括以下四项:[②]

(1)对公约缔约国执行公约的情况予以评估;

(2)对入选《世界遗产目录》的财产突出的普遍价值是否继续得到维持予以评估;

(3)提供关于世界遗产之财产的最新信息、记录变化中的情况与财产保存的状况;

(4)为公约缔约国在执行公约及保存世界遗产方面提供地区合作与信息、经验交流的机制。

这些报告的提交以及世界遗产委员会作出的回应"对于入选遗产的长期保存,对于增强公约执行的可信度"具有十分重要的作用。[③] 换言之,这些报告的作用在于确保已入选遗产不仅保持其突出的普遍价值,而且通过受到监督的管理、保护、研究工作不断增强其价值。

需要指出,公约缔约国不是需要提交报告的唯一主体。公约要求,世界遗产委员会也应在联合国教科文组织大会的每届常会上递交一份关于其活动的报告。[④]《世界遗产公约操作指南》要求,世界遗产中心需要就其执行世界遗产委员会的决议情况向联合国教科文组织大会提交报告。[⑤] 此外,《世界遗产公约操作指南》要求,世界遗产中心、世界遗产委员会以及各咨询机构之间也需要就遗产的提名、全球战略的实施以及反应性监督报告的执行情况做定期报告。事实证明,这些并行的报告机制对于增强公约的执行力与影响力起到重

① 参见《世界遗产公约》第29条第1款、第2款。
② 2017年版《世界遗产公约操作指南》第201段。
③ 参见2017年版《世界遗产公约操作指南》第201段。
④ 参见《世界遗产公约》第29条第3款。
⑤ 参见2015年版《世界遗产公约操作指南》第28段。

要作用。[①]

第二节 评 价

《世界遗产公约》是保护不可移动文化财产的基石性国际条约，它的诞生不仅是人类深刻反思第二次世界大战惨痛教训的结果，更是殖民体系崩溃后，在广大发展中国家政治、经济、社会与文化飞速发展的背景下，为解决遗产保护遇到的诸多新问题、新挑战所作的现实回应。

作为特定历史阶段的产物，《世界遗产公约》在文本措辞、制度构建等方面远非完美，自其通过以后，就受到不少批评。概言之，公约的缺陷主要体现在以下两个方面：第一，公约诸多条款措辞模糊，可执行性不强。譬如，公约第 4 条与第 5 条对缔约国施加的义务过于概括，且在措辞上弹性过大。鉴于此，有学者认为，这两条所体现的义务仅具有“道义上的作用”，并不构成法律上的强制性义务。[②] 与此类似，第 6 条、第 12 条也存在“缺少明确的法律义务”以及“无法有效执行”的缺陷。[③] 第二，公约缺少惩罚措施与机制。通观公约，尽管其规定了为数不少的义务与责任，但对违反义务与责任者，并未规定任何法律惩罚或制裁措施，难怪有学者将公约称为“软法”的典型代表。[④]

尽管如此，《世界遗产公约》仍可以被誉为文化财产领域迄今为止最成功的国际公约，它在缔约国数量、履约状况、吸引的国际关注与资源等各方面，远非其他文化财产公约所能企及。深入分析该公约取得成功的原因，对于本领域其他国际公约的改革与完善具有重要的借鉴价值。在笔者看来，《世界遗产公约》的成功主要归功于以下四个方面：

第一，公约授权世界遗产委员会制定、修正《世界遗产公约操作指南》，使后

---

① See Boer, B. & Wiffen, G., *Heritage Law in Australia*, Oxford University Press, 2006, p. 335 – 342.

② See Francioni, F. & Lenzerini, F., *The 1972 World Heritage Convention: A Commentary*, Oxford University Press, 2008, p. 402.

③ See Francioni, F. & Lenzerini, F., *The 1972 World Heritage Convention: A Commentary*, Oxford University Press, 2008, p. 207.

④ See Francioni, F. & Lenzerini, F., *The 1972 World Heritage Convention: A Commentary*, Oxford University Press, 2008, p. 402.

者事实上获得对公约进行及时修正,使其适应实践需要的权限。这样的规定避免了正式修约所涉及的复杂程序事项,使公约获得了强大的生命力和自我修复及完善能力。

第二,公约建立了以国际合作为手段的国际遗产保护机制,并以国际遗产委员会与国际遗产基金为支撑点,既可以激发各缔约国保护遗产的积极性,又得以克服公约缺少惩罚机制的缺陷。细言之,公约首先明确,保护遗产主要是该遗产所在国的义务,充分尊重各国的主权权利。在此基础上,公约及其操作指南建立了一套完整的世界遗产申报、遴选与评定程序,并赋予世界遗产委员会将已入选遗产从目录中除名的权力,在事实上建立了一套激励与惩罚并举的制度。由于入选《世界遗产目录》不仅可以获得国际遗产基金的援助,而且可以大大提高知名度与关注度,带来丰厚的旅游及相关收入,因而各国,尤其是发展中国家,以极大的热情投入申遗工作。另外,尽管公约并未对违反公约的行为规定惩罚或制裁措施,但由于世界遗产委员会有权在遗产所在国未能履行公约义务、未对已入选目录的财产进行妥善保护与管理的情况下,将之列入《濒危世界遗产目录》,甚至直接从《世界遗产目录》中除名,因而各国对履约产生敬畏之心。从这个意义上说,那种认为公约缺少惩罚或制裁措施的观点并不准确。

第三,公约建立了卓有成效的纳款机制,使世界遗产基金的资金来源得到保证,从而为各项行动,尤其是国家援助活动提供了物质资源保障。如前文分析,尽管公约允许缔约国通过对第16条第1款声明保留排除其强制捐款的义务,但其设立的自愿捐款制度在本质上与强制捐款并无二致,因此公约为世界遗产基金设立的纳款机制具有相当强的“硬度”,这为公约得到有效实施提供了坚实的资金保障。此外,世界遗产委员会通过建立“保存世界遗产伙伴联盟”等措施,与各类公私机构建立了紧密而广泛的合作关系,这对于扩大公约的经济来源,增强公约的国际援助能力起到积极作用。

第四,公约通过设立世界遗产中心,充分发挥咨询机构的技术优势,建立完整的定期报告制度使公约的行政运作机制日臻完善,这也是公约取得成功的重要制度保障。

当然,在实施过程中公约也暴露出一些问题,主要包括:(1)世界遗产委员会往往成为国际政治角力的场所,其组成政治性明显强于技术性;(2)世界遗产的遴选与评定过程透明性与公开性不足;(3)欧美主导世界遗产委员会的格局以及欧洲遗产入选目录的比例过高的现状没有得到实质性改变等。

不过,随着人类社会对“世界遗产”这一理念认知的不断提高,随着国际格局正向着更加公平正义的方向演进,我们有理由相信,具有强大生命力与自我完善能力的《世界遗产公约》会不断地修正其缺陷,从而对保护人类自然遗产与文化遗产发挥越来越大的作用。

第五编

水下文化财产的保护

“海底才是世界最大的博物馆！”

——联合国教科文组织[①]

① 这句话取自联合国教科文组织《水下遗产公约》官网，http://www.unesco.org/new/en/culture/themes/underwater-cultural-heritage/underwater-cultural-heritage/，最后访问日期：2023年4月30日。

第一章　概　述

人类的航海史，可歌可泣，厥功至伟。正是在伟大的航海活动中，人类开拓了未知世界，扩展了贸易通道，增进了文明之间的交流与理解，促进了人类社会的进步与发展。可以说，一部航海史就是人类挑战自我、探索自然、改造世界的历史。然而，航海亦充满艰辛、危险、磨难甚至是绝望，海难几乎可以被称为航海的“孪生兄弟”。[①] 据统计，在人类的航海史上，平均每个世纪发生沉船事故约 30 万次。[②] 那些沉没于海底的船舶，既是海难的见证者，也成为后代子孙探知历史、认识自我的宝贵财产。今天，我们称之为“水下文化财产”或“水下文化遗产”。当然，水下文化财产不仅指沉没于水下的船舶及其所载珍宝，顾名思义，只要是位于水面下的文化财产，都属于该术语的涵盖范围。譬如，因地质改变或人类工程导致水面上升而淹没的村镇、建筑、历史遗迹等，也在水下文化财产的涵盖之列。

早期，囿于技术限制，水下（尤其是海底）远离人类活动的中心，人类对于水下文化财产的情况知之甚少，遑论打捞、研究、开发、利用。再珍贵的文化财产，一旦沉入水底，就很难重见天日。然而，随着社会、经济与科

---

① 参见[美]亨德里克·威廉·房龙：《船：航海的历史》，李鸣译，天地出版社 2013 年版，“前言”。

② See Bascom, W., *Deep Water, Ancient Ship*, David and Charles, 1976, p. 72.

技的全方位发展,人类的水下活动日趋活跃,水下文化财产逐渐成为人类唾手可得之物。在此背景下,水下文化财产的保护、管理与利用进入一个新的历史阶段。

一方面,随着考古技术的发展与装备的更新换代,人类的考古活动逐渐延伸到水下,越来越多的水下文化财产得到考古发掘,并重见天日。譬如,2007年,我国成功将沉没在阳江海域的宋元古船"南海一号"打捞出水并进行全面发掘,这成为我国水下考古的里程碑。① 另一方面,在新的历史条件下,水下文化财产的安全也面临着严峻考验。随着城市扩张与人口膨胀,人类不断向水域索取土地,填海造地、填湖造城现象愈演愈烈。此外,勘探开发海底自然资源、铺设海底电缆工程等水下工程亦日益增多。人类活动已经构成水下文化财产愈加严重的现实威胁。更加令人担心的是,近年来,私自打捞古代沉船或船载珍宝蔚然成风,"海上盗掘"日益猖獗,并已发展成一类新型犯罪。

然而,面对新的挑战,既有的法律规则显得有些无能为力。以古代沉船的保护、打捞与归属为例,由于沉船所处的位置具有偶然性,既有可能位于其始发国领海内,也有可能位于公海,还有可能处于另一国的领海或争议海域内,因而其所牵涉的法律事项极其复杂。此外,由于年代久远,且处于海底,许多古代沉船或其所载货物所属的国家极难准确判断。譬如,一艘名为"开普·格拉冬亚"(Cape Geladonya)的古代商船于3000多年前沉没。20世纪70年代,考古学家在土耳其近海海底发现了它的遗迹。然而,对于该船及其所载货物应属于哪一个国家,考古学界始终无法达成一致。② 所以,传统的法律规则,无论是国际法,还是各国国内法,均无法有效、全面地应对水下文化财产引发的法律问题。

从历史上看,早期用于调整水下发现物归属的法律规定多源自海商、海事法中关于海上打捞的规定。那时法律的宗旨在于鼓励打捞水下财产,原则为"谁受益,谁付费",以此实现水下财产物归原主。如财产的原所有人不明,水下财产则归其发现者所有。这样的规定,其意旨在于尽可能使水下财产重归社会的财富流通管道,从而实现经济潜能的最大化。

---

① 陈明:《"南海一号"发掘:中国水下考古事业的里程碑》,载中国新闻网,https://www.chinanews.com/cul/news/2010/05-18/2287599.shtml。

② 有学者认为该船及其货物属于希腊,有学者认为它们应属于叙利亚,还有学者认为该船与其所载货物属于不同的国家。See Bass, G., *Marine Archaeology: A Misunderstood Science*, Ocean Yearbook, Vol.2:1, p.137, 151(1980).

到20世纪下半叶，人类逐渐建立、完善调整海洋的法律体系，其中，1982年制定通过的《联合国海洋法公约》（以下简称《海洋法公约》）尤为重要。该公约素有“海洋宪法”之美誉，它将海洋划分为多种海域，国家对不同区域的控制程度各不相同。[①] 依据《海洋法公约》，沿海国可以自行确定适用于其领海内的水下文化财产的法律与行政制度。由于各国的历史、文化、社会及经济背景各不相同，它们制定的相关制度千差万别。领海之外，没有哪一个国家能够排他性地控制海洋及洋面之下的文化财产，所以对于大多数水下文化财产而言，还须借助国际法加以调整。

为深入探讨人类通过长期努力而构建的调整水下文化财产的国际法律体系，有必要借助历史分析法，系统回溯本领域法律规则与体系的发展与演进过程。

第一节　历史回顾

一、溯源

航海与海难相伴而生。为将沉于海底的珍宝打捞上岸，人类在很早以前就开始创制法律规则对打捞者予以奖励。不过，由于古代人类的技术能力有限，对水下沉船及其货物的打捞只能使用渔网、鱼钩等简陋工具，打捞作业仅限于近岸浅海区域，所以千百年来，对于沉没在深海的船舶，人类只能望洋兴叹。

根据现有的历史文献资料，最早一部涉及水下财产打捞的法律是公元前5世纪古希腊时期制定的《罗德海法》。[②] 这部法律包含了数条相关法律规则，规定财产所有权人应向打捞者支付酬金，且酬金的数额应与打捞上岸的财产价值以及打捞的难度（主要依据离岸距离、水深及海域的自然天气状况等因素确定）成正比。这些规定后被罗马法继受，并在中世纪通行于欧洲的多部商事法典与海事法典中体现，其中包括《海事习惯法汇编》《奥雷德法典》《威斯比法典》《汉莎同盟法典》等。[③] 总体而言，人类早期制定的相关法律，经济方面的考量是关

---

① 参见[英] R.詹宁斯、A.瓦茨修订：《奥本海国际法》（第1卷·第2分册），王铁崖等译，中国大百科全书出版社1998年版，第159页。

② See Reeder, J., ed., *Brice on Maritime Law of Salvage*, Sweet & Maxwell, 2003, p.6.

③ See Forrest, C., *International Law and the Protection of Cultural Property*, Routledge, 2010, p.289；参见[美]弗里德里希·K.荣格：《法律选择与涉外司法》，霍政欣、徐妮娜译，北京大学出版社2007年版，第31页。

注重点,而水下财产的文化、历史或考古学价值尚不在其关照层面。

18 世纪以后,人类逐渐改进打捞技术与装备,铜质潜水钟、密封桶等工具开始运用到水下打捞作业,这使打捞作业的范围大大扩展,除近期失事的船舶以外,更久远年代沉没的船舶也逐渐成为可打捞的对象。譬如,1545 年,在英王亨利八世率领英军迎战法国来犯的海战中,英军旗舰“玫瑰玛丽”(Mary Rose)号被法军击沉于普斯茅斯港外,但数百年来受限于技术,英国一直无法对其进行发掘。19 世纪初,借助一些新发明的潜水工具,英国一对兄弟潜水专家——约翰·丁恩(John Deane)与查尔斯·丁恩(Charles Deane)将该船上的诸多部件与所载品打捞出水,其中既包括枪炮、桁索、弓箭,也包括未开启的酒、水兵的私人物件等。[①] 这些物品于 1840 年在伦敦拍卖,引发轰动。[②] 再如,1832 年,在意大利东部海港城市皮翁比诺的近海区域,一尊公元前 5 世纪的古希腊青铜雕像被打捞出水,并被命名为皮翁比诺·阿波罗(Piombino Apollo)。该雕像因具有重大艺术、文化与历史价值在欧洲引起广泛关注,并于 1834 年被巴黎卢浮宫以高价购得,珍藏至今。[③] 具有重大历史、艺术及文化价值的水下财产不断被打捞出水,使水下打捞的热度在 19 世纪以后迅速增长。与此同时,一场复古热潮也开始席卷欧洲。在此背景下,水下考古浸成巨观。

二、水下考古的勃兴

如前所述,早期人类对水下财产的关注主要集中在沉船的所载物之上,水下打捞主要受经济利益驱动。19 世纪中期,伴随欧洲不断高涨的复古热与水下考古技术的发展,对古代沉船进行考古研究已成为考古学界的关注热点。1865 年,考古学家康拉德·恩格尔哈特(Conrad Engelhardt)对尼丹姆(Nydam)水域的古代沉船进行考古发掘,北欧铁器时代的多艘木质大船得以重见天日。这一考古发现轰动了整个考古学界。[④] 几乎同时,英国、挪威等国对古代沉船的考古

---

① See Hayward, M., *The Flags, Fabric, Knighton and Loades*, 2000, p. 31.

② See Mckee, A., *How We found the Mary Rose*, London Souvenir Press, 1982, p. 37 - 42.

③ See Elsner, J., *Reflections of the Greek Revolution in Art*, in Goldhill, S. & Osborne, R., eds., Rethinking Revolutions Through Ancient Greece, Cambridge University Press, 2006, p. 71.

④ See *The Nydam Ships*, http://www2.rgzm.de/Navis/Ships/Ship007/Ship007Engl.html, 最后访问日期:2023 年 4 月 30 日。

发掘也取得重大成果。[①] 至20世纪上半叶,考古学界的兴趣不仅限于古代沉船本身,而且致力于对沉船的整体水下背景进行研究;保护,而不仅是打捞,逐渐成为考古学界的共识。

1955年,人类历史上第一次水下考古会议在法国加纳召开。此次会议的中心议题是如何让水下打捞活动在考古学家的监督下进行,以避免打捞对水下文化财产造成破坏。这是因为在当时的技术条件下,水下打捞系由专业潜水员进行,考古学家通常无法潜水直接介入水下打捞活动,欧洲多地出现潜水员在进行水下打捞作业时因缺乏考古专业知识而破坏水下文化财产的情形。[②]

20世纪中期,潜水设备取得了革命性进步,"便携式水下呼吸器"(Self-Contained Underwater Breathing Apparatus,SCUBA)出现,并被广泛运用于水下活动。这一装备的出现使水下活动从专业潜水员走向大众,考古学家无法直接监督、参与水下打捞活动的难题迎刃而解。[③] 1960年,著名考古学家乔治·巴斯(Geogre Bass)身着便携式水下呼吸器,全程监督、参与"开普·格拉冬亚"(Cape Geladonya)号沉船的考古发掘,开创了水下考古的历史。[④] 此后,水下考古取得突破性发展。1961年,瑞典将沉没于1628年的"瓦萨"(Vasa)号战舰整体打捞出水,并保存于博物馆中;[⑤]1962年,英国正式启动对"玫瑰玛丽"号的整体打捞与发掘,最终历时20年于1982年将其整体打捞出水。[⑥] 至20世纪70年代,水下考古学作为考古学的一个分支学科的地位得以确立,其原则、理论与方法已得到系统阐扬。[⑦]

潜水与水下打捞设备的革命性进步,一方面催生了水下考古成果与水下考

---

① See Throckmorton, P., *The Sea Remember: Shipwrecks and Archaeology*, Mitchell Beasley, 1987, p.411, 172.

② See Forrest, C., *International Law and the Protection of Cultural Property*, Routledge, 2010, p.292.

③ See Dromgoole, S., *Underwater Cultural Heritage and International Law*, Cambridge University Press, 2013, p.3.

④ See Throckmorton, P., *The Sea Remember: Shipwrecks and Archaeology*, Mitchell Beasley, 1987, p.24 – 32.

⑤ "瓦萨"号于1626年下水,是瑞典国王古斯塔夫·阿道夫(Gustavus Adolphus)亲自督建的瑞典海军期间,于1628年沉没。

⑥ See Dromgoole, S., *Underwater Cultural Heritage and International Law*, Cambridge University Press, 2013, p.3.

⑦ See Muckleroy, K., *Maritime Archaeology*, Cambridge University Press, 1978.

古学，另一方面也给水下文化财产的安全带来了新的挑战。借助新的装备与工具，越来越多机构与个人“如饥似渴”地参与到水下寻宝与打捞中。由于他们中的大多数并非抱着考古发掘的目的，发财是其唯一的动力，因此，打捞往往就是一个破坏的过程。

此外，20世纪70年代以后，随着水下打捞活动的活跃，围绕水下财产权益归属的纠纷迅速增多，尤其是在欧洲地区，此类纠纷大量出现并诉至海事法院。法院在审理此类案件时通常适用海事法中关于海上救助的规定。然而，司法实践表明，在应对日益增多的涉及水下财产纠纷的案件时，传统的海上救助规则日益显露其缺陷与不足。首先，传统的海上救助规则以将水下财产迅速打捞上岸为宗旨，并未将科学打捞纳入考量范围，保护更不在其关照层面。在水下财产的文化、历史与考古学价值日益受到重视的背景下，这一弊端显得愈加不可接受。其次，传统规则大都创制于古代或近代，无法与现代海洋法体系兼容，尤其是在《海洋法公约》于1982年通过后，传统规则的缺陷已经日益突出。

在此背景之下，1989年，国际海事组织外交大会通过《国际救助公约》，系统性重构了海难救助国际法律制度。2001年，联合国教科文组织第31届大会通过了《水下遗产公约》。其中，后一部国际公约特具重要意义，因为它是人类历史上首部调整水下文化遗产的专门性国际条约。需要指出，无论是《国际救助公约》还是《水下遗产公约》，它们均以现代海洋法为基石。所以，在研究调整水下文化财产的当代国际法规则之前，须对海洋法的基本框架及其涉及水下财产的规则做出梳理与分析。

第二节　海洋法概述

一、海洋法发展回顾

在现代国际法体系内，海洋法是国际公法的一个重要分支，具有相对独立性，拥有自己独特的原则、执行与纠纷解决机制。概言之，海洋法是有关各种海域的法律地位和调整各国在各种海域从事航运、资源开发和利用、科学研究以及海洋环境保护的原则、规则和规章制度的总称。[①] 现代意义上的海洋法主要是20世纪的产物，其核心特点在于将海洋分成不同的海域，各海域拥有各自不

---

① 参见梁西主编：《国际法》（修订第2版），武汉大学出版社2000年版，第178页。

同的法律制度。①

海洋法有着悠久的历史,它的萌芽与发端可以追溯到中世纪甚至更远久的年代。但真正意义上的海洋法是在近代民族国家出现并建立国际关系以后才出现的。15世纪至16世纪,由于商业与航海事业的发展,君主对土地的所有权开始向海洋发展。1493年,罗马教皇亚历山大六世为确认葡萄牙与西班牙的地理发现,颁布谕旨,在亚速尔群岛和佛得角群岛以西100海里处划一分界线,此线以西授予西班牙,以东授予葡萄牙。② 17世纪,为打破西班牙与葡萄牙对海洋的垄断,荷兰法学家格劳秀斯发表了著名的《海洋自由论》,明确提出海洋自由的观点。然而,几乎在同一时间段,英国学者塞尔等写成《闭海论》,反对格劳秀斯的观点,认为英国对其周围的海洋拥有占有和控制其使用的权力。③ 自此以后,海洋法的发展历程就可以被归结为"开放海洋"(open seas)与"封闭海洋"(closed seas)这两种理念相互斗争与妥协的过程。④

20世纪以后,海洋法取得了重大发展,产生了许多新概念与新制度。1945年,美国总统杜鲁门宣布《关于大陆架的底土和海底的自然资源的政策的总统公告》,提出沿海国对其大陆架权利的主张,许多国家效仿,纷纷主张更宽的领海。譬如,智利与秘鲁于1947年宣布200海里的领海。这样一来,海洋法的发展取得了第一次大突破。

20世纪60年代以后,海洋法的发展取得了第二次突破。一方面,由于民族运动的发展,新独立国家不断增多,他们开始关注海洋权益;另一方面,随着科学技术的迅猛发展,人类对海洋的认知水平大大提高,在这种情况下,有越来越多的国家主张把国际海底及其资源作为人类的共同财富,并建议国际机构对海床洋底进行监督与管辖。⑤

在此背景下,联合国主持的第一次海洋法会议于1958年2月至4月在日内瓦召开,有86个国家的代表参加。此次会议制定了4个公约:(1)《领海与毗连

① See Dromgoole, S., *Underwater Cultural Heritage and International Law*, Cambridge University Press, 2013, p.3.

② 参见[美]斯塔夫里阿诺斯:《全球通史》,吴象婴、梁赤民译,上海社会科学院出版社1999年版,第139页。

③ 参见王铁崖主编:《国际法》,法律出版社1995年版,第257页。

④ See Dromgoole, S., *Underwater Cultural Heritage and International Law*, Cambridge University Press, 2013, p.9.

⑤ 参见梁西主编:《国际法》(修订第2版),武汉大学出版社2000年版,第179页。

区公约》;(2)《公海公约》;(3)《捕鱼与养护生物资源公约》;(4)《大陆架公约》。[①] 上述公约对编纂海洋法做了重要尝试,不过由于历史条件的限制,这些公约主要反映了海洋大国的要求,且对领海宽度等重要问题未作明确规定。[②] 1960 年 3 月至 4 月,第二次海洋法会议召开。此次会议的主要目的是解决领海宽度问题,但由于各国分歧重大,会议没有达成任何协议。

1958 年与 1960 年两次海洋法会议以后,国际上围绕海洋权的斗争日益尖锐。1967 年以后,联合国陆续通过有关海洋法的一系列决议。1967 年,联合国大会决定成立"国家管辖范围以外海床、洋底和平利用特设委员会";1968 年,联合国大会通过决议,将该特设委员会改为"和平利用国家管辖范围以外海床洋底委员会",简称"海底委员会";1970 年,联合国大会通过决议,决定再召开一次海洋法会议,以制定一部新的、全面的海洋法公约。[③]

从 1970 年开始,海底委员会为第三次海洋法会议的召开做了大量的筹备工作。经过 3 年的筹备,联合国第三次海洋法会议于 1973 年 12 月 3 日在纽约开幕,直到 1982 年 12 月才结束。会议前后历时 9 年,一共开了 11 期会议,有 160 多个国家参会。[④] 经过马拉松式的谈判,会议确定于 1982 年 12 月在牙买加蒙特哥湾签署《海洋法公约》。这次会议还通过了包括决议一与决议二在内的最后文件,决定建立"国际海底管理局和国际海洋法法庭筹备委员会"。到公约规定的签字日期截止时,即 1984 年 12 月 9 日,共有 155 个国家和 4 个实体在公约上签字。到 1993 年 11 月 16 日,有 60 个签字国向联合国秘书长递交批准书,依该公约第 308 条的规定,"公约应自第 60 份批准书或加入书交存之日起 12 个月后生效",因此,公约于 1994 年 11 月 16 日正式生效。[⑤]

由于批准国数量不多,尤其是美国、德国等西方海洋大国以公约第 11 部分关于国际海底部分的某些规定不能满足其要求为由拒绝签署或批准,在时任联合国秘书长德奎利亚尔的倡议下,联合国于 1990 年 7 月起召集关于第 11 部分

---

① 参见王铁崖主编:《国际法》,法律出版社 1995 年版,第 258 页。

② See Crawford, J., *Brownlie's Principles of Public International Law*, 8th ed., Oxford University Press, 2012, p. 255.

③ 参见梁西主编:《国际法》(修订第 2 版),武汉大学出版社 2000 年版,第 180 页。

④ See *The United Nations Convention on the Law of the Sea*(*A Historical Perspective*), http://www.un.org/depts/los/convention_agreements/convention_historical_perspective.htm#Third Conference, 最后访问日期:2023 年 4 月 30 日。

⑤ 参见梁西主编:《国际法》(修订第 2 版),武汉大学出版社 2000 年版,第 179 页。

的非正式磋商。经过15次会议,终于于1994年6月达成协议,形成《关于执行1982年12月10日〈联合国海洋法公约〉第11部分的决议的协定》。该协定规定,公约第11部分须依照该协定执行,该协定和公约第11部分的规定应作为单一文书予以解释和适用。[①] 该协定于1994年7月28日在关于海洋法问题的第48届联大续会上以联大决议的形式通过,并于同年生效,这有力推动了公约得到更多的国家批准。除美国外,所有海洋大国与绝大多数发达国家均批准了公约。截至2023年年底,公约共有缔约国169个。[②]

《海洋法公约》由序言和17部分构成,凡320条,连同9个附件共有446条,涉及海洋法的几乎所有问题,故有"海洋宪法"之称。公约的主要内容包括:领海、毗邻区、专属经济区、大陆架、用于国际航行的海峡、群岛国、岛屿制度、闭海或半闭海、内陆国出入海洋的权益和过境自由、国际海底以及海洋科学研究、海洋环境保护与安全、海洋技术的发展和转让、争端的解决等。[③]

二、《海洋法公约》涉及水下文化财产的规定

《海洋法公约》体系宏阔,几乎涉及海洋法的所有问题。限于篇幅与主题,本书无意对公约做全面梳理,而仅对其中涉及水下文化财产的规定进行分析。通观整部公约,它只有两条直接涉及水下文化财产,即第149条与第303条。尽管如此,这两条规定的重要性绝不可小觑,因为它们为水下文化财产领域的后续国际立法奠定了法律基础。因此,本部分以该两条为研究对象,对它们的含义、各种不同解释以及存在的问题作出分析。

(一)第149条

前已论及,"海底委员会"于1968年建立,负责规范、协调、监督与控制与海底资源勘探与开发相关的所有活动。[④] 1970年,联合国秘书长向"海底委员会"

---

① See Dromgoole, S., *Underwater Cultural Heritage and International Law*, Cambridge University Press, 2013, p. 11.

② See Chronological Lists of Ratifications of, Accessions and Successions to the Convention and the related Agreements, http://www. un. org/depts/los/reference _ files/chronological _ lists _ of _ ratifications. htm#The United Nations Convention on the Law of the Sea, 最后访问日期:2024年1月1日。

③ 参见王铁崖主编:《国际法》,法律出版社1995年版,第259页。

④ 详见《海洋法公约》官网,http://legal. un. org/diplomaticconferences/lawofthesea - 1982/lawofthesea - 1982. html,最后访问日期:2023年4月30日。

递交一份报告。在这份报告中,秘书长提出:“可以预见,对海底沉船及其所载财产的勘探与打捞也将成为对海底的一种利用形式……尽管静静躺在海床之上的失事船舶、遗迹与沉没的财产并不是资源,或者说至少不是自然资源,但如果对其进行打捞可以被视为对海底另一种形式的利用,那么,它们也有可能属于‘海底委员会’的管辖范围。”①有学者认为,这一表述构成《海洋法公约》第149条的滥觞。②

文献资料显示,希腊与土耳其在缔约过程中联手,于1972年及1973年两次提出公约应就海底文物作出规定的议案,并准备了条文草案。在随后的谈判过程中,在对希、土两国的提议进行修正的基础上,大会主席与3个主要委员会的主席于1975年提出第149条草案。③ 此后,第一委员会对该草案进行实质性修改,并于1976年提出修正案。④ 与希、土两国最初的提议相比,该修正案仅在形式上保留了提议的主题,而在实质上“阉割”了提议的内容。⑤ 在后续谈判中,该修正案的部分措辞又有所变动,但基本内容维持不变。

最终,公约第149条以“考古和历史文物”为标题,规定如下:在“区域”内发现的一切考古和历史文物,应为全人类的利益予以保存或处置,但应特别顾及来源国,或文化上的发源国,或历史和考古上的来源国的优先权利。⑥

从体例上看,公约第149条位于公约第11部分“区域”(Area)内。该部分为“区域”(国家管辖范围以外的海床、洋底及其底土)建立了法律制度。该部分确立“区域”及其资源是人类的共同继承财产的基本原则,⑦并明确规定,任何国家不应对“区域”的任何部分或资源主张或行使主权或主权权利,任何国家或自然人或法人也不应将“区域”或其资源的任何部分据为己有;“区域”内资源的一切权利属于全人类,由国际海底管理局代表全人类行使。⑧ 从行文上看,

---

① Stati, A., *The Protection of the Underwater Cultural Heritage: An Emerging Objective of the Contemporary Law of the Sea*, Martinus Nihoff, 1995, p. 300.

② See Forrest, C., *International Law and the Protection of Cultural Property*, Routledge, 2010, p. 321.

③ U. N. Doc. A/CONF. 62/WP. 8, UNCLOS Ⅲ Off. Rec. Vol. Ⅳ, p. 137.

④ U. N. Doc. A/CONF. 62/WP. 8/Rev. 1/Part Ⅰ, UNCLOS Ⅲ Off. Rec. Vol. Ⅴ, p. 125.

⑤ See Dromgoole, S., *Underwater Cultural Heritage and International Law*, Cambridge University Press, 2013, p. 11.

⑥ 参见《海洋法公约》第149条。

⑦ 参见《海洋法公约》第136条。

⑧ 参见《海洋法公约》第137条。

公约第149条体现了调整国际水域下文化财产的两项核心元素。第一,确立了应为全人类的利益对此区域内水下文化财产予以保存或处置的原则;第二,引入了“优先权利”的概念。

然而,公约第149条的规定较为抽象、概括,使围绕该条的具体含义产生了诸多争议。第一,第149条的标题是“考古和历史文物”,但对构成该条的调整对象须满足哪些条件,尤其是须满足的年限及考古学价值等方面的条件,该条并未言明,这势必使其适用范围存在不确定性。第二,该条所指的考古和历史文物,并不是“区域”的资源,因为公约第133条明确将“资源”限定为矿物资源。① 因此,对于“区域”内的考古和历史文物,尽管应为全人类的利益对之予以保存或处置,但它们并不构成“人类的共同继承财产”。因此,国际海底管理局对“区域”内的考古和历史文物没有直接的管辖权限。在这种情况下,究竟哪个国际机构负责“区域”内的考古和历史文物的保存或处置,尚不得而知。第三,尽管该条引入了“优先权利”的概念,但令人遗憾的是,公约并没有对该概念的具体含义进行阐释。第四,该条要求,对于考古和历史文物,应为全人类的“利益”予以“保存”或“处置”,但何谓“利益”?② 何谓“保存”与“处置”?这些问题均因该条模糊的措辞而难以找到准确答案。考虑到没有国际机构负责该条的实施,这些问题的不确定性就更高了。

鉴于该条措辞的模糊性及其导致的不确定性,有学者指出,该条的宣誓意义与政治意义远大于其法律意义,它向国际社会表达了“来源国”对位于国际海底区域的文化财产享有的法律权利的意愿。③ 笔者认为,虽然囿于各种羁绊,公约第149条存在诸多显而易见的缺陷,但是,在作为“海洋宪法”的《海洋法公约》中引入专门调整国际海底区域内的文化财产的条款,具有的历史性价值不应被全盘否定。

(二)第303条

1979年,希腊在第二委员会中提出,沿海国在大陆架及专属经济区的主权

---

① 《海洋法公约》第133条第1款规定:为本部分之目的,资源是指“区域”内在海床及其下原来位置的一切固体、液体或气体矿物资源,其中包括多金属结核。

② 有学者认为,此处的利益应为经济利益,还有学者认为,经济利益不是本条优先考虑的利益。See Forrest, C., *International Law and the Protection of Cultural Property*, Routledge, 2010, p.322-323.

③ See Oxman, B. H., *Marine Archaeology and the International Law of the Sea*, Columbia Journal of Law and the Arts, Vol.12, p.353, 362(1988).

权利应扩展至对海床与底土上具有纯粹考古或历史性质的物品的发掘与打捞。同年,希腊将该提议中沿海国的此项主权权利的地理范围从“大陆架及专属经济区”修改为“大陆架”。① 希腊的提议得到佛得角、意大利、马耳他、葡萄牙、突尼斯与南斯拉夫六国的支持。②

然而,希腊的提议遭到美国、英国与荷兰的坚决反对。它们指出,“该项建议赋予沿海国在大陆架上的主权权利与大陆架的自然资源毫无关联。这会为设置更多的例外铺平道路,会导致沿海国在大陆架上的主权权利不断扩张,最终势必会令沿海国在大陆架上享有完全主权”。③ 为了抵制希腊的提议,美国提出,公约应对各国施加一项普遍义务,保护海洋环境中的考古与历史文物。美国的这一提议迅速引发了一场关于这项义务应在海洋什么区域内履行的大辩论。

希腊认为,沿海国应对领海基线外200海里范围内的水下财产享有充分的管辖权;美国指出,古代航海者通常沿着海岸线航行,极少驶入深海,因此,以大陆架或专属经济区为沿海国行使此项权利的范围过广。鉴于此,在综合考虑各国保护海底文化财产的基本义务以及沿海国在毗连区(领海基线12海里到24海里的范围)对此类财产行使有限控制权的基础上,美国提出了一个折中方案。最终,美国的提议因更具妥协性而获采纳,并体现为公约第303条。该条的标题为“在海洋发现的考古和历史文物”,其规定如下:④

> 1. 各国有义务保护在海洋发现的考古和历史性文物,并应为此目的进行合作。
>
> 2. 为了控制这种文物的贩运,沿海国可在适用第33条时推定,未经沿海国许可将这些文物移出该条所指海域的海床,将造成在其领土或领海内对该条所指法律和规章的违反。
>
> 3. 本条任何规定不影响可辨认的物主的权利、打捞法或其他海事

---

① 希腊作此修改的主要理由:依据公约第76条第1款草案,大陆架的范围应广于专属经济区。

② See Dromgoole, S., *Underwater Cultural Heritage and International Law*, Cambridge University Press, 2013, p. 32.

③ See Dromgoole, S., *Underwater Cultural Heritage and International Law*, Cambridge University Press, 2013, p. 32.

④ 《海洋法公约》第303条。

法规则,也不影响关于文化交流的法律和惯例。

4. 本条不妨害关于保护考古和历史性文物的其他国际协定和国际法规则。

从体例上看,第 303 条位于公约第 16 部分“一般规定”,因此,该条应适用于所有海域。然而,该条第 2 款通过援引沿海国对公约第 33 条的适用指向了毗邻区,因而关于该款的准确适用范围产生了不同解释。①

一部分学者认为,尽管第 303 条位于公约第 16 部分“一般规定”,但从内容上看,该条仅涉及毗邻区,故其适用范围亦应限定于此区域。他们认为,第 303 条之所以位于公约第 16 部分而非第 2 部分“领海与毗邻区”,是因为该条的讨论与谈判时间较晚,而在此阶段,关于领海与毗邻区的缔约谈判已经结束,如将该条置于第 2 部分,势必需要重启这一部分的谈判,这显然不是一项明智选择。鉴于此,他们指出,尽管第 303 条位于公约第 16 部分,但缔约文献表明,将其理解为适用于所有海域并不符合各方意愿,将其适用范围限定于毗邻区是有充分依据的。此外,他们认为,公约第 149 条的谈判早于第 303 条,鉴于前者排他性适用于“区域”,后者理应排他性适用于毗邻区。否则,第 303 条第 1 款、第 3 款及第 4 款会与第 149 条重叠适用于“区域”,从而导致同一区域适用法律规则不一致。②

另一部分学者则认为,公约第 303 条第 1 款、第 3 款及第 4 款适用于所有海域,第 2 款适用于毗邻区。他们不认同上一种观点,指摘依其逻辑,各国保护海底文化财产的义务将存在明显的“地理缺口”,因为依据第一种观点关于公约第 149 条与第 303 条适用范围的解释,在毗连区外至大陆架边缘至少 176 海里宽的海域内,水下文化财产的保护将存在法律制度上的真空。③

笔者同意后一种观点。首先,无论是从公约第 303 条所处的位置,还是从

① 公约第 33 条“毗连区”的规定如下:1. 沿海国可在毗连其领海称为毗连区的区域内,行使为下列事项所必要的管制:(a)防止在其领土或领海内违犯其海关、财政、移民或卫生的法律和规章;(b)惩治在其领土或领海内违犯上述法律和规章的行为。2. 毗连区从测算领海宽度的基线量起,不得超过二十四海里。

② See Newton, C. F., *Finders Keepers? The Titanic and the 1982 Law of the Sea Convention*, Hastings International and Comparative Law Review, Vol. 10:1, p. 159, 187(1986).

③ See Oxman, B. H., *Marine Archaeology and the International Law of the Sea*, Columbia Journal of Law and the Arts, Vol. 12, p. 353, 362(1988).

其第 2 款以外的措辞,均可明确得出该条第 1 款、第 3 款及第 4 款适用于所有海域的结论。其次,后一种观点可以避免海底文化财产的法律保护出现危险的法律真空地带。最后,第一种观点的担心并不足虑。如前所述,持前一种观点的学者认为,如果第 303 条第 1 款、第 3 款及第 4 款适用于所有海域,则它们将会与第 149 条重叠适用于"区域",从而导致该"区域"适用法律规则不一致。笔者认为,这一法律冲突问题充其量仅为"虚假冲突",因为依据"特别法优于普通法"(*lex specialis derogat legi generali*)的基本法律原则,"区域"内的水下文化财产应优先适用第 149 条,这一点殆无异议。

从内容上看,第 303 条第 1 款对各国施加了保护在海洋发现的考古和历史性文物的基本义务。不过,该条措辞概括,并无具体义务,所以,各国实施该条的灵活度颇高。学者大都主张,为实现公约之目的,应对该条的保护义务予以宽泛解释。譬如,帕迪克·欧基非(Patrick O'Keefe)认为,此款所称的保护义务至少应包括:(1)对已知水下文化遗址的维护;(2)对水下文化遗址发掘应严格遵循国际认可的考古标准;(3)对已打捞出水的文化财产予以妥善保存、维护与展示等。①

依据第 303 条第 2 款的规定,未经沿海国许可,将位于其毗邻区的水下文物移出该区域将被视为对该国海关、财政、移民或卫生的法律和规章的违反。对于该款的准确含义,也存在两种不同观点。

一种观点认为,该款的目的仅限于控制水下文化财产的贩运,故须对该款进行限制性解释,沿海国对于毗邻区的水下文物拥有的权限明显小于其对领海内水下文物的权限。首先,依据该款的规定,毗邻区内对水下文化财产适用的法律仅为沿海国海关、财政、移民或卫生的法律和规章,而不包括其他法律,如文物保护法。其次,该款仅在将水下文化财产移出该海域的范围内具有可适用性。换言之,一国可以在沿海国的毗邻区对水下文化财产进行除移出之外的其他活动,包括水下研究、录像、勘探等。职是之故,一国在沿海国的毗邻区进行水下考古活动,只要不将水下财产移出此海域,其无须征得沿海国的同意。在这种情况下,该国仅须承担第 303 条第 1 款规定的基本保护义务。②

---

① See O'Keefe, P. J. & Nafziger, J. , *The Draft Convention on the Protection of the Underwater Cultural Heritage*, Ocean Development and International Law, Vol. 25:4, p. 391, 393(1994).

② See Dromgoole, S. , *Underwater Cultural Heritage and International Law*, Cambridge University Press, 2013, p. 40 – 45.

另一种观点主张对第303条第2款进行宽泛解释。首先，第303条第2款所称的"海关、财政、移民或卫生的法律和规章"应作广义理解，应包括该国的文物保护法，这不仅符合公约的宗旨，也符合各国的立法实践。譬如，在美国，海关、财政与卫生的法律包括《海洋保护、研究与保护区法》、《国家历史保存法》、《1970年公约》、《文化财产公约实施法》、《世界遗产公约》以及打捞法等。其次，第303条位于公约第16部分"一般规定"，而非第2部分"领海与毗邻区"，因此，该条赋予沿海国对毗邻区水下文化财产的权利应广于沿海国依据公约关于毗邻区的规定享有的一般权利。尤须指出，第303条在行文上援引的是第33条，而未直接提及"毗邻区"，故对第303条第2款作宽泛解释是合理的。所以，沿海国对毗邻区的水下文化财产的管辖权不应仅限于对其移出该区域进行监管，它有权在该区域内实施其文物保护法以履行第303条第1款的义务（在不违反该条第3款与第4款的前提下）。[①] 从目前来看，关于第303条第2款的准确含义，各国尚未形成一致做法，上述两种观点均得到一些国家的支持。[②]

依据第303条第3款的规定，"本条任何规定不影响可辨认的物主的权利"，这一规定旨在维持既得权，将该事项交由相关国家国内法确定。该款还规定，该条不影响打捞法或其他海事法规则，也不影响关于文化交流的法律和惯例。不过，这一规定可能产生法律冲突问题。如前所述，第303条第1款对各国施加了保护水下文化财产的一般性义务，而依据第3款的规定，这一义务应不影响打捞法或其他海事法规则。然而，传统的打捞法及海事法规则的关注点在于鼓励打捞，在很大程度上忽视了对水下财产的保护，并不要求打捞者在进行打捞作业前采取足够的保护措施，即便水下财产位于毗邻区内，也无须征得沿海国的同意。所以，这一规定事实上弱化了第303条第1款与第2款的规定。

第303条第4款规定，本条不妨害关于保护考古和历史性文物的其他国际协定和国际法规则。一般认为，该款的意旨在于协调海洋法规则与专门调整水下文化财产的法律规则，因为在《海洋法公约》谈判期间，联合国教科文组织已经将制定调整水下文化财产的专门性国际公约纳入其议事日程。[③] 所以，有学

---

① See Alexander, B. E., *Treasure Salvage Beyond the Territory Sea: An Assessment and Recommendations*, Journal of Maritime Law and Commerce, Vol. 20:1, p. 67(1989).

② See Forrest, C., *International Law and the Protection of Cultural Property*, Routledge, 2010, p. 328.

③ See O'Keefe, P. J. & Nafziger, J., *The Draft Convention on the Protection of the Underwater Cultural Heritage*, Ocean Development and International Law, Vol. 25:4, p. 105(1994).

者认为,该款可以被视为敦促适格的国际机构在“水下文化财产这一新兴的法律分支”尽快进行国际立法的明确意旨。①

综上可知,《海洋法公约》第 149 条与第 303 条存在表述过于概括、含义模糊的缺陷,这使它们的法律效果大打折扣。考虑到在联合国第三次海洋法大会上,水下文化财产并非各国讨论的主要事项,也非各国关心的核心问题,它们的这些缺陷似可理解。

1995 年 2 月,英国国家海洋博物馆曾召集各国召开一场关于保护水下文化财产的国际会议。会上,各国试图对《海洋法公约》第 149 条与第 303 条作出得到各方认可的权威解释。然而经过讨论,各国代表最终得出结论:囿于该两条存在的重大内生性缺陷,对其作出充分实质性的权威解释是不可能的。尽管如此,各国强调,绝不能就此否定《海洋法公约》第 149 条与第 303 条的重大意义,因为这两个条款是当时国际法中唯一适用于水下文化财产的国际法规则,并包含多项基本原则。这两个条款虽然措辞模糊、含义不清,但它们正式确立了各国在其领海以外的各海域中承担保护水下文化财产的法律义务,且明确规定,各国承担此项义务系为了全人类的利益。此外,它们还明确指出,为履行这项义务,各国应进行合作。这些原则为联合国教科文组织日后制定专门调整水下文化财产的国际公约打下了国际法基础,其意义重大而深远。②

① See Dromgoole, S., *Underwater Cultural Heritage and International Law*, Cambridge University Press, 2013, p. 36.

② See Stati, A., *The Protection of the Underwater Cultural Heritage: An Emerging Objective of the Contemporary Law of the Sea*, Martinus Nihoff, p. 330 – 334.

第二章 《水下遗产公约》

《海洋法公约》为人类在海洋中的行为制定了基本规则;其中,公约对沿海国及船旗国在各海域中的权利、义务及管辖权所作的规定与水下文化财产相关,而第149条与第303条更直接涉及水下文化财产。这两条明确规定各国有义务保护水下文化财产,且为此目的应进行合作,它们还为位于毗邻区与区域内的水下文化财产制定了较为具体的规定。然而,对于水下文化财产的保护而言,《海洋法公约》的规定远远不够,无法有效应对人类日益活跃的水下活动给此类文化财产带来的挑战与威胁。在此背景下,联合国教科文组织于2001年主持制定了《水下遗产公约》。

《水下遗产公约》的缔约进程前后历时共13年,包括长达4年之久的正式谈判,其要旨在于为所有海域的水下文化财产制定一套综合、系统的保护制度。公约的核心是规范人类在国际水域的水下活动,以确保为全人类的利益对水下文化财产予以有效保护。公约建立的规范体系,主要目标是保证人类针对水下文化财产的所有活动遵循国际认可的考古发掘原则与行为准则。

《水下遗产公约》的基本原则与目标植根于文化财产领域的法律与实践。不过,由于公约旨在规范人类在海洋范围内的行为,因而具有明显的跨界性。换言之,公约并不完全局限于文化财产法的领地,也属于广义海洋法的范畴。公约的混合性质表明,它不仅涉及文化财产的保护事宜,而且事关海洋治理,而后者对各国的政治、经济与法律影响更为深远,攸关其重大国家利益。职是之故,我们就不难理解,公约从酝酿到通过缘何历经10余年之久,各国缘何对公约几乎所有条款均不愿轻易妥协,公约的缔约难度缘何堪比《海洋法公约》。

缔约初始,联合国教科文组织试图将保护水下财产需要解决的所有问题,尤其是具有争议性的核心问题一揽子纳入新公约,并为此找到各方均可接受的解决方案。其中,涉及的主要核心问题包括:(1)新公约与《海洋法公约》之间的精准关系。鉴于《海洋法公约》具有“海洋宪法”的基本法地位,且其制定较早,因而厘清它与新制定的《水下遗产公约》特具重要性。细言之,这一问题又包括以下两个主要问题:第一,依据《海洋法公约》,沿海国对专属经济区与大陆架享有的权力与自然资源的勘探开发紧密相关,在此前提下,新公约如何处理沿海国对专属经济区与大陆架的水下文化财产所享有的权力?第二,由于各国对文化财产的定义并不统一,如何准确确定新公约的适用范围?特别是沉船是否应被纳入新公约的调整范围?尽管沉船常具有重大的历史价值,但其牵动的“政治因素”使这一议题极具敏感性与复杂性。(2)新公约如何处理与海事海商法之间的关系。由于《水下遗产公约》涉及海底文化财产的打捞、归属等问题,这些问题未来是排他性地适用新公约,还是继续受海商海事法规则的调整?(3)新公约如何处理水下文化财产的商业开发问题?尤其是在水下文化财产拥有可辨认的所有者权利时,公约如何处理此问题更具重要性与难度。①

在公约的谈判过程中,各国围绕诸多问题,尤其是上述问题进行了长期、激烈的辩论。尽管包括沿海国与旗国(通常为海洋大国)在内的所有国家一致认可制定一部专门用于水下文化财产保护的公约的必要性与重要性,但在缔约过程中,以英国、美国、俄罗斯和挪威为代表的国家力图确保新公约无损于其既得的各项海洋权益,反对因水下文化财产保护而打破《海洋法公约》精心设计的利益平衡。为此,它们顶住来自77国集团与其他沿海小国的压力,坚决反对给予沿海国对位于专属经济区与大陆架的水下文化财产直接的管辖权,认为赋予沿海国以《海洋法公约》以外的权力将造成“管辖权蔓延”(creeping jurisdiction),特别是在专属经济区和大陆架上,这种管辖权的蔓延会导致沿海国主权权利无

---

① See Dromgoole, S., *Underwater Cultural Heritage and International Law*, Cambridge University Press, 2013, p.24.

休止地扩张。①

经过艰难谈判,各国虽在大多数条款上逐渐达成妥协,但对数项核心条款的措辞,始终难以形成一致意见。在此情况下,缔约会议不得不将公约约文诉诸大会表决。绝大多数参与缔约的国家参加了投票,并最终以压倒性的赞成票通过了公约文本。② 需要指出,持反对立场的国家主要表达了两项顾虑:第一,对于《海洋法公约》建立的专属经济区与大陆架制度而言,新公约的相关制度与规则会对其既有权益造成损害或潜在损害;第二,对新公约关于沉船的制度与地位,这些国家表示不满。③

《水下遗产公约》于2009年1月2日,即其收到第12份批准书3个月后正式生效。④ 截至2023年年底,公约共有76个缔约国,但包括美国、英国、德国、俄罗斯、日本及中国在内的绝大多数海洋大国均未加入。⑤ 由于公约体系在很大程度上倚重旗国(海洋大国)的管辖权及其参与,这些国家的缺位无疑削弱了公约的实际效力。鉴于此,本章以公约的缔约背景与文本为中心,分析公约各条款的准确含义,评估其优缺点,并在此基础上分析中国是否应加入公约的问题。

第一节 缔约背景

一、国际法协会的准备工作

20世纪80年代,海洋科技的发展一日千里,深水探测与潜水设备取得了突破性进展。1985年,借助最新技术与设备,沉睡在大西洋海底百余年的"泰坦尼克号"被精准定位,经过2年的海底勘探与发掘,约1800件船上物件被打捞上岸。在国际文化财产法的发展进程中,"泰坦尼克号"的发现与发掘是一个重

---

① 参见傅崐成、宋玉祥:《水下文化遗产的国际法保护》,法律出版社2006年版,第36页。

② See Garabello, R. & Scovazzi, T., eds., *The Protection of the Underwater Heritage: Before and After the 2001 UNESCO Convention*, Brill, 2003, p.91.

③ See Dromgoole, S., *Underwater Cultural Heritage and International Law*, Cambridge University Press, 2013, p.26.

④ 参见《水下遗产公约》第27条。

⑤ 详见联合国教科文组织《水下遗产公约》官网,https://www.unesco.org/en/legal-affairs/convention-protection-underwater-cultural-heritage#item-2,最后访问日期:2024年1月1日。

大转折点，[①]它表明，随着人类科技与装备的发展，无论是在大陆架还是在深海海底，水下文化财产均已不再遥不可及、深不可触。同时，这也意味着人类活动对水下文化财产的安全已构成现实威胁，因而构建系统的法律制度保护水下文化财产极具迫切性。"泰坦尼克号" 的发现与发掘，还引发了一系列法律问题，譬如，沉船的所有权如何确定？船载货物以及乘客个人物品的所有权如何认定？保护水下遗址与发掘打捞应遵循什么样的道德准则或行为守则？上述问题，无论是依据当时的国际条约，还是各国国内法，均无法找到明确的答案。

需要指出，"泰坦尼克号"被发现的 1985 年正值《海洋法公约》通过后的第三年。尽管此时距离公约正式生效还有近 10 年，但各方已经认识到，该公约直接涉及水下文化财产的规定仅有区区两条，根本无法回应此类文化财产面对的威胁与挑战。

在此背景下，国际法协会(International Law Association)承担起草拟一份专门用于调整水下文化财产的国际条约的重任。[②] 1988 年，国际法协会成立了文化遗产法委员会，委员会的成员包括来自阿尔及利亚、澳大利亚、加拿大、中国、丹麦、厄瓜多尔、法国、德国、希腊、匈牙利、印度、意大利、日本、荷兰、墨西哥、美国和英国等国的专家、学者及政府官员。[③] 成立后，该委员会立即对国际水域的水下文化财产的保护情况进行系统调查与评估，并得出结论：有必要制定一部专门性国际公约，以克服《海洋法公约》对于此类文化财产保护的不足与缺陷。委员会还认为，《海洋法公约》第 303 条第 4 款明确授权适格的国际机构制定一部调整水下文化财产保护的国际公约，且只有如此才能使第 303 条第 1 款为各国施加的水下文化财产保护义务得到有效实施。[④]

国际法协会于 1990 年提交公约的框架草案，并于 1992 年与 1994 年两度进行修改与完善。1994 年 8 月，国际法协会在阿根廷布宜诺斯艾利斯召开的第 66

---

① See Dromgoole, S., *Underwater Cultural Heritage and International Law*, Cambridge University Press, 2013, p.4.

② 国际法协会于 1873 年成立于比利时布鲁塞尔，系非政府国际组织。依据其章程，国际法协会的宗旨是研究、诠释和促进国际公法和国际私法；研究比较法律；提出解决法律冲突的办法；统一法律并促进国际理解和善意。目前，学会的总部在英国伦敦。详见国际法协会官网，http://www.ila-hq.org/en/about_us/index.cfm，最后访问日期：2023 年 4 月 30 日。

③ See O'Keefe, P. J., *Protecting the Underwater Cultural Heritage: The International Law Association Draft Convention*, Marine Policy, Vol.20:4, p.299(1996).

④ See Forrest, C., *International Law and the Protection of Cultural Property*, Routledge, 2010, p.332.

届大会通过了1994年版的公约草案,史称《保护水下遗产公约的布宜诺斯艾利斯草案》(以下简称《布宜诺斯艾利斯草案》)。《布宜诺斯艾利斯草案》明确提出,联合国教科文组织是主持制定公约的适格国际机构。

《布宜诺斯艾利斯草案》分为序言、正文和一个附件,共计23条,具体规定了水下文化遗产的定义、公约的适用范围、一般原则、不适用打捞法、文化遗产区、内水与领海、禁止使用其领土支持违反宪章的活动、禁止国民和船舶的某些活动、许可、扣押遗产、刑事制裁、通报要求和处理扣押的遗产、合作和信息共享、教育、宪章修定、争端解决、官方文字、批准或接受、适用于领土单位、保留、谅解和宣告,以及非联合国教科文组织成员的加入、生效和退出等事宜。该草案提交联合国教科文组织后,成为该组织制定《水下遗产公约》的蓝本。①

需要指出,《布宜诺斯艾利斯草案》在很大程度上受到欧洲理事会的影响。② 对此,国际法协会文化遗产委员会主席帕迪克·欧基非(Patrick O'Keefe)特别指出,"《布宜诺斯艾利斯草案》系在广泛借鉴《保护水下遗产欧洲公约》(草案)的基础上形成的"③。例如,与《保护水下遗产欧洲公约》(草案)一样,《布宜诺斯艾利斯草案》关于水下文化遗产的概念采取广义界定,也将100年作为判定是否将有关财产纳入其调整范围的最低年代要求。

不过,在公约与打捞法的关系以及沿海国管辖权这两个核心事项上,《布宜诺斯艾利斯草案》采取了与《保护水下遗产欧洲公约》(草案)不同的立场。对于第一个问题,《布宜诺斯艾利斯草案》规定,对于属于本公约调整范围内的客体,打捞法不具有可适用性。对于第二个问题,《布宜诺斯艾利斯草案》允许沿海国在领海外围至大陆架外围之间的海域建立"文化遗产区"。如果沿海国未

---

① See O'Keefe, P. J. & Nafziger, J., *The Draft Convention on the Protection of the Underwater Cultural Heritage*, Ocean Development and International Law, Vol. 25:4, p. 391, 395 (1994).

② 欧洲理事会于1985年通过了《保护水下遗产欧洲公约》(草案)。虽然该公约草案最终没有获得通过,但作为人类历史上第一部专门用于保护水下文化财产的国际条约(草案),它体现的基本原则及其诸多规定为后续国际立法提供了理想的范例。See Dromgoole, S., *Underwater Cultural Heritage and International Law*, Cambridge University Press, 2013, p. 26.

③ O'Keefe, P. J., *The Buenos Aires Draft Convention on the Protection of the Underwater Cultural Heritage: Prepared by the International Law Association: Its Relevance Seven Years On*, in Camrda, G. & Scovazzi, T., eds., The Protection of the Underwater Heritage: Legal Aspects, Giuffre, 2003, p. 93 - 104.

建立此种区域，则其应采取相应措施，[1]确保在对水下文化遗产有影响的海域内的所有行动均符合公约所附宪章规定的最低标准。[2]

细言之，鉴于《保护水下遗产欧洲公约》(草案)在上述两个问题上主要受《海洋法公约》的影响。对于第一个事项国际法协会在处理《保护水下遗产欧洲公约》(草案)与《海洋法公约》的关系上十分慎重，最终，它以后者第303条第3款并未禁止后续国际立法修改或排除打捞法为依据，作出排除适用打捞法的决定。对于第二个事项，《保护水下遗产欧洲公约》(草案)并未赋予沿海国在领海之外的管辖权，但国际法协会认为，由于《海洋法公约》第149条并未规定实现其目标的方法，公约所创立的管辖权"空缺"实际上延伸至"区域"以及沿海国领海基线24海里外缘至大陆架外缘的海域。基于国际法的基本原则，尤其是国籍与属地原则，为阻止在此"空缺"区出现威胁水下文化财产的行为，应允许沿海国建立文化遗产区。同时，如缔约国未建立此区，其应禁止其国民与悬挂其国旗的船舶在所有海域从事违反公约所附宪章规定之最低标准的行动。[3]

二、联合国教科文组织主导的缔约进程

作为文化财产领域最重要的国际组织，联合国教科文组织一直致力于推动水下文化财产保护的国际立法，并与国际法协会紧密合作。1993年，在国际法协会紧锣密鼓地起草公约草案时，联合国教科文组织就将此项立法工作纳入其工作日程。在该年召开的第41届大会上，联合国教科文组织执行局要求总干事就制定这样一部国际公约的可行性展开研究。此后，联合国教科文组织秘书处承担了此项研究工作，并于1995年联合国教科文组织执行局召开第146次会

---

① See The Buenos Aires Draft Convention on the Protecting of the Underwater Cultural Heritage, Arts. 4, 1(3), and 5.

② 早在1990年，国际法协会关于保护水下文化遗产公约草案的报告就指出：除全球性的管理机构外，一个理想的替代方案是允许各国依据明确的国际标准管理和控制水下文化遗产。为此，报告提到了国际古迹遗址理事会(ICOMOS)的《保护和管理考古遗产宪章》。当时，该宪章正在进行修改以涵盖水下文化遗产。在国际法协会起草公约草案的过程中，有提案提议由公约附件制定一套标准。最终，"布宜诺斯艾利斯草案"在附件中列入国际古迹遗址理事会水下文化遗产国际委员会制定的《保护和管理水下文化遗产宪章》。参见赵亚娟：《联合国教科文组织〈保护水下文化遗产公约〉研究》，厦门大学出版社2007年版，第52页。

③ See Dromgoole, S., *Underwater Cultural Heritage and International Law*, Cambridge University Press, 2013, p. 52.

议时提交了研究报告。

这份可行性研究报告的结论是:随着当代海洋科技的迅猛发展,水下文化财产,无论其位于哪一海域,均可以被准确定位并被发掘、打捞,因此,在领海之外建立保护水下文化财产制度不仅具有可行性,而且"极具重要性"(critical)。[①] 这份研究报告还指出,由于《海洋法公约》的主旨并非保护水下财产,因而其仅有的两条规定对于水下文化财产的保护极不充分。[②] 研究报告特别强调,制定水下文化财产保护公约须解决以下三个主要问题:第一,管辖权问题,不仅指沿海国对水下财产的管辖权,而且包括对于国际海底区域的各种行为的管控事项;第二,打捞法的地位问题;第三,制定评判水下活动是否得当的考古学标准。

1995年5月,联合国教科文组织执行局召开会议。经过讨论,执行局认为,对于公约须解决的主要问题,尤其是管辖权问题,还需要更多时间进行讨论与研究。[③] 1995年10月至11月,联合国教科文组织召开第28届大会,此次会议期间,各国对公约拟解决的主要事项进行了非正式讨论。结果表明,各国普遍对管辖权问题表示高度关注。[④] 鉴于此,经与联合国及国际海事组织协商,联合国教科文组织总干事于1996年5月主持召开了一次主要由考古界、打捞界及法学界专家参加的会议。参加此次会议的专家一致认为,制定一部保护水下文化财产的公约极具重要性与必要性,不容拖延。这一结论被提交至1997年10月召开的联合国教科文组织第29届大会。这次大会正式邀请总干事准备一份公约草案,并召集专家对草案进行讨论。

---

① See UNESCO Secretariat, Feasibility Study for the Drafting of a New Instrument for the Protection of the Underwater Cultural Heritage, presented to the 146th Session of the UNESCO Executive Board, Paris, 23 March 1995, Doc. 146/EX/27.

② 在研究过程中,联合国教科文组织还与国际法协会共同向有关国际机构就制定一部保护水下文化财产的国际条约发出意见征询函,但得到的回馈并不积极。联合国海洋事务与海洋法司(DOALOS)未予回复,国际海事组织(IMO)表示,它仅对沉船对航运安全构成的威胁有兴趣,而国际博协(CMI)则直接回复,它对此主题没有直接兴趣。See UNESCO Secretariat, Feasibility Study for the Drafting of a New Instrument for the Protection of the Underwater Cultural Heritage, presented to the 146th Session of the UNESCO Executive Board, Paris, 23 March 1995, Doc. 146 EX/27, para. 42.

③ See Dromgoole, S., *Underwater Cultural Heritage and International Law*, Cambridge University Press, 2013, p. 53.

④ See Dromgoole, S., *Underwater Cultural Heritage and International Law*, Cambridge University Press, 2013, p. 53.

以《布宜诺斯艾利斯草案》为基础，并在吸纳各国政府与专家的建议后，联合国教科文组织于1998年完成公约草案（“98版草案”）的起草。经各国政府提名的专家分别于1998年6月与1999年4月召开两次会议对“98版草案”进行讨论与修正，形成第二版公约草案。2000年7月，第三次专家会议召开，对第二版草案进行修改，并形成第三版草案。

2001年3月至4月，第四次专家会议召开，联合国教科文组织总干事在会前提出，此次会议是最后一次专家会议，必须形成成熟的公约文本提交缔约会议。在此次会议上，除讨论第三版公约草案外，大会主席提交的一份“单一协商文本”（Single Negotiating Text）引起与会专家的高度关注。① 各方在会议上的争议依然相当激烈，其中，以下三个议题为焦点争议：第一，沿海国的管辖权；第二，打捞法的地位；第三，沉没军舰的地位。②

事实上，早在国际法协会草拟公约草案时，沉没军舰的相关问题就被提及，但因当时起草者认为这一问题在政治上过于敏感，因而直接将其排除在草案外。然而，到这一阶段，各方逐渐意识到，完全回避该议题并不明智，直面才是负责任的态度。对于这一问题，大多数旗国（海洋大国）认为，依据国际法，军舰、其他公务船舶及飞行器享有国家主权豁免，即使在沉入海底后，它们依然享有此法律地位，因此，非经其旗国明示同意，其他任何国家、组织与个人均不得对之展开任何行动。然而，多数沿海国并不赞同上述观点，它们认为，沉没在海床上的船舶既不是用来航行的，也不能用于航行，因而不再具有船舶的资格，沉入海底的军舰也是如此。③ 因此，此类船舶与飞行器享有的国家主权豁免在其沉没后即告终止。鉴于此，一方面，此次会议力图将此类船舶与飞行器纳入新公约的调整范围；另一方面，考虑到此类财产的特殊性，会议希望公约能为之制定特别规则，以体现旗国的关切。

围绕上述三个问题，会议进行了异常艰难的谈判。到预定会期即将结束时，各方对打捞法的地位问题基本达成一致，但对另外两个问题依然僵持不下。鉴于此，在征求了联合国教科文组织总干事的意见后，会议主席建议在7月继

---

① See O'Keefe, P. J., *Shipwrecked Heritage: A Commentary on the UNESCO Convention on Underwater Cultural Heritage*, Institute of Art and Law, 2002, p. 30.

② See Dromgoole, S., *Underwater Cultural Heritage and International Law*, Cambridge University Press, 2013, p. 54.

③ 参见赵亚娟：《联合国教科文组织〈保护水下文化遗产公约〉研究》，厦门大学出版社2007年版，第66页。

续召开会议。7月2日至7日,会议再次举行。然而,在延期会议上,各方对沿海国的管辖权以及沉没军舰等核心条款的措辞还是无法形成一致意见。无奈之下,会议决定,在对"单一协商文本"进行修改、完善后,将由此形成的公约草案文本付诸表决。结果,该草案文本以49票同意、4票反对、8票弃权的表决结果获得通过,并提交联合国教科文组织大会。①

2001年10月29日,联合国教科文组织第31届大会召开,大会建议由第四项目委员会对公约文本进行辩论。在该委员会的会议上,各国对公约文本进行了辩论,包括美国、英国、俄罗斯在内的一些国家提出诸多修订提案,但委员会以压倒多数否决了这些提案。最终,第四项目委员会通过公约草案,并提交联合国教科文组织大会表决。绝大多数参与缔约的国家参加了大会投票,并以87票赞成、4票反对、15票弃权的表决结果通过公约文本。② 同时通过的还有一份附件——《有关开发水下文化遗产之活动的规章》。依据公约第33条的规定,附件是公约的整体组成部分,除非另有明确说明,否则凡提及公约均包括其附件,即《有关开发水下文化遗产之活动的规章》。③ 2001年11月6日,联合国教科文组织秘书长与大会主席签署公约,向各国开放加入。

回顾缔约进程,不难发现,公约涉及的诸多议题引起了各国对峙,其中,沿海国的管辖权问题引发的辩论最为激烈。大多数国家认为,为达保护水下文化财产之目的,应将沿海国的管辖权延展至大陆架,而少数国家,尤其是海洋大国,则坚决反对。主要是由于这一立场分歧,俄罗斯、挪威等国投了反对票,法国、德国、英国以及荷兰等国投了弃权票。美国当时并非联合国教科文组织成员,故未参加投票。尽管如此,对公约的最终文本,尤其是其中关于沿海国管辖权的规定,美国公开表示其持严重保留立场:"美国认为公约文本在某些重要领域取得实质性进步,但与此同时,各国在其他一些关键性条款上并未形成一致,

---

① See Dromgoole, S., *Underwater Cultural Heritage and International Law*, Cambridge University Press, 2013, p.55.

② 缔约文件并未详细列举投赞成票的国家;投反对票的国家是:俄罗斯、挪威、土耳其与委内瑞拉;投弃权票的国家是:巴西、捷克、哥伦比亚、法国、德国、希腊、冰岛、以色列、几内亚比绍、荷兰、巴拉圭、瑞典、瑞士、乌拉圭与英国。See Garabello, R. & Scovazzi, T., eds., *The Protection of the Underwater Heritage: Before and After the 2001 UNESCO Convention*, Brill, 2003, p.91.

③ 参见赵亚娟:《联合国教科文组织〈保护水下文化遗产公约〉研究》,厦门大学出版社2007年版,第55页。

美国对此持强烈保留立场。因此,公约文本尚不具备付诸表决通过的条件。”① 除沿海国的管辖权以外,还有一些国家对公约涉及沉没军舰的规定表示不满,其中包括法国、德国、俄罗斯、英国与美国等。② 需要强调,即便是这些国家,它们在表决前均明确宣布强烈支持公约的基本原则、目的与宗旨,只是对非公约文本的某些规定表示失望。③

在投弃权票与反对票的国家中,作为典型的沿海国与文化财产大国,希腊与土耳其两国的立场尤其值得一提。自缔约一开始,希腊就为将沿海国的管辖权扩展至大陆架而不懈努力。对于公约最终文本未能完全体现其在这一核心事项上的关切,它深表失望。希腊强调,它已经在包括打捞法的地位、水下文化遗址商业开发等重要事项上作出了诸多实质性让步,无法再对沿海国管辖权作出妥协,且公约文本涉及大陆架及专属经济区的制度设计过于复杂,不具可执行性,此外,它对公约关于军舰的规定亦感遗憾。鉴于此,希腊认为,投弃权票是其唯一合理的选择。而土耳其反对公约通过,主要理由是它不是《海洋法公约》缔约国,故对处理本公约与海洋法公约存在技术性障碍。④

《水下遗产公约》由一套复杂的法律制度构成。公约正文包含 36 条,附件包括 35 条规则,其目的是确保全人类的利益和加强对水下文化遗产的保护。⑤ 公约确认,国家、国际组织、相关方及公众之间的合作对于保护水下文化遗产极为重要,而缔约国之间的合作构成公约体系的基石。⑥

概言之,作为第一部专门用于保护水下文化财产的公约,《水下遗产公约》具有重大的现实意义,标志着国际文化财产法的体系基本成形。不过,由于各国在公约所涉及的诸多问题上存在尖锐对立,为弥合各国分歧,公约条文存在

---

① Statement by Robert Blumberg, U. S., Observer Delegate to the 31st UNESCO General Conference to Commission Ⅳ of the General Conference, Regarding the U. S, View on the UNESCO Convention on the Protection of Underwater Cultural Heritage (Oct. 29, 2001), http://www. gc. noaa. gov/ documents/gcil heritage2_blumberg. pdf.

② See Dromgoole, S., *Underwater Cultural Heritage and International Law*, Cambridge University Press, 2013, p. 56.

③ See Garabello, R. & Scovazzi, T., eds., *The Protection of the Underwater Heritage: Before and After the 2001 UNESCO Convention*, Brill, 2003, p. 239.

④ See Garabello, R. & Scovazzi, T., eds., *The Protection of the Underwater Heritage: Before and After the 2001 UNESCO Convention*, Brill, 2003, p. 432.

⑤ 参见《水下遗产公约》第 2 条。

⑥ 参见《水下遗产公约》序言第 10 段与第 2 条。

核心条款含义不明、措辞模糊等缺陷。为全面、深入、客观理解公约,下一节将对公约文本展开详细分析。

第二节 文本分析

一、公约的调整范围

关于公约的调整范围,需要分析以下三个事项:第一,公约保护的客体是什么?换言之,如何界定水下文化遗产的概念?第二,公约调整的行为是什么?换言之,哪些行为应受公约的支配?第三,公约适用的海域是什么?换言之,如何确定公约效力的地理边界?

(一)水下文化遗产的定义

作为第一部关于水下遗产保护的专门性国际条约,如何准确界定公约的保护对象无疑是相当重要的,这也是建立公约体系的第一步。由于水下文化遗产的定义直接关乎公约的调整范围,并牵涉商业打捞等诸多问题,这一事项成为历次会议上各方争论不休的问题之一。[①]

与"文化遗产"这一概念相比,"水下文化遗产"是一个较晚才出现的术语,它最早出现在欧洲理事会于1978年起草的《关于水下文化遗产的第848号建议书》中。[②] 依据该建议书,水下文化遗产是"全部或部分位于海洋、湖泊、河流、水库或其他水体下的所有人类生存的遗迹、物品或其他任何痕迹"[③]。以该定义为基础,《水下遗产公约》对其保护对象定义如下:[④]

> (a)为达公约之目的,"水下文化遗产"系指至少100年来,周期性地或连续地,部分或全部位于水下的具有文化、历史或考古价值的所

---

① 参见赵亚娟:《联合国教科文组织〈保护水下文化遗产公约〉研究》,厦门大学出版社2007年版,第56页。

② See Parliamentary Assembly of the Council of Europe, *The Underwater Cultural Heritage: Report of the Committee on Culture and Education* (*Rapporteur: Mr. John Roper*), Doc. 4200 – E, Strasbourg, 1978.

③ Forrest, C., *International Law and the Protection of Cultural Property*, Routledge, 2010, p. 333.

④ 《水下遗产公约》第1条。需要指出的是,公约中文译本存在翻译错误。如无特别说明,本书所引公约中文文本系经作者校正后的约文,并不一定与公约官方中文译本完全一致。

有人类生存的遗迹,比如:

(i) 遗址、建筑、房屋、工艺品和人的遗骸连同它们有考古价值的环境和自然环境;

(ii) 船只、飞行器、其他运输工具或上述三类的任何部分,所载货物或其他物品,及其有考古价值的环境和自然环境;

(iii) 具有史前意义的物品。

(b) 海底铺设的管道和电缆不应视为水下文化遗产。

(c) 海底铺设的管道和电缆以外的,且仍在使用的装置,不应视为水下文化遗产。

上述条款关于"所有人类生存的遗迹"的措辞表明,公约试图调整的水下文化遗产在范围上相当广泛,仅排除非人类的遗迹,如自然遗迹,即便是对人类具有文化价值的自然遗迹。[①] 同时,依据该条,属于公约调整范围内的水下文化遗产应当满足以下三项条件:

第一,位于水下应当至少达到100年。公约将100年作为水下文化遗产的年限门槛,主要是受到《保护水下遗产欧洲公约》(草案)的影响。事实上,早在《布宜诺斯艾利斯草案》中,这一标准就已经出现在公约草案中了。在缔约过程中,有部分国家曾质疑100年的年限门槛。它们指摘这一标准过于武断,欠缺科学性,会导致将一些具有重大文化、历史或考古价值的水下文化遗产被排除在公约的保护范围之外,故主张缩短这一年限要求。譬如,波兰提出,1945年以前沉没的所有遗迹应被纳入公约的调整范围;而美国则主张使用50年的年限门槛。[②] 但大部分国家认为,100年是一个恰当的年限要求,也是文化财产公约普遍采用的标准,因而应予保留。[③] 需要指出,尽管公约约文没有明确规定100年的年限门槛如何准确计算,但鉴于公约将"就地保护"确立为基本原则之一,笔者认为,这100年的时间要求应从文化遗产沉没水底时起算,截至针对该财产采取行动(而非被发现时)时止。

---

① See Forrest, C., *International Law and the Protection of Cultural Property*, Routledge, 2010, p. 334.

② See Dromgoole, S., *Underwater Cultural Heritage and International Law*, Cambridge University Press, 2013, p. 91.

③ 参见《1970年公约》第1条;《1995年公约》附件。

第二,须"具有文化、历史或考古价值"。在公约的谈判过程中,关于是否应对满足100年年限门槛的所有水下文化遗产予以保护形成了两个阵营。以美国与英国为代表的国家认为,由于水下文化遗产的数量极其庞大,对所有沉入水底100年以上的此类财产进行保护既无必要,亦无现实可行性,故主张仅将其中具有重大价值的财产纳入公约的保护范围。但另一些国家认为,沉入水下达100年以上的文化遗产必然具有重大的历史价值,而且如在年限要求之上再设置额外的价值判断标准,必然需要在确定是否应对有关遗产予以保护之前对其进行价值判断,这既费时、费力又费钱,也不利于实现公约的就地保护目标。① 最终,为弥合两派观点的分歧,一方面,公约在100年的年限要求之外添加了"具有文化、历史或考古价值"的要求;另一方面,这一要求并没有具体、客观的衡量标准,因而各国得以自行解释。② 然而,英、美等国对公约约文并不满意,认为这一条件对于缩小公约的范围并无实质意义。譬如,在对公约投下反对票时,英国作出如下解释:③

> 公约约文事实上要求签字国对沉入水下100年以上的所有考古遗址给予保护,这是一项非常高的标准。据估计,联合王国领海海床上有约1万处沉船遗迹,对所有这些遗迹予以保护,既不可欲,亦不可能。联合王国认为,集中资源与力量保护那些最为重要、独一无二、代表性的水下文化遗产是更可取的做法。将附件中的规则适用于数以万计的每一处沉船遗址,是根本不可能的。

第三,应"周期性地或连续地,部分或全部位于水下"。这是对文化遗产所处的地理环境的要求。需要指出,此处所使用的措辞使有关文化遗产满足"位于水下"这一要求在实践中有以下四种可能性:(1)连续性地全部位于水下;(2)连续性地部分位于水下;(3)周期性地全部位于水下;(4)周期性地部分位于水下。对于绝大部分水下文化遗产而言,它们应属于第一种情况,即连续性

---

① 参见赵亚娟:《联合国教科文组织〈保护水下文化遗产公约〉研究》,厦门大学出版社2007年版,第59页。

② See Forrest, C., *International Law and the Protection of Cultural Property*, Routledge, 2010, p. 334.

③ U. K. Foreign and Commonwealth Office, *Explanation of Vote to UNESCO on the 2001 UNESCO Convention on the Protection of the Underwater Cultural Heritage* (*2001*).

地全部位于水下，譬如，沉入深海海底的船舶。但也有一些文化遗产，它们因位于浅海或浅水区而连续性地部分位于水下，譬如，位于夏威夷浅海处的亚利桑那号战列舰（USS Arizona）。① 另有一些文化遗产，因其所处区域受潮汐变化而周期性地部分位于水下，譬如，位于英国黑斯廷斯的阿姆斯特丹号商船（VOC vessel Amsterdam）。② 还有一些文化遗产，则因所处的特殊区域而周期性地全部位于水下，我国三峡库区的"述先古桥"以及墨西哥恰帕斯州的水底教堂即为典型例证。③

此外，该条还通过列举的方式对水下文化遗产作了进一步限定。不过，此处列举的三类文化遗产并非穷尽性的，只是列举了最常见的水下文化遗产。在列举中，公约特别提到人类遗骸，尽管其并非人类制造的物品，但由于其往往蕴含了当时人类生产、生活的重要信息，因而被纳入公约的调整范围。公约强调："遗址、建筑、房屋、工艺品和人的遗骸连同它们有考古价值的环境和自然环境"属于其调整范围，其目的是将人类生存以及所在的必要的周边环境一起纳入保护范围，从而保全遗迹所蕴含的一切信息。④ 最后，该条还将海底铺设的管道和电缆以及仍在使用的海底铺设的其他装置排除在公约的调整范围之外。

与公约的保护客体紧密相关的另一个重要议题是国家船舶与飞行器是否应被纳入水下文化遗产的范畴。如前所述，国家船舶与飞行器（尤其是沉没军舰）的问题十分棘手，也是公约约文不能实现协商一致的重要原因之一。尽管在国际法协会制定公约草案的过程中就有观点主张应将沉没军舰纳入公约的保护范围，但因阻力过大，《布宜诺斯艾利斯草案》最终选择将之排除在外，而仅

---

① 尽管该战舰部分沉没尚未满足100年的年限要求，不属于本公约的调整范围，但该战舰是部分位于水下的文化遗产的典型例证。

② 该船原为荷兰东印度公司的商船，于1749年1月26日在英吉利海峡因遇到暴风雨而沉没。该船于1969年在英国海岸被发现，在低潮期，船的一部分露出水面。参见梁二平：《首航即终航的阿姆斯特丹号》，载《深圳晚报》2016年7月18日，第21版。

③ "述先古桥"是位于三峡库区移民重镇重庆市云阳县南溪镇盐渠社区的水下文物，每年冬季枯水期会"浮出"水面，而在夏季则整体"沉入"水下。2015年10月，墨西哥南部恰帕斯州（Chiapas）近日久未下雨，水库因缺乏雨水，一座16世纪的教堂，重新浮出水面。这座教堂修建于16世纪中期，因1966年当地修建水库而淹没水下。据报道，这是该教堂第二次浮出水面，上一次是在2002年。尽管这两件文物既不符合公约100年的年限要求，也非位于海洋区域，但作为周期性而全部位于水下的例证，它们极具典型性。参见《重庆三峡库区水位下降400年水下古桥"崭露头角"》，载中新网，http://www.chinanews.com/tp/hd2011/2015/02-04/477816.shtml。

④ See O'Keefe, P. J., *Shipwrecked Heritage: A Commentary on the UNESCO Convention on Underwater Cultural Heritage*, Institute of Art and Law, 2002, p.43-44.

将被遗弃的国家船舶与飞行器囊括其中。然而,这又引发了如何判断一艘军舰是否被遗弃的争论。传统海洋大国主张,非经国家明确宣布,否则不得视为该国遗弃其财产,包括军舰。但大多数沿海国则认为,军舰是否被遗弃,与私有商船的判断标准无异,默示也是遗弃财产的一种方式。① 不过,由于《布宜诺斯艾利斯草案》明确其仅适用于被遗弃的国家船舶,且明文规定"对于沉没时仅用于政府非商业用途的军舰、海军辅助船舶、国家所有并经营的其他船舶或飞行器的遗迹,本公约不适用于之",一般认为,该草案采纳的是传统海洋大国的观点。②

在联合国教科文组织主持制定《水下遗产公约》的谈判过程中,《布宜诺斯艾利斯草案》的上述立场受到严重质疑,各方围绕将国家船舶及飞行器纳入公约的调整范围这一议题展开了激烈斗争。

事实上,对于国家船舶是否应受公约支配,在国际法上,理论纷争主要源于对国家及其财产豁免这一原则如何适用产生的不同解释。依据《海洋法公约》,军舰以及专用于政府非商业性服务的船舶在公海上有不受船旗国以外任何其他国家管辖的完全豁免权。③ 依据1910年布鲁塞尔《关于统一海上救助与打捞的特定规则公约》与1989年《国际救助公约》,军舰以及国家所有并经营之船舶的打捞救助事项亦享有此种豁免权。④ 尽管军舰及其他国家船舶享有豁免权,这一点本身殆无异议,但这些船舶沉没之后,它们是否继续享有豁免,则存在争议。有观点认为,船舶沉没以后,便失去船舶的功能,不再是船舶,因而其旗国不再对之享有专属管辖权。职是之故,《海洋法公约》第95条与第96条并不适用于沉没的军舰及其他国家船舶,此类船舶一旦沉没,就应受与其他沉没财产相同的管辖权制度支配。不过,以英国、荷兰与西班牙为代表的传统海洋强国出于其自身利益的考量,坚决反对上述推理,它们坚持认为,沉没的军舰也享有豁免权,除非旗国明示遗弃之。⑤

---

① See Forrest, C., *International Law and the Protection of Cultural Property*, Routledge, 2010, p. 335.

② CLT – 96/CONF. 202/5 Rev. 2, Paris, July 1999.

③ 参见《海洋法公约》第95条、第96条。

④ 参见1910年布鲁塞尔《关于统一海上救助与打捞的特定规则公约》第14条;1989年《国际救助公约》第4条。

⑤ See Migliorino, L., *The Recovery of Sunken Warships in International Waters*, in Vukas, B., ed, Essays on the New Law of the Sea, Sveučilišna naklada Liber, 1985, p. 251.

笔者认为,对于近期沉没的军舰及其他国家船舶,这些海洋强国对其主张专属管辖权,确有维护其国家利益与安全的合理因素,但是对于沉没已经超过100年且具有文化、历史或考古价值的此类船舶,它们仍坚持其享有豁免权,这一主张就十分牵强了。无论如何,鉴于本公约的目的是保护水下文化遗产,以此缺少合理性的依据而将此类船舶排除在公约的保护范围之外,在新的历史背景下,是难以获得广泛支持的。

在缔约会议上,大多数国家认为,将国家豁免原则适用于符合公约文化遗产定义的沉没军舰是站不住脚的,这不仅是因为《海洋法公约》第29条关于军舰的定义仅适用于该公约的语境,①而且将该定义适用于沉没于一个世纪甚至更早以前的船舶在实践上是存在困难的。首先,对于一部分历史上沉没的船舶而言,它们沉没的时代要早于国际法上"国家"这一概念的产生年代,因此要判断其属于哪一个国家,几无可行性。其次,还有一部分船舶,在其沉没后,它们的原旗国已经不再存在,或已分裂,或与其他国家合并,在这种情况下,要判断其所有权属于哪一国,亦非易事。所以,在缔约过程中,摈弃《布宜诺斯艾利斯草案》的立场,将国家船舶及飞行器纳入公约的调整范围逐渐成为压倒性意见。

最终,在对海洋大国与沿海国的利益进行综合权衡的基础上,公约对这一问题作出如下妥协性安排。首先,公约在第2条第8款中规定:本公约须与各国的惯例和包括《海洋法公约》在内的国际法相一致,任何条款均不应被理解为对有关主权豁免的国际法和国家惯例的规定的修正,也不改变任何国家对本国的船只和飞行器拥有的权利。② 其次,鉴于这一规定无法回答沉没军舰及其他国家船舶与飞行器是否享有主权豁免的问题,公约第1条第8款明确指出,"国家船舶和飞行器"系指某国所有或经营的军舰和其他船只或飞行器,并须满足以下条件:(1)其沉没时仅用于政府非商业用途,且此用途可以查明属实;(2)符合水下文化遗产的定义。③

公约第1条第8款表明,沉没不足100年的军舰及其他国家船舶或飞行器不属于公约的调整范围。对于沉没满足100年年限要求的军舰及其他国家船

---

① 《海洋法公约》第29条"军舰的定义"规定:为本公约的目的,"军舰"是指属于一国武装部队、具备辨别军舰国籍的外部标志、由该国政府正式委任并名列相应的现役名册或类似名册的军官指挥和配备有服从正规武装部队纪律的船员的船舶。

② 参见《水下遗产公约》第2条第8款。

③ 参见《水下遗产公约》第1条第8款。

舶或飞行器,如果有国家因对其提出主权豁免而将之排除在公约的适用范围之外,须承担举证责任,证明该船舶为其所有或经营,且沉没时仅用于政府非商业用途。如果无法履行此举证责任,则相关船舶应属于公约的保护范围。客观而言,公约第 1 条第 8 款的要求还是较为严格的,因为举证的难度与船舶沉没的年代成正比:沉没得越久远,举证就越困难。因此,对于历史上沉没的船舶而言,这一规定明显有利于将之纳入公约的调整范围。[①]

(二)公约调整的行为

对于一部专门保护水下文化遗产的公约而言,水下考古、水下寻宝、潜水等活动显然属于其旨在规范的行为。除此之外,其他一些海洋活动,如海港建设、沿海开发、商业捕捞、海底电缆铺设等,也有可能会对水下文化遗产造成破坏。大量实践表明,尽管这些行为本身并不直接针对水下文化遗产,但它们很可能对水下文化遗产造成严重破坏,这方面的教训堪称惨痛。因此,在缔约过程中,一些国家主张,应将这些活动纳入公约的调整范围。然而,因触动多个行业的核心利益,这一主张遭到不少国家的抵制。譬如,加拿大提出:“此次拟订公约的主旨是对水下寻宝、水下考古发掘这类直接对水下文化财产构成威胁的行为进行规制,而不是海洋商业捕捞或海底电缆铺设这类只有在意外情况下才会影响到水下文化财产的行为。”[②]这种观点的背后是强大的利益集团及被其说服的多国政府,并成为缔约大会占据优势地位的观点。

在此背景下,公约最后制定了两套不同的制度,一套旨在规制直接、故意针对水下文化遗产的行为(包括水下发掘、打捞等),另一套适用于有可能在“无意中影响水下文化遗产”的行为。对于第一类行为,公约制定了相对系统、具体、严格的规则体系,对此,下文将进行详述。对于“无意中影响水下文化遗产”的活动,公约仅作了概括、抽象、象征意义大于实际作用的规定。细言之,公约将这类行为定义为“尽管不以水下文化遗产为主要对象或对象之一,但可能对其造成损伤或破坏的活动”[③],并规定:“各缔约国应采用它能用的最佳、可行的手段防止或减轻其管辖范围内无意中影响水下文化遗产的活动可能造成的任

---

① 参见赵亚娟:《联合国教科文组织〈保护水下文化遗产公约〉研究》,厦门大学出版社 2007 年版,第 68 页。

② *Comments of Canada Working Paper Distributed at the Second Meeting of Governmental Experts*, UNESCO Headquarters, Paris, 19 – 24 April 1999.

③ 《水下遗产公约》第 1 条第 7 款。

何不良后果。”[①]

显而易见，公约关于“无意中影响水下文化遗产”之行为的规定在措辞上使用了灵活、抽象的表述，且其规定的义务笼统而抽象，缺少实质约束性内容，各国事实上拥有如何解释、适用的自主权。职是之故，当商业开发利用海洋或海底的行为与水下文化遗产的保护产生冲突时，笔者认为，公约关于此类行为的抽象性规定事实上难以对各国产生具有实效的约束力。

（三）地理范围

在拟定公约草案时，国际法协会曾明确提出，由于国家对于内水及其领海拥有绝对的主权，国际条约不应对各国在此等区域内施加任何义务，因此，公约仅应适用于国际水域范围内的文化遗产。[②] 但是，在联合国教科文组织正式启动缔约进程之后，各国很快同意，公约适用的地理范围应包括所有海洋区域。有一些国家甚至提出，所有位于水下的文化遗产均应纳入公约的保护范围，因此，公约适用的地理范围不应仅限于海洋，还应适用于各国内水，包括湖泊、河流、峡湾等。[③] 不过，这一主张引发了不小的争议。有国家指出，《海洋法公约》明确规定，领海基线向陆一面的水域构成国家内水的一部分，[④]因此，内水仅限于海洋区域，而不包括地理概念上的内水，如河流、湖泊等。尽管该观点得到一些国家的附和与支持，但仍有为数不少的国家坚持认为，作为保护水下文化遗产的专门性公约，将湖泊、河流等水域排除在公约适用的地理范围之外，无论如何，是难以接受的。[⑤]

最终，作为妥协性安排，公约规定，各国有权对公约适用的地理范围是否包括其内陆性水域做出选择。细言之，公约第 28 条规定：“任何国家或地区，在批准、接受、赞同或加入本公约之时或其后的任何时候，都可以声明本公约之规章适用于其不具海洋性质的内陆水域。”紧接着，第 29 条规定：“任何国家或地区，在批准、接受、赞同或加入本公约之时，可向文书保管者声明，本公约不适用于

① 《水下遗产公约》第 5 条。

② See O'Keefe, P. J. & Nafziger, J., *The Draft Convention on the Protection of the Underwater Cultural Heritage*, Ocean Development and International Law, Vol. 25:4, p. 14(1994).

③ See Forrest, C., *International Law and the Protection of Cultural Property*, Routledge, 2010, p. 339.

④ 参见《海洋法公约》第 8 条。

⑤ See O'Keefe, P. J. & Nafziger, J., *The Draft Convention on the Protection of the Underwater Cultural Heritage*, Ocean Development and International Law, Vol. 25:4, p. 15(1994).

其领土、内水、群岛水域或领海的某些特定部分,并在声明中阐述其理由。该国应尽其所能尽快地创造条件,使本公约适用于其声明中所指的特定区域,一旦条件成熟,应尽快全部或部分地撤回其声明。”由此可见,公约将其地理范围是否适用于内陆水域的问题交由各国自主决定。

二、公约的目标与一般原则

公约的目的是保护水下文化遗产,这被其第2条第1款言明:“本公约的目的是确保和加强水下文化遗产的保护。”为确保该目的的实现,公约第2条第2款至第11款规定了保护水下文化遗产的一般原则,主要包括:就地保护原则、国际合作原则、禁止商业开发原则等。这些原则不仅是实现公约目的的基本手段,亦构成解释本公约的主要依据。①

(一)为全人类之利益保护水下文化遗产原则

文化遗产不仅具有财产属性,还具有文化、历史、民族与精神等方面的多重价值,因此,其重要意义不仅限于作为个体的人,其对族群、民族乃至全人类都具有更为宏大与深远的意义。与陆上文化遗产通常位于特定国家的领土内不同,水下文化遗产多位于特定国家领海外的海底上,因而其国际属性较前一类文化遗产更强。鉴于此,《海洋法公约》要求,对于“区域”内的水下文化遗产,各国应当依照其规定,为“全人类的利益”保护水下文化遗产。②

以上述规定为基石,本公约在序言中开宗明义地指出:“认识到水下文化遗产的重要性,它是人类文化遗产的整体组成部分,也是各个国家与民族的历史及其在共同遗产方面的关系史上非常重要的内容;认识到保护和保全水下文化遗产的重要性,所有国家均应承担起这一责任。”以序言的上述表述为基础,公约第2条进一步将“为全人类之利益保护水下文化遗产”确立为一项基本原则。有观点认为,该原则是公约的核心原则,其他原则均为辅助性原则,均为实现该核心原则的不同途径。③ 细言之,国际合作原则与就地保护原则是为实现“为全人类之利益保护水下文化遗产”的积极途径,而禁止商业开发原则则为消极途径。

---

① 参见《维也纳条约法公约》第31条第1款。

② 《海洋法公约》第149条规定:在“区域”内发现的一切考古和历史文物,应为全人类利益予以保存或处置,但应特别顾及来源国,或文化上的发源国,或历史和考古上的来源国的优先权利。

③ 参见傅崐成、宋玉祥:《水下文化遗产的国际法保护》,法律出版社2006年版,第181页。

不仅如此，公约及其规章还在具体制度上贯穿式地体现了这一原则。譬如，为保护专属经济区及大陆架上和国际海底区域的水下文化遗产，公约精心设计了沿海国保护和协调国协作保护制度，明确要求协调国应当代表所有缔约国行事，以全人类的利益为重，而不能仅代表本国利益。① 即使是沿海国完全行使主权的内水、群岛水域与领海，公约也要求各国在开发此等区域内的水下文化遗产时遵守《有关开发水下文化遗产之活动的规章》的各项规定。② 公约还要求各国应确保对所有海域内发现的一切人类遗骸予以适当的尊重。③ 可见，“为全人类之利益保护水下文化遗产”是贯穿公约始末的一项基本原则。

(二)国际合作原则

与陆上文化遗产的保护相比，对水下文化遗产进行有效保护通常需要更多人力与资金投入，所需的技术与设备要求也更为苛刻。目前，世界各国水下考古、发掘及保护的能力与水平发展极不平衡。北美、西欧及澳洲等地区的发达国家拥有雄厚的财力支撑、先进的科技与设备配备，并有完善的法律制度保障；而大多数发展中国家则因受到资金、技术、人员与法制发展状况的严重束缚，缺乏单独展开水下文化遗产保护的能力。因此，对于水下文化遗产保护而言，国际合作特具必要性与重要性。鉴于此，以《海洋法公约》的规定为基础，④本公约将国际合作确立为一项基本原则，其第 2 条第 2 款规定：缔约国应在水下文化遗产保护方面进行合作。正是以该款规定确立的国际合作原则为基础，公约得以构建了保护框架的支柱之一——协调国协作保护机制。⑤

在将国际合作确立为一般原则的基础上，公约对该原则赋予了具体的含义：第 19 条要求各国在水下文化遗产保护与管理方面进行国际合作与信息共享，第 21 条对水下考古培训的国际合作进行规定。

---

① 参见《水下遗产公约》第 10 条第 6 款、第 12 条第 6 款。详见后文分析。

② 参见《水下遗产公约》第 7 条。

③ 参见《水下遗产公约》第 2 条第 9 款。

④ 作为国际海洋法的基石，《海洋法公约》明确要求各国在保护海底文物方面展开合作。《海洋法公约》第 303 条第 1 款规定：“各国有义务保护在海洋发现的考古和历史性文物，并应为此目的进行合作。”

⑤ 协调国协作保护机制主要用于保护 24 海里以外海床上的水下文化遗产，由公约第 9 条至第 12 条体现。另一支柱为沿海国保护机制，主要用于保护内水、群岛水域、领海与毗连区水底的水下文化遗产。参见赵亚娟：《联合国教科文组织〈保护水下文化遗产公约〉研究》，厦门大学出版社 2007 年版，第 119 页。

细言之,依据第19条第1款的规定,缔约国应依据本公约的规定,在水下文化遗产的保护和管理方面相互合作并互相帮助,并于可行时,在水下遗产的调查、挖掘、记录、保存、研究和展出等方面开展协作。由此可见,该款所规定的国际合作义务包括三方面的内容:第一,水下文化遗产的保护,这既包括水下打捞阶段的保护,也包括打捞出水后文化遗产的保护。第二,水下文化遗产的管理。如果保护的作用在于防止水下文化遗产因外在因素被破坏,那么管理旨在确保已受到有效保护的文化遗产发挥其功用。譬如,信息的收集与统计、水下文化遗产的整体保存、稀有或脆弱物品的特殊管理以及为提高水下文化遗产的保护而进行的非商业性开发等。① 第三,水下文化遗产的考古科研程序、方法以及展出等。需要指出的是,尽管在实践中,就水下遗产的调查、挖掘、记录、保存、研究和展出进行国际合作极具必要性,但在一些海洋强国的要求下,约文最终加入了"在可行时"(where practicable)的弹性表述,这无疑会降低公约义务的刚性。

第19条第2款至第4款规定了信息分享与公开义务。值得一提的是,与第19条第1款规定的各项义务不同,信息分享的主体不限于公约缔约国,还包括联合国教科文组织。依据第19条第2款与第4款的规定,在不违反本公约宗旨的前提下,各国允诺与其他缔约国(以及联合国教科文组织)分享有关水下文化遗产的信息,包括水下文化遗产的发现、所处位置、违反本公约或国际法发掘或打捞的水下文化遗产、有关的科学方法和技术以及有关水下文化遗产的法律的发展,并在可行以及不违反相关国家国内法的前提下,通过利用国际数据库等方式将违反公约或国际法发掘或打捞的水下文化遗产的信息予以公布。

由此可见,各国需要分享与公布的信息包括以下三类:第一,水下文化遗产的发现与地理信息;第二,违反本公约及国际法对水下文化遗产进行发掘与打捞的信息;第三,关于水下文化遗产保护的科学技术与法律的发展。第一类信息的共享与公布可以使各国知晓水下文化遗产的地理及其他基本信息,以便其采取措施对之进行保护或避免进行某些活动以防对之造成损害。公布与共享第二类信息的目的在于便利国际合作以打击此类违法活动,并阻止非法发掘或打捞出水的文化遗产流入市场交易。第三类信息包括科技与法律的发展。公布与共享科技的发展显然有助于在国际层面提升水下文化遗产保护的技术水

① 参见傅崐成、宋玉祥:《水下文化遗产的国际法保护》,法律出版社2006年版,第183页。

准,而公布与共享法律的发展不仅便于各国判断某一水下发掘或打捞是否合法,也有利于各国立法之间形成良性促进关系。

由于各国之间以及各国与联合国教科文组织之间分享的水下文化遗产信息,尤其是关于此类遗产的发现及其所处位置的信息,一旦向外界披露,有可能为非法活动提供目标,从而招致海上盗掘,进而使相关遗产处于危险之中,第19条第3款规定,如信息分享有可能导致此类风险,在不违反各国国内法的前提下,各国与联合国教科文组织就应当对这些信息予以保密,将之定性为只有各国主管当局才能知晓的机密。之所以须以不违反各国国内法为前提,系因许多国家存在关于政府信息公开的国内法,故保密的义务须以不违反相关国家国内法为前提,否则公约难以获得各国立法机关的批准。

公约第21条对水下考古培训的国际合作作出具体规定,依之,各国应开展合作,提供水下考古、水下文化遗产保存方面的培训,并按协定的条件转让与水下文化遗产有关的技术。[①] 水下考古培训是国际合作的重要内容,也是对第19条规定的国际合作义务的补充。依据第21条的规定,水下考古培训主要包括以下两方面的内容:第一,对考古人员进行水下考古技术与水下文化遗产保存技术的培训;第二,上述两种技术的转让。

目前来看,技术培训与转让主要由发达国家向发展中国家提供。例如,自20世纪80年代以来,中国与澳大利亚、法国、荷兰、日本、美国等国家在考古技术与水下文化遗产保存等方面展开了多种形式的合作。公约鼓励水下考古、水下文化遗产的技术转让,但因技术转让往往涉及知识产权问题,所以,第21条允许各国商定技术转让的条件,并明确规定技术转让应按协定的条件进行。

除此以外,《有关开发水下文化遗产之活动的规章》第8条也体现了国际合作原则,依之,应鼓励在以水下文化遗产为目标的各项活动中展开国际合作,以进一步促进有效的交流,包括考古学家及其他相关专业人员的交流。第8条在一定程度上可以视为公约第21条的配套规定,因为专业人员的交流是技术培训与技术转让的必要元素。另外,专业人员的交流本身也是国际合作的重要组成部分,尤其是在专职水下考古专家数量匮乏且地区分布极不平衡的背景下。所以,该规章专设此条,冀以促进专业人员的国际交流。

(三)就地保护原则

公约第2条第5款及《有关开发水下文化遗产之活动的规章》第1条将"就

---

① 参见《水下遗产公约》第21条。

地保护”确立为水下文化遗产保护的首选原则。[①] 一般而言,长期沉没于水底的文化遗产已经和周边的环境融为一体,形成一种平衡状态,任何外来、人为的干预都会打破这种平衡。[②] 此外,囿于技术及打捞行为自身的特点,对水下文化遗产进行考古发掘及打捞,往往会造成破坏性后果。因此,在通常情况下,水下文化遗产在海底自然平衡状态下所受到的保护比任何人为干预及人工手段更为有效与适宜。职是之故,公约将就地保护作为保护此类遗产的首选原则与方法。[③]

尽管如此,就地保护并不意味一味消极、被动地将水下文化遗产留在原地,听之任之,不采取任何保护性措施。倘若如此,在不少情况下会导致无可挽回的灾难性后果。譬如,前文曾提及的阿姆斯特丹号商船,在其被发现之后,因英国政府疏于采取保护措施,导致船上的多处大炮被盗掘,船体受到严重破坏。[④] 因此,如果发现一处水下文化遗产,国家有必要对该遗址及其周边环境进行初步调查,并在此基础之上采取必要、适当的积极措施,以防止周边环境出现不利于该遗产保护的情况。这些措施通常包括:控制、减轻周边海域的污染,防止遗产因污染而被腐蚀;划出保护区或通过提供必要的海上执法力量,防止或阻止海上盗掘及其他人为活动(如捕鱼、军事演习)对遗产周边海洋环境或遗产本身造成破坏。[⑤] 不过,由于这些措施与各国的经济、军事、安全利益紧密相关,亦受到各国自身能力的限制,因此,公约没有对各国施加硬性规定,而是以较为弹性

---

① 公约第2条第5款规定:在允许或进行任何开发水下文化遗产的活动之前,就地保护应作为首选。《有关开发水下文化遗产之活动的规章》第1条规定:就地保护应为保护水下文化遗产的首选方案。因此,开发水下文化遗产活动的批准应符合保护该遗产之要求,在符合这一要求的情况下,始可批准进行有助于保护、认识或改善水下文化遗产的活动。

② 水下考古学家认为,水底的泥沙可以发挥水下文化遗产的保护膜或防腐剂的作用。囿于海底环境与船舶原处的空气空间环境存在巨大差异,沉船及其承载物会很快被海水腐蚀。但是,随着船舶及其承载物在海水的浸泡下逐年适应于海底环境,这种腐蚀会减慢,甚至停止,达到一种稳定的物理、化学平衡。从此,沉船及其承载物便可以在这种相对平衡的环境状态下留存数百年甚至数千年。虽然沉船及其承载物与海水形成了相对稳定的平衡,但在海水的长期浸泡与腐蚀下,沉船已经变得非常脆弱,一旦被发掘或打捞,其所处的环境再度发生改变,它们便会迅速腐烂或瓦解。参见[日]小江庆雄:《水下考古学入门》,王军译,文物出版社1996年版,第129页。

③ 参见傅崐成、宋玉祥:《水下文化遗产的国际法保护》,法律出版社2006年版,第99页。

④ See Forrest, C., *International Law and the Protection of Cultural Property*, Routledge, 2010, p. 342.

⑤ 参见赵亚娟:《联合国教科文组织〈保护水下文化遗产公约〉研究》,厦门大学出版社2007年版,第113页。

的措辞要求各缔约国"应根据本公约和国际法,按具体情况单独或联合采取一切必要的措施保护水下文化遗产,并应根据各自的能力,运用各自能用的最佳的可行手段"①。

此外,公约虽将就地保护确立为水下文化遗产保护的首选原则与方法,但这并不表示公约完全禁止在水下文化遗产上展开活动或进行发掘活动。这是因为就地保护并非在所有情况下均是保护水下文化遗产的最佳方法。大量实例表明,在某些情况下,就地保护并不利于水下文化遗产的保护。例如,一些木质沉船长期浸泡在海水中,会加速船体的腐蚀与解体。水下环境也是不断变化的,如文化遗产周边的水下环境因自然或人为原因发生剧变,便有可能对该遗产的安全构成严重威胁。在这种情况下,对之进行抢救性发掘与打捞,就成为对之进行保护的必要之举。所以,《有关开发水下文化遗产之活动的规章》指出,相关的水下活动以及发掘活动如符合公约之宗旨,有助于保护、认识或改善水下文化遗产,缔约国主管当局可以批准之。②

(四)禁止商业开发原则

前已提及,公约区分了两种性质不同的人为活动:(1)无意中影响水下文化遗产的活动;(2)开发水下文化遗产的活动。对于第一类活动,公约规定了较为宽松、灵活的义务。而对于后一类行为,公约进行了严格、具体的规定。

公约指出,所谓"开发水下文化遗产的活动",系指以水下文化遗产为其主要对象,并可能直接或间接对其造成损伤或破坏的活动。③ 依据不同目的,开发活动又可以分为商业性开发活动与非商业性开发活动。对于商业性开发活动,④公约首先在序言中声明:"对于水下文化遗产日益频繁的商业开发,尤其是某些以买卖、占有或交换水下文化遗产为目的的活动深感忧虑。"之后,公约在第2条第7款中将禁止商业开发确立为一项一般原则。⑤

尽管如此,公约本身没有对商业性开发这个关键术语作出明确定义,这一点颇为遗憾。作为公约组成部分的《有关开发水下文化遗产之活动的规章》似

---

① 《水下遗产公约》第2条第4款。

② 参见《有关开发水下文化遗产之活动的规章》第1条。

③ 参见《水下遗产公约》第1条第6款。

④ 对于其他开发活动,公约要求在符合公约宗旨的前提下,须经缔约国主管当局的批准或协商国的一致同意,并严格遵照一套统一的国际标准进行。参见《水下遗产公约》第7条、第8条、第10条、第12条。

⑤ 该款规定:不得对水下文化遗产进行商业性开发。

乎试图弥补公约的这一缺陷。《有关开发水下文化遗产之活动的规章》第2条指出："以交易或投机为目的而对水下文化遗产进行商业性开发造成无可挽回的失散，与保护和妥善管理此类遗产的精神格格不入。水下文化遗产不得作为商品进行交易、买卖和物物交易。"一般认为，商业性开发是指所有以营利为目的的开发，而依据《有关开发水下文化遗产之活动的规章》第2条的规定，公约禁止的商业性开发仅包括交易、买卖和物物交易三种情形。因此，《有关开发水下文化遗产之活动的规章》事实上构成对公约禁止商业性开发的限制性解释。据此，带领游客潜水参观水下文化遗产，或者利用水下文化遗产拍摄影视作品并出售牟利，这些行为并不构成公约所禁止的商业开发。①

公约之所以禁止将水下文化遗产作为商品的交易、买卖和物物交易行为，是因为这些商业性开发行为对水下文化遗产构成重大的现实威胁，且有悖于公约的另一项一般原则，即"为全人类之利益保护水下文化遗产"。

（五）尊重国际法现状原则

尊重国际法现状原则是指本公约的规定不改变既有国际成文法与习惯国际法的规定。② 尽管这一原则本身与实现保护水下文化遗产的公约宗旨并不直接相关，但其确为公约得以顺利通过的关键性元素之一。

如前所述，在缔约过程中，围绕公约与既存国际法（尤其是《海洋法公约》）的关系，各国产生了尖锐对立，像"幽灵"一样贯穿公约谈判的始末，并成为谈判最后达成妥协的问题。③ 作为《海洋法公约》的受益者，海洋大国极力维护其在该公约的各项既得权，坚持认为作为海洋法的基石，该公约所构建的制度与规则不可动摇。另外，以77国集团为代表的大多数发展中国家则希望新公约能弥补《海洋法公约》对水下文化遗产保护的先天性不足，扩大沿海国的管辖权，特别是应赋予沿海国对其专属经济区内与大陆架上的水下文化遗产拥有直接的管辖权。最终，作为博弈的产物，公约一方面在具体制度上适当关照了沿海国的利益，④另一方面为满足海洋大国的要求，又将尊重国际法现状确定为公约的一般原则之一。

---

① See O'Keefe, P. J., *Shipwrecked Heritage: A Commentary on the UNESCO Convention on Underwater Cultural Heritage*, Institute of Art and Law, 2002, p. 51 – 52.

② 参见傅崐成、宋玉祥：《水下文化遗产的国际法保护》，法律出版社2006年版，第193页。

③ See Garabello, R. & Scovazzi, T., eds., *The Protection of the Underwater Heritage: Before and After the 2001 UNESCO Convention*, Brill, 2003, p. 117.

④ 详见后文关于公约制度的论述。

公约第 2 条第 8 款指出：本公约须与国家实践和包括《海洋法公约》在内的国际法相一致，任何条款不应被理解为对有关主权豁免的国际法和国家惯例的规定的修正，也不改变任何国家对国家船舶和飞行器拥有的权利；该条第 11 款进一步规定：依照本公约采取的任何行动或开展的任何活动，均不构成对国家主权或国家管辖权提出要求、支持或反对任何主张的理由。不仅如此，公约还专设第 3 条对本公约与《海洋法公约》的关系作了具体规定，具体如下：①

> 本公约中的任何条款均不得妨碍国际法，包括《海洋法公约》，赋予各国的权利、管辖权和义务。本公约应结合国际法，包括《海洋法公约》，加以解释和执行，不得与之相悖。

需要指出，尽管尊重国际法现状（尤其是《海洋法公约》）被确立为公约的一项基本原则，但是从某种意义上来说，该原则与本公约的宗旨并不完全相符。首先，公约的宗旨在于保护水下文化遗产，因此，作为人类社会为此制定的第一部专门性国际公约，发展、完善既有国际法，包括弥补《海洋法公约》在水下文化遗产保护领域的缺陷，必然为公约的应有之义。事实上，这也为公约序言所言明：认识到需要依照国际法和国际实践，包括 1970 年 11 月 14 日的联合国教科文组织《1970 年公约》、1973 年 11 月 6 日的联合国教科文组织《世界遗产公约》和 1982 年 12 月 10 日的《海洋法公约》，对有关保护和保全水下文化遗产的规则予以编纂和逐步发展。

其次，《海洋法公约》本身的规定存在诸多缺陷，其关于考古与历史性文物的规定还存在自我矛盾的明显瑕疵。譬如，公约一方面规定各国有义务保护在海洋发现的考古和历史性文物，另一方面却强调，其任何规定不影响打捞法或其他海事法规则。② 然而，打捞法与其他海事法的宗旨在于保护救捞者与发现者的利益，而非保护水下文化遗产，因此两者之间的冲突无可避免。

作为一部 21 世纪诞生的专门性国际条约，《水下遗产公约》本应承担改革、完善既有国际法的历史使命，但作为妥协的产物，公约最终不得以向海洋大国妥协，将尊重国际法现状确立为公约的一项基本原则，这令人颇感遗憾。

最后，需要指出的是，尽管公约将尊重国际法现状确立为一项基本原则，并

---

① 《水下遗产公约》第 3 条。

② 参见《海洋法公约》第 303 条。

在第3条中明确规定其与《海洋法公约》的关系,但对于公约与既存国际法,尤其是与《海洋法公约》之间的关系,各国在表决前后依然表达了不同的立场。日本、阿根廷、爱尔兰与意大利等国认为公约与《海洋法公约》之间完全一致,而荷兰、法国、挪威、俄罗斯与英国等国认为新公约与《海洋法公约》存在明显冲突,并因此投了弃权票甚至反对票。美国虽然没有参加表决,它甚至不是《海洋法公约》的缔约国,但声明对两公约之间的关系持保留态度。①

三、公约的管辖权制度

概言之,制定《水下遗产公约》的主要着眼点在于将所有"以水下文化遗产为目标"的行为均纳入公约及其规章的调整范围,无论此等行为发生在什么海域。② 由于在既存国际法框架下,各国对其内水及领海拥有主权权利,通常可以对此区域的水下文化遗产进行有效保护与管理,此等水域内的文化遗产保护自然不是本公约的关注重点。与此相对,由于《海洋法公约》对领海以外各种海域的水下文化遗产未制定具体、明确的管辖权规则,因此,填补这一立法空缺成为公约的重点任务。进言之,从现实必要性看,因大陆架属于浅海地带,处于此海域的水下文化遗产更容易受到海上盗掘、打捞等不法行为的威胁,而处于深海海底的文化遗产,其所受的现实威胁则小得多。因此,制定一套管辖权规则,将发生在领海以外大陆架海域的相关行为纳入管控范畴,使之符合国际公认的考古标准,遂成为公约的当务之急。

然而,自缔约启动时起,如何构建水下文化遗产的管辖权规则就成为各方争执的焦点,并成为缔约进程的最大羁绊因素之一。事实上,早在联合国第三次海洋法会议上,关于水下文化遗产的管辖权问题,便已成为各方争论的焦点议题之一。考虑到各国在此问题上难以达成妥协,《海洋法公约》不得不对该问题采取了回避的立场。③

---

① See Statement by Robert Blumberg, U. S., Observer Delegate to the 31st UNESCO General Conference to Commission Ⅳ of the General Conference, Regarding the U. S, View on the UNESCO Convention on the Protection of Underwater Cultural Heritage (Oct. 29, 2001), http://www.gc.noaa.gov/ documents/gcil heritage2_blumberg.pdf, p. 1.

② See Dromgoole, S., *Underwater Cultural Heritage and International Law*, Cambridge University Press, 2013, p. 281.

③ See Forrest, C., *International Law and the Protection of Cultural Property*, Routledge, 2010, p. 347.

为弥补《海洋法公约》在水下文化遗产管辖权上的缺陷,国际法协会于1994年起草的《布宜诺斯艾利斯草案》允许各国在领海之外设立一个文化遗产区。这个区域从沿海国的领海外侧一直延伸到大陆架外部边界。在文化遗产区内,沿海国对影响到水下文化遗产的活动享有管辖权。[①] 联合国教科文组织拟定的"98版公约草案"系以《布宜诺斯艾利斯草案》为基础,故其亦包含这样一个条款。[②] 这样的规定旨在扩大沿海国的管辖权,亦反映出沿海国水下遗产保护能力逐渐提高的现实状况,整体上有利于水下文化遗产得到更有效的保护。

然而,文化遗产区的设立遭到海洋大国的强烈反对。它们认为,设立这一区域会动摇《海洋法公约》就沿海国的权利义务与公海自由精心构建的微妙平衡,不符合该公约关于专属经济区与大陆架的既有规定,且势必会造成沿海国管辖权的无限蔓延。对海洋大国的主张,沿海国并不认同,它们指出,文化遗产区与《海洋法公约》并不冲突,因为它并没有改变公约的各项既有权利与义务。沿海国与海洋大国在此问题上互不相让,国际社会由此分裂成立场扞格不入的两大集团。[③] 直到1999年召开的第二次专家会议,两大集团在此问题上依然对峙严重,毫无退让之意。这让联合国教科文组织意识到,如果不在这一问题上进行妥协,缔约进程势必陷入停滞,甚至有可能无疾而终。

值得强调的是,尽管两大集团在管辖权问题上僵持不下,此次公约谈判过程中还是出现了一个与《海洋法公约》缔约过程不同的新变化:有必要采取措施使远离海岸的水下文化遗产受到保护,成为各国(既包括海洋大国,也包括沿海国)的共识。在此共识的基础上,以美国为代表的海洋大国提出,可以有效利用国际法上既存的管辖权原则,包括国籍原则、属地原则以及沿海国对自然资源享有相关管辖权的原则,实现上述目标。[④] 这一共识成为公约取得突破的关捩。

最终,在对海洋大国做出重大妥协的基础上,公约制定了一套异常复杂的管辖权制度。对于大陆架与专属经济区海底的文化遗产,公约建立的管辖权体系融合了国籍原则、属地原则、沿海国依据《海洋法公约》享有管辖权的原则,并

---

① 1994 ILA Draft, Arts. 1(3) and 5.

② 1998 UNESCO Draft, Art. 5.

③ See Forrest, C., *International Law and the Protection of Cultural Property*, Routledge, 2010, p. 347.

④ See Blumberg, R. C., *International Protection of Underwater Cultural Heritage*, http://2001-2009.state.gov/g/oes/rls/rm/51256.htm, 最后访问日期:2023年4月30日。

创制了一个新的概念——“协调国”(coordinating state)。“协调国”的概念系基于以下理念:对所涉及的水下文化遗产拥有“可证实之联系”(verifiable link)的国家,其行为应代表所有宣布对该遗产拥有利益的国家。在实践中,协调国往往为沿海国,但两者不重叠的情况亦时有发生。协调国不应仅为本国利益行事,其行为应代表所有利益相关方,这样的理念旨在继续维持沿海国与海洋大国在大陆架与专属经济区海域内的利益平衡,确保对沿海国引入的新责任不会被海洋大国解读为对前者赋予的新权利。①

为进一步消除海洋大国的疑虑,公约涉及大陆架与专属经济区的条款,甚至整个公约都没有使用“沿海国”的表述。公约还将大陆架与专属经济区的管辖权制度在很大程度上扩展至“区域”。除此以外,公约建立了适用于各海域的一般性条款,并要求各国运用属地原则与国籍原则调整“以水下文化遗产为目标”的行为,并防止与阻止不符合公约规定的行为出现。

细言之,公约第 7 条至第 12 条对各类海域内的水下文化遗产规定了不同的管辖权规则,而第 14 条至第 16 条则是关于水下文化遗产的管辖权的一般条款。为便于从整体上理解公约的管辖权体系,下文先对一般性规定作出梳理,再对各海域的管辖权进行研究,最后对公约的管辖权规则进行整体剖析,分析其中存在的问题。

(一)一般条款

属地管辖权与属人(国籍)管辖权是国际法上早已确立的管辖权原则,②因此,《水下遗产公约》利用之构建其管辖权规则体系,得到海洋大国与沿海国的一致认可。尽管这两项管辖权是国际法上的既存规则,但国际法尚未以之为依据对各国施加保护水下文化遗产的法律义务。因此,公约以之为基础构建其管辖权规则体系,既有国际法上的法理依据,又可以将“以水下文化遗产为目标”的各类行为纳入国际公约的调整范围,从而令保护水下文化遗产转为具体的国际法义务。

需要指出,公约第 14 条、第 15 条与第 16 条在属地管辖权与属人管辖权的

---

① 公约明确规定协调国应代表所有缔约国的整体利益,而不应仅代表本国的利益。其采取的任何行为本身,不应构成缺少国际法规定的任何优先权或管辖权的依据。参见《水下遗产公约》第 10 条第 6 款。

② 参见[英] R. 詹宁斯、A. 瓦茨修订:《奥本海国际法》(第 1 卷 · 第 1 分册),王铁崖等译,中国大百科全书出版社 1998 年版,第 328 ~ 337 页。

基础上建立的管辖权规则适用于各海域,并对第 7 条至第 12 条所体现的针对各种不同海域的管辖权规则起辅助与强化作用。①

依据公约第 14 条的规定,缔约各国应采取措施,阻止非法出口或以违反本公约的方式非法打捞的水下文化遗产进入其领土,和在其领土上买卖或占有这种水下文化遗产。② 作为禁止商业开发原则的具体体现,该条规定了水下文化遗产被打捞出水以后的控制措施——禁止入境、交易和占有,从而从根本上消除非法打捞的商业动机,达到保护水下文化遗产的最终目的。

从第 14 条的措辞来看,该条调整的客体有两类:一类是非法出口的水下文化遗产,另一类是以违反本公约的方式非法打捞的水下文化遗产。对于第一类水下文化遗产,如依据公约缔约国的国内法,其出口为非法,即属于本条的调整对象,至于其打捞过程是否合法,则在所不问。换言之,即使某一水下文化遗产的打捞是合法的,但如果其出口违反了缔约国的国内法,其他缔约国也应阻止该水下文化遗产进入其领土,并阻止对之交易或占有。需要指出的是,在这种情况下,判断"非法"的依据是各缔约国的国内法。考虑到各国在该领域的法律斑驳不一,各国进出口法又通常被定性为公法,而公法在原则上并无域外效力,这无疑会在一定程度上减损该规定的实际效力。③ 只有对同为本公约与《1970 年公约》缔约国的国家而言,该规定的效力才有可能在一定程度上得到保障。④

对于第二类水下文化遗产,只要系以违反公约的方式(《有关开发水下文化遗产之活动的规章》载明的各项技术性规定)打捞出水,即属于非法打捞,各缔约国就应当阻止该水下文化遗产进入其领土,并阻止对之交易或占有。与第一类水下文化遗产相比,由于判断此类遗产打捞是否为非法的标准是公约本身,因此,其实际执行力明显更强。尽管如此,第 14 条的实施依然有赖于各国的执行意愿,因为它的实施取决于各国是否"采取措施"以及采取何种措施。

第 15 条要求各缔约国采取措施禁止使用其领土(包括完全处于其管辖权和控制之下的海港及人工岛、设施和结构)进行违反本公约的水下文化遗产开发活动。⑤ 港口国管辖权属于属地管辖权的一种,是国际法上早已确立的管辖

---

① See Dromgoole, S., *Underwater Cultural Heritage and International Law*, Cambridge University Press, 2013, p. 284.

② 参见《水下遗产公约》第 14 条。

③ 参见傅崐成、宋玉祥:《水下文化遗产的国际法保护》,法律出版社 2006 年版,第 91 ~92 页。

④ 参见本书第三编第二章。

⑤ 参见《水下遗产公约》第 15 条。

权规则,亦为《海洋法公约》明确肯定。① 港口管辖权也是沿海国管辖权的一种,因为港口一般位于沿海国的主权管辖之下。② 然而,由于在缔约过程中,海洋大国极力反对沿海国管辖权的扩张,公约没有使用沿海国管辖权的表述,而是直接适用港口管辖权的措辞。同时,考虑到不少国家自20世纪后期以来,在其领海之外的海域建立了为数可观的人工岛或其他设施或结构,公约对港口管辖权进行了扩张,延展适用于完全处于相关国家管辖权和控制之下的海港及人工岛、设施和结构。与第14条一样,第15条的实施也有赖于各国的执行意愿,因为其实施取决于各国是否"采取措施"以及采取何种措施。

第16条是属人管辖的一般条款,依之,缔约各国应采取一切可行措施,以确保其国民和悬挂其国旗的船只不进行任何不符合本公约的水下文化遗产开发活动。属人管辖包括国籍管辖与旗国管辖,是得到现行国际法承认的管辖权。这种管辖权对海洋大国有利,因而也是这些国家极力主张的管辖权制度。③ 需要指出,一方面,公约第16条所体现的管辖权及其法律义务是独立存在的;另一方面,该条亦有强化公约第9条至第11条的作用。④

在实践中,"方便旗"现象是该条所体现的旗国管辖制度的主要挑战。"方便旗"是指船主选择在船舶登记宽松(或其他原因)的国家进行登记,使该船舶取得该国国籍,并悬挂该国国旗。巴拿马、塞浦路斯等国就是著名的方便旗国。由于船舶与其旗国通常缺少实质性联系,⑤方便旗国无力亦无意承担第16条规定的义务,从而使旗国管辖权的设计目的落空。为此,公约规定了针对不同海域的不同管辖权规则,它们相互配合、相互补充,才能使位于各种海域的水下文化遗产得到有效保护。

(二)内水、群岛水域与领海

如前所述,公约构建的管辖权体系,其关注重点是位于沿海国领海以外大陆架海域海底的文化遗产。尽管如此,为使各类海域的管辖权规则保持一致性

---

① 参见《海洋法公约》第9条第1款与第11条第1款。

② 参见[英]R.詹宁斯、A.瓦茨修订:《奥本海国际法》(第1卷·第1分册),王铁崖等译,中国大百科全书出版社1998年版,第38页。

③ 参见赵亚娟:《联合国教科文组织〈保护水下文化遗产公约〉研究》,厦门大学出版社2007年版,第136页。

④ 公约第9条至第11条也规定了属国对其国民与船舶的管辖,但这两条的义务仅为程序性义务,且仅适用于专属经济区、大陆架与区域。详见后文。

⑤ 参见傅崐成、宋玉祥:《水下文化遗产的国际法保护》,法律出版社2006年版,第94页。

与协调性，公约专设第7条，对内水、群岛水域和领海中的水下文化遗产的管辖权进行了规定。

依据第7条第1款的规定，各缔约国在行使其权利时，拥有管理和批准开发其内水、群岛水域和领海中的水下文化遗产的活动的专属权利。依据《海洋法公约》与国际法规则，一国的内水、群岛水域和领海是该国主权管辖的水域。其中，内水的国际法地位相当于领陆；在领海内，除普通船舶享有无害通过权与军舰和其他用于非商业目的的政府船舶享有豁免权以外，其他国家几乎不享有任何权利；对于群岛国而言，其主权及于群岛水域的上空、海床和底土以及其所包含的资源，外国在群岛水域仅享有"群岛海道通过权"以及传统的捕鱼权与该公约制定之前的既存协定所规定的权利。[①] 由此可见，一国对其内水、群岛水域和领海中的水下文化遗产拥有管理与批准开发的权利，是其行使主权的体现。目前，已经有不少国家基于其主权权利，颁布了适用于此等水域的水下文化遗产的国内法。

第7条第2款为各国国内法与实践设置了底线，依之，在不违背其他有关保护水下文化遗产的国际协定和国际法准则的情况下，各国应要求开发内水、群岛水域和领海中的水下文化遗产的活动遵守《有关开发水下文化遗产之活动的规章》中的各项规定。鉴于此，各国在批准公约前，应认真检查其颁布的国内法与实践是否满足该款的要求，如不满足，应修改相关国内法规定。

第7条第3款是公约第一个涉及国家船舶与飞行器这一敏感问题的条款。[②] 依据该款的规定，公约缔约国在其领海与群岛水域内发现沉没水底的其他缔约国的国家船舶与飞行器时，应通知属于本公约缔约国的旗国；如果被发现的其他缔约国的国家船舶与飞行器与另一国有"可证实之联系"，尤其是文化、历史或考古方面的联系，则亦应"在可行时"通知该国。与该条前两款不同，该款仅适用于公约缔约国的领海与群岛水域，而不适用于内水。

（三）毗连区

依据国际法，毗连区是指沿海国领海以外的毗邻水域，从测算领海宽度的基线量起，不超过24海里，由沿海国对其海关、财政、卫生和移民等类事项行使

---

① 参见《海洋法公约》第8条、第49条、第51条与第52条。

② 参见傅崐成、宋玉祥：《水下文化遗产的国际法保护》，法律出版社2006年版，第94页。

管辖权的海洋区域。毗连区并非沿海国的主权管辖水域。① 公约第 8 条规定了毗连区内文化遗产的管辖权规则,依之,在不违背公约第 9 条与第 10 条的情况下,根据《海洋法公约》第 303 条第 2 款的规定,缔约国可管理和批准在毗连区内开发水下文化遗产的活动,缔约国在管理与批准此类活动时,应要求适用《有关开发水下文化遗产之活动的规章》的各项规定。

从公约第 8 条的措辞来看,该条属于授权性规定,而非强制性规定。一旦缔约国选择依该条之授权管理和批准在毗连区内开发水下文化遗产的活动,则需满足以下三个条件:第一,须符合《海洋法公约》第 303 条第 2 款的规定;第二,不得违背公约第 9 条与第 10 条的规定;第三,应遵守《有关开发水下文化遗产之活动的规章》的各项规定。

依据《海洋法公约》第 303 条第 2 款的规定,"未经沿海国许可,将位于其毗邻区的水下文物移出该区域将被视为对该国海关、财政、移民或卫生的法律和规章的违犯"。据此,沿海国有权阻止并惩罚此类行为。与该款相比,公约第 8 条更进一步,因为依其规定,各国不仅须据此要求,确保将位于其毗邻区的水下文物移出该区域符合《有关开发水下文化遗产之活动的规章》的各项规定,而且须确保在管理和批准毗连区内开发水下文化遗产的各类活动均符合《有关开发水下文化遗产之活动的规章》的各项规定。换言之,依据《海洋法公约》第 303 条第 2 款的规定,沿海国只有在水下文化遗产被移出毗连区时才享有相应的管辖权,如果开发水下文化遗产的活动并不涉及将有关遗产移出此区域,而是就地开发甚至破坏,则沿海国并无管辖权。为弥补这一显而易见的缺陷,本公约第 8 条规定,各国可以管理与批准在毗连区内开发水下文化遗产的各类行为,包括不将水下文化遗产移出该区域的就地开发活动。②

此外,公约第 8 条要求,在管理和批准毗连区内的水下文化遗产开发活动时,不得违背公约第 9 条与第 10 条的规定。之所以这样规定,系因为依据《海洋法公约》,毗连区在地理上属于专属经济区与大陆架的一部分。③ 不过,这一规定产生了一些争议。譬如,希腊提出,要求第 8 条的适用须满足第 9 条与第

---

① 关于毗连区,《海洋法公约》第 33 条规定:1. 沿海国可在毗连其领海称为毗连区的区域内,行使为下列事项所必要的管制:(a)防止在其领土或领海内违犯其海关、财政、移民或卫生的法律和规章;(b)惩治在其领土或领海内违犯上述法律和规章的行为。2. 毗连区从测算领海宽度的基线量起,不得超过 24 四海里。

② 参见傅崐成、宋玉祥:《水下文化遗产的国际法保护》,法律出版社 2006 年版,第 71 页。

③ 参见《海洋法公约》第 57 条、第 76 条。

10 条之规定,事实上是将专属经济区与大陆架的“磋商制度”引入毗连区,这是不合理的,甚至是“不幸的”,因为它削弱了沿海国依据《海洋法公约》第 303 条第 2 款在该区域内已享有的权利。这是构成希腊投弃权票的重要原因之一。①

(四)专属经济区与大陆架

公约第 9 条与第 10 条规定了专属经济区内与大陆架上文化遗产的管辖权规则,是整个公约管辖权制度的核心,也是缔约过程中争论最激烈的议题之一。从某种意义上来说,第 9 条与第 10 条冗长的措辞与复杂的规则设计即可表明,缔约各方在这一议题上最终达成一致何其艰难。

依据《海洋法公约》,专属经济区是沿海国对其领海以外邻接领海的一个区域,从领海基线起算不超过 200 海里。在专属经济区内,沿海国有以勘探和开发、养护和管理海床上覆水域和海床及其底土的自然资源(无论是生物还是非生物资源)为目的的主权权利,以及关于在该区内从事经济性开发和勘探,如利用海水、海流和风力生产能源等其他活动的主权权利。此外,沿海国对该区域内的人工岛屿及设施或结构、海洋科学研究、海洋环境的保护拥有管辖权。在专属经济区内,其他国家享有航行、飞越、铺设海底电缆和管道的自由以及与这些自由有关的海洋其他国际合法用途。②

大陆架,也叫大陆棚,包括沿海国领海以外依其陆地领土的全部自然延伸,扩展到大陆边外缘的海底区域的海床和底土,如果从测算领海宽度的基线量起到大陆边的外缘距离不到 200 海里,则扩展到 200 海里的距离。对于宽大陆架的国家,《海洋法公约》规定不得超过 350 海里或不得超过连接 2500 公尺深度各点的等深线的 100 海里,且 200 海里以外的大陆架开发制度另有规定。③ 依据该公约,沿海国有权为勘探大陆架和开发其自然资源的目的,对大陆架行使主权权利。④

《海洋法公约》第 5 部分与第 6 部分对专属经济区与大陆架分别作出了较细致的规定。尽管如此,关于沿海国对该等水域下文化遗产的权利,该公约并

---

① See Dromgoole, S., *Underwater Cultural Heritage and International Law*, Cambridge University Press, 2013, p. 288.

② 参见《海洋法公约》第 56 条、第 57 条、第 58 条。

③ 参见《海洋法公约》第 76 条。

④ 参见《海洋法公约》第 77 条。

未作出任何规定。因此,在《水下遗产公约》缔约过程中,沿海国主张,应为其对专属经济区内与大陆架上的水下文化遗产创设管辖权,以填补国际法上的这一空白。它们提出,赋予沿海国此项管辖权有利于水下文化遗产的保护,因为沿海国通常对其专属经济区内与大陆架上的水下文化遗产的保护最为关切与方便,而国际航海实践中广泛存在的"方便旗"现象往往又使旗国对此等区域内的水下文化遗产保护既无兴趣,亦无能力。然而,上述立场受到海洋大国的极力反对,它们指称,赋予沿海国在该等区域内水下文化遗产的管辖权违背了《海洋法公约》,会对公海自由,尤其是航行自由等国际法公认的规则造成威胁。[①] 最终,公约融合了属人管辖与属地管辖,于第9条规定了报告与通知制度,第10条规定了保护制度,在双方的利益与立场间小心翼翼地维持平衡。在此背景下,公约关于专属经济区与大陆架海域内文化遗产的管辖权规则存在国际条约核心条款常见的"建设性模糊"问题,自然不难理解。[②]

公约第9条第1款规定:"所有缔约国均有责任按本公约保护其专属经济区内和大陆架上的水下文化遗产。"该款是《海洋法公约》第303条第1款的体现,后者确立了各国有义务保护所有海域文物的一般原则。以《海洋法公约》确立的国际主义原则为基础,公约第9条第1款进一步要求各国依据本公约(自然也包括《有关开发水下文化遗产之活动的规章》的各项规定)保护其专属经济区内和大陆架上的水下文化遗产。为落实这一规定,该款分设两项规定了专属经济区和大陆架范围内的报告和通知制度。依据该款第1项的规定,"当一缔约国的国民或悬挂其国旗的船只发现或者有意开发该国专属经济区内或大陆架上的水下文化遗产时,该国应要求该国国民或船主报告其发现或活动"。

该款第2项旨在规定在另一缔约国的专属经济区内或大陆架上的报告方式,依之,有两种可选路径:第一,"缔约国"(State Parties)应要求该国国民或船

① 参见傅崐成、宋玉祥:《水下文化遗产的国际法保护》,法律出版社2006年版,第75~76页。
② 参见本书第一编第二章。

主向“其”(them),并向该另一缔约国报告这些发现或活动;①第二,“一缔约国”(a State Party)应要求该国国民或船主向“其”(it)报告这些发现或活动,并确保迅速有效地转告所有其他缔约国。从上述两种方式的措辞来看,其含义存在一定模糊性。依据第一种方式,缔约国应要求其国民或船主同时向其与沿海国报告。值得注意的是,在规定此种方式时,公约使用了“缔约国”,其对应的英文是“State Parties”,即复数形式,宾语也相应地使用了复数形式(“them”)。因此,对于该方式的准确含义,存在两种不同的解读:其一,国民或船主仅对其所属国与沿海国有报告义务;其二,国民或船主对所有缔约国均有报告义务。② 事实上,鉴于如此措辞可能引发的歧义,在第四次政府间专家会议上,挪威、俄罗斯、英国、美国等曾提议将此处的复数形式改为单数,使其表述与第二种方式相统一,并使该方式的具体含义明确化,但该提议遭到多数国家的反对。“显然,多数国家希望保留可以作出两种解释的上述模糊性。”③

此外,为确保报告制度的有效性,第 9 条第 2 款要求各国在交存其批准、接受、赞同或加入文书时,应说明上述两种报告的传达方式。该条第 3 款与第 4 款则规定联合国教科文组织总干事在报告与通知程序中的作用,依之,“一缔约国”应向总干事通报根据第 9 条第 1 款向其报告的所有发现和活动,而总干事则应及时向所有缔约国通知其收到的信息。上述两款规定有利于在各缔约国之间建立一个迅速共享信息的制度,从而在一定程度上克服第 9 条第 1 款因措辞模糊而导致的问题。

依据第 9 条第 5 款的规定,如一缔约国对于另一缔约国专属经济区或大陆架上的水下文化遗产拥有“可证实之联系”,尤其是文化、历史或考古方面的联

---

① 鉴于该款的中文文本无法体现英文文本的精确措辞,此处附上其英文文本,如下:(b) in the exclusive economic zone or on the continental shelf of another State Party:(i) States Parties shall require the national or the master of the vessel to report such discovery or activity to them and to that other State Party;(ii) alternatively, a State Party shall require the national or master of the vessel to report such discovery or activity to it and shall ensure the rapid and effective transmission of such reports to all other States Parties。

② See Dromgoole, S., *Underwater Cultural Heritage and International Law*, Cambridge University Press, 2013, p. 299.

③ See O'Keefe, P. J., *Shipwrecked Heritage: A Commentary on the UNESCO Convention on Underwater Cultural Heritage*, Institute of Art and Law, 2002, p. 83. 转引自傅崐成、宋玉祥:《水下文化遗产的国际法保护》,法律出版社 2006 年版,第 77 页。

系,那么它可以宣布愿意就如何有效保护所涉之水下文化遗产参加协商。[①]

发现或者有意开发某一缔约国专属经济区内或大陆架上的水下文化遗产的信息,一旦依据第9条被报告或通知,就需要对相关行为进行规制,以确保所涉之文化遗产得到有效保护,公约第10条即旨在创制这套保护规则。

第10条第1款为该条的一般性规定,即"在本条许可范围之外,不得授权开发专属经济区内或大陆架上的水下文化遗产"。一方面,该规定允许沿海国授权开发其专属经济区内或大陆架上的水下文化遗产;另一方面,其适用须以该条第2款至第6款的具体规定为前提条件。[②] 具体而言,第10条为保护专属经济区内或大陆架上的水下文化遗产设计了两套模式:第2款为沿海国保护模式;第3款至第6款为协调国保护模式。

第10条第2款规定:缔约国有权依据包括《海洋法公约》在内的国际法,为保护其主权权利和管辖权不受干涉而禁止或授权开发本国专属经济区内或大陆架上的文化遗产。依据该款,对其专属经济区内或大陆架上的文化遗产,公约缔约国有权禁止或授权开发之。尽管其适用有限制条件,即该国的主权权利和管辖权面临受到干涉的威胁,但其产生的实际法律效果依然值得强调。

由于本公约将100年作为水下文化遗产的年限门槛,绝大多数此类遗产已经与周边的自然资源紧密结合,尤其是沉船,通常成为鱼类、贝类等海洋动物的栖息场所,因此,开发水下文化遗产往往会影响到沿海国的海洋生物资源。在这种情况下,只要沿海国不愿意对其专属经济区内或大陆架上的文化遗产进行开发,就可以以其对自然资源的主权权利或其他管辖权受到侵害为由禁止此类开发。[③] 由此可见,第10条第2款事实上赋予了沿海国较为广泛的权利,如果沿海国愿意,它能够比较容易地找到主权权利受到干预的理由,无须与其他国家协商而径行对其专属经济区内或大陆架上的水下文化遗产采取相应措施。[④]

---

① 有观点认为,该款之规定属于水下文化遗产的保护制度,将之规定在报告与通知制度中并不适宜。See O'Keefe, P. J., *Shipwrecked Heritage: A Commentary on the UNESCO Convention on Underwater Cultural Heritage*, Institute of Art and Law, 2002, p. 86.

② 参见傅崐成、宋玉祥:《水下文化遗产的国际法保护》,法律出版社2006年版,第79页。

③ See Dromgoole, S., *Underwater Cultural Heritage and International Law*, Cambridge University Press, 2013, p. 291.

④ 有学者对该款的规则设计予以批判。他们认为,该款事实上使水下文化遗产的保护不再成为首要目标,而沦为保护资源之后的次要目的。See Garabello, R. & Scovazzi, T., eds, *The Protection of the Underwater Heritage: Before and After the 2001 UNESCO Convention*, Brill, 2003, p. 148.

如第 10 条第 2 款无法适用(如沿海国的主权权利和管辖权没有受到干涉的威胁),或沿海国无适用该款规定的意愿,则应适用第 10 条第 3 款至第 6 款规定的协调国保护模式。协调国保护模式系以沿海国和其他与水下文化遗产拥有“可证实之联系”的缔约国之间的协商为基础,其目的在于找到保护水下文化遗产的最有效保护方法并就此达成一致。①

依据第 10 条第 3 款的规定,当一缔约国在其专属经济区内或大陆架上发现水下文化遗产,或有意在其专属经济区或大陆架上开发水下文化遗产时,该国在履行第 9 条规定的报告与通知义务后,应与依第 9 条第 5 款宣布有意愿参与该文化遗产保护的所有缔约国共同商讨,以确定保护这些水下文化遗产的最有效方式。与此同时,该国具有成为“协调国”的天然优先地位;只有在该国明确表示不愿做“协调国”的情况下,其他相关缔约国才应另行指定一个“协调国”。换言之,在通常情况下,沿海国须作为协调国,协调各有关国家之间的协商。只有沿海国因自身原因(如资金、技术或人力资源匮乏等)明确拒绝担任协调国时,其他各相关国家才能另行指定由另一国担任协调国。

依据第 10 条第 3 款与第 5 款的规定,协调国的权利与义务包括:第一,负责对各相关缔约国之间的协商进行协调。第二,在协商各国找到保护水下文化遗产的最有效保护方法并就此达成一致后,实施包括协调国在内的协商各国一致同意的保护措施,为实施一致同意的符合《有关开发水下文化遗产之活动的规章》的保护措施进行必要的授权,除非包括协调国在内的协商各国同意由另一缔约国来实施这些措施。② 值得注意的是,公约并未要求此处所提之“另一缔约国”也是协商国,这是因为在实践中,协商国有可能出于资金、技术、人员等因素的考量,一致选择更有实力的公约另一缔约国来实施它们议定的措施,或遵照《有关开发水下文化遗产之活动的规章》作出必要的授权。③ 第三,对水下文化遗产进行必要的初步研究,并为此进行必要的授权,还应及时向联合国教科文组织总干事报告研究结果,总干事亦应及时将这些信息通报给其他缔约国。④

---

① See Dromgoole, S., *Underwater Cultural Heritage and International Law*, Cambridge University Press, 2013, p. 291.

② 如果协商各国无法就保护措施达成一致,那么应当依据公约规定的争端解决程序解决纠纷。关于此点,后文再行详述。

③ See O'Keefe, P. J., *Shipwrecked Heritage: A Commentary on the UNESCO Convention on Underwater Cultural Heritage*, Institute of Art and Law, 2002, p. 93.

④ 参见《水下遗产公约》第 10 条第 5 款(c)项。

需要指出,在行使此项权利时,协调国无须和其他协商国磋商,可以自主决定对水下文化遗产进行必要的初步研究,并为此进行必要的授权,但须及时向联合国教科文组织总干事报告研究结果,再由总干事将这些信息通报其他缔约国。①

因涉及相关各国的协商,整个过程往往耗时且费力,因此,如果一切都只能等协商达成结果后才采取相应措施,势必无法应对水下文化遗产面临紧急危险的情形。为解决协商制度的缺陷,第 10 条第 4 款规定了紧急情况下的应急措施,②即"在不妨碍所有缔约国下述义务的情况下,即遵照国际法采取各种可行措施保护水下文化遗产,以防止水下文化遗产受到包括劫掠在内的紧急危险的义务,协调国可以采取一切可行的措施,并/或依照本公约作出任何必要的授权,必要时可先于协商之前作出,以防止人类活动或其他原因(包括劫掠)对水下文化遗产构成的紧急危险。在采取这些措施时,可请其他缔约国给予协助"③。

关于第 10 条第 4 款规定的紧急程序,以下几点值得特别提及:第一,尽管公约并未对"劫掠"作出明确定义,但在第 10 条的语境下,应当将之理解为未经该条规定的授权,以将水下文化遗产打捞出水为目的而从事的开发活动。④ 第二,除劫掠以外,其他人为及非人为原因也可以构成针对水下文化遗产的紧急危险,这既包括洋流、海底地质运动等自然原因,也包括海底施工、捕鱼等"无意中"影响到水下文化遗产的行为。⑤ 第三,依据该款的规定,一旦发生紧急危险,协调国事实上可于协商之前采取一切可行的措施,并/或依照本公约作出任何必要的授权,以防止紧急威胁进一步扩大。这在一定程度上可视为赋予协调

---

① See O'Keefe, P. J., *Shipwrecked Heritage: A Commentary on the UNESCO Convention on Underwater Cultural Heritage*, Institute of Art and Law, 2002, p. 93.

② 有学者认为,第 10 条第 4 款规定的是水下文化遗产遭受紧急危险时的保护程序,属于第 3 款与第 5 款规定的一般保护制度的例外,因此,将该款置入第 3 款与第 5 款之间,切断了这种一般保护制度在逻辑上的紧密性。参见傅崐成、宋玉祥:《水下文化遗产的国际法保护》,法律出版社 2006 年版,第 81 页。

③ 《水下遗产公约》第 10 条第 4 款。

④ See O'Keefe, P. J., *Shipwrecked Heritage: A Commentary on the UNESCO Convention on Underwater Cultural Heritage*, Institute of Art and Law, 2002, p. 92;参见赵亚娟:《联合国教科文组织〈保护水下文化遗产公约〉研究》,厦门大学出版社 2007 年版,第 136 页。

⑤ See Dromgoole, S., *Underwater Cultural Heritage and International Law*, Cambridge University Press, 2013, p. 292.

国一定的额外权利。① 在联合国教科文组织第四委员会表决通过公约草案时，美国曾对该款提出批评，指摘其为协调国创设了新权利。美国代表指出，协调国因此可以采取虽未明文规定但事实上不受限制的保护措施，以防止其专属经济区内或大陆架上的水下文化遗产遭受紧急危险。尤其令人担心的是，沿海国可以在和其他国家协商之前就采取此类保护措施，而且保护措施明确不限定于防范因开发水下文化遗产造成的危险，也包括因人类活动或其他任何原因造成的危险。②

美国的上述表态代表了大多数海洋大国的立场，即认为公约第 10 条第 4 款会导致协调国（通常为沿海国）权利的扩张。这一担忧虽非全无道理，但在笔者看来未免有夸大之嫌。首先，协调国在紧急情况采取可行措施，须以满足以下前提："不妨碍所有缔约国下述义务的情况下，即遵照国际法采取各种可行措施保护水下文化遗产，以防止水下文化遗产受到包括劫掠在内的紧急危险的义务"，这在一定程度上限制了该国的权利扩张。其次，第 10 条第 6 款明确规定，在对各相关缔约国之间的协商进行协调、对水下文化遗产采取保护措施以及进行初步研究和/或进行授权时，协调国应代表所有缔约国的整体利益，而不应只代表本国的利益。协调国在采取上述行动时不能就此认为自己享有包括《海洋法公约》在内的国际法没有赋予它的优先权和管辖权。因此，海洋大国实际上并无必要担心第 10 条第 4 款会导致沿海国权利的扩张。恰如有学者所言，该款并没有授予沿海国新的权利，只是为有效应对紧急危险，而充分发挥了沿海国作为国际社会集体利益执行者的作用。③

（五）区域

前已提及，区域是指国家管辖范围以外的海床、洋底及其底土。由于远离海岸线，且通常属于深海区，所以位于区域的水下文化遗产受到人为影响与破坏的可能性较小。尽管如此，考虑到科技的迅猛发展，联合国教科文组织依然

---

① 参见傅崐成、宋玉祥：《水下文化遗产的国际法保护》，法律出版社 2006 年版，第 82 页。

② Statement of Robert C. Blumberg, U. S. Observer Delegate to the 31 UNESCO General Conference, before Commission Ⅳ of the General Conference, Regarding the U. S. Views on the UNESCO Convention on the Protection of Underwater Heritage, Paris, France (Oct. 29, 2001). Reprinted in Murphy, S. D., *Contemporary Practice of the United States Relating to International Law*, The American Journal of International Law, Vol. 96:2, p. 499 (2002).

③ 参见赵亚娟：《联合国教科文组织〈保护水下文化遗产公约〉研究》，厦门大学出版社 2007 年版，第 111 页。

认为有必要为区域内的水下文化遗产制定保护规则,并早在20世纪90年代就曾启动过可行性研究。① 另外,虽然《海洋法公约》专设第149条对区域内的水下文化遗产作出规定,但该条款存在明显缺陷:它没有规定保护区域内水下文化遗产的主体以及方法。因此,联合国教科文组织认为,本公约应专设条款,解决区域内水下文化遗产的保护问题。

在此背景下,公约以《海洋法公约》第149条为基础,较为细致地规定了区域内水下文化遗产的保护制度。具体而言,公约第11条规定了发现和开发活动的报告与通知制度,第12条规定了协调国协调保护制度与紧急情况下的缔约国保护制度。这两条共同构成区域内水下文化遗产的保护制度。

公约第11条首先言明,根据本公约和《海洋法公约》第149条的规定,缔约国有责任保护区域内的水下文化遗产。以此责任为基础,并在很大程度上参照或类推适用了第9条,第11条设立了区域内发现和开发活动的报告与通知制度。

第11条第1款采用属人管辖原则,依之,当一缔约国的国民或悬挂其国旗的船舶在区域内发现水下文化遗产,或有意开发区域内的水下文化遗产时,该国应要求其国民或船长向其报告此类发现或活动。对于区域内的水下文化遗产而言,因并不存在沿海国,所以该条既未规定缔约国须要求其国民或船长向其他缔约国报告此类发现或活动,也未规定缔约国须向其他缔约国通报。

不过,鉴于区域所处海域的特殊性,第11条第2款要求缔约国向联合国教科文组织总干事和国际海底管理局秘书长通知此类发现或活动。在收到公约缔约国向其报告的相关发现与活动后,联合国教科文组织总干事应将这些信息通报给所有缔约国。与第9条的通知对象相比,此处显然增加了国际海底管理局秘书长。这是因为区域内的水下文化遗产虽不受国际海底管理局管辖,但其所处的地理位置却处于该机构的管辖范围内,②加之水下文化遗产往往与自然资源密切联系,所以区域内水下文化遗产的保护与自然资源的保护与开发常发生联系。职是之故,为了使国际海底管理局充分了解区域内的情况,协调可能影响区域内资源开发的活动,要求公约缔约国一并向该机构秘书长通报有关发

---

① UNESCO Secretariat, Feasibility Study for the Drafting of a New Instrument for the Protection of the Underwater Cultural Heritage, presented to the 146th Session of the UNESCO Executive Board, Paris, 23, March 1995, Doc. 146 EX/27, para. 10.

② 参见《海洋法公约》第157条。

现与活动,自然具有合理性与必要性。①

以前述信息共享制度为基础,任何缔约国均可向总干事宣布,有愿意参与商讨如何有效地保护有关水下文化遗产,但是提出这种意愿的基础是缔约国必须与该水下文化遗产拥有"可证实之联系",特别应考虑该遗产的文化、历史和考古起源国的优先权利。②

公约第 12 条规定了区域内水下文化遗产的保护制度,其大部分规定与公约第 10 条关于专属经济区内或大陆架上水下文化遗产的保护制度类似,但由于此海域的特殊性,两条也存在一些不同之处。

首先,对于区域而言,由于不存在沿海国,无法自动产生协调国,第 12 条遂规定由联合国教科文组织总干事邀请所有表示有意愿参与商讨相关水下文化遗产的缔约国商讨如何最有效地保护水下文化遗产,并指定其中某一缔约国为"协调国"协调商讨工作。同时,联合国教科文组织总干事还应邀请国际海底管理局参加此类协商。由此可见,在区域内水下文化遗产的保护制度中,联合国教科文组织发挥更加重要的作用。

其次,与第 10 条类似,第 12 条要求协调国在协调缔约国之间的协商、对水下文化遗产采取保护措施以及进行初步研究和/或进行授权时,应以全人类的利益为重,代表所有缔约国,但其第 6 款明确要求在处理区域内的水下文化遗产时,"应特别考虑有关水下文化遗产的文化、历史和考古起源国的优先权利"。这是因为区域位于所有国家的管辖权之外,协调国并不享有任何管辖权,而文化、历史和考古起源国却对所涉之水下文化遗产具有重大的贡献,因此,特别考虑该国的优先权应属合理。③ 同时,该款之规定亦充分体现了《海洋法公约》第 149 条所确立的调整国际水域下文化财产的两项核心原则:第一,应为全人类的利益对此区域内水下文化财产予以保存或处置的原则;第二,应顾及文化、历史和考古起源国的优先权利原则。

最后,与第 10 条类似,第 12 条也规定了水下文化遗产面临紧急危险情况下的应急措施,依之,"任何缔约国可依照本公约采取一切切实可行的措施,以防止人类活动或包括劫掠在内的其他原因对水下文化遗产造成的直接危害。

---

① 参见赵亚娟:《联合国教科文组织〈保护水下文化遗产公约〉研究》,厦门大学出版社 2007 年版,第 111 页。

② 参见《水下遗产公约》第 11 条第 4 款。

③ 参见傅崐成、宋玉祥:《水下文化遗产的国际法保护》,法律出版社 2006 年版,第 88 页。

必要时,可在与其他缔约国进行协商之前采取措施”。仔细比较第10条与第12条规定的应急措施可以发现其中的主要区别:在区域内,采取应急措施的主体是“任何缔约国”,而在专属经济区内或大陆架上,行动主体仅限于“协调国”。①

(六)小结

管辖权制度是公约是否能实现其宗旨的关键,也是缔约过程中海洋大国与沿海国激烈博弈的环节,尤其是关于专属经济区、大陆架及区域的管辖权规则,因涉及各国的重大利益而成为各方角力的重心所在。在此背景下,公约最终能协调各方立场,建立起一套适用于各海域的水下文化遗产管辖权制度,填补了既存国际法的空白,无疑具有重大的理论意义与实践价值。

然而,利之所在,弊亦随之。由于公约构建的管辖权制度系建立在艰难平衡与协调各方利益的基础之上,其规则,尤其是第9条至第12条体现的报告、通知与保护制度烦冗而复杂,且在核心条款上存在“建设性模糊”等显而易见的问题。因此,公约的管辖权制度是否能在实践中得到严格执行,在很大程度上取决于各国的意愿与能力。② 撇开各国的主观意愿与客观能力不谈,公约的管辖权制度因其规则设计的内生性缺陷势必会造成实施上的诸多困难。

从第9条与第10条关于专属经济区与大陆架范围内的管辖权规则来看,其存在的问题主要包括:(1)在此等海域发现水下文化遗产(尤其是沉船)后,往往需要花费相当长的时间才能确定其准确信息,因此,在很多情况下,公约缔约国依第9条第5款主张因其与该水下文化遗产拥有“可证实之联系”而参与到其保护中常常需要一个较为漫长的过程。所以在实践中,在发现水下文化遗产后的相当一段时期内,通常仅有一个国家,或至多有两个国家(一般为沿海国与报告船舶的旗国)会参与到保护决策中。这势必会对随后加入保护决策中的国家的利益构成影响。③ (2)如前所述,沿海国事实上可以较为容易地以第10条2款规定的主权权利受到干预为由,而直接对其专属经济区内或大陆架上的水下文化遗产采取相应措施,从而将该条其他诸款规定的协商保护制度架空。所以,在公约谈判过程中,美国指摘该款规定是沿海国在“管辖权的苹果上咬下

① See Dromgoole, S., *Underwater Cultural Heritage and International Law*, Cambridge University Press, 2013, p.296.

② See O'Keefe, P. J., *Shipwrecked Heritage: A Commentary on the UNESCO Convention on Underwater Cultural Heritage*, Institute of Art and Law, 2002, p.80 – 100.

③ See Dromgoole, S., *Underwater Cultural Heritage and International Law*, Cambridge University Press, 2013, p.304.

的另一口”,[①]并构成美国以及德国、荷兰、挪威、俄罗斯、英国等海洋大国对公约管辖权制度持严重保留态度的主要原因之一。[②] 进言之,这也成为公约在短期内无法得到海洋大国批准的重要障碍。

第 11 条与第 12 条关于区域的管辖权规则也存在诸多问题。从这两条的规则设计来看,除非相关水下文化遗产的身份等信息不言自明,否则,其是否能得到适用将取决于旗国是否是公约的缔约国。如果旗国不是公约缔约国,那么,即便其他公约缔约国明知该国的船舶或国民在区域内展开水下文化遗产的寻找、打捞与开发活动,也无法依据该两条的规定阻止其行为。

四、公约的实施制度

保护水下文化遗产是公约的宗旨,为此,公约的规则设计旨在确保其调整范围涵盖以水下文化遗产为标的的所有行为。上一节探讨的公约管辖权制度使缔约国(或是独立为之,或是协作为之)可以依之对各海域的以水下文化遗产为标的的行为进行规制。然而,公约的各项规定是否能在实践中得到各国遵守,在很大程度上取决于其是否有“牙齿”,即是否创设有效的实施制度。本部分将对公约的实施制度作出分析。

(一)授权、制裁与扣押

为实现保护水下文化遗产的宗旨,公约以属地管辖为基础,要求各缔约国应采取措施禁止使用其领土进行违反本公约开发水下文化遗产的活动,并以属人管辖为基础,要求应采取一切可行措施,以确保其国民和悬挂其国旗的船只不进行任何不符合本公约的水下文化遗产的开发活动。此外,公约还要求各缔约国应采取措施,阻止非法出口和/或以违反本公约的方式非法打捞的水下文化遗产进入其领土,和在其领土上买卖或占有这种水下文化遗产。在这种情况下,由于非法发掘并非出现在该国领域内,实施主体通常也非该国公民,该国行使管辖权的基础是标的物处于该国领域内。为使上述各项义务能被各国遵守,

---

① Statement of Robert C. Blumberg, U. S. Observer Delegate to the 31 UNESCO General Conference, before Commission Ⅳ of the General Conference, Regarding the U. S. Views on the UNESCO Convention on the Protection of Underwater Heritage, Paris, France (Oct. 29, 2001). Reprinted in Murphy, S. D., *Contemporary Practice of the United States Relating to International Law*, The American Journal of International Law, Vol. 96:2, p. 499 (2002).

② See Dromgoole, S., *Underwater Cultural Heritage and International Law*, Cambridge University Press, 2013, p. 298.

公约制定了一套实施机制,其中既包括批准制度,也包含制裁与扣押制度。

公约要求,批准以水下文化遗产为标的的行为应以符合公约及规章的各项规定为前提。[①] 依据公约,在领海及毗邻区,沿海国有权行使批准权;在其他海域以外,一般由"协调国"行使批准权,其中,在专属经济区与大陆架区域内,"协调国"通常为沿海国。为阻止非法出口和/或以违反本公约的方式非法打捞的水下文化遗产进入缔约国的领土,公约虽然未明确要求缔约国建立进出口审批制度,但借助《1970 年公约》设立的进出口许可制度显然是确保实现这一目标的有效手段。[②]

公约还设立了扣押制度。依据第 18 条第 1 款的规定,各缔约国应采取措施扣押其领域内以违反本公约(含规章)的方式打捞的水下文化遗产。需要指出的是,该条的措辞表明各国行使扣押权存在一定自由裁量权,因为其要求各国"采取措施"而非直接要求各国扣押。在实践中,某一缔约国依该款扣押相关水下文化遗产后,如有人对之主张所有权,则会产生纠纷。公约并未规定如何解决此类纠纷。一般认为,在这种情况下,各国应依其国内法加以解决。从当前通行的国际私法规则来看,各国法院在解决船舶的所有权时通常适用旗国法,而各国关于船载货物所有权的冲突规范则有较大差异。[③] 依据第 18 条第 2 款的规定,一缔约国扣押相关水下文化遗产后应对其进行登记和加以保护,并采取一切合理的措施"稳定"(stabilize)之。[④] 需要指出,依据该款草案,各国在此应采取一切合理的措施"保存"(conserve)之,而非仅仅"稳定"之。鉴于保存水下文化遗产通常需要较高的资金、技术及设备条件,强制性要求所有公约缔约国承担此义务并不现实,因而公约最终使用"稳定"的措辞。与保存相比,"稳定"的义务远低于"保存"的义务,只要能减缓相关水下文化遗产损坏的进程,即为足矣。[⑤] 即便如此,该项义务依然是非强制性的,因为"采取一切合理

---

① 参见《有关开发水下文化遗产之活动的规章》第 1 条。

② See Forrest, C., *International Law and the Protection of Cultural Property*, Routledge, 2010, p. 352.

③ See Fawcett, J. & Carruthers, J. M., *Cheshire, North & Fawcett Private International Law*, 14th ed., Oxford University Press, 2006, p. 1211.

④ 该款英文条款的表述为"Each State Party shall record, protect and take all reasonable measures to stabilize underwater cultural heritage seized under this Convention"。

⑤ See Forrest, C., *International Law and the Protection of Cultural Property*, Routledge, 2010, p. 353.

的措施”的弹性表述事实上使其丧失了硬度。第18条第3款进一步要求，公约缔约国应向联合国教科文组织总干事报告其依据本公约扣押的水下文化遗产，并通报任何与该水下文化遗产确有联系，尤其是文化、历史或考古方面的联系的缔约国。

在对相关水下文化遗产进行登记、保护并履行报告和通报程序后，扣押国最终需要考虑如何处置之。对此，第18条第4款作了如下规定：“扣押了水下文化遗产的缔约国应确保对该文化遗产的处置符合公众利益，要考虑对该遗产的保护和研究，散落文物之复聚，向公众开放、展览和教育的必要性，以及与该文化遗产确有联系，尤其是文化、历史或考古方面的联系的缔约国的利益。”需要强调，“为全人类之利益保护水下文化遗产”是贯穿公约始末的基本原则，第18条第4款是该原则在缔约国处置被扣押水下文化遗产的具体体现。然而，该款使用“公众利益”（public benefit）的表述有可能被扣押国解释为其本国的公众利益，若果如是，该款的实践将与上揭基本原则形同而神异矣！

绝大多数文化财产公约的实施缺少强有力的制裁制度，这在很大程度上减损了此类公约的实际效力。在本公约的缔约过程中，各方均认识到有必要建立旨在确保公约得到有效实施的制裁制度，但在制裁的性质、强度等具体问题上，它们却又陷入无休止的争论。最终，作为妥协的产物，公约一方面明确各缔约国“应对违反实施本公约的措施的行为进行制裁”①，另一方面将制裁的性质、强度等具体问题留给各国自行确定，但“制裁的力度应足以严厉，以确保公约得到遵守，阻止各地的违反行为，并剥夺违反者从非法行为中获取的利益”②。公约还规定，“各国应相互合作，以确保根据本条款所施加的制裁措施得到实施”③。尽管如此，各国在实践中如何展开合作，尤其当涉及引渡等事项时，还是会面临诸多具体问题。

（二）主管机构、公共意识与培训

为促进公约在各国的实施，文化财产公约通常要求各国加强能力建设，包括建立专司文物保护的主管机构，加强宣传以提高公众的文物保护意识，并对专业人员展开业务培训等，本公约亦概莫能外。

公约第22条规定，为确保其得到有效实施，缔约国应设立“主管机构”

---

① 《水下遗产公约》第17条第1款。
② 《水下遗产公约》第17条第2款。
③ 《水下遗产公约》第17条第3款。

(competent authorities),已设立的要予以加强。值得一提的是,公约草案原本要求各国建立或加强"国家机关"(national service)以确保公约得到实施,[①]但这样的要求必然会给各缔约国施加财政、人员配备等方面的义务,鉴于一些发展中国家并不具备履行这一义务的能力,还有不少国家尚未将保护水下文化遗产置于重要地位,公约最终使用了"主管机构"的措辞。这一措辞表明,各缔约国无须建立或加强专为实施本公约的国家机关,建立或加强的机构,只要可以承担实施公约的义务,即已足矣。

依据第22条的规定,主管机构的职责包括:水下文化遗产目录的编制、保存和更新工作,对水下文化遗产进行有效的保护、保存、展出和管理,并开展有关科研和教育活动。不过,主管机构的职责并不限于该条的规定。通观公约,除第22条规定的职责以外,主管机构的职责还涉及以下事项:[②]第一,主管机构应依据第9条与第11条规定的报告与通知制度,向其他公约缔约国通知与水下文化遗产有关的发现活动或开发活动;第二,依据第10条与第12条的规定,对水下文化遗产开发作出授权或禁止,同时,相关的保护措施也由主管机构采取或批准其他机构采取;第三,一般而言,各国主管机关有权依据第17条与第18条对相关水下文化遗产进行扣押,并对违反公约的行为进行制裁;第四,各国及民间机构的水下考古与信息共享及考古培训一般须经过各国主管机关的审批或由其直接进行;第五,各国对《有关开发水下文化遗产之活动的规章》的具体实施办法也由各国主管机构作出,而且主管机构有职责对具体实施《有关开发水下文化遗产之活动的规章》、开展水下考古活动的大学、研究所与博物馆等机构的活动予以监督和管理。[③]

公约第20条是一条在缔约过程中较少受到关注与辩论的条款,依之,各缔约国应采取一切可行的措施,提高公众关于水下文化遗产的价值与意义的意识,以及依照本公约保护水下文化遗产之重要性的意识。然而,即便是这样一个柔性条款,公约约文在缔约过程中依然因某些国家的要求而作了调整,从"教

---

① See Forrest, C., *International Law and the Protection of Cultural Property*, Routledge, 2010, p. 354.

② 参见傅崐成、宋玉祥:《水下文化遗产的国际法保护》,法律出版社2006年版,第88页。

③ 参见《水下遗产公约》第9~12条、第17~19条、第21条。

育条款”软化为“公众意识条款”。①

相比而言,公约第 21 条规定的水下考古培训条款更具有可操作性。由于各国社会、经济及科技发展参差不齐,欧美等发达国家水下考古技术发达、设备先进、资金充沛,而众多发展中国家则面临既无能力亦无条件进行水下考古与文化遗产保护的窘境。鉴于此,公约专设第 21 条,要求各国在水下考古与水下文化遗产保护的培训方面展开合作,并按商定的条件进行与水下文化遗产有关的技术的转让。

需要指出,该条既是作为公约基本原则之一的国际合作原则的具体体现,也是对公约第 19 条的补充。对此,前文在论及国际合作原则时已有涉及,遂不再重复。

(三)缔约国会议、科学与咨询委员会与公约秘书处

当代国际法实践表明,一部国际条约是否能得到各缔约国切实有效的履行,在很大程度上取决于其是否建立了专司监督各国履约的执行机构。作为一部制定于 21 世纪的文化财产公约,本公约未能建立这样一个执行机构,颇为遗憾。② 目前,公约的执行监督机制主要以缔约国会议为基础,并由其设立的科学与咨询委员会负责为各缔约国实施《有关开发水下文化遗产之活动的规章》中涉及的科学或技术问题提供协助。此外,公约还要求联合国教科文组织总干事负责公约秘书处的职能。

作为公约的议事机构,缔约国会议有两种:一般会议与特别会议。一般会议是指以固定时间为准的例行会议,依据公约第 23 条第 1 款的规定,总干事应在本公约生效 1 年之后召开一次缔约国会议,其后至少每 2 年召开一次。特别会议是指在公约实施过程中因出现紧急情况而召开的非常规会议,依据该款规定,如大多数缔约国要求,总干事应召开缔约国特别会议。

公约并未直接规定缔约国会议的职能、责任及其议事规则,这些事项得由缔约国会议确定。自公约生效至 2023 年年底,一共召开了 9 次缔约国会议,它们分别于 2009 年 3 月 26 日至 27 日、2009 年 12 月 1 日至 2 日、2011 年 4 月 13

---

① 缔约中的公约草案第 15 条原本规定被称为“教育条款”,其措辞为:各缔约国应尽力通过教育手段,在公众中创立、加强关于水下文化遗产价值的意识以及违反本公约及附件规章对此类遗产造成威胁的意识。CLT-96/CONF. 202/5 Rev., Paris, July, 1999, p. 11.

② 与同时期制定的其他几项属于文化领域的国际公约相比,本公约的这一缺陷更显突出。参见 2003 年《非遗公约》第 4~10 条;2005 年《保护和促进文化表现形式多样性公约》第 22~24 条。

日至14日、2013年4月28日至29日、2015年4月28日至29日、2017年5月30日至31日、2019年6月20日至21日、2021年6月7日至9日、2023年6月13日至14日召开,会议地点均在巴黎联合国教科文组织总部。[①]

在第一次会议上,缔约国会议的职能、责任及其议事规则得以确定。依据该次会议所作之决议,缔约国会议的职责包括:(1)酝酿、讨论和批准公约操作指南;(2)选举由缔约国提名的科学与咨询委员会专家委员;(3)制定、修改科学与咨询委员会章程;(4)审查缔约国提交的报告及其提出的建议;(5)审查科学与咨询委员会提交的报告;(6)审查、讨论、决定科学与咨询委员会提出的建议;(7)为实现公约宗旨,探寻筹资及采取必要措施的方法;(8)为实现公约宗旨,采取其他它认为必要之举。决议还详细规定了《缔约国会议议事规则》,并通过了《科学与咨询委员会章程》。[②]

需要指出的是,尽管公约并未提及《水下遗产公约操作指南》(Operational Guidelines to the 2001 Convention),但此次会议明确指出,《水下遗产公约操作指南》的制定旨在促进公约得到更好的理解与更有效的实施,并委托由秘书处负责起草。[③] 秘书处起草的《操作指南(草案)》提交第二次缔约国会议讨论,并最终在第四次缔约国会议上通过。[④]《水下遗产公约操作指南》的核心条款对公约第9条至第12条规定的报告、通知与宣布制度作了细化规定,对于在实践中操作公约具有重要意义。

依据公约第23条第5款的规定,科学与技术咨询委员会应在实施《有关开发水下文化遗产之活动的规章》中涉及的科学和技术问题方面,向缔约国会议提供适当的协助。《缔约国会议议事规则》进一步明确,每个缔约国可以向咨询委员会提名一位专家委员参加选举,被提名专家应具有合格的专业背景。《科

---

① 详见联合国教科文组织《水下遗产公约》官网,http://portal.unesco.org/en/ev.php-URL_ID=13520&URL_DO=DO_TOPIC&URL_SECTION=201.html#MONITORING,最后访问日期:2024年1月1日。

② Meeting of States Parties to the Convention on the Protection of the Underwater Cultural Heritage, 1st, Paris, 2009 [799], CLT/CIH/MCO/2009/ME/98, http://unesdoc.unesco.org/images/0018/001821/182123E.pdf, 最后访问日期:2023年4月30日。

③ Draft Summary Record of the First Session, Doc. UCH/09/2. MSP/220/4, September 15, 2009, p. 10.

④ Meeting of States Parties to the Convention on the Protection of the Underwater Cultural Heritage, 4th, Paris, 2013 [799], UCH/13/4. MSP/220/7 REV. 2, http://unesdoc.unesco.org/images/0021/002195/219529c.pdf, 最后访问日期:2023年4月30日。

学与咨询委员会章程》对专家委员具体应满足的专业要求作了更加具体、细致的规定。①

《科学与咨询委员会章程》规定，咨询委员会最初应由 12 位专家委员组成，以后视缔约国数量的增长至多可增加至 24 位。每位专家委员的任期为 4 年。咨询委员会应当与保护水下文化遗产有关的非政府国际组织进行合作。联合国教科文组织总干事每年召开一次咨询委员会会议，如有需要亦可临时召开会议。咨询委员会会议第一次会议于 2010 年 6 月在西班牙卡塔赫纳召开，此后每年召开一次，截至 2023 年年底，共召开了 14 次。②

公约并无自己独立的秘书处，第 24 条要求总干事负责为本公约设立秘书处。因此，公约的秘书处为联合国教科文组织秘书处的一部分，由总干事负责，在其指导下展开日常工作并受其监督。③ 除组织成员会议以外，秘书处还须对科学与咨询委员会提供协助，并在公约规定的国际合作机制（尤其是信息共享、报告、通知制度等）中扮演重要角色。另外，秘书处对于公约的宣传、推动更多国家加入公约也起着重要作用。不过，同该领域其他公约秘书处的情况类似，本公约秘书处近年来也面临资金与人员不足的困境。④

五、和平争端解决制度

公约在实施过程中，有可能产生各种各样的争端。譬如，某缔约国主张其与某沉船有可证实的联系，因而有资格参与关于如何有效保护该沉船的协商进程，但上述主张遭到另一缔约国的反对；某缔约国利用公约某些核心条款存在的“建设性模糊”对之进行有利于己的解释，但另一缔约国认为上述解释违反了公约第 3 条。再如，沿海国以保护水下文化遗产为由对另一国在其大陆架上铺设海底电缆的活动予以干涉，从而引起后者的不满与反对。如何解决因公约的解释与实施而引起的各类争端，正是本部分探讨的问题。

---

① See Statutes of the Scientific and Technical Advisory Body, Art. 2(a).

② 详见联合国教科文组织《水下遗产公约》官网，http://portal.unesco.org/en/ev.php-URL_ID=13520&URL_DO=DO_TOPIC&URL_SECTION=201.html#MONITORING，最后访问日期：2024 年 1 月 1 日。

③ 参见傅崐成、宋玉祥：《水下文化遗产的国际法保护》，法律出版社 2006 年版，第 111 页。

④ See Dromgoole, S., *Underwater Cultural Heritage and International Law*, Cambridge University Press, 2013, p. 362.

作为国际法的基本原则，各国应和平解决争端，[1]和平解决争端的方法主要包括谈判、调解、和解、仲裁与司法解决等。[2] 在实践中，如两国产生争端，通常先由该两国直接进行谈判。如谈判失败，他们可求助第三方，或请求第三方调停或调解，或将争端提交国际司法机构解决。当代国际条约大都包含争端解决条款，本公约亦不例外。以“和平解决争端”为标题，公约第 25 条规定了包含三个层级的争端解决方式。

第 25 条第 1 款规定：“两个或两个以上缔约国在解释或实施本公约时出现的任何争端，都应以秉承善意的谈判或其选择的其他和平方式加以解决。”依之，作为出发点，如因公约的解释或实施而产生争端，当事方应当用其选择的和平方式解决。鉴于谈判是国际争端最常见也是最直接的和平解决方法，该款因而特别提及谈判。当然，这并不排除它们选择国际法所认可的其他和平解决方式。

如果在合理的时间内[3]，当事方未能以第 1 款所提及的和平方式解决争端，第 2 款规定，经当事缔约国同意后，可将争端交由联合国教科文组织调解。[4] 需要指出的是，作为第二层级的争端解决方式，联合国教科文组织的调解仅为选择性的，而非强制性的，只有在争端各方均同意后，才能通过这种方式解决争端。

第三层级的争端解决方式体现在第 25 条第 3 款中，依之，在下列两种情况下，该方式应予适用：(1)当事方未能在合理的时间内以第 1 款所提及的和平方式解决争端，亦不同意依据第 2 款将争端提交联合国教科文组织调解；(2)当事方同意依据第 2 款将争端提交联合国教科文组织调解，但调解无效。在这两种情况下，《海洋法公约》第 15 部分有关解决争端的条款，经必要修改后，可适用于本公约缔约国之间在解释或实施本公约中出现的任何争端，无论这些缔约国是否同时是《海洋法公约》的缔约国。

《海洋法公约》第 15 部分系“争端的解决”，共有三节。第一节规定了争端解决的一般原则；第二节规定了导致有拘束力裁判的强制程序，在当事方已诉

---

① 参见《联合国宪章》第 1 条第 1 款、第 2 条第 3 款。

② 参见梁西主编：《国际法》（修订第 2 版），武汉大学出版社 2000 年版，第 472 页；《联合国宪章》第 33 条。

③ 多长时间属于合理范畴，应由当事方确定。

④ 值得一提的是，《1970 年公约》也规定了这一争端解决方式。参见《1970 年公约》第 17 条第 5 款。

诸第一节而仍未解决其争端的情况下，经争端任何一方请求，应提交根据本节具有管辖权的法院或法庭；①第三节规定了适用第二节的例外与限制。需要指出，由于公约第25条第3款规定可援用《海洋法公约》第15部分，而未将之限定在该部分第二节，因此上述三节的规定均在援用范围内。

需要指出，公约参照适用《海洋法公约》争端解决机制的制度设计备受诟病。② 首先，《海洋法公约》的争端解决机制本身存在诸多问题，该机制庞杂、冗长、效率低下，已被实践证明并非解决公约争端的有效方式。因此，有学者认为，公约援用《海洋法公约》的争端解决机制，与其说是解决公约争端的需要，倒不如说是各方妥协的结果，是在主要海洋大国强烈主张之下，对《海洋法公约》构建的利益平衡的让步。③ 其次，对非《海洋法公约》缔约国而言，要求其适用该公约争端解决机制的合理性存疑。事实上，正是这一原因使然，土耳其、委内瑞拉等非《海洋法公约》缔约国对本公约投了反对票。④ 最后，公约实践表明，援用《海洋法公约》第15部分规定的争端解决机制，尤其是其第二节规定的强制程序产生了一系列复杂问题。⑤

不过，参照适用《海洋法公约》第15部分也有一定好处。第一，它所援引的强制性争端解决程序有利于公约得到各国遵守，并确保公约的解释不会与《海洋法公约》相抵触。第二，当有关争议同时涉及本公约与《海洋法公约》时。这一参照适用的规定有助于争端得到更有效率与合理、统一的解决。第三，公约第25条针对不同国家作了不同的具体规定：对于同为本公约与《海洋法公约》缔约国的国家，该条第4款以采用《海洋法公约》第287条规定的争端解决机制

---

① 本节规定的程序之所以被称为强制性的，是因为依据该公约第286条规定，一缔约国可以单方面依据本节规定将争端提交具有管辖权的法院或法庭。依据该公约第287条规定，缔约国可选择将争端提交以下四个机构之一解决争端：(1)按照附件六设立的国际海洋法法庭；(2)国际法院；(3)按照附件七组成的仲裁法庭；(4)按照附件八组成的处理其中所列的一类或一类以上争端的特别仲裁法庭。比较而言，第三个机构更加适合解决涉及《水下遗产公约》的争端，这是因为其他三个机构的组成人员均没有水下遗产领域的专家。参见《海洋法公约》第286条、第287条。

② See Dromgoole, S., *Underwater Cultural Heritage and International Law*, Cambridge University Press, 2013, p.356.

③ 参见傅崐成、宋玉祥：《水下文化遗产的国际法保护》，法律出版社2006年版，第211页。

④ See O'Keefe, P. J., *Shipwrecked Heritage: A Commentary on the UNESCO Convention on Underwater Cultural Heritage*, Institute of Art and Law, 2002, p.137 – 138.

⑤ See Dromgoole, S., *Underwater Cultural Heritage and International Law*, Cambridge University Press, 2013, p.357.

为原则,以其明示排除为例外;对于尚未加入《海洋法公约》的本公约缔约国,该条第5款明确规定,非经该缔约国书面同意,不得适用《海洋法公约》第287条的争端解决机制。此外,公约第25条对《海洋法公约》第15部分的参照适用,以允许对其进行必要修改为前提。由此可见,作为第三层级的争议解决方式,参照适用《海洋法公约》第15部分,并非对后者机械、完全的采用,而是做了必要的变通。①

第三节 评价——兼论中国加入《水下遗产公约》的可行性

一、评价

《水下遗产公约》的制定,标志着国际文化财产法的调整范围从陆上扩展至水下。由此,国际文化财产法的体系基本成型。然而,由于在缔约过程中,海洋大国与沿海国尖锐对立,公约约文小心翼翼地在两大集团的主张间寻求平衡与妥协,既没有完全满足沿海国扩展其管辖权的要求,也与海洋大国维护既得利益的主张相去较远,并产生核心条款措辞模糊、含义不清的缺陷。因此,公约通过后,很多国家表示失望,诸多学者亦不看好,认为这注定是一次"失败的尝试"。②

然而,实践表明,公约虽不完美,但已日益展现出强大的生命力与号召力,其确定的宗旨、构建的制度与设立的规则正受到越来越多的国际支持。2009年1月2日,在收到第20份批准文书后3个月,公约正式生效。截至2023年年底,公约缔约国已达76个,其中不仅包括诸多沿海国,还包括法国、西班牙、意大利、比利时、葡萄牙等传统海洋大国。③ 需要指出的是,法国对公约的立场转变特具代表意义。作为海洋大国,法国因对公约关于沉没军舰以及大陆架上的管辖权制度持抵触态度而对公约投了弃权票。但在公约正式生效后,法国政府逐渐发现,尽管《水下遗产公约》的一些条款不符合法国的主张,但"在总体上

---

① 参见傅崐成、宋玉祥:《水下文化遗产的国际法保护》,法律出版社2006年版,第211页。

② See Bederman, D. J., *Maritime Preservation Law: Old Challenges, New Trends*, Widener Law Symposium Journal, Vol. 8, p. 163, 205 (2002).

③ 详见联合国教科文组织《水下遗产公约》官网,https://www.unesco.org/en/legal-affairs/convention-protection-underwater-cultural-heritage#item-2,最后访问日期:2024年1月1日。

看,公约是保护水下文化遗产最为有效的国际条约”。[①] 经过数年的讨论、研究与准备,法国最终于 2013 年 2 月 7 日批准公约。[②] 此外,有迹象表明,澳大利亚、加拿大、爱尔兰等国家很可能在近期加入公约。[③] 毫无疑问,缔约国数量越多,公约的影响力越大。

随着越来越多的国家加入公约,联合国大会对公约的态度也在发生微妙的变化。2004 年至 2011 年,联合国大会就海洋与海洋法发表的历次年度决议中,均未明确支持公约,也未敦促各国加入公约,而仅要求各国依据《海洋法公约》采取措施保护海底考古与历史性文物。[④] 但是,2011 年 12 月召开的第 66 届联合国大会明显调整了立场,其决议首次敦促尚未加入公约的国家应积极考虑加入。[⑤] 这足以表明,国际社会对公约的支持力度与广度已经达到一个新的高度。

然而,与其他文化财产公约相比,本公约的缔约国仍然明显较少,且在目前阶段,美国、英国、俄罗斯等传统海洋大国以及中国、印度、印度尼西亚等新兴大国与重要沿海国尚未表明加入公约的意愿。概言之,各国是否加入公约主要系基于本国利益的考量。就本公约来看,构成海洋大国加入公约的主要障碍是公约关于专属经济区与大陆架的管辖权制度。尽管公约在此方面的规定本身并没有产生明显扩张沿海国管辖权的法律效果,但许多海洋大国仍对此顾虑重重。首先,它们担心,该制度某些核心条款的“建设性模糊”有被沿海国等方面扩大解释之虞,从而破坏《海洋法公约》所构建的管辖权均势。其次,它们认为,纵使沿海国的管辖权不会因此得到实际扩张,但公约会为今后创设更多的例外性规定铺平道路,从而打开管辖权蔓延的“防洪闸”。另外,诸多沿海国认为,对

---

① See L'Hour, *An Update on France's Position Regarding the UNESCO Underwater Cultural Heritage Convention*, http://www.jnapc.org.uk/UNESCO-Seminar-2010-final.pdf, 最后访问日期:2023 年 4 月 30 日。

② *France Ratifies the UNESCO 2001 Convention on the Protection of the Underwater Cultural Heritage*, http://www.unesco.org/new/en/culture/themes/underwater-cultural-heritage/dynamic-content-single-view/news/france_ratifies_the_unesco_2001_convention_on_the_protection/, 最后访问日期:2023 年 4 月 30 日。

③ See Sarid, E., *International Underwater Cultural Heritage Governance: Past Doubts and Current Challenges*, Berkeley Journal of International Law, Vol. 35:2, p. 241 – 242 (2017).

④ UN General Assembly Resolutions on Oceans and the Law of the Sea from A/RES/59/24 of 4 February 2005 until A/RES/65/37 of 17 March 2011.

⑤ UN General Assembly Resolutions on Oceans and the Law of the Sea A/RES/66/231 of 5 April 2012.

于其专属经济区内与大陆架上的水下文化遗产而言,它们最有兴趣与能力予以保护,而公约在此方面的管辖权规则未能对其充分授权,因而对于加入公约亦有顾虑。笔者认为,展望未来,公约是否能在较短时期内吸引更多的国家(尤其是具有影响力的重要国家)加入,尚存在较大不确定性。

需要指出,有学者将该公约与《1970 年公约》相比较,进而得出非常乐观的结论。这是因为后者实施之初,美国、英国、日本、法国等文物市场国也持观望甚至反对态度,但其实施后产生了巨大的法律与舆论效果,赢得了越来越多的国家的支持。目前,《1970 年公约》已有 150 余个缔约国,上述文物市场国已悉数加入,而在 20 年前这是难以想象的。鉴于此,该学者认为,随着本公约的实施及其影响力的持续扩大,必然会有越来越多的国家加入。[①]

然而,将本公约与《1970 年公约》做简单比较即得出上述乐观结论并不科学,须知两公约调整的事项、牵动的各国利益不可同日而语。细言之,《1970 年公约》旨在防止文物的跨国贩运与非法转让,但其第 7 条第 2 款将其适用范围作了严格限制且设置了较为苛刻的适用条件。因此,即便是文物市场国,加入其也不会明显触动其既得利益。相比之下,宗旨与之相似的《1995 年公约》则因其适用范围扩展至所有被盗文物与非法出口文物,迄今无法得到美、英、日、法等主要文物贸易国的支持,它们普遍担心,加入其会导致其博物馆被"搬空"。所以,《1995 年公约》长期陷入缔约国数量裹足不前、结构显著失衡的窘境。

由此可见,即便是宗旨相同或相近的国际公约,也会因其具体的调整范围与适用条件的不同而对各国利益产生不同程度的影响,进而面临不同的境遇。《水下遗产公约》旨在保护水下文化遗产,对这一宗旨,各国虽无异议,但因公约调整的事项牵涉各国的海洋利益,不仅攸关海洋大国与沿海国的重大海洋权益,而且对全人类的海洋治理结构会产生现实与潜在的影响,因此,将之与《1970 年公约》做简单比较就对其前景作出乐观估计,实有牵强附会之嫌。

事实上,倘以中国为视角,对中国加入公约的可行性进行细致分析,我们可以对公约的前景得出更为客观的结论。这是因为对于水下文化遗产的保护而言,中国极具重要性与特殊性:一方面,作为一个文物资源丰富的发展中国家,中国对保护其附近海域的水下文化遗产拥有强烈的意愿与直接的利益;另一方面,作为一个航海历史悠久的古代海洋大国与崛起中的强国,中国的利益与其

---

① See Dromgoole, S., *Underwater Cultural Heritage and International Law*, Cambridge University Press, 2013, p. 373.

他沿海国并不完全一致,在某些问题上的立场甚至与海洋大国更为接近。

二、中国加入公约的可行性分析

中国是文明古国,也是海陆兼备的大国。在漫长的历史中,除辉煌的“黄土文明”外,我们的祖先也曾创造出灿烂的蓝色文明,尤其是滥觞于秦汉、鼎盛于宋元的“海上丝绸之路”更是古代中外贸易与交往的重要通道,在人类文明发展史上占据极其重要的地位。正是基于这一历史背景,习近平主席 2013 年 10 月初在访问印尼时提出建设“21 世纪海上丝绸之路”,并与“丝绸之路经济带”一起构成“一带一路”倡议。①

中国沿海与“古代丝绸之路”沿线的海域蕴藏丰富的水下文化遗产,特别是满载中国瓷器与珍宝的古代沉船。有资料显示,仅中国附近海域就有超过 2000 艘沉船,反映出古时“海上丝绸之路”的兴盛与海洋文明的繁荣。② 有西方学者甚至认为:“中国海域可能是世界上最古老的海洋文化的诞生地。”③

然而,由于水下考古与文物保护需要大量的资金投入与先进的技术装备,加之我国传统上更关注陆上文物,在相当长的一段历史时期内,中国的水下文化遗产保护一直处于较为薄弱的状态。1985 年,英国职业寻宝人麦克·哈切(Michael Hatcher)在南海海域打捞“盖尔德玛尔森”(Geldermalsen)号沉船,④获得 16 万件中国瓷器和 126 块金锭,并于次年在荷兰阿姆斯特丹拍卖其中的 3000 件瓷器,获得巨额收益,震惊了世界考古界。⑤ 也正是这一事件,引发了我国政府与考古界对水下文化遗产保护与水下考古的极大关注。至此,水下文化

---

① 参见习近平:《决胜全面建成小康社会 夺取新时代中国特色社会主义伟大胜利——在中国共产党第十九次全国代表大会上的报告》,人民出版社 2017 年版,第 10~11 页。

② 参见郭玉军主编:《国际法与比较法视野下的文化遗产保护问题研究》,武汉大学出版社 2011 年版,第 338 页。

③ Dromgoole, S., ed., *Legal Protection of the Underwater Cultural Heritage: National and International Perspectives*, Kluwer Law International, 1999, p. 20.

④ “盖尔德玛尔森”是 1747 年在荷兰为“荷兰东印度公司”制造的船舶。1751 年 7 月,它满载着锡金和棉花从巴托维亚(Batavia,现称“爪哇岛”)和雅加达到达广州。当年年底,它满载着茶叶、丝绸、瓷器、漆器和黄金等物品从广州返航。1752 年 1 月 3 日,该船因航海失误触礁而沉没于南海海域。See Edwards, H., *Treasures of the Deep: The Extraordinary Life and Times of Captain Mike Hatcher*, Harper Collins Publishers, 2000.

⑤ 参见赵亚娟:《联合国教科文组织〈保护水下文化遗产公约〉研究》,厦门大学出版社 2007 年版,第 166 页。

遗产保护开始纳入我国的文保工作之中。

1987年11月,根据原文化部、国家文物局与国家科委科技促进发展研究中心联合发出的《关于加强国家水下考古工作的报告》的精神,国家文物局委托中国历史博物馆承担,组织成立了我国第一家从事水下考古学研究的机构——水下考古学研究室。时任中国历史博物馆馆长俞伟超教授任研究室主任。中国的水下文化遗产保护工作就此拉开序幕。30年来,中国的水下文保工作取得长足的进步,取得一系列重大水下考古发掘成果,并完成了三次全国水下文物普查工作。目前,我国对水下文化遗产的保护与发掘已从近海扩展到了远海。① 2014年1月,我国自行设计制造的首艘水下考古船——"中国考古01"号下水,这标志我国水下考古的装备水平进入世界先进水平。②

从中国现行立法来看,有关水下文物保护的法律、法规主要有两部:第一,作为中国文物保护的母法,我国《文物保护法》确立了水下文化遗产保护的原则性与根本性事项;第二,《中华人民共和国水下文物保护管理条例》(以下简称《水下文物保护管理条例》)是调整水下文化遗产保护的专门性法规,该条例对我国水下文化遗产的保护与管理作出了较为细致的规定。③ 需要指出的是,1989年10月20日颁布的《水下文物保护管理条例》是国务院根据1982年《文物保护法》颁布的行政法规,在后者于2002年被大修后,出现了该条例的部分

---

① 迄今为止,中国已经取得了"南海Ⅰ号""南澳Ⅰ号""碗礁Ⅰ号""华光礁Ⅰ号""小白礁Ⅰ号""三道岗沉船"等一批重要的水下考古发掘成果;出版了《泉州湾宋代沉船发掘与研究》《绥中三道岗元代沉船》《福建连江定海湾沉船考古》《西沙水下考古(1998—1999)》《东海平潭碗礁Ⅰ号出水瓷器》《蓬莱古船与登州古港》等一批沉船发掘与水下考古报告。2000年以来开展的水下文物普查工作,特别是2009~2010年开展的第三次全国水下文物普查工作也取得诸多重要收获。30年间,水下考古重点项目见证了中国水下考古从滩涂发掘到近海打捞再到远海作业的历史进程。1974年泉州湾宋代古船的发掘,是考古学界在海岸滩涂对古代沉船进行发掘和开展多学科合作研究的成功之作;2007年广东阳江"南海Ⅰ号"沉船的打捞,在国际水下考古学界率先采用沉箱整体打捞技术,堪称近海沉船考古的一次创举;2007~2008年,西沙"华光礁Ⅰ号"沉船的发掘,标志着中国水下考古的工作水域已经由近海扩展到了远海海域。详见国家文物局考古研究中心网站,http://www.uch-china.com/,最后访问日期:2023年4月30日。

② 参见《中国首艘考古船青岛起航,建造资金近6000万元》,载《人民日报(海外版)》2014年9月5日,第1版。

③ 此外,《关于外商参与打捞中国沿海水域沉船沉物管理办法》对外国企业或者其他经济组织或者个人在中国内海、领海和属于中国管辖的其他海域参与打捞水下文化遗产的活动进行了具体规定。该办法于1992年7月12日颁布;另根据《国务院关于废止和修改部分行政法规的决定》,该"管理办法"第10条第1款于2011年1月8日做了修正。中华人民共和国国务院令第588号。

规定与母法条款不匹配的情况。此外，作为调整水下文化遗产的专门性法规，《水下文物保护管理条例》仅有13条，以今天的标准来看，其立法理念与规则设计均难以适应我国水下文物保护的实践，也与《水下遗产公约》存在诸多冲突。[①] 2022年4月1日，新修订的《水下文物保护管理条例》正式施行。[②] 此次修订的《水下文物保护管理条例》从实际出发，充分考虑水下文物保护工作的特殊性，有针对性地完善有关制度措施，解决水下文物保护实践中的突出问题，并做到和《文物保护法》等法律和行政法规相衔接，条款数量明显增加，内容也得到丰富和细化。因此，分析我国加入《水下遗产公约》的可行性须以中国的利益为着眼点，重点对2022年修订后的《水下文物保护管理条例》与《水下遗产公约》的兼容性进行分析。

与《水下遗产公约》相比，我国《水下文物保护管理条例》的最大区别在于，对水下文化遗产的所有权进行了规定。我国《文物保护法》第5条第1款规定："中华人民共和国境内地下、内水和领海中遗存的一切文物，属于国家所有。"以该条为基础，《水下文物保护管理条例》对不同海域内水下文化遗产的所有权与管辖权进行了如下界定：

第一，中国内水和领海内的一切文物，包括起源于中国的、起源国不明的和起源于外国的文物，属于中国国家所有，并由中国行使管辖权；第二，中国领海以外依照中国法律由中国管辖的其他海域内（包括毗连区、专属经济区、大陆架）的起源于中国的和起源国不明的文物，属于中国国家所有，并由中国行使管辖权；第三，遗存于外国领海以外的其他管辖海域以及公海区域内的起源于中国的文物，中国享有辨认器物物主的权利。

此外，该条例第11条和第12条要求，在中国管辖水域内进行水下文物的考古调查、勘探、发掘活动，应当由具有考古发掘资质的单位向国务院文物主管部门提出申请。任何外国组织、国际组织在中国管辖水域内进行水下文物考古调查、勘探、发掘活动，都应当采取与中方单位合作的方式进行，并由国务院文物主管部门审查后报请国务院取得许可。

将上述规定与公约相比较，可以发现，两者之间存在明显差别。概言之，在大部分海域，《水下文物保护管理条例》赋予我国比公约更广泛的所有权与管辖

① 参见郭玉军主编：《国际法与比较法视野下的文化遗产保护问题研究》，武汉大学出版社2011年版，第344页。

② 我国《水下文物保护管理条例》，中华人民共和国国务院令第751号。

权,但在特定海域,该条例赋予我国的管辖权相对较少。

具体而言,对于中国毗连区、专属经济区及大陆架上的水下文物,我国《水下文物保护管理条例》仅对起源于中国的和起源国不明的文物主张所有权与管辖权,而对此等海域内已知起源于外国的文物,该条例的规定等于主动放弃了依公约可享有的部分管辖权;①而在其他海域,我国依据该条例享有的管辖权与所有权远为宽泛,这体现在以下方面:

首先,我国《水下文物保护管理条例》规定,对于遗存于外国领海以外的其他管辖海域以及公海区域内的起源于中国的文物,中国享有辨认器物物主的权利。然而,这一权利并不为公约所明确认可。②

其次,我国《水下文物保护管理条例》规定,中国毗连区、专属经济区、大陆架上的起源于中国的和起源国不明的文物,属于中国国家所有,并由中国行使管辖权;外国国家、国际组织、外国法人或者自然人在中国管辖水域进行水下文物的考古勘探或者发掘活动,必须采取与中国合作的方式进行,其向国家文物局提出的申请,须由国家文物局报经国务院特别许可。该条例的上述规定显然远远超出公约对沿海国赋予的管辖权。

我国《水下文物保护管理条例》关于水下文化遗产的管辖权制度之所以与公约存在如此明显的差别,主要是因为两者的立法宗旨存在根本区别:条例系以维护我国利益为着眼点,而公约则将"为全人类的利益保护水下文化遗产"确立为其基本原则。对于中国而言,由于特殊的历史与地理原因,中国在世界众多海域留下了数量庞大的水下文化遗产,但外国在中国管辖海域内遗留的水下文化遗产则少得多,因此,该条例重在中国领海以外的其他海域扩展我国的管辖权或其他权利,而位于我国毗连区、专属经济区、大陆架内的外国水下文物则不属于其关注重点。

需要指出的是,中国积极参与了公约的缔约进程,并在最后表决时对公约投了赞成票。但遗憾的是,中国代表团在公约制定过程中并未提出反映中国立场、体现中国利益的提案或建议,未能将条例所设立的管辖权规则融入公约。③因此,公约设置的各项制度,很少顾及中国的关切与利益,亦与条例的诸多规则扞格不入。在此背景下,中国加入公约,不仅牵涉修改国内立法的问题,更需要

① 参见《水下遗产公约》第8条、第10条第2款。

② 参见《水下遗产公约》第8~12条。

③ 参见傅崐成、宋玉祥:《水下文化遗产的国际法保护》,法律出版社2006年版,第223页。

对加入公约对我国利益可能造成的影响进行全面评估。

立足于中国的现实状况,对比条例与公约的规定,笔者认为,中国加入公约利弊兼有,但从在现阶段来看,弊大于利。换言之,中国加入公约的条件目前并不成熟。

细言之,中国加入公约的好处主要有:

第一,可以依据公约第 8 条至第 10 条的规定,对位于我国毗连区、专属经济区、大陆架上源于外国的水下文化遗产行使相应的管辖权,并在满足公约规定的条件下(如履行报告与通知义务、在主权权利和管辖权受到干涉以及紧急情况下、应代表所有缔约国的整体利益并适当考虑与相关水下文化遗产有文化、历史或考古方面的联系的国家的利益等)授权开发。

第二,可以依据公约第 9 条至第 12 条的规定,对位于外国专属经济区、大陆架以及区域内起源于我国的水下文化遗产提出相关权利主张(如作为协商国与相关国家一起协商如何最有效地保护)。

第三,依据公约第 19 条与第 21 条的规定获得国际合作、信息共享、人员培训与技术及财政支持。

第四,可借鉴公约关于水下文化遗产保护的先进理念与原则,推动我国水下文化遗产保护立法的完善。

然而,加入公约给我国利益带来的负面影响则更多,主要体现为以下几点:

第一,我国《水下文物保护管理条例》规定,我国领海以内的所有水下文物属于我国国家所有,并由我国行使管辖权。但依据公约第 7 条的规定,对于我国领海以内起源于外国的国家船舶与飞行器,我国应将发现情况通知该外国,在这种情况下,该外国可能提出权利要求,如以国家财产为由主张豁免。[①]

第二,我国《水下文物保护管理条例》规定,中国毗连区、专属经济区、大陆架上的起源于中国的和起源国不明的文物属于中国国家所有,并由中国行使管辖权。但公约并未赋予沿海国在上述海域对水下文化遗产的所有权,且管辖权的行使也受诸多限制,因此,加入公约必然会对中国依据我国《水下文物保护管理条例》对我国领海以外所辖海域起源于中国的和起源国不明的水下文化遗产所主张的所有权与管辖权构成严重限制。

第三,作为《海洋法公约》缔约国,中国加入《水下遗产公约》,需要考虑如

---

① 参见赵亚娟:《联合国教科文组织〈保护水下文化遗产公约〉研究》,厦门大学出版社 2007 年版,第 166 页。

何面对其强制性争端解决程序的问题,且须将中国的整体国家利益纳入考量范围。需要强调的是,由于我国在黄海、东海与南海等海域的划界上,与周边邻国存在主权争议,是否加入公约,必须放在更加宏观的国家主权与海洋权益的高度加以审视,加入《水下遗产公约》应当缓行。

第四,鉴于我国海岸线漫长,《水下遗产公约》规定的通报、报告以及扣押制度,会为我国施加较重的国际法义务,对我国的海上执法构成较大的压力。

综上所述,笔者认为,虽然《水下遗产公约》确立的宗旨与原则以及诸多制度代表了国际文化财产法的发展趋势,并对推动我国国内法的完善具有借鉴意义,但在现阶段,我国加入公约尚不具备现实可行性。

第六编

文化财产国际治理的规制体系与中国主张

各美其美，美人之美，美美与共，天下大同。[①]

——费孝通

① 1990年12月，在就“人的研究在中国——个人的经历”主题进行演讲时，著名社会学家费孝通先生总结出“各美其美，美人之美，美美与共，天下大同”这一处理不同文化关系的十六字“箴言”。

第一章　国际文化财产法规制体系的演进与发展

从宏观的角度来看,上述各编探讨的国际条约,尤其是其中的专门性国际条约,亦即《1954 年海牙公约》《1970 年公约》《1995 年公约》《世界遗产公约》《水下遗产公约》,构成了当代国际文化财产法大厦的主体框架。这些条约的制定、生效及其影响力的不断扩大,标志着国际文化财产法的规范体系基本成型。从微观的视角来看,作为特定历史背景下解决特定问题的产物,这些文化财产条约均有自己明确的宗旨与具体的目标,但彼此之间缺乏清晰可见的内在联系,一以贯之的立法理念亦付阙如。① 该领域国际立法缺少全局性谋划与顶层制度设计遂成为国际文化财产法未臻成熟的明显标志。

尽管如此,倘若仔细观察文化财产领域的当代国际立法,我们仍可以发现一些总体特点与发展趋势:条约的制定模式从国际社会自发式缔约,转向以联合国教科文组织为核心的政府间国际组织主导式缔约;文化财产保护的理念从以单件物品为中心的脱离背景式的保护,转向更关注整体环境背景的全景式保护;文化财产公约

---

① See Nafziger, J. A. R. & Patterson, R., *A Blueprint for the Development of Cultural Heritage Law*, Art Antiquity and Law, Vol. 9:1, p. 1 (2004).

的实施从侧重于给各缔约国施加条约义务的范式履约，转向更加依赖国际合作的协作履约。有学者将这一发展趋势概括为从“以物为本的规范性保护”到“以人为本的功能性保护”的转变。① 文化财产条约的发展趋势深刻折射出国际文化财产法规制体系的滥觞、发展与演进过程。

需要指出，在国际法学研究中，对国际公约的研究大多仍为静态的规范研究，但国际法是动态发展的规制体系，具有未定型性和不确定性，②因此，就研究的科学性和实效性而言，国际法学更应强调动态研究，动态地审视国际公约与特定的历史时空、国际格局、社会、经济、文化等因素的互动与交融。只有这样，才能更加全面、系统地审视国际法体系，从而对现有规制体系予以更加客观和准确的评估。因此，本章不孤立审视各个文化财产条约，而是动态地审视它们的制定过程，聚焦于条约规则的制定、监督与执行，关注各个条约的制定过程、制度安排和执行效果，从中梳理出条约之间的内在关联及其演进的历史逻辑，从而对当下文化财产国际治理体系作出客观评价，并在此基础上提出改革及完善的建议。

第一节　作为时代产物的文化财产条约

自联合国教科文组织成立以来，推动文化财产领域的国际立法一直是其工作重点之一。如本书前面各编所述，在其积极倡导、主持与协调下，文化财产领域已成功订立了多项全球性多边国际公约，包括《1954 年海牙公约》及其两份议定书、《1970 年公约》、《世界遗产公约》以及《水下遗产公约》等。③ 此外，《1995 年公约》虽由国际统一私法协会主持制定，但该机构系在联合国教科文组织的委托下承担该项立法工作，且该公约在很大程度上可视为《1970 年公约》的议定书，因此将《1995 年公约》归功于联合国教科文组织，亦不为过。

这些条约的制定虽得益于联合国教科文组织，但回顾它们的缔约背景与制定进程，不难发现，它们均为解决具体的文化财产问题并在特定的国际环境下

---

① See Loulanski, T., *Revising the Concept of Cultural Heritage: The Argument for a Functional Approach*, International Journal of Cultural Property, Vol. 13:2, p. 207 (2006).

② 参见霍政欣：《论国内法的域外效力：美国机制、学理解构与中国路径》，载《政法论坛》2020 年第 2 期。

③ 《非遗公约》因其调整的是非物质文化遗产，不在本书讨论范围之内。

制定的。在推动各公约的缔约过程中,联合国教科文组织并无通盘考虑与全局规划,因此,上述条约无论是在宏观制度的构建上,还是在微观规范的设计上,均存在明显不协调与不一致之处。不仅如此,随着国际格局的改变与国际法的演进,上述条约也因其制定时间的早晚显示出不同的立法理念与制度差异,一些制定较早的条约正面临着越来越多的新挑战。

细言之,《1954 年海牙公约》旨在武装冲突期间保护文化财产,不过,与其说其关注点在于文化财产,倒不如说其关注的是影响文化财产的特殊局势——武装冲突。作为殷鉴第二次世界大战惨痛教训的产物,该公约的理念在于国际法对文化财产的保护应区别两种不同情况:战争时期与和平时期。在 20 世纪 50 年代,这种区分毫无疑问是准确和必要的。但是,随着 20 世纪末以来国际安全局势的变化,战争与和平的界限日益模糊,该公约所依赖的理念遭遇前所未有的挑战。譬如,第二次伊拉克战争与阿富汗战争结束后,随着美军撤出这些地区,当地安全局势迅速恶化,局部战乱与暴恐袭击猖獗,导致大量珍贵文物或被破坏或被洗劫。这种局势显然超出《1954 年海牙公约》制定者们当时的预期。

20 世纪 60 年代末,国际政治格局较 50 年代发生了明显变化:殖民体系土崩瓦解,大量亚非拉民族摆脱西方的奴役走上独立之路。这一进程不但改变了国际政治力量对比,而且在争取民族独立的过程中,亚非拉各国的民族文化与身份意识空前增强。正是在这一背景下,《1970 年公约》应运而生。因此,在该公约的缔约过程中,国际社会分裂成以西方国家为主体的文化财产市场国和以亚非拉发展中国家为主体的文化财产资源国两大阵营,且彼此利益对立、立场对峙。基于同理,为弥合两大集团之间的分歧,公约成为妥协与平衡的产物:一方面,公约在理念上从《1954 年海牙公约》秉持的国际主义明显地转向"民族主义",将文化财产的返还与归还作为其目标,满足了文化财产资源国的基本诉求;另一方面,公约的诸多核心条款用语模糊、措辞灵活、适用条件苛刻、履约机制孱弱,因而文化财产市场国的既得利益在相当程度上得到维护。此外,《1970 年公约》旨在解决和平时期文化财产的贩运问题,这进一步强化了《1954 年海牙公约》确立的文化财产在战时与和平时期应受不同法律制度调整的原则。然而,如前所述,随着当代国际安全局势的变化,介于和平与战争之间的灰色地带不断增多,这无疑给上述两公约的适用造成越来越大的不确定性。

《世界遗产公约》的制定及其制度设计,既是人类更加关注自然与文化遗产保护的结果,也得益于当代国际法的新发展。1966 年,联合国大会通过《经济、社会、文化权利国际公约》与《公民权利及政治权利国际公约》，这是当代国际法的重大发展。除标志着人权保护在国际法上从无法可依的状态进入有组织、有法可依的时代以外，[1]这两部人权公约的诞生还在一定程度上确立了“在严格限定的特定紧急事项上国际规范得‘刺穿’国家主权”的理念。[2] 在此背景之下，《世界遗产公约》才得以设立“世界遗产基金”，并将入选《世界遗产目录》的各国财产置于国际机构的监督与管理之下，而依据传统国际法，这显然构成对各国主权的侵犯。

又过了 30 年，到制定《水下遗产公约》之际，人类已经进入全球化时代。越来越多的全球性挑战使全球治理的理念深入人心，这是这部制定于 21 世纪之初的文化财产条约所处历史时代的鲜明特征。此外，由于《水下遗产公约》调整的地理范围主要处于各国主权范围之外的海域，所以这部公约在理念上呈现从民族主义向国际主义的回归。与此同时，这项条约比该领域以往所有条约都更加倚重国际合作。

由此可见，每一部文化财产条约均是在特定历史背景下为应对特定事项应运而生的，它们带有其独特的历史印记。从这个意义上来说，当代文化财产条约的演进生动勾勒出第二次世界大战结束以来人类社会与当代国际法的发展脉络与趋势，因而特值观察。

第二节　文化财产条约的内在关联

上文已提及，当代文化财产条约，它们均系特定历史背景下为解决特定的文化财产问题的产物，均有其具体的调整范围与彼此不同的缔约国，因而构成相对独立的规范体系。尽管如此，从广义上来说，这些条约共享着相同的调整对象——文化财产。因此，它们之间应当也必然拥有密切的内在联系。这不仅体现在它们系在同一个国际组织——联合国教科文组织的主导下订立，而且表现在它们使用了相同或相近的术语，还在某些调整事项上存在交叉。除此以外，世界上不少国家，它们同时是这些条约（或其中一部分）的缔约国。

从上述文化财产条约来看，它们的内在关联既有积极属性，亦有消极属性。

---

① 参见梁西主编:《国际法》(修订第 2 版)，武汉大学出版社 2000 年版，第 330 页。

② See Forrest, C. , *International Law and the Protection of Cultural Property*, Routledge, 2010, p. 389.

所谓积极性关联,是指各公约的条款与制度构成相互支撑、相互加强的态势;而所谓消极性关联,则是指各公约之间存在相互冲突、相互掣肘甚至相互削弱的关系。①

《1954 年海牙公约》旨在武装冲突期间保护文化财产,其调整对象既涵盖可移动文化财产,也包括不可移动文化财产;它不仅要确保历史建筑等不可移动文化财产得到保护,也要阻止针对可移动文化财产的盗窃、抢劫或侵占以及任何破坏行为。② 此外,该公约第一议定书更加具体地对占领国施加义务,防止其在武装冲突期间从所占领土内输出文化财产。③ 上述调整事项不可避免地与《1970 年公约》发生部分重叠。细言之,《1970 年公约》第 11 条也对被占领土上的文化财产的出口或所有权转让进行规定,依之,一国被迫出口文化财产及转让其所有权,如系因受外国占领所致(无论是直接还是间接所致),则文化财产的出口及其所有权的转让应被视为非法。④

因此,一个国家倘若同时是《1954 年海牙公约》及其第一议定书与《1970 年公约》的缔约国,那么当其为占领国时,它不仅有义务在被占领土阻止针对可移动文化财产的盗窃、抢劫或侵占以及任何破坏行为,还要阻止从被占领土输出文化财产,而且须阻止此类文化财产输入其领土。当然,由于《1970 年公约》相关条款的模糊性,最后一项义务的落实程度,在很大程度上取决于该国如何解释该公约的相关条款,尤其是其第 3 条与第 8 条。

上述两部公约在调整事项上存在部分重叠,这不可避免地会给其适用制造一些难题。以第二次伊拉克战争为例,战争于 2002 年 3 月 20 日爆发时,美国是《1970 年公约》缔约国,但尚未加入《1954 年海牙公约》及其第一议定书。因此,美国没有义务在伊拉克境内阻止针对文化财产的盗窃、抢劫或侵占以及任何破坏行为,也没有阻止从伊拉克输出文化财产的义务,而仅有义务阻止占领期间从伊拉克各类博物馆中被抢劫与盗窃的文化财产输入美国境内。⑤ 2009 年 3

---

① See Francioni, F. & Lenzerini, F., *The 1972 World Heritage Convention: A Commentary*, Oxford University Press, 2008, p. 390.

② 参见《1954 年海牙公约》第 4 条第 3 款、第 5 条。

③ 参见《1954 年海牙公约第一议定书》第 1 条。

④ 参见霍政欣:《1970 年 UNESCO 公约研究:文本、实施与改革》,中国政法大学出版社 2015 年版,第 87 ~ 88 页。

⑤ Convention on Cultural Property Implementation Act (CPIA), 19 U. S. C. 2601 et seq.

月，美国批准《1954 年海牙公约》，[①]在这种情况下，从其批准该公约到伊拉克被占领的状态结束前，[②]美国有义务在伊拉克阻止针对文化财产的盗窃、抢劫或侵占以及任何破坏行为，有义务依据《1970 年公约》阻止占领期间从伊拉克各类博物馆中被抢劫与盗窃的文化财产输入美国境内，但并无义务依据《1954 年海牙公约第一议定书》防止从伊拉克输出文化财产。然而，由于战争与占领处于连续无间断的状态，而文化财产从被占领土输出与输入占领国是一个无法割裂的链条，仅以美国批准公约的日期作为判断其是否承担相应国际法义务的节点，显然既无助于上述公约宗旨的实现，也难以判断美国在实践中是否严格履行了公约义务。不仅如此，由于参加此次战争的还包括英国、澳大利亚及波兰等国，而这些国家加入各公约的情况彼此不同，因此，对于同一场战争，关于各参战国及占领国在伊拉克境内承担的涉及文化财产保护的义务呈现异常复杂的局面：不仅不同国家的国际法义务各不相同，而且即便对于同一个国家，如美国，也会因其在此期间批准某公约而承担不同的国际法义务。

《1954 年海牙公约》与《1970 年公约》因调整事项部分重叠导致的难题在 2001 年的阿富汗战争中亦有体现。需要指出，由于参加阿富汗战争的国家数量更多，上述公约的适用情况更加复杂。值得关注的是，此次战争前后，还出现了国际条约的适用与其宗旨的实现存在冲突的情况。为保护阿富汗境内的文化财产，由阿富汗图书馆基金会筹建，并得到私人捐助者、瑞士联邦政府和巴塞尔州政府的资助，“流亡博物馆”（Museums in Exile）于 2000 年 10 月在瑞士布本多夫（Buddendorf）成立。“流亡博物馆”旨在收藏、保管与保护因战乱而流出阿富汗的文化财产，承诺不进行商业收购，并得到了联合国教科文组织的支持。[③] 然而，

---

① 美国迄今尚未加入公约《1954 年海牙公约第一议定书》。详见红十字国际委员会官网数据库，https://ihl-databases. icrc. org/applic/ihl/ihl. nsf/States. xsp? xp _ viewStates = XPages _ NORMStatesParties&xp_treatySelected = 400，https://ihl-databases. icrc. org/applic/ihl/ihl. nsf/States. xsp? xp_viewStates = XPages_NORMStatesParties&xp_treatySelected = 410，最后访问日期：2023 年 4 月 30 日。

② 时任美国总统奥巴马于 2011 年 12 月 14 日在北卡罗来纳州布拉格堡军事基地发表演讲，宣布伊拉克战争正式结束。2011 年 12 月 18 日，美军全部撤出。参见王鹏：《难言结束的伊拉克战争》，载《中国青年报》2014 年 4 月 4 日，第 10 版。

③ See *Museum-in-Exile: Swiss Foundation safeguards over 1, 400 Afghan artefacts*, http://www. unesco. org/new/en/culture/themes/museums/museum-projects/archive/museum-in-exile-swiss-foundation-safeguards-over－1400－afghan-artefacts/，最后访问日期：2023 年 4 月 30 日。

由于瑞士于2003年10月30日起受《1970年公约》的约束，[①]"流亡博物馆"的运行面临违反该公约的法律风险。[②]

相比之下，1972年制定的《世界遗产公约》建立的文化财产保护机制与上述两部公约明显不同。从《世界遗产公约》的调整对象仅涵盖不可移动文化财产这一角度看，它似乎不会与《1970年公约》（以及《1995年公约》）发生重叠关系。不过，在实践中，这两部公约同时适用的情形并不罕见。譬如，一些世界文化遗产被列入《濒危世界遗产目录》，原因就在于它们受到非法发掘、盗掘或劫掠的严重威胁。例如，柬埔寨吴哥窟于1992年被列入此名录，原因即在于此。[③]在这种情况下，对于吴哥窟的保护而言，《世界遗产公约》发挥直接作用，与此同时，《1970年公约》对于阻止针对其展开的盗掘与劫掠行径亦发挥重要作用。进言之，对于不可移动文化财产而言，由于入选《世界遗产目录》会提高其知名度，大幅增加游客数量，不可避免地会增加其受到盗窃或盗掘等其他犯罪威胁的概率，从这个角度来看，《世界遗产公约》与《1970年公约》重叠适用并不属于小概率事件。在这种情况下，两公约的重叠适用应构成相辅相成、相互加强的良性互动关系。

《世界遗产公约》与《1954年海牙公约》及其第二议定书之间的联系更加密切与直接。对于《世界遗产公约》是否适用于战时，学界一直存在争议。有学者认为，该公约草案在序言中曾有公约适用于"和平时期"的措辞，但最终文本将这一表述删除。鉴于此，依据《维也纳条约法公约》第31条的规定，公约应适用于战时。[④]

从《世界遗产公约》的实施实践来看，确有一些世界文化遗产位于饱受战乱的国家，如伊拉克、阿富汗与前南斯拉夫等，这就有可能牵涉该公约与《1954年海牙公约》同时适用的问题。一般而言，由于《世界遗产公约》与《1954年海牙公约》有各自的核心目标，即便发生重叠适用的情况，它们也可以相对独立地发

---

① 详见联合国教科文组织《1970年公约》官网，https://en.unesco.org/fighttrafficking/1970/gouvernance，最后访问日期：2023年4月30日。

② 瑞士自1962年就成为《1954年海牙公约》及其第一议定书的缔约国，但因瑞士并非占领国，因而不承担该公约及其第一议定书的义务。

③ See Forrest, C., *International Law and the Protection of Cultural Property*, Routledge, 2010, p. 392.

④ See Simmonds, J., *UNESCO World Heritage Convention*, Art Antiquity and Law, Vol. 2:2, p. 253, 274 (1997).

挥其各自功用。对于世界遗产而言,如果处于武装冲突地区,能同时受到两公约的保护,其免受破坏的系数显然能得到有效提升。职是之故,在一般情况下,该两公约的重叠适用亦可形成相辅相成、相互加强的格局。

位于克罗地亚的杜布罗夫尼克老城在战火中被严重毁坏,是一个特别值得反思的案例。杜布罗夫尼克老城早在1979年就被列入《世界遗产目录》,并因受到武装冲突的严峻威胁而于1991年被列入《濒危世界遗产目录》。① 令人遗憾的是,尽管同时受到《世界遗产公约》与《1954年海牙公约》的保护,老城仍然在武装冲突中受到蓄意、严重的破坏。② 尤其值得强调的是,老城同时被列入《世界遗产目录》与《濒危世界遗产目录》,但由于《1954年海牙公约》特别保护制度的适用条件设置过于严苛,③它并未获得该公约的特别保护资格,这是其未能得到有效保护的重要原因。杜布罗夫尼克老城被毁,教训惨痛,充分暴露出现有文化财产条约所设置的保护制度彼此间缺少协调与衔接的缺陷。

鉴于《1954年海牙公约》的特别保护制度已遭遇失败,1999年制定的《1954年海牙公约第二议定书》创设了重点保护制度,以图替代前者。值得关注的是,为避免重点保护制度的适用条件与列入《世界遗产目录》的条件重合,《1954年海牙公约第二议定书》的制定者特地避免使用《世界遗产公约》设置的"突出的普遍价值"标准,尽管如此,英国等一些国家明确表示,将使用《世界遗产目录》的遴选标准作为提名授予重点保护的基础。④

事实上,《1954年海牙公约》与《世界遗产公约》之间的关联比上文讨论的还要广泛。例如,西班牙对《1954年海牙公约》调整的文化财产进行了概念上的限制性解释。在其提交的实施报告中,西班牙列出了受该公约调整的不可移动文化财产的名录,而该名录与其已经提交的推荐列入《世界遗产目录》的名录完全一致。⑤ 有学者认为,西班牙采用"突出的普遍价值"标准对《1954年海牙

---

① See *World Heritage Committee Removes Old City of Dubrovnik and Wieliczka Salt Mine from its List of Endangered Sites*, http://whc.unesco.org/en/news/147/, 最后访问日期:2023年4月30日。

② See O'Keefe, R., *The Protection of Cultural Property in Armed Conflict*, Cambridge University Press, 2006, p. 314.

③ 详见本书第二编第二章的相关内容。

④ See O'Keefe, R., *The Protection of Cultural Property in Armed Conflict*, Cambridge University Press, 2006, p. 266.

⑤ See Forrest, C., *International Law and the Protection of Cultural Property*, Routledge, 2010, p. 393.

公约》的文化财产概念进行限制性解释，违反了公约第1条的规定。① 西班牙以及上面提到的英国等国的做法是否符合《1954年海牙公约》及其第二议定书的本旨姑且不论，但这足以显示《1954年海牙公约》与《世界遗产公约》之间的关联相当广泛，不仅两公约的调整事项在客观上有发生内生性重叠之虞，还有可能因缔约国对两者条款的主观性解释而产生外生性重合。

在《世界遗产公约》缔约谈判初期，"遗址"的概念明确包含水下遗址，但在后续谈判中，水下遗址的措辞被删除。② 该公约的最终文本没有将水下遗址具体列入遗址的概念，但就此得出其被排除在外的结论并不充分。职是之故，《水下遗产公约》与《世界遗产公约》也存在重叠适用的可能性。换言之，如果一处属于《水下遗产公约》保护的水下文化遗产被列入《世界遗产目录》，则其有可能同时受到这两个公约的保护。当然，鉴于"水下文化遗产"调整的地理范围主要位于各国领海以外，而《世界遗产公约》保护的遗产通常位于各国境内，两公约重叠适用的概率在客观上很小。尽管如此，在以下两种情况下，两公约重叠适用依然可能发生：第一，沿海国将位于其领海范围内的水下文化遗产提名列入《世界遗产目录》；第二，沿海国将其专属经济区内或大陆架上包含水下沉船遗址的自然资源提名列入《世界遗产目录》。依据《水下遗产公约》建立的国际协作保护机制，在上述两种情况下，很可能涉及相关国家联合申报世界遗产的问题。

《水下遗产公约》与《1970年公约》也存在部分调整事项的重叠。尽管《水下遗产公约》主要规范水下文化遗产的保护与发掘，但为从根本上消除非法打捞的商业动机，以达保护水下文化遗产的目的，该公约第14条要求缔约各国采取措施，阻止非法出口和/或以违反本公约的方式非法打捞的水下文化遗产进入其领土，以及在其领土上买卖或占有这种水下文化遗产，③这就不可避免地与旨在阻止文化财产非法出入境的《1970年公约》发生重叠。

诚如本书第五编第二章对《水下遗产公约》第14条的分析，如依公约缔约国的国内法，一件水下文化遗产的出口为非法，则其他缔约国应阻止该水下文

---

① See O'Keefe, R., *The Protection of Cultural Property in Armed Conflict*, Cambridge University Press, 2006, p. 108.

② See Titchan, S. M., *On the Construction of Outstanding Universal Value*, PhD Thesis, Australian National University, 1995, p. 87.

③ 参见《水下遗产公约》第14条。

化遗产进入其领土，并阻止交易或占有之。需要指出的是，在这种情况下，判断“非法”的依据是各国国内法，但因各国进出口法通常被定性为公法，公法一般无域外效力，所以，只有对同为《水下遗产公约》与《1970 年公约》缔约国的国家而言，该规定的效力才有可能在一定程度上得到保障。从这个意义上来说，两公约显然形成相互支持的良性互动关系。

综上可见，尽管上述每一部文化财产条约均为解决特定文化财产问题的产物，均有自己明确具体的调整范围与彼此不同的缔约国，构成独立的规范体系，但它们共享着相同的调整对象，存在极其紧密的关联：它们有可能同时适用于某一局势，也有可能同时适用于某一文化财产，还有可能因各国对不同公约的近似术语或相关条款作出主观性的关联解释而发生关联。

整体而言，各文化财产公约之间的关系多属于互为支撑的良性关系。不过，从实践状况来看，它们之间的关系也暴露出缺少相互协调与系统整合的问题。譬如，某国同为重叠适用于某件文化财产的两项公约的缔约国，在其履行该两公约的义务时，往往要依据两项公约的不同程序与规则，这会增加该国履约的成本与复杂性。再如，当某国因其对不同公约的某些概念或某些规则进行自主性解释而使之产生关联时，该国的解释是否得到其他缔约国的承认，也是一个异常复杂的国际法难题。

第三节　国际文化财产法规制体系的演进逻辑

在现有的文化财产条约中，《1954 年海牙公约》制定得最早，它所构建的规制体系注重对各缔约国施加单独的硬性义务，以此确保其宗旨得以实现。但是，该公约建立的履约监督制度孱弱而不切实际，这在很大程度上减损了公约义务的硬度与公约的实际效力。

细言之，《1954 年海牙公约》通过在文本上大量使用“应当”“不得”的措辞对缔约国施加作为与不作为的硬性义务。例如，公约第 4 条第 3 款规定：“各国应禁止、防止及于必要时制止对文化财产任何形式的盗窃、抢劫或侵占以及任何破坏行为。各国亦不得征用位于另一缔约国领土内的可移动文化财产。”在两个及两个以上缔约国之间发生武装冲突时，这种硬性规范可以令它们直接、明确地了解其义务，且如其违反义务，亦便于对其施加相应的法律责任。另外，公约要求各缔约国在其刑事管辖权范围内采取必要措施对违反公约规定的个人施以刑事制裁。因此，在《1954 年海牙公约》体系下，各缔约国承担明确、独立的法律义务，其实施在很大程度上取决于各国单独履约，国际合作履约的元素微乎其微。

为确保各国能够独立履约，《1954 年海牙公约》还以 1949 年《日内瓦公约》的相关条款为模板精心构建国际实施监督机制。然而，由于这套机制所倚重的以保护国为主的第三方斡旋与监督机制缺少源制度作为根基，加之它的实施依赖烦琐的组织运作、官僚化的程式以及利益对峙各方的协议，欠缺现实可行性，《1954 年海牙公约》构建的国际实施监督机制陷入形同虚设的境地，这严重减损了其实际效力。

《1970 年公约》的规制体系与《1954 年海牙公约》既有相似之处，亦有明显区别。从相似之处来讲，《1970 年公约》也注重对各缔约国施加具体义务，以此实现公约的宗旨。此外，《1970 年公约》的履约监督机制极其孱弱，这也成为制约各国积极履行公约、影响公约发挥实际效力的重要障碍。

不过，《1970 年公约》与《1954 年海牙公约》的不同之处更加明显。首先，由于缔约各国分裂成“文物市场国”与“文物资源国”两大对立集团，为弥合两大阵营的分歧，《1970 年公约》约文使用了大量柔性措辞，尤其是核心条款，基本没有出现“应当”或“不得”等硬性表述。因此，《1970 年公约》为各缔约国施加的义务在硬度上明显逊于《1954 年海牙公约》。其次，在《1970 年公约》的履约机制中，国际治理的元素明显提升。由于该公约旨在阻止文化财产的国际贩运，故其不仅需要遏制非法出口，亦须防止非法进口。职是之故，公约是否能实现其宗旨，不仅须出口国的履约，还有赖于进口国的履约。仅靠一方单独履约，显然无济于事。此外，针对因考古或人种学资源遭受掠夺而致使一国的“文化继承物”处于危险境地的情形，《1970 年公约》规定了紧急救济条款，而该条款的实施需要更多缔约国“参与协调一致的国际努力”。①

与上述两公约相比，《世界遗产公约》的规制体系则呈现本质性区别，这主要体现在该公约对各缔约国施加的单独义务较弱，并不倚重对各缔约国施加独立、硬性的义务来确保其宗旨的实现，但其强有力的国际治理机制确保公约得到切实履行。如本书第四编第二章所析，《世界遗产公约》对各缔约国施加的义务条款措辞模糊，且对违反义务者，并未规定任何法律惩罚或制裁措施。不过，与前述两公约的履约机制孱弱不同，《世界遗产公约》的履约机制有力、有效，大

---

① 参见《1970 年公约》第 9 条。

获成功。这主要得益于该公约建立了以国际治理为手段的国际遗产保护机制，并以国际遗产委员会与国际遗产基金为支撑点，既激发了各成员保护遗产的积极性，又克服了公约缺少惩罚机制的缺陷。特别重要的是，《世界遗产公约》及其操作指南建立了一套完整的世界遗产申报、遴选与评定程序，并授权世界遗产委员会，在缔约国未对已入选目录的财产进行妥善保护与管理的情况下，将之列入《濒危世界遗产目录》，甚至直接将之从《世界遗产目录》中除名，从而在事实上建立了一套激励与惩罚并举的制度。

制定于21世纪的《水下遗产公约》，其规制体系的特点更加鲜明。首先，因公约的调整事项涉及海洋治理及各国的海洋权益，缔约各方分裂为沿海国与海洋大国两大对立集团。在此背景下，与《1970年公约》类似，该公约约文存在严重的“建设性模糊”问题。其次，由于《水下遗产公约》的调整对象主要位于各国领土主权范围以外，加之水下文化遗产保护需要更多的人力与资金投入，所需的技术与设备要求也更为苛刻，因此，倚重各国单独履约的传统模式显然无法实现公约宗旨。鉴于此，《水下遗产公约》更加倚重国际治理，国际合作不仅被确立为保护水下文化遗产的基本原则，还构成协调国协作保护制度、信息共享制度、水下考古培训制度及公约实施制度等诸多机制的基石。

由此可见，从《1954年海牙公约》到《水下遗产公约》，国际治理扮演着愈加重要的角色。值得强调的是，由于国际治理机制的阙如或孱弱，较早订立的《1954年海牙公约》与《1970年公约》陷入履约困局。为了跳出窠臼，在联合国教科文组织的主导下，两公约已通过不同渠道加强了国际治理元素的分量。对于《1954年海牙公约》而言，其第二议定书建立了“武装冲突中的文化财产保护委员会”“武装冲突中的文化财产保护基金”，并将缔约国大会固定为每2年召开一次，从而在很大程度上建立了国际治理机制。对于《1970年公约》而言，在联合国教科文组织的主持下，公约缔约国大会于2012年制定了“公约缔约国大会议事规则”，决定以后每2年召开一次公约缔约国大会，监督公约的实施情况，并建立“1970年公约缔约国大会附属委员会”作为公约的专属执行机构，从而在一定程度上克服了公约缺少国际治理机制的缺陷。至此，一个日益强调国际治理的国际文化财产法规范体系在21世纪的第二个10年已初现端倪。

从《1954年海牙公约》算起，国际文化财产法的规制体系已经过半个多世纪的发展和演进。在此期间，全球性武装冲突得以避免，人类社会经历了前所未有的稳定与繁荣。社会、经济与科技发展一日千里，越来越多的发展中国家完成了从独立到富强的历史性转变。在此背景下，各国，尤其是发展中国家，愈加重视对作为其历史与文化载体的文化财产的保护。因此,在文化财产条约的缔约过程中,有越来越多的国家参与其中,且发展中国家的参与度与话语权明显提高,晚近制定的文化财产公约因而具有更广泛的代表性与更大的全球影响力。较晚制定的文化财产公约,其生效要件关于缔约国数量的不断增长就是这一趋势的反映。①

然而,世界正面临百年未有之大变局,没有哪个国家能够独自应对人类面临的各种挑战,也没有哪个国家能够退回到自我封闭的孤岛。环境污染、气候变化、恐怖袭击等全球性危机已经超出各国独自应对的能力范围。② 在这一历史背景下,国际合作、全球治理被公认为解决全球性危机的最佳手段。所以,作为文化财产法支柱的文化财产条约,其规范体系逐步从相对封闭、硬性和强调各国单独履约的传统规范体系发展到更加开放、灵活和倚重国际治理机制的新型条约体系。由此,文化财产法规范体系演进与发展的历史逻辑清晰显现。

可以预见,随着全球化程度与全球治理水平的不断提高,随着文化财产条约及其缔约国数量与国际影响力的不断增长,未来该领域的规制体系会更加关注理念的统一、规则的完善以及相互之间的协调。随着以联合国教科文组织为核心的国际合作机制不断增强,一个体系更加完善、规则更加协调、实施更加有效的国际文化财产法律体系将加速形成。我们还可以预见,在人类愈加关注生态、文明、文化与经济协调发展的历史背景下,未来国际文化财产法必将在国际法体系中占据愈加重要的地位,文化财产必将受到国际法愈加有力的保护。

---

① 详见本书第一编第二章。

② 参见习近平:《决胜全面建成小康社会　夺取新时代中国特色社会主义伟大胜利——在中国共产党第十九次全国代表大会上的报告》,人民出版社2017年版,第11页。

第二章　文化财产国际治理的中国主张

中华民族绵延五千年，创造了灿烂辉煌的中华文明，对人类文明发展作出了杰出贡献，中国也因此成为世界上文化财产资源最丰富的国家之一。汉唐时代，中华文明大放异彩，丝绸之路由此兴盛，东西方之间的大规模交往由此肇始。无论是陆上丝绸之路，还是海上丝绸之路，借由丝路通道，东西方的物产、科学技术、文化、宗教等得以交流和传播。所以，古代丝绸之路不仅是商业之路，更是文化之路，它使东西方两大文明得以交融辉映，相互汲养，为人类文明发展史书写了浓墨重彩的一笔。

然而，明清两朝逐渐走上闭关锁国之路，中国国力日渐衰微。与此同时，世界格局剧变，西方在经济、社会、科学以及武器和船舶等领域迅速崛起，走上海外殖民与扩展海外贸易之路，并取得了支配世界的地位。①19 世纪以后，西方列强东顾，中华山河破碎，大量珍贵文化财产惨遭破坏、劫掠、倒卖和走私，如游子飘零、流散他乡，成为国人心中难以抚平的伤痛、无时或忘的惦念、梦牵魂绕的等候。彼时散去，那每一件文化财产所担负的，又何尝不是时代之辱、民族之殇？

经过艰苦卓绝的奋斗，中华人民共和国于 1949 年

---

① 参见[美]菲利普·李·拉尔夫等:《世界文明史》(上卷)，赵丰等译，商务印书馆 2001 年版，第 803 页。

成立,中华民族一百多年被侵略被奴役的屈辱史从此终结。新中国成立后,尤其是改革开放以后,随着国力的增强和全民族文化主权意识的不断提升,中国政府将文化财产的保护、利用与海外流失文物追索工作提升到前所未有的高度,并为此做了大量、卓有成效的工作。一方面,中国政府采取切实措施,不断完善文物保护立法、加强行政执法,逐渐建立中国特色文物保护法律体系,为保护文化财产安全、堵住文物流失的源头打下了坚实的国内法律基础。另一方面,我国政府日益重视国际合作,积极参与国际立法,缔结或加入多部文化财产国际条约,并与 20 多个国家签订了保护文化财产、推进文化财产交流和促进流失文物返还的双边条约。到 21 世纪初,一个以宪法为根本依据,以我国《文物保护法》《刑法》等国内法律为核心,以《世界遗产公约》《1970 年公约》《1995 年公约》等国际文化财产条约为重要支撑的中国文化财产法律体系基本建立。

进入 21 世纪第二个 10 年以来,国际格局朝着多极化的趋势不断发展,以美、日、欧为代表的西方国家或地区的整体实力相对衰落,对世界事务的主导能力下降;以中国、印度为代表的新兴市场国家和一大批发展中国家群体性崛起,进一步改变了国际力量的对比,推动了国际格局向着更加均衡的方向发展。在国际格局发生深刻变革和我国改革发展进入关键节点的背景下,党的十八大以后,习近平总书记多次就文物保护和文化传承作出重要指示批示,文化财产治理获得党和国家前所未有的重视。

特别需要指出,习近平主席于 2013 年提出“一带一路”倡议。这是一个极具远见的倡议,是在借用古代丝绸之路的历史符号,高举和平发展的旗帜,积极发展与共建国家的合作伙伴关系,共同打造政治互信、经济融合、文化包容的利益共同体、命运共同体和责任共同体。“中国希望借此把马可·波罗曾经踏过的土地最终连成一体,并在世界舞台上扮演一个更积极、更具建设性的角色。”①由此,在“一带一路”的宽广平台上,我国大力构建包括文化财产保护、交流以及流失文物追索返还在内的多层次人文合作机制,以文化财产促民心相通,着力推动中国和沿线国文化财产的国际治理进入各方参与、多赢互惠的快速发展轨道。

2017 年,党的十九大召开,党的十九大报告指出,经过长期努力,中国特色社会主义进入了新时代,中国的综合国力已进入世界前列,国际地位得到前所

① 林毅夫等:《“一带一路”2.0——中国引领下的丝路新格局》,浙江大学出版社 2018 年版,第 11 页。

未有的提高,正日益接近世界舞台中央。① 以此为前提,党中央将统筹国内国际两个大局,积极参与全球治理体系改革和建设,推动构建人类命运共同体确立为新时代坚持和发展中国特色社会主义的14项基本方略之一。自此以后,我国在世界文化遗产申报与保护、地下及海底考古、文化财产的国际合作以及流失文物返还等领域锐意开拓、积极进取,取得了一系列突破性进展,在制度建设、实践探索、理念引领等方面为文化财产的国际治理贡献了中国智慧、中国力量和中国方案,有力推动国际文化财产法向着更为公平正义的方向演进。

"文载于物,族髓附间。运脉牵连,兴者襄见。"中国特色社会主义进入新时代,这是我国发展新的历史方位,意味着中华民族正实现从站起来、富起来到强起来的历史飞跃,意味着中国应该为解决人类问题作出中国贡献、提供中国方案、奉献中国智慧。鉴于此,本章以进入新时代的中国为时空坐标,以上一章对国际文化财产法规制体系发展演进的梳理分析为基础,在文化财产国际治理的语境下诠释人类命运共同体的含义,并全面阐述文化财产国际治理的中国主张。

第一节　文化财产国际治理的新理念

一、推进构建人类命运共同体的历史背景

当今世界正处于大发展大变革大调整时期,不同国家之间的利益分化与冲突,加快了"百年未有之大变局"的演化速度。② 以中国为代表的一批新兴经济体群体性崛起,世界经济中心向亚太转移。国际权力在少数几个西方国家之间"倒手"的局面走向终结,百年来西方国家主导国际政治的情况正在发生根本性改变。自近代以来,世界权力首次开始向非西方世界转移扩散。③

党中央深刻洞察人类命运前途和时代发展趋势,敏锐把握中国与世界关系的历史性变化,党的十八大报告首次提出构建"人类命运共同体"思想,党的十九大报告正式把"推动构建人类命运共同体,遵循共商共建共享原则,推进一带一路建设"写入党章。第十三届全国人民代表大会第一次会议通过的《中华人

① 参见习近平:《决胜全面建成小康社会　夺取新时代中国特色社会主义伟大胜利——在中国共产党第十九次全国代表大会上的报告》,人民出版社2017年版,第10~11页。

② 参见霍政欣:《构建攻防兼备的涉外法律体系》,载《环球时报》2021年3月10日,第12版。

③ 参见吴正龙:《解读当今世界百年未有之大变局》,载《北京日报》2019年1月6日,第4版。

民共和国宪法修正案》，将《宪法》序言第十二段中"发展同各国的外交关系和经济、文化的交流"修改为"发展同各国的外交关系和经济、文化交流，推动构建人类命运共同体"。由此，构建人类命运共同体这一凝聚着古老东方智慧的理念被凝聚成一个具有法律效力的原则，表达出中国人民携手世界各国为构建一个和谐共享的新世界秩序而为之奋斗的坚定意志，也是中国提供给世界的一个指导人类永久和平发展的中国方案。①

进言之，由于《宪法》序言第十二段是《宪法》中唯一论述我国对外交往原则的条款，这意味着构建人类命运共同体已经成为指导我国涉外法治建设的最高法律原则，必须贯彻到我国涉外法治建设的方方面面，包括文化财产的国际法治建设。因此，中国推进文化财产的国际法治建设必须放在上述世界格局的时空坐标下予以运思，必须高举构建人类命运共同体旗帜，秉持共商共建共享的全球治理观。

二、人类命运共同体思想引领下的国际文化财产法

习近平总书记指出，人类命运共同体，顾名思义，就是每个民族、每个国家的前途命运都紧紧联系在一起，应该风雨同舟，荣辱与共，努力把我们生于斯、长于斯的这个星球建成一个和睦的大家庭，把世界各国人民对美好生活的向往变成现实。② 可见，人类命运共同体思想是在洞察国际形势和世界格局演变大趋势的基础上，对人类社会发展潮流的前瞻性思考，它将人类作为一个共同体，站在人类命运的立场上，从整体角度考虑国际社会中遇到的种种问题，并旨在推动国际秩序和国际体系变革，为人类社会发展进步描绘蓝图。③

一方面，人类命运共同体强调，国家不分大小、强弱、贫富，主权和尊严必须得到尊重，这反映了对作为独立个体的民族国家的尊重，亦表明国家主权和各国平等原则构成其基本要素。习近平主席指出，迈向命运共同体需秉持"四个坚持"："坚持各国相互尊重、平等相待""坚持合作共赢、共同发展""坚持实现

---

① 参见杜涛：《从"法律冲突"到"法律共享"：人类命运共同体时代国际私法的价值重构》，载《当代法学》2019 年第 3 期。

② 参见闻言：《坚持推动构建人类命运共同体　努力建设一个更加美好的世界》，载《人民日报》2018 年 10 月 31 日，第 5 版。

③ 参见肖永平、冯洁菡主编：《中国促进国际法治报告(2016)》，社会科学文献出版社 2017 年版，第 106 页。

共同、综合、合作、可持续的安全”“坚持不同文明兼容并蓄、交流互鉴”①。与此同时，人类命运共同体对极端民族主义、单边主义及其造成的冲突对立亦有深刻反思和鞭挞。如果国家片面强调自身利益，漠视其他国家的合理关切以及全人类的共同利益，把自己的利益凌驾在他国和人类整体利益之上，则必然会导致国与国之间陷入零和博弈的窠臼，国际社会的整体利益最终受到损害。所以，习近平主席强调，“我们应该共同维护国际法和国际秩序的权威性和严肃性，各国都应该依法行使权利，反对歪曲国际法，反对以‘法治’之名行侵害他国正当权益、破坏和平稳定之实”②。因此，人类命运共同体理念对极端民族主义和单边主义的批判真实地反映了当前世界所面临的现实威胁。

另一方面，人类命运共同体强调民族国家在国际关系中互相依存的一面。全球化的深入发展，使各个民族国家的利益互相牵制、互相依赖。同时，世界面临的不稳定性不确定性突出，世界经济增长动能不足，贫富分化日益严重，地区热点问题此起彼伏，恐怖主义、网络安全、重大传染性疾病、气候变化等非传统安全威胁持续蔓延，人类面临许多共同挑战。正因为世界进入了“你中有我，我中有你”“一荣俱荣，一损俱损”的状态，人类作为共同体命脉相连、兴衰与共。没有哪个国家能够独自应对人类面临的各种挑战，也没有哪个国家能够退回到自我封闭的孤岛。因此，推动构建人类命运共同体是党中央应对国际复杂挑战、着眼于世界前途和人类发展提出的中国方案，为全球治理体系改革和建设指明了方向。

中国是发展中国家，也是文明古国和文物流失最严重的国家之一。与此同时，经过不懈奋斗，中国已发展为世界综合国力最强的国家之一，也开始成为世界上主要的文物市场国之一。这种国家地位使中国有能力跳出传统上文物资源国与文物市场国胶着对立与零和博弈的思维模式和利益格局，融合共识、弥合分歧，为文化财产国际治理提供中国智慧与中国方案。人类命运共同体思想超越了旧的文明和利益局限，既契合中国的双重国家地位，又反映了全人类的普遍愿望，③是新时代中国参与文化财产国际治理的最高法律原则，亦为国际文化财产法的发展提供了切实可行的思想指引。

---

① 《习近平主席在博鳌亚洲论坛2015年年会上的主旨演讲》，载新华网，http://www.xinhuanet.com/politics/2015－03/29/c_127632707.htm。

② 《习近平对世界如是说》，载《人民日报（海外版）》2015年11月23日，第8版。

③ 参见徐宏：《人类命运共同体与国际法》，载《国际法研究》2018年第5期。

从价值追求上看,人类命运共同体既不遵从绝对的民族主义,也不赞成无原则的国际主义,而是将审视问题的视角拉升到“人类文明共同体”的崭新高度,这恰恰是当代国际文化财产法体系应秉持的基本思维与理念,也是解决该领域矛盾与问题的理论源头。① 换言之,人类命运共同体有机调和了民族主义和国际主义,准确反映了当代国际秩序和国际关系的本质特征,是进入新时代的中国为推动全球治理体系改革提出的中国方案,为包括国际文化财产法在内的国际法领域建立更加公平、合理的国际新秩序提供了基本理论指引。

就具体内涵而言,在构建人类命运共同体的思想引领下,国际文化财产法的要素可分解如下:

首先,国家“文化主权”(cultural sovereignty)是国家主权内在结构中不可或缺的组成部分,是国家主权在文化领域的逻辑延伸,是民族国家在实现国家文化利益过程中所具有的独立自主的最高权力,其中所包含的民族文化发展的独立自主权是构成国家文化主权的核心要素,蕴含世界各民族文化不分高低、各文化主权平等共生的内在逻辑,这构成国际文化财产法体系的基石。基于此,各国天然是其本国境内文化财产最适格和最便利的保护者、管理者和研究者,这不仅是因为各国对其本国文化财产最为关心,而且是该国文化主权得以实现的必然要求。②

其次,人类命运共同体反映了对文化多元性的认可与尊重,它认同各国文明多样性是人类社会的基本特征,也是人类文明进步的动力。“世界上有200多个国家和地区、2500多个民族、多种宗教,不同历史和国情,不同民族和习俗,孕育了不同文明”③,“每一种文明都扎根于自己的生存土壤,凝聚着一个国家、一个民族的非凡智慧和精神追求,都有自己存在的价值。人类只有肤色语言之别,文明只有姹紫嫣红之别,但绝无高低优劣之分”④。文化的多样性有助于保持人类思维活力,为解决全球问题提供更多答案,⑤因此,任何一个文化都有自己主体性地位,应当有其存在和发展的空间;任何一个文化不应当只是他者的

① 参见余萌:《文物中心原则论:以跨境文物返还诉讼为视角》,中国政法大学出版社2023年版,第252页。

② 参见霍政欣:《流失文物追索返还的世界难题与实现路径》,载《人民论坛》2023年第20期。

③ 习近平:《共同构建人类命运共同体》,载《人民日报》2017年1月20日,第2版。

④ 习近平:《深化文明交流互鉴　共建亚洲命运共同体——在亚洲文明对话大会开幕式上的主旨演讲》,载《人民日报》2019年5月16日,第2版。

⑤ 参见曲星:《人类命运共同体的价值观基础》,载《求是》2013年第4期。

工具，只有被他者文化观察和把玩的功能，或者被他者文化蓄意压制；应以文化交流超越文化隔阂，以文化互鉴超越文化冲突，以文化共存超越文化优越，这是国际文化财产法应遵循的基本原则。

最后，人类命运共同体体现了多元文化之间交流互鉴的需要。“文明因多样而交流，因交流而互鉴，因互鉴而发展。”①一种文明、一种文化，只有融入更为丰富、更为多样的世界文明中，才能保证自己的生存。换言之，交流互鉴是文明发展的本质要求，“只有同其他文明交流互鉴、取长补短，才能保持旺盛生命活力。”②“文明差异不应该成为世界冲突的根源，而应该成为人类文明进步的动力。”③各个文明之间每种文明都有其独特魅力和深厚底蕴，都是人类的精神瑰宝。不同文明要做到“不仅欣赏自己的文化传统，也理解其他文化的优势和美感”④，不同人群在人文价值上取得共识，以促进不同文明和平共处，最终“让文明交流互鉴成为推动人类社会进步的动力、维护世界和平的纽带”⑤。

至此，在人类命运共同体思想的引领下，国际文化财产法的“民族主义”和“国际主义”形成了辩证统一：前者反映了各国保护本国、本民族文化利益的需要，后者体现出保护这些利益的集合是为推动人类文明永续发展所应作出的必然选择。二者又交互作用，“花开两朵，各表一枝”：作为文化和文化财产保护的现实路径，“民族主义”在文化主权以及力求保障真实完整的文化安全、促进文化财产与原生生态互动等方面表现得更为切近和突出；而从推动人类文明发展的最终目标来看，“国际主义”则体现为“民族主义”的有益补充——只有在“民族主义”的路径下推进流失文物的追索返还，才能使不同文明切实得到充分的尊重和平等的保护，使之各自绽放出独特光芒在交流互鉴中照耀全人类，呈现“文化国际主义”的真正光辉。

质言之，就文化财产的国际治理体系而言，在人类命运共同体的引领下，在文化财产的保护与传承上要坚持“民族主义”才能“各美其美”，在文化财产的交流与互鉴中要坚持“国际主义”才能“美美与共”，在积极推动流失文物的追

---

① 《习近平提出文明交流互鉴的“中国方案”》，载新华网，http://www.xinhuanet.com/politics/xxjxs/2019-05/16/c_1124502802.htm。

② 习近平：《深化文明交流互鉴　共建亚洲命运共同体——在亚洲文明对话大会开幕式上的主旨演讲》，载《人民日报》2019年5月16日，第2版。

③ 习近平：《共同构建人类命运共同体》，载《人民日报》2017年1月20日，第2版。

④ 费孝通：《跨文化的“席明纳”——人文价值再思考之二》，载《读书》1997年第10期。

⑤ 习近平：《共同构建人类命运共同体》，载《人民日报》2017年1月20日，第2版。

索与返还上则是“美人之美”,由此最终实现国际文化财产法领域的“各美其美,美人之美,美美与共,天下大同”。

进言之,在人类命运共同体思想的引领下,文化财产的国际治理应以打造文化财产保护的“责任共同体”与文化财产利用的“利益共同体”为两翼,实现利益与责任的有机融合,推进体制机制的完善和发展。

首先,在人类命运共同体思想的指引下,文化财产的国际治理机制应倡导和推进构建文化财产保护的责任共同体,实现文化财产保护的国家和国际义务的辩证统一。

作为原则,各国有义务尊重和保护其境内的文化财产。一般而言,各国也是其境内文化财产的最佳守护者。这是因为一国对其境内的文化财产通常拥有最大的利益,故对其保护最为关切。此外,由于文化财产位于其领土境内,该国最有能力采取各种措施对之予以有效保护。尽管如此,由于政治、经济、宗教、文化等复杂因素,一国在某一时间段或某种局势下缺少保护其境内文化财产的能力或意愿的情况亦不能排除,甚至有可能出现该国政权蓄意破坏文化财产的情况。如遇此等情形,国际社会应当共同承担文化财产的保护职责,必要时施以国际援助与国际干预。

所谓“施以援手”,是指有能力施以国际援助的国家与国际组织应当积极提供帮助。文化财产保护不只是其所在国的责任,也是国际社会的责任。当文化财产所在国因种种原因无法独自承担该责任时,或者承担的责任超出其能力范围时,国际社会应施以援手,弥补来源国能力的不足或缓解其保护文物的压力。例如,应意大利政府请求,国际社会施以援手,使威尼斯与佛罗伦萨成功抵御特大洪灾,从而使这两座历史文化名城得以保存至今。

所谓“施加干预”,是指当某些国家因政府的作为或不作为,发生文化财产处于人为蓄意破坏或自然灾害毁损之虞时,国际社会应采取某些事前、事中措施直接制止这种行为或后果的发生,或采取某些事后措施使与之相关的国家或个人承担国际法责任,相关国家和个人应接受这种国际社会的干预。如国际刑事法院于2016年把在马里北部破坏文化与宗教遗产的责任人马赫迪判处9年监禁,开创了国际司法机构专门就破坏文化财产罪追究责任人刑事责任的先河,代表了国际文化财产法的最新发展,其意义再强调也不为过。

其次,在人类命运共同体思想的指引下,文化财产的国际治理机制应致力于打造文化财产利用的利益共同体。①

文化财产的重要特点在于其蕴含丰富的历史、地理、文化等信息，具有独特的科学研究、文化鉴赏与经济发展价值。文化财产的多层次利用价值既有冲突性，也存在一致性和互补性。在人类命运共同体思想的引领下，文化财产的利用可以化解冲突、凸显一致、鼓励互补，形成文物利用的利益共同体。

文化财产利用上的冲突性是指多个国家对同一件文化财产的同时占有在客观上无法实现。换言之，作为有形物的文化财产在某个特定的时间段只能位于一个特定的地理位置，只能出现在一个国家的领土之上、为一个国家所占有。

文化财产利用的一致性是指文化财产的研究、鉴赏所蕴含和传播的知识及灵感是人类的一致利益。文化财产的核心价值是信息和知识，其在历史研究、审美、宗教信仰、民族情感等各方面的功能，都是通过蕴含在文化财产中的信息和知识体现的。各国人民正是基于对这种知识和信息的一致需求而希望有机会接触到文化财产，鉴赏甚至研究之，而不论一件文化财产是否是本民族祖先创造的。所以，当文化财产实体占有上的冲突性导致这种一致需求无法得到满足时，文化财产的国际治理机制应提供其他替代性解决方案以化解冲突。例如，珍藏文化财产的博物馆可以通过数字虚拟博物馆建设，借助新的信息传播手段使世界各国人民充分接触、鉴赏和研究。再如，文化财产所属国应当在确保安全的前提下通过常规化、例行化的国际借展等方式，使世界各国的人民均享文物的可及性。

文化财产利用的互补性是指各国在文化财产资源、文化财产保护与研究能力上天然存在比较优势，通过国际分工与合作实现优势互补可以为人类文化和文明发展作出更大贡献。全球化表现为国际分工与合作，文化财产领域也概莫能外。一方面，很多文化财产资源大国因经济实力较弱、社会不稳定等原因，可能无法有效保护文化财产、无法有效充分研究文化财产或无法使本国及世界人民接触和鉴赏到其境内的文化财产。另一方面，有些国家，其本身文化财产资源并不丰富，但拥有足够的经济实力、科研能力和技术水平提供保护、利用和鉴赏文化财产的条件。在这种情况下，应鼓励文化财产资源大国开放其境内的文化财产，使世界各国人民有机会接触、鉴赏和研究；具有比较优势的国家尽可能

① 参见余萌：《文物中心原则论：以跨境文物返还诉讼为视角》，中国政法大学出版社2023年版，第252页。

地提供帮助，以弥补文化财产所在国的能力不足。[①] 两者平等合作、优势互补，不仅于双方是互利共赢的契机，更是为全人类谋福祉。

所以，在人类命运共同体思想的引领下，文化财产的国际治理机制应致力于打造文化财产利用的利益共同体，倡导和协调各国通过运用彼此的比较优势共同加强对文化财产的保护和利用，从而化解文物占有上的冲突。

第二节　文化财产的国际治理模式与中国方案

一、文化财产的国际治理模式

当前，人类社会已深刻认识到，面对各类全球性问题，仅靠各国的单打独斗已无济于事，只有借助国际合作，人类方能应对新的挑战。在文化财产治理领域，散落在世界各国的人类文化财产，无论是可移动文化财产，还是不可移动文化财产，它们受到的威胁日益复杂多样。其中，既有来自武装冲突、偷盗、私掘、跨国贩运的传统威胁，也有来自环境污染、气候变化、城市扩张以及过度商业开发的新型威胁。在21世纪，面对这些纷繁复杂的挑战，各国显然无力独自应对与解决，因此，文化财产的保护必须更加倚重国际治理，必须放在全球治理的高度加以统筹运思与规划。

就中国而言，党的十九大把积极参与全球治理体系改革，推动构建人类命运共同体，确立为新时代坚持和发展中国特色社会主义基本方略之一，并特别指出，中国尊重世界文明多样性，以文明交流超越文明隔阂，以文明互鉴超越文明冲突，以文明共存超越文明优越，致力于促进和而不同、兼收并蓄的文明交流，始终做世界和平的建设者、全球发展的贡献者、国际秩序的维护者。

党的二十大报告强调，中国积极参与全球治理体系改革和建设，并呼吁世

---

① 譬如，在1993年"美国大都会艺术博物馆返还土耳其吕底亚宝藏案"中，根据双方达成的和解协议，除大都会艺术博物馆自愿将吕底亚宝藏归还土耳其外，双方还将开展并推广诸多文化交流合作项目，包括艺术品收藏、互惠借展、在土耳其建考古挖掘中心，以及双方互设科研学术交流奖学金等。再如，在2010年"美国耶鲁大学返还秘鲁印加文物案"中，耶鲁大学和秘鲁政府达成庭外和解，耶鲁大学同意将所有涉案文物归还给秘鲁。根据双方签署的谅解备忘录，耶鲁大学应于2012年12月31日之前将所有文物归还给秘鲁，归还所产生的费用均由耶鲁大学承担。归还后的文物将入藏秘鲁国立库斯科圣安东尼阿巴大学一处新设立的博物馆科研中心。秘鲁政府同意"为今后以科学研究之目的请求获取文物者提供便利支持"。参见霍政欣、余萌、刘浩：《流失文物争夺战——当代跨国文物追索的实证研究》，中国政法大学出版社2018年版，第95页。

界各国弘扬和平、发展、公平、正义、民主、自由的全人类共同价值，促进各国人民相知相亲，尊重世界文明多样性，以文明交流超越文明隔阂、文明互鉴超越文明冲突、文明共存超越文明优越，共同应对各种全球性挑战。①

这表明，作为世界文明古国、文化财产资源大国、主要文物市场国与负责任大国，进入新时代的中国将高擎人类命运共同体的旗帜，全面参与包括文化财产在内的国际治理体系，为解决人类问题积极贡献中国智慧和中国方案。因此，在中国日益走近世界舞台中央的历史背景下，中国国际法学者须在人类命运共同体的理念之下，就文化财产国际治理的恰当模式进行论证与选择，提出中国方案。

从全球治理的模式来看，由于各类参与主体与不同领域问题的特色不同，全球治理呈现三种不同的治理模式：一是国家中心的治理模式，即以主权国家为主要治理主体的治理模式。具体地说，就是主权国家在彼此关注的领域，出于对共同利益的考虑，通过协商、谈判而相互合作，共同处理问题，进而产生一系列国际协议或规制。二是有限领域的治理模式，即以国际组织为主要治理主体的治理模式。具体地说，就是国际组织针对特定的领域开展活动，使相关成员之间实现对话与合作，谋求实现共同利益。三是网络治理模式，即以非政府组织为主要治理主体的治理模式。具体地说，就是指在现存的跨组织关系网络中，针对特定问题，在信任和互利的基础上，协调目标与偏好各异的行动者的策略而展开的合作管理。②

具体到文化财产领域，笔者认为，未来文化财产的国际治理应采用第二种治理模式，即以联合国教科文组织为主要治理主体、各国与其他相关主体积极参与及合作的治理模式。首先，从文化财产的分布来看，它们既有可能分布于各国领土范围内，也有可能位于各国主权范围外的海域，且由于历史原因，古代文明范围与现代政治版图存在明显冲突，因此，在文化财产领域采取以国家为中心的治理模式，将产生一系列难以协调与解决的问题。其次，由于文化财产为有形标的，以物质形态存于世间，因而文化财产的保护不具备网络治理的基本条件。更为重要的是，在文化财产领域，作为联合国在教育、科学与文化领域

---

① 参见习近平：《高举中国特色社会主义伟大旗帜　为全面建设社会主义现代化国家而团结奋斗——在中国共产党第二十次全国代表大会上的报告（2022年10月16日）》，人民出版社2022年版，第62～63页。

② 参见吕晓莉：《全球治理：模式比较与现实选择》，载《现代国际关系》2005年第3期。

的专门机构,联合国教科文组织在国际立法与条约的实施与改革等各领域已经扮演了主导性角色。因此,建立、完善以该组织为核心的有限治理模式,理应成为文化财产保护未来发展的首选模式。

二、文化财产国际治理体系中的联合国教科文组织

早在1982年,"世界文化政策大会"(World Conference on Cultural Policies)就曾发出倡议,要求加强联合国教科文组织在文化领域的中心作用,以妥善解决因各民族文化差异导致的现实及潜在冲突,增进世界持久和平。① 事实上,如对联合国教科文组织的宗旨与职权加以研读,该组织在文化领域(尤其是文化财产领域)主导作用的合理性、必要性与可行性则可以更加清晰地呈现出来。

1945年,巴西政府提议,《联合国宪章》应包含一个条款以确认文化是人类的共同遗产,并设立一个专门致力于文化遗产保护的国际机构。该提议虽未被采纳,但它有力地促进了联合国教科文组织的创立及其宗旨的确定。② 成立于1946年11月的联合国教科文组织宗旨如下:③

> 通过教育、科学及文化来促进各国间之合作,对和平与安全作出贡献,以增进对正义、法治及联合国宪章所确认之世界人民不分种族、性别、语言或宗教均享人权与基本自由之普遍尊重。

为实现上述宗旨,联合国教科文组织被赋予三种重要职权:④第一,合作与协作的职权,即作为各国的媒介与纽带,共同解决人类在教育、科学与文化领域面对的国际性问题。从这个意义上来说,联合国教科文组织虽然不是这些领域的全球管理机构,但它有权在文化财产领域发挥主导作用,与各国及相关国际机构携手建立适当的国际合作制度。第二,建议各国订立"必要之国际公约"的

---

① See Toman, J., *The Protection of Cultural Property in the Event of Armed Conflict*, Dartmouth, 1996, p. 259.

② See Forrest, C., *International Law and the Protection of Cultural Property*, Routledge, 2010, p. 392.

③ 《联合国教科文组织组织法》第1条第1款。

④ See Musitelli, J., *World Heritage, Between Universalism and Globalization*, International Journal of Cultural Property, Vol. 11:2, p. 323 (2002).

职权。[①] 正是基于这一职权,联合国教科文组织积极推动了多部文化财产条约的订立与改革,并取得重大成就。第三,通过教育、增进知识与理解以实现其宗旨,其中包括“保证对图书、艺术作品及历史和科学文物等世界文化遗产之保存与维护”[②]。

作为政府间国际组织,联合国教科文组织应代表其成员的利益与立场,并不能完全独立地运作,但它有责任与义务通过行使上述职权确保人类的文化财产得到更好的保护。自成立以来,联合国教科文组织通过主持制定国际条约与国际行为规范、作出决议、发出倡议或谴责、向相关国家提供技术与资金援助、充当冲突成员的调停者、委托或授权其他相关国际机构主持制定文化财产条约或提供相关支持等手段,积极、有效地促进了文化财产的保护,可谓厥功至伟。

当然,由于受到各种制约,联合国教科文组织在文化财产保护领域的能力也常受诟病。最常见的制约来自经费方面,出于各种复杂多样的原因,联合国教科文组织会员拒绝或拖延缴纳会费的情况并不罕见,这导致该组织的资金常捉襟见肘。[③] 此外,联合国教科文组织的年度预算还需得到成员的批准方能实施,而受复杂的国际政治因素影响,年度预算的批准有时会沦为各国政治角力的场所。联合国教科文组织缺少硬性权力,也是制约其发挥作用的重要因素。正如有学者指出:“联合国教科文组织没有执法权或制裁权,其所拥有的职权完全是道义性质的。”[④]所以,如出现文化财产受到严重破坏或威胁的情况,联合国教科文组织所能采取的措施事实上颇为有限。从该组织成立以来的实践来看,将有关事态公之于众、召开会议并发表谴责性决议或号召各成员采取协调一致的行动、应有关国家的请求提供经济及技术援助,是其最为常见的应对措施。

尽管上述措施在本质上均非强制性措施,但几十年来的实践表明,它们还是取得了显著成效,使不少文化财产转危为安,其中既包括阻止其成员方政府

---

① 参见《联合国教科文组织组织法》第 1 条第 2 款 C 项第 1 目。

② 参见《联合国教科文组织组织法》第 1 条第 2 款 C 项第 1 目。

③ 例如,2010 年起,美国及以色列因联合国教科文组织接纳巴勒斯坦为会员国而停止缴纳会费。2015 年 10 月,日本因联合国教科文组织将中国单方面提交的关于 1937 年南京大屠杀的文件列入《世界记忆名录》而威胁停止对该组织的资助,包括停止缴纳会费。参见王新:《日本制裁教科文组织的背后》,载新华网,http://www.xinhuanet.com/world/2015-10/14/c_128317376.htm。

④ Musitelli, J., *World Heritage, Between Universalism and Globalization*, International Journal of Cultural Property, Vol. 11:2, p. 325 (2002).

采取有可能破坏文化财产的行动的案例，也有帮助缺少能力的成员方政府采取主动性措施保护文化财产的案例。前者例如：阻止希腊政府在特尔斐古城毗邻区域建造铝厂；阻止埃及政府在金字塔附近修建公路；阻止秘鲁政府在马丘比丘古城修建观光缆车。后者包括：应埃及政府请求，联合国教科文组织发起国际紧急援助行动，最终成功将阿布·辛贝神庙完整切割并迁移至安全地带重新组合；[①]在意大利政府的请求下，联合国教科文组织发起国际紧急援助呼吁，使威尼斯与佛罗伦萨成功抵御特大洪灾；为挽救突尼斯境内的迦太基遗址以及印度尼西亚境内婆罗浮屠，联合国教科文组织也发起了类似的国际援助行动，并获得显著成效。[②]

值得强调的是，联合国教科文组织在文化财产领域的职权不仅由其组织法授予，随着越来越多的文化财产条约的制定并生效，该组织的职权由条约授权的情况逐渐增多，其权限呈现不断扩张和增强的态势。

依据《联合国教科文组织组织法》，国际条约需要得到联合国教科文组织大会的支持与通过，[③]不过，国际条约一旦生效，它就获得了自己的生命，对其缔约国具有约束力，而独立于赋予其生命的联合国教科文组织。从联合国教科文组织主持制定国际条约的实践来看，在邀请各国参加条约谈判时，其邀请对象并不限于其成员，非成员参与缔约过程的情况时有发生。所以，文化财产条约的缔约国既有可能是联合国教科文组织成员，也有可能不是。对于非联合国教科文组织成员的公约缔约国而言，它并不受《联合国教科文组织组织法》或其大会、执行局及秘书处的相关约束。尽管文化财产条约可以设立特殊机构并对其与联合国教科文组织的关系设立专款予以规定，但由于各种复杂情况的出现，还是有可能出现一些难以协调的困局。

例如，《1970 年公约》与《世界遗产公约》规定，公约可由联合国教科文组织大会修订。[④] 然而，有一部分联合国教科文组织的会员并不是这两个公约的缔约国，而少数非教科文组织成员则已受邀加入，因此，授权联合国教科文组织大会修订公约会造成如下后果：一方面，未加入公约的联合国教科文组织成员对

① See Francioni, F. & Lenzerini, F., *The 1972 World Heritage Convention: A Commentary*, Oxford University Press, 2008, p. 295.

② See Forrest, C., *International Law and the Protection of Cultural Property*, Routledge, 2010, p. 226.

③ 参见《联合国教科文组织组织法》第 4 条 B 款第 4 项。

④ 参见《1970 年公约》第 25 条；《世界遗产公约》第 37 条。

公约的修订具有表决权;另一方面,少数公约缔约国则无权对公约的修订进行表决。这显然不符合逻辑。再如,美国是一部分文化财产条约的缔约国,也曾是联合国教科文组织的成员,但它曾两度退出联合国教科文组织:美国于1984年第一次退出联合国教科文组织,又于2003年重返该组织;2017年10月12日,美国再一次宣布退出联合国教科文组织。① 在这些情况下,美国与特定文化财产条约设立的机构以及它与联合国教科文组织之间的关系,必然呈现异常复杂与不确定的状态。

在现有的文化财产条约中,《世界遗产公约》首设专属行政机构。该公约不仅设立了世界遗产委员会,还建立了常设秘书处(世界遗产中心)负责世界遗产委员会的日常运转,而后者对公约的实施在事实上拥有相当大的权力。在所有文化财产条约中,这种机构设置尚属于唯一一例。这种构架,一方面,有利于强化公约的实施,但由于常设秘书处的权限宽泛,且未得到准确厘定;另一方面,也导致该秘书处与世界遗产委员会、公约缔约国大会以及联合国教科文组织相关机构之间的关系较为紧张,常陷入相互掣肘的尴尬局面。② 这表明,尽管文化财产条约及其设立的专属机构自公约生效以后便具有独立于联合国教科文组织的地位,但为了确保公约的实施,有必要在条约的缔约国大会及其专属常设机构与联合国教科文组织之间建立更加协调的关系。

除《世界遗产公约》外,其他文化财产条约也陆续建立了旨在监督履约的机构。对于《1954年海牙公约》而言,尽管公约本身并未建立负责监督履约的机构,但《1954年海牙公约第二议定书》建立了"武装冲突中的文化财产保护委员会",其职权包括制定执行本议定书的实施指南;决定对有关文化财产给予、中止或停止重点保护,建立、更新和传播《受重点保护的文化财产目录》;跟踪和监督本议定书的执行情况,推进应受重点保护的文化财产的确认工作;审议各缔约国提交的报告并予以评价;受理并审议各种国际援助申请;决定如何使用"武装冲突中的文化财产保护基金"等。不同于《世界遗产公约》设立其自身的秘书处,③依据《1954年海牙公约》及议定书,联合国教科文组织秘书处向武装冲

---

① 依据《联合国教科文组织组织法》第2条第6款与第4条第5款,美国的退出应决定于2018年12月31日正式生效。

② See Forrest, C., *International Law and the Protection of Cultural Property*, Routledge, 2010, p.416.

③ 参见《世界遗产公约》第14条第1款。不过,自1993年以后,《世界遗产公约》秘书处的职责交由世界遗产中心行使,详见本书第四编第二章。

突中的文化财产保护委员会提供协助。

《水下遗产公约》设立了科学与咨询委员会。作为公约设立的专属行政机构,该委员会权限相对较小,仅负责为各成员实施《有关开发水下文化遗产之活动的规章》中涉及的科学或技术问题提供协助。此外,该公约并未直接建立秘书处,而是要求联合国教科文组织总干事履行公约秘书处的职能。

在所有文化财产条约中,《1970 年公约》的履约机制最为孱弱,其本身并未建立任何行政机构,在相当长的一段时期内,甚至连公约缔约国大会亦鲜有召开。不过,自 2012 年以后,在联合国教科文组织的大力推动下,该公约的改革已取得实质性进展,不仅确立了缔约国大会每 2 年召开一次的规则,而且建立了"1970 年公约缔约国大会附属委员会"作为公约的专属履约监督机构。特别值得一提的是,联合国教科文组织在推动设立该委员会时,广泛借鉴了其他文化财产条约的经验,尤其在选举程序、职能设置等诸核心事项上,更是直接移植了《世界遗产公约》的相关规定。从上述文化财产条约关于专属行政机构的设立及其演进来看,建立旨在加强履约的专属行政机构,而不再依赖各缔约国单独履约,构成当代文化财产条约最为明显的发展趋势。

尽管从法理上说,文化财产条约建立的专属机构应体现公约缔约国的意志,并与联合国教科文组织相独立,但由于各种机制性与非机制性因素使然,对于生效后的文化财产条约,联合国教科文组织依然发挥着重要、独立的影响。从半个世纪以来的实践来看,联合国教科文组织对于提升缔约国在各条约机制内的合作以及进行跨条约机制的协作,进而形成文化财产的全球法律保护网发挥了不可替代的重要作用。

联合国教科文组织之所以能在各公约生效后仍发挥如此重要的作用,在很大程度上源自各公约的授权。以《1954 年海牙公约》为例,该条约第 23 条以"联合国教育、科学及文化组织的协助"为题,规定如下:

> 1. 各缔约国可以请求联合国教育、科学及文化组织在其文化财产的组织方面,或于适用本公约或其实施条例所产生的任何其他问题上予以技术性协助。该组织应在其规划和资历所定限度内给予协助。
>
> 2. 该组织有权就此事宜主动向各缔约国提出建议。

《1954 年海牙公约》的上述规定(尤其是第 23 条第 2 款)被一些学者视为

“文化财产保护大厦得以构建的基础性条款之一”①。正是以该条为依据，在以色列入侵黎巴嫩并占领其部分领土后，黎巴嫩政府请求联合国教科文组织派代表到提尔（Tyre）古城遗址，负责监督以色列军队在该文化遗产区域的行动，确保其得到保护。在收到该请求后不久，联合国教科文组织派遣了一位专家，该专家将公约的蓝盾标志安置于提尔古城的显著位置，并行使了监督义务。② 该公约还授权联合国教科文组织在非国际性武装冲突中向冲突各方提供服务，以保证公约在此类武装冲突中得到实施。③ 该公约第二议定书在很大程度上复制了上述授权性条款。④

《1970 年公约》也包含对联合国教科文组织的授权性条款。依据该公约，公约缔约国可以向联合国教科文组织请求给予技术援助，特别是有关情报和教育、咨询和专家建议以及协调和斡旋等事项。联合国教科文组织可以主动进行有关非法转移文化财产问题的研究并出具研究报告，还可以主动向公约缔约国提出有关公约实施的建议。经两个以上对公约的实施有争议的公约缔约国的请求，联合国教科文组织需要进行斡旋，使它们之间的争端得到解决。⑤ 相对而言，《水下遗产公约》几乎没有对联合国教科文组织的授权性条款，仅要求联合国教科文组织总干事负责公约秘书处的职能。

在现有的文化财产条约中，《世界遗产公约》建立的国际合作机制最为特别，主要表现为联合国教科文组织在其中扮演着主导性角色。细言之，公约设立的“世界遗产委员会”及其常设秘书处对于公约涉及的重大事项具有决定权，但这两个机构在很大程度上受制于联合国教科文组织。首先，世界遗产委员会由联合国教科文组织大会常会期间召集的本公约缔约国大会选举组成。其次，公约规定，联合国教科文组织总干事应任命并组成一个秘书处，⑥协助世界遗产委员的工作。由于最初秘书处的构成并不稳定，不利于公约的实施，不利于世界遗产委员会日常工作的有效推进，联合国教科文组织总干事于 1992 年建立

---

① Toman, J., *The Protection of Cultural Property in the Event of Armed Conflict*, Dartmouth, 1996, p. 259.

② See O'Keefe, R., *The Protection of Cultural Property in Armed Conflict*, Cambridge University Press, 2006, p. 137.

③ 参见《1954 年海牙公约》第 19 条第 3 款。

④ 参见《1954 年海牙公约第二议定书》第 22 条第 7 款、第 33 条。

⑤ 参见《1970 年公约》第 17 条。

⑥ 参见《世界遗产公约》第 14 条。

了世界遗产中心。该中心设在巴黎联合国教科文组织总部,行使《世界遗产公约》常设秘书处的功能,这样一来,该公约所倚赖的世界遗产委员会以及世界遗产中心,不可避免地受到联合国教科文组织的节制。

由此可见,现有的文化财产条约大都含有对联合国教科文组织的授权性条款,这构成该组织行使职权越来越重要的国际法依据。从上述各公约的实施状况来看,联合国教科文组织的地位与履约的程度明显呈现正相关的态势。这表明,未来若要提高文化财产公约的执行力度,有必要进一步加强、提升联合国教科文组织的作用。

三、加快构建联合国教科文组织主导、多方参与的国际合作机制

文化财产既属于各国、各民族,也属于全人类。在全球化时代,为妥善保护好分布于世界各地的珍贵文化财产,不仅需要各国在国内层面作出努力,还需要国际社会携手合作。从现有的文化财产条约来看,无论哪一个,如要得到切实履行,均须以有效的国际合作为前提。需要指出,在当代国际文化财产法的语境下,国际合作的主体是多层次的,并不局限于联合国教科文组织与各缔约国,还包括其他政府间国际组织以及非政府组织等。其中,各缔约国之间展开的合作以及各国与联合国教科文组织之间的合作通常属于强制性义务,而其他政府间国际组织与非政府组织作为主体参与的国际合作,多属于非强制性义务。

以《1970 年公约》为例,公约的宗旨是否能实现,在很大程度上取决于其倚赖的国际合作机制是否能有效运转。在序言中,公约即言明,"只有各国在国家和国际层面上组织起来,密切合作,才能有效保护文化遗产"。紧接着,公约第2条强调,本公约缔约国"承认国际合作是保护各国文化财产免遭由此产生的各种危险的最有效方法之一"。为了使国际合作有效运作,公约还要求,各缔约国应"保证本国的主管机关进行合作,使非法出口的文化财产尽早归还其合法所有者";联合国教科文组织还"可以请求任何非政府的主管组织予以合作"。[①]可见,《1970 年公约》所构建的国际合作机制,其主体既包括联合国教科文组织与各缔约国,也包括其他政府间国际组织(如国际统一私法协会[②]、国际刑警组

① 参见《1970 年公约》第 13 条第 2 款、第 17 条第 3 款。

② 该机构受联合国教科文组织委托,主持制定了《1995 年公约》。

织[1]、世界海关组织等[2]),还包括非政府组织(如盖蒂艺术基金会[3])等。其中,联合国教科文组织与各缔约国以及各缔约国之间的合作属于强制性义务,而其他几类主体参与合作属于非强制性义务。该公约实施以来的40余年间,一个以联合国教科文组织为主导的多层次、全方位国际合作网对于实现公约宗旨发挥着至关重要的作用。

需要指出的是,在当前文化财产条约构建的国际合作机制中,尽管非政府国际组织的角色多属于非强制性的,但其地位独特,且呈现愈加重要的趋势。这是因为非政府组织通常具有中立性与独立性,其立场一般不受特定国家左右,故更加客观、公允,更能代表人类社会的整体利益,因而更有利于缔约国(尤其是利益对峙的国家)接受,更有助于公约宗旨的实现。譬如,为助力武装冲突中的文化财产保护委员会行使职能,《1954年海牙公约第二议定书》授权该委员会邀请蓝盾委员会、国际文化财产保护与修复研究中心(罗马中心)和红十字国际委员会的代表出席委员会会议。相比之下,在《世界遗产公约》的国际合作机制下,非政府组织的参与则是强制性的。该公约要求世界遗产委员会"应当"与拥有与本公约目标相似目标的国际和国家级政府组织和非政府组织合作,这些机构主要包括:国际文物保护与修复研究中心(罗马中心)、国际古迹遗址理事会和国际自然及自然资源保护联盟等。该公约的实施实践表明,非政府机构参与其国际合作机制对于公约的有效实施发挥了独特而重要的作用。[4] 所以,有学者指出,在国际治理体系中,由于缺乏一个强有力的中央政府,规制体系的成功很可能有赖于该体系吸纳多元化主体参与监督和执行过程的能力。[5]

综上可见,在联合国教科文组织的主导下,文化财产领域的国际合作已构成国际文化财产法的基础性原则。在半个多世纪的实践中,其地位正在得到不断加强与提升:首先,作为该领域立法的主导性国际机构——联合国教科文组

---

① 该组织建立的"被盗艺术品数据库"对于促进《1970年公约》的实施起到了重要作用。

② 联合国教科文组织秘书处与世界海关组织合作,共同设计了出口许可证样本,并已得到越来越多国家的采纳。

③ 参见霍政欣:《1970年UNESCO公约研究:文本、实施与改革》,中国政法大学出版社2015年版,第87页。

④ See Forrest, C., *International Law and the Protection of Cultural Property*, Routledge, 2010, p. 422.

⑤ 参见[英]科林·斯科特:《规制、治理与法律:前沿问题研究》,安永康译,清华大学出版社2018年版,第244页。

织本身就是国际合作的产物。其次,联合国教科文组织诞生以后,在其主导与推动下,通过国际合作,一项又一项的文化财产条约得以制定、通过并生效,从而使文化财产保护的国际法体系浸成巨观。从最初仅在武装冲突期间保护文化财产,发展到在所有局势下保护文化财产;从仅对历史建筑、考古遗址等陆上文化财产进行保护扩展到对包括海底文物在内的所有地理范围内的文化财产进行保护。更为重要的是,随着越来越多的文化财产条约的诞生以及国际文化财产法体系的不断扩张,一个以联合国教科文组织为主导、各缔约国与相关政府间国际组织以及各类非政府组织参与的多层次、全方位的国际合作网络得到不断夯实与加强。

鉴于此,笔者认为,在全球治理已经成为人类应对国际性问题不二选择的历史背景下,中国应倡导,作为文化领域最具权威与代表性的国际组织,联合国教科文组织进一步加强其在文化财产治理领域的地位和角色;作为负责任的大国,中国应作出积极努力,推进形成和完善以联合国教科文组织为主要治理主体、各国与其他相关主体积极参与及合作的文化财产治理体系。

特别是随着中国对联合国教科文组织的贡献与影响力的增大,以及美国影响的式微,我国应该利用战略机遇期,加大力度向该组织推荐、输送中国籍雇员,尤其是高级别官员,瞄准下一届总干事职位。现阶段,中国籍雇员尤其是高级别官员在该组织中的任职人数及其比例与中国对该组织的贡献度与我国的国际地位明显不匹配,因此,当下的工作重点是进行制度创新,打破制度壁垒,建立人才的旋转门机制,鼓励、支持更多的中国青年人才进入该组织工作,加大力度向该组织推荐和输送高级别官员。我国应瞄准总干事职位的竞选,尽早开展各项筹备与游说工作,争取中国政府推举的人选能够担任联合国教科文组织总干事,为中国发挥更大影响力创造条件。

此外,联合国教科文组织秉持的理念与构建人类命运共同体及"一带一路"倡议高度契合,因此,我国应充分利用该组织的多边组织构架,助力国家战略的推进。从目前来看,"一带一路"倡议在教科文领域的推进相对滞后于经济领域,而教育、科学与文化具有基础性、长远性与传导性等特征,这些领域的合作对于实现"民心相通"特具重要意义,对于"一带一路"倡议得到沿线国与国际社会的支持至关重要。因此,利用联合国教科文组织的平台,发起支撑"一带一路"倡议的决议、开发与"一带一路"相融合的教科文领域的合作项目与国际条约,是我国今后需要着力的方向与领域。

中国通过加大对联合国教科文组织的支持与影响,还有助于扩大我国在整个联合国体系的话语权、影响力、感召力与塑造力，促进全球治理体系变革。习近平总书记多次强调，“我们将始终做多边主义的践行者，积极参与全球治理体系改革和建设，坚定维护以联合国为核心的国际体系，坚定维护以国际法为基础的国际秩序，坚定维护联合国在国际事务中的核心作用”①。作为联合国的专门机构，联合国教科文组织在整个联合国体系具有重要影响力，在全球治理体系中发挥着不可替代的作用，通过支持该组织改革完善治理机制，能够使国际社会感受到中国的大国责任、胸怀与能力，抵消美国通过大肆推行单边主义企图威胁联合国及其他重要多边机制的效果，从而增加中国的国际感召力与向心力，助力中国参与全球治理体系改革和建设，推进构建人类命共同体。

综上可见，经过半个多世纪的发展，文化财产的国际法保护体系在地理范围、各种局势与各类文化财产上已经基本做到全覆盖，国际文化财产法的基本构架已经形成。今后，文化财产的国际治理体系应形成以联合国教科文组织为主要治理主体、各国与其他相关主体积极参与及合作的模式为目标。在此治理模式下，国际文化财产法的发展重点应从体系扩张转向内在完善，更加注重提升现有公约的实施力度，敦促更多国家加入现有文化财产公约，推动对现有公约的内生性缺陷进行改革与完善，并且在此进程中注重各文化财产公约体系之间的协调，系统性解决当前各条约之间存在的潜在及现实冲突问题，进一步加强与完善文化财产保护的国际合作机制。唯有这样，人类的文化财产才能得到更加有力的国际法保护。

恰如散落在各地的文化财产，它们“数量虽众，实为一体”②。制定于不同时期的各文化财产条约虽各有独立的规范体系和不同的特定宗旨，但它们共享着相同的权威国际组织——联合国教科文组织与相同的终极宗旨——护卫文化财产，因此，它们在本质上亦为一体。

展望未来，在联合国教科文组织的主导与推动下，在各国及各类主体的参与下，各文化财产条约之间的关系必将更加协调有序，文化财产的国际治理体系必将得到不断完善。作为在国际法层面以保护文化财产为宗旨的法律分支，国际文化财产法的地位必将得到进一步提升，成为人类解决跨国文化及文明间

---

① 《习近平在联合国成立75周年纪念峰会上的讲话》，载《人民日报》2020年9月22日，第1版。

② 这句话来自澳大利亚歌曲“我是澳大利亚人”（I am Australian）中的一句歌词，“we are one, but we are many”。

题的利器,成为构建人类命运共同体的重要手段。作为文明古国、文化财产重要资源及市场国和负责任的世界大国,中国在推动文化财产国际法治体系的改革与完善过程中肩负特殊的国家使命与国际责任,必将发挥愈加重要和积极的作用。对此,我们满怀信心、充满期待。

参考文献

一、外文文献(按作者姓氏英文字母排序)

(一)外文著作

1. Abramson, R. D. & Hutter, S. B., *The Legal Response to the Illicit Movement of Cultural Property*, Law and Policy in International Business, 1973.

2. Arnold, T., *The Symbols of Government*, Yale University Press, 1935.

3. Aubry, C. & Rau, C., *Droit Civil Français* (*French Civil Law*), Meline Cans et Comp, 1961.

4. Aust, A., *Modern Treaty Law and Practice*, 2nd ed., Cambridge University Press, 2007.

5. Barbero, D., *Il Sistema del Diritto Privato* (*System of Private Law*), UTET,1988.

6. Bascom, W., *Deep Water, Ancient Ship*, David and Charles, 1976.

7. Bassiouni, M. C., *A Draft International Criminal Code and Draft Statute for an International Criminal Tribunal*, Martinus Nijhoff Publishers, 1987.

8. Bazyler, M. J., *Holocaust Justice: The Battle for Restitution in America's Court*, New York University Press, 2003.

9. Bentley, J. H. & Ziegler, H. F. & Streets, H., *Traditions and Encounters: A Brief Global History*,

Academic Internet Publishers, 2008.

10. Benvenisti, E., *The International Law of Occupation*, Princeton University Press, 2004.

11. Berman, H. J., *Law and Revolution: The Formation of Western Legal Tradition*, Harvard University Press, 1983.

12. Blake, J., *Commentary on the UNESCO 2003 Convention on the Safeguarding of Intangible Cultural Heritage*, Institute of Art and Law, 2006.

13. Boer, B. & Wiffen, G., *Heritage Law in Australia*, Oxford University Press, 2006.

14. Bonneville, P., *The World Heritage: UNESCO's Classified Sites*, Bonneville Connection, 2006.

15. Born, G. B., *International Civil Litigation In United States Courts*, 4th ed., Wolters Kluwer, 2007.

16. Brissaud, J., *A History of French Private Law*, Little, Brown, and Company, 1912.

17. Brode, N., *Illicit Antiquities: The Theft of Culture and the Extinction of Archaeology I*, Routledge, 2002.

18. Brownlie, I., *Brownlie's Principles of Public International Law*, 6th ed., Oxford University Press, 2003.

19. Brownlie, I., *International Law and the Use of Force by States*, Clarendon Press, 1963.

20. Burckhardt, J., *Civilization of the Renaissance in Italy*, Penguin Books, 1990.

21. Burke, B., *Personal Property in a Nutshell*, Thomson West, 1993.

22. Camrda, G. & Scovazzi, T., *The Protection of the Underwater Heritage: Legal Aspects*, Giuffre, 2003.

23. Cameron, D. F., *An Introduction to the Cultural Property Export and Import Act*, Department of Communications, 1980.

24. Cappelletti, M., *The Italian Legal System: An Introduction*, Stanford University Press, 1967.

25. Carlos, C., *A History of Italian Law*, Beard Books, 1969.

26. Chamberlain, K., *War and Cultural Heritage: An Analysis of the 1954*

Convention for the Protection of Cultural Property in the Event of Armed Conflict and its Two Protocols, Institute of Art and Law, 2004.

27. Chechi, A., *The Settlement of International Cultural Heritage*, Oxford University Press, 2014.

28. Choay, F., *Invention of the Historic Monument*, Cambridge University Press, 2001.

29. Collier, J. & Lowe, V., *The Settlement of Disputes in International Law: Institutions and Procedures*, Oxford University Press, 1999.

30. Collins, L., *Dicey, Morris and Collins on Conflict of Laws*, 14th ed., Sweet & Maxwell, 2006.

31. Crawford, J., *Brownlie's Principles of Public International Law*, 8th ed., Oxford University Press, 2012.

32. Cuno, J., *Who owns Antiquity? Museums and the Battle over Our Ancient Heritage*, Princeton University Press, 2008.

33. Driver, G. R. & Miles, J. C., *The Babylonian Laws, Volume 1: Legal Commentary*, Clarendon Press, 1952.

34. Dromgoole, S., *Legal Protection of the Underwater Cultural Heritage: National and International Perspectives*, Kluwer Law International, 1999.

35. Dromgoole, S., *Underwater Cultural Heritage and International Law*, Cambridge University Press, 2013.

36. Edmonds, J. E. & Oppenheim, L., *Land Warfare: An Exposition of the Laws and Usages of War on Land*, His Majesty's Stationery Office, 1912.

37. Edwards, H., *Treasures of the Deep: The Extraordinary Life and Times of Captain Mike Hatcher*, Harper Collins Publishers, 2000.

38. Ehlert, C., *Protecting the Destruction of Cultural Property in International Criminal Law*, Martinus Njhhoff Publishers, 2014.

39. Forrest, C., *International Law and the Protection of Cultural Property*, Routledge, 2010.

40. Francioni, F. & Lenzerini, F., *The 1972 World Heritage Convention: A Commentary*, Oxford University Press, 2008.

41. Freeman, M. D. A., *Lloyd's Introduction to Jurisprudence*, 7th ed., Sweet & Maxwell, 2001.

42. Garabello, R. & Scovazzi, T., *The Protection of the Underwater Heritage: Before and After the 2001 UNESCO Convention*, Brill, 2003.

43. Garner, J. W., *International Law and the World War Ⅰ*, Longmans, Greene and Company, 1920.

44. Gerlis, S. M. & Loughlin, P., *Civil Procedure*, Cavendish, 2004.

45. Goff, R., Moss, W., Terry, J. & Upshur, J., *The Twentieth Century*, 7th ed., McGraw-Hill, 2007.

46. Goldhill, S. & Osborne, R., *Rethinking Revolutions Through Ancient Greece*, Cambridge University Press, 2006.

47. Goodman, D., *The Republic of Letters: A Cultural History of the French Enlightenment*, Cornell University Press, 1994.

48. Greenfield, J., *The Return of Cultural Treasures*, 3rd ed., Cambridge University Press, 2007.

49. Herzog, I., *The Main Institutions of Jewish Law*, *Volume* 1: *The Law of Property*, The Soncino Press, 1936.

50. Holdsworth, W. S., *A History of English Law*, Methuen, 1923.

51. Hollander, B., *The International Law of Art for Lawyers*, *Collectors and Artists*, Bowes & Bowes, 1959.

52. Huebner, R., *A History of Germanic Private Law*, Nabu Press, 1968.

53. Israel, F., *Major Peace Treaties of Modern History*, Chelsea House Publishers, 1967.

54. Jackson, B. S., *Theft in Early Jewish Law*, Clarendon Press, 1972.

55. Johns, C. H. W., *Babylonian and Assyrian Laws*, *Contracts and Letters*, Kessinger Publishing, 2004.

56. Juenger, F. K., *Choice of Law and Multistate Justice*, Special ed., Transnational Publisher, 2000.

57. Kozlov, V. B., *The New Russian Civil Code 1994*, Centro di studi e ricerche di diritto comparato e straniero, 1996.

58. Levy, E., *West Roman Vulgar Law*, William S. Hein & Company, 1951.

59. Locke, J., *Two Treatise of Governments*, Kessinger Publishing, 1698.

60. Lostal, M., *International Cultural Heritage Law in Armed Conflict: Case-Studies of Syria*, *Libya*, *Mali*, *the Invasion of Iraq*, *and the Buddhas of Bamiyan*,

Cambridge University Press, 2017.

61. Manacorda, S. , *Crime in the Art and Antiquities World*, Springer, 2009.

62. Mcbryde, I. , *Who Owns the Past?*, Oxford University Press, 1985.

63. Mcclelland, J S. , *A History of Western Political Thought*, Routledge, 1996.

64. Mccmeel, G. , *The Modern Law of Restitution*, Blackstone, 2000.

65. Mckee, A. , *How We found the Mary Rose*, London Souvenir Press, 1982.

66. Merryman, J. H. , *Imperialism, Art and Restitution*, Cambridge University Press, 2010.

67. Moore, J. B. , *A Digest of International Law*, G. P. O. , 1906.

68. Muckleroy, K. , *Maritime Archaeology*, Cambridge University Press, 1978.

69. Muir, J. , *Our National Park*, University of Wisconsin Press, 1981.

70. Murphy, D. J. , *Plunder and Preservation: Cultural Property Law and Practice in the People's Republic of China*, Oxford University Press, 1995.

71. O'Keefe, P. J. , *Commentary on the UNESCO 1970 Convention on the Means of Prohibiting and Preventing the Illicit Import, Export and Transfer of Ownership of Cultural Property*, Institute of Art and Law, 2007.

72. O'Keefe, P. J. , *Shipwrecked Heritage: A Commentary on the UNESCO Convention on Underwater Cultural Heritage*, Institute of Art and Law, 2002.

73. O'Keefe, P. J. & Prott L. V. , *Law and the Cultural Heritage, Vol. I Discovery and Excavation*, Professional Books Ltd. , 1984.

74. O'Keefe, R. , *The Protection of Cultural Property in Armed Conflict*, Cambridge University Press, 2006.

75. Panagopoulous, G. , *Restitution in Private International Law*, Hart Publishing, 2000.

76. Pirenne, H. , *Economic and Social History of Medieval Europe*, Routledge, 1936.

77. Planiol, M. & Ripert, G. , Traité Pratique de Droit Civil Français(*Practical Treatise of French Civil Law*), 2nd ed. , Paris: Librairie Générale de Droit et de Jurisprudence(General Library of Law and Jurisprudence), 1952.

78. Pollock, F. & Maitland, F. W., *The History of English Law before the Time of Edward I*, Cambridge University Press, 1898.

79. Pringsheim, F., *The Greek Law of Sale*, Hermann Böhlaus Nachfolger, 1950.

80. Prott, L. V., *Commentary on the UNIDROIT Convention on Stolen and Illegally Exported Cultural Objects 1995*, The Institute of Art and Law, 1997.

81. Prott, L. V., *Witnesses to History: A Compendium of Documents and Writings on the Return of Cultural Objects*, UNESCO Publishing, 2009.

82. Rabel, E., *Private Laws of Western Civilization*, Baton Rouge, 1950.

83. Reeder, J., *Brice on Maritime Law of Salvage*, Sweet & Maxwell, 2003.

84. Richman, W. M. & Reynolds, W. L., *Understanding Conflict of Laws*, Lexis Nexis, 2003.

85. Roders, A. P. V., *Law on the Battlefield*, 2nd edition, Manchester University Press, 2004.

86. Russell, B., *A History of Western Philosophy*, Simon & Schuster, 1945.

87. Sandoz, Y., Swinarski, C. & Zimmermann, B., *Commentary on the Additional Protocols of 8 June 1977 to the Geneva Conventions of 12 August 1949*, Martinus Nijhoff, 1987.

88. Sassoli, M. & Bouvier, A., *How Does Law Protect in War?*, International Committee of the Red Cross, 2006.

89. Schonenberger, B., *The Restitution of Cultural Assets*, Stämpfli Publishers, 2009.

90. Shakespeare, W., *The Complete Works of William Shakespeare*, Random House, 1975.

91. Shany, Y., *Regulating Jurisdictional Relations between National and International Court*, Oxford University Press, 2007.

92. Simpson, E., *The Spoils of War*, Harry N. Abrams, 1997

93. Smith, L., *The Use of Heritage*, Routledge, 2006.

94. Sohm, R., *The Institutes, A Textbook of the History and System of Roman Private Law*, Clarendon Press, 1907.

95. Stamatoudi, I. A., *Cultural Property Law and Restitution: A Commentary to International Conventions and European Law*, Edward Elgar, 2011.

96. Stara, A., *The Museum of French Monuments* 1795 – 1816: *Killing Art to Make History*, Ashgate Publishing, 2013.

97. Stati, A., *The Protection of the Underwater Cultural Heritage: An Emerging Objective of the Contemporary Law of the Sea*, Martinus Nihoff, 1995.

98. Stavrianos, L. S., *A Global History: From Prehistory to the 21st Century*, Prentice Hall, Inc., 1999.

99. Terris, D., Romano, C. & Swigart, L., *The International Judge: An Introduction to the Men and Women Who Decide the World's Cases*, Brandeis University Press, 2007.

100. Throckmorton, P., *The Sea Remember: Shipwrecks and Archaeology*, Mitchell Beasley, 1987.

101. Titchan, S. M., *On the Construction of Outstanding Universal Value*, Ph. D. diss., Austrian National University, 1995.

102. Toman, J., *The Protection of Cultural Property in the Event of Armed Conflict*, Dartmouth, 1996.

103. Treue, W., *Art Plunder*, *The Fate of Works of Art in War*, *Revolution and Peace*, Methuen, 1960.

104. Ulph, J. & Smith, I., *The Illicit Trade in Art and Antiquities*, Hart Publishing, 2012.

105. Vattel, E. D., *Les Droit de gens ou Principles de la Naturelle*(*The Laws of Nations or Principles of Nature*), Londres, 1758.

106. Virgo, G., *The Principles of the Law of Restitution*, Oxford University Press, 1999.

107. Visscher, C., *International Protection of Works of Arts and Historic Monuments*, Department of State, 1949.

108. Vrdoljak, A. F., *International Law*, *Museums and the Return of Cultural Objects*, Cambridge University Press, 2006.

109. Watson, A., *Roman Private Law Around 200 BC*, Edinburgh University Press, 1971.

110. Wheaton, H., *Elements of International Law*, Stevens and Sons Ltd., 1880.

111. Wieacker, F., *A History of Private Law in Europe with Particular*

Reference to Germany, Clarendon Press, 1995.

112. Williams, S. A., *The International and National Protection of Movable Cultural Property: A Comparative Study*, Oceana Publication, 1978.

113. Yaron, R., *The Laws of Eschnunna*, Hebrew University Press, 1945.

114. Yusuf, A. A., *Standard-setting in UNESCO: Normative Action in Education, Science and Culture*, Mattinus Nijhoff, Paris: UNESCO Publishing, 2007.

(二)外文论文

1. Alexander, B. E., *Treasure Salvage Beyond the Territory Sea: An Assessment and Recommendations*, Journal of Maritime Law and Commerce, Vol. 20:1 (1989).

2. Bass, G., *Marine Archaeology: A Misunderstood Science*, Ocean Yearbook, Vol. 2:1, p. 137 – 152 (1980).

3. Bator, P. M., *An Essay on the International Trade in Art*, Standard Law Review, Vol. 34:2, p. 275 – 384 (1982).

4. Bederman, D. J., *Maritime Preservation Law: Old Challenges, New Trends*, Widener Law Symposium Journal, Vol. 8, p. 163 – 206 (2002).

5. Brian, D. & Ross, A., *Market Overt*, International Journal of Cultural Property, Vol. 2:1, p. 25 – 46 (1993).

6. Blake, J., *On Defining the Cultural Heritage*, International and Comparative Law Quarterly, Vol. 49:1, p. 61 – 85 (2000).

7. Burke, K. T., *International Transfer of Stolen Cultural Property: Should Thieves Continue to Benefit from Domestic Laws Favoring Bona Fide Purchasers?*, Loyola of Los Angeles International and Comparative Law Journal, Vol. 13:2, p. 427 – 466 (1990).

8. Burris, D. S. & Schoenberg, E. R., *Reflections on Litigation Holocaust Stolen Art Case*, Vanderbilt Journal of Transnational Law, Vol. 38:4, p. 1041 – 1049 (2005).

9. Bush, E., *The Protection of British Heritage: Woburn Abbey and the Three Graces*, International Journal of Cultural Property, Vol. 5:2, p. 269 – 290 (1996).

10. Chung, Y., *A Cultural Revolution: The International Debate Over Stolen Relics Shift to Hong Kong*[N/OL]. Asiaweek, 2000 – 05 – 19[2021 – 04 – 25], https://edition. cnn. com/ASIANOW/asiaweek/magazine/2000/0519/as. auctions.

html.

11. Cornu, M. & Renold, M. A., *New Developments in the Restitution of Cultural Property: Alternative Means of Dispute Resolution*, International Journal of Cultural Property, Vol. 17:1, p. 1 - 31 (2010).

12. Corr, J. B., *Modern Choice of Law and Public Policy: The Emperor Has the Same Old Clothes*, University of Miami Law Review, Vol. 39:4, p. 647 - 696 (1985).

13. Crewdson, R., *Some Aspects of the Law as It affects Dealers in England*, in Lalive P., International Sales of Works of Art, Kluwer, 1988.

14. Cuno, J., *Culture War: The Case Against Repatriating Museum Artifacts*, Foreign Affairs, Vol. 93:6, p. 119 - 129 (2014).

15. Desch, T., *Problems in the Implementation of the Convention from the Perspective of International Law*, in Micewski E. R., Protection of Cultural Property in the Event of Armed Conflict: A Challenge in Peace Support Operations, Austrian Military Printing Press, 2002.

16. Droz, G. A., *The International Protection of Cultural Property from the Standpoint of Private International Law*, in Council of Europe, International Legal Protection of Cultural Property, Strasbourg: The Council, 1984.

17. Ellis, M. S., *The ICC's Role in Combating the Destruction of Cultural Heritage*, Case Western Reserve Journal of International Law, Vol. 49:1, p. 23 - 62 (2017).

18. Fenchner, F. G., *The Fundamental Aims of Cultural Property Law*, International Journal of Cultural Property, Vol. 7:2, p. 376 - 394 (1998).

19. Fishman, J. P., *Locating the International Interest in International Cultural Property Disputes*, The Yale Journal of International Law, Vol. 35:2, p. 347 - 404 (2010).

20. Forrest, C., *The Doctrine of Military Necessity and the Protection of Cultural Property During Armed Conflicts*, California Western International Law Journal, Vol. 37:2, p. 177 - 219 (2007).

21. Freeman, A., *Responsibility of States for Unlawful Acts of Their Armed Forces*, Vol. 88, Recueil des cours, Leiden: Martinus Nijhoff, 1955.

22. Frigo, M., *Cultural Property v. Cultural Heritage: A "Battle of Concepts"*

in International Law?, International Review of Red Cross, Vol. 86:854, p. 367 - 378 (2004).

23. Frulli, M., *The Criminalization of Offences against Cultural Heritage in Times of Armed Conflicts: The Quest for Consistency*, European Journal of International Law, Vol. 22:1, p. 203 - 217 (2011).

24. Goldrich, I. M., *Balancing the Need for Repatriation of Illegally Removed Cultural Property with the Interests of Bona Fide Purchasers*, Fordham Int'l L. J., 1999, 23.

25. Goy, R., Le Régime International de L'importantion, de L'exportation et du Transfert de Propriété des biens Culrturels (*The International Regime for the Import, Export and Transfer of Ownership of Cultural Goods*), Annuaire Français de Driot International (Yearbook of French Interntional Law), Vol. 16, p. 605 - 624 (1970).

26. Grover, S. F., Note, *The Need for Civil-Law Nations to Adopt Discovery Rules in Art Replevin Actions: A Comparative Study*, Texas Law Review, Vol. 70, p. 1431 - 1467 (1992).

27. Gruber, S., *The Fight Against the Illicit Trade in Asian Cultural Artifacts: Connecting Domestic Strategies, Regional Cooperation and International Agreements*, AsianSIL Working Paper, May (2012).

28. Heese, M., *The Fight Against Illicit Traffic in Cultural Goods: The Dutch Approach*, Art Antiquity and Law, Vol. 11:1, p. 85 - 91 (2006).

29. Hoffman, B. T., *International Art Transactions and the Resolution of Art and Cultural Property Disputes: A United States Perspective*, in Hoffman B. T. ed., Art and Cultural Property, Cambridge University Press, 2006, p. 159 - 177.

30. Huo, Z., *A Protracted War: The Fight against Illicit Traffic of Cultural Property in China*, in Cordero J. S. ed., The 1970 Convention: New Challenges, Mexican National University Press, 2013, p. 151 - 174.

31. Huo, Z., *Legal Protection of Cultural Heritage in China: A Challenge to Keep History Alive*, International Journal of Cultural Policy, Vol. 22:4, p. 497 - 515 (2016).

32. Jenkins, P., *The UNIDROIT Convention on Stolen or Illegally Exported Cultural Objects*, Art Antiquity and Law, Vol. 1:2, p. 163 - 170 (1996).

33. Kaye, L. M. , *Laws in Force at the Dawn of the World War II: International Conventions and National Law*, in Simpson E. ed, The Spoils of War, Harry N. Abrams, 1997, p. 100 – 105.

34. Kowalski, W. W. , *Restitution of Works of Art pursuant to Private and Public International Law*, Vol. 288, Recueil des cours, Martinus Nijhoff, 2002.

35. Lee, K. G. , *An Overview of the Implementation of the 1970 Convention in Asia*, on Second Meeting of States Parties to the 1970 Convention, UNESCO Publishing, 2012.

36. Lee, S. , *Choice of Law for Claims in Unjust Enrichment*, Melbourne University Law Review, Vol. 26:1, p. 192 – 210 (2002).

37. Lee, S. , *Restitution, Public Order and the Conflict of Laws*, University of Queensland Law Review, Vol. 20:1, p. 1 – 37 (1998).

38. Loulanski, T. , *Revising the Concept of Cultural Heritage: The Argument for a Functional Approach*, International Journal of Cultural Property, Vol. 13:2, p. 207 – 233 (2006).

39. Meron, T. , *The Protection of Cultural Property in the Event of Armed Conflict within the Case-law of the International Tribunal for the Former Yugoslavia*, Museum International, Vol. 57:4, p. 41 – 60 (2005).

40. Merryman, J. H. , *Cultural Property Internationalism*, International Journal of Cultural Property, Vol. 12:1, p. 11 – 39 (2005).

41. Meyer, R. L. , *Travaux Preparatoires for the UNESCO World Heritage Convention*, Earth Law Journal, Vol. 2, p. 45 – 81 (1976).

42. Moustakas, J. , *Group Rights in Cultural Property: Justifying Strict Inalienability*, Cornell Law Review, Vol. 74:6, p. 1179 – 1227 (1988).

43. Murphy, S. D. , *Contemporary Practice of the United States Relating to International Law*, American Journal of International Law, Vol. 96:1, p. 237 – 263 (2002).

44. Musitelli, J. , *World Heritage, Between Universalism and Globalization*, International Journal of Cultural Property, Vol. 11:2, p. 323 – 336 (2002).

45. Nafziger, J. & Patterson, R. , *A Blueprint for the Development of Cultural Heritage Law*, Art Antiquity and Law, Vol. 9:1, 2004.

46. Newton, C. F. , *Finders Keepers? The Titanic and the 1982 Law of the Sea*

Convention, Hastings International and Comparative Law Review, Vol. 10:1, p. 159 - 197 (1986).

47. O'Keefe, P. J. & Nafziger, J., *The Draft Convention on the Protection of the Underwater Cultural Heritage*, Ocean Development and International Law. Vol. 25:4, p. 391 - 418 (1994).

48. O'Keefe, P. J., *The First Protocol to the Hague Convention: Fifty Years on*, Art Antiquity and Law, Vol. 9:2, p. 99 - 116 (2004).

49. O'Keefe, R., *Protection of Cultural Property under International Criminal Law*, Melbourne Journal of International Law, Vol. 11:2, p. 339 - 392 (2010).

50. Oxman, B. H., *Marine Archaeology and the International Law of the Sea*, Columbia Journal of Law and the Arts, Vol. 12, p. 353 - 372 (1988).

51. Pecoraro, T. W., *Choice of Law in Litigation to Recover National Cultural Property: Efforts at Harmonization in Private International Law*, Virginia Journal of International Law, Vol. 31:1, p. 1 - 51 (1990).

52. Prott, L. V., *Movables and Immovables as Viewed by the Law*, International Journal of Cultural Property, Vol. 1:2, p. 389 - 392 (1992).

53. Prott, L. V., *Problems of Private International Law for the Protection of the Cultural Heritage*, Vol. 217, Recueil des cours, Martinus Nijhoff, 1990.

54. Prott, L. V., *The Ethics and Law of Returns*, Museums International, Vol. 61:1, p. 101 - 106 (2009).

55. Prott, L. V., *UNESCO and UNIDROIT: A Partnership Against Trafficking in Cultural Objects*, Uniform Law Review, Vol. 1, p. 59 - 71 (1996).

56. Prott, L. V. & O'Keefe, P. J., "*Cultural Heritage*" *or* "*Cultural Property*"?, International Journal of Cultural Property, Vol. 1:2, p. 307 - 320 (1992).

57. Reichelt, G., *International Protection of Cultural Property*, Uniform Law Review, Vol. 13:1, p. 44 - 153 (1985).

58. Renold, M. A., *Stolen Art: The Ubiquitous Questions of Good Faith*, International Bureau of the Permanent Court of Arbitration. Resolution of Cultural Properties Disputes (paper represented at Seventh PCA International Law Seminar), Kluwer Law International, 2004, p. 251 - 263.

59. Reyhan, P. Y., *A Chaotic Palette: Conflict of Laws in Litigation Between Original Owners and Good-Faith Purchasers of Stolen Art*, Duke Law Journal,

Vol. 50:4, p. 955 – 1043 (2001).

60. Rigby, D., *Cultural Reparations and a New Western Tradition*, The American Scholar, Vol. 13:3, p. 273 – 284 (1944).

61. Sanborn, A., *The Reunification of the Kwakwaka' Wakw Mask with Its Cultural Soul*, Museum International, Vol. 61:1, p. 81 – 86 (2009).

62. Sarid, E., *International Underwater Cultural Heritage Governance: Past Doubts and Current Challenges*, Berkeley Journal of International Law, Vol. 35:2, p. 219 – 261 (2017).

63. Sax, J. L., *Heritage Preservation as a Public Duty: The Abbé Grégoire and The Origins of an Idea*, Michigan Law Review, Vol. 88:5, p. 1142 – 1169 (1990).

64. Seipp, D. I. J., *The Concept of Property in the Early Common Law*, Law and History Review, Vol. 12:1, p. 29 – 91 (1994).

65. Shoamanesh, S. S. & Duterte, G., *The ICC and Cultural Property: Reinforced Legal Enforcement of the Protection of Cultural Property in Armed Conflict*, International Criminal Justice Today (June. 22, 2016), https://www.international-criminal-justice-today.org/arguendo/the-icc-and-cultural-property/.

66. Simmonds, J., *UNESCO World Heritage Convention*, Art Antiquity and Law, Vol. 2:2, p. 251 – 281 (1997).

67. Sterio, M., *Individual Criminal Responsibility for the Destruction of Religious and Historical Buildings: The Al Mahdi Case*, Case Western Reserve Journal of International Law, Vol. 49, p. 63 – 73 (2017).

68. Sultan, J., *Combating the Illicit Art Trade in the European Union: Europol's Role in Recovering Stolen Artwork*, Northwestern Journal of International Law & Business, Vol. 18:3, p. 759 (1998).

69. Symeonides, S. C., *A Choice-of-Law Rule for Conflict s Involving Stolen Cultural Property*, Vanderbilt Journal of Transnational Law, Vol. 38:4, p. 1177 – 1198 (2005).

70. Wood, F., *Imperial Architecture of the Qing: Palaces and Retreats*, in Rawski E. S. & Rawson J. eds., China: The Three Emperors, Royal Academy of Arts. London: Royal Academy of Arts, 2005.

二、中文文献

(一)中文著作

1. 爱新觉罗·溥仪:《我的前半生》,群众出版社 2007 年版。

2. 陈朝璧:《罗马法原理》,法律出版社 2006 年版。

3. 黄仁宇:《资本主义与二十一世纪》,生活·读书·新知三联书店 2006 年版。

4. 黄茂荣:《法学方法与现代民法》,中国政法大学出版社 2001 年版。

5. 傅崐成、宋玉祥:《水下文化遗产的国际法保护》,法律出版社 2006 年版。

6. 高升:《文化财产返还国际争议的多元化解决机制研究》,中国政法大学出版社 2010 年版。

7. 国家文物事业管理局:《新中国文物法规选编》,文物出版社 1987 年版。

8. 郭玉军:《国际法与比较法视野下的文化遗产保护问题研究》,武汉大学出版社 2011 年版。

9. 郭玉军:《艺术法》,武汉大学出版社 2019 年版。

10. 何勤华:《西方法学史》,中国政法大学出版社 1996 年版。

11. 何志鹏:《国家利益维护:国际法的力量》,法律出版社 2018 年版。

12. 霍政欣:《不当得利的国际私法问题》,武汉大学出版社 2006 年版。

13. 霍政欣:《追索海外流失文物的法律问题》,中国政法大学出版社 2013 年版。

14. 霍政欣:《国际私法(英文版)》(第 3 版),对外经济贸易大学出版社 2021 年版。

15. 霍政欣:《1970 年 UNESCO 公约研究:文本、实施与改革》,中国政法大学出版社 2015 年版。

16. 霍政欣:《国际私法学》(第 2 版),中国政法大学出版社 2020 年版。

17. 霍政欣、余萌、刘浩:《流失文物争夺战——当代跨国文物追索的实证研究》,中国政法大学出版社 2018 年版。

18. 梁西主编:《国际法》(第 2 版),武汉大学出版社 2000 年版。

19. 梁西:《国际组织法(总论)》,武汉大学出版社 2001 年版。

20. 李双元:《国际私法(冲突法篇)》,武汉大学出版社 2001 年版。

21. 李庆明:《美国的外国主权豁免理论与实践》,人民日报出版社 2021

年版。

22. 梁慧星:《民法总论》,法律出版社 1996 年版。

23. 龙卫球:《民法总论》(第 2 版),中国法制出版社 2002 年版。

24. 马呈元:《国际刑法论》,中国政法大学出版社 2008 年版。

25. 马俊驹、余延满:《民法原论》(第 4 版),法律出版社 2010 年版。

26. 梅汝璈:《远东国际军事法庭》,法律出版社 2005 年版。

27. 孟国祥:《大劫难:日本侵华对中国文化的破坏》,中国社会科学出版社 2005 年版。

28. 沈达明:《比较民事诉讼法初论》,中国法制出版社 2002 年版。

29. 孙克勤:《世界文化与自然遗产法概论》(第 2 版),中国地质大学出版社 2012 年版。

30. 王明珂:《华夏边缘:历史记忆与族群认同》,浙江人民出版社 2013 年版。

31. 王铁崖:《国际法》,法律出版社 2001 年版。

32. 王文霞:《公众参与文化遗产保护的法律机制》,文物出版社 2014 年版。

33. 吴树:《谁在收藏中国》,山西人民出版社 2008 年版。

34. 吴树:《谁在拍卖中国》,山西人民出版社 2010 年版。

35. 习近平:《决胜全面建成小康社会　夺取新时代中国特色社会主义伟大胜利——在中国共产党第十九次全国代表大会上的报告》,人民出版社 2017 年版。

36. 习近平:《高举中国特色社会主义伟大旗帜　为全面建设社会主义现代化国家而团结奋斗——在中国共产党第二十次全国代表大会上的报告》,人民出版社 2022 年版。

37. 肖永平、冯洁菡:《中国促进国际法治报告(2016)》,社会科学文献出版社 2017 年版。

38. 谢辰生、顾廷龙:《中国甲午以后流入日本之文物目录》,中西书局 2012 年版。

39. 谢在全:《民法物权论》,中国政法大学出版社 1999 年版。

40. 徐勇:《乡村治理与中国政治》,中国社会科学出版社 2003 年版。

41. 薛波:《元照英美法词典》,法律出版社 2003 年版。

42. 余萌:《文物中心原则论:以跨境文物返还诉讼为视角》,中国政法大学出版社 2023 年版。

43. 岳南:《考古中国:北京人头盖骨失踪记》,海南出版社 2007 年版。

44. 张乃根:《条约解释的国际法》,上海人民出版社 2019 年版。

45. 赵亚娟:《联合国教科文组织〈保护水下文化遗产公约〉研究》,厦门大学出版社 2007 年版。

46. 周枏:《罗马法原论》,商务印书馆 1994 年版。

47. 宗泽亚:《清日战争(1894—1895)》,世界图书北京出版公司 2012 年版。

(二)中文译著

1. [澳]林德尔·V. 普罗特:《历史的见证:有关文物返还问题的文献作品汇编》,国家文物局博物馆与社会文物司译,译林出版社 2010 年版。

2. [德]迪特尔·梅迪库斯:《德国民法总论》,邵建东译,法律出版社 2000 年版。

3. [德]勒内·达维:《英国法与法国法》,潘华仿等译,清华大学出版社 2002 年版。

4. [德]马丁·沃尔夫:《国际私法》,李浩培、汤宗舜译,北京大学出版社 2009 年版。

5. [德]卡尔·拉伦茨:《德国民法通论》,王晓晔等译,法律出版社 2003 年版。

6. [法]布隆戴尔:《1860 年征战中国记》,赵珊珊译,中西书局 2011 年版。

7. [法]德尼兹·加亚尔等:《欧洲史》,蔡鸿滨、桂裕芳译,海南出版社 2000 年版。

8. [法]让·卢梭:《社会契约论》,何兆武译,商务印书馆 2003 年版。

9. [法]佩雷菲特:《停滞的帝国:两个世界的碰撞》(第 3 版),王国卿等译,生活·读书·新知三联书店 2007 年版。

10. [法]雅克·盖斯:《法国民法总论》,陈鹏等译,法律出版社 2004 年版。

11. [古罗马]盖尤斯:《法学阶梯》,黄风译,中国政法大学出版社 1996 年版。

12. [荷]胡果·格劳秀斯:《战争与和平法》,何勤华等译,上海人民出版社 2013 年版。

13. [加]威廉·泰特雷:《国际冲突法:普通法、大陆法及海事法》,刘兴莉译,法律出版社 2003 年版。

14. [日]大木雅夫:《比较法》,范愉译,法律出版社 1999 年版。

15. [日]冈田英弘:《世界史的诞生》,陈心慧译,北京出版社 2016 年版。

16. [日]我妻荣:《我妻荣民法讲义——新订物权法》,罗丽译,中国法制出版社2008年版。

17. [日]我妻荣:《我妻荣民法讲义——新订民法总则》,于敏译,中国法制出版社2008年版。

18. [美]埃德加·博登海默:《法理学:法律哲学与法律方法》,邓正来译,中国政法大学出版社1999年版。

19. [美]昂格尔:《现代社会中的法律》,吴玉章、周汉华译,译林出版社2001年版。

20. [美]巴里·E.卡特、艾伦·S.韦纳:《国际法》,冯洁菡译,商务印书馆2015年版。

21. [美]亨德里克·威廉·房龙:《船;航海的历史》,李鸣译,天地出版社2013年版。

22. [美]斯塔夫里阿诺斯:《全球通史》,吴象婴、梁赤民译,上海社会科学院出版社1992年版。

23. [美]卡尔·梅耶、谢林·布莱尔·布里萨克:《谁在收藏中国》,张建新等译,中信出版集团2016年版。

24. [美]菲利普·李·拉尔夫等:《世界文明史》,赵丰等译,商务印书馆2001年版。

25. [美]弗里德里希·K.荣格:《法律选择与涉外司法》,霍政欣、徐妮娜译,北京大学出版社2007年版。

26. [美]钱德勒:《柬埔寨史》,许亮译,中国大百科全书出版社2013年版。

27. [美]塞缪尔·亨廷顿:《文明的冲突与世界秩序的重建》(第3版),周琪等译,新华出版社2010年版。

28. [美]莎明·韦克斯曼:《流失国宝争夺战》,王若星、朱子昊译,浙江大学出版社2014年版。

29. [美]徐中约:《中国近代史:1600—2000中国的奋斗》,计秋枫、朱庆葆等译,世界图书出版公司北京公司2008年版。

30. [墨]豪尔赫·桑切斯·科尔德罗:《文化遗产:文化与法律文集》,常世儒等译,文物出版社2014年版。

31. [英]阿诺德·汤因比:《历史研究:修订插图本》,刘北成等译,上海人民出版社2000年版。

32. [英]阿诺德·汤因比:《人类与大地母亲:一部叙事体世界史》,刘波等译,上海人民出版社 2001 年版。

33. [英]巴里·尼古拉斯:《罗马法概论》,黄风译,法律出版社 2000 年版。

34. [英]科林·斯科特:《规制、治理与法律:前沿问题研究》,安永康译,清华大学出版社 2018 年版。

35. [英]H. G. 威尔斯:《世界史纲》,梁思成等译,上海世纪出版集团 2005 年版。

36. [英]R. 詹宁斯、A. 瓦茨:《奥本海国际法》,王铁崖等译,中国大百科全书出版社 1998 年版。

(三)中文论文

1. 柴萼:《庚辛纪事》,载《中国近代史资料丛刊》(第 1 册),上海人民出版社 2000 年版。

2. 曹兵武:《中国索还走私文物案例》,载《国际博物馆》2009 年第 2 期。

3. 曹昌智:《中国历史文化遗产的保护历程》,载《中国名城》2009 年第 6 期。

4. 陈晓明:《比例原则与国际争端中的武力使用》,载《法治研究》2013 年第 12 期。

5. 程啸、陈林:《论诉讼时效客体》,载《法律科学》2000 年第 1 期。

6. 杜涛:《从"法律冲突"到"法律共享":人类命运共同体时代国际私法的价值重构》,载《当代法学》2019 年第 3 期。

7. 郭玉军、靳婷:《被盗艺术品跨国所有权争议解决的若干问题研究》,载《河北法学》2009 年第 4 期。

8. 黄涧秋:《论国际刑法中的"或引渡或起诉"原则》,载《当代法学》2008 年第 1 期。

9. 霍政欣:《追索海外流失文物的法律问题探究——以比较法与国际私法为视角》,载黄进主编:《武大国际法评论》第 12 卷,武汉大学出版社 2010 年版。

10. 霍政欣:《我国文物出入境管理制度述评:现状与反思》,载《文物保护法研究专辑》编辑组编:《文物保护法研究专辑》第 2 卷,文物出版社 2014 年版。

11. 霍政欣:《追索海外流失文物的国际私法问题》,载《华东政法大学学报》2015 年第 2 期。

12. 霍政欣:《追索海外博物馆非法收藏的中国文物:困难与对策》,载《中国博物馆》2016 年第 1 期。

13. 霍政欣:《追索海外流失文物:现状、难题与中国方案》,载《法律适用

（司法案例）》2017 年第 20 期。

14. 霍政欣：《论全球治理体系中的国内法院》，载《中国法学》2018 年第 3 期。

15. 霍政欣：《承认和执行外国判决的美国法困境——中国的因应与殷鉴》，载《法律科学》2019 年第 5 期。

16. 霍政欣：《国内法的域外效力：美国机制、学理解构与中国路径》，载《政法论坛》2020 年第 2 期。

17. 霍政欣、陈锐达：《跨国文物追索：国际私法的挑战及回应——从“章公祖师肉身坐佛案”展开》，载《国际法研究》2021 年第 3 期。

18. 霍政欣：《我国法域外适用体系之构建——以统筹推进国内法治与涉外法治为视域》，载《中国法律评论》2022 年第 1 期。

19. 霍政欣、陈锐达：《文化主权视域下流失文物追索的法理思考——基于石窟寺流失文物的分析》，载《学术月刊》2022 年第 1 期。

20. 霍政欣：《流失文物追索返还的世界难题与实现路径》，载《人民论坛》2023 年第 20 期。

21. 霍政欣：《跨国文物追索诉讼的国家豁免问题》，载《国际法研究》2022 年第 4 期。

22. 李玉雪：《文物返还问题的法律思考》，载《中国法学》2005 年第 6 期。

23. 吕晓莉：《全球治理：模式比较与现实选择》，载《现代国际关系》2005 年第 3 期。

24. 吕舟：《世界遗产 30 年》，载《中国国家地理》2004 年第 6 期。

25. 毛磊、白龙：《文物保护 30 年文物犯罪呈现暴力化智能化趋势》，载《人民日报》2012 年 6 月 27 日，第 7 版。

26. 潘深亮：《中国文物流失经历的浪潮》，载《科学之友（A 版）》2009 年第 5 期。

27. 彭永清：《国际刑警组织探秘》，载《检察风云》2011 年第 17 期。

28. 钱治：《单霁翔就中国流失海外文物回归答记者问》，载《收藏》2010 年第 1 期。

29. 曲星：《人类命运共同体的价值观基础》，载《求是》2013 年第 4 期。

30. 茹士春：《部分涉及文物犯罪仍可适用死刑》，载《检察日报》2011 年 6 月 8 日，第 3 版。

31. 宋新潮：《寄寄老人考》，载《文物》2011 年第 10 期。

32. 王梦婕:《国际法学专家:靠法律追讨流失文物困难多效果差》,载《中国青年报》2011 年 5 月 24 日,第 5 版。

33. 杨锐:《美国国家公园体系的发展历程及其经验教训》,载《中国园林》2001 年第 1 期。

34. 唐海清:《武装冲突情况下文化遗产国际法律保护的历史演进》,载《宁夏社会科学》2009 年第 4 期。

35. 汪喆:《中国文物的流失与回归问题研究》,中国科学技术大学 2010 年博士学位论文。

36. 王云霞:《文化遗产的概念与分类探析》,载《理论月刊》2010 年第 11 期。

37. 吴春明:《环中国海古代沉船研究——重建东方帆船与航路的发展史》,厦门大学 2001 年博士学位论文。

38. 武传兵、陈彬:《柏威夏寺成功申遗引发柬泰国领土争端再度升温》,载《当代世界》2008 年第 9 期。

39. 习近平:《共同构建人类命运共同体》,载《人民日报》2017 年 1 月 20 日,第 2 版。

40. 谢辰生:《文物》,载中国大百科全书总编辑委员会《文物 博物馆》编辑委员会、中国大百科全书出版社编辑部编:《中国大百科全书 文物 博物馆》,中国大百科全书出版社 1993 年版。

41. 谢辰生:《新中国文物保护工作五十年》,载《当代中国史研究》2002 年第 3 期。

42. 徐宏:《人类命运共同体与国际法》,载《国际法研究》2018 年第 5 期。

43. 徐红梅:《追索乏力:关于文物流失的忧思》,载《人民日报》2005 年 7 月 30 日,第 8 版。

44. 杨潇:《中国文物流失链调查》,载《南方人物周刊》2009 年第 11 期。

45. 尹田:《法国物权法上动产的即时取得制度》,载《现代法学》1997 年第 1 期。

46. 岳瑞芳:《追索圆明园兽首我们追回了什么》,载《瞭望》2009 年第 9 期。

47. 张松:《中国文化遗产保护法制建设史回眸》,载《中国名城》2009 年第 3 期。

48. 张成渝、谢凝高:《"真实性"和"完整性"原则和世界遗产保护》,载《北京大学学报(哲学社会科学版)》2002 年第 2 期。

49. 郑振铎:《保存古物刍议》,载《大学》1947 年第 3、4 期合刊。

50. 朱兵:《我国文化遗产保护法律体系的建构》,第一届中法文化遗产法研讨会 2011 年论文。

51. 朱慈蕴、毛健铭:《商法探源——论中世纪商人法》,载《法制与社会发展》2003 年第 4 期。

52. 周鑫:《由〈波茨坦会议公报〉看战后对德国的经济制裁》,载《理论月刊》2009 年第 7 期。

后 记

我自2009年起开始关注跨国文物追索问题，并先后在该领域出版三本专著。[①] 在此过程中，我愈加强烈地感受到，要在该领域深耕并提出能被国际社会接受且具有原创性的中国立场与中国方案，需以全面、系统的基础研究为前提。这促使我萌生了一个宏伟的学术计划：以现有研究为起点，跨越学科藩篱，系统阐释和全面构建国际文化财产法的理论框架，在学科交叉融合的前沿领域开疆拓土。[②]

然而，知易行难。搭建国际文化财产法的理论大厦，不仅需要融合法学各学科的知识和研究方法，还需要借助历史、考古、文物、艺术和哲学等学科的力量，这

---

① 这三本专著是：《追索海外流失文物的法律问题》，中国政法大学出版社2013年版；《1970年UNESCO公约研究：文本、实施与改革》，中国政法大学出版社2015年版；《流失文物争夺战——当代跨国文物追索的实证研究》（与余萌、刘浩合著），中国政法大学出版社2018年版。

② 需要强调，本书是以联合国教科文组织在文化财产领域制定的国际条约为主要研究对象展开的理论阐释与体系构建，这些条约均只能由主权国家缔结和加入。因此，尽管部分文化财产公约适用于我国香港特别行政区和澳门特别行政区，但均属于在一个主权国家领土范围内的适用。此外，我国澳门特别行政区虽是联合国教科文组织准会员，但依据《联合国教科文组织组织法》，准会员与缔约国不同，不享受成员国的法律地位。本书谈及中国作为联合国教科文组织成员国时，包括作为我国特别行政区的澳门，而不涉及其准会员的问题。

常令我陷入力有不逮的困境。在此期间,我阅读、梳理和分析了相关学科的大量文献资料,尽可能地补齐知识和视野短板,缓慢而执着地推进研究和写作。

如今回想起来,从 2014 年年初制订写作计划,到 2024 年夏校订书稿清样,不觉青丝染霜,十年已逝矣！这不禁让我想起英国法学家莫里斯(Morris J. H. C.)的那句话:“法学书籍如婴儿,怀胎快乐分娩难”(Law books are like babies: they are the greatest fun to conceive, but very laborious to deliver)。

从武汉大学毕业来北京生活工作,一晃二十载。如今,这本我学术生涯中写作历时最长的专著入选“国际法文库”,回到珞珈国际法大花园里绽放吐蕊,对于一名武大国际法学子而言,何其幸哉!

本书付梓前夕,我恰好回母校参加“韩德培法学奖”颁奖仪式。在主持获奖者演讲环节时,恩师肖永平教授说:“今天正逢六一儿童节,我愿在座的每个人风雨里做个大人,阳光下做个小孩。”这些年,筚路蓝缕,荆棘载途,冷暖自知。恩师之言,春风化雨,润我心田。

是为后记。

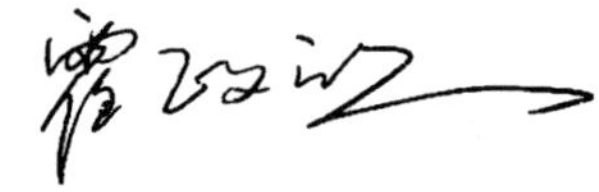

2024 年 6 月 3 日于北京